中国语言文学
一流学科建设文库

"马克思主义文学批评的中国形态研究"系列丛书

主编 胡亚敏

马克思主义文学批评中国形态的历史进程（上卷）

MAKESIZHUYI WENXUE PIPING
ZHONGGUO XINGTAI DE LISHI JINCHENG

黄念然 著

人民出版社

思主义文学批评中国形态的历史进程，考察中国马克思主义文学批评在西方的传播和对西方学者的影响，探究和提炼马克思主义文学批评中国形态的理论特质。这四个方向既有各自的研究领域和重点，又以中国形态为聚焦点，构成一个相对完整的有机整体。经过这些年的艰苦努力，这一构想基本得以实现。呈现在读者面前的这套丛书共6部，分别为《马克思主义文学批评范式研究》（孙文宪著）、《走向资本批判视域的经典马克思主义文学批评》（万娜著）、《马克思主义文学批评中国形态的历史进程》（黄念然著）、《中国早期马克思主义文学批评形态研究》（魏天无著）、《"毛泽东主义"与阿尔都塞》（颜芳著）、《马克思主义文学批评中国形态的当代建构》（胡亚敏著）。

经典马克思主义文学批评范式研究旨在为中国形态提供理论根据。这一研究方向完成了两部著作。孙文宪的《马克思主义文学批评范式研究》从马克思恩格斯的文学批评与其哲学、政治经济学之间的互文关系以及围绕"艺术生产"所形成的话语特点等，阐述马克思主义文学批评作为一种自成系统的、有别于其他批评理论的文学研究范式所具有的性质、特点与功能。万娜的《走向资本批判视域的经典马克思主义文学批评》则通过细读马克思的四部与政治经济学密切相关的著作，从政治经济学这一特殊视域来研究马克思的一些新的理论或概念的发展脉络，以及这些变化与马克思主义文学批评的内在联系。

中国形态的历史研究重在考察和总结中国形态的历史经验。黄念然的《马克思主义文学批评中国形态的历史进程》和魏天无的《中国早期马克思主义文学批评形态研究》分别从史论结合和个案分析两方面展开。前者将中国形态的发展分为三个阶段，即中国形态的发生和毛泽东文艺思想的形成（近现代之交至新中国成立）、中国形态的发展与变异（1949年至"文革"结束）和新时期以来中国形态的建构实践，总结了中国形态在不同阶段的基本特征及得失。该书既纵向梳理了中国形态的历史风貌，又横向对马克思主义文学批评中国化的复杂态势作了整合，从历史和逻辑两方面对中国形态的发展史作了比较全面的描述。后者是对早期中国马克思主义文学批评家的个案研究，该书选择了七位有代表性的批评家，从文学批评形态入手，深度解读了这些批评家的批评理念和批评实践，通过这些鲜活的个案展示中国马克思主义文学批评萌芽阶段的状况以及形成具有中国特色文学批评形态的过程。

中国形态与西方关系这一方向的成果为颜芳的《"毛泽东主义"与阿尔都塞》，该书采用比较文学流变研究视野，探讨以毛泽东同志为主要代表的中国共产党人的哲学、文化和文艺思想对西方思想家的影响。她将研究对象集中在毛泽东思想与阿尔都塞的理论建构之间的关系上，厘清毛泽东的辩证法和意识形态思想如何通过跨文化的"理论旅行"参与生成了阿尔都塞的相关理论的过程，并逐一辨析阿尔都塞的辩证法和意识形态中的相关术语、范畴和理论对毛泽东思想的阐释、误读及创造性转化，为理解中国形态的理论特征提供了来自西方批评家的视角与参照。

中国形态的理论成果为胡亚敏的《马克思主义文学批评中国形态的当代建构》。该书致力于建构中国形态的理论特质，提炼和阐发了人民、民族、政治、实践等多个标志性的核心概念，并对当代社会出现的一些亟待解决的时代课题如文学与高科技、文学与资本、文学批评的价值判断等作了深入探讨，提出了一些有价值的观点和策略。这些具有中国特色的范畴和打上时代印记的问题各有侧重又互相交织，构成中国形态区别于其他形态的显著特征。

本套丛书的作者全部为华中师范大学文艺学教研室教师。华中师范大学有研究马克思主义文学批评的传统。1978 年 12 月，华中师范大学与中国社会科学院、中国人民大学联合率先成立"全国马列文论研究会"，华中师范大学为驻会单位。经过几十年的建设和几代人的努力，马克思主义文学批评已成为华中师范大学文艺学学科的主攻方向，并逐步形成了一支富于开拓和协作精神的学术团队。教研室的老师们虽有各自的研究方向和理论兴趣，但整个团队有长期合作的经验，大家能够齐心协力地投入到马克思主义文学批评的研究和教学中。这种投入起初也许出于承诺和责任，如今则成为一种理论自觉，因为老师们在研究中逐步认识到马克思主义文学批评具有其他文学批评所不具备的优势。马克思主义的历史视野和辩证精神为全面考察文学的产生、存在和发展提供了先进的理论指南，使文学研究真正成为一门科学；并且马克思主义是从超越资本主义生产方式的高度研究资本主义的，它所具有的革命性和批判性在当今世界仍具有阐释的有效性和现实的针对性，特别是马克思恩格斯所揭示的历史发展的必然规律和人类社会远景，成为激励大家前行的精神力量。

二

本套丛书对马克思主义文学批评的中国形态作了富有开拓性的总结和建构，在研究范式、研究方法和研究思路上有新的探索，产生了一批具有理论深度和现实针对性的研究成果，彰显了中国马克思主义文学批评的特色和理论贡献。本套丛书不仅是对中国形态的概括总结，而且是对世界马克思主义文学批评的丰富。

提出建构中国形态是本书的开拓性尝试。这里"形态"不是模式，不是一种固定或可以套用的样式，而是一种具有整体性和创造性的开放类型。"马克思主义文学批评的中国形态"作为一个特有的概念，之所以不同于俄苏或西方马克思主义文学批评，也就在于"中国形态"本身是一种具有区别性特征的整体性构架。这种整体性表现为即使研究某一个或两个问题，都直接影响或关联到整个形态系统。也就是说，中国形态的建构既不是孤立的分门别类研究，又不是形态内部各部分的相加，而是以整体性的面貌出现的。这种整体性又与差异性相关，中国形态的整体性是一种具有原创性的差异研究。在这一点上，"中国形态"的研究特色与阿尔都塞提出的"问题域"比较接近。阿尔都塞曾说，马克思与黑格尔、费尔巴哈的区别不是继承或扬弃的问题，而是由于"问题域"不同而形成的整体的差异性。并且，中国形态是生成性的或者说是建构性的，它始终处于不断发现和不断实践的过程中。将中国形态作为新的问题意识和研究对象，是这套丛书的重要特色之一。

本套丛书在研究视野和研究方法上也有一些新的开拓。经典马克思主义文学批评具有鲜明的意识形态性和多学科性。在研究中，《马克思主义文学批评范式研究》一书努力摆脱用现有的或西方的文学理论来解读马克思主义文学批评的思路，另辟蹊径，强调经典马克思主义文学批评具有自身的文学观念、理论基础和研究对象，并且主张文学活动与社会政治、经济体制的关系应成为文学批评关注的重要内容。该书在经典马克思主义研究上还作了跨学科的尝试，即将经典马克思主义文学批评纳入哲学、美学、政治经济学、社会学等知识背景中，为经典马克思主义文学批评的理论阐释搭建了一个视野开阔的知识平台。当然，这种探索仅仅是起步，在研究后期我们越来越强烈地意识到，还需要进一步加强对经典马克思主义文学批评与其他学科相关性和有机性的研究。《走向资本批判视域的经典马克思主义文学批评》一书力图避免以往在引用马克思恩格斯观点时忽视其思想是发展的这一事实，将经典马克思主义文学批评还原为一个动态的、历史建构性的、逐步成熟的过程。该书在文本细读的基础上，重新阐释了经典马克思主义文学批评与马克思政治经济学中的"劳动""生产""分工"等概念的关系。例如，书中具体分析了"劳动"这一概念的内涵在马克思政治经济学语境中的发展脉络，以及这些变化对马克思主义文学批评性质的影响。把握经典马克思主义的思想发展也是今后我们在经典马克思主义研究中需要注意的又一重要方面。

中国形态作为一个正在形成的批评模式，有责任向世界推出一批有自身理论特色的概念和话题。《马克思主义文学批评中国形态的当代建构》一书承担了这一任务，提炼和阐发了一些具有中国特色的批评概念。"人民"就是一个被中国形态注入了新质的概念。人民作为中国革命和建设中的阶级集合体，不是一个抽象的同质符号，而是由千千万万真实的个人组成的历史主体，"以人民为中心"成为中国形态的鲜明特点。该书对"民族"概念作了重新阐释：英语 Chinese Nation 对应的是统一的多民族的"中华民族"；中国形态的"民族"是一个历史范畴，民族的核心是文化，民族认同和民族精神是民族维度的核心尺度。该书还将"政治"概念从阶级延伸到作为人的解放的"政治"，并在政治与审美的关系上作了超越批评的外在和内在疆域的探索。"实践"作为唯物史观的核心范畴，在中国形态中被置于十分重要的位置，中国形态的实践观更注重从主体方面去把握实践，理想的实践活动是主体的超越性和历史的规定性的矛盾统一。该书还对当今文化和文学建设中出现的问题作了创造性的思考。在文学与科技的关系上，该书指出了高科技对文学创作的革命性影响和科技的意识形态建构功能；对市场经济条件下文学的性质进行重新定位，指出文学不仅具有审美属性和意识形态性，而且具有商品属性，文学的精神品格在艺术生产中具有优先权；针对当今文学创作和批评的价值判断缺失或失范问题，该书以马克思的社会理想为基础重建价值体系，提出考察作品应以是否有利于人的全面发展作为价值判断的根本准绳。

本套丛书在史料发掘、清理和辨析上也有新的特点和收获，具体包括两个方面：一是对马克思主义文学批评在中国的传播、论争、著作出版等史实作了梳理、辨析和拓展；二是有关毛泽东哲学、文化和文艺思想对西方思想界的影响的资料收集。《马克思主义文学批评中国形态的历史进程》对马克思主义文学批评在中国早期的传播与译介、对现代文学社团关于马克思主义文艺理论的著述、对文艺民族形式论争和延安时期文学社团成立等事件的梳理和总结，均为中国马克思主义文学批评研究提供了有价值的史料参考。《中国早期马克思主义文学批评形态研究》通过研读批评文本，辨析、澄清马克思主义批评家与其他批评家在历次文艺论争中立场、观点的分歧，探讨文艺与政治、文艺与现实、文艺与阶级性、文艺与大众、文艺的内容与形式等马克思主义批评中的重大理论问题，为当代中国马克思主义文学批评的创新发展提供了历史镜鉴。有关毛泽东思想对西方影响的史料收集是丛书的又一个亮点。《毛泽东思想与阿尔都塞》通过收集阿尔都塞历年公开出版物中涉及毛泽东著作的史实，证明阿尔都塞对毛泽东及其著作的关注和接受不是个别作品和个别时期的现象，而是纵贯其三十多年学术写作生涯，是一种持续的、密切的和深度的关注和接受。该书还尝试厘清阿尔都塞在重建辩证唯物主义和历史唯物主义的若干范畴时对毛泽东思想所作的吸收和转化等。

三

中国形态的建设既是一项具有学术开创意义的研究，又是一个不断建构的过程，或者说是一个不断探讨和发展的领域。提出一个新的研究领域和范式固然不容易，而真正作出有重要学术价值的思想成果更是需要付出异常艰苦的努力。今后我们将在研究思路和方法上作进一步调整，从经典文本再出发，探讨经典马克思主义与当代中国文学批评之间的内在联系，并逐步形成对西方马克思主义文学批评的超越。

从整体的和发展的观点研究经典作家的文本，是我们正在做并且准备继续做的工作。我们将会重返经典文本，将马克思主义文学批评置于马克思的整个理论体系中，以求更为完整准确地把握经典马克思主义文学批评的特质和内涵。马克思首先是一位革命家，他对文艺的关注是与他对无产阶级革命的思考紧密联系在一起的，他的文学批评是其革命活动的一个组成部分。马克思恩格斯关于文学艺术的论述多夹杂在有关社会问题的评述中，与他们所从事的哲学、政治经济学、历史学等学科的研究交织在一起，并且马克思恩格斯的批评理论和实践多散见于不同文稿、笔记或书信中。因此，只有回到经典文本的初始语境，以跨学科的视野作综合研究，才能避免对经典马克思主义文学批评理解上的片面和疏漏。同时，整体研究又需要与经典作家的理论发展联系起来。我们面对的是一个在崎岖山路上不断攀登和探索的马克思，他的理论兴趣在不同阶段随着研究的需要不断转移，其思想观念也有所改变和发展。马克思关于文学批评的观念也经历了一个发展的过程，其中既有范式的转换，又有认识的深化。并且有关马克思的著述也处于不断发现、更新和变动之中，《马克思恩格斯全集》第二版的编辑和出版就充分说明了这一点。因此，我们需要在马克思的整个知识语境和思想发展历程中把握马克思主义经典文本群的丰富内涵和思维轨迹。

经典文本语境的研究还需要扩展到文本产生的写作环境和文化传统中。深入了解经典作家写作的那个时代的社会性质和特点，包括当时的现实状况和工人阶级运动、马克思的个人际遇以及马克思与同时代人的关系等，将会更加深切地体会和理解经典作家提出问题的缘由和针对性。不仅如此，经典马克思主义植根于西方文化传统之中，马克思的博士论文《德谟克利特的自然哲学和伊壁鸠鲁的自然哲学的差别》研究的就是德谟克利特和伊壁鸠鲁这两位著名的古希腊学者。我们在考察经典马克思主义的理论来源时，应该从19世纪德国古典哲学、英国古典政治经济学和法国空想社会主义的基础上延伸，把马克思主义文学批评的思想来源与"两希"（古希伯来文明与古希腊文明）以来的西方文化传统联系起来，辨析整个西方文化传统对马克思的浸润和马克思对这些思想文化的批判和吸收。简言之，只有把马克思的思想置于西方文化和历史的长河中考察，才有助于更加全面地把握经典马克思主义文学批评深邃的理论内涵。

关于中国形态与经典马克思主义的关系问题，是下一步有待认真思考的又一问题。21世纪的今天不同于20世纪，更不同于19世纪，由于文化传统和时代的差异，中国马克思主义文学批评不可能完全复制19世纪的经典马克思主义，但也绝不是像西方有些学者所说的那样，毛泽东的理论是对马克思主义的一种"偏离"（Divergence）①。一方面，中国形态始终保持着与经典马克思主义在精神上和血脉上的内在联系；另一方面，又不能把马克思主义视为一种固定的体系，正如詹姆逊所说，那些将马克思主义作为永恒不变的观念系统的看法是对马克思主义的误解，"在它凝固为体系的那一刻便歪曲了它"②。

理论的发展和突破需要反思。马克思本人就是在对黑格尔、费尔巴哈、欧文、亚当·斯密等人的理论的吸收和反思基础上形成和提出自己的观点的，并且马克思也有对自身理论的反思。马克思主义诞生一百多年来，西方马克思主义的诸多理论观点也多是在反思经典马克思主义的过程中展开的，如他们反对照搬第二国际、第三国际的一些理论，根据西方社会的发展和需要提出一些独树一帜的观点，包括总体性理论、意识形态理论、文化工业理论、交往理论、异化理论、新感性和晚期资本主义等。尽管西方马克思主义的有些观点有偏颇之处，但这些学者针对西方社会问题提出的理论和对策，无疑延续并强化了马克思主义的生命力。中国形态同样需要有一种反思的态度，根据中国国情对经典马克思主义文学批评的一些观念或概念有所调整和发展，同时也需要从中国立场反思西方马克思主义文学批评，辨析和批判西方马克思主义对经典马克思主义的重构和遮蔽，并在对西方马克思主义的反思中逐步彰显中国特色。

理论的价值在于在场，批评应该对现实发言。中国形态将在反思的基础上，努力运用马克思主义的立场方法研究当代社会和文化中的新问题，并作出引领时代的新阐发，形成具有自身理论特质的体系和观点。卢卡奇在《历史与阶级意识》一书中明确表示，马克思主义不是一个现成的能够应用于一切场合的公式，而是方法。即使现代的研究完全驳倒了马克思的全部命题，"每个严肃的'正统'马克思主义者仍然可以毫无保留地接受所有这种新结

① Catherine Lynch, "Chinese Marxism", *Encyclopedia of Modern Political Thought* (Volume 1), Gregory Claeys (ed.), Los Angeles & London: CQ Press, 2013, p.130.
② ［美］弗雷德里克·詹姆逊：《语言的牢笼　马克思主义与形式》，钱佼汝、李自修译，百花洲文艺出版社 2010 年版，第 306 页。

论，放弃马克思的所有全部论点，而无须片刻放弃他的马克思主义正统"①。"正统"绝不是坚持马克思所得出的每一个个别结论，而在于方法。在新的历史条件下，中国形态将随着社会的发展和时代的变化不断调整和产生新的理论、新的范畴，以回应时代之问。而这种对马克思主义的发展才是对马克思主义的最好坚持。

最后想说的是，一路走来，要感谢的人很多。感谢全国社科规划办和评审专家的信任，感谢鉴定会上九位学者的肯定和鞭策，感谢人民出版社和国家出版基金规划管理办公室的大力支持。所有这一切我们都铭记在心，唯有以在马克思主义文学批评研究的道路上继续前行，来表达我们的谢意和敬意！

胡亚敏
2019 年 6 月 6 日于华大家园
2019 年 6 月 30 日（二稿）

---

① ［匈］卢卡奇：《历史与阶级意识》，杜章智等译，商务印书馆 2009 年版，第 47—48 页。

目　录

上　卷

第　一　编
马克思主义文学批评中国形态的萌芽与确立

下　卷

第 二 编
马克思主义文学批评中国形态的发展与变异

第 三 编
新时期以来马克思主义文学批评中国形态的建构实践

导论：马克思主义文学批评中国形态的历史进程概述

马克思主义文学批评的中国形态（以下简称"中国形态"）的建构是一个由世界性理论向民族性理论转化的民族化过程，由经典性理论向当代性理论转化的时代化过程，由普遍性真理向具体性实践转化的实践化过程，由精英化理论向群众性意志转化的大众化过程。当然，同时它也是中国文学理论家推动马克思主义文学批评的丰富和发展的过程。从这个意义上讲，马克思主义文学批评的中国化就是马克思主义文学批评的民族化、时代化、实践化和大众化。这一建构过程包含着三个基本逻辑环节：一是探索与坚持。即通过艰苦的译介与努力的传播，学习、宣传、掌握马克思主义文艺基本原理，用马克思主义文艺理论武装文艺工作者的头脑，并在理论探讨与文艺实践中以正确的态度加以坚持和运用。二是结合与转化。即把马克思主义文艺原理同中国文艺实践相结合，突出强调它对中国文情的实践性和针对性，并实现理论风格的空间转换和理论应用的时间转换。三是发展与创新。即基于对文艺实践的深度追问，对文艺理论的批判性改造，不断践行文艺实践及其理论探讨的历史性反思，不断解放思想，进行理论创新，形成中国特色、中国风格、中国气派的马克思主义文学批评。本书将以上述"四化"和"三环节"为主要线索，寻绎马克思主义文学批评中国形态建构的总体发展历史。

一、马克思主义文学批评中国形态的发生和毛泽东文艺思想的形成

从马克思主义文艺理论传入中国到毛泽东文艺思想的形成这一历史时段

是"中国形态"的萌生、发展期。其历史跨度大致为近现代之交到新中国的成立。

1. 马克思主义文艺理论早期译介与传播中的选择性吸收

近现代之交至五四运动以来，马克思主义文艺理论在中国的早期译介和传播同留学生有着密切的关系，其主要传播途径有日、俄、西欧三条，其选择性吸收突出表现在革命功利性的视阈和对唯物史观的强调，这种以日、俄译本为蓝本或中介的译介与传播由于理论的横向移植性和来源的间接性，既使得译介与传播中的个人创造性得以发挥，也使得对理论文本的过度诠释或误读在较长时期里难以避免。五四运动前后的译介与传播较之前期有了质与量上的进步与提高。早期共产党人如李大钊、陈独秀、瞿秋白等在译介与传播中强调了马克思主义文艺理论的革命性和意识形态功能。五四时期一些著名文艺社团对马克思主义文艺理论的译介与传播起到了进一步的推动作用，如文学研究会对现实主义文学理论的传播，创造社批评群体对马克思主义文艺理论的倡导，以及未名社和太阳社对苏俄文艺理论的译介与传播，都在这一时期起着薪火相传的作用。

2. 左翼文艺运动与马克思主义文艺理论中国化的初步实践

马克思主义文艺理论通过 20 世纪二三十年代的左翼文艺运动在中国得到广泛的传播。中国左翼文艺界对于何为马克思主义文学理论，如何发掘、整理和研究马克思主义文艺理论，如何根据这种新型的文艺理论的要求去理解中国文学的现实并在理论创造与批评实践中去丰富和发展之进行了艰苦的探索，具体表现在：在马克思主义文艺理论的译介方面实现了从阐释性文本到经典性文本的重心的转移，并且确立了马克思主义文艺基本原理的引进和中国革命文学实践相结合的译介原则；在马克思主义文艺理论中国化的探索中，既强调理论建设，也重视文艺大众化实践（在运动与组织的大众化上，在文艺大众化的理论建设上都有重要的建树），同时还注重在各种文艺论战中（如同"新月"派的论战，同"自由人""第三种人"的论战以及同"民族主义文学"的论战）进行马克思主义文学批评的中国化探索。"左联"不仅大力开展马克思主义文艺理论的译介与传播，组建各种大众化的文艺团体以摸索马克思主义文艺理论中国化和文艺大众化的基本经验，而且大力开展革命现实主义文学批评研究与批评实践，逐渐形成了具有中国特点的左翼文艺运动五大批评模式：鲁迅的"战斗的现实主义"批评、瞿秋白的政治—文学批评、茅盾的社会—历史批评、钱杏邨的"新写实主义"批评和胡风的主客化合论批评。

3. 鲁迅与马克思主义文学批评中国形态的建设

鲁迅在毕生文艺实践中形成和发展起来的文艺观可谓博大精深，特别到后期，他的文艺观可以说是马克思主义和中国革命文艺实践相结合的产物，既是马克思主义的，又完全是民族化的富有中国气派的。鲁迅的马克思主义文学批评中国化实践，就其核心精神而言，是"战斗的现实主义"；就其主导方法而言，是辩证视域下唯物辩证法的灵活运用；就其话语表述特色而言，是民族化、大众化和通俗化的；就其价值诉求而言，是其"孺子牛"精神与中国大众利益的有机结合。鲁迅的马克思主义文学批评中国化实践，其着眼点并不在于构建自己的理论体系，而是一切从实际出发，面向和解答中国文艺创作和文艺论争中提出的现实问题，不刻意追求体系建构却又逻辑自洽地自成系统。可以说，鲁迅在马克思主义文艺理论中国化实践过程中所达致的问题的深刻性、观念的创造性、现实的批判性、论域的开放性，代表了理论真实的至高品格，这种理论真实的品格不仅体现在其对文艺现实的洞察力上，也体现在其自我批判性上，更体现在其理论自身的开放性上。从这个意义上讲，鲁迅的马克思主义文艺理论中国化实践在 20 世纪中国的马克思主义文艺理论中国化实践活动中是典范性的、方向性的。

4. 革命现实主义与马克思主义文学批评中国形态的探索

从左翼文艺运动开始到新中国成立，革命现实主义作为马克思主义文学批评中国形态探索中一种重要的理论形态占据了文艺理论与批评界的主流。相比已经革命成功并处于社会主义建设进程中的苏联而言，革命现实主义中包含的"革命"内涵更符合当时中国的现实需要。无论是瞿秋白用"唯物辩证法"来充实自己"清醒的现实主义"，还是茅盾用阶级理论改造自己的写实主义理论；无论是周扬移植苏联"拉普"理论和列宁的文学党性原则来宣传、阐释"社会主义现实主义",还是冯雪峰用"主观力"和"人民力"丰富现实主义理论的战斗性;抑或是胡风用"五四文魂"和"主观精神"的结合来创立自己的现实主义理论体系,"革命"都是这一时段的核心理念或口号。可以说,在这一理念与口号下进行既往现实主义理论的改造,使之同马克思主义文艺原理以及中国的文艺革命现实结合起来,是这一历史时段中革命现实主义理论发展的总体态势。其中它既吸收了苏联"社会主义现实主义"的理论资源,也包含着本土理论家的拓展、创新与发挥。瞿秋白、茅盾、周扬、冯雪峰、胡风、冯乃超、成仿吾等人在中国的革命现实主义文艺理论的建构与批评实践中,从不同角度、不同层次、不同维度上丰富了中国的革命现实主义理论,对马克思主义文学批评中国形态的建构起到了积极的作用。

5. 延安文艺运动与马克思主义文学批评中国形态的建构

延安文艺运动是 20 世纪中国文化史、文学史上最重大的文化事件之一。它不仅延续了五四文学的启蒙主题,而且延伸了五四未竟的大众启蒙构想,对当时和新中国成立后的中国政治、文化都产生了广泛的社会影响,也规范和制约了此后的中国文艺理论与批评的发展进程。马克思主义文艺理论和延安文艺运动是互为因果的关系,前者是后者产生与发展的理论基础,后者则是前者的有效载体和必然结果,它不仅为探索马克思主义文艺理论的中国化提供了宝贵的历史经验,其本身也是马克思主义文艺理论中国化的重大成果。在延安文艺运动中,中国共产党人为建构中国形态的马克思主义文学批评作出了重大贡献:张闻天对延安文艺大众化运动的指导具有过渡性的历史意义,毛泽东文艺思想成为马克思主义文学批评中国形态的典范形态。这一时期的"民族形式"论争是马克思主义文学批评中国化探索的一个重要截面,对中国马克思主义文学批评的民族性意识的觉醒、形成与深化起到了正面的积极的推动作用,即既为中国马克思主义文学批评的民族观注入了丰富的人民性内涵,也确立了马克思主义文学批评中国形态建设的重要两极即大众化与民族化之间的内在关联。延安"文艺大众化"运动在马克思主义文学批评的中国化进程中具有重要的示范作用,它有其内在的逻辑发展理路,是五四"启蒙文学"和"革命文学"向"工农兵文学"转进,"大众化"论争从纯粹理论层面转向实践层面的产物。相对健全的延安文学制度的建立和知识分子对"文艺大众化"的有力践行，是延安"文艺大众化"实践得以全面展开的重要原因。"文艺小组"这种"轻骑兵"式的活动方式则充分显示出中国共产党人在马克思主义文学批评中国化探索中的创造性。延安文艺运动为中国文学创作与批评树立了两个典范性的方向："鲁迅方向"和"赵树理方向"。这两个方向的树立既影响了中国现当代文学与批评的基本进程，更有力地塑造了中国形态的马克思主义文学批评的基本品格。

必须注意的是，在新中国成立之前的"中国形态"的探索中，"文艺大众化"论争和"民族形式"论争这两个重要的论争不仅贯穿了新中国成立之前"中国形态"的探索的始终，而且将其问题域以不同的方式延续到新中国成立之后的"中国形态"的探索中，构成了"中国形态"探索的两条清晰的主线，也给我们呈现出"中国形态"探索的"大众化"问题研究与"民族化"问题研究并行发展的理论格局。

就"文艺大众化"论争而言，发生于20世纪20—40年代的"文艺大众化"论争充分体现了中国化的马克思主义文学批评在大众化方面的某些自觉追求。这种追求既体现在文艺制度的初建方面，也体现在理论探讨之中。比如，在20年代中后期的讨论中，创造社就通过设立介绍马克思主义文艺理论基本概念与范畴的"新辞源"栏目来进行文艺大众化的启蒙，甚至在译介与传播活动中将"普罗化"制度化；而太阳社在其理论探讨中通过形成自己的文学理论链（如蒋光慈的"革命"的文学—"新写实主义文学"—"普罗文学大众化"）和无产阶级文学批评规范（如钱杏邨的思想内容和艺术方法"二分法"）来达到大众化、普及化的目的。30年代左翼文艺运动在文艺大众化讨论中的理论探讨呈现出从多向展开、深入拓展到重大理论问题逐渐浮现的发展态势，诸如瞿秋白的文艺大众化"三化"（题材的斗争化、体裁的朴素化、作者的工农化）原则的主张、鲁迅对苏联"同路人"理论的选择性接受、"左联"在文艺大众化讨论中的身份想象（"大众写"还是"写大众"，"大众化"还是"化大众"）等，最终汇集为新旧形式关系、大众语和通俗化等核心问题的辩论，为后来的延安文艺大众化运动的理论探讨和文艺实践奠定了坚实基础。延安时期的诗歌大众化问题讨论以及戏剧改革和新文艺推广运动（新秧歌、新歌剧、"文艺下乡"）中的文艺大众化探讨，相较于左翼的文艺大众化探讨，实现了从理论话语到现实实践、从抽象的"大众"到阶级的"大众"以及知识分子的大众化等方面的重心转移。

就"民族形式"论争而言，它主要围绕三个层面展开并在"中国形态"建构中相应取得一定实绩：（1）文艺"民族性"的意识觉醒催生了"中国形态"建构过程中对文艺民族特性的思考与体认。茅盾、邓中夏、蒋光慈、鲁迅等人将"民族性"范畴引入理论探讨与文艺实践中，起到了导夫先路的作用；在文艺民族性探讨向左、中、右三翼展开的过程中及其相互论战中，左翼将文艺的民族性问题同革命现实和民族性改造联系起来，一定程度上给这一问题的探讨打上了革命功利性的印记。抗战前夕中国共产党人对文艺"民族性"的体认则为后来的"民族形式"论争确立了一种文化学的思考角度，诸如艾思奇的文化遗产继承理论、何干之的民族传统文化观以及陈伯达对马列主义与中共和中国民族文化传统之间"应然"关系的论述等，都是这种文化视角的突出体现。文艺民族性问题和文化民族性问题也由此有机关联起来，为后来中国共产党人的新文化构想提供了一个从文艺入手解决文化问题的思路。（2）核心问题的浮现。"民族形式"问题论争最终聚焦于旧文艺的新式化和新文艺的民族化、民族文艺与西洋文艺的关系、新文艺的民族形式与现实主义的关系三个核心层面，深刻表明学界对"民族形式"问题的认识得到了进一步的深化。（3）毛泽东"民族形式"理论的成型与拓展。毛泽东于1938年提出的"中国作风与中国气派"论不仅具有方法论意义，也为国统区和延安根据地对"民族形式"的进一步论争给出了理论探讨的课题。1940年他在《新民主主义论》中对其"民族形式"理论的进一步丰富，既实践着他的政治革命与新文化猜想的结合，也得到了"文艺界民族形式运动"的进一步拓展，如周扬对民族化与文艺发展新方向的阐述，光未然对民族形式之表现的剖析，郭沫若对文艺民族新形式与大众关系的论述，以及潘梓年对"大众化"与"民族化"的关系的分析等，都是毛泽东"民族形式"理论在各具体层面的展开与补充。

6. 毛泽东文艺思想的形成

作为"中国形态"建构之典范的毛泽东文艺思想，是毛泽东及其他马克思主义文艺理论家运用马克思主义的世界观和方法论考察、研究、分析文艺问题的科学体系，是马克思主义文艺理论同中国文艺实践相结合的产物。《在延安文艺座谈会上的讲话》（以下简称《讲话》）是毛泽东文艺思想形成的重要标志，其中有明确针对中国国情、民情、文情的现实问题意识，有在时代革命和新文化构想的实践中进行文艺批评的现代性改造的时代创新意识，有把"为人民大众"作为其理论的出发点和理论的根本原则的人民大众意识，也有大力提倡具有中国气派与中国作风的文艺创造及文艺批评的民族意识。从这个意义上讲，它是推动马克思主义文艺理论中国化、时代化、大众化、民族化的典范之作。同时，我们也应认识到其他马克思主义文艺理论家在毛泽东文艺思想形成过程中的重要作用。比如：瞿秋白的马克思主义文艺观及其在译介方面的巨大贡献与毛泽东文艺思想的形成之间有着不容忽视的历史联系；鲁迅对文学与政治、文学与生活、文学与革命、文学与人民群众的关系等问题的阐述，对文艺社会作用及文艺真实性、阶级性与人性等的剖析，以及在文艺批评中对唯物辩证法的熟练运用，都达到了他那个时代的马克思主义文学批评中国化的新高度，这不仅在毛泽东的"鲁迅论"中得到了充分的肯定，也成为毛泽东文艺思想的重要源泉之一；冯雪峰的革命现实主义的理论建树、"鲁迅论"中的马克思主义文学批评实践、"主观力"与"人民力"的创新性以及《论民主革命的文艺运动》中的理论探索，都足以说明他在"中国形态"的建构和毛泽东文艺思想形成中的重要成就和巨大贡献。此外，像茅盾的现实主义文学理论对毛泽东的文艺源泉论的补充作用，张闻天的新民主主义文化建设理论（新文化四要求：民族的、民主的、科学的、大众的）对毛泽东的新文化构想的启发作用，在"中国形态"的建构史上值得书写一笔。在中国现当代文艺思想史上备受争议的周扬，其延安文艺思想的理论独立品格及其与《讲话》的互动关系也值得学界进行新的开掘。而胡风的实践性文艺观及其创造性转换并不因其后来的个人遭遇而掩盖了其与毛泽东文艺思想之间的内在联系，他的"主客观化合"论是对文艺创作规律的深刻揭示，他的"精神奴役创伤"论体现了对异化问题的本土探索，他的"主观战斗精神"论体现了对作家主体意识的关注，他的"到处都有生活"说则是对毛泽东文艺源泉论在实际操作中的疏漏的弥补。所有这些，都说明毛泽东文艺思想是一种创造性的集体智慧结晶。

二、马克思主义文学批评中国形态的发展与变异

新中国成立至新时期开始是"中国形态"的进一步发展（"十七年"）以及在特殊历史条件下发生变异（"文革"十年）的时期。"十七年"文学批评在当代文学进程中扮演着创新"革命文艺"理念、整合中外文学资源、确立文学新秩序等方面的重要角色，其目标是建构社会主义文学理论新秩序。这一时段受苏联政治与文艺思想的影响，出现过多次思想批判运动，但在坚持和巩固马克思主义文艺理论上，其主流仍是积极的、正面的。"中国形态"的建构也仍然处于发展之中。"文革"十年，由于"左"倾理论的盛行，"中国形态"的建构出现了变异，产生了一些理论误区和现实挫折，其中的教训非常深刻。

1."十七年"文学批评：科学性、现代性的理论改造与"中国形态"的巩固

"十七年"文学批评对中国本土的传统文艺批评以及五四以来的各种资产阶级文艺批评进行马克思主义的批判性继承和科学化的改造，实际上一定程度地巩固了"中国形态"。这种科学性、现代性改造主要有三条途径：一是中共领导人为适应社会主义建设时期的文艺发展需要以及为摆脱苏联政治与文艺思想的束缚而进行的调整。比如：毛泽东在《同音乐工作者的谈话》中对"民族化"问题进行了更深入的阐述；他提出的"双百"方针不仅符合文艺发展的内在规律，更从民主性的理论高度提升了"中国形态"的理论品格；他的带有鲜明方法论特色的"古为今用、推陈出新"思想既是马克思主义历史辩证法在文艺问题中的创造性运用，也为"中国形态"的建构指明了民族化、科学化的努力方向。周恩来在社会主义时期马克思主义文艺理论中国化进程中，充分考虑到文艺的固有特性和它作用于人与社会的特殊实现方式，对社会主义的文艺价值取向以及文艺的阶级性与人民性、继承性与创造性、民族性与世界性，生活真实与艺术真实，物质生产与艺术生产的关系，党对文艺工作的领导与艺术民主，作家的个人素质建设、知识分子与工人阶级的关系等诸多文艺问题作了全面的辩证的阐述，不仅超越了单纯从社会政治的视角来要求文艺和仅从文艺本身看文艺的局限，而且在保持、延续和加快发展马克思主义文艺理论中国化的历史进程方面作出了不可磨灭的贡献。

二是官方文艺方针与政策的贯彻者在对毛泽东文艺思想的宣传、阐释、实践中进行马克思主义文艺基本原理同中国文艺创作与批评实践相结合的具体途径与方法的理论探索，也在一定程度上起到了深化马克思主义文学批评中国化实践的积极作用。比如，周扬在批判修正主义和清算教条主义两条战线上"作战"时，对文艺艺术性、创作规律作了集中体认和阐发。他对形象化的强调，对艺术特殊性的重视，在克服公式化、概念化方面的努力，都有其正面的积极的作用。何其芳坚持用历史唯物主义原则进行文学史研究，对当时流行的"厚今薄古"观念进行了反驳，他关于艺术典型问题的"典型性并不等于阶级性"的看法以及著名的"共名"说，他的"实践是检验一切理论的标准"的主张等，都使得一些重要文艺理论问题的探索得到了深化。三是那些被边缘化、处于政治斗争风口浪尖而又执着于真理探索的文艺理论家们在理论探讨的"破"与"立"中接续着马克思主义文学理论的血脉，成为这一时期中马克思主义文学批评中国化实践的亮丽风景。就"破"而言，有胡风在其体验现实主义文艺思想中以"主观战斗精神"对流行的"主观公式主义"和文艺宗派主义的批判，有秦兆阳在其现实主义理论探索中对苏联的"社会主义现实主义"创作方法和"文艺从属于政治"观念合理性的质疑，有黄药眠"生活实践论"对苏联教条主义文论的批驳，也有学界"干预生活"命题对苏俄"无冲突论"的突破。就"立"而言，在文学内部规律探讨中，有巴人的"人情"论、王叔明的"人性"论、钱谷融的"文学是人学"命题、邵荃麟的"中间人物"论和"现实主义深化论"以及张光年的"题材多样化"论等。此外，在马克思主义美学中国化的初步尝试方面，王朝闻的马克思主义审美经验论中对中国鉴赏家和艺术家美学传统的创造性继承、《新艺术创作论》对艺术辩证法的阐扬，以及《美学概论》在马克思主义美学中国化的普及方面的探索，在这一时期，都是非常难能可贵的。

2. 政治化与马克思主义文学批评中国形态的变异

"文化大革命"是形势认识和理论追求出现严重错位的产物。"无产阶级专政下继续革命的理论"对马克思主义中国化正确方向的背离，造成了文艺界的浩劫，也使得马克思主义文学批评中国形态的建构发生了断裂与变异。文艺界的主流意识形态及其理论的推广与宣传者通过歪曲马克思主义文艺理论而为现实的政治斗争服务（如《部队文艺工作座谈会纪要》），不仅没有为马克思主义文学批评中国化的实践提供新的理念，也谈不上系统的概念体系和创新性成果，相反，在极左路线和庸俗社会学的主导下，完全歪曲和篡改了马克思主义文艺理论所强调的现实主义及其真实性原则，将文艺的政治性、功利性推到急功近利的实用主义的极端。这一时段的马克思主义文学批评理论的探讨陷入了多重误区，出现了文艺性质认识中的所谓"从属论""服务论""工具论"，创作方法认识中的所谓"三突出""两结合""题材决定论"，以及文艺与生活关系认识中的所谓"唯一源泉论""改造先行论"。

三、新时期以来马克思主义文学批评中国形态的探索

新时期开始至今是"中国形态"建构的多元综合创新期。其中，"文革"结束到 20 世纪 80 年代中期是文艺理论界的自我反思和调整期，文艺学的各种论争对恢复马克思主义文艺学说的指导地位，重启"中国形态"建构，起了正面的、积极的推动作用。邓小平文艺思想是这一时期"中国形态"建构的创新性、典范性成果。80 年代中期到 90 年代初期，"中国形态"的建构在学界的理论自主性追求中稳步、深入前行。90 年代以来，社会文化转型语境下的"中国形态"的建构实践则具有面向当代、面向世界、注重理性、注重对话、注重理论创新的鲜明时代特征。

1. 新时期以来的文艺学论争与"中国形态"的探索（"文革"结束到 80 年代中期）

"文革"结束到 80 年代中期，伴随着文艺学问题的各种论争，"中国形态"的建构在论辩中发展，在摸索中前行，其间伴随着各种对立因子的碰撞与冲突，如文艺观念的旧与新、对马克思主义理解的浅与深以及政治气候的阴与晴，将"文革"结束伊始理论界霜冻初解的历史场景一并敞现了出来。文艺与政治关系这一马克思主义文学批评中最重要的问题之一，经过反复论辩，最终正式以"文艺为人民服务、为社会主义服务"的口号取代"文艺从属于政治""文艺为政治服务"的口号。这次"拨乱反正"强调了文艺的相对独立性，对党的文艺方针作了重大调整，为"中国形态"的建构打开了思想解放的新

局面，其意义不可小觑。现实主义问题论争及其相伴而生的艺术真实和艺术典型问题的论争，从主流看，强调了文艺与生活的联系及艺术真实与生活真实的区别，突出了思想性和艺术性的统一，区分了自然主义与现实主义的界限，清理了"写真实"与"写本质"的关系，开掘了艺术典型的多种内涵和基本特征，也在一定程度上恢复了马克思主义的现实主义文学理论的原貌。其中贡献尤大者是理论家陈涌，他以"真实性"与"倾向性"、"典型性"与"阶级性"、"美学"与"历史"等核心范畴构筑其现实主义文学理论体系，注重培育理论感、历史感和艺术感"三感"的结合，始终坚持把握经典文论应回到经典作家的原著和回到对象（作品）本身。"两结合"问题论争中，王元化用感性—知性—理性三分法的哲学认识论，取代感性—理性二分法，廓清了学界对马克思"由抽象上升到具体"这一经典命题的惯性认知①，对文艺界的"抓要害""抓本质""写本质""三突出"等错误文艺观进行了认识结构上的纠偏。从今天回望，不少论争使得马克思主义文艺理论的原典或原貌得到了不同程度的恢复与应用，比如：在"形象思维"问题论争中引入马克思主义认识论中关于"掌握世界"方式的论述；用马克思主义历史唯物论解释"共同美"的形成；用马克思主义的"美学的和历史的观点"取代"政治标准第一、艺术标准第二"的文艺批评原则；在"文学的人民性"问题的论争上打破了言"人民性"必取消"党性"原则的理论禁区，从"民主性精华"的理论高度上承认了"人民性"存在的合法性，等等。一些论争则凸显出"中国形态"建构的自觉意识。如艺术生产与物质生产发展不平衡关系问题的论争直接同社会主义时期经济与文艺建设的现实联系起来；在从人性、人道主义的讨论到"文学是人学"命题的重新确立过程中，周扬、黄药眠、王蒙、钱谷融等学者或从理论的自我批判，或从马克思主义社会实践理论，或从创作经验的实际，或从人性共同形态与典型的关系，不同程度地深化了对这一命题的本土探索。

2. 邓小平文艺思想的创新性及其对"中国形态"建构的影响

邓小平文艺思想是中国特色社会主义的文艺思想。它作为当代马克思主

---

① 王元化：《论知性的分析方法》，《上海文学》1982 年第 9 期。

义和当代中国文艺实践相结合的产物，是马克思主义文艺学说和毛泽东文艺思想在新的历史条件下的继承和创新性发展，这已成学界共识。邓小平文艺思想结合新形势下文艺工作的实际，系统而科学地回答了社会主义建设时期文艺发展的一系列根本问题，提出了一系列创新性的文艺观点、命题。这突出表现在：在文艺方向上，坚持和强调文艺为人民服务、为社会主义服务的"二为"方针；在文艺功能上，强调文艺要为建设高度发展的社会主义物质文明和精神文明提供助益；在文艺效益方面，强调文艺要为满足人民日益增长的物质文化需要提供最大社会效益；在文艺领导方式上，强调各级文艺领导工作者要按文艺发展规律去领导文艺工作；在文艺创作上，强调文艺工作者要努力创造社会主义新人形象；等等。可以说，邓小平文艺思想是中国化的马克思主义文艺理论的又一典范理论形态。邓小平文艺思想对新时期以来文艺学界的马克思主义文学理论探讨产生了巨大的影响。文艺学界在邓小平文艺思想指导下，深入进行"中国形态"的探索，在不少方面（特别是文艺基础理论方面）取得了突破性进展：（1）在文艺与政治及社会生活关系问题上，通过纠正传统机械反映论的偏颇，深入探讨了文学主体性及艺术反映能动性问题。（2）在文艺本质问题上，吸收传统意识形态论、艺术反映论的有益成分，整合现代西方哲学、美学思想，先后提出了情感本体论、自由象征说、审美反映论、审美意识形态论等多种新说，丰富、拓展和深化了对文艺本质的认识。（3）在文艺理论哲学基础问题上，以马克思主义的哲学反映论或辩证唯物主义的认识论为基础，深入拓展了以历史唯物主义为基础的哲学实践论的研究，一定程度上实现了文艺理论研究中实践品性的回归。（4）通过对人性、人道主义和异化问题的论争，重新确立了"文学是人学"的命题，并对马克思主义人学理论进行了补充和丰富。（5）重新探索了马克思主义倡导的"美学的观点"与"历史的观点"有机统一的理论的科学性，初步建立了"外部研究"和"内部研究"相结合的文艺理论研究格局。

3. 新时期文学理论自主性的追求与马克思主义文学批评中国形态的建构（80 年代中期到 90 年代初期）

理论自主性是马克思主义的重要品格和基本原则，坚持与否往往直接影响或决定着马克思主义中国化的探索进程。新时期以来，经过拨乱反正的中国文艺学界开始了理论自主性的追求，也开始了探索中国形态的马克思主义文艺理论与批评的新征程。在理论自主性的追求中拓展马克思主义文学批评理论的深度与广度是这一时期"中国形态"建构的特点。主要体现在：（1）对文艺研究方法的多元化追求。80年代中期以来，各种西方现当代文艺学方法被纷纷引进本土文艺批评实践，并大致形成了科学主义和人文主义两大派别。它们对批判庸俗社会学和机械论的思维方式，推动文艺研究方法的多样化，丰富和发展马克思主义的辩证思维，起到了一定的促进作用。（2）80年代的"文学的主体性"论争是马克思主义文艺理论中国化探索历程中重要的一环。"文学的主体性"理论与文学反映论的分歧，以及"文学的主体性"理论与毛泽东文艺思想在文艺的本质及价值、作家的地位及作用等方面展开的对话，都集中展现了这一时段中国的马克思主义文艺理论研究中的洞见与盲视。特别是文学的主体性理论在坚持与发展马克思主义文艺原理上的合理性与局限性，对于建构中国形态的马克思主义文艺理论形态有着重要的借鉴意义。刘再复的文学主体论作为对"文学是人学"这一原有命题的"深化"努力，因其"主体"的先验给定性而陷入理论盲区，与马克思关于人的主体性发展的三大历史形态或阶段的理论也有所偏离，并由此引发了学界关于文学主体论与文学反映论的论争与冲突。它在"中国形态"建构进程中的意义就在于它引发了学界对庸俗社会学之弊端的思考和对单纯认识论文艺学的反思与批判。（3）文学"审美反映"论和"审美意识形态"论的确立。从其形成过程来看，它们是中国学者在坚持马克思主义文艺基本原理的同时，整合本土理论创造（如王国维的超功利艺术本质观、鲁迅的"不用之用"文艺本质观、朱光潜的艺术审美本质理论、蔡仪的形象反映说、李泽厚的情感表现说、王朝闻的艺术审美反映说等），又经钱中文、童庆炳、王元骧等学者通过对文学政治工具论的深入批判和对文学特殊性的深度开掘并整合马克思主义的存在与意识的关系理论和经济基础与上层建筑的关系理论而形成的。可以说，它们既是中国当代学者的集体理论结晶，也是对马克思主义文艺理论的创造性延伸。（4）80年代中后期以来中国文艺学界就"建设有中国特色马克思主义文学理论"问题所作的广泛而深入的探索，突出体现了中国文艺学界对理论自主性问题的多维度、多向度的深入思考，以及对于思考和探讨如何建设马克思主义文艺理论的新体系和新形态问题的不懈努力。在"中国特色的文学理论"的建设性探讨中初步提出了中国特色文学理论的当代形态构想。陆贵山、朱立元等人的当代马克思主义文艺学体系建构和董学文的以文学理论科学性诉求为理论支撑的建设有中国特色的马克思主义文艺学当代形态的构想,是这一时期的重要收获。这次探索活动确认了邓小平文艺思想作为建设有中国特色社会主义文艺理论的理论纲领地位,通过对社会主义文学艺术的拓展性研究(如文艺商品性问题、艺术生产问题研究),拓宽了中国形态马克思主义文艺理论的问题域,丰富了中国形态马克思主义文艺理论的理论视界,标志着马克思主义文学批评中国形态的建构实践真正走向深入、多元和学理化。

在这一时段中,实践论美学的拓展对文学理论的自主性追求产生了重大的影响。五六十年代关于"美的本质"四派观点的"美学大讨论",到了80年代,演化为实践论美学的独树一帜,促其在改造中前行并蓬勃发展者当推李泽厚、朱光潜、蒋孔阳等人。李泽厚的主体性实践美学通过马克思主义的实践观改造康德的先验主体性,突出了"实践"范畴中潜含的"主体性"内涵,这对于推动美学摆脱静态的认识/反映模式,对于文艺学界突破长期以来所习惯的哲学—文艺社会学阈限,有着深远的意义。他的"积淀"说,虽然只是对"实践"范畴之于僵硬的心物、主客以及感性与理性对立的超越都存在着如何具体落实的问题的理论猜想,但其对康德的先验认知模式、荣格"原型"理论、贝尔的"有意味的形式"、皮亚杰的发生认识论原理和格式塔心理学的"异质同构"等西方思想资源进行有效吸纳并与马克思的"自然的人化"等思想相互参证,仍不失为一种高出国内同侪的本土理论创构。朱光潜之于"中国形态"建构的重要意义不仅仅在于他呼应李泽厚引用马克思实践观点的做法,将其"美是主客观统一"观点与马克思的实践论融为一体,藉以改造自己的美学观,形成新的实践论美学观,更在于他的自我解剖、自我批判精神和对真理永不停息的寻求,以及对马克思主义的自觉学习与不断发现。相比某个概念、范畴或理论形态的建立,这种精神在未来的"中国形态"探索中更显弥足珍贵。"美在创造中"是蒋孔阳自选集的书名,是其美学思想新体系的凝练,也是其学术品格与心路历程的集中体现。他的以实践论为哲学基础、创造论为核心的审美关系论,其理论创新是多方面的,诸如"美在创造中""美是多层累的突创""美是自由的形象"等多个命题的提出,不仅继承了马克思主义学术研究的历史性研究和逻辑性建构相结合的原则，更显示出历史总结和再创造的品格。

4. 社会文化转型语境下马克思主义文学批评中国形态的建构（90 年代）

90 年代以来，随着市场经济的开启和中国社会全面而深刻的转型，文学批评在多元化和多样化的追求中走向"众声喧哗"，"中国形态"的建构呈现出面向当代，注重比较与对话，以思想碰撞、学术交流和理论对话来应对传统与现代、中国问题与全球问题的内在关联性以及外来文化和本土文化的交互作用性的特征。如何延绵文学批评传统、化解文学批评冲突、促进文学批评共识、实现文学批评自觉，构成了中国社会文化转型语境下马克思主义文学批评中国形态建构的重要任务。20 世纪 90 年代的"人文精神"讨论是多种因素促成的，这场针对性明确而其内在涵义却甚为模糊的讨论作为对时代的精神滑坡的集体抗衡，主要是在精神 / 物质的论述结构中去质疑交换原则和消费逻辑对精神文化的压迫，其讨论的核心问题则是人文关怀。这一讨论具有文学、文化、社会思潮等多重象征意义，由此而引发的中国文艺学界关于"新理性精神"之建设的探讨呈现出当代中国马克思主义文艺批评中国形态探索的积极态势。它是在马克思主义文艺理论中国化思想指导下构建人文精神的新尝试。这一时段，中国学界的"古代文论的现代转换问题"论争围绕三个核心问题（即为何要转换、能否转换、如何转换）的展开，呈示了当代文论研究与建构的文化无根性困境，着力探讨了中国传统文论的当代价值，拓展了民族性概念内涵，对马克思主义文艺理论民族化探索具有重要的启发作用。

5. 全球化语境下马克思主义文学批评中国形态的建构（90 年代后期以来）

90 年代后期以来，全球化趋势日益明显。在文化多元主义语境或对话语境中去考察、理解与探讨当代文艺理论与批评问题业已成为时代主流。在这一语境下，马克思主义文学批评中国形态的建构实践在研究方法的开拓和体系建构两个方面取得令人瞩目的成绩。就前者而言，主要体现为在"文化转向"大背景下借鉴当代西方"文化研究"的理论成果，结合当代文学理论泛化的发展趋势，深入探讨文化研究与文学研究之间的关系，对当代西方"文化研究"中的马克思主义回归现象作深度反思。其代表性成果是"文化诗学"的创构。就后者而言，在"三个代表"重要思想和科学发展观、社会主义和谐社会论以及习近平关于文艺的重要论述的指引下，特别是在党的十七大报告中明确提出要与时俱进，"不断推进马克思主义中国化"的思想激励下，文艺理论界掀起理论创新的热潮，"中国形态"的建构真正步入了一个理论活跃期。这些理论探讨呈现出多元化的探索路向：(1) 开始探讨"马克思主义文艺理论中国化"这一命题的科学性和其中的"中国化"的基本涵义。对中国化与民族化、大众化、时代化、实践化之间的联系和区别展开了深入的探究。(2) 开始对马克思主义文学批评中国化的进程进行历史分期描述或研究，形成了"三期"说(经典著作译注期、理论体系探讨期和当代形态建构期)和"五期"说(启蒙、奠基、"十七年"、"文革"、新时期以来)①。(3) 开始总结中国化马克思主义文学批评的基本特征(如革命实践性、伦理意识形态性、整合和谐性等)②。(4) 开始探讨马克思主义文学批评中国化的理论形态。如提出以马克思主义实践论哲学与人学的统一为理论基点的主体论、本体论与价值论有机统一的系统整合式批评形态③。(5) 开始探讨马克思主义文学批评中国化的基本路径。如提出"中国化""民族化""科学化"相统一的建构途径和发展道路。(6) 开始总结马克思主义文学批评中国化进程中的重大环节和重要理论成果(如从毛泽东文艺思想到邓小平文艺思想到江泽民文艺思想和胡锦涛和谐文化建设理论)。(7) 考察了中国化马克思主义文艺批评标准与方法的演变。(8) 从艺术人类学视角对马克思主义文艺理论话语中国化问题作了解析、评估和展望。(9) 从学科间性问题、系统整合问题、问题意识重塑问题、阐释学对话问题、本土视域与世界视域并重问题

---

① 季水河在《回顾与前瞻：论新中国马克思主义文艺理论研究及其未来走向》(中国社会科学出版社 2009 年版)"上篇：历史论"中将新中国的马克思主义文艺理论研究分为"经典著作译注期(1949—1979)""理论体系探讨期(1980—1988)"和"当代形态建构期(1989—2003)"三阶段。朱立元在《马克思主义文艺理论中国化研究》(经济科学出版社 2009 年版)一书第一篇"20 世纪马克思主义文艺理论中国化历程的回顾总结和理论反思"中分启蒙、奠基、"十七年"、"文革"、新时期以来五个时段。

② 张玉能：《中国化马克思主义文学批评的美学特征》，《青岛科技大学学报(社会科学版)》2010 年第 4 期。

③ 赖大仁：《关于马克思主义文学批评的当代形态》，《中国人民大学学报》1999 年第 4 期。

等方面深入分析了马克思主义文论中国形态的问题及其提问方式①。(10) 剖析了马克思主义文艺理论中国化中存在的问题，对"去政治化""去意识形态化"或融合西方理论以标榜马克思主义文艺理论中国化等各种"泛马克思主义文艺理论中国化"现象进行了清理和批判②。"理论创新"时代的"中国形态"建构，其实质就是以马克思主义文艺理论基本原理为出发点、立足点，不断消解古学、西潮、新知融通与整合中的接受"间距"，通过中国特色文学理论的当代形态构想去寻求批评的内在自由。其代表性成果有陆贵山的"宏观文艺学"构想、董学文的"21 世纪中国的马克思主义文艺学"构想、朱立元的以实践存在论为核心的马克思主义人学文艺学构想、谭好哲的以文艺意识形态本性论为核心的"马克思主义问题性"构想、赖大仁的马克思主义文学批评当代形态构想，以及冯宪光对"人民文学论"谱系的勾勒和理论创新等。而以"人民性"为核心的习近平关于文艺的重要论述以其对处于"思想大活跃、观念大碰撞、文化大交融"时期的中国文艺状况的深刻而清醒的认知，以及对中国精神和中国元素的深度发掘，成为理论创新时代马克思主义文艺批评中国形态的最新成果。

由上可见，马克思主义文学批评中国形态的建构是一个铢积寸累、沉潜默识、在曲折中前行的艰难历程，是一个中国数代学人不断寻求马克思主义文学批评中国形态的内容和形式、实践形态和理论形态、政治过程和文化过程相统一、相完善的动态历史过程，也是一个中国特色逐渐形成和创造性思维品格不断生成同时又存在着诸多内在于中国文学批评之历史与现实且面向未来开放的真问题的"既济"（完成性）和"未济"（未完成性）相伴随、相纠结的辩证发展过程。认真清理这一历史进程并提炼出切实可靠的历史经验，必将为马克思主义文学批评的中国当代形态的建构提供有益的借鉴。

---

① 党圣元：《马克思主义文论中国形态化的问题意识及其提问方式》，《贵州社会科学》2012 年第 9 期。
② 董学文：《马克思主义文艺理论中国化问题的反思》，《文艺理论与批评》2008 年第 7 期。

第 一 编

马克思主义文学批评中国形态的
萌芽与确立

第一章　马克思主义文艺理论在中国的
早期译介和传播

　　近现代以来，西学东渐下的汉语知识界所遭遇的情势，正如梁启超所描述的那样："忽穴一牖外窥，则粲然者皆昔所未睹也，还顾室中，则皆沈黑积秽。于是对外求索之欲日炽，对内厌弃之情日烈。……于是以其极幼稚之'西学'知识，与清初启蒙期所谓'经世之学'者相结合，别树一派，向于正统派公然举叛旗矣。"① 可以说，身处清末民初这一时代巨变中的人，无论他持有什么样的政治立场与思想主张，都无不深切地感受到自己正置身于亘古未有的文化与思想的大变动中。在汉语知识界的文化体验中，价值取向、精神取向等方面的困惑与焦虑常常混杂在一起。正是这种文化危机意识伴随着狂热的探索，使得许多中国知识分子既深刻地省察过去，又试图超越自身的文化局限去重新寻找思想的新方向。王国维曾将清代学术的流变及其特征归纳为："国初之学大，乾嘉之学精，道咸以降之学新。"② 的确，晚清以来，中国文化、思想、文学、学术等各方面出现的一个重要特征就是"新"，这个与传统思想、文化与文学异质的"新"所产生的一个重要原因就在于对西方思想的译介。开放性的世界眼光、对本民族命运的深沉的忧患意识使得晚清以来的学者们把眼光投向先进的西方思想，在引进、介绍、翻译西方文化与思想的过程中将中国传统文化与思想逐步按照自己的现代性设计引放到现代轨道上来。

---

① 梁启超：《清代学术概论》，东方出版社 1996 年版，第 65 页。
② 王国维：《沈乙庵先生七十寿序》，《观堂集林》卷第二十三，《王国维遗书》第四册，上海
　　古籍书店 1983 年版，第 26 页。

第一节　早期留学生与马克思主义文艺理论的译介与传播

马克思主义在中国的传播和兴起，就其外在原因讲，首先是 20 世纪文化与思想交流与融合的国际大背景的形成，其次是俄国十月革命的胜利提供了国际环境和外部条件，再次是俄美两国对华政策对马克思主义在华传播起到了特殊的促进作用。就其内在原因讲，首先是五四新文化运动的深入发展、中国工人阶级的成长以及各种西方科学思潮的引入为马克思主义在中国的传播提供了现实外部条件。其次是由于马克思主义与中国传统文化在文化的深层次结构方面有着诸多的会通之处，诸如传统文化中的大同思想、重民思想、崇实思想、民本思想、大公无私思想、重德思想等等，为马克思主义在中国的传播和发展提供了适宜的土壤。就其早期传播者讲，有封建地主阶级如张德彝（其游记《三述奇》最早记载巴黎公社）、王韬（其《普法战纪》中翻译和写作了大量关于巴黎公社的报道）、高从望（其《随轺笔记》为最早中国人的巴黎公社起义目击记），以及晚清外交官如黎庶昌、李凤苞、汪凤藻等人（其游历中记载相关马克思主义内容）；有资产阶级代表人物如孙中山、梁启超、朱执信、戴季陶、胡汉民、林云陔、陈炯明、沈仲九等；有无政府主义者如刘师培（组织"社会主义讲习会"并节译、介绍《共产党宣言》）、江亢虎等，也有中国早期马克思主义者李大钊、陈独秀、瞿秋白、毛泽东、周恩来、张国焘、李达等。就其在中国的传播地区而言，南起广州，北到哈尔滨（如东华学校是传播马列主义的重要基地），东起上海，西至四川（如王右木组建了四川第一个马克思读书会并创办了四川第一份马克思主义公开刊物《人声报》），其中又以长江流域为最盛（如湖南的新民学会及《湘江评论》，武汉中华大学的《光华学报》及以李达、李汉俊、恽代英、林育南、陈潭秋等人为代表的马克思主义理论宣传等）。就早期传播的特点而言，其一，参与译介的政治派别和人物十分复杂；其二，译介中节译、转译、误读现象非常明显；其三，在阐释马克思主义时带有强烈的功利主义色彩，选择性倾向非常明显；其四，影响主要集中于知识分子之中。就其传播途径而言，主要有日本、俄国、欧美（以法国为主）三条。以下我们结合这三条传播途径来分析早期马克思主义传播对马克思主义文学批评中国形态形成的影响。我们认为，这其中，早期留学生对马克思主义理论的译介对于马克思主义文学批评中国形态的形成有着导夫先路的作用。

一、马克思主义理论传播的三条途径

马克思主义传播的第一条路径是中国留日学生对马克思主义理论的介绍与传播。19世纪末20世纪初，密切关注欧洲社会主义、共产主义思想的日本进步思想界先后成立了社会问题研究会、社会主义研究会、社会民主党、平民社等组织，创办了《劳动世界》《平民新闻》《社会主义》《真言》《光》《新纪元》《独立评论》《社会主义研究》等许多以介绍劳动运动和社会主义为主要内容的进步刊物。像片山潜、幸德秋水、堺利彦等著名学者，不仅积极举行各种演说会、读书会、研究会、谈话会宣扬社会主义，还亲自译介马克思主义理论。如幸德秋水和堺利彦合译了《共产党宣言》第一、二章（载于《平民新闻》1904年11月13日）。从1906年开始，马克思主义经典著作如《共产党宣言》《社会主义从空想到科学的发展》以及著名社会主义理论家李卜克内西、克鲁泡特金等人的文章在堺利彦创办的《社会主义研究》中得到全文译载，开始在日本社会和思想界迅速流传。

中国早期留日学生对风行日本的社会主义思潮产生了浓厚的兴趣，并于1900年成立了译书汇编社。该社不仅选译日本学者所介绍的马克思主义理论，也刊登中国留学生的翻译文章。如1901年1月《译书汇编》第1、2、3、6、8期连载了日本学者有贺长雄所写的《近世政治史》一书。其中提到第一国际（译作"万国工人总会"）、马克思（译作"麦克司"）及其"均产之说"。①1903年2月，《译书汇编》又刊登了中国最早一批留日学生之一马君武的《社会主义与进化论比较》一文，文章将马克思称为"以唯物论解历史学之人也"，并说"马氏尝谓阶级竞争为历史之钥"。到1904年

---

① 彭继红：《传播与选择——马克思主义中国化的历程（1899—1921年）》，湖南师范大学出版社2001年版，第60—61页。

前后，这股引进和译介日文社会主义著作的热潮几乎达到高峰，按照学者彭继红的说法，"这一阶段出版界出版了许多留日学生翻译的与社会主义有关的书籍。像矢野文雄的《新社会》，幸德秋水的《广长舌》《二十世纪之怪物——帝国主义》《近世社会主义评论》，岛田三郎的《社会主义概论》《世界之大问题》，西川光二郎的《社会党》和《世界大同主义》等，几乎是当年，有些甚至几个月内就被译成中文了"①。作为同盟会机关刊物的《民报》也成了译介社会主义思潮的重要阵地。从1905年开始，《民报》几乎每期都刊登通过日文翻译而来的介绍社会主义的文章。像朱执信（署名蛰伸）的《德意志社会革命家小传》（在《民报》第3号上改为《列传》）的长文即发表于1906年1月、4月的《民报》第2号、第3号。此外，同年6月，宋教仁（署名劳斋）在《民报》第5号发表长达一万一千多字的《万国社会党大会略史》一文，详细介绍了《共产党宣言》和马克思、恩格斯领导的第一、二国际。此外，像《共产党宣言》的纲领部分，也是马君武于1906年夏译成中文刊登在《民报》上的。值得注意的是，中国留日学生同日本社会主义者之间的互动交往也逐渐密切起来，像梅景九、张继等留日学生经常参加幸德秋水等人组织的日本社会党的各种会议，而幸德秋水、北一辉等日本社会党人也参加了张继、刘师培等人组织的中国第一个"社会主义讲习会"的活动。

在这些早期留日学生的马克思主义理论传播过程中，通过日文转译的方式介绍马克思主义理论是马克思主义理论向中国传播的首要特征。比如，《民报》"第1号的《进步与贫乏》、第8号的《无政府主义之二派》、第11号的《虚无党小史》、第16号的《巴枯宁传》等是节译自亨利·乔治、久津见蕨村、烟山专太郎等人的著作，而第2、3号的《德意志社会革命家列传》，第3、7号的《一千九百零五年露国之革命》和第5号的《万国社会党大会史略》等，都是直接译自不久前出版的日文报刊"②。前述宋教仁的《万国社会党大会略史》一文是直接根据日本社会主义学者大杉荣发表在《社会主义研究》

① 彭继红：《传播与选择——马克思主义中国化的历程（1899—1921年）》，湖南师范大学出版社2001年版，第61页。

② 彭继红：《传播与选择——马克思主义中国化的历程（1899—1921年）》，湖南师范大学出版社2001年版，第61—62页。

创刊号的同名文章翻译并略加修改后而成的①。克鲁泡特金的《无政府主义之哲学》《面包掠夺》，以及《共产党宣言》第一章部分内容和恩格斯1888年英文版序言等等，也都是通过日文转译刊登在刘师培创办的无政府主义刊物《天义报》上②。上述这些译著又往往通过三种途径对国内思想界产生影响：一是由上海作新社、广智书局、文明编译局、商务印书馆国内著名出版机构出版发行这些日文译作。如1903年2月上海广智书局出版了日本学者福井准造著、赵必振翻译的《近世社会主义》一书。书中第二编第一章《加陆马科斯（即卡尔·马克思）及其主义》比较详细地介绍了马克思的生平著述、社会活动、同恩格斯的友谊和家庭情况；第二章"国际的劳动同盟"则较详细地介绍了当时的工人运动。二是直接将在日本出版的进步刊物如《浙江潮》《新民丛报》《民报》等大量地运回国内产生直接思想影响。③如1903年10月《浙江潮》编辑所出版的日本学者幸德秋水著、中国达识社翻译的《社会主义神髓》（该书称马克思为"社会主义祖师"）对国内思想界就产生了很大的影响。三是在本土期刊杂志上译介马克思主义。如梁启超于1902年10月在《新民丛报》第18号上发表了《进化论革命者颉德之学说》一文，1904年2月14日又在《新民丛报》第46、47、48期合刊本上发表了《中国之社会主义》一文。再如，恽代英于1915年在《光华学报》（1915年5月1日）上发表了《新无神论》，宣传近代唯物主义思想，又于1917年3月在《新青年》上发表了《物质实在论》，系统地介绍西方各派对于物质世界是否客观存在的哲学观点，阐述其朴素的唯物主义思想。本土期刊杂志的译介在五四运动前后曾经达到一个高潮。仅以《新青年》为例，1919年5月出版的第6卷第5号专门推出"马克思主义研究"专号，刊登了顾兆熊的《马克思学说》、凌霜的《马克思学说批评》以及英国学者Angelo S. Rappoport著、起明译的《俄国革命之哲学的基础》，陈启修的《马克思的唯物史观与贞操问题》、渊

---

① 参见陈家新：《〈共产党宣言〉在中国的翻译和版本研究》，《中国国家博物馆馆刊》2012年第8期。
② 参见彭继红：《传播与选择——马克思主义中国化的历程（1899—1921年）》，湖南师范大学出版社2001年版，第62—63页。
③ 参见彭继红：《传播与选择——马克思主义中国化的历程（1899—1921年）》，湖南师范大学出版社2001年版，第63页。

泉的《马克思奋斗的生涯》、刘秉麟的《马克思传略》、李大钊的《我的马克思主义观》等文章。

马克思主义传播的第二条路径是早期旅欧中国共产党人对马克思主义的宣传介绍。如周恩来在旅欧期间不仅参加向中国旅欧工人和学生宣传马克思主义的实际活动，还撰写了《共产主义与中国》《宗教精神与共产主义》和《西欧的"赤"况》等文章和通信，对唯物史观的传播起到了重要作用①。蔡和森在20世纪20年代旅法勤工俭学期间比较系统地钻研了马克思主义理论，他不仅翻译了《共产党宣言》的有关段落，还经常以书信或撰写专论文章的方式向国内广泛传播马克思主义。他曾就中国革命问题与毛泽东通信，明确提出要以唯物史观作为中国革命的行动指南，作为党的指导思想。而毛泽东对他的来信中提出的主张深表赞同，认为他的信"见地极当，我没有一个字不赞成"，并将这两封信编入《新民学会会员通信集》第三集，广为流传。②

马克思主义传播的第三条路径是随着十月革命的爆发从俄苏向国内引进马克思、列宁主义。其早期传播时段主要集中在五四运动前后数年间。最初关于列宁的名字有里林、里宁、黎宁、李宁等多种译法（如刊载于1918年4月20日出版的《劳动》第1卷第2号上的持平的《俄罗斯社会革命之先锋李宁事略》一文），显示出早期译介活动的零散化特征。其中影响较大的有英国学者Angelo S. Rappoport著、起明译的《俄国革命之哲学的基础》，日本民友社著、琏译的《俄国的社会思想历史》，美国学者Jerome Davis著、雁冰译的《俄国人民及苏维埃政府》和震环译自Soviet Rurria的《列宁的著作一览表》，等等。这一时期对列宁主义的译介在内容上主要集中于劳工神圣思想、平民主义、民粹主义以及阶级斗争思想。如1918年3月，吴稚晖等人在上海创办《劳动》月刊，广泛宣传劳动主义、社会主义。同年11月李大钊在天安门广场发表的题为《庶民的胜利》的演说，以及陈启修在《北京大学月刊》第1卷第1号（1919年1月）上发表的《庶民主义之研究》

---

① 参见彭继红：《传播与选择——马克思主义中国化的历程（1899—1921年）》，湖南师范大学出版社2001年版，第69页。

② 参见彭继红：《传播与选择——马克思主义中国化的历程（1899—1921年）》，湖南师范大学出版社2001年版，第69—70页。

都带有非常明显的平民主义特点。谢婴白在介绍列宁主义的时候重点提到的则是其阶级斗争学说。他说："李宁是崇奉马克思主义的人。所以他信仰《资本论》，恰如教徒之信仰圣经。李宁曾有说过的，'我们所信仰的主义，只有一条。就是一切阶级之上，应该安置劳动阶级，为绝对的支配者'。这种信条一行，俄国劳工农民，大形活跃。及乎今日，劳工农民，遂全数掌握俄国的实权，内为国家的奋斗，外为世界的宣传……"① 此外，五四知识分子对俄国民粹主义的宣扬，也是早期译介的一个重要方面，比如俄国民粹派发起的"到农村去"运动就为李大钊所密切关注。他曾发表《青年与农村》一文鼓励中国的青年知识分子效法俄国民粹主义的"到民间去"运动。李大钊的这些思想对毛泽东有着巨大的影响，美国学者莫里斯·迈斯纳在《李大钊与中国马克思主义的起源》一书中曾指出：

> 正如斯图尔特·施拉姆先生对毛泽东思想发展所做的优异研究当中认为的那样，青年毛泽东思想的形成在很大程度受益于李大钊思想的影响。李不仅在 1918 至 1919 年冬向毛介绍了马克思主义理论（当时，毛担任北京大学图书馆的管理员），而且还向毛讲述了自己对马克思主义的看法以及对十月革命意义的认识。因此，毛泽东很可能受到了李大钊的马克思主义观念中所夹杂的民粹主义观点的影响，特别是李在 1919 年曾经向年轻的知识分子发出强烈的号召，要求他们离开城市到农村去，为农民的解放贡献力量。1925年，毛重新发现了农民，但正像施拉姆所指出的，"李大钊很可能在 1919 年就开始走上那条重新探索的道路"②。

在 1919 年中发表的青年毛泽东的早期政治性著作中，他在民族主义、民粹主义以及布尔什维克主义等问题上都同他的师长的思想发生了共鸣。他们都认为，整个中华民族是反抗外来侵略的重要的统一体，要相信人民大众的力量。他们坚信，中华民族的历史是

---

① 谢婴白：《现代俄罗斯的研究》（十）（原载于《闽星》1920 年第 2 卷第 8 号），《社会主义思想在中国的传播》第一辑下册，中共中央党校科研办公室 1985 年版，第 565—566 页。
② [美] 莫里斯·迈斯纳：《李大钊与中国马克思主义的起源》，中共北京市委党史研究室编译组译，中共党史资料出版社 1989 年版，第 280 页。

伟大的，未来是繁荣的，布尔什维克革命将成为席卷全球的伟大潮流。这些都是毛在 1919 年从李那里接受的观点。此后，毛泽东对马克思主义理论的论述紧密地遵循李大钊所提出的原则。①

可以说，上述早期苏俄马克思主义、列宁思想译介活动中这些非常明显的特征对于理解马克思主义文学批评中国形态在中国的形成与发展，特别是对于理解中国马克思主义文学批评何以强调文艺的大众化、何以将文艺作为阶级斗争的工具，何以对农村题材特别重视，何以对文艺民族形式建设特别强调，等等，都提供了理论源头上的理解路径。

晚清以来，中国文学板块中新学与旧学力量比重发生改变的重要原因之一来自话语主体知识结构的改变。李泽厚曾指出："中国近代人物都比较复杂，它的意识形态方面的代表更是如此。社会解体的迅速，政治斗争的剧烈，新旧观念的交错，使人们思想经常处在动荡、变化和不平衡的状态中。先进者已接受或迈向社会主义思想，落后者仍抱住'子曰诗云'、'正心诚意'不放。同一人物，思想或行为的这一部分已经很开通很进步了，另一方面或另一部分却很保守很落后。政治思想是先进的，世界观可能仍是唯心主义；文艺学术观点可能是资产阶级的，而政治主张却依旧是封建主义。如此等等，不一而足，构成了中国近代思想一幅极为错杂矛盾的图景。"② 的确，晚清至五四一代文学家及批评家所处的时代是国内民族危机空前深重的年代，又是新思想广泛传播、中国社会孕育着更加剧烈变动的年代。在这样一个重大历史变革时期，选择出国留学常常是当时文学家、理论家们的重要的志业抉择之一，留学所构成的知识背景与批评视界对中国文论实现现代转型以及马克思主义文学批评中国形态的形成有极为重要的作用。以下附录近现代以来重要批评家留学（含游历、通外文）背景简表，从这张图表中可以看出，像李大钊、陈独秀、瞿秋白、郭沫若、周扬、胡风、茅盾、成仿吾、李初梨、冯乃超、林默涵、蒋光慈、欧阳予倩、陈望道等人均为共产党员、马

---

① ［美］莫里斯·迈斯纳：《李大钊与中国马克思主义的起源》，中共北京市委党史研究室编译组译，中共党史资料出版社 1989 年版，第 280—281 页。

② 李泽厚：《梁启超王国维简论》，《中国近代思想史论》，人民出版社 1979 年版，第 421—422 页。

克思主义文艺理论家。郑振铎、林伯修、郑伯奇、王统照、黎烈文、李健吾、曹靖华、高长虹等人或参加左翼作家联盟，或亲自参加译介马克思主义文艺理论的活动，或参加文学研究会、创造社、太阳社、未名社等进步文学团体。从中还可以看出，活跃在近现代中国文坛的重要批评家大多具有留学背景，且主要集中于日本、苏俄、欧美三个基本区域。这种背景与前述马克思主义早期传播路径也是大致吻合的。

近现代重要文学批评家留学、游历及通外文背景简表

作家姓名	籍贯	生卒时间	留学(游历)时间	留学(游历)国家	备注
严　复	福建侯官	1854—1921	1877	英国	—
黄遵宪	广东梅县	1848—1905	1877—1894	日、英、法、意、美等	出使、游历
吴趼人	广东南海	1866—1910		日本	
曾　朴	江苏常熟	1872—1935			曾在北京同文馆特班学习过法文
徐念慈	江苏常熟	1875—1908			通英、日文
高　旭	江苏金山	1877—1925		日本	—
陈天华	湖南新化	1875—1905	1903	日本	
秋　瑾	浙江绍兴	1879—1907	1904—1905	日本	
苏曼殊	广东中山	1884—1918		日本	
刘师培	江苏仪征	1884—1919		日本	
高一涵	安徽六安	1885—1968		日本	
吴　梅	江苏苏州	1884—1939			光绪二十九年（1903）曾赴上海东文学社学习日文
张肇桐	江苏无锡	生卒年不详		日本	
王国维	浙江海宁	1877—1927		日本	入罗振玉开设东文学社习日文
艾　青	浙江金华	1910—1996	1929—1932	法国	
白　薇	湖南资兴	1893—1987	1918—1926	日本	
冰　心	福建长乐	1900—1999	1923—1926	美国	
巴　金	四川成都	1904—2005	1922—1928	法国	
蔡元培	浙江绍兴	1868—1940	1907—1911	法国	
陈　源	江苏无锡	1896—1970	1912—1922	英国	—

续表

作家姓名	籍贯	生卒时间	留学（游历）时间	留学（游历）国家	备注
陈大悲	浙江杭县	1887—1944	1918—1919	日本	—
郁达夫	浙江富阳	1896—1945	1913—1922	日本	—
郑振铎	福建长乐	1898—1958	1927—1929	法国	—
郑伯奇	陕西长安	1895—1979	1917—1927	法国	—
宗白华	江苏常熟	1897—1986	1920—1925	法、德	—
周扬	湖南益阳	1908—1989	1928—1930	日本	—
瞿秋白	江苏常州	1899—1935	1920—1923	苏联	—
瞿世英	江苏常州	1901—1976	1924—1926	美国	—
钱玄同	浙江吴兴	1887—1939	1906—1910	日本	—
钱钟书	江苏无锡	1910—1998	1935—1938	英、法	—
钱歌川	湖南湘潭	1903—1990	1920—1926	日本	—
任钧	广东梅县	1909—2003	1928—1932	日本	—
苏雪林	安徽太平	1897—1999	1922—1925	法国	—
邵洵美	浙江余姚	1906—1968	1924—1926	英、法	—
沈尹默	浙江吴兴	1883—1971	1905—1906	日本	—
孙俍工	湖南隆回	1894—1962	1924—1928	日本	—
田汉	湖南长沙	1898—1968	1916—1922	日本	—
王统照	山东诸城	1897—1957	1934—1935	欧洲	—
吴宓	陕西泾阳	1894—1978	1917—1921	美国	—
闻一多	湖北浠水	1899—1946	1922—1925	美国	—
徐志摩	浙江海宁	1897—1931	1918—1922	美、英	—
萧乾	北京	1910—1999	1939—1946	英国	—
俞平伯	浙江德清	1900—1990	1920、1923	英、美	赴美为教育考察
陈独秀	安徽怀宁	1879—1942	1913—1915	日本	—
陈寅恪	江西修水	1890—1969	1919—1925	美、德	—
陈学昭	浙江海宁	1906—1991	1929—1935	法国	—
陈望道	浙江义乌	1891—1977	1915—1919	日本	—
陈北鸥	福建福州	1912—1981	1933—1938	日本	—
成仿吾	湖南新化	1897—1984	1910—1921	日本	—
曹靖华	河南卢氏	1897—1987	1921—1922	苏联	—
丁西林	江苏泰兴	1893—1974	1914—1917	英国	—
傅斯年	山东聊城	1896—1950	1920—1926	英、德	—

续表

作家姓名	籍贯	生卒时间	留学(游历)时间	留学(游历)国家	备注
冯沅君	河南唐河	1900—1974	1932—1935	法国	—
冯　至	河北涿县	1905—1993	1930—1935	德国	—
冯乃超	广东南海	1901—1983	1908—1927 1927年10月回国	日本	1901年生于日本，原籍广东省市南海县盐步区秀水乡
老　舍	北京	1899—1966	1924—1929	英国	伦敦大学东方学院任华语教员
范　任	安徽桐城	1906—1971	1929—1932	比利时	—
郭沫若	四川乐山	1892—1978	1914—1923	日本	—
耿济之	上海	1899—1947	1922—1937	苏联	—
高士其	福建福州	1905—1988	1925—1930	美国	—
高长虹	山西盂县	1898—1956	1929—1937	日本、欧洲	—
顾毓琇	江苏无锡	1902—2002	1923—1929	美国	—
胡　适	安徽绩溪	1891—1962	1910—1917	美国	—
胡　风	湖北蕲春	1902—1985	1929—1933	日本	—
胡先骕	江西新建	1894—1968	1913—1925	美国	—
蒋光慈	安徽霍邱	1901—1931	1921—9124	苏联	—
鲁　迅	浙江绍兴	1881—1936	1902—1909	日本	—
刘半农	江苏江阴	1891—1934	1920—1925	英、法	—
刘呐鸥	台湾台南	1900—1940	1920—1926	日本	—
林徽音	福建闽侯	1904—1955	1923—1928	美国	—
林默涵	福建武平	1913—2008	1935—1936	日本	—
林伯修	广东澄海	1889—1961	1907—1919	日本	—
林语堂	福建龙溪	1895—1976	1919—1923	美、德	—
林如稷	四川资中	1902—1976	1922—1930	法国	—
林同济	福建福州	1906—1980	1926—1934	美国	—
李劼人	四川成都	1891—1962	1919—1924	法国	—
李大钊	河北乐亭	1889—1927	1913—1916	日本	—
李健吾	山西运城	1906—1982	1931—1933	法国	—
李初梨	四川江津	1900—1994	1915—1927	日本	—
黎烈文	湖南湘潭	1904—1972	1916—1923	日本、法国	—
罗玉君	四川岳池	1907—1988	1927—1933	法国	—
罗黑芷	江西武宁	1898—1927	1911	日本	—

续表

作家姓名	籍贯	生卒时间	留学（游历）时间	留学（游历）国家	备注
罗家伦	浙江绍兴	1897—1969	1920—1926	美、英、德、法	—
庐 隐	福建闽侯	1898—1934	1930—1931	日本	—
梁宗岱	广东新会	1903—1983	1924—1931	法国	—
梁实秋	浙江余杭	1902—1987	1923—1926	美国	—
陆侃如	江苏海门	1903—1978	1932—1935	法国	—
梅光迪	安徽宣城	1890—1945	1911—1920	美国	—
茅 盾	浙江桐乡	1896—1981	1928—1930	日本	—
欧阳予倩	湖南浏阳	1889—1962	1902—1910	日本	—
周作人	浙江绍兴	1885—1967	1906—1911	日本	—
周熙良	安徽东至	1905—1984	1928—1932	英国	—
朱光潜	安徽桐城	1897—1986	1925—1933	英、法	—
朱希祖	浙江海盐	1879—1944	1905—1909	日本	—
朱 湘	安徽太湖	1904—1933	1927—1929	美国	—
朱东润	江苏泰兴	1896—1988	1913—1916	英国	—
朱镜我	浙江宁波	1901—1941	1918—1927	日本	—
朱自清	浙江绍兴	1898—1948	1931—1932	英国	—
赵萝蕤	浙江杭县	1912—1998	1944—1948	美国	—

二、马克思主义文艺理论译介与传播中的选择性吸收

在前述三条主要传播路径中，首先，我们可以看到早期马克思主义理论的传播过程中带有明显的片断化、零散化的特征。以《共产党宣言》的译介为例。1903年2月上海《新世界学报》上刊登的日本学者福井准造著、赵必振翻译的《近世社会主义》一书，只是简单介绍了马克思撰写《共产党宣言》的缘由并摘录其中的部分段落。马君武于同年发表的《社会主义与进化论比较》一文只在文章最后罗列的参考书目中提及《共产党宣言》。1906年朱执信在《德意志社会革命家小传》中所摘译的主要是《共产党宣言》中的十大纲领，实际上是《共产党宣言》在中国的节译本。宋教仁的《万国社会党大会略史》中关于《共产党宣言》主要是依据日本学者大杉荣的

相关文章所作的介绍。1906 年 9 月叶夏声于《民报》第 7 号发表的《无政府党与革命党之说明》一文对《共产党宣言》的译介主要是基于对其中十大纲领的简单说明。1907 年 12 月 30 日出版的《天义报》所刊登的震述的《女子革命与经济革命》一文，只在附录《马尔克斯焉格尔斯合著之共产党宣言》中引用了《共产党宣言》的有关段落。1908 年 3 月 15 日申叔在《天义报》上发表的《〈共产党宣言〉序》则是一篇译序。1912 年在《新世界》杂志第 2 期所发表的煮尘重治著、蛰伸译述的《社会主义大家马儿克之学说》摘译的是《共产党宣言》第二章中的十条革命措施，以及有关《共产党宣言》一书的概略。这一特征甚至延续到五四前后的马克思主义与《共产党宣言》的译介与传播活动中。1919 年间有关《共产党宣言》的译介，或是部分节译（如 1919 年 4 月 6 日《每周评论》第 16 号上刊登的成舍我的摘译《共产党宣言》第二章最后部分，和《南京学生联合会会刊》1919 年 8 月 19—21 日上刊登的张闻天的《社会问题》一文中所摘译的《共产党宣言》第二章中的十条革命措施，以及 1919 年 11 月出版的《国民》第 2 卷第 1 号上所刊登的李泽彰摘译的《共产党宣言》第一章，或是内容方面的部分性介绍（如谭平山在《新潮》第 1 卷第 5 号上发表的《"德莫克拉西"之面面观》一文中只是对《共产党宣言》作了部分内容上的介绍）。①其次是早期马克思主义的宣传甚至转述对文艺具有非常明显的"触媒"作用。如徐懋庸曾把日本的文艺论著比作化学上的"触媒"（catalyst）的物质，并提及了日本学者本间久雄的《欧洲近代文艺思潮论》对他所起过的"触媒"作用，自称"从《欧洲近代文艺思潮论》，我认识了社会进化的铁则，从《欧洲近代文艺思潮论》，我解悟了唯物辩证法的公式……这些道理，都是这本书中所不曾讲到的，但我却由此旁通了，所以我说这书是'触媒'，它影响了我，却并不使我更加倾向文艺，而使我的脑子跟哲学和社会科学的知识相化合"②。

如果仔细翻检这种早期译介中的片断化、零散化特征以及对转译活动中

---

① 参见陈家新：《〈共产党宣言〉在中国的翻译和版本研究》一文相关论述，《中国国家博物馆馆刊》2012 年第 8 期。

② 徐懋庸：《一个"知识界的乞丐"的自白》（《读书生活》1935 年第 2 卷第 3 期），《徐懋庸选集》（第一卷），四川人民出版社 1983 年版，第 421 页。

的"触媒"作用的重视，我们还不难发现，早期马克思主义传播活动中又有着极为明显的选择性吸收倾向。正如李泽厚所指出的那样，与俄国曾经经过普列汉诺夫等人的多年介绍、翻译、研究、宣传马克思主义，具有思想理论的准备阶段不大相同，马克思主义在中国，一开始便是作为指导当前行动的直接指南而被接受、理解和运用的。马克思主义在中国的第一天所展现的，便是这种革命实践的性格。中国没有俄国那种"合法马克思主义"。《资本论》等马、恩、列的好些基本理论著作长期以来并无中译本。李大钊、陈独秀、毛泽东……这些中国的最大的马克思主义者当时并没有读过许多马、列的书，他们所知道的，很多是从日本人写作和翻译的一些小册子中所介绍、解说的马克思主义和列宁主义。因此第一个问题便是，在异常丰富复杂的马克思主义中，他们到底注意了、理解了、选择了、运用了些什么？他们是如何选择、如何运用的？这种选择和运用是如何可能的？① 的确，在早期马克思主义传播过程中，马克思的中国信仰者的做法，就像美国学者杰罗姆·B.格里德尔所说的那样，"把适用于分析欧洲情况的马克思主义的范畴融解为更大的抽象范畴，以使马克思主义的社会斗争概念适用于中国的特殊情况。在中国，社会革命意味着：大众的政治化；在农村普遍推行阶级斗争战略；最后，是以'民心'作为决策的依据之一——在适当的时候称为群众路线"②。由此不难看出，受着传统实用理性主义深刻影响的现代中国学者在吸收马克思主义理论的时候首先考虑的往往是一种外来理论在本土思想困境下能否达成社会改造的实用目的。譬如李达在建党后不久的1923年即发表《马克思学说与中国》一文，探讨中国共产党人如何应用马克思学说改造中国，中国无产阶级应该为解决中国问题做怎样的准备。在他看来，"马克思学说之在中国，已是由介绍的时期而进到实行的时期了"，由此，他提出要重点考虑三个问题："一，目前的中国可以应用马克思学说改造社会吗？二，假使目前中国可以应用马克思学说改造社会，中国无产阶级应该怎样准备？怎样实行？三，假使中国无产阶级能够掌握政权，应该采用何种政策？"③ 他

---

① 参见李泽厚：《马克思主义在中国》，生活·读书·新知三联书店1988年版，第3—4页。

② 〔美〕杰罗姆·B.格里德尔：《知识分子与现代中国》，单正平译，南开大学出版社2002年版，第370页。

③ 李达：《马克思学说与中国》（原载于湖南自修大学《新时代》1923年第1卷第2号），《李

的这种思想也直接反映到其主编的《新时代》办刊理念中，1923 年 4 月 10 日《新时代》创刊号的《发刊词》说：

> 本刊和普通校刊不同，普通校刊兼收并列，是文字的杂货店，本刊却是有一定主张有一定宗旨的。同人自信都有独立自强的精神，都有坚苦不屈的志气，只因痛感着社会制度的不良和教育机关的不备，才集合起来，组织这个学问上的亡命之邦，努力研究致用的学术，实行社会改造的准备。……因此本刊出世的使命实在是非常重要。将来，国家如何改造，政治如何澄清，帝国主义如何打倒，武人政治如何推翻，教育制度如何改革，文学艺术及其他学问如何革命、如何建设等等问题，本刊必有一种根本的研究和具体的主张贡献出来，倘能藉此引起许多志同道合的人们从事这种社会改造的事业和研究，那是同人所十二分盼望的。①

可以说，从马克思主义传入中国的一开始，这种译介中的主动选择性倾向就表现得非常明显。在早期共产党人那里，传播活动中有关马克思主义经典的正统性、全面性、准确性问题很少引发学界广泛或大规模的讨论甚至质疑。在受实用理性思想支配且遭遇巨大的现实危机的近现代中国，马克思主义从传入之初就开始不断"中国化"。个中原因正如李泽厚所指出的那样，"民粹主义因素、道德主义因素和实用主义因素的渗入，似乎是马克思主义早期在中国的传播发展中最值得重视的几个特征。它之所以值得重视，是在于它对马克思主义理论的选择、判断、接受、运用中，亦即在马克思主义中国化的进程中，起了重要作用。虽然上面这些材料只是些思想文献，论证只在纯粹理论领域，但活的思想史正是现实历程的一面镜子。通过镜子里的这些特征，深刻地反射出了在像中国这样的农民国家和传统文化心理结构中的马克思主义的道路和命运"。② 当然，这种选择性吸收倾向也反映到马克思主义文

达文集》编辑组编：《李达文集》第一卷，人民出版社 1980 年版，第 202—203 页。

① 《新时代》发刊词（原载于《新时代》创刊号 1923 年 4 月 10 日），湖南省图书馆校编：《湖南革命史料选辑·新时代》，湖南人民出版社 1980 年版，第 3 页。

② 李泽厚：《马克思主义在中国》，生活·读书·新知三联书店 1988 年版，第 30 页。

艺理论的传播中，就其在文艺批评方面的表现而言，主要体现在以下方面。

1. 革命功利主义视域的凸现

将文学与社会革命联系起来，探讨文学革命对社会变革的作用从而在文艺批评中建立起一种革命功利性视域，这是早期马克思主义文艺理论传播中一个非常明显的特征。比如，1918 年，李大钊在《俄罗斯文学与革命》中探讨了文学与革命二者之间的关系，认为"俄国革命全为俄罗斯文学之反响"，在他看来，"俄罗斯文学之特质有二：一为社会的彩色之浓厚；一为人道主义之发达。二者皆足以加增革命潮流之气势，而为其胚胎酝酿之主因"；在这篇文章中，李大钊还历数了俄国从涅克拉索夫一直到高尔基的革命民主主义文学家的功绩，称"彼辈为文学之改进而牺牲，为社会之运动而牺牲，此外尚不知凡几"。[①]

五四运动之后到 1928 年的无产阶级革命文学运动之前，在马克思主义文学理论与批评的译介活动中，这种革命功利视域也表现得非常明显。如瞿秋白就从理论上分析了列宁的关于文学和哲学的党派性的原则思想乃是重在批评实践与应用上：

> 列宁的关于文学和哲学的党派性的原则，当然应该在普罗革命文学创作上，尤其在批评上来应用，发展；问题只在于应用得正确不正确。这个对于普罗革命文学的作家和批评家是不成问题的事，对于一般的作家和批评家我们不会去强迫他应用，至多也不过要他们来认识罢了，即对于自己的作家也并没有强迫，而只是讨论，研究，学习。但是我们的批评，能够应用这原则来分析一切的作品，至于应用得好坏，那是另外的问题。其次，我们承认朴列汗诺夫在艺术理论以及哲学理论上，有着很宝贵的成绩，我们必须去研究，去学习它，这是我们首先懂得的。就是在现在，他的著作也还有多多的介绍到中国来的必要。但是，我们是应当用批评的态度去学习

---

① 李大钊：《俄罗斯文学与革命》（原载于《人民文学》1979 年第 5 期），《李大钊文集》（上），人民出版社 1984 年版，第 581、587 页。

的，我们不但要记得伊里支称赞朴列汗诺夫的"遗言"，我们还要记得伊里支批判朴列汗诺夫的更多的"遗言"。我们要学习朴列汗诺夫，所以也要研究和了解他的错误。①

对于瞿秋白有关文学党性原则的理论阐释的倾向，美国著名历史学家费正清曾经作过深入分析，他认为"瞿在文章里提到的党性原则，是列宁在《党的组织和党的文学》中首次提出的。列宁写道，党性'自然地应当贯彻在革命文学与无产阶级文学的创作，尤其是文学批评上'。但瞿做了一个重要的限定，他觉得问题在于党性'是否能正确'地得到贯彻"②。

这种革命功利主义思想不仅体现在瞿秋白对列宁文学思想的译介与阐释上，也表现在他对具体文学的分析上，在他看来，俄罗斯文学的研究在中国极一时之盛的原因乃在于"俄国布尔什维克的赤色革命在政治上，经济上，社会上生出极大的变动，掀天动地，使全世界的思想都受他的影响。……而在中国这样黑暗悲惨的社会里，人人都想在生活的现状里开辟一条新道路，听着俄国旧社会崩裂的声浪，真是空谷足音，不由得不动心。因此大家都要来讨论研究俄国。于是俄国文学就成了中国文学家的目标"③。进一步看，瞿秋白的两部散文集《饿乡纪程》（1922 年）和《赤都心史》（1924 年）作为现代中国革命报告文学的先驱之作，从内容看上也都贯穿了这种革命功利主义思想。

鲁迅虽然不相信文艺有扭转乾坤的力量，但他对将文学应用于阶级斗争仍然表示认同。早在《新青年》时期，他就称颂苏俄的革命精神，认为"他们因为所信的主义，牺牲了别的一切，用骨肉碰钝了锋刃，血液浇灭了烟焰。在刀光火色衰微中，看出一种薄明的天色，便是新世纪的曙光"④。据鲁

---

① 瞿秋白：《并非浪费的论争》（原载于《现代》1933 年第 2 卷第 3 期，系瞿秋白与冯雪峰商量后代冯执笔，署名洛扬（冯雪峰的笔名），《瞿秋白文集》（文学编·第三卷），人民文学出版社 1989 年版，第 90 页。

② [美] 费正清、费维恺编：《剑桥中华民国史 1912—1949 年》（下），刘敬坤等译，中国社会科学出版社 1994 年版，第 496 页。

③ 瞿秋白：《〈俄罗斯名家短篇小说集〉序》（原载于《俄罗斯名家短篇小说集》第一集），《瞿秋白文集》（文学编·第二卷），人民文学出版社 1986 年版，第 248 页。

④ 鲁迅：《热风·随感录五十九"圣武"》，《鲁迅全集》第二卷，人民文学出版社 1973 年版，

迅日记记载，在 1925 年 8 月，他还曾前往东亚公司购买过托洛茨基的《文学与革命》日译本一册，在后来的《中山先生逝世后一周年》中又转述了托洛茨基《文学与革命》中论述什么是革命艺术的一段话，同时指出："美国的辛克来儿说：一切文艺是宣传。我们的革命的文学者曾经当作宝贝，用大字印出过；而严肃的批评家又说他是'浅薄的社会主义者'。但我——也浅薄——相信辛克来儿的话。一切文艺，是宣传，只要你一给人看。即使个人主义的作品，一写出，就有宣传的可能，除非你不作文，不开口。那么，用于革命，作为工具的一种，自然也可以的。"[①]

　　值得注意的是，这种传播活动中所表现出来的革命功利视域在上述三条传播路径中都有不同程度的体现，并且在文学研究会、后期创造社、"左联"的代表人物那里都表现得非常明显，在此我们不妨以文学研究会的茅盾、后期创造社的郭沫若以及"左联"的冯雪峰为例分析之。茅盾曾在 20 世纪 20 年代初大力提倡写实主义、自然主义已成学界共识，但他从 20 年代中期开始转向对苏联革命文艺的研究。1925 年，他根据英文书刊资料深入研究苏联革命文艺，发表长文《论无产阶级艺术》。在这篇文章中，茅盾用阶级观点否定了几年前他所极力推崇过的罗曼·罗兰，认为罗曼·罗兰的"民众艺术""究其极不过是有产阶级知识界的一种乌托邦思想而已"，相反，以高尔基为代表的革命派所创造的"无产阶级艺术"才真正"能够表现无产阶级的灵魂，确是无产阶级自己的喊声"。他还就文艺批评的阶级属性问题非常明确地发表了自己的看法，认为"文艺批评论确是站在一阶级的立点上为本阶级的利益而立论的；所以无产阶级艺术的批评论将自居于拥护无产阶级利益的地位而尽其批评的职能，是当然无疑的"[②]。早年热衷于表现主义的郭沫若于 1923 年 9 月曾发表《艺术家与革命家》一文，在革命与艺术、革命家与艺术家之间画上了等号，甚至断言"一切真正的革命运动

第 76 页。

①　鲁迅：《三闲集·文艺与革命（并冬芬来信）》，《鲁迅全集》第四卷，人民文学出版社1973 年版，第 95 页。

②　茅盾：《论无产阶级艺术》（原载于《文学》周报 1925 年 5 月 2 日、17 日、31 日，10 月24 日第 172、173、175、196 期，曾收入《茅盾文艺杂论集》），《茅盾全集》（第十八卷·中国文论一集），人民文学出版社 1989 年版，第 500—507 页。

都是艺术运动，一切热诚的实行家是纯真的艺术家，一切志在改革社会的热诚的艺术家也便是纯真的革命家"①。在1924年再次旅日期间翻译了日本马克思主义学者河上肇的著作《社会组织与社会革命》后，郭沫若致信给成仿吾说："我现在对于文艺的见解也全盘变了。我觉得一切伎俩上的主义都不能成为问题……今日的文艺，是我们现在走在革命途上的文艺，是我们被压迫者的呼号，是生命穷促的喊叫，是斗士的咒文，是革命豫期的欢喜。这今日的文艺便是革命的文艺……我对于今日的文艺，只在它能够促进社会革命之实现上承认它有存在的可能。而今日的文艺也只能在社会革命之促进上才配受得文艺的称号，不然都是酒肉余腥，麻醉剂的香味，算得甚么！算得甚么呢？"②而作为苏俄文艺思想的重要宣传者和后来"左联"的主要理论代表之一，冯雪峰同样大力宣扬苏俄革命文艺，在《〈新俄文学的曙光期〉译者序》中，他盛赞是"革命与新社会组织"给予了"俄国文学的内容和形式以异常的影响"，为文学"划了一新时期"，并明确指出，"想表现新世界观或无产阶级的理想的要求，想表现革命和生活的新组织所给与的新体验的倾向，或想艺术地再现这历史的瞬间的冀求，及为了这些一切诗人的继续着必死的奋斗，以求表现的新形式的努力"的话，都要关注"曙光期"的苏俄革命文艺。③

总之，上述这种早期马克思主义文艺理论传播活动中的革命功利视域对后来的中国文艺创作及批评的发展产生了深远的影响，它不仅仅是作为一种文学考察的视角或维度出现在以后的理论探讨与论争中，或者进步作家的创作中，甚至还成为一些期刊的发文原则。比如1928年4月，《泰东月刊》编辑部的《九期刷新征文启事》就确定发表作品的三大原则为："代表无产阶级苦痛的作品""代表时代反抗精神的作品""代表新旧势力的冲突及其支配

①　郭沫若：《艺术家与革命家》（原载于《创造周报》1923年9月9日第18号），郭沫若著作编辑出版委员会编：《郭沫若全集》（文学编·第十五卷），人民文学出版社1990年版，第192页。

②　郭沫若：《孤鸿——致成仿吾的一封信》（原载于《创造月刊》1926年第1卷第2期），郭沫若著作编辑出版委员会编：《郭沫若全集》（文学编·第十六卷），人民文学出版社1989年版，第19—20页。

③　参见冯雪峰：《〈新俄文学的曙光期〉译者序》，《雪峰文集》第二卷，人民文学出版社1983年版，第748—749页。

下现象的作品"。①

2.唯物史观的吸纳与广泛应用

在马克思主义丰富的哲学体系中，历史唯物主义最为集中地、鲜明地体现了马克思的独创性和突出的贡献。如果说辩证法或认识论的某些基本原理多多少少地可以在马克思的先驱者那里找到初始形态，历史唯物主义则发现了社会发展的普遍规律，揭开了长期覆盖在社会机体上的帷幕，意义巨大，影响深远。如果说前近代中国因历史循环论占主流地位尚不具备接受历史唯物主义的社会条件的话，那么，在近代工业文明初步成长的 20 世纪初叶以降，中国已经开始具备引入这种学说体系的需求与接受的可能性。特别是19、20 世纪之交中国留学生的译介，使得历史唯物主义跨越时空，成为广泛流布于 20 世纪中国的主流理论形态。其流播过程大体经历了片山潜、幸德秋水、堺利彦、河上肇、山川均等早期日本社会主义学者在日本的译介，中经早期留学生马君武、朱执信等人及《译书汇编》等留学生刊物的中文转译，又经早期共产主义者如李大钊、陈独秀、李达、瞿秋白、顾兆雄等人在《新青年》等刊物上的译介，以及国民党人士戴季陶、胡汉民、廖仲恺等人在《建设》等刊物上的译介，最后在五四前后形成了一个以《新青年》与《建设》为核心阵地并辐射到《国民》杂志、北京《晨报》副刊、上海《民国日报》副刊《觉悟》《东方杂志》《学林杂志》等各类报纸杂志的译介热潮。20—30年代十年间，国内就翻译出版了荷兰学者郭泰的《唯物史观解说》（李达译，上海中华书局 1921 年）、德国社会主义家梅林的《历史的唯物主义》（屈章译，上海创造出版部 1929 年）、日本学者青野季吉的《观念形态论》（若俊译，上海南强书局 1929 年）、意大利学者拉伯利奥拉的《史的唯物主义》（黄药眠译，上海江南书局 1929 年）、法国著名马克思主义思想家拉法格和饶勒斯的《在历史观中底唯心主义与唯物主义》（青锐译，上海辛垦书店 1930 年）、德国学者波治特的《史的唯物论概说》（汪馥泉译，上海神州国光社 1930 年），其中，俄国马克思主义者普列汉诺夫的《史的一元论》（吴念慈译，上海南强书局 1929 年）、《唯物史观的根本问题》（刘侃元译，上海春秋书店 1930 年）

---

① 转引自旷新年：《一九二八年的文学生产》，《读书》1997 年第 9 期。

和苏联著名马克思主义理论家布哈林的三卷巨著《唯物史观》(陶伯译,上海泰东图书局 1930 年)和《历史的唯物论》(梅根、依凡译,上海普益出版社 1930 年),以及日本著名马克思主义学者河上肇的《唯物史观的基础》(巴克译,上海明日书店 1930 年)和《唯物史观研究》(郑里镇译,上海文华书局 1930 年)都得以出版问世。其译介的马克思主义经典包括《〈政治经济学批判〉序言》《共产党宣言》《资本论》《反杜林论》《家庭、私有制和国家的起源》《神圣家族》《哲学的贫困》《雇佣劳动与资本》等马恩经典原著以及列宁的《资本主义在俄国的发展》《帝国主义论》和考茨基的《伦理与唯物史观》等。

尤其值得一提的是著名马克思主义理论家李达。他在《马克思还原》一文中将马克思的社会主义的科学性提炼出五个重要原则,列在首位的就是唯物史观(其余四个分别为"资本集中说""资本主义崩坏说""剩余价值说"和"阶级斗争说")。[1] 为了及时而系统地在国内传播马克思主义,在 1918 年秋至 1920 年夏期间,李达在国外翻译了包含马克思主义三个组成部分内容的三本书,即《唯物史观解说》(郭泰著)、《马克思经济学说》(柯祖基即考茨基著)、《社会问题总览》(高畠素之著)。其中《唯物史观解说》这本译著中有李达的两篇附录,一篇是《马克思唯物史观要旨》,另一篇是《译者附言》。李达在《译者附言》中详细说明了著译者的目的,声称"这部书是荷兰人郭泰为荷兰的劳动者作的,解释唯物史观的要旨,说明社会主义必然发生的根源,词义浅显,解释周到;我想凡是要研究,批评,反对,社会主义的人,至少非把这书读两遍不可"[2]。在《马克思唯物史观要旨》中,李达对唯物史观的产生及其重大意义作了扼要说明,并着重翻译了马克思和恩格斯关于唯物史观的重要论述,主要把马克思《〈政治经济学批判〉序言》中和恩格斯 1888 年 1 月为出版《共产党宣言》英文本所写"序言"中有关阐明唯物史观最精辟的论述辑录在一起,这对当时中国先进知识分子直接从马克思主义创始人的论述中学习、掌握唯物史观的基本原理帮助很大。在当时

---

① 参见李达:《马克思还原》(原载于《新青年》1921 年第 8 卷第 5 号),《李达文集》编辑组编:《李达文集》第一卷,人民出版社 1980 年版,第 31 页。

② 李达:《〈唯物史观解说〉译者附言》,上海中华书局 1921 年版。

国内马克思主义著作非常缺乏，不少先进分子包括某些早期共产主义者还不能直接阅读外文书籍的情况下，《唯物史观解说》等三部译著的出版，对促进马克思主义在中国的传播起了重要作用。①

唯物史观的译介热潮一度引发了 20 世纪二三十年代极具规模的"科学与人生观之争"（即"科玄论战"）、"中国社会史论战"、"全盘西化论"与"中国文化本位论"的三次大论战，并延伸到政治学、经济学、社会学、历史学各个领域。比如，李大钊的《唯物史观在现代史学上的价值》（《新青年》第 8 卷第 4 号，1920 年 12 月 1 日）、《史学要论》（商务印书馆 1924 年）等论著，明确指出唯物史观对历史研究的指导作用，并呼吁用唯物史观对中国历史"进行改作或重作"。李达的《现代社会学》一书在 20 年代开我国唯物史观和科学社会主义研究之先河。这本书流传甚广，影响深远，至 1933 年共印行十四版。在当时的革命者中"差不多人手一册"②，"是中国人自己写的最早的一部联系中国革命实际系统论述唯物史观的专著"③。他的另一部基于历史唯物论写成的著名社会学著作《社会学大纲》于 1937 年 5 月由上海笔耕堂书店出版后至 1939 年 4 月短短两年时间不到就印行四版。毛泽东曾将之阅读了十遍，并作了详细眉批，称赞这本书是中国人自己写的第一本马列主义的哲学教科书。④ 郭沫若的《中国古代社会研究》在理解和把握社会生产方式的基础上，从生产力与生产关系、经济基础与上层建筑的辩证关系切入中国社会形态的分析。范文澜的中国历史研究中的所谓"三通"法⑤，以及侯外庐利用《家庭、私有财产及国家的起源》等经典著作的理论同中国古

---

① 参见宋镜明编：《李达传记》，湖北人民出版社 1986 年版，第 23—24 页。

② 邓初民：《忆老友李达先生》（原载于《人物杂志》1946 年第 9 期），《人物杂志三年选集》（1946 年 1 月—1949 年 4 月），人物杂志社 1949 年版，第 67 页。

③ 江明：《展读遗篇泪满襟——记李达和吕振羽的交往》，《文献》1980 年第 4 期。

④ 参见宋镜明编：《李达传记》，湖北人民出版社 1986 年版，第 188 页。

⑤ 范文澜在《修订本中国通史简编》出版后的"补述"中将自己借鉴历史唯物论进行历史研究的写作经验概括为"三通"，即直通、旁通和会通。所谓直通，"就是要精确地具体地划分出中国社会发展的各个阶段"；所谓旁通，"就是社会生活中各个现象不是孤立的，它们互相有机联系着，互相依赖着，互相制约着"；所谓会通，就是"两个方面的综合"。——参见范文澜：《关于中国历史上的一些问题》，中国社会科学院近代史研究所编：《范文澜历史论文选集》，中国社会科学出版社 1979 年版，第 76—77 页。

史资料结合起来的历史研究①，等等，都是具体的例证。如果说1930年中国社会科学家联盟的成立标志着以历史唯物论为研究范式的学术群体的形成的话，那么在20年代末到30年代有关中国的社会性质、中国社会史、中国哲学史、"亚细亚生产方式"以及大众化与民族化问题等的大论战，则可以看到历史唯物论在人文社会学科中的广泛影响。

唯物论文学史观在中国的确立经历了一个相当曲折的过程。它的确立是在同中国古代的循环论文学史观以及近代以来传入中国的进化论文学史观的论辩、斗争过程中得以完成的。20世纪二三十年代，马克思主义文艺理论的译介进入了一个兴盛期。如鲁迅译有卢那察尔斯基(旧译"卢那卡尔斯基")的《艺术论》(上海大江书铺1929年)和普列汉诺夫的《艺术论》(上海光华书局1930年)；冯雪峰译有卢那察尔斯基的《艺术之社会的基础》(上海水沫书店1929年)、普列汉诺夫的《艺术与社会生活》(上海水沫书店1929年)；戴望舒译有法国伊可维支的《唯物史观的文学论》(上海水沫书店1930年)；孟克译有罗森达尔的《世界观与创作方法》(上海光明书局1937年)；沈起予、李兰译有伊佐托夫的《文学修养的基础》(上海生活书店1937年)；段洛夫译有米尔斯基的《现实主义》(上海潮锋出版社1937年)；楼逸夫译有维诺格拉多夫的《新文学教程》(上海天马出版社1937年)；任白戈译有西尔列索的《科学的世界文学观》(上海质文社1940年)；戈宝权译有顾尔希坦的《文学的人民性》(香港海洋书局1947年)等。像弗里契的《艺术社会学》在当时还有苏汶、陈雪帆(望道)、胡秋原等多个中文译本。

从20世纪20年代后期开始，随着历史唯物论在中国学界的进一步传播，历史唯物论已成为影响文学研究的一种重要研究方法。以鲁迅为例，他于1924年在《中国小说的历史的变迁》中曾谈到对文学起源的看法：

> 我想，在文艺作品发生的次序中，恐怕是诗歌在先，小说在后的。诗歌起于劳动和宗教。其一，因劳动时，一面工作，一面唱

---

① 侯外庐明确表示自己"在主观上是想把《家族、私有财产及国家的起源》等经典著作的理论和中国古史的各方面资料结合起来"。——侯外庐：《中国古代社会史论·自序》，《中国古代社会史论》，人民出版社1955年版，第1页。

歌，可以忘却劳苦，所以从单纯的呼叫发展开去，直到发挥自己的心意和感情，并偕有自然的韵调；其二，是因为原始民族对于神明，渐因畏惧而生敬仰，于是歌颂其威灵，赞叹其功烈，也就成了诗歌的起源。至于小说，我以为倒是起于休息的。人在劳动时，既用歌吟以自娱，借它忘却劳苦了，则到休息时，亦必要寻一种事情以消遣闲暇。这种事情，就是彼此谈论故事，而这谈论故事，正就是小说的起源。①

从这段论述中，我们可以看到，鲁迅已经开始具有了文艺起源于劳动的正确认识，但尚未完全建立起物质生产方式决定社会意识的历史唯物主义观点，在文艺起源问题上还秉持着劳动和宗教并列的二元论而非以劳动为核心的历史唯物主义的一元论。1930 年，在翻译普列汉诺夫的《艺术论》并深入考察了普列汉诺夫对原始文艺所作的大量的卓有成效的研究工作之后，鲁迅认为翻译这部著作对自己有很大的帮助，纠正了自己"只信进化论的偏颇"（《三闲集·序言》），纠正了他前期把文艺看作是某种超功利之物的偏颇以及把文艺起源看成是多元因素产物的偏颇。1934 年，在《门外文谈》中，他基于完整而彻底的历史唯物主义明确主张文艺起源于劳动：

> 我们的祖先的原始人，原是连话也不会说的，为了共同劳作，必需发表意见，才渐渐的练出复杂的声音来，假如那时大家抬木头，都觉得吃力了，却想不到发表，其中有一个叫道"杭育杭育"，那么，这就是创作；大家也要佩服，应用的，这就等于出版；倘若用什么记号留存了下来，这就是文学；他当然就是作家，也是文学家，是"杭育杭育派"。②

---

① 鲁迅：《中国小说的历史的变迁》，《中国小说史略·附录》，人民文学出版社 1973 年版，第 270 页。

② 鲁迅：《且介亭杂文·门外文谈》，《鲁迅全集》第六卷，人民文学出版社 1973 年版，第 99—100 页。

三、译介与传播中的创新性发挥与过度诠释

早期马克思主义理论的传播活动主要借助日文、俄文或英文进行"意译""重译""节译""转述"或"转译",如陈望道所译《共产党宣言》就是依据日文本并参照英文本译出的,其中,日文本是由《星期评论》编辑部戴季陶提供,英文本则由陈独秀借自北京大学图书馆。因此在资料占有的纯粹程度、全面与否、翻译的信达程度、文笔优劣等方面存在诸多问题,由此而引发的学习与运用马克思主义过程中所产生的种种误读、误解以至歪曲也就在所难免了。比如,在对社会主义的介绍中,将马克思的社会主义理论等同于经济革命论或经济决定论的误解也比比皆是。梁启超在《中国之社会主义》一文中就说:"社会主义者,近百年来世界之特产物也。隰括其最要之义,不过曰土地归公,资本归公,专以劳力为百物价值之原泉。麦喀士曰:现今之经济社会,实少数人掠夺多数人之土地而组成之者也。"① 相同的例子还有匏庵(即杨匏安)将社会主义理解为"以经济为主的世界观",他认为:"马氏以唯物的史观为经,以革命思想为纬,加之以在英法观察经济状态之所得,遂构成一种以经济的内容为主之世界观,此其所以称科学的社会主义也。"② 值得注意的是刘大钧在其译的《社会主义》一文中一方面特别强调马克思"专心经济革命,著书曰《母财》,为社会主义之巨子,其以科学名派者,因他皆以梭夏烈斯姆为社争之政策,为救世之良方";另一方面他又批评说:"然功力定值,偏于一方,母财之积贮,企业之经营,同赖人力,功不可掩。功力既不定值,则余值之说,不攻自破。生产状况固极重要,然遂谓经济定运,亦太偏激……"③

这种经济决定论的看法在周炳林和李大钊诸人那里都可看到。周炳琳

---

① 梁启超:《中国之社会主义》(原载于《新民丛报》1904 年 2 月 14 日第 46、47、48 号合刊),《梁启超全集》第二卷,北京出版社 1999 年版,第 392 页。

② 杨匏安:《马克思主义》(一称"科学的社会主义")(原载于《广东中华新报》1919 年 11 月 11 日—12 月 4 日),金德群编:《中国现代史资料选辑》(第一册),中国人民大学出版社 1987 年版,第 230 页。

③ 刘大钧译:《社会主义》(原载于《东方杂志》1918 年第 15 卷第 11 号),《社会主义思想在中国的传播》(第一辑·上册),中共中央党校科研办公室 1985 年版,第 138—141 页。

在《社会主义在中国应该怎么样运动》一文中直接宣称："社会主义底骨子是经济的，离开经济，社会主义便没有附丽底地方，马克思底科学的社会主义就建在这个原则上面。"[1]李大钊也在早期的译介中直接把社会主义的理论实质看成是一种经济学。他说："本来社会主义的历史并非自马氏始的，马氏以前也很有些有名的社会主义者，不过他们的主张，不是偏于感情，就是涉于空想，未能造成一个科学的理论与系统。至于马氏才用科学的论式，把社会主义的经济组织的可能性与必然性，证明与从来的个人主义经济学截然分立，而别树一帜，社会主义经济学才成一个独立的系统，故社会主义经济学的鼻祖不能不推马克思。"[2]至于将马克思主义的历史唯物观等同于经济史观的也大有人在。如《晨报》上译载的日本著名马克思主义学者河上肇的《马克思的唯物史观》一文在其文后总结中说："马克思的历史观，已如上述，普通称他为唯物史观，我想称他为经济史观。何以有唯物史观的名称呢？因为他说明社会上历史的变迁，注重在社会上物质的条件的变化。何以我又想称他为经济史观呢？因为他说明社会上历史的变迁，注重在社会上经济条件的变化。总而言之，观察社会的变迁，以物质的条件，再适切说起来，以经济的事情为中心，这就是马克思的历史观的特征了。"[3]

正是由于上述译介中出现的诸多问题引发了当时一些有识之士的反思，并自觉地提出了马克思主义中国化的问题。如施存统在《马克思底共产主义》中明确指出："马克思主义全部理论，都是拿产业发达的国家底材料做根据的，所以他有些话，不能适用于产业幼稚的国家。但我以为我们研究一种学说一种主义决不应当'囫囵吞枣''食古不化'，应当把那种主义那种学说底精髓取出。……如果在中国实行马克思主义，在表面上或者要有与马克思所说的话冲突的地方；但这并不要紧，因为马克思主义底本身，并不是一个死板板的模型。所以我以为我们只要遵守马克思主义底根本原则就是了；至于

① 周炳琳：《社会主义在中国应该怎么样运动》（原载于《国民》1920年第2卷第2号），张友仁编：《周炳琳文集》，浙江人民出版社2009年版，第38页。
② 李大钊：《我的马克思主义观》（原载于《新青年》1919年第6卷第5号、第6号），《李大钊文集》（下），人民出版社1984年版，第49页。
③ ［日］河上肇：《马克思的唯物史观》，渊泉译（原载于《晨报》1919年5月5—8日），《社会主义思想在中国的传播》（第一辑·上册），中共中央党校科研办公室1985年版，第151页。

枝叶政策，是不必拘泥的。"①产生上述这种问题的重要原因是由于当时中国处于救亡图存、不断革命的紧迫现实与时代动荡中。早期的中国马克思主义者译介和引进马克思主义的一个关键因素就是为了解决中国现实问题。以李大钊为例，美国学者莫里斯·迈斯纳在《马克思主义的起源》一书中曾对造成李大钊的马克思主义观点的"非正统性"的原因作了深入的分析。在他看来，李大钊在介绍马克思主义原理的时候，一方面比较忠实地引用了马克思主义的经典；另一方面也认定马克思主义本身存在着理论上的矛盾，特别是对马克思的决定论表示了保留性意见，这突出表现在李大钊在《我的马克思主义观》一文中曾坦率地指出了马克思理论中的经济决定论和马克思强调的政治觉悟重要性之间的矛盾，并力图把马克思主义决定论与他对人的意识和能动性能够改造社会现实的信念协调一致，由此被阶级斗争理论所吸引，并在"问题与主义"的争论中最终选择了"责任伦理"。李大钊的这种赋予历史理论以行动主义的理论改造，其核心目的在杰罗姆·B.格里德尔看来，就是用来激励中国现时的革命行动。因为"如果排除李大钊所有对马克思主义的或隐或显的修正和保留态度，人们不禁会问，他的马克思主义者的身份，是否要受到怀疑。有人会说，对李大钊来说，马克思主义更多是一种启示而不是教条。他的许多'马克思主义观点'完全符合新文化改革派的模式。而另外一些则或许是对传统主题和信念的无意识的重复。另一方面，他自认为是马克思主义者这一事实并不具有决定意义，当然也不能认为毫无关系。显然，在李大钊看来，马克思主义决不是个标签，正如他理解的，它为解决中国问题提供了一个独特的充满希望的途径"②。

当然，产生上述问题的原因也同中国本民族的文化心理与历史经验有着密切的联系。比如，以中国对唯物史观的接受而言，就可以看出这种关联。李泽厚曾经指出："对中国知识分子来说，唯物史观与进化论一样，不是作为具体科学，不是作为对某种客观规律的探讨研究的方法或假设，而主要是

---

① 施存统：《马克思底共产主义》（原载于《新青年》1921 年第 9 卷第 4 号），林代昭、潘国华编：《马克思主义在中国——从影响传入到传播》（下册），清华大学出版社 1983 年版，第 322—323 页。

② ［美］杰罗姆·B.格里德尔：《知识分子与现代中国》，单正平译，南开大学出版社 2002 年版，第 377—378 页。

作为意识形态，作为未来社会的理想来接受、来信仰、来奉行的。'马克思
列宁主义的实践性格非常符合中国人民救国救民的需要……重行动而富于历
史意识，无宗教信仰却有治平理想，有清醒理知又充满人际热情……这种传
统精神和文化心理结构，是否在气质性格，思维习惯和行为模式上，使中国
人比较容易接受马克思主义呢?'……其中特别应提出的是，马克思主义主
要作为一种历史观，与中国文化心理尊重历史经验、富有历史观念和历史情
感，有非常接近的地方。"①

除此之外，为应对官方当局的书报检查在翻译或介绍时而主动采取的语
言表述上的调整也是其中非常重要的一个原因。如为了对付国民党书报检查
机关的检查，李达在《社会学大纲》中就"机智地使用了列宁所说的'奴隶
的语言'"，"称马克思为卡尔，称列宁为伊里奇，称无产阶级为普列达里亚，
称资产阶级为布尔乔亚，把资本主义社会写成现代社会，把剥削写成榨取，
把专政写成狄克推多，把书名题为《社会学大纲》"，因为"当时国民党统治
区学术界只知道从欧美引进的社会学，这种社会学对国民党的统治是有利无
害的，所以书名叫《社会学大纲》就可以保险"。②

上述这种"转译""重译""节译""转述"等情况也反映到马克思主义
文艺理论的译介中。如鲁迅翻译的卢那察尔斯基的《艺术论》就是根据日本
学者昇曙梦的译本重译而出。正如鲁迅所言，这本《艺术论》出版时"算是
新的，然而也不过是新编"，因为鲁迅所译的《艺术论》在内容上实际又混
合了卢那察尔斯基的《实证美学的基础》一书的基本内容，在不解处则"参
考茂森唯上的《新艺术论》(内有《艺术与产业》一篇)及《实证美学的基
础》外村史郎译本"③。在鲁迅所译的卢那察尔斯基的论文集《文艺与批评》
中，这种根据日文译本的情况同样非常明显。其中，第一篇《为批评家的卢
那卡尔斯基》"是从金田常三郎所译《托尔斯泰与马克斯》的附录里重译的"，
而金氏又是从世界语的本子译出，"所以这译本是重而又重"。第二篇《艺术
是怎样地发生的》则是鲁迅"从日本辑印的《马克斯主义者之所见的托尔斯

---

① 李泽厚:《马克思主义在中国》，生活·读书·新知三联书店1988年版，第13页。

② 宋镜明:《李达传记》，湖北人民出版社1986年版，第104页。

③ [苏联] A.V.卢那察尔斯基:《艺术论》之"小序"，鲁迅译，《鲁迅译文集》第六卷，人
民文学出版社1958年版，第3—4页。

泰》中杉木良吉的译文重译"，至于第四篇《托尔斯泰与马克斯》与第五篇《今日的艺术与明日的艺术》则"都从茂森唯士的《新艺术论》译出"。① 至于鲁迅所翻译的作为苏联关于党的文艺政策的会议记录和决议的重要文献的《文艺政策》同样是根据藏原惟人和外村史郎的"辑译"而重译的。正是由于这种译介中的横向移植与理论来源的间接性（多以日、俄译本为蓝本或中介），马克思主义文艺理论在中国的传播就出现了创造性诠解与误读并行的传播景观。比如，就误读而言，一个著名的例子就是列宁《党的组织和党的出版物》一文的翻译。它在中国过去通译为《党的组织和党的文学》，关键词语"*пармийная лимерамура*"应译为"党的出版物"，却误译为"党的文学"，直到 1982 年才由中共中央《红旗》杂志刊登新译文纠正过来。关于其中的缘由，胡乔木在 20 世纪 80 年代曾经做过详细的说明并深刻的反思：

　　在这次中国文联全委会上，我听说已经把列宁的《党的组织和党的出版物》这篇文章的新译文印发给大家了。我相信，如果我们是一个诚实的马克思主义者，如果我们是公正的，不带偏见的，有历史眼光的，那么我们读了中共中央编译局列宁斯大林著作编译室所写的《〈党的组织和党的出版物〉的中译文为什么需要修改?》），一定会同意他们的意见。因为这个说明理由充足，是无法辩驳的。过去译成《党的组织和党的文学》，本来就是翻译错了。可是现在在有些同志看来，好像 Litteratura（俄文是 ЛИТЕРАТуРА）这个词不译成"文学"，党的 Litteratura 不译成"党的文学"，就是不能容许的事情。为了解除疑虑，我要给大家介绍两件材料。第一件，是《共产党宣言》第三章，小标题叫"社会主义的和共产主义的文献"，这里的"文献"这个词原文就是 Litteratura。"社会主义的和共产主义的文献"这一章里说的是什么呢? 第一节是"反动的社会主义"，第二节是"保守的或资产阶级的社会主义"，第三节是"批判的空想的社会主义和共产主义"。大家想想，假如把这一章的题

---

① ［苏联］A.V. 卢那察尔斯基:《艺术论》之"译者附记"，鲁迅译，《鲁迅译文集》第六卷，人民文学出版社 1958 年版，第 303—306 页。

目译成"社会主义的和共产主义的文学"，我们的文学家和文学理论家们会不会认为译得很准确，感到很光彩？可见，Litteratura虽然在许多时候可以翻译成"文学"，而在许多时候就不能翻译成"文学"。另外一件材料，在《马恩选集》第二卷里面，也是一篇很重要的文章，叫《流亡者文献》。这里的"文献"，原文也是Litteratura。假如我们硬要把Litteratura翻译成"文学"，这篇文章题目就得译成《流亡者文学》。其实，从内容看《流亡者文献》还不如译成《流亡者的出版物》。因为《共产党宣言》中所说的"社会主义的和共产主义的文献"，指的是历史的文献，而《流亡者文献》中的"文献"，指的不过是巴黎公社失败以后的流亡者在外国出的刊物、报纸这些东西。我举以上两件材料，可以具备足够的权威，使大家相信，Litteratura这个词并不是在任何时候都应该译成"文学"。要打破这一层成见。这样，我们才能比较客观地来考虑，列宁的这篇文章，究竟是翻译成《党的组织和党的文学》好，还是翻译成《党的组织和党的出版物》好。这完全是一个科学的问题，是一个语言学的问题，也是个历史学的问题，完全应该采取一种冷静的、科学的态度来对待。列宁所讲的，实实在在就是"党的出版物"，编译局的同志已经做了详细的说明。有的同志说，"党的文学"这个译法已经流行这样久了，现在忽然要改成"党的出版物"，会引起很大的混乱，甚至担心资产阶级自由化思想会借此进攻。这就发生一个问题，究竟是科学服从于政治，还是政治服从于科学？科学的研究和探讨，固然有时要考虑到政治，考虑到革命的利益和人民的利益，但是，归根到底，我们的政治是服从于科学的。因为我们是科学的社会主义者，而不是别的种类的社会主义者。因为我们的政治的根基牢牢地建立在科学上面，而不是建立在任何别的东西上面。因为马克思主义的科学符合客观的历史规律，因而符合革命的和人民的根本利益。现在遇到这样一个小小的问题，难道就不能尊重科学、服从科学了？何况这里面根本没有什么政治问题，纯粹是个语义问题、翻译问题。该翻译成什么就翻译成什么。过去翻译错了，这个错译造成了消极影响。我们不能迁就这个错译的既成事实。主张照旧不改，当然也是一种思想方法。持这种思想方法的同志，看来忠实于科学的精神不那么充分。我们要忠实于政治，我们更要忠实于科学。我们不能让科学来服从政治，那样，科学就不成其为科学，政治也就不成其为科学的政治了。我们的政治要服从于科学。我们党犯了错误，就要做实事求是的自我批评，虽然这种自我批评有时也会带来种种争论，甚至会带来一些消极的副作用，可是我们党有这种勇气，我们党忠实于科学，忠实于历史。而对科学，对历史，是不能不忠实的。勇敢的、科学的、恰如其分的自我批评，正是推动我们事业前进的巨大的积极力量。至于我们这里所谈的这个翻译错误，在马克思主义著作的翻译者中间，据我所知，基本上是没有争论的，都认为确实是翻译错了。而且在《列宁全集》里面，这个词在类似的情况下也是译成"书刊"，并没有都译成"文学"。仅仅这篇文章，沿用旧译，译成《党的组织和党的文学》。因为过去在延安《解放日报》上面这样译过，（在这之前，在上海也这样译过，不过影响没有那么大)，后来又被毛泽东同志《在延安文艺座谈会上的讲话》引用了，这就似乎成为不可更改的了。现在好像我们的文艺政策不是建筑在科学上面而是建筑在误解上面。哪有这样的事情呢？历史上有过许多误解。这个误解毛泽东同志不能承担责任，文章是博古同志翻译的。改正一个错误，这根本不应当成为一个问题。①

由于这篇文章涉及文学的党性原则这一重大理论问题，因此，对现代中国马克思主义文艺理论的发展，对后来的中共各种文艺政策的实施乃至后来的各种理论论争都有着重大的影响。应当说，瞿秋白于 30 年代初的译文中使用"党的文学"的译法，把"文学的党性原则"认定为列宁的文学主张，虽然在翻译上有误，但"原则"确实是列宁的，但这一译法被普遍接受后却产生了深远的影响，它不仅引起了左翼文坛与胡秋原、苏汶的论战，也对后

---

① 胡乔木：《关于文艺与政治关系的几点意见》(1982 年 6 月 25 日在中国文联四届二次全委会招待会上的讲话)，《胡乔木文集》第二卷，人民出版社 2012 年版，第 552—555 页。

来周扬文艺理论对文艺"党派性"的特别强调提供了文献与理论支撑，还对冯雪峰的文艺批评理念产生了直接的影响。冯雪峰曾明确指出："列宁的关于文学和哲学的党派性的原则，当然应该在普罗革命文学创作上，尤其在批评上来应用，发展；问题只在于应用得正确不正确。"① 可以说，这一由名词术语的误译进而演化成一种理论指导原则的误读的经典案例充分昭示了马克思主义文艺理论中国化过程的曲折性。

如果我们把马克思主义文艺理论在中国的误读仅仅看成是由于术语或概念上的理解误差而造成的，就严重低估了革命现实对马克思主义文艺理论中国化的内在要求。在此我们不妨以"莎士比亚化"和"席勒式"这两个著名的马克思主义文艺理论概念为例来说明之。这两个概念是马克思和恩格斯应拉萨尔的要求评价其剧本《弗兰茨·冯·济金根》时提出的，因为恩格斯在信中第一次把"现实主义"这个术语运用于文艺领域，所以马、恩二人的回信也被视为他们最重要的现实主义理论文献之一。其俄文版出版于 1925 年。中国本土关于这两封信的介绍性译文最早出现在北新书局 1925 年 8 月出版的《未名丛刊》之一《苏俄的文艺论争》，由任国桢编译。1932 年，瞿秋白在《马克斯、恩格斯和文学上的现实主义》一文中对这两个概念进行了革命功利主义的解读，认为"马克斯恩格斯的反对'塞勒化'和鼓励'莎士比亚化'，是他们对于文学上的两种创作方法的原则上的意见。第一种是主观主义的理想化——极端的曲解客观的阶级斗争的过程，这是马克斯恩格斯所反对的。第二种是现实主义——暴露资本主义发展的内部矛盾的，这就是马克斯恩格斯所鼓励的"②。在瞿秋白看来，马、恩二人之所以提倡"莎士比亚化"而反对"席勒式"，是希望文学能够发露真正的社会动力和历史的阶级冲突，而不要只是主观化、图式化的演说。瞿秋白的这种解读后来又为周扬所继承与发挥。周扬为了配合毛泽东《讲话》的发表，在其编选的《马克思主义与文艺》中将这两个概念置于"文艺的倾向性"条目之下。从 40 年代到"文革"，对这两个概念的理解也基本是在强调真实性和倾向性相结合的基础上去凸现

---

① 瞿秋白：《并非浪费的论争》，《瞿秋白文集》（文学编·第三卷），人民文学出版社 1989 年版，第 90 页。

② 瞿秋白：《马克斯、恩格斯和文学上的现实主义》（原载于《现代》1933 年第 2 卷第 6 期），《瞿秋白文集》（文学编·第四卷），人民文学出版社 1986 年版，第 5 页。

思想倾向的重要性。

当然，在译介过程中，中国马克思主义文艺理论家也通过对马克思主义的核心概念、范畴或理论形态的深入研究进行着创造性的诠释，从而丰富着马克思主义文艺理论思想。以胡风为例，他的文艺主体论观点的形成就同他对马克思主义文艺理论的准确译介和深入把握有着直接的关联。1934年，胡风翻译了日本学者《唯物论研究》中的论文《历史上主观条件之意义》，这篇文章中首次出现了主体的概念，而且介绍了恩格斯对经济决定论的批判和列宁对客观主义的批判，强调了上层建筑与经济基础的相互作用。文中特别指出，在主观条件是被客观条件所规定这个唯物论的侧面（唯物论的基础）之上，需要加强地提出主观的条件对于客观的前提有能动的功效这个辩证法的侧面，而客观主义是不能正确认识反作用者——不理解社会过程上主体的要因的积极性的。[①]正是得益于这篇译文的直接启发，胡风发现了中国本土和苏俄马克思主义文艺理论中存在的共同问题即对创造主体作用的忽视，由此创造性地提出了他的现实主义文艺理论的核心术语"主观战斗精神"。他所说的"主观战斗精神"包含三个层次的意义：其一是哲学层次上的世界观的意义，指的是辩证唯物主义哲学中人作为认识主体的主观能动作用，人的实践性、独立性和创造性等等；其二是伦理学层次上的人生态度的意义，指的是现实主义的精神和革命的人道主义精神；其三是文艺学层次上的创作方法的意义，指的是"文学活动底主体（作家）底精神活动状态"[②]。在胡风看来，"创造过程上的创造主体（作家本身）和创造对象（材料）的相生相克的斗争；主体克服（深入、提高）对象，对象也克服（扩大、纠正）主体，这就是现实主义底最基本的精神"[③]。后来他又对现实主义创作所要求的这种"主观战斗精神"的实质、特征、作用等深层次问题做了全面的阐发：

　　　　没有对于生活的感受力和热情，现实主义就没有了起点，无从

---

① 参见艾晓明：《胡风与卢卡契》（《文学评论》1988年第5期）一文的相关论述。

② 胡风：《今天，我们的中心问题是什么？——其一：关于创作与生活的小感》，《胡风评论集》（中），人民文学出版社1984年版，第112页。

③ 胡风：《人道主义和现实主义的道路——悼A.N.托尔斯泰》，《胡风评论集》（下），人民文学出版社1985年版，第66页。

发生，但没有热情和思想力量或思想要求，现实主义也就无从形成，成长，强固的。前者使教条主义狼狈地溃退，后者使客观主义不能够藏身。但若就一部作品底创造过程说，这三者总是凝成了浑然一体的、向人生搏斗的精神力，而这里的思想力量或思想要求的成份，开始是尽着引导的作用，中间是尽着生发、坚持的作用，同时也受着被丰富被纠正的作用，最后就收获了新的思想内容底果实。人会吃惊于这部史诗里面的那些痛苦的境界，阴暗的境界，欢乐的境界，庄严的境界……然而，如果没有对于生活的感受力和热情，这些固然无法产生，但如果对于生活的感受力和热情不是被一种深透的思想力量或坚强的思想要求所武装，作者又怎样能够把这些创造完成？又怎样能够在创造过程中间承受得起？正是和这种被思想力量或思想要求所武装的对于生活的感受力和热情一同存在的，被对于生活的感受力和热情所拥抱所培养的思想力量或思想要求，使作者从生活实际里面引出了人生底悲、喜、追求和梦想，引出了而且创造了人生底诗。①

应当说，胡风所说的"真正的艺术上的认识境界只有认识底主体（作者自己）用整个的精神活动和对象物发生交涉的时候才能够达到"②，以及作家要"有主观战斗精神"之类的论断，是合乎马克思主义的能动反映论的。他的主体性理论依据的是马克思主义经典如《费尔巴哈论纲》《德意志意识形态》，恩格斯1844年给马克思的信等著作中有关人、人的本质、人的感情活动等论述，同时又吸收了厨川白村、弗洛伊德精神分析学理论，它继承、捍卫了以鲁迅为代表的五四新文学的人学立场，总结了五四新文艺精神，把五四以来"为人生的艺术"与"为艺术而艺术"两种创作倾向的共同精神基础即作家自我扩张的战斗精神提炼为现实主义的内在特质，即现实主义是"主观精神"和"客观真理"的融合，作家必须把自己的"血肉"融入现实，

---

① 胡风：《青春底诗——路翎著长篇小说〈财主底儿女们〉序》，《胡风评论集》（下），人民文学出版社1985年版，第92—93页。
② 胡风：《为初执笔者的创作谈》，《胡风评论集》（上），人民文学出版社1984年版，第222页。

才能"达到沉重的历史内容底生动而又坚强的深度"①。这是从中外文学大师关于创作过程的血肉体验中总结出主体与客体相搏又拥合的心理机制，直接面对的是当时中国文艺理论家的某些共同倾向，即"完全抛开了作家底对待对象（题材）的态度，作家的主观和对象的联结过程，作家底战斗意志和对象底发展法则的矛盾与统一的心理过程"②。可以说，胡风的主体性理论在20世纪中国形态的马克思主义文学理论与批评的形成过程中鲜明地突出了主体的地位，同时又以对创作主体和创作对象的具体而深入的研究，填补了马克思主义文艺理论在文学主体论方面所存在的一些缺憾，为马克思主义文艺理论宝库涂上了鲜明的中国色彩。

总的来说，不同的理论来源、不同的传播路径、不同的选择倾向，混合着变动不居的启蒙、救亡、革命的现实，为马克思主义文学理论与批评的中国形态的形成与确立提供了沃土。相比苏俄文艺理论家们占有着掌握马克思主义经典作家第一手资料的极大便利，并且在翻译马克思主义经典作家原著时一向忠于原著，十分可靠而言，在近现代中国，无论是早期留学生、共产党人还是后来的左翼理论家，他们在极端残酷的现实条件下难得拥有进行正常的学术活动所必需的客观条件与精神氛围，对马克思主义的理解、把握与运用往往不如苏联文学理论家那样全面、深刻、完整，而相比西方马克思主义文艺理论家们，他们所处的救亡图存、不断革命的紧迫现实与动荡时代又为他们在实践中发展马克思主义文艺理论提供了得天独厚的现实环境与时代契机。

第二节　进步文艺社团与马克思主义
文艺理论的译介和传播

五四以来，一些进步文学社团承续早期留学生和早期中国共产党人的马

---

① 胡风：《论现实主义的路——对于主观公式主义和客观主义的、粗略的再批判，并以纪念鲁迅先生逝世十二周年》，《胡风评论集》（下），人民文学出版社1985年版，第298页。

② 胡风：《今天，我们的中心问题是什么？——其一：关于创作与生活的小感》，《胡风评论集》（中），人民文学出版社1984年版，第108页。

克思主义文艺理论的宣传、译介，起到了薪火相传的作用，这一点早成学界共识。下面所附的"现代重要文学社团与马克思主义文艺理论传播简表"及"现代重要作家批评家参加社团情况简表"两表将有助于我们更直观地理解现代以来重要文学社团同马克思主义文艺理论传播之间的内在联系。

现代重要文学社会团与马克思主义文艺理论传播简表

社团名	成立时间	成立地点	主要成员	主要刊物	发表或刊载重要马克思主义文艺理论文章(或反马克思主义文学理论)
新潮社	1918 年秋	北京	罗家伦、傅斯年、徐彦之、顾颉刚、吴康、陈达材、毛子水	《新潮》	《布尔塞维克主义》(罗素著,何思源介绍)、《社会学中的科学方法》(何思源)等
少年中国学会	1919 年7 月15 日	北京	李大钊、恽代英、邓中夏、沈泽民、王光祈	《少年中国》	《论社会主义》(恽代英)、《民主主义的革命和社会主义的革命》(李璜)、《唯物史的宗教观》(李达译)等
北京新学会	1919 年9 月	北京	张东荪、梁启超、张君劢、俞颂华	《解放与创造》	《社会主义之定义》(颂华)、《无产阶级论》(苏一峰重译)、《社会主义下的科学与艺术》(雁冰译)、《社会主义与中国》(蓝公武)、《苏维埃俄罗斯之文化事业与教育》(献书译)等
曙光杂志社	1919 年11 月1 日	北京	王统照、瞿世英、郑振铎、宋介	《曙光》	《俄国革命周年纪念》(瞿秋白)、《新俄罗斯艺术之谈屑》(王统照)等
文学研究会	1921 年1 月4 日	北京	由周作人、郑振铎、沈雁冰、郭绍虞、朱希祖、瞿世瑛、蒋百里、孙伏园、耿济之、王统照、叶绍钧、许地山	《小说月报》《文学旬刊》《文学》(周刊)《文学周报》《诗》《戏剧》	《俄国的文学批评》(沈泽民译)、《文学与革命的文学》(沈泽民)、《俄国文学与革命》(茅盾译)、《论无产阶级艺术》(茅盾)、《苏俄十年间的文学论研究》(冈泽秀虎著,陈雪帆译)、《政治底价值与艺术底价值——马克斯主义文艺理论之商榷》(平林初之辅著,胡秋原译)、《唯物史观与文艺》(仲云)、《论无产阶级的文化与艺术》(脱洛斯基著,仲云译)等

续表

社团名	成立时间	成立地点	主要成员	主要刊物	发表或刊载重要马克思主义文艺理论文章(或反马克思主义文学理论)
创造社	1921 年7 月	东京	郭沫若、郁达夫、田汉、成仿吾、郑伯奇、张资平	《创造》(季刊)、《创造周报》《创造月刊》《创造日》(《中华新报》副刊)、《洪水》(半月刊)、《创造月刊》《文化批判》、《流沙》(半月刊)、《思想》(月刊)、《新思潮》(月刊)	《完成我们的文学革命》和《从文学革命到革命文学》(成仿吾)、《无产阶级专政和无产阶级的文学》(郁达夫)、《到新写实主义之路》(藏原惟人著,林伯修译)、《怎样地建设革命文学》(李初梨)、《文艺大众化与大众文艺》(阳翰笙)、《艺术与社会生活》(冯乃超)、《革命文艺与大众文艺》(彭康)、《关于文学大众化的问题》(郑伯奇)、《新兴大众文艺的认识》(郭沫若)、《文学运动的几个重要问题》(沈端先)、《关于马克思主义文艺批评的任务之大纲》(卢那察尔斯基著,朱镜我译)等
新月社	1923 年	北京	徐志摩、闻一多、梁实秋、胡适、陈源	《新月》(月刊)	《文学是有阶级性的吗?》(梁实秋)、《唯物史观的文学论》(樊仲云译)等
语丝社	1924 年11 月	北京	鲁迅、孙伏园、钱玄同、川岛、周作人	《语丝》(周刊)	《关于知识阶级》(青野季吉著,鲁迅译)、《文艺和革命》(鲁迅)、《评〈从文学革命到革命文学〉》(侍桁)、《艺术与阶级》(鲁迅译)、《日本无产阶级文学过去与现在》(胡秋原)、《苏俄普罗文学发达史》(冈泽秀虎著,杨浩译)等
未名社	1925 年8 月	北京	韦素园、李霁野、台静农、鲁迅、曹靖华	《未名》(半月刊)、《莽原》(周刊、半月刊)	《无产阶级的文化和无产阶级的艺术》(特洛斯基著,李霁野等译)、《无产阶级诗人和农民诗人》(昇曙梦著,鲁迅译)等
南国社	1927 年冬	上海	田汉、欧阳予倩、徐志摩、徐悲鸿、周信芳	《南国月刊》	《中国戏剧角色之唯物史观的研究》(黄素)、《苏俄革命电影之现在及将来》(卢那察尔斯基)、《苏联电影艺术发展底教训与我国电影运动底前途》(田汉)、《列宁致高尔基书》(陈涛译)等

社团名	成立时间	成立地点	主要成员	主要刊物	发表或刊载重要马克思主义文艺理论文章(或反马克思主义文学理论)
太阳社	1928 年	上海	蒋光慈、夏衍、钱杏邨、林伯修、殷夫、洪灵菲、孟超	《太阳月刊》《时代文艺》《新流月刊》《拓荒者》《海风周报》	《关于革命文学》(蒋光慈)、《死去了的阿 Q 时代》(钱杏邨)、《到新写实主义之路》(林伯修译)、《全世界左翼战线作家传略》(伯川辑译)、《艺术之社会的基础》(林伯修译)、《论新兴文学》(列宁著,成文英译)、《大众文艺与文艺大众化》(钱杏邨)等
我们社	1928 年 5 月	上海	洪灵菲、林伯修等	《我们》	《革命文学的展望》(石厚生)、《普罗列塔利亚文艺批评底标准》(李初梨)、《日本艺术运动底指导理论的发展》(田口宪一著,林伯修译)等
朝花社	1928 年 11 月	上海	鲁迅、柔石	《朝花》(周刊、旬刊)	《自然主义与新浪漫主义》(画室译)、《论法兰西底悲剧与演剧》(普列汉诺夫著,画室译)等
艺术剧社	1929 年秋	上海	郑伯奇、沈端先(夏衍)、陶晶孙、冯乃超、叶沉(沈西苓)	《艺术》《沙仑》	《普罗文艺的大众化》(麦克昂)、《俄国革命前的文学运动》(冯乃超)、《俄国电影 Production 的路》(卢那察尔斯基著,冯乃超译)等
无名文艺社	1932 年 12 月	上海	叶紫	《无名文艺》	《文学与大众》(岛西)、《丰收》(叶紫)等
"左联"	1931 年 3 月 2 日	上海	沈端先、冯乃超、鲁迅、田汉、郑伯奇、洪灵菲等	《萌芽月刊》《拓荒者》《文化月报》《世界文化》《巴尔底山》《北斗》《文学月报》《文学》《文学杂志》《文学季刊》《杂文》	《马克斯、恩格斯和文学上的现实主义》和《马克思主义文艺论文集》(瞿秋白)、《党的组织与党的文学》(冯雪峰)、《关于"社会主义的现实主义与革命的浪漫主义"》(周扬)等
北方左翼作家联盟	1931 年冬	北京	潘漠华、孙席珍、台静农、杨刚、曹靖华、李何林	《北方文艺》《文学导报》《文学杂志》《文艺月报》	《一九三三年日本普罗文学运动的展望》(喆之译)、《社会主义的写实主义和革命的浪漫主义》(上田进著,王笛译)、《文学的党派性》(川口浩著,张英白译)、《十月革命后的苏联文学》(爱浮瑞敏著,冯文侠译)等

现代重要作家、批评家参加社团情况简表

姓名	生卒年	籍贯	参加社团	任职情况
周作人	1884—1967	浙江绍兴	文学研究会、新潮社、北京大学歌谣研究会	新潮社主任编辑
成仿吾	1897—1984	湖南新化	创造社	—
李健吾	1906—1982	山西运城	曦社、文学研究会、上海剧艺社以及苦干剧团、"孤岛"话剧界	—
冯雪峰	1903—1976	浙江义乌	晨光社、湖畔诗社、"左联"	"左联"党团书记
周扬	1908—1989	湖南益阳	"左联"	"左联"常委
胡风	1902—1985	湖北蕲春	"左联"	"左联"盟东京分盟负责人
闻一多	1899—1946	湖北浠水	民盟、新月社	—
郭沫若	1892—1978	四川乐山	夏社、创造社、"左联"	—
郑伯奇	1895—1979	陕西长安	同盟会、创造社、艺术剧社	艺术剧社社长
蒋光慈	1901—1931	安徽霍邱	太阳社、"左联"	"左联"候补常委
傅斯年	1896—1950	山东聊城	新潮社	创办人
罗家伦	1897—1969	浙江绍兴	新潮社	创办人
刘半农	1891—1934	江苏江阴	中国学术团体协会、开明剧社	—
钱玄同	1887—1939	浙江吴兴	同盟会、中华民国国语研究会	—
欧阳予倩	1889—1962	湖南浏阳	春柳社、左翼戏剧家联盟、新剧同志会、文学研究会	—
俞平伯	1900—1990	浙江德清	新潮社、文学研究会、语丝社	—
叶圣陶	1894—1988	江苏苏州	新潮社、文学研究会	—
丁西林	1893—1974	江苏泰兴	中国戏剧社	—
叶灵凤	1905—1975	江苏南京	创造社	—
郑振铎	1898—1958	福建长乐	文学研究会、中国著作者协会、中国文艺家协会、中华全国文艺界抗敌协会	发起人
郁达夫	1896—1945	浙江富阳	创造社、太阳社	—
老舍	1899—1966	北京	文学研究会	—
林语堂	1895—1976	福建龙溪	国际笔会中国分会、语丝社	发起人
瞿秋白	1899—1935	江苏常州	马克思学说研究会	—
梁宗岱	1903—1983	广东新会	文学研究会	—
茅盾	1896—1981	浙江桐乡	文学研究会、中国左翼作家联盟	"左联"执行书记

　　总的来看，相比早期留学生（特别是民国之前）的译介，进入民国后的马克思主义文艺理论译介开始逐渐抛弃了"西译中述"的模式，变介绍与转述为论述与评价的趋向更加明显，对外来影响的选择也呈现出非常明显的分

化态势。从话语形态上看，主要分为欧美思想话语系统、俄苏思想话语系统和日本思想话语系统。这三大话语系统之间的错综复杂的交织和演化对中国文学界对马克思主义文艺理论的选择性吸收有着深刻的影响。比如，鲁迅、茅盾、瞿秋白、周扬、冯雪峰等人的革命现实主义批评与俄苏思想话语系统有着更为直接的关系。郭沫若、成仿吾、李初梨等人的激进性的革命批评话语同日本思想话语系统的关系更为密切。这种分化态势在五四以来的进步文艺社团对马克思主义的译介、引进、运用上表现得尤为突出。本节以这一时期的文学研究会、创造社、太阳社等著名文艺社团的马克思主义文艺译介与论争为线索来考察五四以来主要文艺进步社团如何经过上述各种方式探索马克思主义文艺理论与批评的中国化。

一、文学研究会与现实主义文学理论的传播

作为新文学主要社团的文学研究会的基本倾向是现实主义。以"研究介绍世界文学，整理中国旧文学，创造新文学"为宗旨的文学研究会"反对把文学作为消遣品，也反对把文学作为个人发泄牢骚的工具，主张文学为人生"（沈雁冰《关于文学研究会》）。他们着重向国内译介的是俄国、法国、北欧及东欧诸国、日本、印度等国的现实主义名著，主要介绍托尔斯泰、屠格涅夫、普希金、契诃夫、高尔基、陀思妥耶夫斯基、莫泊桑、罗曼·罗兰、易卜生、显克维奇、安徒生、萧伯纳等现实主义作家的作品。如1921年出版的文学研究会会刊《文学周报》在第19期就刊登过有关陀思妥耶夫斯基的系列文章，从第32—35期连载过由C·P译介的《朵思退益夫斯基与其作品》，1928年第333、334期合刊则重点推出"托尔斯泰百年纪念特号"，刊登了外国研究托尔斯泰的系列译文（如蒲宁的《怀托尔斯泰》和尼古拉涅宁的《托尔斯泰论》以及国内学者如赵景深等人的研究专论）。由文学研究会实际掌握的《小说月报》等还曾出过"俄国文学研究""法国文学研究"等特号和"被损害民族的文学"专号。如1921年9月出版的第12卷号外"俄国文学研究"专号不仅对近代俄国文学家作了列传式的介绍（如茅盾的《近代俄国文学家三十人合传》），还译介了俄国文学批评的相关论著（如沈泽民翻译了克鲁泡特金的《俄国的批评文学》）。这个研究专号不仅有文学

研究会主要成员如郑振铎、茅盾、王统照、郭绍虞、耿济之等人相关的俄国文学及文学批评译介，也有后来成为中国共产党著名领导人的瞿秋白及张闻天对俄国文学及文学批评的译介，如瞿秋白翻译了俄国作家兹腊托夫拉斯基的小说《痴子》，张闻天则撰写了《托尔斯泰的艺术观》集中介绍托尔斯泰的现实主义文艺观念。可以说，在介绍外国进步的现实主义文学及文学理论方面，文学研究会作出了很大贡献。而这其中，茅盾、樊仲云等人对马克思主义文艺理论宣传更是作出了重要贡献。后来成为汪伪中央大学校长的樊仲云在早期马克思主义文艺理论传播中是有一定贡献的，他不仅与陶希圣、萨孟武合译过《马克思经济学说的发展》，还翻译过伊可维支的《唯物史观的文学论》和托洛茨基的《论无产阶级的文化与艺术》（分三次在《文学周报》第 216、217、219 期刊登）。

　　作为文学研究会的主要发起人之一，茅盾是现实主义的主要倡导者。他对现实主义文艺理论及马克思主义文艺理论的译介在文学研究会成员中最为出色。茅盾的理论主张及贡献突出体现在对 20 世纪以来现实主义文学理论体系的积极引进、宣传、建设方面。从五四时期提出"为人生"的现实主义主张，到 1925 年之后向前推进并演变为革命现实主义，茅盾都是中国现实主义文艺理论及批评发展的核心人物之一。这可以从他一以贯之对写实主义、自然主义、现实主义理论主张的坚守之中看出。1921 年初他接手主编革新后的《小说月报》，便明确指出："写实主义的文学，最近已见衰歇之象，就世界观之立点言之，似已不应多为介绍；然就国内文学界情形言之，则写实主义之真精神与写实主义之真杰作实未尝有其一二，故同人以为写实主义在今日尚有切实介绍之必要；而同时非写实的文学亦应充其量输入，以为进一层之预备。"① 同年 9 月，他主编的《小说月报》出版了《俄国文学研究》的号外，其中刊登的沈泽民译的《俄国的文学批评》和署名"明心"写的《俄罗斯文艺家录》则介绍了车尔尼雪夫斯基等俄国革命主义批评家。次年 5、6 月间，茅盾又在《小说月报》分别组织了以"自然主义的论战"和"自然主义的怀疑与解答"为题的"通信"专栏，与文学研究会成员及读者

---

① 茅盾：《〈小说月报〉改革宣言》（原载于《小说月报》1921 年第 12 卷第 1 号），《茅盾全集》（第十八卷·中国文论一集），人民文学出版社 1989 年版，第 56 页。

围绕自然主义问题来往通信二十余封，进行商榷、讨论。在《一年来的感想与明年的计划》《自然主义与中国现代小说》《脑威写实主义前驱般生》《波兰近代文学泰斗显克微兹》《西班牙写实文学的代表伊本纳兹》《脑威现存的大文豪鲍具尔》《纪念佛罗贝尔的百年生日》等系列文章中，茅盾对西方文学中的写实主义进行了较为系统的介绍和引进，向中国作家大力提倡写实主义文学，阐明它在中国新文学发展中的必然性与紧迫性，又在《文学和人的关系及中国古来对文学者身份的误认》《社会背景与创作》《文学与人生》《新文学研究者的责任与努力》《自然主义与中国现代小说》等一系列论文中进一步夯实其译介中的现实主义思想。虽然从概念的使用来看，20 年代茅盾在"写实主义""自然主义""现实主义"等概念的运用上比较混乱，但他通过对这些概念的不断淘洗，逐渐抽绎出写实主义→自然主义→现实主义的发展流程，为 20 世纪中国现实主义文艺理论的发展扫清了理论上的障碍。

关于革命文学、无产阶级文学的提倡，过去文学史大多归功于创造社与太阳社，极少谈及文学研究会，事实上文学研究会成立的次年，就有人撰文强调"第四阶级者要想扭断这条铁索，非将现在底经济组织推翻不可，非将无产阶级者联合起来，革第三阶级的命不可"①，试图通过提倡血泪的、革命的、自然主义的文学来推动进行俄国式的革命。文学研究会成员沈泽民在20 年代不仅大量译介了与十月革命苏联文艺状况相关的作品（如《俄国的批评文学》《俄国的农民歌》）等，还与早期中国共产党人恽代英、萧楚女等人一起发起革命文学运动，撰写了《我们需要怎样的文艺》《文学与革命的文学》等文章，宣传马克思主义的文学主张，明确提出文艺创作的阶级性问题。茅盾从 20 年代中期以后逐渐转向无产阶级文学的译介与提倡。从 1923年底开始，茅盾就翻译了《俄国文学与革命》（《文学周报》1923 年第 96 期），在《文学周报》同年第 103 期上他又撰写了《"大转变时期"何时来呢?》一文，"希望文学能够担当唤醒民众而给他们力量的重大责任"②。1925 年，茅盾撰写了著名长文《论无产阶级艺术》，分四期刊登在《文学周报》第 172、

---

① 之常：《支配社会底文学论》（原载于《文学旬刊》1922 年第 35 期），贾植芳等编：《文学研究会资料》（上），河南人民出版社 1985 年版，第 80 页。

② 茅盾：《"大转变时期"何时来呢?》（原载于《文学》周报 1923 年第 103 期），《茅盾全集》（第十八卷·中国文论一集），人民文学出版社 1989 年版，第 414 页。

173、175、196 期上。这篇文章是他根据英文书刊资料对苏联高尔基创始的无产阶级文学进行的深入的理论探讨，其最初的意图是起于 1924 年邓中夏、恽代英和沈泽民提出了革命文学口号之后，他本人既想全面盘点苏联无产阶级革命文学的发展，同时"也有清理一番自己过去的文学艺术观点的意思，以便用'为无产阶级的艺术'来充实和修正'为人生的艺术'"①。文章探讨了无产阶级艺术的历史形成特别是苏联作家的作品和所取得的成就、无产阶级艺术产生的条件、无产阶级艺术的主要范畴、无产阶级艺术的基本内容以及无产阶级艺术的形式等重要问题。正是这篇文章使得茅盾"已经意识到无产阶级艺术的基本原理将会指引中国的文艺创作走上崭新的道路"②，并开始了中国革命现实主义文学思想的理论探讨与批评实践。

二、后期创造社与马克思主义文艺理论的译介与传播

创造社从 1921 年 6 月成立到 1929 年 2 月被封，前后活动约十年时间。它在中国现代文学史上倡导无产阶级革命文学最力，其主要成员郭沫若、郁达夫、郑伯奇、李初梨、冯乃超、彭康等后来都参加了"左联"。后期创造社以《创造》（季刊）、《创造周报》、《创造月刊》、《创造日》（《中华新报》副刊）、《洪水》（半月刊）、《文化批判》、《思想》（月刊）、《流沙》（半月刊）、《新思潮》（月刊）等为阵地，在译介、倡导马克思主义文艺理论方面（特别是苏联"拉普"及日本"纳普"文艺理论）为马克思主义文学批评中国形态的形成作出了巨大的贡献。这些刊物都有鲜明的时代针对性和革命性。如创造社将其在 1928 年 1 月创刊的《文化批判》定位为"负起它的历史的任务。它将从事资本主义社会的合理的批判，它将描绘出近代帝国主义的行乐图，它将解答我们'干什么'的问题，指导我们从哪里干起"③。像郭沫若、李初

---

① 《茅盾回忆录》，孙中田、查国华编：《茅盾研究资料》（上），中国社会科学出版社 1983 年版，第 335 页。
② 《茅盾回忆录》，孙中田、查国华编：《茅盾研究资料》（上），中国社会科学出版社 1983 年版，第 340 页。
③ 成仿吾：《祝词》（原载于《文化批判》1928 年第 1 号），《成仿吾文集》编辑委员会编：《成仿吾文集》，山东大学出版社 1985 年版，第 240 页。

梨等人对苏联"拉普"及日本"纳普"文艺理论的译介与宣传以及陶晶孙等人以《大众文艺》为阵地对"大众文艺"及文艺大众化的译介,都对当时的无产阶级革命文学运动产生了深远的影响。这其中,彭康在译介方面更是功不可没。他翻译出版了《高尔基论》《托尔斯泰——俄罗斯革命的明镜》《托尔斯泰》以及西方马克思主义代表人物柯尔施的《马克思主义和哲学》(上海南强书局1929年)。其中,《托尔斯泰——俄罗斯革命的明镜》《托尔斯泰》以及与冯雪峰合译的《艺术形式之社会的前提条件——关于艺术的断片》《论新文学》,是最早被介绍到国内的几篇马克思主义文艺理论经典论著。大致来说,创造社对马克思主义文艺理论的译介有着鲜明的时代特征与社团印记。主要表现在:深受日本左翼理论家的理论影响,倡导文学的阶级性和提倡文艺大众化。

1. 日本左翼理论家的影响

后期创造社的马克思主义文艺理论译介与传播主要由留日青年学生倡导发动,受日本共产党"左"倾的福本主义、青野季吉的"目的意识论"及藏原惟人的"新写实主义"思想影响严重。

(1) 福本和夫的"理论斗争主义"。福本和夫的福本主义深受以卢卡奇、柯尔施等人为代表的西方马克思主义的影响。福本和夫在20世纪20年代初期曾追随柯尔施学习马克思主义并通过柯尔施结识卢卡奇,后者还赠之以《历史与阶级意识》。福本和夫强调"理论斗争主义",追求一种纯粹的无产阶级意识和革命意识,主张严格区分纯粹与不纯的革命意识与革命分子,其研究方法主要是从想象性的观念而非具体的现实出发,忽视了无产阶级面临的具体问题而埋头于理论原则的发展与运用,在阶级斗争中重视知识分子的领导而忽视民众的作用。后期创造社成员直接吸收了福本主义理论的早期源头——西方马克思主义,同时也吸收了列宁的阶级意识理论,非常重视意识形态的全面批判以及文学与革命实践的直接统一。创造社同鲁迅及太阳社等的几次大论战都打上了福本和夫"理论斗争主义"的鲜明烙印。以20年代后期创造社的"方向转换"为例就可以明显看出。1927年的《洪水》半月刊围绕郭沫若的《马克思进文庙》一文进行讨论,先后刊登成仿吾的《完成我们的文学革命》(第3卷第25期)和《文艺战的认识》(第3卷第28期)、郁达夫（笔名曰归）的《无产阶级专政和无产阶级的文学》（第 3 卷第 26 期）和《在方向转换的途中》（第 3 卷第 29 期）以及毛尹若的《马克思社会阶级观简说》（第 3 卷第 28 期）等文章，初步开始了创造社在文艺与政治上的"转换方向"，其杂志办刊风格也从"纯文艺的杂志"转变为提倡革命文学的"战斗的阵营"。1928 年，成仿吾在《创造月刊》上发表"方向转换"宣言称："我们远落在时代的后面。我们在以一个将被'奥伏赫变'的阶级为主体，以它的'意德沃罗基'为内容，创制一种非驴非马的'中间的'语体，发挥小资产阶级的恶劣的根性。我们如果还挑起革命的'印贴利更追亚'的责任起来，我们还得再把自己否定一遍（否定的否定），我们要努力获得阶级意识，我们要使我们的媒质接近农工大众的用语，我们要以农工大众为我们的对象。换一句话，我们今后的文学运动应该为一步的前进，前进一步，从文学革命到革命文学。"① 受福本斗争思想的影响，成仿吾在稍早的《完成我们的文学革命》一文中对文学趣味论也作了一概的否定，认为"趣味是苟延残喘的老人或蹉跎岁月的资产阶级，是他们的玩意"，将鲁迅、周作人、刘半农、陈西滢等人的生活基调和文艺创作都视为"以趣味为中心"，认为这种文艺"所暗示着的是一种在小天地中自己骗自己的自足，它所矜持着的是闲暇，闲暇，第三个闲暇"。② 而李初梨也引用成仿吾对"趣味文学"的批判，对鲁迅作了这样的阶级定位："他在这里，一方面积极地，抹杀并拒抗普罗列塔利亚特的意识争斗，他方面，消极地，固执着构成有产者社会之一部分的上部构造的现状维持，为布鲁乔亚氾当了一条忠实的看家狗！"并最后判定鲁迅"对于布鲁乔亚氾是一个最良的代言人，对于普罗列塔利亚特是一个最恶的煽动家！"③ 更有甚者，郭沫若在《文艺战线上的封建余孽》一文中将鲁迅直接定位为封建余孽和反革命："第一，鲁迅的时代在资本主义以前，更简

---

① 成仿吾：《从文学革命到革命文学》（原载于《创造月刊》1928 年第 1 卷第 9 期），《成仿吾文集》编辑委员会编：《成仿吾文集》，山东大学出版社 1985 年版，第 246 页。

② 成仿吾：《完成我们的文学革命》（原载于《洪水》1927 年第 3 卷第 25 期），《成仿吾文集》编辑委员会编：《成仿吾文集》，山东大学出版社 1985 年版，第 210—212 页。

③ 李初梨：《请看我们中国的 Don·Quixote 的乱舞——答鲁迅〈"醉眼"中的朦胧〉》（原载于《文化批判》1928 年第 4 期），《中国新文学大系 1927—1937》（第二集·文学理论集二），上海文艺出版社 1987 年版，第 118 页。

切的说，他还是一个封建余孽。第二，他连资产阶级的意识形态都还不曾确实的把握。所以第三，不消说他是根本不了解辩证法的唯物论"，"资本主义对于社会主义是反革命，封建余孽对于社会主义是二重的反革命。鲁迅是二重性的反革命的人物"，"是一位不得志的 Fascist（法西斯蒂）。"①

　　（2）青野季吉的"目的意识论"。青野季吉的"目的意识论"主要是受列宁的《怎么办？》一书第二章"群众的自发性与社会民主党的自觉性"启发而形成的。在 1926 年 9 月发表的《自然成长与目的意识》一文中，青野季吉用"自然生长"和"目的意识"亦即"自发性"和"自觉性"两个概念，强调必须把无产阶级文学从自发阶级提高到自觉阶段。在 1927 年 1 月发表的《再论自然成长与目的意识》一文中，他进一步指出"无产阶级自然生长是有一定的局限性的。……社会主义的意识是从外部注入的"，因此，他相信无产阶级文学运动"是在文学领域注入目的意识的运动"②。应该说，青野的"目的意识论"是洞见与盲视并存，在看到文学的阶级性的同时又忽视了文学的自律性，割裂了文艺社会效果与艺术效果的有机统一。青野的这些思想也深刻影响了李初梨。他于 1928 年发表的《自然生长性与目的意识性》一文，从内容到形式几乎是青野《自然成长与目的意识》一文的翻版，而且同样引用了列宁的相关论述。在李初梨看来，无产阶级意识可分为自然生长的无产阶级意识和目的明确的无产阶级意识两个部分，前者是指"劳动大众底自然生长的觉醒"后自发形成的无产阶级意识，而后者指革命的知识分子投身到普罗列塔利亚运动中通过广泛的政治运动和文化思想批判实践而形成的一种社会主义意识，这后一种自觉的无产阶级意识乃是"战斗的唯物论及全无产阶级的政治斗争主义的意识"③。相比普通劳苦大众的那种萌芽状态的、掺杂

①　郭沫若（署名杜荃）：《文艺战线上的封建余孽》（原载于《创造月刊》1928 年第 2 卷第 1 期），北京师范学院中文系鲁迅书信注释组：《"围剿"鲁迅资料选编 1927—1936》，北京师范学院中文系鲁迅书信注释组 1977 年版，第 29、36 页。

②　[日] 青野季吉：《再论自然成长与目的意识》（原载于《文艺战线》1927 年 1 月），《日本无产阶级文学运动·鲁迅和日本文学》，陈秋帆译，北京师范大学中文系中国现代文学教研室 1980 年版，第 19 页。

③　李初梨：《自然生长性与目的意识性》（原载于《思想》月刊 1928 年第 2 期），中国社会科学院文学研究所现代文学研究室编：《"革命文学"论争资料选编》（下），人民文学出版社 1981 年版，第 647 页。

着粗浅唯物论或经验论的无产阶级意识其至工会主义意识，它要纯粹得多，因此，推动革命的中坚力量只能是革命的智识阶级，成熟的无产阶级意识只能在革命知识分子中产生，成熟的无产阶级革命文学只能在清理掉思想的杂质后才能得以形成。由此可以看到，创造社成员同各个文学派别与社团的大论战，都同这种无产阶级"纯化"运动有着密切的关联，他们的文学宗派主义与极端的文学阶级论同他们所接受的日本无产阶级文学理论之间更有直接的联系，而且对后来的中国马克思主义文学批评的发展产生了深远的影响。

（3）藏原惟人的"新写实主义"。"新写实主义"是日本左派理论家藏原惟人在福本主义受到批判之后综合"拉普"推行的"唯物辩证法的创作方法"和传统现实主义的艺术特征而提出来的，其理论核心是强调"明确的阶级观点"和"对于现实的客观的态度"和严正写实的手法，同样对现代中国的"革命文学"产生了深远的影响。藏原惟人于1928年5月在"纳普"（全日本无产者艺术联盟）机关刊物《战旗》创刊号上发表的《到无产阶级现实主义之路》一文由太阳社的林伯修译成中文后，以《到新写实主义之路》为题刊登在《太阳月刊》1928年7月停刊号上，其中的"无产阶级现实主义"一词被置换为"新写实主义"。这篇文章对无产阶级现实主义作了性质上的界定，不仅严格区分了写实主义和理想主义（即浪漫主义），同时还严格区分了新旧写实主义。在藏原惟人看来：理想主义是渐次没落的阶级的艺术，写实主义则是渐次勃兴的阶级的艺术；布尔乔亚写实主义和小布尔乔亚写实主义都是旧的写实主义，而普罗列塔利亚作家"对于现实的态度，应该是彻头彻尾地客观的现实的"，并且他们"不可不首先获得明确的阶级的观点"，[①] 因此，普罗列塔利亚写实主义才是唯一的真正的写实主义。藏原惟人的这些观点在创造社那里得到极大的认同。比如，李初梨于1929年初发表的与茅盾辩论的长文《对于所谓"小资产阶级革命文学"底抬头，普罗列塔利亚文学应该怎样防卫自己？——文学运动底新阶段》的第八节"形式问题"中，就对藏原惟人表示了赞同，他不仅根据林伯修的译文大力加以推介，而且明确提出："普罗列塔利亚写实主义，至少应该作为我们文学的一个主潮！"[②]

---

① ［日］藏原惟人：《到新写实主义之路》，林伯修译，《太阳月刊》1928年7月停刊号。

② 李初梨：《对于所谓"小资产阶级革命文学"底抬头，普罗列塔利亚文学应该怎样防卫自

2.高度重视文学的阶级性

1925 年 1 月，苏联召开属于"拉普"（俄罗斯无产阶级作家联盟的简称）系统的第一次全联邦无产阶级作家大会，"那巴斯图"派（即"岗位"派或"前哨"派）代表人物瓦进在会上作的报告被通过而成为大会的决议，决议强调："文学是阶级斗争的强有力的武器"，"文学的领域，也如在社会生活的别的领域上一样，为阶级斗争的法则所支配"。①1931 年，"拉普"召开的批评家大会的报告中再次强调"艺术底任务是政治的任务的从属"②。"拉普"的这些基本看法作为苏联革命文艺理论的指导性内容，经过日本的通道，也被创造社介绍到中国，对中国当时革命的文艺运动产生了深远的影响。像郭沫若的《革命与文学》和《艺术家与革命家》及化名杜荃的《文艺战线上的封建余孽》、成仿吾的《从文学革命到革命文学》和《革命文学与它的永远性》、冯乃超的《冷静的头脑——评驳梁实秋的〈文学与革命〉》及李初梨的《怎样地建设革命文学》等当时产生重大社会影响的文章，都高度重视文学的阶级性和文学的社会使命，认为文艺可以"组织生活""创造生活"和"超越生活"，呈现出鲜明的"左"倾倾向以及将文艺简单化的特点。如郭沫若在《革命与文学》一文中就明确断定"每逢革命的时期，在一个社会里面，至少是有两个阶级的对立。……你是反对革命的人，那你做出来的文学或者你所欣赏的文学，自然是反革命的文学……你假如是赞成革命的人，那你做出来的文学或者你所欣赏的文学，自然是革命的文学"③。郭沫若甚至将文学与革命的关系直接用数学方式来进行表述，认为"每个时代都有每个时代的精神，时代精神一变，革命文学的内容便因之而一变。在这儿我可以得出一个数学的方式，便是：革命文学＝F（时代精神），更简单地表示的时候，便是：文学＝F

己？——文学运动底新阶段》（原载于《创造月刊》1929 年第 2 卷第 6 期"新年特大号"），
饶鸿竞等编：《创造社资料》上册，福建人民出版社 1985 年版，第 269 页。

① 《观念形态战线和文学——第一回无产阶级作家全联邦大会的决议》（1925 年 1 月），鲁迅译，《鲁迅全集》第十七卷，人民文学出版社 1973 年版，第 614、615 页。

② ［日］上田进：《苏联文学理论及文学批评的现状》，鲁迅译（原载于《文化月报》1932 年第 1 卷第 1 期），《鲁迅全集》第十六卷，人民文学出版社 1973 年版，第 538 页。

③ 郭沫若：《革命与文学》（原载于《创造月刊》1926 年第 1 卷第 3 期），郭沫若著作编辑出版委员会编：《郭沫若全集》（文学编·第十六卷），人民文学出版社 1989 年版，第 34—35 页。

（革命）。这用言语来表现时，就是文学是革命的函数。"①无独有偶，成仿吾在《革命文学与它的永远性》一文中也创造出两个"简明的公式"，即"（真挚的人性）＋（审美的形式）＝（永远的文学）"，"（真挚的人性）＋（审美的形式）＋（热情）＝（永远的革命文学）"。②李初梨则宣称："我们的作家，是'为革命而文学'，不是'为文学而革命'，我们的作品，是'由艺术的武器，到武器的艺术'。"③王独清更是干脆说："文学家与战士，笔与迫击炮，可以说是一而二二而一的东西。"④

正是由于对马克思主义文艺理论、对苏联"拉普"理论的简单理解，创造社主要成员在其批评实践中都或多或少地犯有"左"派幼稚病，从简单的阶级论的视角出发对鲁迅、茅盾、叶圣陶等人的文学创作进行发难并给予了不公正的评价。如叶圣陶被指责为"中华民国的一个最典型的厌世家，他的笔尖只涂抹灰色的'幻灭的悲哀'"，是"非革命的倾向！"⑤郁达夫被批评为"与《沉沦》中的主人公没有区别"⑥。

3. 提倡"大众文艺"和文艺大众化

"大众文艺"一词由日本传入，文艺大众化问题与20世纪20年代普罗文学的发生发展相伴随。创造社对苏联及日本普罗文学的大力宣传直接引发

① 郭沫若：《革命与文学》（原载于《创造月刊》1926年第1卷第3期），郭沫若著作编辑出版委员会编：《郭沫若全集》（文学编·第十六卷），人民文学出版社1989年版，第39页。
② 成仿吾：《革命文学与它的永远性》（原载于《创造月刊》1926年第1卷第4期），《成仿吾文集》编辑委员会编：《成仿吾文集》，山东大学出版社1985年版，第207页。
③ 李初梨：《怎样地建设革命文学》（原载于《文化批判》1928年2月15日第2号），中国社会科学院文学研究所现代文学研究室编：《"革命文学"论争资料选编》（上），人民文学出版社1981年版，第167页。
④ 王独清：《文艺上之反对派种种》（原载于《澎湃》月刊1928年8月5日创刊号），中国社会科学院文学研究所现代文学研究室编：《"革命文学"论争资料选编》（下），人民文学出版社1981年版，第549页。
⑤ 冯乃超：《艺术与社会生活》（原载于《文化批判》1928年1月15日创刊号），中国社会科学院文学研究所现代文学研究室编：《"革命文学"论争资料选编》（上），人民文学出版社1981年版，第116页。
⑥ 冯乃超：《艺术与社会生活》（原载于《文化批判》1928年1月15日创刊号），中国社会科学院文学研究所现代文学研究室编：《"革命文学"论争资料选编》（上），人民文学出版社1981年版，第117页。

了国内文艺理论界对文艺大众化问题的关注与热烈讨论，并开启了马克思主义文学批评中国形态建设的重要一极。最早在国内提倡"大众文艺"的是郁达夫，他于1927年连续发文提倡"农民文艺"，后来又在《大众文艺》创刊发刊词《〈大众文艺〉释名》（1928年第1卷第1期）中仿照林肯的"民主"释名提出："文艺是大众的，文艺是为大众的，文艺也须是关于大众的。"①《大众文艺》亦以提倡文艺大众化作为该刊的宗旨，从第2卷起专辟"大众文艺小品"专栏，刊登大众文艺作品，在第2卷第3期专门组织了有鲁迅、郭沫若、陶晶孙、郑伯奇、王独清、冯乃超、沈端先等人参加的"文艺大众化的诸问题"的专题讨论，同时还设置"各国新兴文学"栏目，介绍俄、德、日、法、美等国的新兴大众文学，组织了两次座谈会，对文艺大众化问题展开了大规模的讨论。

与晚清白话文运动和五四时期的文白之争不同的是，创造社在关于文艺大众化的讨论中增添了新的思考维度即革命性，这同五四时期的思想启蒙性有着质的区别。1928年5月，成仿吾在《革命文学的展望》一文中集中讨论了无产阶级文学要怎样"获得大众"的问题。沈端先根据列宁的艺术观提出普罗艺术运动的当前任务是"大众化"和"化大众"，即"一方面是动员一切艺术部门，提高普鲁列塔利亚特的，文化上，及政治上的水准，他方面，用大众化了的Agi—pro的艺术，将大众的感情和意志思想结合起来，而使他们正确地走上革命的道程。"②阳翰笙在长文《文艺大众化与大众文艺》中号召"努力打击那些不大众化的'欧化文艺'，努力使'欧化文艺'加速度的大众化"，在他看来，那些概念主义、个人主义的英雄主义、脸谱主义、团圆主义、人道主义等种种不正确的文艺倾向的产生就是由于大众化不够的原因，而"革命的普洛大众文艺，毫无疑义是要唾弃这样的创作方法，坚决的走向唯物辩证法的创作方法的道上去，才能产出伟大的作品来的"，至于那些"隐藏在革命文艺旗帜下的艺术至上主义者的观念"和"公开在革命文

---

① 郁达夫：《〈大众文艺〉释名》（原载于《大众文艺》1928年9月20日创刊号），《郁达夫全集》（第五卷·文论），浙江文艺出版社1992年版，第488—489页。

② 沈端先：《文学运动的几个重要问题》（原载于《拓荒者》1930年第1卷第3期），《中国新文学大系1927—1937》（第二集·文学理论集二），上海文艺出版社1987年版，第290、299页。

艺旗帜下的半艺术至上主义者的观念"，"是必须要用'十万两无烟火药'把它冲开的！"①郑伯奇还详细阐述了大众的心理特质和大众文学的性质，他认为："大众所爱好的是平易，是真实，是简单明瞭。智识分子所耽溺的眩奇的表现和复杂的样式是他们所不能领略的。所以大众所欢迎的文学，无条件的是普罗列塔利亚写实主义的文学"，因此，"大众文学应该是大众能享受的文学，同时也应该大众能创造的文学。所以大众化的问题的核心是怎样使大众能整个地获得他们自己的文学"②。

如果把创造社成员的大众文艺观同晚清民初以来的白话文艺运动相比，不难发现，近代语言启蒙的艰难在于它缺少"民主"这一现代性最为根本的指标，而五四时期的白话文运动在这一问题上也并没有给予时代所最需要的回答。这可以在胡适有关白话文运动中将启蒙者与大众截然对立的态度中看得非常清楚，胡适说："一边是应该用白话的'他们'，一边是应该做古文古诗的'我们'。我们不妨仍旧吃肉，但他们下等社会不配吃肉，只好抛块骨头给他们去吃罢。"③不难看出，以胡适为代表的五四新文化运动在文艺大众化问题上仍然秉持的是依靠文化精英的启蒙去"化大众"的姿态。在这一点上，创造社虽然看到了大众的重要性，只是由于革命维度的置入以及对苏俄"拉普"文艺理论及政策的横向移植，创造社在"大众化"与"化大众"问题上同五四知识分子一样，仍然缺乏对马克思主义有关文艺大众问题的精准把握，将文艺等同于通俗，等同于革命，等同于口号式宣传。如郭沫若就宣称："新的大众文艺，就是无产文艺的通俗化！""通俗到不成文艺都可以"，其使命是当大众的"先生"和"导师"，"你不是大众的文艺，你也不是为大众的文艺，你是教导大众的文艺！"④

---

① 阳翰笙：《文艺大众化与大众文艺》（原载于《北斗》1932 年第 2 卷第 3、4 期合刊），《中国新文学大系 1927—1937》（第二集·文学理论集二），上海文艺出版社 1987 年版，第 392—396 页。

② 郑伯奇：《关于文学大众化的问题》（原载于《大众文艺》1930 年第 2 卷第 3 期），《中国新文学大系 1927—1937》（第二集·文学理论集二），上海文艺出版社 1987 年版，第 287 页。

③ 胡适：《五十年来中国之文学》，季羡林主编：《胡适全集》第 2 卷，安徽教育出版社 2003 年版，第 329 页。

④ 郭沫若：《新兴大众文艺的认识》（原载于《大众文艺》1930 年第 2 卷第 3 期），《中国新文学

三、太阳社与马克思主义文艺理论的译介与宣传

同创造社一样，太阳社的译介也主要集中在对苏俄和日本马克思主义文艺理论的译介。如太阳社主将蒋光慈的理论主张就充分显示出其对"拉普"派理论的吸收。正如玛利安·高利克所指出的那样，蒋光慈在苏联学习期间，"能够相当熟练地阅读俄文资料。他的重要观点与《在岗位上》杂志及其续刊的撰稿人的观点有许多相似之处"①。太阳社以《太阳月刊》《拓荒者》《海风周报》《时代文艺》《新流月报》等刊物为阵地，反对国民党政府的文化围剿，倡导无产阶级革命文学，对马克思主义文艺理论的宣传与介绍也发挥了积极作用。如《太阳月刊》于 1928 年 7 月停刊号刊登了藏原惟人的《到新写实主义之路》（林伯修译），为国内了解"无产阶级现实主义"提供了直接的帮助。《海风周报》上刊登了苏联学者拍高根的《理论与批评》（林伯修译）、卢那察尔斯基的《关于文艺批评的任务之论纲》及《艺术之社会的基础》（林伯修译）以及藏原惟人的《普罗列塔利亚艺术底内容与形式》（林伯修译）、《全世界左翼战线作家传略》（伯川辑译）、辛克莱的《关于高尔基》（疑今译）。《拓荒者》上则刊登了列宁的《党的组织与党的文学》（成文英即冯雪峰译，译名为《论新兴文学》）、《露莎·罗森堡的俄罗斯文学观》和《伊里几的艺术观》（夏衍译）、藏原惟人的《关于艺术作品的评价》（之本译）。《拓荒者》1930 年第 1 期还以"补白"形式插入普列汉诺夫、卢那察尔斯基的文艺语录。第 3 期起则刊登夏衍、钱杏邨、阳翰笙等人参加当时的文艺大众化问题的讨论文章。这些刊物在理论宣传的同时还刊发殷夫的《血字》和蒋光慈的《咆哮了的土地》和《丽莎的哀怨》等红色文学作品。用编者的话来说，这些译介"就是想对目前的如火如荼的新时代文艺运动，加上一点推进的力量"②。

从太阳社对苏俄及日本左翼文艺理论的引进与宣传内容看，主要是：

第一，"无产阶级写实主义"（即"新写实主义"）的引进。其中，藏原

大系 1927—1937》（第二集·文学理论集二），上海文艺出版社 1987 年版，第 283 页。

① ［斯洛伐克］玛利安·高利克：《中国现代文学批评发生史（1917—1930)》，陈圣生等译，社会科学文献出版社 1997 年版，第 158 页。

② 蒋光慈：《〈新流月报〉第一期编后》（原载于《新流月报》1929 年第 1 期），《中国新文学大系 1927—1937》（第十九集·史料·索引一），上海文艺出版社 1989 年版，第 30 页。

惟人的理论对太阳社影响尤为深刻。1928年，藏原惟人的《到无产阶级现实主义之路》经林伯修译成名为《到新写实主义之路》的中文。1929年蒋光慈赴日养病期间专程拜访藏原惟人并从其处借到佐宁的《为普罗写实主义而战》等书籍。1930年1月，之本又翻译了他的《再论新写实主义》。同年5月，藏原惟人的一系列研究普罗列塔利亚艺术并接连译载在太阳社书刊的论文结集为《新写实主义论文集》出版（之本译，上海现代书局1930年）。藏原惟人的这些论著阐述了新旧现实主义的特点和关系并对无产阶级现实主义作了界定，对国内当时的文坛冲击甚大，后来还成为李初梨与茅盾辩论的重要理论来源。钱杏邨所倡导的"无产阶级现实主义"和"力的文学"，其理论来源既有苏联"拉普"派成员佐宁的《为了无产阶级现实主义》，更多则来自藏原惟人的《到新写实主义之路》和《再论通往无产阶级现实主义之路》等文章，以至于他在和茅盾的论战中被鲁迅调侃为"搀着藏原惟人，一段又一段的，在和茅盾扭结"[①]。

关于"新写实主义"的实质，当时的太阳社成员曾分析说："新发生的写实主义，自然和一切主义一样，都是负着描写当时社会上最重大，最主要，最使人感激，最关多数人利害的事件的，却是，在廿世纪里面，社会上最重大，最主要，最使人感激，最关多数人利害的事件，实在就是无产者在帝国主义经济下面的被压，抵抗，抬头，失败，以及受难，等等的事件"[②]。更值得注意的是，太阳社认为，对这些"最重大，最主要，最使人感激，最关多数人利害"的事件的描写必须"站在社会的及集团的观点上去描写，而不应该采用个人的及英雄的观点"[③]。这表明，藏原惟人"新写实主义"理论的核心已被太阳社充分接受并消化。

第二，普罗文学大众化的倡导。如作为太阳社提倡无产阶级现实主义以

---

① 鲁迅：《二心集·我们要批评家》，《鲁迅全集》第四卷，人民文学出版社1973年版，第245页。

② 勺水：《论新写实主义》（原载于《乐群月刊》1929年第1卷第3期），中国社会科学院文学研究所现代文学研究室编：《"革命文学"论争资料选编》（下），人民文学出版社1981年版，第799页。

③ 勺水：《论新写实主义》（原载于《乐群月刊》1929年第1卷第3期），中国社会科学院文学研究所现代文学研究室编：《"革命文学"论争资料选编》（下），人民文学出版社1981年版，第803页。

建设中国普罗文学的代表性论文之一的林伯修的《1929 年急待解决的几个关于文艺的问题》一文中已明确提出了"第一个问题，就是普罗文学底大众化底问题"的观点。林伯修认为："普罗文学，它是普罗底一种武器。它要完成它作为武器的使命，必得要使大众理解。'使大众爱护；能结合大众底感情与思想及意志，而加以抬高。'这是普罗文学底实践性底必然的要求；同时，也是普罗文学底大众化问题底理论的根据。"①在此基础上，林伯修还对普罗文学大众化与写实主义之间的内在关系作了比较深入、辩证的阐发，以此解决无产阶级文学幼年期所产生的各种毛病和问题。他认为，"作家只有坚决地站在普罗列塔利亚写实主义的立场，才能够克服这些毛病。并且在使我们的文学大众化的时候，这一克服尤为必要"，具体地讲就是普罗文学"必然地内在地要求它的作家站到普罗哲学的立场——辩证法唯物论的立场上来"，同时普罗作家又应该以写实的手段进行文学创作，只有这样坚持思想观念与创作方法的统一，才"不会陷于过去的自然主义底写实谬误"。林伯修对这种谬误作了进一步的解释，即"不陷于站在个人主义的立场来求什么'人的生物的本性'底资产阶级的写实主义底谬误，及陷于站在阶级妥协的立场而以情爱，正义，人道为招牌的小资产阶级的写实主义底谬误"。②如果说林伯修的立论重点在于普罗大众与写实文学之间的关系的话，那么钱杏邨则将新兴文艺大众化的原则作了进一步的总结，在他看来，新兴的无产阶级文学必须"一方面利用旧的，大众所理解的形式，一面不断的发展代替它的新的形式，在新旧的各样的形式之中，去描写斗争的生活，发扬大众的阶级意识，唤醒他们起来革命。要利用一切他们所能理解的形式，去完成宣传，鼓动，以及组织群众的任务"。③

---

① 林伯修：《1929 年急待解决的几个关于文艺的问题》（原载于《海风周报》1929 年第 12 期），中国社会科学院文学研究所现代文学研究室编：《"革命文学"论争资料选编》（下），人民文学出版社 1981 年版，第 817 页。

② 林伯修：《1929 年急待解决的几个关于文艺的问题》（原载于《海风周报》1929 年第 12 期），中国社会科学院文学研究所现代文学研究室编：《"革命文学"论争资料选编》（下），人民文学出版社 1981 年版，第 822 页。

③ 钱杏邨：《大众文艺与文艺大众化——批评并介绍〈大众文艺〉新兴文学号》（原载于《拓荒者》1930 年第 1 卷第 3 期），《中国新文学大系 1927—1937》（第二集·文学理论集二），上海文艺出版社 1987 年版，第 303 页。

　　第三，对文学政治性的高度强调。在激进的太阳社成员那里，文学的革命性与政治性是评判其作品先进与落后的唯一标准。比如蒋光慈就指出："倘若仅仅只反对旧的而不能认识出新的出路，不能追随着革命的前进，或消极地抱着悲观态度，那么这个作家只是虚无主义的作家，他的作品只是虚无主义的，而不是革命的文学。这种作家只是社会斗争中的落伍者，他所表现只是不稳定的中间阶级的悲哀"。① 相同的看法在钱杏邨那里也能看到。他认为，"在革命的现阶段，标语口号文学在事实上还不是没有作用的，这种文学对于革命的前途是比任何种类的文艺更具有力量的"②。他甚至激进地指出："普罗文学不是普罗的消闲艺术，是一种斗争的艺术，是一种斗争的利器！它是有它的政治的使命！创作的内容是必然的要适应于政治的宣传的口号与鼓动的口号的！"③

　　在创作主体问题这个重要问题上，由于新写实主义理论全盘接受了苏联"无产阶级文化派"的文艺观念，将无产阶级的艺术精神看作是"劳动的集体主义"，因而特别强调作者的个人背后隐藏的是"集体的作者"和"他的阶级"，这种对文艺创作的社会集体性的诉求在蒋光慈那里表现得尤为突出，他认为，在无产阶级的作品中只应看到"我们"而不能看到作为个人的"我"，因为，作品中的"我"不过是集体的附属物，顺此逻辑，在文学的表现对象上，"主人翁应当是群众，而不是个人"。④

　　现在回望，太阳社对马克思主义文艺理论的译介与宣传，固然由于

---

① 蒋光慈：《关于革命文学》（原载于《太阳月刊》1928 年 2 月 1 日 2 月号），中国社会科学院文学研究所现代文学研究室编：《"革命文学"论争资料选编》（上），人民文学出版社1981 年版，第 143 页。

② 钱杏邨：《关于前田河广一郎剧戏的批评》，转引自钱杏邨：《幻灭动摇的时代推动论》（原载于《海风周报》1929 年 4 月 21 日第 14、15 期合刊）。中国社会科学院文学研究所现代文学研究室编：《"革命文学"论争资料选编》（下），人民文学出版社 1981 年版，第830 页。

③ 钱杏邨：《幻灭动摇的时代推动论》（原载于《海风周报》1929 年 4 月 21 日第 14、15 期合刊）。中国社会科学院文学研究所现代文学研究室编：《"革命文学"论争资料选编》（下），人民文学出版社 1981 年版，第 831—832 页。

④ 蒋光慈：《关于革命文学》（原载于《太阳月刊》1928 年 2 月 1 日 2 月号），中国社会科学院文学研究所现代文学研究室编：《"革命文学"论争资料选编》（上），人民文学出版社1981 年版，第 144 页。

在当时白色恐怖加紧情势下对革命性、政治性、阶级性的不加选择的引进、运用与发挥而情有可原，但在文学事业中造成的客观后果仍然是十分严重的。从理论上讲，太阳社在译介过程中还没有真正意识到并解决无产阶级世界观和现实主义创作是否发生矛盾及如何解决矛盾的问题，从批评实践上讲则开启了文学批评中打棍子、扣帽子的不良风气。这在太阳社对鲁迅、茅盾诸人的不公正评论中可以看得十分清楚。如钱杏邨批评茅盾的作品中的"暴露黑暗"即使"具有'反面积极性'的作用，那种描写也不过是表现着作家不满于'现实'，而又没有力量去正面反抗的一种消极的憎恶而已。这种积极，只是一种逃避的积极，骗人的积极，自己为自己的'幻灭'掩饰的积极"①。对于揭示旧中国黑暗现实及人性的鲁迅，钱杏邨斥责其"昏乱""盲目"，说其"出路只有坟墓"，因为鲁迅"眼光仅及于黑暗"，"看不到地火般的革命的怒潮在渐渐的爆发"（《"朦胧"以后——三论鲁迅》）。② 在《批评与抄书》《死去了的阿 Q 时代》等文章中，钱杏邨不仅指责鲁迅的《野草》暴露了小资产阶级的恶习性，而且以革命诛心论的口吻说鲁迅的这些作品"对于革命文学作家的观察，和绍兴师爷卑劣侦探一样的观察，这其间藏了怎样阴险刻毒的心"，"手腕比贪污豪绅还要卑劣！"③ 通过这种政治化的文学批评，钱杏邨还以《死去了的阿 Q 时代》为题来否定鲁迅创造的这一经典形象以及以这一形象为代表的五四文学传统。在钱杏邨看来，"阿 Q 是不能放在五四时代的，也不能放在五卅时代的，更不能放到现在的大革命的时代的"，因为"现在的中国农民第一是不像阿 Q 时代的幼稚，他们大都有了很严密的组织，而且对于政治也有了相当的认识；第二是中国农民的革命性已经充分的表

---

① 钱杏邨：《中国新兴文学中的几个具体的问题》（原载于《拓荒者》1930 年 1 月 10 日创刊号），中国社会科学院文学研究所现代文学研究室编：《"革命文学"论争资料选编》（下），人民文学出版社 1981 年版，第 932 页。

② 钱杏邨：《"朦胧"以后——三论鲁迅》（原载于《我们月刊》1928 年 5 月 20 日创刊号），中国社会科学院文学研究所现代文学研究室编：《"革命文学"论争资料选编》（上），人民文学出版社 1981 年版，第 455—459 页。

③ 钱杏邨：《批评与抄书》（原载于《太阳月刊》1928 年 4 月 1 日 4 月号），中国社会科学院文学研究所现代文学研究室编：《"革命文学"论争资料选编》（上），人民文学出版社 1981 年版，第 263 页。

现了出来"。① 就连太阳社的创始人之一蒋光慈的个人命运也同在太阳社
将理论斗争上升为政治斗争后不断扩大化的阶级斗争和阶级批判有着直
接的关系。1930 年 10 月 20 日党中央机关报《红旗日报》在题为《没落
的小资产阶级蒋光赤（慈）被共产党开除党籍》的报道中对蒋光慈的文
艺工作问题做了这样的政治化说明：

> 他入党以来始终没有过很好的支部生活，党经常严厉督促和教
> 育他，依然不能克服他那种小资产阶级浪漫性，去年全国斗争发
> 展，白色恐怖加紧的时候，他私自脱离组织，逃到日本，俟后骗党
> 说到青岛去养病，党给他一个最后警告，而他未能彻底认清自己错
> 误，又，他曾写过一本小说，《丽莎的哀怨》，完全从小资产阶级的
> 意识出发，来分析白俄，充分反映了白俄没落的悲哀，贪图几个版
> 税，依然让书店继续出版，给读者的印象是同情白俄反革命后的哀
> 怨，代白俄诉苦，诬蔑苏联无产阶级的统治。经党指出他的错误，
> 叫他停止出版，他延不执行，因此党部早就要开除他，因手续未
> 清，至今才正式执行。②

---

① 钱杏邨：《死去了的阿 Q 时代》（原载于《太阳月刊》1928 年 3 月 1 日 3 月号），中国社会
  科学院文学研究所现代文学研究室编：《"革命文学"论争资料选编》（上），人民文学出
  版社 1981 年版，第 192 页。
② 《没落的小资产阶级蒋光赤（慈）被共产党开除党籍》（原载于《红旗日报》1930 年 10 月
  20 日第 3 版），唐天然：《关于蒋光慈党籍问题的一件史料》"附录"，《新文学史料》1982
  年第 1 期。

第二章 左翼文艺运动与马克思主义文艺理论中国化的初步实践

马克思主义文艺理论通过 20 世纪二三十年代的左翼文艺运动在中国得到广泛的传播。从 20 年代初的苏俄文艺论战到"左联"成立之前的这段时期内,马克思主义文艺理论在中国所面临的理论与实践的总体情境是:(1) 20 年代初的苏俄文艺论战逐渐为国内所注意并不断扩大其影响,在中国新文学的发展方向问题上提出严峻课题的同时也为后来声势浩大的"革命文学"论争埋下了伏笔。(2) 在后期创造社、太阳社同鲁迅、茅盾等人围绕"革命文学"所进行的激烈论争中,五四文学革命的历史定位、文学队伍的重新划分、文学的性质以及文学同革命及政治的关系等重大问题既历史地又逻辑地呈现在当时的现实前台。(3) 受共产国际和中共党内的"左"倾路线以及俄国"拉普"和日本"纳普"文艺思想的影响,左翼理论界照搬俄国模式指导本国"革命文学"实践并实行全面的文化批判和广泛的理论斗争,陷入了实践困境,急需作出理论方向和组织行动上的调整。(4) 以鲁迅为代表的左翼理论家在深入研究苏俄文艺论战的经验教训,辩证吸收普列汉诺夫和卢那察尔斯基等苏俄马克思主义经典作家的文艺思想的基础上正确地捍卫马克思主义文学理论与批评的基本原则,并通过与中国文学创作的具体现实的结合不断深化和健全其批评理论及体系而形成了巨大的理论与批评感召力。在这一总体情境中,中国左翼文艺界对于何谓马克思主义文学理论,如何发掘、整理和研究马克思主义文艺理论,如何根据这种新型的文艺理论的要求去理解中国文学的现实并在理论创造与批评实践中去丰富和发展之进行着艰苦的探索。

"左联"的成立是马克思主义文艺理论在中国译介、宣传达到高潮的必然性产物。从内部原因来看，是左翼文艺理论界充分认识到自己文艺理论与批评实践双重不足的自发要求。

1928 年左右爆发的关于"革命文学"问题的有名论战不仅暴露了"创造社""太阳社"等文学社团在理论和实践上的弱点和缺陷，也引发了鲁迅对早期革命文学家的弱点的批评和自我反思。正如鲁迅所指出的那样，当时的情形是所谓无产阶级文学家有不少实际上是反叛的小资产阶级，"他们只是从书本上学了马克思主义，并没有能够和实际相结合，和群众打成一片。他们以为只要有了某些马克思主义的书本知识就可以变成无产阶级"，这种"教条主义脱离群众，必然带上宗派色彩"；因此，关于"革命文学"问题的论争终于引起了中共领导层的注意，从 1929 年开始，中共高层开始过问文艺工作，要求停止论争，要求正确认识和团结鲁迅，并着手筹备建立左翼文艺统一组织。[1] 从外部原因看，一方面它是针对国民党所谓的"民族主义文艺运动""新生活运动""中国本位文化建设"等文化上的倒行逆施而进行的组织化的文化与文学反抗；另一方面它又是以苏俄的"拉普"为核心的国际无产阶级文学运动的组成部分，关于这一点，当事人周扬的回忆也许更有说服力：

> 日本、美国、德国等国家的左翼文艺也风起云涌。他们的作品和刊物成了我们珍贵的精神食粮。鲁迅、郭沫若、茅盾等中国左翼作家都和世界各国的革命作家建立了友好的联系。我们和苏联的高尔基、法捷耶夫、绥拉菲摩维奇，法国的罗曼罗兰、巴比塞、古久利，英国的萧伯纳，德国的布勒希特、路特维奇棱、珂罗维支、基希，美国的史沫特莱、斯特朗、斯诺，日本的小林多喜二、秋田雨雀、尾崎秀实，新西兰的艾黎等，都有交谊，他们都曾是中国人民和中国作家的朋友。一九二八年和一九三零年在莫斯科和哈尔科夫先后召开了世界革命作家大会，成立了国际革命作家联盟，并用几种文字发行机关刊物。中国"左联"成了国际革命作家联盟的正式

---

[1] 参见周扬：《继承和发扬左翼文化运动的革命传统》（本文是作者在纪念"左联"成立五十周年大会上的讲话，原载于《人民日报》1980 年 4 月 2 日），《周扬文集》第五卷，人民文学出版社 1994 年版，第 223 页。

成员之一。肖三同志就是"左联"派往那里的常驻代表。①

第一节 "左联"的马克思主义文艺理论译介活动

"左联"存在的时间不长,从 1930 年 3 月成立到 1936 年解散,只有六年时间。这六年是白色恐怖最严重的时期,却也是左翼文化运动队伍在上海以及"左联"所属的各地分盟(如北平、广州、武汉分盟以及东京"支部")迅速发展的时期。应该说,"左联"在传播马克思主义文艺理论方面的实绩是全方位的,也是当时其他任何一个文艺组织无法相比的。

首先,在组织办刊上,"左联"和其他各左翼文化团体在白色恐怖时期先后创办了几十种刊物,如《萌芽月刊》《拓荒者》《文化月报》《文学》《文学杂志》《文学季刊》《世界文化》《巴尔底山》《北斗》《文学月报》《杂文》等。这些刊物有的只办一期即遭到国民党的查禁,如《艺术》《世界文化》和《文艺讲座》。其中,作为旗帜非常鲜明的刊物,《世界文化》公开宣称它是"资本主义和社会主义的对立斗争"的产物,是"中国文化领域中最大的无线电台"。《巴尔底山》作为文化领域的巴尔底山队(即游击队)也只刊出五期即遭查禁,但这些刊物在译介马克思主义文艺理论方面作出了巨大的贡献。仅以并不为普通读者所熟悉的《质文》为例。这份最初以《杂文》为名在日本出版的"左联"刊物受到东京警视厅的特别"关注"和国民党的查禁后改名为《质文》寄回国内发行,它"办得较有起色,影响较大",据林焕平回忆,"《质文》社还编了一套文艺理论小丛书,郭沫若带头翻译了马克思的《艺术作品之真实性》,此外,还有辛人译的《现实主义论》(吉尔波丁作)、林林译的《文学论》(高尔基作)、辛人译的《批评论》(倍斯巴洛夫作)、邢桐华译的《文化拥护》(纪德作)、猛克译的《世界观与创作方法》(罗森达尔作)、

---

① 周扬:《继承和发扬左翼文化运动的革命传统》(本文是作者在纪念"左联"成立五十周年大会上的讲话,原载于《人民日报》1980 年 4 月 2 日),《周扬文集》第五卷,人民文学出版社 1994 年版,第 221 页。

任白戈译的《科学的世界文学观》（西尔列尔作）、孟式钧译的《现实主义论》（玛察·西尔列尔作）、张香山译的《现实与典型》（罗森达尔作）、辛苑译的《艺术史的问题》（高濑太郎、甘粕石介作）等。这些都是当时在国际无产阶级文学运动中被认为是指导性的论文"①。

其次，培养和团结了一大批左翼艺术家及同盟军。如蒋光慈、萧军、萧红、叶紫、艾芜、欧阳山、丁玲、张天翼、沙汀、周文、邱东平等左翼小说家，田汉、夏衍、洪深、阳翰笙、于玲等戏剧家，柯仲平、殷夫、艾青、蒲风、杨骚等诗人以及徐懋庸等杂文家，还同当时有声望有影响的文化界人士和作家、艺术家如蔡元培、马相伯、胡愈之、邹韬奋、陶行知、陈望道、吴辰仕、范文澜、闻一多、朱自清、巴金、曹禺、老舍、郑振铎、叶圣陶、王统照、许地山、徐悲鸿、林风眠、司徒乔、赵元任、曹靖华、周信芳、欧阳予倩等建立起深厚的友谊，为后来抗日救亡运动中的文艺统一阵线的建立打下了良好的基础。

再次，组织成立了一系列的文艺组织，如马克思主义文艺理论研究会、文艺大众化研究会、学生文艺活动委员会（或文艺活动指导委员会）、上海戏剧运动联合会、普罗诗社、艺术剧社、时代戏剧社等。其中，马克思主义文艺理论研究会的一个重要任务就是"外国马克思文艺理论的研究"，②这极大地推动了马克思主义文艺理论的译介与传播。无产阶级文艺理论家的译介工作尤其功不可没。如"左联"成立后，瞿秋白一方面从俄文原文翻译了马克思主义经典作家的主要理论著作；另一方面又撰写了《马克斯、恩格斯和文学上的现实主义》《恩格斯和文学上的机械论》《关于列宁论托尔斯泰两篇文章的注解》等介绍性文章，对马克思主义经典作家的文艺思想做了系统全面的介绍与阐述。冯雪峰在"左联"成立前后先后则以"画室"的笔名翻译了列宁的《卡尔·马克思》（根据日译本重译，改名《科学的社会主义之梗概》）以及其他马克思主义文艺理论书籍和介绍苏联文学、戏剧、舞蹈的小册子，诸如《艺术社会学底任务及问题》《文学评论》

① 林焕平：《从上海到东京——中国左翼作家联盟活动杂忆》，中国社会科学院文学研究所《左联回忆录》编辑组编：《左联回忆录》（下），中国社会科学出版社1982年版，第689页。

② 参见《左翼作家联盟消息》（原载于《萌芽月刊》1930年第1卷第5期），陈瘦竹主编：《左翼文艺运动史料》，南京大学学报编辑部1980年版，第32—33页。

《艺术之社会的基础》《新俄的文艺政策》《现代欧洲的艺术》《艺术与社会生活》《新俄的戏剧与跳舞》《枳花集》，以及翻译小说《我们的一团与他》、新俄诗选《流冰》等等。

总的来看，左翼文艺界将马克思主义文艺理论的译介与传播推向了一个新高潮。其突出表现主要有以下几个方面。

一、译介重心的转移：从阐释性文本到经典性文本

相比早期留学生和五四以来进步文艺社团的马克思主义文艺理论译介的零散化以及对马克思主义文艺理论经典以介绍为主的倾向而言，"左联"在译介与传播重心上实现了从阐释性文本到经典性文本的转移。如果说五四前后国内学界对马克思主义学说的介绍主要集中于哲学、政治和经济学说，对马克思主义文艺理论尚缺乏系统的了解与宣传，"左联"的成立则从根本上解决了马克思主义文艺理论系统输入中国的这一难题。它不仅在成立大会上通过的决议中明确规定要"确立马克思主义的艺术理论和批评理论"，而且成立了马克思主义文艺理论研究会，从组织与传播形式上真正地把建设中国化马克思主义文艺理论的任务提到议事日程上。鲁迅、瞿秋白、冯雪峰、周扬等人在"左联"时期都曾对马克思主义文艺理论经典的译介作出巨大贡献，已成为学界不争的事实。"左联"所领导的革命性刊物则成为译介和宣传马克思主义经典作家经典作品的重要阵地。如在"左联"成立前夕，《拓荒者》（1930年第1卷第2期）刊登了列宁的《党的组织与党的文学》（成文英即冯雪峰译）；鲁迅主编的专载翻译的《文艺研究》（季刊）创刊号虽仅出一期，但还是刊登了普列汉诺夫的《车勒芮绥夫斯基的文学观》（鲁迅译）的第一章；《萌芽月刊》（第1卷第3期）则推出刊有马克思、恩格斯论文的"三月纪念号"。"左联"成立后，这种译介与宣传工作呈现出更加深入、细化的特点。不仅有对原典的继续翻译，如张英白翻译的《文学的党派性》（载于北平左联机关刊物《文艺月报》1933年创刊号）、商廷发（瞿秋白）的译文《托尔斯泰象俄国革命的一面镜子》（列宁著）和杨潮的译文《马克思论文学》（两文均载《文学新地》1934年创刊号）。有较为系统的材料编译，如1932年瞿秋白根据苏联公谟学院所发表

的材料编写成《"现实"——马克思主义文艺论文集》，比较系统地介绍了马克思主义文艺理论。还有具体文艺理论问题的系统性介绍与阐述，如静华（瞿秋白）的《马克斯、恩格斯和文学上的现实主义》（《现代》1933年第2卷第6期），以及周扬批判"唯物辩证法的创作方法"、介绍社会主义现实主义理论的《关于"社会主义的现实主义与革命的浪漫主义"》（《现代》1933年第4卷第1期）等，都对国内了解马克思的现实主义文艺观产生了巨大的影响。

值得注意的是，"左联"时期，马克思主义经典作家之外的马克思主义文艺理论论著的译介也取得重要进步，其中不少论著的翻译就是出自"左联"盟员之手。如冯雪峰翻译了苏联学者弗理契的《艺术社会学底任务及问题》（大江书铺1930年8月），弗理契的《艺术社会学》尚有刘呐鸥和胡秋原的两个译本（分别为水沫书店1930年10月和神州国光社1931年5月）。法国学者伊科维兹的《唯物史观的文学论》同样也有樊仲云和戴望舒的两个译本（分别为新生命书局1930年2月和水沫书店1930年8月）。日本"纳普"文艺理论著作更成为这一时期译介的重点。以藏原惟人为例，其《意识形态论》（冯宪章译，现代书局1930年7月）、《再论新写实主义》（吴之本辑译，现代书局1930年5月）、《作为生活组织的艺术和无产阶级》（吴之本辑译，现代书局1930年5月）、《普罗列塔利亚写实主义的路》（吴之本辑译，现代书局1930年5月）、《理论的三四个问题》（胡行之辑译，乐华图书公司1934年1月）等都进入到中国学者的视野中。日本左翼学者专门研究"普罗列塔利亚文学"的论著也一同译介进来。如屠夫二郎辑的冈泽秀虎的《新俄普罗列塔利亚文学发达史》（新兴文艺社1930年7月）、青野季吉的《普罗列塔利亚艺术概论》（新兴文艺社1930年7月）、片钢铁兵的《普罗列塔利亚小说作法》（新兴文艺社1930年7月）、桥本英吉的《普罗文学与形式》（胡行之辑译，乐华图书公司1934年1月）、小林多喜二的《新兴文学的大众化与新写实主义》（冯宪章译，现代书局1930年7月）等。苏俄马克思主义文艺理论的译介当然也是其中的重点。除鲁迅翻译了普列汉诺夫的《原始民族的艺术》（光华书局1930年7月）和《再论原始民族的艺术》（光华书局1930年7月）外，何畏译有苏联学者耶考芜莱夫的《文学方法论者普列哈诺夫》（春秋书店1930年11月），廖仲贤译有高尔基的《给青年作家——高尔基论文选集》（龙虎书店 1935 年 9 月），张仲实译有苏联文学顾问社编著的《给初学写作者的一封信》（上海译者刊 1935 年 10 月），刘大杰辑译有日本学者昇曙梦的《俄国文艺潮流的转变》（中华书局 1934 年 3 月），克己则翻译了美国学者弗理曼的《苏俄艺术总论》（国际译报社 1933 年 2 月）。虽然这些译介与宣传工作中也存在泥沙俱下的弊端（如对弗理契的《艺术社会学》中存在的庸俗社会学思想缺乏必要的辨识），但总体上看还是加深了中国学者对马克思主义文艺理论的理解与认识，为中国学者对马克思主义文艺理论精髓的掌握提供了可资比较、鉴别的资源，为中国无产阶级文学艺术运动寻找到科学的理论基础提供了极大的便利，特别是在译介重心上实现了从最初的简单介绍向系统翻译和阐释的转化，又为马克思主义文学批评的逐步中国化提供了极大的帮助。

二、译介原则的确立：马克思主义文艺基本原理的引进和中国革命文学实践相结合

大量的译介材料及相对集中的选择性倾向充分表明，"左联"对马克思主义文艺理论的译介非常重视马克思主义文艺基本原理同当下中国革命文学实践的相结合。先以瞿秋白为例。在 1931—1933 年期间，瞿秋白先后翻译了《高尔基论文选集》，编译了《"现实"——马克思主义文艺论文集》，撰写了根据苏俄文学界新材料进行转述的文章如《斯大林和文学》《论弗理契》《苏联文学的新的阶段》《马克斯、恩格斯和文学上的现实主义》等，这些译介都和当时批判"民族主义文学"、"自由人"和"第三种人"的现实文艺斗争有着密切的关系。其中《马克斯、恩格斯和文学上的现实主义》一文在准确引述和介绍马、恩对巴尔扎克的分析、对哈克纳斯的批评、对现实主义的见解、对莎士比亚和席勒的褒贬等观点的基础上，为中国左翼文坛提供了经典马克思主义文艺理论对现实主义的本原解说，其用意是直接针对当时中国文艺界关于现实主义的各种误解。而他对"拉普"的"唯物辩证法的创作方法"的引入以及在此基础上撰写的著名的《普洛大众文艺的现实问题》一文，则直接针对当时的文艺大众化热潮，要解决的是这一热潮下所隐藏的最为基本的五个问题："用什么话写"，"写什么东西"，

"为着什么而写"，"怎么样去写"，"要干些什么"。①再以周扬为例。为在理论上解决真实再现与历史倾向之间的关系并回应所谓"自由人"和"第三种人"的批评，周扬从苏联引入"社会主义现实主义的创作方法"概念，并于 1933 年 11 月发表题为《关于"社会主义的现实主义与革命的浪漫主义"——"唯物辩证法的创作方法"之否定》的长文，这篇依据 1932 年10—11 月苏联作家协会组织委员会第一次大会上吉尔波丁的报告而写成的长文以转述的方式介绍了 20 世纪二三十年代苏联文论界关于创作方法的论争，分析了"拉普"创作方法的错误实质，对"拉普"排斥和打击"同路人"的宗派主义错误进行了批评，并较为清醒地告诉国内理论界，社会主义现实主义的提倡，"无疑地是文学理论向更高的阶段的发展，我们应该从这里面学习许多新的东西。但这个口号是有现在苏联的种种条件做基础，以苏联的政治——文化的任务为内容的。假使把这个口号生吞活剥地应用到中国来，那是有极大的危险性的"②。为了让国内读者对"拉普"文艺思潮及苏俄文艺论战有全面的了解，他还在稍前发表的《十五年来的苏联文学》长文中详细分析了苏俄文坛的复杂现状：

> 在一九二六年——二八年，苏俄的文坛呈现了万花缭乱之观。重要的文学团体就有七八个左右。其中最大的一个，是以阿卫巴哈（Averbach），法兑耶夫，基尔洵（Kirshon），倍兹敏斯基，里别丁斯基，潘菲洛夫（Panferov），绥立瓦诺夫斯基（Selivanovsky），爱弥洛夫（Ermilov）诸人为首的"拉普"（俄国无产阶级作家联盟）；其次是以小说《破烂的靴子》的作者查莫依斯基（Zamoysky），《大石》的作者独洛郭依青考（Dorogoichenko），和一群有天才的青年农民作家，如西伯利亚的倍尔米丁（Permitin），柯琴（Kochin），体霍夫（Shukbov）等为首的 Vopkp（全俄农民作家同盟，后改为无产

---

① 参见瞿秋白：《普洛大众文艺的现实问题》（原载于 1932 年"左联"出版的《文学》），《瞿秋白文集》（文学编·第一卷），人民文学出版社 1985 年版，第 461—483 页。

② 周扬：《关于"社会主义的现实主义与革命的浪漫主义"——"唯物辩证法的创作方法"之否定》（原载于《现代》1933 年第 4 卷第 1 期），《周扬文集》第一卷，人民文学出版社 1984 年版，第 114 页。

阶级集体农场作家同盟）；再其次是以莱奥洛夫，理定（Lidin），伊凡诺夫，巴夫伦科（Pavlenko），和雅各武莱夫为首的全俄苏维埃作家协会。这个团体包括着许许多多的旧的作家：从白莱意（Bely）到谢景琳（Shaginyan），从惠莱沙哀夫（Veressaev）到巴斯特那克。它并且联合了所有的新的同路人作家，甚至一部分无产阶级作家。此外则还有《列夫》。还有由瓦浪斯基，伊凡加泰耶夫（Ivan Kataev），查卢定（Zarudin），戈尔波夫（Gorbov），列裘纳夫（Lezhnev），古倍尔（Guber）诸人所组织的"倍列华尔派"。再还有构成主义者的一群：赛尔文斯基，则林斯基（C.Zelinsky），英培尔（Vera Inber），巴格立兹基（Begritsky），卢戈夫斯科伊（Lugovskoy）等。

一切这些团体都参加着"苏维埃作家总联合"。这自然只是联合而不是合同，所以各个团体不但都还留着原来的样子，而且彼此之间还是冲突得很厉害。新的和旧的猛烈地斗争着。①

在这里，我们看到了无产阶级文学阵营内的两个互相斗争着的创作的方向。一是由法兑耶夫，里别定斯基，邱孟特林等"拉普"指导者所代表；一是由"拉普"内部的小派别（如倍兹敏斯基派和潘菲洛夫派）所代表。"拉普"的艺术理论的主要的论旨就是主张对生活加以现实主义的处理，甚么也不粉饰，把生活中的一切客观的力量表现出来。他们对倍兹敏斯基等的主观主义和机械的主智主义作了无容赦的斗争。②

实际上，在周扬的《关于"社会主义的现实主义与革命的浪漫主义"——"唯物辩证法的创作方法"之否定》一文发表之前，日本学者上田进和苏联学者华希里可夫斯基的相关介绍文章已经在国内刊发，③ 为适应国内学界对

---

① 周扬：《十五年来的苏联文学》（原载于《文学》1933 年 9 月 1 日第 1 卷 3 号），《周扬文集》第一卷，人民文学出版社 1984 年版，第 90—91 页。

② 周扬：《十五年来的苏联文学》（原载于《文学》1933 年 9 月 1 日第 1 卷 3 号），《周扬文集》第一卷，人民文学出版社 1984 年版，第 96 页。

③ 这两篇文章分别是 1933 年 7 月 31 日《文学杂志》（第 1 卷第 3、4 期合刊）刊登的上田进著、

社会主义现实主义真正了解的需要，周扬不仅对苏俄十五年的文学发展状况进行了详尽的描述，还在对这些林林总总的派别及其相互间的斗争情况进行详述后直截了当地提醒当时的理论界说："即在苏联，也还是不见得都能正确地理解社会主义的现实主义这个口号的真正意义；在日本左翼文学的阵营内，对这问题，更是表露了种种皮相的理解（如上田进等）和机会主义的，甚至取消主义的歪曲（如德永直）。新的口号在中国是尤其容易被误解和歪曲的。"[①] 类似的情况还可以在冯雪峰那里看到。列宁的《党的组织与党的文学》作为马克思主义文艺理论的重要文献，最初由刘一声以名为《论党的出版物与文学》翻译刊登在《中国青年》第 6 卷第 19 号（1926 年 12 月）。1930 年 2 月，冯雪峰以《论新兴文学》为题重新翻译了这篇文章。这篇文章极具现实针对性，因为列宁在该文中提到的许多重要问题，如：文学与党的事业之间的关系；党的文学的性质及基本原理是什么；无产阶级文学为谁服务；文艺工作与无产阶级一般任务之间的关系；等等，正是当时左翼文艺运动迫切需要了解的。总的来看，在当时左翼文艺界产生重大而深远影响的译介论著都同当时的中国文学亟待解决的现实问题之间有着密切的关系。

第二节　"左联"的马克思主义文艺理论中国化探索

作为有组织、有纲领的革命文学团体，"左联"不仅在马克思主义文艺理论的译介、传播上作出了巨大的贡献，同时还特别注意将马克思主义文艺基本原理同中国文艺现实特别是新兴的无产阶级文学的建设实际结合起来，探索马克思主义文艺理论中国化的基本道路。

王笛译的介绍性文章《社会主义的写实主义与革命的浪漫主义》和《现代》（1933 年第 3 卷第 6 期）上刊登的华希里可夫斯基著、森堡译的《社会主义现实主义论》。

① 周扬：《关于"社会主义的现实主义与革命的浪漫主义"——"唯物辩证法的创作方法"之否定》（原载于《现代》1933 年第 4 卷第 1 期），《周扬文集》第一卷，人民文学出版社 1984 年版，第 102 页。

一、理论建设中的中国化探索

"左联"的理论建设的中国化探索首先表现在高度重视马克思主义文艺理论作为科学的文艺理论对中国文艺现实的指导作用，强调要用科学的马克思主义文艺理论武装中国文艺工作者的头脑。在"左联"成立之前的1930年2月16日下午召开的上海新文学运动者的讨论会上，以沈端先、鲁迅为代表的左翼人士就明确指出中国新兴阶级文艺运动在批评上的失误就在于"未能应用科学的文艺批评的方法及态度"，并将"新文艺理论的建立"作为当前文学运动的任务之最重要三点之一，表现出对理论建设的高度重视。[1]"左联"成立时确定的行动总纲领的第三点则明确提出要在中国"确立马克思主义的艺术理论及批评理论"[2]。鲁迅还强调了理论探讨及文学创作同实际斗争相结合的重要性，在他看来，左翼作家很容易变成右翼，其原因就在于，"倘若不和实际的社会斗争接触，单关在玻璃窗内做文章，研究问题，那是无论怎样的激烈，'左'，都是容易办到的；然而一碰到实际，便即刻要撞碎了"[3]。

其次是在理论译介的选择上特别注意结合中国文艺现实来译介马克思主义文艺理论。如前述的瞿秋白根据中国左翼文学运动的实际需要翻译马克思主义经典作家的主要理论著作；如周扬在20世纪30年代大量地介绍苏联文艺理论以加强左翼文艺家对革命文学的认识；等等。在"左联"的努力下，早期马克思主义文学理论家普列汉诺夫、拉法格、梅林、卢那察尔斯基、沃罗夫斯基等人的论著都相继介绍、翻译到中国，对中国左翼文艺运动的理论建设和思想建设起了很大的推动作用。这种理论资源的建设也包括自觉加强与世界文学特别是世界无产阶级文学运动的联系并以极大的努力输入苏联及其他国家的文学作品。据统计，"自1919年至1949年，全国翻

---

[1] 《上海新文学运动者底讨论会》（原载于《萌芽月刊》1930年第1卷第3期），陈瘦竹主编：《左翼文艺运动史料》，南京大学学报编辑部1980年版，第1页。

[2] 《中国左翼作家联盟的成立》（报道）（原载于《拓荒者》1930年第1卷第3期），陈瘦竹主编：《左翼文艺运动史料》，南京大学学报编辑部1980年版，第9页。

[3] 鲁迅：《二心集·对于左翼作家联盟的意见——三月二日在左翼作家联盟成立大会讲》，《鲁迅全集》第四卷，人民文学出版社1973年版，第236页。

译出版外国文学书籍约 1700 种，而'左联'时期翻译出版的就约 700 种，占 40%"①。

再次，特别注意选择适合中国革命文学实践之需要的马克思主义文艺方法论。这突出表现在两个方面：一是引入"唯物辩证法的创作方法"。由苏联"拉普"理论家弗理契等人提出并经国际革命作家联盟代表大会确认的"唯物辩证法的创作方法"于 20 世纪 30 年代初由瞿秋白等人引入中国。瞿秋白在《马克斯、恩格斯和文学上的现实主义》《恩格斯论巴尔扎克》《恩格斯和文学上的机械论》《恩格斯论易卜生的信》《文艺理论家的普列汉诺夫》《拉法格和他的文艺批评》《左拉的〈金钱〉》等一系列文章中，通过对马克思与恩格斯的文艺思想的阐释，将"唯物辩证法的创作方法"与"客观的现实主义的文学"联系在一起，用以反对"主观主义唯心论的文学"。他在为华汉（阳翰笙）的小说《地泉》三部曲重版作序时明确提出新兴文学应当抛弃那些概念化、公式化的创作方法，而坚决走向"唯物辩证法的创作方法"。这种方法强调世界观对创作直接的决定作用，将世界观直接等同于创作方法，甚至主张文艺"永远是，到处是政治的'留声机'"②，在清算"革命的罗曼蒂克"的同时否定了浪漫主义创作方法，也在一定程度上干涉了文艺创作的自由，由此遭到了胡秋原、苏汶等人的抵制。③ 但我们也应看到"唯物辩证法的创作方法"的引入也有其积极意义，首先是在左翼文坛初步纠正了主观唯心主义的错误，对现实主义文学创作起到了导航的作用。其次，从文艺方法论角度看，马克思和恩格斯谈论文学时，主要的还是一种

---

① 这其中以苏联作品译出最多，影响最大的有：高尔基的《母亲》、法捷耶夫的《毁灭》、绥拉菲摩微支的《铁流》、肖洛霍夫的《被开垦的处女地》等早期无产阶级文学作品，及《十月》等同路人作品以及西方的进步作家辛克莱的《屠场》《石碳王》《都市》，雷马克的《西线无战事》，巴比塞的《火线上》，德莱塞的《美国的悲剧》，杰克·伦敦的《野性的呼唤》，马克·吐温的《汤姆·莎耶》，小林多喜二的《蟹工船》，等等。——参见钱理群、温儒敏、吴福辉：《中国现代文学三十年》（修订版），北京大学出版社 1998 年版，第 197—198 页。

② 瞿秋白：《文艺的自由和文学家的不自由》（原载于《现代》1932 年第 1 卷第 6 期），《瞿秋白文集》（文学编·第三卷），人民文学出版社 1989 年版，第 67 页。

③ 胡秋原在《勿侵略文艺》和《艺术非至下》（分别载《文化评论》1932 年第 4 期和 1931 年创刊号），苏汶在《论文学上的干涉主义》（载《现代》1932 年第 2 卷第 1 期）等文章中都对"唯物辩证法的创作方法"提出过质疑，提出了他们的"文艺自由论"。

历史的方法论，更注重的是艺术表现的思想倾向性、文艺的意识形态性或文艺的方向问题，正面集中地谈论文学创作方法论的并不多，因此这在当时的左翼文艺界的方法论建设上也有导夫先路的作用。二是"社会主义现实主义"创作方法的引入。"社会主义现实主义"创作方法是在"拉普"的"唯物辩证法的创作方法"遭到严厉批判后由格隆斯基（又译"古浪斯基"）提出后又于1934年由全苏第一次作家代表大会正式确定为苏联文学的主导创作方法并最终写进苏联作家协会章程的。其基本原则是："社会主义的现实主义，作为苏联文学与苏联文学批评的基本方法，要求艺术家从现实的革命发展中真实地、历史地和具体地去描写现实。同时艺术描写的真实性和历史具体性必须与用社会主义精神从思想上改造和教育劳动人民的任务结合起来。"①"社会主义现实主义"在批判性地吸收"拉普"理论成果又严格执行党的意识形态路线的基础上承认了作家世界观和创作的复杂关系以及艺术创作的特殊性（即艺术是用形象思维进行创作），否定了过去把浪漫主义和现实主义与哲学上的观念论和唯物论对应因而对立起来的错误做法，对"拉普"文艺理论排斥和打击"同路人"的宗派主义、关门主义的错误进行了理论上的清算，对概念化、公式化的文艺创作进行了及时的反拨。作为苏联作家、文艺学家集体智慧的结晶，"社会主义现实主义"创作方法是马克思主义文艺理论发展上的一个重要阶段的标志，也是苏联马克思主义文艺理论的主要支柱之一，对当时的"左联"产生了巨大的影响。"社会主义现实主义"对于现实远景的政治性肯定得到了中国文艺家的特殊重视。在"社会主义现实主义"创作方法在苏联历经两年多时间的反复酝酿和广泛讨论过程中，周扬于1933年11月1日以转述的方式发表了《关于"社会主义的现实主义与革命的浪漫主义"》，全面细致地介绍了苏联"社会主义现实主义"的创作方法理论。现在回望过去，周扬对"社会主义现实主义"创作方法的内涵进行了比较系统的阐释；围绕这一方法与胡风就文学典型创造问题进行了深入的论争；从文艺的基本特质及内在特征上肯定了文艺是通过形象达到"客观的真

---

① 《苏联作家协会章程》，《苏联文学艺术问题》，曹葆华等译，人民文学出版社1953年版，第13页。

实"因而同科学一样都是对客观世界的反映和认识;在文艺的真实性与倾向性的关系问题上坚持了马克思主义的辩证法立场;在现实主义与浪漫主义的结合问题上为后来的"两结合"提出了最初的构想;对将"社会主义现实主义"的重要特征即"大众性"和"单纯性"等同于通俗化、低级化的观念化误解作了理论的反拨;① 所有这些,既使中国的革命现实主义文学思潮有了一个相对比较明确的系统的权威的理论形态,也为左翼文艺运动提供了创作方法论上的指导。即便是"社会主义现实主义"文艺理论后来成为周扬个人一生从事文艺活动的指导思想,甚或成为新中国成立后相当长时期内中国文学的主导性理论,并由此引发过当代文艺思想路线上的一些争议,但在"左联"时期,它对马克思主义文艺理论中国化探索的正面意义还是大于其负面作用的。

二、文艺大众化实践中的中国化探索

"左联"在马克思主义文艺理论的中国化实践中用力最多、成绩最大、影响最为深远的是其文艺大众化实践。从左翼文艺运动开始时,左翼文艺工作者就试图运用马克思主义文艺观点来解决文艺同人民群众之间的关系问题。"左联"成立大会通过的决议《中国无产阶级革命文学的新任务》中明确指出,"中国无产阶级革命文学必须确定新的路线。首先第一个重大的问题,就是文学的大众",这个大众化包括文学"运动与组织的大众化",还包

---

① 周扬指出:"社会主义的现实主义还有一个重要的特征,就是,它的大众性,单纯性。吉尔波丁说:'这种文学(指社会主义的现实主义的文学),是为大众的文学。它必须为大众所理解。'这自然是和苏联的文化的巨大的跃进有着不可分离的关系。因为大众的文化的要求提高了,作品,若要对几百万的大众读者的精神,心理,意识给予强力的教育的影响,就非具有易为大众所理解的明确性和单纯性不可。高尔基,富玛诺夫,绥拉菲摩维支的作品在大众中间的'成功的秘密',——拉金说,——就包含在他们的言语的极度的单纯性里面,他们的形象之结晶的明确的透明性里面,他们的故事的特殊的而又接近大众的表现性里面,他们没有故意的饶舌和文句的不分明的'游戏'这个事实里面。但是,艺术的这种单纯性和大众性是和一切通俗化,单纯化的企图截然相反的。假如把社会主义的现实主义的文学变成迎合工人农民的低级的文学,那是绝对错误的。"——周扬:《关于"社会主义的现实主义与革命的浪漫主义"——"唯物辩证法的创作方法"之否定》,《周扬文集》第一卷,人民文学出版社1984年版,第111—112页。

括"作品，批评以及其他一切的大众化"。①

在运动与组织的大众化上，"左联"成立后即建立专门的文艺大众化研究会（后来成立大众化工作委员会），把文艺大众化问题列入重要研究议题。在当时的"左联"内部，还有"理论研究会""小说研究会"等分支机构，国外也有文艺团体及其创办的刊物，如东京留学生成立了戏剧座谈会、留日学生戏剧学会和国际戏剧学会等文艺社团和《质文》《东流》及《诗歌》等刊物。中国"左联"不仅成为国际革命作家联盟的正式成员，还注重加强同海外进步团体的密切联系，当时有"左联"盟员不但参加了"日本无产阶级作家同盟"的一些集会，还分别访问了秋田雨雀、小林多喜二、德永直、村山知义、森山启、中野重治、洼川稻子等日本左翼作家②。又如，马来西亚共产党曾仿效中国"左联"组织成立了马来亚普罗文艺联盟、普罗美术联盟、普罗剧运联盟、理论与批判联盟等组织，他们宣布了自己的战斗纲领，"要向学校，工场，十字街头夺取群众鼓舞群众"③，并在中国"左联"机关刊物《北斗》上发表了题为《英属马来亚的艺术界》（《北斗》1932年第2卷第3、4期合刊）的海外通讯。在工厂组织读报组、办墙报，开展工农通讯员运动，组织文艺小组、工人夜校、创办蓝衣剧社、编排学校剧等是"左联"大众化工作委员会的主要活动形式，其活动方式则灵活多样。比如在上海，由于环境限制，作家只能到工厂进行文艺大众化活动，因此，"左联"成员就"为工人办夜校和业余学校，通过对工人进行文化教育，物色其中有些阅读能力的人辅导他们阅读文艺作品，然后再帮助他们学习创作

---

① 《中国无产阶级革命文学的新任务———一九三一年十一月中国左翼作家联盟执行委员会的决议》，北京大学、北京师范大学、北京师范学院中文系中国现代文学教研室主编：《中国现代文学史参考资料·文学运动史料选》（第二册），上海教育出版社1979年版，第239—240页。

② 参见任钧：《关于"左联"的一些情况》，中国社会科学院文学研究所《左联回忆录》编辑组编：《左联回忆录》（上），中国社会科学出版社1982年版，第254页。

③ 他们提出了这三个战斗纲领：一、要求全南洋的各民族艺术青年团结起来！二、要求展开各民族文化工作，善用各民族的语言来作为政治斗争的武器！三、要求艺术工作者参加实际斗争，为争取南洋各殖民地的民族自决斗争而献身！——马宁：《左联杂忆》，中国社会科学院文学研究所《左联回忆录》编辑组编：《左联回忆录》（上），中国社会科学出版社1982年版，第127页。

文艺作品"①。

在文艺大众化的舆论宣传上，"左联"成立前一天，《大众文艺》第 2 卷第 3 期"新兴文学"专号就刊登了有沈端先、冯乃超等十二人组织召开的"文艺大众化问题座谈会"讨论纪要。1930 年 5 月 1 日，《大众文艺》（第 2 卷第 4 期）又刊登了沈起予等十九人于 3 月 29 日召开的大众文艺第二次座谈会讨论纪要。1931 年 10 月 25 日，"左联"秘书处发出通告，要求"左联"盟员严格执行组织决议，强调文艺大众化"为联盟目前〔应〕十分注意的工作"。②1932 年 4 月 25 日，"左联"理论指导机关杂志《文学》半月刊创刊号发表三篇讨论文艺大众化的论文。③同年 6 月 10 日和 7 月 20 日，"左联"机关刊物《文学月报》（创刊号）和《北斗》（第 2 卷第 3、4 期合刊）又发表大量文章，讨论文艺大众化。④1934 年 6 月，"左联"再次组织了文艺大众化问题第三次大讨论——关于大众语的讨论。它还带动一些当时非常有影响的报刊参与讨论，如陈望道主编的《太白》半月刊、黎烈文主编的《申报》副刊《自由谈》、聂绀弩主编的《中华日报》副刊《动向》、郑振铎和傅东华主编的《文学》等。同年 8 月 1 日《文学》（第 3 卷第 2 号）则专辟"大众语问题特辑"，参与大众语讨论。⑤

在文艺大众化的理论建设上，"左联"的许多理论主将都参与了理论探讨，如潘汉年批驳了"许多人以为无产阶级艺术与作品大众化是两个东西"的"二元论"思想⑥；郑伯奇阐述了大众化问题的核心在于"怎样使大众能

①　任白戈：《我在"左联"工作的时候》，中国社会科学院文学研究所《左联回忆录》编辑组编：《左联回忆录》（上），中国社会科学出版社 1982 年版，第 374 页。

②　张大明、王保生：《三十年代左翼文艺大事记》，中国社会科学院文学研究所《左联回忆录》编辑组编：《左联回忆录》（下），中国社会科学出版社 1982 年版，第 788 页。

③　张大明、王保生：《三十年代左翼文艺大事记》，中国社会科学院文学研究所《左联回忆录》编辑组编：《左联回忆录》（下），中国社会科学出版社 1982 年版，第 790 页。

④　张大明、王保生：《三十年代左翼文艺大事记》，中国社会科学院文学研究所《左联回忆录》编辑组编：《左联回忆录》（下），中国社会科学出版社 1982 年版，第 791 页。

⑤　张大明、王保生：《三十年代左翼文艺大事记》，中国社会科学院文学研究所《左联回忆录》编辑组编：《左联回忆录》（下），中国社会科学出版社 1982 年版，第 798 页。

⑥　1930 年 3 月，潘汉年在《左翼作家联盟的意义及其任务》一文中明确提出当前的重要任务之一就是"发展大众化的理论与实际"，并批评了"许多人以为无产阶级艺术与作品大众化是两个东西"的"二元论"思想。——潘汉年：《左翼作家联盟的意义及其任务》（原载于《拓荒者》1930 年第 1 卷第 3 期），《中国新文学大系 1927—1937》（第一集·文学

整个地获得他们自己的文学"①；郭沫若提出了文艺大众化"就是无产文艺的通俗化"的主张②；沈端先提出了"大众化"和"化大众"相结合的主张③；钱杏邨提出了文艺大众化的基本原则在于利用旧形式和创造新形式二者相结合的看法④；鲁迅则冷静地提出了文艺大众化的实施与展开还有赖于"政治之力的帮助"的看法⑤。

在文艺创作的大众化上，"左联"提出了文艺为大众、写大众、大众写的口号，发出了全体盟员"到工厂，到农村，到战场上，到被压迫群众当中去"的号召⑥，在当时艰苦的环境中进行了大量文艺大众化的实践，比如，创办通俗性刊物，创办民歌民谣，改编名著为通俗小说，等等。在此，我们仅以诗歌大众化为例说明之。

理论集一），上海文艺出版社 1987 年版，第 391 页。

① 郑伯奇在《关于文学大众化的问题》一文中说："大众文学应该是大众能享受的文学，同时也应该是大众能创造的文学。所以大众化的问题的核心是怎样使大众能整个地获得他们自己的文学。"——郑伯奇：《关于文学大众化的问题》，北京大学、北京师范大学、北京师范学院中文系中国现代文学教研室主编：《中国现代文学史参考资料·文学运动史料选》（第二册），上海教育出版社 1979 年版，第 368 页。

② 郭沫若：《新兴大众文艺的认识》，《中国新文学大系 1927—1937》（第二集·文学理论集二），上海文艺出版社 1987 年版，第 282 页。

③ 沈端先认为当前文艺大众化的核心任务"一方面是动员一切艺术部门，提高普鲁列塔利亚特的，文化上，及政治上的水准，他方面，用大众化了的 Agi—pro 的艺术，将大众的感情和意志思想结合起来，而使他们正确地走上革命的道程"。这实际就是强调"大众化"和"化大众"的相结合。——沈端先：《文学运动的几个重要问题》，《中国新文学大系 1927—1937》（第二集·文学理论集二），上海文艺出版社 1987 年版，第 299 页。

④ 钱杏邨在《大众文艺与文艺大众化》一文中认为新兴文艺大众化的原则是"一方面利用旧的，大众所理解的形式，一面不断的发展代替它的新的形式，在新旧的各样的形式之中，去描写斗争的生活，发扬大众的阶级意识，唤醒他们起来革命。要利用一切他们所能理解的形式，去完成宣传，鼓动，以及组织群众的任务"。——钱杏邨：《大众文艺与文艺大众化——批评并介绍〈大众文艺〉新兴文学号》，《中国新文学大系 1927—1937》（第二集·文学理论集二），上海文艺出版社 1987 年版，第 303 页。

⑤ 鲁迅：《集外集拾遗·文艺的大众化》（原载于《大众文艺》1930 年第 2 卷第 3 期），《鲁迅全集》第七卷，人民文学出版社 1973 年版，第 773 页。

⑥ 《无产阶级文学运动新的情势及我们的任务》（1930 年 8 月 4 日"左联"执行委员会通过）（原载于《文化斗争》1930 年第 1 卷第 1 期），北京大学、北京师范大学、北京师范学院中文系中国现代文学教研室主编：《中国现代文学史参考资料·文学运动史料选》（第二册），上海教育出版社 1979 年版，第 206 页。

1932 年 9 月，"中国诗歌会"正式成立，并于次年 2 月 11 日以"中国诗歌社"主编的名义出版了《新诗歌》第一卷创刊号。穆天所写的"发刊诗"代表着左翼诗人对时代的"宣言"：

> 我们要唱新的诗歌，
>
> 歌颂这新的世纪。
>
> 朋友们！伟大的新世纪，
>
> 现在已经开始。
>
> ……
>
> 我们要用俗言俚语，
>
> 把这种矛盾写成民谣小调鼓词儿歌。
>
> 我们要使我们的诗歌成为大众歌调，
>
> 我们自己也成为大众中的一个。①

对于如何创作新诗歌，左翼诗人从内容到题材都提出了具体的要求，内容上至少要包括三种要件："一、是理解现制度下各阶级的人生，着重大众生活的描写；二、是有刺激性的，能够推动大众的；三、是有积极性的，表现斗争或组织群众的。"题材方面的要求则主要是："一、反帝、军阀压迫、阶级的热情；二、天灾人祸（内战）、苛捐杂税所加予大众的苦况；三、当时的革命斗争和政治事变；四、新势力、新社会的表现；五、过去革命斗争的史实（如陈胜、吴广，洪秀全的革命）；六、农人、工人的生活；七、有价值、有意义的'社会新闻'；八、战争的惨状；九、国际诗歌（的改作）。"②据中国诗歌会的重要成员柳倩回忆，《新诗歌》创刊以后，就一直明确表示，"我们的诗歌，希求成为大多数人的读物"，"这块园地，不是我们私有，而

---

① 参见柳倩：《左联与中国诗歌会——左联是如何通过中国诗歌会领导和开展新诗歌运动的》，中国社会科学院文学研究所《左联回忆录》编辑组编：《左联回忆录》（上），中国社会科学出版社 1982 年版，第 259—260 页。

② 柳倩：《左联与中国诗歌会——左联是如何通过中国诗歌会领导和开展新诗歌运动的》，中国社会科学院文学研究所《左联回忆录》编辑组编：《左联回忆录》（上），中国社会科学出版社 1982 年版，第 262 页。

是属于大家，且须得大家都来垦殖"。关于新诗歌的表现形式问题，中国诗歌会明确指出：第一要创新，即要创造新的格式。对内容除了"有什么写什么，要怎么写就怎么写"外，首先"却不要忘记应以能够适当的表现内容为主，要应用各种形式，主要创造新形式。但要紧的使人听得懂，最好能够歌唱"。其次是采用大众化的形式，特别是批判地接受歌谣、小调、鼓词、儿歌等的长处，甚至采用歌谣等的形式，在摸索中去创造新的诗歌形式。"左联"对诗歌创作的基本目的也作了如下规定："要使我们的诗歌成为大众的歌调，同时在'左联'理论纲领的指引下，在'诗歌会'同人热情的创作实践中，摸索出一条社会主义现实主义诗歌的道路"。[1] 正是由于有着清醒的大众化创作目的，以及成熟的大众化诗歌创作内容与题材及形式上的选择，"中国诗歌会"得到了前所未有的发展。回忆材料显示："自'中国诗歌会'总会 1932 年在上海成立以后，特别是 1933—1935 这三、四年间，各地分会如雨后春笋般相继成立（如河北分会、广州分会、青岛分会、湖州分会、厦门分会等），他们创刊《新诗歌》《诗歌季刊》《中国诗坛》等等，会员遍及全中国，在全国各地主要的刊物和诗刊上，几乎都有'中国诗歌会'成员的作品。"[2]

三、文艺论战中的中国化探索

"左联"成立之前和之后的中国左翼文艺理论家曾经展开了同"新月派"、同"第三种人"和"自由人"、同"民族主义文学"的论战，其内部又展开过"国防文学"和"民族革命战争的大众文学"（即"两个口号"）的论争和大众语与拉丁语的论争。这是左翼文艺者以马克思主义面貌在中国文艺界的规模较大的一次集体式的力量展现。如果说同"新月派"的论

---

[1] 柳倩：《左联与中国诗歌会——左联是如何通过中国诗歌会领导和开展新诗歌运动的》，中国社会科学院文学研究所《左联回忆录》编辑组：《左联回忆录》（上），中国社会科学出版社 1982 年版，第 262 页。

[2] 柳倩：《左联与中国诗歌会——左联是如何通过中国诗歌会领导和开展新诗歌运动的》，中国社会科学院文学研究所《左联回忆录》编辑组：《左联回忆录》（上），中国社会科学出版社 1982 年版，第 262—263 页。

战以及同"民族主义文学"的论战主要是"左联"在同资产阶级文艺理论
家和国民党文化帮闲之间针对相对的政治立场、意识形态阵营、文艺趣味
与价值取向等方面的正面较量的话，同"第三种人"和"自由人"的论战
则要复杂得多，因为"第三种人"和"自由人"并非资产阶级政客或学者
教授，而是同"左联"有着很深交往甚至参加过"左联"的"同人"，有
的还翻译过苏联的文艺著作，并自称拥护马克思主义文艺理论，在论战中
他们抓住的不少恰恰又是"左联"理论与工作中的失误。如"自由人"的
主要理论代表胡秋原就自我标榜为自由派马克思主义，他曾留学日本并在
那里深入研究过马克思主义，译有《革命后十二年之苏俄文学》和《艺术
社会学》，著有《唯物史观艺术论——朴列汗诺夫及其艺术理论之研究》，
对普列汉诺夫、托洛茨基、沃隆斯基以及其他苏联理论家都颇为谙熟，对
马克思主义学说的掌握超过不少他的"左联"论敌，尤其是他在引经据典
回应论敌时的分析评判，展示了非常深厚的"学院派"马克思主义理论水
平。因而同"第三种人"和"自由人"的论战实际上又是一场无产阶级和
资产阶级争夺小资产阶级作家的斗争，也是如何严格地从政治上分清敌友
界线的一场思想斗争。相较这三个大论战，"两个口号"论争和大众语与
拉丁语论争则更多地属于"左联"内部观点分歧或关于文艺内部规律研究
上的分歧。

1. 同"新月派"的论战

"新月派"深受英美现代自由主义、改良主义思想影响，在文艺思想上
注重理性、人性，讲究"健康"与"尊严"。在 1928 年《新月》杂志创刊号上，
徐志摩在其执笔的长达八页的宣言中就曾宣称要对包括"标语派"和"主义派"
（暗指创造社和太阳社的革命作家）在内的文坛十三种"细菌"开战并引发
了创造社和太阳社的回击。"左联"同"新月派"的论战，焦点则集中在鲁
迅与梁实秋就文学是否具有阶级性这一问题上的理论较量。梁实秋在《文学
与革命》（1928 年）、《文学是有阶级性的吗?》（1929 年）和《论鲁迅先生的
硬译》（1929 年）等文中，站在普遍人性和超阶级性的文艺立场上对"左联"
所坚持的文学具有阶级性的观点进行质疑与抨击。他的核心论点是"无论革
命还是阶级——两者皆非文学所固有，都不能作为文学批评的准则"，"真正

的文学是超阶级的；其真正的主宰是'基本人性'——爱、憎、怜悯、恐惧、死亡，它们不局限于任何阶级"，而且他还断言"大众文学"这个名词"本身就是一个矛盾，因为文学从来就是少数有才能的人的创造"，由此否认了无产阶级文学。① 针对梁实秋的发难，鲁迅撰写了《"硬译"与"文学的阶级性"》的长文驳斥了梁实秋所谓的文学自律立场本身，认为这恰恰就是其资产阶级背景的反映。其中又以以下这段对梁实秋将人性抽象化，混淆人性与阶级性的辩证关系的剖析与揭露最为精彩：

> 文学不借人，也无以表示"性"，一用人，而且还在阶级社会里，即断不能免掉所属的阶级性，无需加以"束缚"，实乃出于必然。自然，"喜怒哀乐，人之情也"，然而穷人决无开交易所折本的懊恼，煤油大王那会知道北京检煤渣老婆子身受的酸辛，饥区的灾民，大约总不去种兰花，象阔人的老太爷一样，贾府上的焦大，也不爱林妹妹的。"汽笛呀！列宁呀！"固然并不就是无产文学，然而"一切东西呀！""一切人呀！""可喜的事来了，人喜了呀！"也不是表现"人性"的"本身"的文学。倘以表现最普通的人性的文学为至高，则表现最普通的动物性——营养，呼吸，运动，生殖——的文学，或者除去"运动"，表现生物性的文学，必当更在其上。倘说，因为我们是人，所以以表现人性为限，那么，无产者就因为是无产阶级，所以要做无产文学。②

关于这场论战，美国历史学家费正清等人所作的如下历史判词本身就说明了真理站到了哪一方：

> 划分两个阵营的本质上的争论点，比单纯的谩骂更加根深蒂固。《新月》成立伊始，就推出另一套构成威胁的文学理论。如其主要发

---

① 参见 [美] 费正清、费维恺编：《剑桥中华民国史 1912—1949 年》（下），刘敬坤等译，中国社会科学出版社 1994 年版，第 490 页。

② 鲁迅：《二心集·"硬译"与"文学的阶级性"》，《鲁迅全集》第四卷，人民文学出版社1973 年版，第 214—215 页。

言人梁实秋所说的那样(尽管梁后来宣称他没有得到同事们的支持);这一理论提出了人们熟悉的英美的文学自律的观念——文学刻画的是"固定的普遍的人性",有创造性的作品总是个体(用梁的话说,是"贵族式的士绅")的产物,并且只能以自身的内在价值对它作出评判,而无需考虑历史时期、环境或者阶级。此外,梁实秋显然以他最崇拜的西方文学的"教师"欧文·白璧德(梁留学哈佛时曾师从他)为榜样。他从白璧德那里学到了对卢梭的不信任,对混乱的鄙弃和对理性与纪律的偏爱,梁追溯这种思想到马修·阿诺德。梁认为在中国文坛充满混乱的这段时间里,最急需的莫过于执着追求广泛的情趣和崇高的标准。从梁这段时间发表的各种文章可以看出,他雄心勃勃地想成为中国的萨缪尔·约翰逊博士——一个文学情趣的仲裁者和阿诺德所称的评论家。当然,在现代中国,将文学批评当作学术规范的作法是不存在的,而任何模仿F.R.利维斯或者埃德蒙德·威尔逊(大致是梁的同时代人)之类人物的企图注定要失败。①

2.同"自由人""第三种人"的论战

学界通常将这场论战的性质定义为马克思主义文艺观与自由主义文艺观之争,但实际情况则复杂得多。这场起因于"自由人"胡秋原批判国民党提倡的"民族主义文艺"而不断扩大的论战因"第三种人"苏汶的加入和声援而变得异常复杂,而鲁迅对"第三种人"的严厉驳斥和对胡秋原观点的几近沉默本身也意味深长,因此,这场论战有着非常复杂的内容与形式。

从1931年10月开始,以"自由智识阶级"自居的胡秋原②,连续发表《阿狗文艺论》《勿侵略文艺》《关于文艺之阶级性》《浪费的论争——对于批判

---

① [美]费正清、费维恺编:《剑桥中华民国史1912—1949年》(下),刘敬坤等译,中国社会科学出版社1994年版,第489—490页。

② 胡秋原说:"我们所谓自由的智识阶级,不过表明我们:1.只是一个智识分子;2.是站在自由人的立场。事实是如此,因为我们:1.不愿自称革命先锋;2.我们无党无派,我们的方法是唯物史观,我们的态度是自由人立场。"——胡秋原:《是谁为虎作伥?——答谭四海君》(原载于《文化评论》1932年第4期),吉明学、孙露茜编:《三十年代"文艺自由论辩"资料》,上海文艺出版社1990年版,第38页。

者的若干答辩》《钱杏邨理论之清算与民族文学理论之批评——马克思主义文艺理论之拥护》《革命文学问题——对于革命文学的一点商榷》等一系列文章，在批驳国民党"民族主义文艺"论调的同时也批驳了他的"左"派论敌尤其是钱杏邨和太阳社其他成员的机械马克思主义观点。按照费正清先生的分析，胡秋原的做法是"从马克思主义的经典著作中引述了一连串的根据，来显示文学批评的功能是'客观地'理解文学，而不是对文学创作指手划脚。换句话说，文学有其自身的价值，它能有益于革命，特别是好的文学（从而胡承认可能有好的无产阶级文学）。但他觉得，文学创作决不能被当作政治'之下'的某种东西。依照胡的意思，作为一个'自由人'并不一定意味反马克思主义，或者如梁实秋所想象的那样，与政治无关；它仅仅指多少有些书卷气的学者的'一种态度'。这样的人以十分严肃的态度来接受马克思主义理论，但反对那种'遵照现行政策或者党的领导的迫切需要来判断一切'的倾向"①。

现在看来，胡秋原的文艺观点具有相当的合理性，他对思想自由、创作自由的认同，对于文艺的社会政治功能的辩证理解，对普列汉诺夫文艺思想的接受等，都与鲁迅对马克思主义文艺理论的理解与接受有内在相通之处，这大约也是鲁迅对"第三种人"进行严厉驳斥而对胡秋原观点却几近沉默的原因。胡秋原的文艺自由论有与五四自由、民主精神相通的一面，并试图将马克思主义与自由主义结合起来，其方法论是马克思主义的，但价值观则主要是自由主义的，而且胡秋原的一些论断，如"文学与艺术，至死也是自由的，民主的"，"将艺术堕落到一种政治的留声机，那是艺术的叛徒"以及"以不三不四的理论，来强奸文学，是对于艺术尊严不可恕的冒渎"（实际暗指"左联"），②恰恰触动了"左"派立场的核心，立刻被认作是对"左联"的攻击，遭到瞿秋白、周扬、冯雪峰等人的回击，因为胡秋原所公然声称的"不在政党领导之下"构成了对左翼文坛党派性质的严重消解。③瞿、周等人的

① ［美］费正清、费维恺编：《剑桥中华民国史1912—1949年》（下），刘敬坤等译，中国社会科学出版社1994年版，第493—494页。

② 胡秋原：《阿狗文艺论——民族文艺理论之谬误》（原载于《文化评论》1931年12月25日创刊号），吉明学、孙露茜编：《三十年代"文艺自由论辩"资料》，上海文艺出版社1990年版，第8—9页。

③ 当胡秋原发表《钱杏邨理论之清算与民族文学理论之批评——马克思主义文艺理论之拥

批驳依据是列宁的反映论和文学的党性原理。如瞿秋白在《文艺的自由和文学家的不自由》一文中开头就引用了列宁在《党的组织和党的文学》一文中揭露资产阶级所谓文艺"自由"时说过的一段话："资产阶级的著作家，艺术家，演剧家的自由，只是戴着假面具（或者伪善的假面具），去接受钱口袋的支配，去受人家的收买，受人家的豢养。我们，社会主义者，暴露这种伪善，揭穿这种虚伪的招牌……为着要把真正自由的公开和无产阶级联系着的文学，去和伪善的自由的而事实上联系着资产阶级的文学对立起来。"① 瞿秋白从这一立场出发，认为胡秋原并非真正的马克思主义者，而是"变相的艺术至上"和"虚伪的旁观主义"者。② 周扬在《自由人文学理论检讨》中主要根据的也是列宁的反映论和文学的党性原理，认为胡秋原抹杀了艺术的阶级性、党派性，否认了艺术对生活的能动作用。③ 对于"左联"同"自由人"的论战，费正清先生在《剑桥中华民国史 1912—1949 年》中也有令人信服的历史评价：

> 在左联的反驳中，最有说服力的论证是由瞿秋白提出的。他（用笔名易嘉）在一篇长文中，批评胡秋原与苏汶没有认识到文学的阶级基础这一马克思主义的基本原理。依照瞿的判断，胡秋原过分强调了文学作为形象的美学探索与生活的消极反映的功能。他认

护》（《读书杂志》1932 年第 2 卷第 1 期）一文批评钱杏邨的文艺理论的错误时，冯雪峰立刻敏感地认为他是"为了反普罗革命文学而攻击了钱杏邨"，"公开地向普罗文学运动进攻"。——冯雪峰：《"阿狗文艺"论者的丑脸谱》（原载于《文艺新闻》1932 年 6 月 6 日第 58 号），《雪峰文集》第二卷，人民文学出版社 1983 年版，第 350 页。

① 瞿秋白：《文艺的自由和文学家的不自由》，《瞿秋白文集》（文学编·第三卷），人民文学出版社 1989 年版，第 55 页。

② 瞿秋白：《文艺的自由和文学家的不自由》，《瞿秋白文集》（文学编·第三卷），人民文学出版社 1989 年版，第 55—58 页。

③ 周扬在《自由人文学理论检讨》一文中说："这位理论家（指胡秋原——著者按）是以口头上拥护马克思主义甚至列宁主义，来曲解，强奸，阉割马克思列宁主义，以口头上同情中国普洛革命文学，来巧妙地破坏中国普洛革命文学的。如果不认清这种社会法西斯蒂的政策和把戏的多方面的形式之具体的实质，我们是没有办法认识这位'阿狗文艺论者'的'丑脸谱'的。"——周扬：《自由人文学理论检讨》（原载于《文学月报》1932 年第 1 卷第 5、6 号合刊），《周扬文集》第一卷，人民文学出版社 1984 年版，第 41 页。

为胡的弱点源出于普列汉诺夫。后者曾因其"唯心论"倾向在苏联遭到批判。在瞿看来，文学创作决不能脱离作者的社会经济背景，而且必须发挥其政治功能。对身临殊死斗争的中国无产阶级来说，文学只能是反抗压迫者的武器。瞿断言说，"当无产阶级公开地要求文艺的斗争工具的时候，谁要出来大叫'勿侵略文艺'，谁就无意之中做了伪善的资产阶级的艺术至上派的'留声机'。在阶级斗争的时期里，不可能有"中间地带"。①

当胡秋原的观点受到"左联"的批驳时，苏汶（杜衡）又以国民党的"民族主义"文艺和共产党领导的左翼文艺之间的"第三种人"自居，先后发表了《关于〈文新〉与胡秋原的文艺论辩》《"第三种人"的出路》《论文学上的干涉主义》等文章声援胡秋原。被苏汶引为同道的还有陈望道（雪帆）②和另一位苏汶在后来的回忆中"不拟提出其名字"的冯雪峰③，而在鲁迅的批判名单中还有韩侍桁、杨邨人、施蛰存、戴望舒等人，因为，杨邨人的《论"第三种人"的文学》一文以"和左联诸同志讨论"的姿态批评"左联"放弃大多数群众而以政党立场攻击"第三种人"④，而戴望舒则

---

① [美] 费正清、费维恺编：《剑桥中华民国史 1912—1949 年》（下），刘敬坤等译，中国社会科学出版社 1994 年版，第 494—495 页。

② 陈望道在《关于理论家的任务速写》一文中批评了瞿秋白文章中简单化的倾向，并指出不应把胡秋原、杜衡当时对左翼理论或理论家的不满"扩大作为对于中国左翼文坛不满，甚至扩大作为对于无产阶级文学不满"。——陈望道：《关于理论家的任务速写》（原载于《现代》1932 年第 2 卷第 1 期），吉明学、孙露茜编：《三十年代"文艺自由论辩"资料》，上海文艺出版社 1990 年版，第 194 页。

③ 苏汶的"文学工场"曾得到过冯雪峰的帮助，冯雪峰从事革命活动时也曾受到过苏汶的资助，并因此想在论争中当一个挽回僵局的调解人而被苏汶视为同道。苏汶选编的《文艺自由论辩集》中曾收录了冯雪峰以"何丹仁"为笔名发表的《关于"第三种文学"的倾向与理论》一文，文中希望在论争中不应该把苏汶等视为敌人，"而是看做应当与之同盟战斗的帮手"，与之建立起友人的关系，因为他们毕竟"反对旧时代，反对旧社会"，"反对反动统治阶级及其文艺"。——冯雪峰：《关于"第三种文学"的倾向与理论》，《雪峰文集》第二卷，人民文学出版社 1983 年版，第 191—203 页。

④ 杨邨人说："左联放弃了最大多数的小市民和农民的群众，现在应该扶掖小资产阶级的革命文学，而转变战斗的对象向鸳鸯蝴蝶派进攻。并且左联不是共产党，不应该以政党的立场为文坛的立场而对于'第三种人'的作家加以攻击和非难。"该文当时未能发表，后

应施蛰存之约为《现代》专门写了《法国通信——关于文艺界的反法西斯谛运动》一文，对鲁迅将"第三种人"称为资产阶级的"帮闲者"进行了暗讽和回击 ①，从而引发了鲁迅的再度回击（参见其《又论"第三种人"》）。"第三种人"提倡文艺创作上的自由，反对把文艺变成政治的"留声机"，提倡文艺的真实性原则，强调"第三种文学"存在的重要性，反对普罗文学"谁也不许站在中间"的关门主义，批评"左联"重文学批评而创作成绩不佳，等等，都有其合理之处，但他们在理论上把革命的政治和艺术的真实对立起来，主张文艺家的超党派和超阶级性，批评马克思列宁主义者"只看目前的需要"而不要真理，称其辩证法就是"变卦"，在批评实践上则攻击左翼文坛只要行动不要理论，只要革命不要文学，只要煽动不要艺术，罗列了"左联"一系列罪名如"借革命来压服人""有意曲解别人的话""因曲解别人而起的诡辩和武断"等 ②，并称左翼作家霸占文坛、"左而不作"而自己欲作而不敢完全是"左联"的派性打压所致，则是极尽对马克思主义文艺理论的污蔑之能事。基于对马克思主义文艺理论和新兴无产阶级革命文学的坚决捍卫，"左联"对"第三种人"进行了猛烈的回应与抨击，发表了一系列见解犀利、回应有力的论文，如瞿秋白的《文艺的自由和文学家的不自由》（署名易嘉），鲁迅的《论"第三种人"》和《又论"第三种人"》，冯雪峰的《并非浪费的论争》和《关于"第三种文学"的倾向与理论》，以及周扬的《到底是谁不要真理，不要文艺》，等等。总的来看，"左联"文艺主将们的这些文章揭穿了"第三种人"的真实面目，也较为系统地阐释了马克思主义文艺

由杨邨人改写成《揭起小资产阶级革命文学之旗》，发表在《现代》1933年第2卷第4期。——杨邨人：《揭起小资产阶级革命文学之旗》（原载于《现代》1933年第2卷第4期），吉明学、孙露茜编：《三十年代"文艺自由论辩"资料》，上海文艺出版社1990年版，第358页。

① 戴望舒在该文中说："在法国文坛中，我们可以说纪德是'第三种人'。……他始终是一个忠实于他的艺术的人。然而，忠实于自己的艺术的作者，不一定就是资产阶级的'帮闲者'，法国的革命作家没有这种愚蒙的见解。"言下之意，自然是说中国的革命作家有这种"愚蒙的见解"。——戴望舒：《法国通信——关于文艺界的反法西斯谛运动》（原载于《现代》1933年第3卷第2期），吉明学、孙露茜编：《三十年代"文艺自由论辩"资料》，上海文艺出版社1990年版，第454页。

② 苏汶：《"第三种人"的出路——论作家的不自由并答复易嘉先生》（原载于《现代》1932年第1卷第6期），吉明学、孙露茜编：《三十年代"文艺自由论辩"资料》，上海文艺出版社1990年版，第157—159页。

理论的一些重大原则和基本观点，诸如文艺的意识形态性、文艺的阶级性，文艺的人性与阶级性的辩证关系，文艺创作与社会生活的辩证关系，世界观与文艺创作之间的辩证关系，等等，对中国文艺界完整地理解马克思主义文艺理论的实质提供了巨大的帮助，也为马克思主义文艺理论中国化的进一步探索打下了良好的基础。

3. 与"民族主义文学"的论战

"左联"与"民族主义文学"的论战是中国共产党领导的"左联"同国民党支持的右翼文化帮闲之间的一场较量。以潘公展、王平陵、朱应鹏、范争波、黄震遐、傅彦长等国民党御用文人为主组成的"前锋社"以《前锋周报》《前锋月刊》《艺术界周刊》《雅典月刊》《开展月刊》《现代文学评论》等为阵地，打着"三民主义"的旗号，于 1930 年 6 月发表《民族主义文艺运动宣言》，提出"文学的最高意义，就是民族主义"，企图用民族主义的招牌掩盖阶级矛盾和阶级斗争，否认反映社会现实的文学艺术具有阶级性。他们提倡的所谓"民族主义文学"，在创作上以三民主义与共产主义的冲突、国家之间的冲突、中央与地方的冲突为主要题材，散布反苏、反共、媚日论调，明确地把左翼文艺运动当作文艺危机的根源之一，将无产阶级文艺运动与"保持残余的封建思想"的文艺列为"两个极端的思想"并对"左联"进行了恶意攻击[1]。对于这一"文学上的法西斯蒂组织"，"左联"在 1930 年 8 月 4 日执行委员会通过的决议中就进行了批判[2]。次年，

---

[1] 1930 年 8 月 24 日出刊的《前锋周报》第 10 期的《编辑室谈话》对"左联"进行了恶意的攻击，说"左联""更是甘心出卖民族，秉承着苏俄的文化委员会的指挥，怀着阴谋想攫取文艺为苏俄牺牲中国的工具。致使伟大作品之无从产生，正确理论之被抹杀；作家之被包围，被排斥；青年之受迷蒙，受欺骗，一切都失了正确的出路：在苏俄阴谋的圈套下乱转"。——《前锋周报》编者：《〈前锋周报〉第十期编辑室谈话》（原载于《前锋周报》1930 年第 10 期），《中国新文学大系 1927—1937》（第十九集·史料·索引一），上海文艺出版社 1989 年版，第 273 页。

[2] 1930 年 8 月 4 日"左联"执行委员会通过的决议《无产阶级文学运动新的情势及我们的任务》中把民族主义文学派称为"文学上的法西斯蒂组织"，其中明确表示"不管新月派怎样板起脸孔来说文学的尊严，也不管民族主义文学派怎样在叫嚣，也不管取消派怎样在开始取消中国无产阶级文学运动，然而，他们在蓬勃的革命斗争事实之前，只暴露自己的反动的真相，在群众中不会有多大的影响"。——《无产阶级文学运动新的情势及我们的任

文英（冯雪峰）、瞿秋白、茅盾、鲁迅等人陆续著文揭露其"屠夫文学""杀人放火文学"的实质及丑恶表现。如文英在《我们同志的死和走狗们的卑劣》一文中痛斥了"由刽子手、侦探，识字流氓而组织的民族主义文学"①。瞿秋白在《屠夫文学》和《青年的九月》等文章中通过对黄震遐的小说《陇海线上》和万国安的反共反苏的小说《国门之战》的细密的文本分析揭露了其帝国主义走狗的真面目。②茅盾在《"民族主义文艺"的现形》一文（笔名石萌）中，从阶级是比民族更为广泛的现实的这一立场出发，剖析了"民族主义文艺"将泰纳艺术理论、欧洲商业资本主义及其民族国家历史故事及第一次世界大战后的未来主义、表现主义进行混合、"杂拌"的伎俩，揭露了所谓的"民族主义文艺运动"不过是"国民党对于普罗文艺运动的白色恐怖以外的欺骗麻醉的方策"③。对于民族主义文艺"温室"——搜刮民脂民膏以豢养鹰犬的南京政府所栽培出来的"诗人"黄震遐借元朝蒙古人西征俄罗斯的史事而作的诗剧《黄人之血》，茅盾也通过犀利的分析揭露出它不过是披着"思想研究的"和"艺术的"外衣煽动"疯狂的黄色人种主义"和"大亚细亚主义"。④鲁迅则在《"民族主义文学"的任务和运命》、《今春的两种感想》（1932年11月22日北平辅仁大学演讲）、《对于战争的祈祷——读书心得》（《申报·自由谈》1933年2月28日）、《止哭文学》（《申报·自由谈》1933年3月24日）等文章中对"民族主义文学"的真面目进行了剖析，其中，《"民族主义文学"的任务和运命》对黄震遐的《陇海线上》《黄人之血》

务》（1930年8月4日"左联"执行委员会通过），北京大学、北京师范大学、北京师范学院中文系中国现代文学教研室主编：《中国现代文学史参考资料·文学运动史料选》第二册，上海教育出版社1979年版，第204页。

① 冯雪峰：《我们同志的死和走狗们的卑劣》（原载于《前哨》1931年第1卷第1期），《雪峰文集》第二卷，人民文学出版社1983年版，第302页。

② 瞿秋白（笔名史铁儿）的《屠夫文学》（编入《乱弹》时改为《狗样的英雄》）和《青年的九月》相继发表在《文学导报》第1卷第3期（1931年8月20日）和第1卷第4期（1931年9月13日）上。——参见《瞿秋白文集》（文学编·第一卷），人民文学出版社1985年版，第367—372页；《瞿秋白文集》（文学编·第二卷），人民文学出版社1986年版，第31—39页。

③ 茅盾：《"民族主义文艺"的现形》（原载于《文学导报》1931年第1卷第4期），《茅盾全集》（第十九卷·中国文论二集），人民文学出版社1991年版，第249页。

④ 茅盾：《〈黄人之血〉及其他》（原载于《文学导报》1931年第1卷第5期），《茅盾全集》（第十九卷·中国文论二集），人民文学出版社1991年版，第282—292页。

进行了集中批判，深刻揭露了《陇海线上》将日本帝国主义的侵略当作"友谊"的丑恶文人行径，以及《黄人之血》以资产阶级反动的人种学来抹杀民族矛盾和阶级矛盾的伎俩。

费正清先生曾指出，"民族主义文学""是一伙与国民党有紧密联系的文人，作为一种反左联的手段而策划的"，"倡导一种反映'民族精神和意识'的文学来代替左派的阶级观点"，但是他们"对左派的批评主要是人身攻击，而且它的成员没有一位在文坛上博得声望或尊敬"，更重要的还在于，"他们的亲国民党立场，与文学界知识分子的批判性格背道而驰。30 年代早期，一个有良心的文人去作政府的传声筒，几乎是不可想象的。因此'民族主义文学'的提倡者们，自其开始之时起就注定要失败"①。费先生的分析当然非常精辟，但正如毛泽东所说，扫帚不到，灰尘照例不会自己跑掉，正是"左联"的无情揭露和批判才使其原形毕露，很快便销声匿迹。应该说，"左联"同"民族主义文学"的论战，是在中国 30 年代文艺实践的基础上宣传、应用马克思主义的阶级理论和民族理论去探索马克思主义文艺理论中国化的积极尝试，为在中国确立和发展马克思主义的世界主义及其世界文学观打下了良好的基础。

这几次论战或论争是"左联"作为一种有组织的整体性力量发动和参与的文艺论战。现在回望，可以发现，其间不少是革命立场之争、党派之争、宗派之争、意气之争，但论战或论争所涉及的文艺理论问题不仅折射出当时中国思想界的复杂状况，其过程本身也展现出"左联"在探讨马克思主义文艺理论中国化的出路时处理理论和现实问题的方式。就其对马克思主义文艺理论中国化的意义而言，主要表现在以下几个方面：其一，开始了在中国建立无产阶级自己的"真正科学的文艺理论"的集体性尝试。其二，在中国现代文坛正面捍卫了马克思主义文艺理论的根本原则和无产阶级文学的基本方向。因为敢不敢公开承认文艺的阶级性，以及究竟为哪一个阶级的政治服务，正是无产阶级文学和资产阶级文学的分水岭，也是两者最根本的分歧，"左联"正是在这一问题上作了坚决回应，为后来毛泽东文

---

① ［美］费正清、费维恺编：《剑桥中华民国史 1912—1949 年》（下），刘敬坤等译，中国社会科学出版社 1994 年版，第 492—493 页。

艺思想的形成奠定了坚实的基础。其三，大众语与拉丁化的论争为文艺的大众化和无产阶级文学的语言实践辨明了基本方向——为大众、写大众、大众写逐渐成为文艺大众化的主导策略并成为延安文艺大众化运动的先声。其四，为如何扫清"使左翼文艺运动始终停留在狭窄的秘密范围内的最大的障碍物"① 即"左"倾关门主义和如何摆脱"左"倾教条主义提供了有益的尝试。其五，提出了中国左翼文学中亟待解决的两个重要的新的现实问题，即"党性"原则或党对文学的指导原则如何贯彻，以及"同路人"——那些同情"左"派事业，但未加入"左联"或中共的作家们的如何联合的问题。特别是后一个问题在张闻天以"歌特"为笔名在中共中央机关报《斗争》第 30 期发表的被认为"无疑是上海左翼文化运动开始摆脱'左'倾教条主义的一个重要标志"② 的《文艺战线上的关门主义》一文中得到了高度的重视，并为后来的文艺统一战线的建立、文代会的制度化建设等方面积累了宝贵的中国化经验。

第三节　左翼文艺运动五大批评模式的形成

"左联"不仅大力开展马克思主义文艺理论的译介与传播，组建各种大众化的文艺团体摸索马克思主义文艺理论中国化和文艺大众化的基本经验，而且大力开展革命现实主义文学批评研究与批评实践，逐渐形成了具有中国特点的左翼文艺运动五大批评模式。

一、鲁迅的"战斗的现实主义"批评

这是鲁迅在深入研究了苏俄文艺论战的经验教训，辩证吸收托洛斯基、沃隆斯基等人观点来处理文艺的阶级性与文艺自身特性相互关系问题，并以

---

① 张闻天：《文艺战线上的关门主义》（原载于《斗争》1932 年第 30 期），中共党史研究室张闻天选集传记组编：《张闻天文集》第一卷，中共党史出版社 2012 年版，第 216 页。
② 夏衍：《懒寻旧梦录》（增补本），生活·读书·新知三联书店 2000 年版，第 144 页。

普列汉诺夫和卢那察尔斯基等苏俄马克思主义经典作家人物著作的译介来自
觉承担反对将马克思主义批评庸俗化的斗争任务后，针对中国革命文学一系
列实际问题的深入考量而形成的具有鲜明中国本土特色的马克思主义文学批
评模式。其批评内容涉及文学批评中诸多重大问题，如如何对待文化遗产、
如何对待不同思想的作家作品的论述，以及如何对待中国"革命文学"倡
导者在理论上的偏失等等。他的批评文章《帮忙文学与帮闲文学》《论"旧
形式"的采用》《拿来主义》《门外文谈》《漫骂》《骂杀与捧杀》《"彻底"
的底子》《辱骂和恐吓决不是战斗》等都是这种战斗的现实主义的名作。
对这种战斗的现实主义的内在精神，著名的马克思主义理论家艾思奇曾作过
深入的分析：

> 最重要的一个共同的内容，就在他的思想的时代和社会的使命
> 上。他的使命是一个真正的中国人所担负的使命。他生在这一个
> 国家，在这同一个现实里长大，他和中国的社会人物天天接触，磨
> 擦，他爱中国和中国人，因此也对中国和中国人的缺点深恶痛绝，
> 切望着他们的改善。他起来和这些缺点作战，不是一个单纯的战
> 士，而是民族的战士。作为思想家的他，就把这思想磨成了最适于
> 民族战斗的武器。①

> 这战斗的现实主义，同时也是鲁迅先生的思想方法。他很少谈
> 抽象的理论，却最善于分析事实，他甚至没入到最日常的琐事里。
> 他不用理论的公式去套住现实，却爱从事实中找出具体的活的理论。
> 自然，文艺是形象的现实反映，作为一个文艺作家，应该都有具体
> 地表现思想的能力，不是鲁迅先生所专长的。但他的专长并不在于
> 写出事实，而是能巧妙地暴露事实的矛盾。他善于出人意外地点出
> 事物的负面，因此在论战的时候，也最能用论敌所说的话，去打击
> 论敌自己的嘴巴，呈出一幅讽刺的、幽默的，然而却是真理的场面。
> 他没有有意地在讲辩证法，但事实上却有意无意地在随时应用。从

① 艾思奇：《民族的思想上的战士——鲁迅先生》，《艾思奇文集》第一卷，人民出版社 1981
年版，第 367 页。

来天才的思想家都常常要跳出形而上学方法的禁锢，而对于辩证法的发展多少贡献一些东西。这在鲁迅先生，情形也是一样的——他深化了民族的反抗思想，同时也就给世界的哲学增添了色彩。①

二、瞿秋白的政治—文学批评

这是一个主要依据对苏联"拉普"理论的诠释，将"唯物辩证的创作方法"与"客观的现实主义的文学"相联系，高度强调无产阶级文化领导权，将文艺大众化问题作为无产阶级文艺运动的中心问题，并在具体的文学批评实践中以阶级斗争理论为主，以创作是否描写了工农群众的生活为标准的社会学与政治学相结合的批评模式。运用这一批评模式，瞿秋白在《马克斯、恩格斯和文学上的现实主义》中将现实主义首先看作是一个"宇宙观"的问题，对"主观主义唯心论的文学"进行了严厉的批判，并对"莎士比亚化"和"席勒式"等马克思主义文艺理论重要概念赋予了全新的革命化的阐释；在《普洛大众文艺的现实问题》和《大众文艺的问题》中，他不仅批评了部分知识分子"站在大众之外，企图站在大众之上去教训大众"，也批评了"左联"时期的某些"革命作家"的"脸谱主义"弊端②；在《"自由人"的文化运动》中批判了"艺术至上"主义；在《文艺的自由与文学家的不自由》中就文艺与政治的关系问题同论敌展开了激烈的辩论；在《谈谈〈三人行〉》《〈子夜〉和国货年》《鲁迅杂感选集·序言》中则高度强调了现实主义创作原则的重要性。他对革命文艺阵营与反革命文艺阵营的划分③，对

---

① 艾思奇：《民族的思想上的战士——鲁迅先生》，《艾思奇文集》第一卷，人民出版社 1981 年版，第 372 页。

② 比如写"反革命"，就"一定是只野兽，只要升官发财，只要吃鸦片讨小老婆；而革命的一定是圣贤，刻苦，坚决等等"。瞿秋白批评说："生活不这么简单！工人，劳动群众所碰见的敌人，友人，同盟者，动摇的'学生先生'，也不是这样纸剪成的死花样，而是活人。工人农民自己也是活人！反革命的人，一样会有自己的理想，自己的道德。"——瞿秋白：《普洛大众文艺的现实问题》，《瞿秋白文集》（文学编·第一卷），人民文学出版社 1985 年版，第 479 页。

③ 比如瞿秋白曾这样判定中国文坛对西方现代文艺思潮的借鉴："绅商的'智识阶级'既然自命为'智识阶级'，那自然是比平民高出一等的人物了。所以他们除诗古文词四六电报

蒋光慈的"革命的浪漫谛克"观念和"革命加恋爱"文学的尖锐批判，以及推出鲁迅作为中国革命现实主义的典范，等等，都是这一批评模式的具体体现，其中关于五四传统、大众化、文化革命的理论与实践，几乎全部为毛泽东所接受。

三、茅盾的社会—历史批评

这是一种通过吸收"新写实主义"概念和"唯物辩证法创作方法"①，扬弃泰纳的社会学批评②，以"表现人生指导人生"为文学观念准则，通过抓取作者的精神状态并且在由这一状态所支撑的文本中去发现作品与社会问题之内在联系的批评模式。在从原来的批判现实主义推进到革命现实主义的进程中，深厚的政治意识和社会学家情怀使得茅盾的文学批评往往由对作家或作品中的人的情欲、道德、情感、思想的思考进至对社会结构的思考并关注社会重大矛盾。在复杂而多样化的文学现象中，抽离出一种理性的逻辑认知秩序，并以社会学家的气魄揭示其间的"时代性"思想内涵是茅盾的社会历史批评的重要特色。③ 构成茅盾批评活动中的理论支柱

之外，造出了一种新文言的'深奥而高妙'的新文艺。什么表现主义，后期印象主义……一直到'魔道主义'，样样都有；他们是要'找寻刺激'，他们是要模仿没落颓废的或者发狂的吃人的帝国主义资产阶级的艺术。"——瞿秋白：《"五四"和新的文化革命》（原载于《北斗》1932年第2卷第2期），《瞿秋白文集》（文学编·第三卷），人民文学出版社1989年版，第27—28页。

① 比如，1929年茅盾在《读〈倪焕之〉》（原载于《文学周报》1929年第8卷第20号）一文中关于"时代性"的阐述就已经开始了对"新写实主义"概念的接受。1931年，他的《中国苏维埃革命与普罗文学之建设》（原载于《文学导报》1931年第1卷第8期）一文则可看到"唯物辩证法创作方法"的明显影响。

② 茅盾曾指出："泰纳在他的艺术哲学和英国文学史的叙言中以为文艺产生的三个因素是种族、环境和时机。这在一八六四年当时诚然不失为惊人的议论，可是自从马克思主义文艺理论发展以后，泰纳这理论早已被驳得体无完肤。"——茅盾：《"民族主义文艺"的现形》，《茅盾全集》（第十九卷·中国文论二集），人民文学出版社1991年版，第251页。

③ "左联"成立前一年，茅盾就在《读〈倪焕之〉》一文中详细地阐述了时代性理论与文学创作的关系。他说："所谓时代性，我以为，在表现了时代空气而外，还应该有两个要义：一是时代给与人们以怎样的影响，二是人们的集团的活力又怎样地将时代推进了新

是他一以贯之坚守的客观现实主义，而他蜚声批评界的"作家论"体式之内在构成则是时代、作家、作品三要素。其中，时代起决定作用，作品所显示的政治立场与时代之间又具有密切关系，并共同制约了作品的思想倾向。作家思想进步与否，以及作品成就的高低，正取决于这三者内在联结而产生的艺术综合效果，这正是茅盾的社会历史批评的"着眼点"和着力处。像他的《徐志摩论》就是贯穿上述三要素对徐志摩的《志摩的诗》《翡冷翠的一夜》《猛虎集》三部诗集以时代需求→作家立场→作品倾向的这样的基本批评理路展开的。他的《庐隐论》《冰心论》《女作家丁玲》等都把作家看作时代的产儿，在时代、社会的变动与作家思想倾向、政治立场的坐标轴上去绘制作家的精神肖像，去描述和归纳作家的创作特征，去挖掘其中隐藏着的整个中国社会的现实。也正是秉持着这样的批评理念，茅盾高度强调作家具备社会分析能力的必要性和重要性，并在创作中自觉运用社会科学分析方法。① 他对创造社、太阳社全盘否定五四文学传统的批评②，在华汉（阳翰笙）的小说《地泉》三部曲重版作序中对"革命的罗曼蒂克"的清算，等等，也都是其社会历史批评中强烈的"历史意识"和"时代意识"，以及坚持现实主义精神去"凝视现实""揭露现实"的文艺思想的

方向，换言之，即是怎样地催促历史进入了必然的新时代，再换一句说，即是怎样地由于人们的集团的活动而及早实现了历史的必然。"——茅盾：《读〈倪焕之〉》（原载于《文学周报》1929 年第 8 卷第 20 号），《茅盾全集》（第十九卷·中国文论二集），人民文学出版社 1991 年版，第 209—210 页。

① 比如 1932 年他曾说："一个做小说的人不但须有广博的生活经验，亦必须有一个训练过的头脑能够分析那复杂的社会现象；尤其是我们这转变中的社会，非得认真研究过社会科学的人每每不能把它分析得正确。而社会对于我们的作家的迫切要求，也就是那社会现象的正确而有为的反映！"——茅盾：《我的回顾》（本篇最初作为"代序"刊载于 1933 年 4 月上海天马书店出版的《茅盾自选集》），《茅盾全集》（第十九卷·中国文论二集），人民文学出版社 1991 年版，第 406 页。他甚至说："生活经验的限制，使我不能不这样在构思过程中老是先从一个社会科学的命题开始。"——茅盾：《我怎样写〈春蚕〉》（原载于《青年知识》1945 年第 1 卷第 3 期和同年 11 月《文萃》第 8 期），《茅盾全集》（第二十三卷·中国文论六集），人民文学出版社 1996 年版，第 215 页。

② "左联"成立后不久，茅盾便在"左联"的理论机关刊物《文学导报》(1931 年第 1 卷第 5 期)上发表了《"五四"运动的检讨》一文。在这篇副标题为"马克思主义文艺理论研究会报告"的文章中，茅盾对五四运动作了全新的思考并批评创造社、太阳社对五四新文学传统的全面否定。

直接或间接的体现。茅盾的社会历史批评对于及时发现文学新人（如沙汀、吴组缃、萧红、臧克家、田间、姚雪垠、碧野等大批 20 世纪三四十年代成长的作家都得到过茅盾的支持和鼓励），从理论上总结现实主义文学创作经验，指明中国文学创作方向，都起到了很好的作用。

四、钱杏邨的"新写实主义"批评

这是一个几乎全盘接受藏原惟人新写实主义文艺原则和照搬马列主义阶级斗争学说[①]，从革命功利主义的立场阐释无产阶级文学的性质、目的、纲领、任务并将之付诸文学批评实践的批评模式。这一批评的基本理念就是要求作家运用唯物辩证法的世界观来认识世界，观察世界，表现世界，因而，思想的正确性成为文学创作的首要条件。换言之，无产阶级作家必须首先具有明确的阶级观，如藏原惟人所说，"所谓获得明确的阶级的观点者，毕竟不外是站在战斗的普罗列塔利亚的立场。……普罗列塔利亚作家，只有获得而高调这种观点，才能成为真正的写实主义者"[②]。

---

① 关于前一点，可见胡秋原的相关批评。胡秋原在《钱杏邨理论之清算与民族文学理论之批评——马克思主义文艺理论之拥护》一文中批评钱杏邨"不懂柏林斯基朴列汗诺夫关于艺术的第一个基本命题——所谓'艺术是藉形象而思索'的科学美学之第一课"，他的"文艺目的意识论"抄袭了藏原惟人和青野季吉的错误理论，"是以关于文艺的文字堆集起来的单纯政治理论"，"将这'目的意识'应用到艺术作品上，遂成为'政治暴露'及'进军喇叭'之理论，遂至抹杀艺术之条件及其机能，事实上达到艺术之否定。……'目的意识'者，就是作品上露骨的政治口号乃至政论底结论之意，极模糊的政治理论之机械底适用之意。总而言之，这目的意识论不过是列宁之政治理论在文艺上之机械底适用"。——胡秋原：《钱杏邨理论之清算与民族文学理论之批评——马克思主义文艺理论之拥护》，吉明学、孙露茜编：《三十年代"文艺自由论辩"资料》，上海文艺出版社 1990 年版，第 44—45 页。关于后一点，可参看钱杏邨在《安德烈夫与阿尔志跋绥夫倾向的克服》中所援引的列宁《党的出版物与党的文学》的论述："不属于集团的文学者滚开吧！文学者的超人走开吧！文学的工作，不可不为全部普罗列塔利亚的任务的一部分。不可不是由普罗列塔利亚的阶级的意识的前卫所运转着的，单一而伟大的社会民主主义这机械组织的一个齿轮，一个螺旋。文学的工作非为组织的，计划的，统一的社会民主党的活动的一个构成部分不可。"——钱杏邨：《安德烈夫与阿尔志跋绥夫倾向的克服》，《阿英全集》第一卷，安徽教育出版社 2003 年版，第 466 页。

② ［日］藏原惟人：《到新写实主义之路》，林伯修译，《太阳月刊》1928 年 7 月停刊号。

在钱杏邨的批评理论体系中，首先，世界观与文学创作之间被理解为决定与被决定的关系，即"普罗列塔利亚作家必然的要先有坚强的意识，然后才会有良好的创作产生出来。所以，普罗列塔利亚作家，他必然的要用普罗列塔利亚的眼光去看世界，去感世界；同时，要用全体的并客观的方法，把这个世界描写出来"①。其次，文学作品的内容等同于作家的观念形态或思想倾向。如钱杏邨认为："普罗列塔利亚文学之所谓内容，不仅是所谓'事实的题材'，同时也包含了题材所代表的倾向（也可以说是作品所内含的思想）——作家的观点形态等等而言。"② 再次，文艺的基本功能被理解为"宣传"和"煽动"："普罗列塔利亚文学运动必然是和它的政治运动相联系着的，在这种情形之下，文学的形式是不可避免的要接近口号标语，而且常常的是从'标语口号'的形式里收到了煽动的效果。"③ 革命口号式的标语文学也应给予高度评价："这种文学（按指标语口号式的文学），虽然在各方面都很幼稚，但有时他是足以鼓动大众的。卢那察尔斯基说，'能够将复杂的，尊贵的社会的内容，用了使千百万人也都感动的强有力的艺术的单纯，表现出来的作家，愿于他有光荣罢。即使靠了比较的单纯的比较的初步的内容也好，能够使这几百万的大众感动的作家，愿于他有光荣罢。对这样的作家，马克思主义批评家应该非常之高地评价。'（《关于科学的文艺批评之任务的提要》）为布尔乔亚侮蔑着的'口号标语文学'，在一方面，我们不能不承认他的幼稚，在另一方面，我们是不得不予以相当的估价的。"④上述观念也体现在批评实践中，如鲁迅、茅盾等对"口号标语文学"的批评被看作是"中国的布尔乔亚的作家"对"普罗列塔利亚文坛"的"恶意的嘲笑"。正基于这样的批评理念，钱杏邨对五四运动以来的十年文艺思潮进行了革命化的、简单化的分期（分为五四运动时期、五卅运动时期以

---

① 钱杏邨：《中国新兴文学中的几个具体的问题》，《阿英全集》第一卷，安徽教育出版社2003 年版，第 454 页。

② 钱杏邨：《中国新兴文学中的几个具体的问题》，《阿英全集》第一卷，安徽教育出版社2003 年版，第 456 页。

③ 钱杏邨：《中国新兴文学中的几个具体的问题》，《阿英全集》第一卷，安徽教育出版社2003 年版，第 440 页。

④ 钱杏邨：《中国新兴文学中的几个具体的问题》，《阿英全集》第一卷，安徽教育出版社，2003 年版，第 441 页。

及五卅运动以后工人阶级力量显现时期三个时期），并在其《现代中国文学作家》批评论集中对鲁迅、茅盾、叶圣陶等人的文学创作进行了全面的否定和批判。结果大批五四新文学作品在他的批评理念下只能属于"死去了的阿Q时代"的无价值创作。

五、胡风的主客化合论批评

作为在左翼文学的关怀下成长起来的批评家，胡风不像瞿秋白、冯雪峰、成仿吾等人那样特别看重文学研究中的阶级分析方法，也不像茅盾那样在"时代意识"中"凝视现实"和"揭露现实"，通过作家的思想倾向或题材的选择去寻绎其中所敞现的社会现实，而是在深刻体认五四以来的新文学实践、师承以鲁迅为代表的新文学现实主义传统的基础上，通过广泛吸取苏俄现实主义与革命浪漫主义的感性经验和理论精髓（如托尔斯泰的现实主义文艺思想，以及苏联无产阶级作家高尔基、法捷耶夫等人的创作经验），吸收西方马克思主义理论家卢卡奇对主体性和真实观的强调以及对世界观与创作方法的辩证支撑等文艺思想，逐步摆脱了苏俄"拉普"和日本"纳普"文艺思想的束缚，而建立起自己的批评理论体系。胡风的主客观化合论批评模式，"在思想主题上，坚持改造国民性的思想，提出深入描写人民'几千年精神奴役创伤'"，"在创作原则上，坚持直面人生、正视黑暗，反对题材决定论"，"在创作态度上，提倡鲁迅式'心'与'力'的结合，发扬'主观战斗精神'"，①其中所体现出的对生命伦理意识的关怀和对作家艺术人格的重视，以及对艺术创作活动中主客体相生相克的矛盾肉搏过程的高度强调，都达到了"左联"时期及以后相当长一段时期内中国化的马克思主义文艺理论所不曾达到的理论高度。胡风的主客化合论批评一方面强调批评家首先要在生活实践上具有和时代的脉搏合拍的感应能力，另一方面更强调批评家应当从自身的主体认知出发，主动地接近作家的精神世界，接近生活的本质，从而通过作家作品的评论而达到精神的彼岸。正是基于这种批评理念，胡风在《目前为什么没有伟大的作品产生》中针对 20 世纪 30 年代左翼文坛的创作

---

① 艾晓明：《中国左翼文学思潮探源》，湖南文艺出版社 1991 年版，第 15 页。

实际，尤其是当时文学创作中的"客观主义""公式主义""艺术至上主义"等弊病进行了理性的剖析；在《林语堂论》和《张天翼论》中用"作家论"方式切入作家创作生活的发展轨迹及其艺术个性的形成，着力剖析的是作家的人生态度、人格素质和生活态度；对欧阳山的《新客》、禾金的《副型忧郁症》、奚如的《两个不同的情感》、艾芜的《南国之夜》等作品中所呈现出的主题概念化、创作热情主观化则不失时机地加以批评与点拨。可以说，对作家创作个性与创造精神的珍视，对文学批评是否"现出了能动地在社会性格里面照明或追求真实的人生样相的热情"① 的看重，是"左联"时期胡风主客化合论文学批评的一个重要特征。

　　总的来说，通过对马克思主义文艺理论的译介、传播和艰苦的中国化探索，"左联"在极端白色恐怖条件下以自己的努力不断获得文艺现场的存在感和介入感，形成了声势浩大的左翼文艺运动，影响甚至左右了后来中国文艺发展的基本方向，其历史地位毋庸置疑。但它的马克思主义文艺理论中国化的探索也留下一些缺憾，主要是：（1）对马克思主义文艺理论的译介、传播，"左联"急于将其从"知识传播"的层面推到革命文学理论指导思想的地位，缺少相应的过滤和必要的吸收与消化。（2）对马克思主义文学批评的理论探讨与实践运用，往往陷入两个误区：其一是以实践操作代替前提反思，即常常局限于意识形态、历史条件和文化传统，撇开对马克思主义文艺思想前提的反思，简单地把是否适用于本土文学现实和批评实践作为唯一的评判标准；其二是用政党意志和革命意识规范文学批评的进程和格局，进行政党框架内的组织化、体制化。（3）马克思主义文艺理论知识谱系建构中的工具主义倾向。即其理论谱系的梳理，常常基于革命文学的现实需要去建立某些知识法规（如将马克思主义文艺理论知识夹杂在大量的决议、宣言、纲领、报告、组织书中），用以指示、选择、排斥其他的理论或批评的知识形态，使得其文艺理论与批评在谱系的梳理和知识质态的构成上充满工具主义的倾向。（4）在文艺大众化实践中缺乏对高于实践的理性逻辑的深度思考，即只求理论趋同于现实，对文艺大众化的现实活动本身也须努力上升为某种理论的考量甚少，将马克思主义文艺理论俗化为一般认知的弊端非常明显。

---

① 胡风：《〈南国之夜〉》，《胡风评论集》（上），人民文学出版社 1984 年版，第 149 页。

总的来看，在对"中国化"的认识和实践上，一定程度上还存在着在本体论上将中国文艺理论完全马克思主义化（而非马克思主义文艺理论的中国化），在认识论上将理论认识教义化（突出表现为将共产国际的有关决议和苏联革命文学的经验神圣化），在方法论上将理论斗争绝对化等弊端，对于马克思主义文艺理论的真理与伦理、历史尺度与价值尺度的内在有机统一特征认识不充分，对于如何处理批评的自律与制度权威的干预、个体批评与制度批评、文学批评的自主化与文学批评的社会化之间的辩证关系，以及对于如何从内容和形式、实践形态和理论形态、政治过程和文化过程相统一的角度建构马克思主义文学批评的中国形态还缺乏清醒的认知，这在一定程度上给后来中国文艺理论的发展带去了负面影响，也给当下中国文艺理论界进一步探讨马克思主义文艺理论的中国化问题提供了反思的基础。

第三章　鲁迅与马克思主义文学批评中国形态的建设

在生前与逝后所获得的巨大赞誉批评中，中国现代文学中无有超出鲁迅者。毛泽东认为在鲁迅的身上"形成了一种伟大的'鲁迅精神'"，① 称赞他是"中国的第一等圣人"和"空前的民族英雄"，并宣称"鲁迅的方向，就是中华民族新文化的方向"。② 在郭沫若眼中，鲁迅的创作是革命的现实主义和革命的浪漫主义相结合的典范。③ 在周扬眼中，他是"中国革命的文学之开辟者、导师

---

① 《毛泽东文集》第二卷，人民出版社1993年版，第44页。

② 毛泽东说："在'五四'以后，中国产生了完全崭新的文化生力军，这就是中国共产党人所领导的共产主义的文化思想，即共产主义的宇宙观和社会革命论。……二十年来，这个文化新军的锋芒所向，从思想到形式（文字等），无不起了极大的革命。其声势之浩大，威力之猛烈，简直是所向无敌的。其动员之广大，超过中国任何历史时代。而鲁迅，就是这个文化新军的最伟大和最英勇的旗手。鲁迅是中国文化革命的主将，他不但是伟大的文学家，而且是伟大的思想家和伟大的革命家。鲁迅的骨头是最硬的，他没有丝毫的奴颜和媚骨，这是殖民地半殖民地人民最可宝贵的性格。鲁迅是在文化战线上，代表全民族的大多数，向着敌人冲锋陷阵的最正确、最勇敢、最坚决、最忠实、最热忱的空前的民族英雄。鲁迅的方向，就是中华民族新文化的方向。"——毛泽东：《新民主主义论》，《毛泽东选集》第二卷，人民出版社1991年版，第697—698页。

③ 郭沫若说："他是压抑着他的极高度的热情，而不使它流露在表面。他的冷是可以炙手的冷，是'横眉冷对千夫指'的冷。他那样坚韧的斗士是绝对不会没有极高度的热情的。因此，鲁迅诚然是一位现实主义的伟大作家，但未尝没有浓厚的浪漫主义的成分，甚至于可以说是一半对一半吧。"——郭沫若：《浪漫主义和现实主义》（原载于《红旗》1958年第3期），郭沫若著作编辑出版委员会编：《郭沫若全集》（文学编·第十七卷），人民文学出版社1989年版，第6—7页。

和领袖"。① 在冯雪峰眼中，鲁迅是"中国革命的知识分子的代表""中国战斗的知识青年和文艺青年的马首"和中国现代的文学者"自己的战斗的目标和旗帜"。② 在这些决定或左右着中国现代革命文学主流及其发展的人物对鲁迅的赞誉背后，还有不常为正史所言及的另一面。以毛泽东为例，美国历史学家 R. 麦克法夸尔曾指出："虽然毛泽东事实上在此前非常推崇鲁迅，说他是一位'空前的民族英雄'，但他的延安文艺讲话却批驳了鲁迅所主张的东西。鲁迅曾经倡导西方的文学体裁和思想，但毛泽东却敦促作家们返回到自己传统的民间风格中来。鲁迅的作品暴露了社会的阴暗面，在其中群众以及精英都因冷漠、落后和不公正而受到讥讽，毛泽东却呼吁应该有为党的目标服务的和歌颂群众的文艺。作家不再能按照现实的实际情况或按照个人之所见来批评现实；他们应该按照现实可能的情况和党与毛泽东所见到的情况来描叙现实。"③ 在郭沫若署名为杜荃的文章《文艺战线上的封建余孽》中，鲁迅这个"封建余孽"是"二重性的反革命的人物"和"不得志的 Fascist（法西斯蒂）"。④ 郭沫若的《"眼中钉"》《创造十年·发端》等文章也是对鲁迅冷嘲热讽极尽，并极力为后期创造社对鲁迅的批判作辩护说："他们的批判对象是文化的整体，所批判的鲁迅先生是以前的'鲁迅'所代表，乃至所认为代表着的文化的一个部门，或一部分的社会意识"，而"决不是对于'鲁迅'这一个人的攻击"。⑤ 这种极端的反复甚至延续到新中国成立后郭沫若对早已逝去的鲁迅的"人事安排"上。⑥ 冯

---

① 周扬：《一个伟大的民主主义现实主义者的路——纪念鲁迅逝世二周年》（原载于《时论丛刊》1939 年第 1 辑），《周扬文集》第一卷，人民文学出版社 1984 年版，第 290 页。

② 冯雪峰：《鲁迅与中国民族及文学上的鲁迅主义——一九三七年十月十九日在上海鲁迅逝世周年纪念会上的讲话》，《冯雪峰论文集》（上），人民文学出版社 1981 年版，第 135—139 页。

③ ［美］R. 麦克法夸尔、费正清编：《剑桥中华人民共和国史——革命的中国的兴起 1949—1965》，谢亮生等译，中国社会科学出版社 1990 年版，第 240 页。

④ 郭沫若：《文艺战线上的封建余孽》，北京师范学院中文系鲁迅书信注释组编：《"围剿"鲁迅资料选编 1927—1936》，北京师范学院中文系鲁迅书信注释组 1977 年版，第 36 页。

⑤ 郭沫若：《"眼中钉"》（原载于《拓荒者》1930 年第 1 卷第 4、5 期合刊），郭沫若著作编辑出版委员会编：《郭沫若全集》（文学编·第十六卷），人民文学出版社 1989 年版，第 118 页。

⑥ 据牛汉回忆："记得解放后不久，《人民日报》收到一位读者来信，问假如鲁迅活着的话，党对他怎么安排？编辑部不好回答，把信转给当时的文委主任郭沫若。我看到过郭回的信。郭沫若说，鲁迅如果活着，也要看他的表现，再分配适当的工作。"——参见林贤治等：《人间鲁迅》，《读书》1998 年第 9 期。

雪峰亦曾将鲁迅定为所谓"同路人"，说他"在艺术上是一个冷酷的感伤主义者"，在政治上"常以'不胜辽远'似的眼光对无产阶级"，"在批评上，对于无产阶级只是一个在旁边的说话者"。①相比郭沫若，曾被鲁迅斥为"元帅""工头""奴隶总管"的周扬反倒在《一个伟大的民主主义现实主义者的路》（1939 年）和《精神界之战士》（1941 年）中通过扎实的研究对鲁迅的彻底的民主主义、严峻的现实主义和对于人民的深挚的爱给予了高度的赞扬和宣传。不过，这种赞扬和宣传的动力多少源于周扬在延安时期主动配合毛泽东的中国文化构想和典范树立策略，明眼人仍然不免会腹诽。费正清曾把周、鲁分歧看作是"文学的政治委员与有创造力的作家之间观点上的基本分歧"②，还有论者将郭、鲁分歧看作是后期创造社对文学话语权力的争夺，更有冯雪峰本人解释其因受翻译苏联《文艺政策》所不免的"左"倾影响而造成对鲁迅的误解③，诸如此类的立论角度固然能不同程度揭示鲁迅思想的复杂性，但在本章的论题中，合理化的深层解析则必须回到这些基本问题上：鲁迅与马克思主义是什么关系？鲁迅是个什么主义者？到底

①　冯雪峰：《革命与知识阶级》（原载于《无轨列车》1928 年第 2 期），《雪峰文集》第二卷，人民文学出版社 1983 年版，第 291 页。

②　他说："鲁迅和茅盾坚持革命作家应有创作自由，而周扬则把它看作'一个危险的假象'。因此，隐藏在他们互相抵触的口号后面的，是文学的政治委员与有创造力的作家之间观点上的基本分歧。对周扬这个出类拔萃的文学政治委员来说，中共的统一战线政策是凌驾于包括艺术创造在内的其他一切事情之上的。作为作家，鲁迅和茅盾更加看重为革命目标而写创造性的作品；他们坚定地相信，有良心的艺术家不应当放弃他们的人格完整，或失去他们的创作特权。他们对一个自封为党的代言人强制推行这种新的'党性'深感怨恨。周扬的所作所为尤其令鲁迅生厌，因为周不是致力于进一步巩固左联，而是将其解散，并命令坚定的左翼作家向右转！"——［美］费正清、费维恺编：《剑桥中华民国史 1912—1949 年》（下），刘敬坤等译，中国社会科学出版社 1994 年版，第 503 页。

③　冯雪峰在 20 世纪 50 年代初写的《回忆鲁迅》一文中曾反思过苏俄文艺论战对中国革命文学运动的复杂影响。他说："我翻译过苏联的《文艺政策》，我很受这本书的影响。举例说，其中有对于宗派主义的正确的批评，因此我就有根据，敢于指出那时创造社的相类似的宗派主义的存在，这是我受的好的影响。但其中也收录了讨论文艺政策的会议的发言记录，在发言记录中就有几个机械论者和机会主义者的不少言论，我也同样受了影响了，例如我也机械地把鲁迅先生派定为所谓'同路人'，就是受的当时苏联几个机械论者的理论的影响。"——冯雪峰：《回忆鲁迅》（1952 年 8 月由人民文学出版社初版），《雪峰文集》第四卷，人民文学出版社 1985 年版，第 131 页。

是民权主义者、社会主义者还是民族主义者？中国主流意识形态相当长一段时间内将中共与鲁迅的关系定位于"同路人"关系，这意味着什么？他对"革命文学家"所持有的一种既亲和又厌恶的矛盾态度、与后期"左联"领导人的尖锐冲突、对"左联"那些充满了"客气"的权谋的至深厌恶，以及他对自己就是一个"普罗列塔里亚作家"的公开否认，等等，又如何让我们认识其在马克思主义文艺理论中国化进程中到底扮演着什么样的角色？国外有不少学者对于鲁迅的思想及其与马克思主义的关系曾提出这样或那样的质疑性的看法，如美国学者余英时认为鲁迅只具有批判性，不具有建设性，如日本学者丸山升则认为鲁迅"对于马克思主义，不是将自己整个投入其中，也不是相反地全部拒绝"[1]。所有这些疑问，都需要我们回到鲁迅对马克思主义文论的译介、吸收，回到他同各种非马克思主义的论战，回到他结合中国文学现实的需要不断创新地构建自己的批评理念的总体发展过程中，才能真正看出他对马克思主义文学批评的中国形态的巨大贡献。

第一节　鲁迅对马克思主义文艺理论的译介和吸收

　　纵观鲁迅一生丰富多彩的译介工作，从具体的文学作品到经典理论的翻译，都始终与马克思主义文学理论与批评的中国化建设有着内在的血脉联系。"我从别国里窃得火来，本意却在煮自己的肉的，以为倘能味道较好，庶几在咬嚼者那一面也得到较多的好处，我也不枉费了身躯"[2]，这种译介工作中的自我献身精神本身就是同马克思主义的深刻的人文关怀内在相通的。

---

① [日]丸山升：《"革命文学论战"中的鲁迅》，《鲁迅·革命·历史——丸山升现代中国文学论集》，王俊文译，北京大学出版社2005年版，第44页。

② 鲁迅：《二心集·"硬译"与"文学的阶级性"》，《鲁迅全集》第四卷，人民文学出版社1973年版，第221页。

一、鲁迅文学翻译中的马克思主义精神

从翻译内容看，鲁迅在其真正接受马克思主义之前就十分注重对那些反映弱小民族劳苦大众命运的文学作品的译介，注重其对中国读者的启蒙作用。如1908年至1909年间，鲁迅和周作人一起译出以欧洲被压迫民族的进步作品为主的《域外小说集》，其用意就是要译介欧洲那些被压迫民族充满反抗精神的进步作品给中国读者，使其从中受到启发、教育，培养其同黑暗势力作斗争的勇气与精神。早在《新青年》时期，他就热烈地称颂苏俄的革命精神说："他们因为所信的主义，牺牲了别的一切，用骨肉碰钝了锋刃，血液浇灭了烟焰。在刀光火色衰微中，看出一种薄明的天色，便是新世纪的曙光。"① 他明确交代自己译介爱罗先珂的作品，"不过要传播被虐待者的苦痛的呼声和激发国人对于强权者的憎恶和愤怒而已，并不是从什么'艺术之宫'里伸出手来，拔了海外的奇花瑶草，来移植在华国的艺苑"②。关于这些作品对自己的创作影响，他也坦承："后来我看到一些外国的小说，尤其是俄国，波兰和巴尔干诸小国的，才明白了世界上也有这许多和我们的劳苦大众同一运命的人，而有些作家正在为此而呼号，而战斗。而历来所见的农村之类的景况，也更加分明地再现于我的眼前。偶然得到一个可写文章的机会，我便将所谓上流社会的堕落和下层社会的不幸，陆续用短篇小说的形式发表出来了。"③

从翻译的主导精神看，鲁迅非常注重现实主义文学精神的阐扬。比如，1920年，他通过分析认为，俄国作家阿尔志跋绥夫的著作"是厌世的，主我的；而且每每带着肉的气息"，可是他属于"写实派"，其表现的深刻，"却算达了极致"④。他认为俄国作家安特来夫的创作"都含着严肃的现实性以及

① 鲁迅：《热风·随感录五十九"圣武"》，《鲁迅全集》第二卷，人民文学出版社1973年版，第76页。
② 鲁迅：《坟·杂忆》，《鲁迅全集》第一卷，人民文学出版社1973年版，第208页。
③ 鲁迅：《集外集拾遗·英译本〈短篇小说选集〉自序》，《鲁迅全集》第七卷，人民文学出版社1973年版，第818—819页。
④ 鲁迅：《现代小说译丛·〈幸福〉译者附记》，《鲁迅全集》第十一卷，人民文学出版社1973年版，第312页。

深刻和纤细，使象征印象主义与写实主义相调和。俄国作家中，没有一个人能够如他的创作一般，消融了内面世界与外面表现之差，而现出灵肉一致的境地。他的著作是虽然很有象征印象气息，而仍然不失其现实性的"[1]。作为鲁迅最喜爱的作家之一，"果戈理几乎可以说是俄国写实派的开山祖师"[2]。在《〈死魂灵百图〉小引》一文中，鲁迅对果戈理的《死魂灵》的高超写实技巧给予了高度赞扬，认为"其中的许多人物，到现在还很有生气，使我们不同国度，不同时代的读者，也觉得仿佛写着自己的周围，不得不叹服他伟大的写实的本领"[3]。即使无法忍受陀思妥耶夫斯基笔下的下层人物身上那种一味的逆来顺受的"忍从"，但鲁迅仍然对陀思妥耶夫斯基关于自己写实主义创作基调的自评与自述给予了肯定，还称陀思妥耶夫斯基为"灵魂的深者"[4]。这种对现实主义文学精神的坚守可以从他的文学创作中看得非常明显。他的小说集《呐喊》《彷徨》和散文诗集《野草》等虽然也受到浪漫主义和现代主义思潮的影响，但主要还是用现实主义方法创作的。这种坚守即使到了他后期对普罗列塔利亚艺术的宣传中亦不曾改变。比如 20 世纪 30 年代初，有上海画家受西方现代派美术的影响，将工人画成斜视眼，拳头比脑袋还要大，鲁迅就批评说："我以为画普罗列塔利亚应该是写实的，照工人原来的面貌，并不须画得拳头比脑袋还要大。"[5]

---

[1] 鲁迅：《现代小说译丛·〈黯澹的烟霭里〉译者附记》，《鲁迅全集》第十一卷，人民文学出版社 1973 年版，第 259 页。

[2] 鲁迅：《译丛补·〈鼻子〉译者附记》，《鲁迅全集》第十六卷，人民文学出版社 1973 年版，第 696 页。

[3] 鲁迅：《且介亭杂文二集·〈死魂灵百图〉小引》，《鲁迅全集》第六卷，人民文学出版社 1973 年版，第 436 页。

[4] 陀思妥耶夫斯基评价自己"以完全的写实主义在人中间发见人。……人称我为心理学家。这不得当。我但是在高的意义上的写实主义者，即我是将人的灵魂的深，显示于人的"。鲁迅称其为"灵魂的深者"，认为"显示灵魂的深者，每要被人看作心理学家；尤其是陀思妥耶夫斯基那样的作者。……又因为显示着灵魂的深，所以一读那作品，便令人发生精神的变化。灵魂的深处并不平安，敢于正视的本来就不多，更何况写出？因此有些柔软无力的读者，便往往将他只看作'残酷的天才'"。——参见鲁迅：《集外集·〈穷人〉小引》，《鲁迅全集》第七卷，人民文学出版社 1973 年版，第 460—461 页。

[5] 鲁迅：《二心集·上海文艺之一瞥》，《鲁迅全集》第四卷，人民文学出版社 1973 年版，第 279 页。

从后期译介倾向上看，鲁迅高度重视无产阶级革命文学及文艺理论的指导作用。他不仅给予《毁灭》《铁流》等典范无产阶级文学作品以崇高评价，还翻译了《竖琴》和《一天的工作》等苏联小说集，用译编工作直观地告诉中国读者"同路人"作家和无产阶级作家的区别。他亲自为曹靖华翻译的高尔基的短篇特写《一月九日》撰写《小引》，并特别指出："无祖国的文学也并无彼此之分，我们当然可以先来借看一些输入的先进的范本。这小本子虽然只是一个短篇，但以作者的伟大，译者的诚实，就正是这一种范本。"①鲁迅对无产阶级伟大作家高尔基的高度推崇还可从一例中见出。1933 年，邹韬奋根据美国康恩所著《高尔基和他的俄国》一书改编成《革命文豪高尔基》，鲁迅于同年 5 月 9 日写信给邹韬奋说："今天在《生活》周刊广告上，知道先生已做成《高尔基》，这实在是给中国青年的很好的赠品。我以为如果能有插图，就更加有趣味。我有一本《高尔基画像集》，从他壮年至老年的像都有，也有漫画。倘要用，我可以奉借制版。制定后，用的是那几张，我可以将作者的姓名译出来。"②

为适应 1928 年前后关于无产阶级革命文学论争的需要，鲁迅阅读了大量马克思主义的文艺理论著作，并翻译了不少苏联的文艺论著如普列汉诺夫的《艺术论》、卢那察尔斯基的《艺术论》和《文艺与批评》，以及介绍苏联 20 年代文艺论争和文艺政策的《文艺政策》，这些译著后来成为"左联"颁发的《文艺理论提纲》的重要参考书目。③对于译介这些马克思主义文艺理论著作的作用，鲁迅也有着清醒的认识。比如他在《文艺政策》"译后记"中，

---

① 鲁迅：《集外集拾遗·译本高尔基"一月九日"小引》，《鲁迅全集》第七卷，人民文学出版社 1973 年版，第 825 页。
② 据邵公文说，邹韬奋第二天就复信感谢。鲁迅先生亲自拿了这本画像集来到环龙路（现南昌路）环龙别业《生活》周刊社，把画像集借给韬奋。这事鲁迅日记里没有记载，是邵氏本人亲眼看到他同韬奋会面的。——参见邵公文：《鲁迅与〈革命文豪高尔基〉》，《读书》1983 年第 11 期。
③ 据白曙回忆，"'左联'还发过《文艺理论提纲》，这个《提纲》分章分节，订得很细致，每章都列出一些参考书，如鲁迅译的《艺术论》《文艺与批评》《文艺政策》；沈端先（夏衍）译的《新兴文学论》，画室（冯雪峰）、华蒂（叶以群）诸人译的文艺理论等都作为讨论根据"。——白曙：《难忘的往事——关于"左联"反法西斯斗争及其它的片断回忆》，中国社会科学院文学研究所《左联回忆录》编辑组编：《左联回忆录》（上），中国社会科学出版社 1982 年版，第 280 页。

就明确指出，"劳动阶级文学的大本营的俄国的文学的理论和实际，于现在的中国，恐怕是不为无益的"，之所以要将这本译书献给"无产文学批评家"，是"因为他们是有不贪'爽快'，耐苦来研究这种理论的义务的"。①

二、鲁迅的马克思主义文艺理论译介及其特点

鲁迅对经典马克思主义文艺理论的译介、宣传和运用，决不是糊里糊涂地照搬，而有其鲜明的特点：

首先，注重在中国文学与革命现实相结合的过程中进行创新性发挥。比如，1933 年前后文坛关于题材的积极性问题讨论甚为热烈。鲁迅在《关于翻译》一文中整段引用了恩格斯的话：

> 在今日似的条件之下，小说是大抵对于布尔乔亚层的读者的，所以，由我看来，只要正直地叙述出现实的相互关系，毁坏了罩在那上面的作伪的幻影，使布尔乔亚世界的乐观主义动摇，使对于现存秩序的永远的支配起疑，则社会主义的倾向的文学，也就十足地尽了它的使命了——即使作者在这时并未提出什么特定的解决，或者有时连作者站在那一边也不很明白。②

恩格斯这段话的原意并非针对题材问题，但鲁迅却认为恩格斯在给敏

---

① 鲁迅：《文艺政策·后记》，《鲁迅全集》第十七卷，人民文学出版社 1973 年版，第 670—673 页。

② 恩格斯原文为："在当前条件下，小说主要是面向资产阶级圈子里的读者，即不直接属于我们的人的那个圈子里的读者，因此，如果一部具有社会主义倾向的小说通过对现实关系的真实描写，来打破关于这些关系的流行的传统幻想，动摇资产阶级世界的乐观主义，不可避免地引起对于现存事物的永世长存的怀疑，那末，即使作者没有直接提出任何解决办法，甚至作者有时并没有明确地表明自己的立场，但我认为这部小说也完全完成了自己的使命。"——《恩格斯致敏·考茨基》（1885 年 11 月 26 日于伦敦），《马克思恩格斯选集》第 4 卷，人民出版社 1972 年版，第 454 页。此段为鲁迅当时从日本学者上田进原译中转译，文字上与此稍有出入。——鲁迅：《南腔北调集·关于翻译》，《鲁迅全集》第五卷，人民文学出版社 1973 年版，第 149 页。

娜·考茨基的信里的这段话关于题材的积极性问题"已有极明确的指示，对于现在的中国，也是很有意义的"①。在鲁迅看来，恩格斯的话已经充分回答了什么样的题材才有积极意义的问题，那就是：通过作者的思想倾向来看题材，如果作者的进步的社会主义思想倾向并非通过说教而是通过对于现实社会关系的真实描写表现出来的话，那么不管作者选取何种题材，都具有积极意义。

其次，高度重视对马克思主义经典文艺理论及其原则的完整理解与把握。在这一方面鲁迅表现出对各种非马克思主义文艺理论的惊人的辨识能力，在同形形色色的所谓马克思主义文艺理论的论争、交锋中不仅坚持了马克思主义文艺理论的基本原则、观点，而且将之同中国革命文学的进程与发展结合起来，进一步深化了马克思主义文艺批评。仅举一例。他在 1928 年 8 月 10 日回复恺良的信中，驳斥了日本学者林癸未夫在《文学上之个人性与阶级性》一文所作的一段所谓唯物史观的推论。这段推论说："以这种理由若推论下去，有产者的个人性与无产者的个人性，'全个'是不相同的了。就是说不承认有产者与无产者之间有共同的人性。再换一句话说，有产者与无产者只是有阶级性，而全然缺少个人性的。"②鲁迅批评林癸未夫"将话两次一换，便成为'只有'和'全然缺少'，却似乎决定得太快一点了"，接着一针见血地指出："大概以弄文学而又讲唯物史观的人，能从基本的书籍上一一钩剔出来的，恐怕不很多，常常是看几本别人的提要就算。而这种提要，又因作者学识意思而不同，有些作者，意在使阶级意识明了锐利起来，就竭力增强阶级性说。"③鲁迅认为，这样做而导致的最终结果就是，那些中国走极端的阶级论者"竟会将个性，共同的人性（即林氏之所谓个人性），个人主义即利己主义混为一谈，来加以自以为唯物史观底的申斥，倘再有人据此来论唯物史观，那真是糟糕透顶了"④。正是基于此，对于马克思主义

---

①　鲁迅：《南腔北调集·关于翻译》，《鲁迅全集》第五卷，人民文学出版社 1973 年版，第149 页。

②　鲁迅：《三闲集·文学的阶级性（并恺良来信）》，《鲁迅全集》第四卷，人民文学出版社1973 年版，第 133 页。

③　鲁迅：《三闲集·文学的阶级性（并恺良来信）》，《鲁迅全集》第四卷，人民文学出版社1973 年版，第 135 页。

④　鲁迅：《三闲集·文学的阶级性（并恺良来信）》，《鲁迅全集》第四卷，人民文学出版社1973 年版，第 135 页。

文艺的阶级性原理，鲁迅以自己为例作出了正确的判断与解说："在我自己，是以为若据性格、感情等，都受'支配于经济'（也可以说根据于经济组织或依存于经济组织）之说，则这些就一定都带着阶级性。但是'都带'，而非'只有'。"①

再次，注重理论与现实整合过程中的不断自我纠偏。鲁迅的这种自我纠偏不独体现在前述的他通过翻译普列汉诺夫的《艺术论》纠正其以前只信进化论的偏颇②，还突出表现在他对托洛茨基文学观的接受与批判上。托洛茨基是十月革命后苏共党和国家的重要领导人，也是当时著名的文艺理论家。1923年，苏联曾出版其文学评论专著《文学与革命》，1928年被译成中文，对当时中国的革命文学运动产生重大的影响。在1927年前，鲁迅对托洛茨基的文学观是非常赞赏的。据其日记记载，早在1925年8月26日，鲁迅就前往东亚公司购买托洛茨基的《文学与革命》。1926年他亲自从日译本中翻译了《文学与革命》的第三章"勃洛克论"，称托洛茨基"是一个深解文艺的批评者"，③并赞同托洛茨基对革命艺术的理解，④后来又致信李霁野认为李、韦（素园）二人正在合译的《文学与革命》必定销路不错⑤。一直到蒋介石发动"四一二"反革命政变前夕，他在黄埔军官学校

---

① 鲁迅：《三闲集·文学的阶级性（并恺良来信）》，《鲁迅全集》第四卷，人民文学出版社1973年版，第136页。

② 在翻译了普列汉诺夫的《艺术论》后，鲁迅说："我有一件事要感谢创造社的，是他们'挤'我看了几种科学底文艺论，明白了先前的文学史家们说了一大堆，还是纠缠不清的疑问。并且因此译了一本蒲力汗诺夫的《艺术论》，以救正我——还因我而及于别人——的只信进化论的偏颇。"——鲁迅：《三闲集·序言》，《鲁迅全集》第四卷，人民文学出版社1973年版，第19页。

③ 据鲁迅在《〈十二个〉后记》中所载，他曾专门从茂森唯士的日译本《文学与革命》中译出第三章《勃洛克论》并藉此评价托洛茨基："在中国人的心目中，大概还以为托罗兹基是一个喑呜叱咤的革命家和武人，但看他这篇，便知道他也是一个深解文艺的批评者。"——鲁迅：《集外集拾遗·"十二个"后记》，《鲁迅全集》第七卷，人民文学出版社1973年版，第721—722页。

④ 1926年，鲁迅在《中山先生逝世后一周年》一文中以赞同的态度说："托洛斯基曾经说明过什么是革命艺术。是：即使主题不谈革命，而有从革命所发生的新事物藏在里面的意识一贯着者是；否则，即使以革命为主题，也不是革命艺术。"——鲁迅：《集外集拾遗·中山先生逝世后一周年》，《鲁迅全集》第七卷，人民文学出版社1973年版，第713页。

⑤ 1927年4月9日，鲁迅致信李霁野说："托罗兹基的文学批评如印成，我想可以销路较

所作的题为《革命时代的文学》的演讲中也仍对托洛茨基的文学观持肯定态度。鲁迅前期的这种肯定或赞赏，从外在原因看是当时学界对马列主义和苏联党内理论斗争情况了解不深，从内在原因看是托洛茨基虽然否定无产阶级文化与文学，但总体上承认并尊重艺术的内在规律，而这是能引起作为作家而深知创作之道的鲁迅的共鸣的。随着"四一二"反革命政变的发生以及苏共于1927年底将托洛茨基开除出党的消息传入国内，文艺与革命的关系到底如何？无产阶级文学是否在无产阶级革命发生之前即已存在？无产阶级革命的发生是否能直接催生无产阶级文学？诸如此类的重大问题成为这一时期鲁迅思考的重心，他对马克思主义文艺理论和苏联文艺论争及其文艺政策之形成过程的进一步了解有了内在的渴求。如果我们考察1927年前后鲁迅的大量文章或演讲，就可以发现在这一特殊时间节点上他的世界观确实发生了重大的转变。① 在随后的三年时间里他接连翻译的大多是马克思主义的和论及无产阶级文学的文艺理论著作，且主要是苏联的文艺论著（如普列汉诺夫的《艺术论》、卢那察尔斯基的《艺术论》和《文艺与批评》），以及介绍苏联20世纪20年代文艺论争和文艺政策的《文艺政策》等。正是在这一不断学习与深化的过程中，他否定了托洛茨基用形而上学的方法来否定人和文学的阶级性的错误观点。在1928年8月10日所写的题为《文学的阶级性》的通信中，鲁迅说："来信的'吃饭睡觉'的比喻，虽然不过是讲笑话，但脱罗兹基曾以对于'死之恐怖'为古今人所共同，来说明文学中有不带阶级性的分子，那方法其实是差不多的。在我自己，是以为若据性格、感情等，都受'支配于经济'（也可以说根据于经济组织或依存于经济组织）之说，则

好。"——参见鲁迅：《致李霁野》，《鲁迅书信集》上卷，人民文学出版社1976年版，第134页。当时，李霁野和韦素园正在合译《文学与革命》，并在《莽原》1927年第2卷第13期上刊发了《文学与革命》（引言）。

① 比如，1927年11月16日鲁迅在上海光华大学作了题为《文学与社会》的演讲。在这个演讲中，鲁迅明确主张不是文学改造社会，而"实在是社会改变文学，社会改变了，文学也变改了。社会怎样改变呢？我以为是面包问题，面包问题解决了，社会环境改变了，文学格式才能出来！"这充分表明鲁迅已经开始完全接受马克思主义的历史唯物主义。——鲁迅：《文学与社会》（原载于《光华》周刊1927年第2卷第7期），朱金顺辑录：《鲁迅演讲资料钩沉》，湖南人民出版社1980年版，第89页。

这些就一定都带着阶级性。"① 与此同时，他对托洛茨基对于无产阶级文化与文学所抱的虚无主义态度的本质逐渐有了清醒的认识，也对苏俄文艺论战的实质有了理性的认知。在写作《文学的阶级性》的次日，他又在《奔流》第1卷第3期"编校后记"如此写道：

> 托罗兹基是博学的，又以雄辩著名，所以他的演说，恰如狂涛，声势浩大，喷沫四飞。但那结末的豫想，其实是太过于理想底的——据我个人的意见。因为那问题的成立，几乎是并非提出而是袭来，不在将来而在当面。文艺应否受党的严紧的指导的问题，我们且不问，我觉得耐人寻味的，是在"那巴斯图"派因怕主义变质而主严，托罗兹基因文艺不能孤生而主宽的问题。许多言辞，其实不过是装饰的枝叶。这问题看去虽然简单，但倘以文艺为政治斗争的一翼的时候，是很不容易解决的。②

从这段"编校后记"中可以看出，鲁迅对托洛茨基鼓吹全盘接受资产阶级文化并以此发展所谓"人的文化"而从根本上否定无产阶级文化与文学的谬论持有非常明显的否定态度，认为它"太过于理想"，只不过是一种主观唯心的幻想，与此同时，鲁迅还清楚地指明了"那巴斯图"派和托罗兹基文艺论战的焦点就在于他们对文艺与政治关系的不同理解。

第二节　鲁迅的马克思主义文学批评中国化实践

鲁迅在毕生文艺实践中形成和发展起来的文艺思想可谓博大精深，特别到后期，他的文艺思想可以说是马克思主义和中国革命文艺实践相结合的产

---

① 鲁迅：《三闲集·文学的阶级性（并恺良来信）》，《鲁迅全集》第四卷，人民文学出版社1973年版，第135—136页。

② 鲁迅：《集外集·"奔流"编校后记》，《鲁迅全集》第七卷，人民文学出版社1973年版，第526页。

物，既是马克思主义的，又完全是民族化的富有中国气派的马克思主义的文艺观。鲁迅的马克思主义文学批评中国化实践，就其核心精神而言，是"战斗的现实主义"；就其主导方法而言，是辩证视境下马克思主义文艺理论的灵活运用；就其理论与批评的话语表述特色而言，是民族化、大众化和通俗化的；就其价值诉求而言，是其"孺子牛"精神与中国大众利益的有机结合；鲁迅的马克思主义文学批评中国化实践，其着眼点并不在于构建自己的理论体系，而是一切从实际出发，面向和解答中国文艺创作和文艺论争中提出的现实问题，不刻意追求体系建构却又逻辑自恰地自成系统。冯雪峰曾说："根据我所得的印象和我的理解，鲁迅先生不愿意称自己为思想家，却愿意看自己为一个战士，我想也是有道理的。自然，在客观上他是一个战士，同时也是一个思想家，因为他的思想是富于创造性的，并且也是有系统的，就是从前期发展到后期，也有一贯的鲜明的道路的。但他的思想的系统性，在他那里是他的从事现实战斗的意志始终如一自然结果，并不是他要创造一个思想系统或一个主义的结果。在他那里，一切新的和好的思想，一切真理，不是要拿来砌造自己的学说，而是要用真理之光，来照彻现实和照明前进的道路，要把一切新的和好的思想用到现实的战斗上去。他不是象一个理论家似地常常注意到逻辑的完整性，而是更多地注意实际的用处和更多地受事实的教训所影响。"①可以说，鲁迅在马克思主义文艺理论中国化实践过程中所达致的问题的深刻性、观念的创造性、现实的批判性、论域的开放性，代表了理论真实的至高品格，这种理论真实的品格不仅体现在其对文艺现实的洞察力上，也体现在其自我批判性上，更体现在其理论自身的开放性上。从这个意义上讲，鲁迅的马克思主义文艺理论中国化实践在 20 世纪中国的马克思主义文艺理论中国化实践活动中是典范性的、方向性的。

一、核心精神："战斗的现实主义"

鲁迅的"战斗的现实主义"精神的特质就是一切从中国革命斗争和文艺斗争的现实出发，通过"韧"的战斗和深刻的自我解剖将其文艺思想的战

① 冯雪峰：《回忆鲁迅》，《雪峰文集》第四卷，人民文学出版社 1985 年版，第 155 页。

性、创造性、批判性融合在一起。

1. 一切从文艺现实出发

正如胡风所说，鲁迅所面临的现实就是"僵尸的统治"下的"蠢动着半封建半殖民地的黑暗的现实"①，正是这现实为鲁迅的文学创作提供了生活的源泉，也为其文学批评提供了坚实的生命力。翻检鲁迅那些著名的文学批评文章，不难发现，大多是针对各种文艺现实问题的。《论睁了眼看》所针对的是"中国的文人，对于人生，——至少对于社会现象，向来就多没有正视的勇气"② 这一不容否认的历史事实和客观现实；《对于批评家的希望》批评的是当时一些"靠了一两本'西方'的旧批评论，或则捞一点头脑板滞的先生们的唾余，或则仗着中国固有的什么天经地义之类的，也到文坛上来践踏"③ 的批评家；《革命时代的文学》要回答的是：大革命对文学有无影响？大革命时代能否产生革命文学？革命文学是否等于革命的宣传？《革命文学》正告和痛斥的是当时两类伪革命文学家或批评家"一是在一方的指挥刀的掩护之下，斥骂他的敌手的；一是纸面上写着许多'打，打'、'杀，杀'、'血，血'的"④。《文学和出汗》针对的是当时上海教授对人讲文学"以为文学当描写永远不变的人性，否则便不久长"⑤ 这一抹杀文学阶级性的谬论；《中国文坛上的鬼魅》批判的是所谓"第三种人"所宣扬的文学超政治的观点；《新月社批评家的任务》回击的是新月社那些尽力维持着国民党的"治安"又"很

---

① 胡风在《民族战争与新文艺传统》一文中指出，这种黑暗现实"就是他（鲁迅——著者按）所说的'僵尸的统治'，它的子民们所带的武器是礼教，是中庸，是'道德'，是迷信，是牢狱，是屠刀……而在他的后面露出了头来的，是他所请命的、肉体上受着剥削、精神上受着毒害的，希望着反抗，希望着合理的生活，但却无情地遭到压抑、遭到摧毁的、劳动的人民。在这中间，是市民阶级底觉醒了的、自由的意志，本能地也是自觉地和'僵尸的统治'相抗，同时也就意识地或者无意识地让他们底愿望汇合了劳动人民底愿望。"——胡风：《民族战争与新文艺传统》，《胡风评论集》（中），人民文学出版社 1984 年版，第 137 页。

② 鲁迅：《坟·论睁了眼看》，《鲁迅全集》第一卷，人民文学出版社 1973 年版，第 217 页。

③ 鲁迅：《热风·对于批评家的希望》，《鲁迅全集》第二卷，人民文学出版社 1973 年版，第 122 页。

④ 鲁迅：《而已集·革命文学》，《鲁迅全集》第三卷，人民文学出版社 1973 年版，第 524—525 页。

⑤ 鲁迅：《而已集·文学和出汗》，《鲁迅全集》第三卷，人民文学出版社 1973 年版，第 537 页。

不以不满于现状的人为然的"批评家①；《黑暗中国的文艺界的现状》向美国《新群众》揭露的不仅仅是当时中国文艺界的各种黑暗现状，还充满期冀地宣称那些正在受难的左翼作家"将来当然也将和无产者一同起来"②。《"民族主义文学"的任务和运命》翻开的是那些正在"为王前驱"的"宠犬派"文学中"锣鼓敲得最起劲"的所谓民族主义文学的"恶臭"，揭示的则是他们"尽些送丧的任务，永含着恋主的哀愁，须到无产阶级革命的风涛怒吼起来，刷洗山河的时候，这才能脱出这沉滞猥劣和腐烂的运命"。③ 可以说，在鲁迅的《论"第三种人"》《中国无产阶级革命文学和前驱的血》《"硬译"与"文学的阶级性"》《文艺与政治的歧途》《现今的新文学的概观》《上海文艺之一瞥》《文学与社会》《帮忙文学与帮闲文学》《论现在我们的文学运动》《文艺的大众化》《门外文谈》《论"旧形式的采用"》《拿来主义》《骂杀与捧杀》《辱骂和恐吓决不是战斗》等著名批评文章中，强烈的现实针对性是其突出特点。

　　正如瞿秋白所说，"他的现实主义，他的打硬仗，他的反中庸的主张，都是用这种真实，这种反虚伪做基础"④。直面现实，依据现实的不断变化而具体问题具体分析，这是鲁迅对马克思主义文艺理论中国化实践贡献最为突出的地方之一。比如，他在"革命文学"论战中能够一针见血地指出左翼激进文艺理家们的错误，就得益于对这种方法论的完整把握。这突出表现在：对于1927年前后上海革命文艺突然兴盛的原因，鲁迅有着清醒的认识，认为这是由于：一是从广东开始北伐时积极的青年都"跑到实际工作去了"；二是由于国民党的"清党"导致"死剩的青年们再入于被压迫的境遇"，因此，上海革命文学的旺盛"并非由于革命的高扬，而是因为革命的挫折"⑤。这种

---

① 鲁迅：《三闲集·新月社批评家的任务》，《鲁迅全集》第四卷，人民文学出版社1973年版，第163页。
② 鲁迅：《二心集·黑暗中国的文艺界的现状》，《鲁迅全集》第四卷，人民文学出版社1973年版，第275页。
③ 鲁迅：《二心集·"民族主义文学"的任务和运命》，《鲁迅全集》第四卷，人民文学出版社第297—298、310页。
④ 瞿秋白：《〈鲁迅杂感选集〉序言》(本文是瞿秋白为自己选编的《鲁迅杂感选集》写的序言，署名何凝，1933年7月由青光书局印行)，《瞿秋白文集》(文学编·第三卷)，人民文学出版社1989年版，第119页。
⑤ 鲁迅：《二心集·上海文艺之一瞥》，《鲁迅全集》第四卷，人民文学出版社1973年版，第

131

情形下创造社高调提倡"革命文学"口号，在鲁迅看来就是"对于中国社会，未曾加以细密的分析，便将在苏维埃政权之下才能运用的方法，来机械的地运用了"①。

2."韧的战斗"中的批判精神

鲁迅对现实的不妥协的批判是通过其"韧的战斗"来展开和实现的。"韧的战斗"精神是瞿秋白在《鲁迅杂感选集·序言》中对鲁迅现实主义批判精神的精辟概括与总结。对于鲁迅所面临的现实复杂性以及他对这种"韧的战斗"精神的坚持，胡风曾有极为精彩的描述：

> 在帝国主义和封建主义联军底卷土重来的、优势的反攻下面，就出现了新的情势。顶明显的是，市民阶级底另一个灵魂，怯懦的妥协的根性不得不完全暴露了出来。在文学上面，原来是把眼睛投入了社会，想从现实底认识里面寻出改革底道路的、现实主义的精神，变种成了市侩底机智和绅士淑女底日常腻语；原来是用热情膨胀了自己，想从自我底扩展里面叫出改革底欲望的，现实主义里面所含有的，浪漫主义的精神，变种成了封建才人底风骚和洋场恶少底撞骗；而五四当时一般所有的，向"人生问题"底深处突进的探究精神，变种成了或者是回到封建故园的母性礼赞，或者是把眼睛从地下拉到了天上的、流云似的遐想了。这当然是封建的灵魂在新的服装下面的复活，但同时也是殁落期资本主义文艺底反动的性格开始在半殖民地的土壤上的滋生。虽然表现出来的只能是寒伧的面貌，但象征主义，唯美主义，格律主义，恶魔主义，色情主义等，都用着"新奇的"面貌次第出现了。……鲁迅，一方面赤膊上阵式地挺身肉搏，一方面为了和那些向反动势力妥协了的作家们的灰色的市民形象相抗，他记录下了在锤和砧之间的，不甘心投降但又无

283—284 页。

① 鲁迅：《二心集·上海文艺之一瞥》，《鲁迅全集》第四卷，人民文学出版社 1973 年版，第284 页。

力反抗的，动摇而痛苦的市民知识分子底心理过程。①

　　鲁迅创造了"精神界战士"这一概念，也用"横眉冷对千夫指"的批评行动阐释了这一概念的基本内涵。有论者曾指出，从1933年1月30日开始在《自由谈》发表杂文，到1934年9月一年多的时间里，鲁迅"一共用四十多个笔名发表了一百三十多篇杂文。他一个人就构成了一支在文坛上驰骋的'游击队'"②。的确，他的与封建战，与专制战，与愚昧战，与"孔家店"战，与"国民劣根性"战，与"第三种人"战，与"民族主义文学"战，与"左"派幼稚病战，与形形色色的非马克思主义战，从不妥协，毫不留情，只有他才"深知旧社会底一切而又和旧社会打硬仗一直打到死"③。这一点连毛泽东也非常佩服。新中国成立后，曾有人问毛泽东，如果鲁迅活着还"敢写"吗？毛泽东回答说："我看鲁迅活着，他敢写也不敢写。在不正常的空气下面，他也会不写的，但更多的可能是会写。俗话说得好：'舍得一身剐，敢把皇帝拉下马。'鲁迅是真正的马克思主义者，是彻底的唯物论者。真正的马克思主义者，彻底的唯物论者，是无所畏惧的，所以他会写。现在有些作家不敢写，有两种情况：一种情况，是我们没有为他们创造敢写的环境，他们怕挨整；还有一种情况，就是他们本身唯物论没有学通。是彻底的唯物论者就敢写。鲁迅的时代，挨整就是坐班房和杀头，但是鲁迅也不怕。"④

　　不难看出，鲁迅的"韧的战斗"的足迹中贯穿的正是马克思主义的批判精神。从总体上讲，马克思主义是一种批判理论。马克思写下了"黑格尔法哲学批判""德意志意识形态批判""政治经济学批判"等一系列批判性著述，对自己所处的时代展开全方位的批判。西方马克思主义秉承马克思的批判精

① 胡风：《民族战争与新文艺传统》，《胡风评论集》（中），人民文学出版社1984年版，第138—139页。
② 旷新年：《一九二八年的文学生产》，《读书》1997年第9期。
③ 胡风：《关于鲁迅精神的二三基点——纪念鲁迅先生逝世一周年》，《胡风评论集》（中），人民文学出版社1984年版，第10页。
④ 毛泽东：《同新闻出版界代表的谈话》，中共中央文献研究室编：《毛泽东文集》第七卷，人民出版社1999年版，第263页。

神，对工具理性、大众文化、消费异化、极权制度等现代弊端也进行了猛烈抨击。中国的马克思主义者同样是在批判旧思想、旧文化、旧制度的过程中登上历史舞台的。正是这种无可抑制的批判性声音、无以比拟的批判性力量使得马克思主义文学批评"坚持文学的力量在于介入，要求文学批评始终要以一种'介入者'的姿态关注文学在具体社会环境中的意义展现，并试图把展现的文学意义在这个社会中弥漫开来"[1]。换言之，马克思主义文学批评与激进革命实践之间存在着某种正向对应的关系，文学批评成为社会实践的一部分，对于马克思主义文学批评来说，文学批评既不是一种消遣，也不仅是一项学术事业，而是具有明显的社会功能性和实践性。鲁迅的战斗以及他的文学批评正是在践行马克思主义的批判精神的基础上彰显其社会功能性和实践性的。换言之，鲁迅文学批评中的批判精神就是把启蒙现代性中所蕴含的批判精神不断改造为实践化的批判精神并运用这一批判武器对中国的革命现实与文艺现实进行深入的考察和分析，以寻求不断内在超越的合理路径，其实质上是求真和"扬弃"，其灵魂是"实事求是"，并贯穿于实践批判、理论批判和自我批判的有机统一之中。这是一种真正马克思主义的深刻的批判精神。"能杀才能生，能憎才能爱，能生与爱，才能文"[2]，鲁迅自己的话可以作为他的这种批判精神的最好注脚。

3. 自我解剖和自我批判精神

休谟在《人类理解研究》中曾说："一个合理的推理者在一切考察和断言中应该永久保有某种程度的怀疑、谨慎和谦恭才是。"[3]理论的至高品级就是根据时代的发展与变化，通过系统的反思与批判自身。鲁迅正是在这一点上表现出了一个成熟的马克思主义文艺理论家的理论素质。

就鲁迅的思想发展历程来看，他"不仅体验了将先进民族的进步的思想和文学植根到自己民族中来的'民族化'的战斗过程，同时也体验着从

---

① 段吉方：《20世纪社会批评的理论趋向及范式转换》，《思想战线》2002年第5期。

② 鲁迅：《且介亭杂文二集·七论"文人相轻"——两伤》，《鲁迅全集》第六卷，人民文学出版社1973年版，第400页。

③ [英]休谟：《人类理解研究》，关文运译，商务印书馆2011年版，第160页。

旧现实主义向新现实主义的发展过程"①。在他那复杂多元的思想认识中，既有进化论的成分，也有人性论的因素，正如冯雪峰所说："他也承受革命，向往革命，但他同时又反顾旧的，依恋旧的；而他又怀疑自己的反顾和依恋，也怀疑自己的承受与向往，结局是他徘徊着，苦痛着——这种人感受性比较锐敏，尊重自己的内心生活也比别人深些。"②鲁迅的伟大就在于他的无情的不断的"自我解剖"。用胡风的话说，就是"为了追求真理，是为了更有效地打击敌人，决不是为了赢得一个谦谦君子的名誉的"③。这种自我解剖体现在多方面。有对自己创作的反省。如20世纪30年代他曾说过："现在的产业工人里，我没有一个朋友。我不熟悉他们的生活，不熟悉他们的脾气。单从街头上看见的去写，是不行的。"④他还不无惋惜地说自己"不在革命的旋涡中心，而且久不能到各处去考察，所以我大约仍然只能暴露旧社会的坏处"⑤。有对自己思想历程的披露。如对于十月革命的态度问题，他曾描述自己的先后变化说："先前，旧社会的腐败，我是觉到了的，我希望着新的社会的起来，但不知道这'新的'该是什么，而且也不知道'新的'起来以后，是否一定就好。待到十月革命后，我才知道这'新的'社会的创造者是无产阶级，但因为资本主义各国的反宣传，对于十月革命还有些冷淡，并且怀疑。现在苏联的存在和成功，使我确切的相信无阶级社会一定要出现，不但完全扫除了怀疑，而且增加许多勇气了。"⑥鲁迅还曾对自己所在的左翼作家群所存在的问题谈过自己的清醒认识。如他在回复苏汶的质疑时就谈及"克服自己的坏处，向文艺这神圣之地进军。苏汶先生问过：克服了三年，还没有

---

① 冯雪峰：《论民主革命的文艺运动》（1946年7月由上海作家书屋出版），《雪峰文集》第二卷，人民文学出版社1983年版，第123页。
② 冯雪峰：《革命与知识阶级》，《雪峰文集》第二卷，人民文学出版社1983年版，第288页。
③ 胡风：《不死的青春——在人民祖国的第一年纪念鲁迅先生（二）》（原载于《人民日报》1949年10月19日），《胡风全集》（第4卷·杂文），湖北人民出版社1999年版，第191页。
④ 参见冯雪峰：《回忆鲁迅》，《雪峰文集》第四卷，人民文学出版社1985年版，第191页。
⑤ 鲁迅：《且介亭杂文·答国际文学社问》，《鲁迅全集》第六卷，人民文学出版社1973年版，第26页。
⑥ 鲁迅：《且介亭杂文·答国际文学社问》，《鲁迅全集》第六卷，人民文学出版社1973年版，第25—26页。

克服好么？回答是：是的，还要克服下去，三十年也说不定。然而一面克服着，一面进军着，不会做待到克服完成，然后行进那样的傻事的"。① 这里所强调的在实践中不断改造自己、认识自己、发展自己的观点正是马克思主义实践观的真正体现。对于革命文学论战中激进的左翼批评家对自己的批评甚至围攻，鲁迅坦然说道："革命者为达目的，可用任何手段的话，我是以为不错的，所以即使因为我罪孽深重，革命文学的第一步，必须拿我来开刀，我也敢于咬着牙关忍受。"② 鲁迅曾这样评说自己的文学批评译介工作："人往往以神话中的 Prometheus 比革命者，以为窃火给人，虽遭天帝之虐待不悔，其博大坚忍正相同。但我从别国里窃得火来，本意却在煮自己的肉。"③ 同时他又说："但我自信并无故意的曲译，打着我所不佩服的批评家的伤处了的时候我就一笑，打着我自己的伤处了的时候我就忍疼，却决不有所增减，这也是始终'硬译'的一个原因。"④ 在"左联"成立大会上，鲁迅更是坦率地讲到自己同创造社、太阳社关于无产阶级革命文学的论争时，"就等待有一个能操马克思主义批评的枪法的人来狙击"⑤ 自己的错误。

二、主导方法：唯物辩证法的灵活运用

毛泽东曾经指出："鲁迅后期的杂文最深刻有力，并没有片面性，就是因为这时候他学会了辩证法。"⑥ 实际上，不仅是杂文，鲁迅的文学批评也处处

---

① 鲁迅：《南腔北调集·论"第三种人"》，《鲁迅全集》第五卷，人民文学出版社1973年版，第35页。
② 鲁迅：《南腔北调集·答杨邨人先生公开信的公开信》，《鲁迅全集》第五卷，人民文学出版社1973年版，第228页。
③ 鲁迅：《二心集·"硬译"与"文学的阶级性"》，《鲁迅全集》第四卷，人民文学出版社1973年版，第221页。
④ 鲁迅：《文艺政策·后记》，《鲁迅全集》第十七卷，人民文学出版社1973年版，第673页。
⑤ 鲁迅：《二心集·对于左翼作家联盟的意见——三月二日在左翼作家联盟成立大会讲》，《鲁迅全集》第四卷，人民文学出版社1973年版，第241页。
⑥ 毛泽东：《在中国共产党全国宣传工作会议上的讲话》，中共中央文献研究室编：《毛泽东

闪耀着唯物辩证法的光辉，如果说鲁迅前期主要用朴素的辩证法看待文艺问题的话，那么，他后期的文艺理论及批评实践更自觉地运用唯物辩证法去分析和处理一系列文艺问题，这标志着他已成为一个成熟的马克思主义文艺理论家和批评家。翻看鲁迅的文学批评文章，可以发现，辩证视境之下的理论活用体现在其理论阐释与批评实践的各个环节和各个层面。如谈文艺的人性与阶级性之间的关系，谈文艺与政治宣传之间的关系，谈世界观与创作方法之间的关系，谈文学与革命之间的关系，谈文艺与社会生活之间的关系，谈题材的广泛性与集中性之间的关系，谈艺术真实与生活真实之间的关系，谈文艺继承与创新之间的关系，谈作家与批评家之间的关系，谈文艺的普及与提高之间的关系，谈文艺的民族特性与借鉴外国文艺之间的关系，等等，鲁迅都能用辩证的眼光加以甄别、比较，找出其中的相同或相异，发现其中的区别与联系，并以历史主义的视野，一切从文艺创作现实出发来进行阐述、生发、创新。在此，我们仅以鲁迅关于文艺与社会生活关系的相关阐述和创新性发挥为例说明之。

关于文艺与社会生活的关系，马克思主义经典作家大多是从哲学或社会科学的层面进行相对抽象化的论述的。比如马克思在《资本论》第1卷中比较自己与黑格尔的思维方式的不同时所说的"观念的东西不外是移入人的头脑并在人的头脑中改造过的物质的东西而已"[1]，比如列宁所强调的要从生活底层进行"观察"[2]等等。鲁迅对这一问题的思考与论述更多地结合文艺创作的具体现实来展开，他不仅坚持了马克思的唯物主义文艺观，还在许多具体问题上加以创新性的开掘。

文集》第七卷，人民出版社1999年版，第277页。

[1] 马克思说："我的辩证方法，从根本上来说，不仅和黑格尔的辩证方法不同，而且和它截然相反。在黑格尔看来，思维过程，即他称为观念而甚至把它变成独立主体的思维过程，是现实事物的创造主，而现实事物只是思维过程的外部表现。我的看法则相反，观念的东西不外是移入人的头脑并在人的头脑中改造过的物质的东西而已。"——《资本论》（第1卷·第二版跋），人民出版社1975年版，第24页。

[2] 列宁说："要观察，就应当到下面去观察——那里可以观察到建设新生活的情况；应当到外地的工人居住区或到农村去观察——那里用不着在政治上掌握许多极复杂的材料，只要观察就行了。"——《致阿·马·高尔基》（1919年7月31日），《列宁选集》第4卷，人民出版社1995年版，第43页。

首先，鲁迅非常重视对生活的真实再现，强调生活作为创作源泉对创作的重要性。他说自己"做《阿Q正传》到阿Q被捉时，做不下去了，曾想装作酒醉去打巡警，得一点牢监里的经验"①。他也提醒左翼作家"要写工农群众，必须熟悉工农群众的生活，首先作家自己必须工农阶级化，必须深入工农群众，和革命共同着生命，深切地感受着革命的脉搏"②。鲁迅对生活对于文艺创作的重要性的阐释，突出体现在这段为人所熟知的论述中：

> 作者写出创作来，对于其中的事情，虽然不必亲历过，最好是经历过。诘难者问：那么，写杀人最好是自己杀过人，写妓女还得去卖淫么？答曰：不然。我所谓经历，是所遇，所见，所闻，并不一定是所作，但所作自然也可以包含在里面。天才们无论怎样说大话，归根结蒂，还是不能凭空创造。描神画鬼，毫无对证，本可以专靠了神思，所谓"天马行空"似的挥写了，然而他们写出来的，也不过是三只眼，长颈子，就是在常见的人体上，增加了眼睛一只，增长了颈子二三尺而已。③

基于对现实生活重要性的强调，他主张文艺应当真实地描写人生。在著名文章《论睁了眼看》中，他指出，中国文艺现在"更深地陷入瞒和骗的大泽中"，因而，"大胆地看取人生并且写出他的血和肉来的时候早到了"④。因此，他大声疾呼："中国如果还会有文艺，当然先要以这样直说自己所本有的内容的著作（著者按：指叶永蓁所作《小小十年》），来打退骗局

---

① 鲁迅：《致章廷谦》（1927 年 8 月 8 日），《鲁迅书信集》上卷，人民文学出版社 1976 年版，第 155 页。
② 冯雪峰：《回忆鲁迅》，《雪峰文集》第四卷，人民文学出版社 1985 年版，第 193 页。
③ 鲁迅：《且介亭杂文二集·叶紫作〈丰收〉序》，《鲁迅全集》第六卷，人民文学出版社 1973 年版，第 224 页。
④ 鲁迅说："中国人向来因为不敢正视人生，只好瞒和骗，由此也生出瞒和骗的文艺来，由这文艺，更令中国人更深地陷入瞒和骗的大泽中，甚而至于已经自己不觉得。世界日日改变，我们的作家取下假面，真诚地，深入地，大胆地看取人生并且写出他的血和肉来的时候早到了；早就应该有一片崭新的文场，早就应该有几个凶猛的闯将！"——鲁迅：《坟·论睁了眼看》，《鲁迅全集》第一卷，人民文学出版社 1973 年版，第 222 页。

以后的空虚。因为文艺家至少是须有直抒己见的诚心和勇气的，倘不肯吐露本心，就更谈不到什么意识。"① 正因如此，他严厉驳斥了当时的一个作家杨振声所说的"说假话的才是小说家"的谬论，认为其用"说假话"塑造出来的虚假的人物形象玉君，"不过一个傀儡，她的降生也就是死亡"②。

与此同时，鲁迅也非常强调作家对现实生活的深度理解、深度挖掘、深度体验和主动改造。因为在他看来，艺术家创造文艺作品时，"所见天物，非必圆满"，因此，"再现之际，当加改造"。③ 他以自己的创作经验为例阐述说："所写的事迹，大抵有一点见过或听到过的缘由，但决不全用这事实，只是采取一端，加以改造，或生发开去，到足以几乎完全发表我的意思为止。"④ 通过对不同阶段文艺特点的总结，鲁迅充分体会到作家要融合现实生活已成为文艺创作的根本法则：

> 十九世纪以后的文艺，和十八世纪以前的文艺大不相同。十八世纪的英国小说，它的目的就在供给太太小姐们的消遣，所讲的都是愉快风趣的话。十九世纪的后半世纪，完全变成和人生问题发生密切关系。……以前的文艺，好象写别一个社会，我们只要鉴赏；现在的文艺，就在写我们自己的社会，连我们自己也写进去；在小说里可以发见社会，也可以发见我们自己；以前的文艺，如隔岸观火，没有什么切身关系；现在的文艺，连自己也烧在这里面，自己一定深深感觉到；一到自己感觉到，一定要参加到社会去！⑤

① 鲁迅:《三闲集·叶永蓁作〈小小十年〉小引》,《鲁迅全集》第四卷,人民文学出版社1973年版,第155—156页。
② 鲁迅:《且介亭杂文二集·〈中国新文学大系〉小说二集序》,《鲁迅全集》第六卷,人民文学出版社1973年版,第244—245页。
③ 鲁迅:《拟播布美术意见书》(原载于《教育部编纂处月刊》1913年第1卷第1册),《集外集拾遗补编》,人民文学出版社1993年版,第40页。
④ 鲁迅:《南腔北调集·我怎么做起小说来》,《鲁迅全集》第五卷,人民文学出版社1973年版,第108页。
⑤ 鲁迅:《集外集·文艺与政治的歧途》,《鲁迅全集》第七卷,人民文学出版社1973年版,第477页。

鲁迅不仅对文艺与现实的关系作了辩证的理解和处理，而且结合中国现代文艺创作现实把马克思主义关于文艺与生活关系的理论作了进一步的推进。总的来看，鲁迅的这些推进都是在历史唯物主义和辩证唯物主义的基本原理上针对中国现代文艺现实的具体化、细化和深化，具有非常典型的理论联系实际的特征。这种推进突出表现在以下三个方面。

1. 关于题材问题

鲁迅反对题材决定论，强调题材的广泛性和多样化，认为文艺反映生活不应该有任何限制。他认为："如果是战斗的无产者，只要所写的是可以成为艺术品的东西，那就无论他所描写的是什么事情，所使用的是什么材料，对于现代以及将来一定是有贡献的意义的。为什么呢？因为作者本身便是一个战斗者。"[1]也就是说，任何生活材料都可以进入作家的创作视野，只要作家思想进步，无论何种生活材料进入到作品中都能产生积极的社会意义。因为，倘若真是革命者，"则无论写的是什么事件，用的是什么材料，即都是'革命文学'。从喷泉里出来的都是水，从血管里出来的都是血"[2]。他称赞尚钺的创作"比朋其严肃，取材也较为广泛，时时描写着风气未开之处——河南信阳——的人民"[3]，同时也批评胡山源、唐鸣时、赵景沄等人"咀嚼着身边的小小的悲欢"[4]。他一方面主张题材要广泛，另一方面也强调题材的广泛性与重要性的结合，"希望一般人不要只注意在近身的问题，或地球以外的问题，社会上实际问题是也要注意些才好"[5]。他提倡题材的重要性，也反对题材的片面性和简单集中化。比如，关于抗战题材问题，鲁迅就鲜明地提出了自己的看法：

---

① 鲁迅：《二心集·关于小说题材的通信》，《鲁迅全集》第四卷，人民文学出版社1973年版，第357页。
② 鲁迅：《而已集·革命文学》，《鲁迅全集》第三卷，人民文学出版社1973年版，第525页。
③ 鲁迅：《且介亭杂文二集·〈中国新文学大系〉小说二集序》，《鲁迅全集》第六卷，人民文学出版社1973年版，第261—262页。
④ 鲁迅：《且介亭杂文二集·〈中国新文学大系〉小说二集序》，《鲁迅全集》第六卷，人民文学出版社1973年版，第247页。
⑤ 鲁迅：《集外集拾遗·今春的两种感想》，《鲁迅全集》第七卷，人民文学出版社1973年版，第816页。

民族革命战争的大众文学决不是只局限于写义勇军打仗，学生请愿示威……等等的作品。这些当然是最好的，但不应这样狭窄。它广泛得多，广泛到包括描写现在中国各种生活和斗争的意识的一切文学。因为现在中国最大的问题，人人所共的问题，是民族生存的问题。所有一切生活（包含吃饭睡觉）都与这问题相关……懂得这一点，则作家观察生活，处理材料，就如理丝有绪；作者可以自由地去写工人，农民，学生，强盗，娼妓，穷人，阔佬，什么材料都可以，写出来都可以成为民族革命战争的大众文学。①

鲁迅在反对题材决定论的同时也鼓励作家探索新生活和题材新领域。他指出："一个艺术家，只要表现他所经验的就好了，当然，书斋外面是应该走出去的，倘不在什么旋涡中，那么，只表现些所见的平常的社会状态也好。……如果社会状态不同了，那自然也就不固定在一点上。"②这充分说明，鲁迅既主张作家写自己熟悉的生活，也鼓励作家不断开拓新生活领域和题材新领域。他要求当时的年轻艺术家去接触沸腾的新社会，认为"现在则已是大时代，动摇的时代，转换的时代，中国以外，阶级的对立大抵已经十分锐利化，农工大众日日显得着重，倘要将自己从没落救出，当然应该向他们去了"③。在提携文学青年上，他特别注意辩证地处理新旧生活领域和新旧创作题材之间的关系。比如，他一方面鼓励萧军去创作适应时代斗争需要的文学作品④，同时又提醒沙汀、艾芜等人不要"趋时"而"硬造"革命文学⑤。他

① 鲁迅：《且介亭杂文附集·论现在我们的文学运动》，《鲁迅全集》第六卷，人民文学出版社 1973 年版，第 590—591 页。
② 鲁迅：《致李桦》（1935 年 2 月 4 日），《鲁迅书信集》下卷，人民文学出版社 1976 年版，第 746 页。
③ 鲁迅：《三闲集·"醉眼"中的朦胧》，《鲁迅全集》第四卷，人民文学出版社 1973 年版，第 74 页。
④ 鲁迅在致萧军的信中说："现在需要的是斗争的文学，如果作者是一个斗争者，那么，无论他写什么，写出来的东西一定是斗争的。就是写咖啡馆跳舞场罢，少爷们和革命者的作品，也决不会一样。"——鲁迅：《致萧军》（1934 年 10 月 9 日），《鲁迅书信集》上卷，人民文学出版社 1976 年版，第 636 页。
⑤ 他在给沙汀、艾芜等人关于小说题材问题的回信中说："现在能写什么，就写什么，不必趋时，自然更不必硬造一个突变式的革命英雄，自称'革命文学'；但也不可苟安于这一

还曾经详尽分析了左翼作家在创作时面临的困境，建议他们置身于革命洪流中去感受新时代的革命脉搏：

> 现存的左翼作家，能写出好的无产阶级文学来么？我想，也很难。这是因为现在的左翼作家还都是读书人——智识阶级，他们要写出革命的实际来，是很不容易的缘故。日本的厨川白村（H.Kuriyakawa）曾经提出过一个问题，说：作家之所描写，必得是自己经验过的么？他自答道，不必，因为他能够体察。……但我以为这是因为作家生长在旧社会里，熟悉了旧社会的情形，看惯了旧社会的人物的缘故，所以他能够体察；对于和他向来没有关系的无产阶级的情形和人物，他就会无能，或者弄成错误的描写了。所以革命文学家，至少是必须和革命共同着生命，或深切地感受着革命的脉搏的。①

如果把鲁迅的这些论述同高尔基的《给安·叶·陀勃罗伏尔斯基》《论文学》等著作中的相关论述联系起来对比阅读，我们就会发现，二人对虚假题材的反对，鼓励青年开掘新生活新题材，以及对战斗的文学的革命性与真实性的具体要求等等，都有着惊人的相似之处：

> 您的短篇小说的题材是虚假的，那个非凡的丹尼尔是您杜撰出来的，而且杜撰得不好。像这样的人——我们可以高兴的说——是没有的。显然，您原来想把您的铁匠写成一个"英雄"，结果却是一个可笑而又可怜的东西，——有点愚蠢而又软弱无力，——一个完全不自然的人物，既无血又无肉！大概您读书不少，可是您思考得太少，并且不善于观察您周围的现实。
>
> 文学的内容是现实中的悲剧性的矛盾，而不是捏造，像您所写

点，没有改革，以致沉没了自己——也就是消灭了对于时代的助力和贡献。"——鲁迅：《二心集·关于小说题材的通信》，《鲁迅全集》第四卷，人民文学出版社1973年版，第359页。

① 鲁迅：《二心集·上海文艺之一瞥》，《鲁迅全集》第四卷，人民文学出版社1973年版，第287—288页。

的铁匠那样。

文学是严肃的、战斗的事业。而您写的却是一篇专题论文——非常枯燥和脱离生活，通篇牢骚不满，软弱无力，而且措词拙劣，艰涩难懂。

您知道吗？您放弃写作吧。看来这不是您的事情。您完全没有把人描绘的生动活泼的本质，而这却是主要的。您是没有材料的。如果您认为捏造是必要的话，生活比任何捏造是更丰富、更悲剧性的。①

我们的文学家的事业是困难而复杂的事业。不能把它归结为仅仅是批判旧的现实、揭露旧现实的恶习的感染性。我们的文学家的任务是研究、体现、描写，并从而肯定新的现实。必须学习怎样在腐朽的垃圾的烟气腾腾的灰烬中看见未来的火花爆发并燃烧起来。青年作家是有话可说的，他们可以谈生活中新的欢乐，谈国内各种各样蓬勃发展的创造力。他们应该到那正在创造新的生活方式的劳动的广阔汹涌的急流中去寻找灵感和素材；他们的生活应该尽可能地接近我们时代的创造意志——这种意志就体现在工人阶级身上。②

2. 关于艺术真实问题

对于艺术真实问题的看法，鲁迅吸收得更多的是高尔基的辩证性的观点。比如高尔基在给安·叶·陀勃罗伏尔斯基的信中就谈到了人的复杂性问题③，在给突击队员作家的谈话中则谈到了文学应该如何对待真实的复杂问题④。但这种吸收并不是照抄照搬高尔基的相关论述，而是始终结合实际创作

---

① ［苏］高尔基：《给安·叶·陀勃罗伏尔斯基》（1905 年 5 月末），《高尔基文学书简》上卷，曹葆华、渠建明译，人民文学出版社 1962 年版，第 216 页。

② ［苏］高尔基：《本刊的宗旨（论现实）》，《论文学》，孟昌、曹葆华、戈宝权译，人民文学出版社 1978 年版，第 224 页。

③ 高尔基说："人们是形形色色的，没有整个是黑的，也没有整个是白的。好的和坏的在他们身上搅在一起了，——这是必须知道和记住的。"——［苏］高尔基：《给马·加·西瓦乔夫》，《高尔基文学书简》上卷，曹葆华、渠建明译，人民文学出版社 1962 年版，第 219 页。

④ 高尔基说："这里就产生了文学应如何对待真实的复杂问题。真实——它是好的，又是坏的，它是带有不同颜色的条纹的，它不会完全使人满意，因为如果有一条光明的条纹，

经验对艺术真实的本质、特征及其表现作全面的辩证的阐述。他以漫画创作为例强调了艺术真实要有生活真实作基础："漫画虽然有夸张，却还是要诚实。'燕山雪花大如席'，是夸张，但燕山究竟有雪花，就含着一点诚实在里面，使我们立刻知道燕山原来有这么冷。如果说'广州雪花大如席'，那可就变成笑话了。"① 在文艺批评实践中他批评了那些违背生活真实的简单化和绝对化的做法，认为过分美化某种生活（"溢美"）和过分丑化某种生活（"溢恶"）都会有损于艺术真实。比如：《三国演义》在人物塑造上，"写好的人，简直一点坏处都没有；而写不好的人，又是一点好处都没有"②；《九尾龟》中所写的妓女都是坏人，狎客也都是无赖，《青梦楼》则以虚假的团圆主义、理想主义抹煞生活中的矛盾和不幸；等等。其次，鲁迅把艺术真实的本质放到"曾有的实事"和"会有的实情"的辩证关系中进行理解，并以各种相关文类加以说明。如"讽刺"作品，其生命是真实，"不必是曾有的实事，但必须是会有的实情。所以它不是'捏造'，也不是'诬蔑'；既不是'揭发阴私'，又不是专记骇人听闻的'奇闻'或'怪现状'"③。如童话作品，其中所写的"全不像真的人，所以也不像事实，然而这是呼吸，是痱子，是疮痍，都是人所必有的，或者是会有的"④。如神话作品，纵使写的是妖怪，"孙悟空一个筋斗十万八千里，猪八戒高老庄招亲，在人类中也未必没有谁和他们精神上相象"⑤。

这是好的，但是如果另有一条黑暗的条纹，那就令人不快了。在文学里，特别是在你们的文学里——在当代你们的阶级文学里，什么是重要的呢？不是生活的黑暗面，人们正在离开它，而且正在很快地离开它，——人们从来没有离开过自己的过去，从来没有和过去断绝关系，而且从来没有象我们现在这样使劲地和过去断绝关系。"——[苏]高尔基：《就全苏工会中央理事会工人编辑委员会提出的问题同突击队员作家的谈话》，《论文学》，孟昌、曹葆华、戈宝权译，人民文学出版社 1978 年版，第 297 页。

① 鲁迅：《且介亭杂文二集·漫谈"漫画"》，《鲁迅全集》第六卷，人民文学出版社 1973 年版，第 237 页。

② 鲁迅：《中国小说的历史的变迁》，《中国小说史略·附录》，人民文学出版社 1973 年版，第 291 页。

③ 鲁迅：《且介亭杂文二集·什么是"讽刺"？》，《鲁迅全集》第六卷，人民文学出版社 1973 年版，第 323 页。

④ 鲁迅：《俄罗斯的童话》（本篇最初印入 1935 年 8 月上海文化生活出版社出版的《俄罗斯的童话》一书版权页后），《集外集拾遗补编》，人民文学出版社 1993 年版，第 447 页。

⑤ 鲁迅：《且介亭杂文末编·〈出关〉的"关"》，《鲁迅全集》第六卷，人民文学出版社 1973 年版，第 522 页。

　　鲁迅对艺术真实问题的创新性阐释表现在：首先，他将艺术真实与历史真实区分开来。认为"艺术的真实非即历史上的真实，我们是听到过的，因为后者须有其事，而创作则可以缀合，抒写，只要逼真，不必实有其事也。然而他所据以缀合，抒写者，何一非社会上的存在，从这些目前的人，的事，加以推断，使之发展下去，这便好象豫言，因为后来此人，此事，确也正如所写。这大约便是韩先生之所谓大作家所创造的有社会底存在的可能的人物事状罢"①。其次，强调了正确的世界观和审美观对艺术真实的重要作用。他在散文《二十四孝图》中抨击"老莱娱亲"和"郭巨埋儿"两幅浸透封建礼教毒汁的以丑为美的图画，强调的正是作家世界观及思想内容的落后与陈腐会对艺术真实产生巨大的损害②。再次，从民族大众鉴赏习惯的角度探讨了艺术真实中内容与形式之间的关系，认为艺术表现形式应该充分考虑到本民族人民大众的欣赏习惯。比如，他指出，中西民族在绘画的欣赏习惯上就有明显的不同："西洋人的看画，是观者作为站在一定之处的，但中国的观者，却向不站在定点上，所以他说的话也是真实。"③ 最后，他批评了自然主义的所谓生活真实和照搬生活中的丑恶的创作现象。鲁迅强调文艺要真实地反映生活，但并不认为真实就是文学的唯一要求。在他看来，"文艺是国民精神所发的火光，同时也是引导国民精神的前途的灯火"④，而自然主义式地暴露生活中的丑恶，表面上看似乎逼真，但实际上破坏了艺术真实，毁坏了艺术。他批评说："吃蛆之类的无赖手段，在中国并不少有，不算奇异的。况且这种恶劣人物，很难写，正如鼻涕狗粪，不能刻成好木

① 鲁迅：《致徐懋庸》(1933 年 12 月 20 日)，《鲁迅书信集》上卷，人民文学出版社 1976 年版，第 465 页。

② 鲁迅在《二十四孝图》说他不解和反感的是"老莱娱亲"和"郭巨埋儿"两件事。"老莱娱亲"讲的是老莱子七十岁了，"常著五色斑斓之衣，为婴儿戏于亲侧。又常取水上堂，诈跌仆地，作婴儿啼，以娱亲意"。"郭巨埋儿"讲的是郭巨家贫，他为了尽孝心更好地供养母亲，亲自把三岁的儿子埋掉了。鲁迅批评说："这模样，简直是装佯，侮辱了孩子。我没有再看第二回。"——鲁迅：《朝花夕拾·二十四孝图》，《鲁迅全集》第二卷，人民文学出版社 1973 年版，第 365—366 页。

③ 鲁迅：《且介亭杂文·连环图画琐谈》，《鲁迅全集》第六卷，人民文学出版社 1973 年版，第 34 页。

④ 鲁迅：《坟·论睁了眼看》，《鲁迅全集》第一卷，人民文学出版社 1973 年版，第 221 页。

刻一样。"① 对于那些"惟恐人间没有逆伦的故事，偏要用笔铺张扬厉起来，以耸动低级趣味读者的眼目"②的作家及其作品，鲁迅都在不同的场合用不同的方式进行了讽刺或批判，其批判言论与列宁的相关论述有着惊人的相似之处③。

3.关于文艺的社会作用问题

鲁迅对文艺的社会作用的认识有从早期的文学救国论向后期马克思主义文艺观的转化过程。在早期作品《摩罗诗力说》中，他认为文学是改变人们精神的最有力的手段，希望出现一批"精神界之战士"，在《域外小说集·略例》中"以为文艺是可以转移性情，改造社会的"④。在《拟播布美术意见书》中称文艺"其力足以渊邃人之性情，崇高人之好尚，亦可辅道德以为治"⑤。从早期的文艺救国论到后来逐渐认识到"改革最快的还是火与剑"，这种改变，一则是因为"事实的教训"而逐渐开始怀疑文学能否救国⑥，二则是因为对马克思主义唯物论文艺观的逐渐深入了解，如他在给韦素园的信中就提

---

① 鲁迅：《致曹白》（1936年9月29日），《鲁迅书信集》下卷，人民文学出版社1976年版，第1046页。
② 鲁迅：《伪自由书·后记》，《鲁迅全集》第四卷，人民文学出版社1973年版，第575页。
③ 列宁批评文尼阡柯的小说《先辈遗训》"过多地把各种各样'骇人听闻的事'凑在一起，把'恶习'、'梅毒'、揭人隐私以敲诈钱财（以及把被劫者的姐妹当情妇）这种桃色秽行和控告医生凑在一起"，并且"绘声绘色地描述骇人听闻的事"，对各种丑行"津津乐道，奉为'至宝'"。——[俄]列宁：《给印涅萨·阿尔曼德》（1914年6月5日），《列宁全集》第三十五卷，人民出版社1959年版，第127—128页。
④ 鲁迅：《域外小说集·略例》，《鲁迅全集》第十一卷，人民文学出版社1973年版，第188页。
⑤ 鲁迅：《拟播布美术意见书》，《集外集拾遗补编》，人民文学出版社1993年版，第42页。
⑥ 如1927年4月8日，他在《革命时代的文学》一文中说："这几年，自己在北京所得的经验，对于一向所知道的前人所讲的文学的议论，都渐渐的怀疑起来。那是开枪打杀学生（指'三一八'惨案）的时候罢，文禁也严厉了，我想：文学文学，是最不中用的，没有力量的人讲的：有实力的人并不开口，就杀人，被压迫的人讲几句话，写几个字，就要被杀：即使幸而不被杀，但天天呐喊，叫苦，鸣不平，而有实力的人仍然压迫，虐待，杀戮，没有方法对付他们，这文学于人们又有什么益处呢？"文章最后又说："中国现在的社会情状，止有实地的革命战争，一首诗吓不走孙传芳，一炮就把孙传芳轰走了。自然也有人以为文学于革命是有伟力的，但我个人总觉得怀疑。"——参见鲁迅：《而已集·革命时代的文学》，《鲁迅全集》第三卷，人民文学出版社1973年版，第402—410页。

到:"以史底惟物论批评文艺的书,我也曾看了一点,以为那是极直捷爽快的,有许多昧暧难解的问题,都可说明。"[1]当然其中也不乏机械唯物论的理解与表述,如他于 1927 年 11 月 16 日在上海光华大学所作的题为《文学与社会》的演讲。在演讲中他说:"是文学改造社会?还是社会改造文学?许多文学家说,是文学改造社会,文学不但描写现实,且也改造现实,不过据我看,实在是社会改变文学,社会改变了,文学也改变了。社会怎样改变了呢?我以为是面包问题,面包问题解决了,社会环境改变了,文学格式才能出来!"[2]鲁迅由此得出结论说:"文学家一枝笔抵不住帝国主义的枪炮;社会革命在前,文学革命在后","社会的改革,即使没有诗人也得要起来的,诗人不做诗社会革命也是要起来的"。[3]这篇演讲以"面包"和"枪炮"为喻形象而通俗地指出经济和革命对社会发展的决定作用,但又忽视了文学反作用于社会的一面,在自觉运用历史唯物主义观点分析文艺社会作用的同时对辩证法的运用又不够纯熟。在大量翻译马克思主义文艺理论著作及深入理解历史唯物主义和辩证唯物主义文艺观点和原则后,原来的机械唯物论得到了完全的克服。这可以从 1933 年他给徐懋庸的信中得到证明,信中说:"文学与社会之关系,先是它敏感的描写社会,倘有力,便又一转而影响社会,使有变革。这正如芝麻油原从芝麻打出,取以浸芝麻,就使它更油一样。"[4]

关于文艺的形象化特点,马克思主义经典作家和马克思主义文艺理论家们曾有过许多论述。如马克思在《〈政治经济学批判〉导言》中对人类掌握世界的艺术方式进行过论述;普列汉诺夫在《尼·加·车尔尼雪夫斯基》中借别林斯基之口说过"科学家借助于逻辑论证来叙述自己的思想,而艺术家

---

[1] 鲁迅:《致韦素园》(1928 年 7 月 22 日),《鲁迅书信集》上卷,人民文学出版社 1976 年版,第 194 页。

[2] 鲁迅:《文学与社会》,朱金顺辑录:《鲁迅演讲资料钩沉》,湖南人民出版社 1980 年版,第 88—89 页。

[3] 鲁迅:《文学与社会》,朱金顺辑录:《鲁迅演讲资料钩沉》,湖南人民出版社 1980 年版,第 88—89 页。

[4] 鲁迅:《致徐懋庸》(1933 年 12 月 20 日),《鲁迅书信集》上卷,人民文学出版社 1976 年版,第 464 页。

则以形象来体现自己的思想"①，在《艺术与社会生活》中也说过"艺术家用形象来表现自己的思想，而政论家则借助逻辑的推论来证明自己的思想"②；高尔基在给亚·谢·谢尔巴科夫的信中论述过艺术家的形象思维问题③；法捷耶夫在《和初学写作者谈谈我的文学经验》中对文艺中的"直感印象"作过详细的阐述④。鲁迅对于马克思主义文艺作用或功能问题的理论创新体现在他总是结合文学的形象化特征来理解与把握，总是强调文艺必须通过这种形象化的方式才能产生积极的社会影响。如鲁迅早年曾在为《月界旅行》所写的《辨言》中从读者对科学与文艺的接受心理的角度分析了二者所产生的不同效果：科学"常人厌之，阅不终篇，辄欲睡去"，而文艺"使读者触目

① ［苏］普列汉诺夫：《尼·加·车尔尼雪夫斯基》，《普列汉诺夫哲学著作选集》第四卷，生活·读书·新知三联书店1974年版，第357页。

② ［苏］普列汉诺夫：《艺术与社会生活》，《普列汉诺夫哲学著作选集》第五卷，曹葆华译，生活·读书·新知三联书店1984年版，第836页。

③ 高尔基说："艺术家的形象思维，以对现实生活的广博知识为依据，被那想赋予素材以最完美形式的直觉的愿望所补充——用可能的和想望的东西来补充当前的东西，这种形象思维也是能够'预见'的，换句话说，社会主义现实主义的艺术是有权夸大——'臆测'的。直觉的东西不能理解为某种先于知识的、'预言的'东西，它只有在作为假设或作为形象组织起来的经验缺乏某些环节和细节的情况下，才能完成经验。"——［苏］高尔基：《给亚·谢·谢尔巴科夫》（1935年2月19日），《高尔基文学书简》（下卷），曹葆华、渠建明译，人民文学出版社1965年版，第371—372页。

④ 法捷耶夫说："在最难说明的原始艺术工作时期，艺术家的意识中的形象非常杂乱，没有整理出来；艺术家的意识中还没有完整的、完备的艺术形象；有的只是现实原料：最能打动他的人物的面貌、性格、事件、个别的情况、大自然的景色等等。在这个工作时期，艺术家自己还没有明确地知道，他对生活的观察和研究会得到什么结果。要说明材料是怎样从这一大堆素材里形成和提炼出来，主题和情节的最初草图是怎样勾画出来，是很困难的。这件事我办不到。我只知道，全部积聚起来的材料在一定的时候会和一些主要的思想与概念起一种有机化合，而这些主要的思想与概念是艺术家作为任何一个思想着、斗争着、有爱、有欢欣也有痛苦的活生生的人在自己的意识里原来就有着的。要经过一个相当时期，现实的零碎形象才开始形成一个整体，虽然是远非完善的整体；作品的一些主要的路标才开始在艺术家的意识中形成，——那时才到了可以写下作品的某些片段、章节、大纲等等的时期。这时你就要开始做一件非常紧张的意识工作，即从意识中存在着的大量印象与形象中挑选最有价值的材料，你选出一切需要的，抛掉多余的，在那样一个方向上浓缩事实和印象，以便尽可能全面地和清晰地表现出、传达出在意识中愈来愈定形的作品的主要思想。这样就经过了写作的第二时期。"——［苏］法捷耶夫：《和初学写作者谈谈我的文学经验》，水夫译，《论写作》，人民文学出版社1955年版，第176—177页。

会心，不劳思索，则必能于不知不觉间，获一斑之智识，破遗传之迷信，改良思想，补助文明"。① 在这里，鲁迅明确指出，文学不同于科学的艺术感染力就在于它是通过形象打动读者并产生各种社会作用的。鲁迅不仅认为文艺"能启人生之闷机，而直语其事实法则，为科学所不能言者"②，而且还把文艺发挥其社会作用的方式归纳为"直示""教示""实示"。即使是在接受了马克思主义文艺观后，他仍然坚持文艺产生社会作用的方式必须通过形象化的方式，否则就会违背艺术自身的规律。这突出体现在：（1）反对将文艺等同于革命宣传。比如在他看来："一切文艺固是宣传，而一切宣传却并非全是文艺，这正如一切花皆有色（我将白也算作色），而凡颜色未必都是花一样。革命之所以于口号、标语、布告、电报、教科书……之外，要用文艺者，就因为它是文艺"③。（2）反对为艺术而艺术。在这个问题上，鲁迅接受了普列汉诺夫的《艺术与社会生活》中的基本观点，既指出了"为艺术而艺术"倾向有其特殊的时代意义，也结合中国现代文坛实际剖析了新月派、"自由人""第三种人"等资产阶级艺术家标榜"为艺术而艺术"所潜藏的政治企图④。（3）主张"寓教于乐"，强调"好玩"和"有用"的结合。如他在《小

---

① 鲁迅：《月界旅行·辨言》，《鲁迅全集》第十一卷，人民文学出版社 1973 年版，第 10—11 页。

② 鲁迅：《坟·摩罗诗力说》，《鲁迅全集》第一卷，人民文学出版社 1973 年版，第 66 页。

③ 鲁迅：《三闲集·文艺与革命（并冬芬来信）》，《鲁迅全集》第四卷，人民文学出版社 1973 年版，第 95 页。

④ 普列汉诺夫曾在《艺术与社会生活》一书中以欧洲十八九世纪的文学为例，对"为艺术而艺术"的倾向作了历史的、具体的分析，认为这种倾向"是在从事艺术的人们与他们周围的社会环境之间存在着无法解决的不协调这样的地方产生并逐渐确立下来的"。所以最初还具有一定的积极意义，但当无产阶级兴起时，他们则"一面诅咒'资产者'，一面却尊重资产阶级的制度"，因此"为艺术而艺术"成为维护资本主义而反对无产阶级的幌子。——［苏］普列汉诺夫：《艺术与社会生活》，《普列汉诺夫哲学著作选集》第五卷，曹葆华译，生活·读书·新知三联书店 1984 年版，第 848—849 页。鲁迅在《帮忙文学与帮闲文学》一文中也论述了"为艺术而艺术"这一主张在中国现代文坛上的发展变化历程："今日文学最巧妙的有所谓为艺术而艺术派。这一派在五四运动时代，确是革命的，因为当时是向'文以载道'说进攻的，但是现在却连反抗性都没有了。不但没有反抗性，而且压制新文学的发生。对社会不敢批评，也不能反抗，若反抗，便说对不起艺术。故也变成帮忙柏勒思（Plus）帮闲。"——鲁迅：《集外集拾遗·帮忙文学与帮闲文学》，《鲁迅全集》第七卷，人民文学出版社 1973 年版，第 784 页。

品文的危机》中强调小品文应有战斗性，同时也要能"给人愉快和休息"①。

三、话语特色：民族化、时代化和通俗化

鲁迅对马克思主义文艺思想的吸收和运用，从来不是教条主义式的机械搬用，而是将其精髓化为自己的血脉，用属于自己也属于中华民族的特有的话语方式进行理论表述和批评实践，因而在马克思主义文学批评中国化的实践过程中，从话语表述上呈现出鲜明的民族化、时代化、通俗化的特点。他的表述既深刻又通俗，既有理论包容度也有思想的批判深度，既切中核心论题又能引发对相关问题的开放性思考，既符合时代的审美趣味又具有深厚的民族文化底蕴，不仅具有惊人的创造性，而且达到幽默这一审美范畴的至高品级。从这个意义上讲，鲁迅的文学理论与批评话语表述不仅是马克思主义文艺批评中国化的结晶，更是未来中国化实践的重要财富和努力方向。

鲁迅通过自己的文艺实践以及对马克思主义文艺理论的深刻理解创造了许多脍炙人口的文艺理论范畴、命题和理论形态，它们遍及文艺本质论、文艺创作论、文艺鉴赏论、文艺批评论各个理论层面。以下作一简单列举：

"面包"论。这是鲁迅用历史唯物主义观点阐述文学与社会生活之间的关系问题的重要创造和形象化表述。1927 年他在《文学与社会》的演讲中明确指出，不是文学改造社会，而"是社会改变文学，社会改变了，文学也改变了。社会怎样改变了呢？我以为是面包问题，面包问题解决了，社会环境改变了，文学格式才能出来！"②

"拿来主义"。这是鲁迅在《拿来主义》一文中针对如何继承中外遗产问题的一个重大理论创造，不仅适用于如何对古今中外一切文化或文艺遗产问题，同样也适用于一切古今中外事物，把马克思主义文艺理论关于文艺遗产问题的理论提到一个新高度。《拿来主义》全文既针对当时的文艺现实，又使用民族化的表述，将复杂的理论问题生动、形象、通俗地加以化解，是鲁迅中国化实践的典范之作。

---

① 鲁迅：《南腔北调集·小品文的危机》，《鲁迅全集》第五卷，人民文学出版社 1973 年版，第 173 页。
② 鲁迅：《文学与社会》，朱金顺辑录：《鲁迅演讲资料钩沉》，湖南人民出版社 1980 年版，第 89 页。

"酿蜜"论。这是鲁迅关于文学创作中如何博采众长的形象化、通俗化的理论表述。如 1936 年 4 月 15 日鲁迅在给颜黎民的信中说："你说专爱看我的书，那也许是我常论时事的缘故。不过只看一个人的著作，结果是不大好的：你就得不到多方面的优点。必须如蜜蜂一样，采过许多花，这才能酿出蜜来，倘若叮在一处，所得就非常有限，枯燥了。"①

"画眼睛"和"写灵魂"。这是鲁迅关于典型人物形象塑造方法问题的重要理论表述。比如，他在《我怎么做起小说来》一文中说："忘记是谁说的了，总之是，要极省俭的画出一个人的特点，最好是画他的眼睛。我以为这话是极对的，倘若画了全副的头发，即使细得逼真，也毫无意思。"②他又在《〈穷人〉小引》中高度赞扬陀思妥耶夫斯基的笔触深达人的灵魂。显然，关于典型人物形象塑造方法问题，鲁迅展示出深厚的文化修养和高度的理论整合能力，"画眼睛"吸收的是中国古代绘画理论中的"传神"论，而"写灵魂"吸收的则是外国作家的精辟见解。

"杂取种种人"。与"画眼睛"和"写灵魂"不同，这是鲁迅依据自己的创作经验进行理论提升而创造出来关于人物塑造问题的又一经典理论表述。他在《答北斗杂志社问》《我怎么做起小说来》《〈出关〉的"关"》等多篇文章中反复讲到自己创造典型人物形象的这种综合法③。

---

① 鲁迅：《致颜黎民》（1936 年 4 月 15 日），《鲁迅书信集》下卷，人民文学出版社 1976 年版，第 982 页。

② 鲁迅：《南腔北调集·我怎么做起小说来》，《鲁迅全集》第五卷，人民文学出版社 1973 年版，第 109 页。

③ 如 1931 年，鲁迅在《答北斗杂志社问》一文中说："模特儿不用一个一定的人，看得多了，凑合起来的。"——鲁迅：《二心集·答北斗杂志社问》，《鲁迅全集》第四卷，人民文学出版社 1973 年版，第 354 页。1933 年，他在《我怎么做起小说来》一文中说："人物的模特儿也一样，没有专用过一个人，往往嘴在浙江，脸在北京，衣服在山西，是一个拼凑起来的脚色。"——鲁迅：《南腔北调集·我怎么做起小说来》，《鲁迅全集》第五卷，人民文学出版社 1973 年版，第 108 页。1936 年，他在《〈出关〉的"关"》一文中说："作家的取人为模特儿，有两法。一是专用一个人，言谈举动，不必说了，连微细的癖性，衣服的式样，也不加改变。这比较的易于描写……二是杂取种种人，合成一个，从和作者相关的人们里去找，是不能发现切合的了。但因为'杂取种种人'，一部分相象的人也就更其多数，更能招致广大的惶怒。我是一向取后一法的。"——鲁迅：《且介亭杂文末编·〈出关〉的"关"》，《鲁迅全集》第六卷，人民文学出版社 1973 年版，第 522 页。

"尺子"论和"圈子"论。这是鲁迅关于文学批评标准问题及批评家的阶级属性与所在阵营必然影响其批评的形象化、通俗化的理论表述。比如，1928年鲁迅在《文艺与革命》一文中认为中国批评界所用的尺度太多、太滥，"有英国、美国尺，有德国尺，有俄国尺，有日本尺，自然又有中国尺，或者兼用各种尺"[①]。1934年他又在《批评家的批评家》一文中强调指出，文艺批评史上的批评家都属于一定的圈子。[②]

"梯子"论。这是鲁迅"横站"在战友和敌人中间、仆倒在革命阵营的围剿中而坚定选择站在左翼文化的一边甘为文学青年人梯的形象化的表述。[③] 这其中既有对自己政治立场、文学立场选择的决不后悔，也有对左翼关门主义的批评，还有对来自友军暗箭所造成的伤害的不满。

"剜烂苹果"。这是鲁迅要求文学批评要做到深入、细致的形象化表述。[④]

---

① 鲁迅：《三闲集·文艺与革命（并冬芬来信）》，《鲁迅全集》第四卷，人民文学出版社1973年版，第93—94页。

② 鲁迅说："我们曾经在文艺批评史上见过没有一定圈子的批评家吗？都有的，或者是美的圈，或者是真实的圈，或者是前进的圈。没有一定的圈子的批评家，那才是怪汉子呢。办杂志可以号称没有一定的圈子，而其实这正是圈子，是便于遮掩的变戏法的手巾。譬如一个编辑者是唯美主义者罢，他尽可以自说并无定见，单在书籍评论上，就足够玩把戏。倘是一种所谓'为艺术的艺术'的作品，合于自己的私意的，他就选登一篇赞成这种主义的批评，或读后感，捧它上天；要不然，就用一篇假急进的好象非常革命的批评家的文章，捺它到地里去。读者这就被迷了眼。但在个人，如果还有一点记性，却不能这么两端的，他须有一定的圈子。我们不能责备他有圈子，我们只能批评他这圈子对不对。"——鲁迅：《花边文学·批评家的批评家》，《鲁迅全集》第五卷，人民文学出版社1973年版，第487—488页。

③ 在1930年3月27日致章廷谦的信中，鲁迅说："梯子之论，是极确的，对于此一节，我也曾熟虑，倘使后起诸公，真能由此爬得较高，则我之被踏，又何足惜。中国之可作梯子者，其实除我之外，也无几了。所以我十年以来，帮未名社，帮狂飙社，帮朝花社，而无不或失败，或受欺，但愿有英俊出于中国之心，终于未死，所以此次又应青年之请，除自由同盟外，又加入左翼作家连盟，于会场中，一览了荟萃于上海的革命作家，然而以我看来，皆茄花色，于是不佞势又不得不有作梯子之险，但还怕他们尚未必能爬梯子也。哀哉！"——鲁迅：《致章廷谦》（1930年3月27日），《鲁迅书信集》上卷，人民文学出版社1976年版，第249—250页。

④ 鲁迅说："我们先前的批评法，是说，这苹果有烂疤了，要不得，一下子抛掉。然而买者的金钱有限，岂不是大冤枉，而况此后还要穷下去。所以，此后似乎最好还是添几句，倘不是穿心烂，就说：这苹果有着烂疤了，然而这几处没有烂，还可以吃得。这么一办，译品的好坏是明白了，而读者的损失也可以小一点。"——鲁迅：《准风月谈·关于翻译（下）》，《鲁迅全集》第五卷，人民文学出版社1973年版，第345页。

这一对文艺作品的优劣高低要作出精细、准确的判断的主张，不仅适用于各种文体的文学作品，也是文学批评的重要方法与基本原则。

厨司和食客。这是鲁迅关于作家和批评家之间关系的精妙比喻，① 对作家与批评家相互依存、相互影响、相互制约的辩证关系作了通俗化、形象化的表述。

捧杀与骂杀。这是鲁迅在《骂杀与捧杀》一文中对文学批评中两种极端的错误倾向的通俗化的抨击。② 这与他批评文学创作中的"溢美"与"溢恶"的两种不良倾向在表述上有异曲同工之妙。即使在今天，对于端正批评态度，纠正不良批评风气，仍然有着很强的现实针对性。

实际上，鲁迅的这种民族化、时代化、通俗化的表述还有很多。如他在《并非闲话（三）》中所说的"恶草"与"佳花"（即批评家不但要剪除恶草，更要灌溉佳花）；③ 在《关于翻译（上）》中提到的不良批评家就是"有害的文学的铁栅"；④ 在《〈自选集〉自序》中提到的"遵命文学"，⑤ 以及在《帮忙文学与帮闲文学》中提出的"帮忙文学"与"帮闲文学"⑥ 等等，都是紧贴时代、富于民族气息而又形象、通俗的个人独创的理论概念或术语，这些表述也以其创造性、典范性为马克思主义文学批评的中国化作出了巨大的贡献，更加

---

① 在鲁迅看来，作家和批评家的关系相当于厨司和食客的关系。厨司司职做菜，而食客进餐时有权评价厨司的手艺或菜的味道。他们之间是辩证的关系。就厨司而言，不能一听到食客有意见，就不高兴地说"你去做一碗来给我吃吃看"，就食客而言，发表的意见则要实事求是，才能对厨司做好菜有帮助。——参见鲁迅：《热风·对于批评家的希望》，《鲁迅全集》第二卷，人民文学出版社 1973 年版，第 122—124 页；鲁迅：《花边文学·看书琐记（三）》，《鲁迅全集》第五卷，人民文学出版社 1973 年版，第 607—609 页。

② 在鲁迅看来，批评界里存在着两种恶习，即捧与骂。"所谓捧与骂者，不过是将称赞与攻击，换了两个不好看的字眼。指英雄为英雄，说娼妇是娼妇，表面上虽象捧与骂，实则说得刚刚合式，不能责备批评家的。批评家的错处，是在乱骂与乱捧，例如说英雄是娼妇，举娼妇为英雄。"——鲁迅：《花边文学·骂杀与捧杀》，《鲁迅全集》第五卷，人民文学出版社 1973 年版，第 642 页。

③ 鲁迅：《华盖集·并非闲话(三)》，《鲁迅全集》第三卷，人民文学出版社 1973 年版，第 152 页。

④ 鲁迅：《准风月谈·关于翻译（上）》，《鲁迅全集》第五卷，人民文学出版社 1973 年版，第 343 页。

⑤ 鲁迅：《南腔北调集·〈自选集〉自序》，《鲁迅全集》第五卷，人民文学出版社 1973 年版，第 49—52 页。

⑥ 鲁迅：《集外集拾遗·帮忙文学与帮闲文学》，《鲁迅全集》第七卷，人民文学出版社 1973 年版，第 782—784 页。

快了马克思主义文学批评的中国化进程。

四、价值诉求：文艺为了大众

如果说鲁迅前期思想中还带着浓厚的个人主义色彩的话，那么随着他对马克思主义文艺理论的自觉吸收和深刻把握，其文艺价值观发生了巨大的改变，用他自己的两句诗来概括，就是"横眉冷对千夫指，俯首甘为孺子牛"。毛泽东曾说："一切共产党员，一切革命家，一切革命的文艺工作者，都应该学鲁迅的榜样，做无产阶级和人民大众的'牛'，鞠躬尽瘁，死而后已。"[1] 可以说，在马克思主义文学批评中国化的实践中，鲁迅文艺大众化思想的价值诉求的核心宗旨就是：文艺应当属于人民，文艺要为人民而创作，为大众立言，并为人民所利用。就其具体表现而言，则是：

1. 体现大众立场

鲁迅认为文艺家必须站在大众的立场来认识文学和创造文学。他曾告诫那些觉悟的智识者要自觉成为大众中的一员，并解释其原因说："由历史所指示，凡有改革，最初，总是觉悟的智识者的任务。但这些智识者，却必须有研究，能思索，有决断，而且有毅力。他也用权，却不是骗人，他利导，却并非迎合。他不看轻自己，以为是大家的戏子，也不看轻别人，当作自己的喽啰。他只是大众中的一个人，我想，这才可以做大众的事业。"[2] 对那些"以为诗人或文学家高于一切人，他底工作比一切工作都高贵"的观念，以及藐视人民大众作家的错误言论，鲁迅进行了严厉的批驳。[3] 比如，他批评梁实秋之流："虽然很讨厌多数，但多数的力量是伟大，要紧的，有志于改革者倘不深知民众的心，设法利导，改进，则无论怎样的高文宏议，浪漫古典，都和他们无干，仅止于几个人在书房中互相叹赏，得些自己

---

① 《毛泽东选集》第三卷，人民出版社 1991 年版，第 877 页。

② 鲁迅：《且介亭杂文·门外文谈》，《鲁迅全集》第六卷，人民文学出版社 1973 年版，第 111 页。

③ 参见鲁迅：《二心集·对于左翼作家联盟的意见——三月二日在左翼作家联盟成立大会讲》，《鲁迅全集》第四卷，人民文学出版社 1973 年版，第 238—239 页。

满足"。① 在鲁迅看来，尽管人民大众的文化程度受到各种历史条件的局限，但他们"是有文学，要文学的"，② 而且人民大众对于文艺，能"明黑白，辨是非，往往有决非清高通达的士大夫所可几及之处的"③。像连环画、唱本、说书这些通俗文艺，鲁迅理直气壮地为之辩护，说这些普及性的作品"大众是要看的，大众是感激的"④。鲁迅还把历史唯物主义的"人民群众创造历史"的历史观深化到对中国古代文学创作的认识中。在他看来，"一切文物，都是历来的无名氏所逐渐的造成"⑤，中国古代许多优秀的文学作品都是不识字的无名氏创作，从六朝的《子夜歌》和《读曲歌》到唐朝的《竹枝词》和《柳枝词》之类，"原都是无名氏的创作"⑥。而他自己的创作也秉持这一立场，自觉关注底层大众，在取材上"多采自病态社会的不幸的人们中，意思是在揭出病苦，引起疗救的注意"⑦。

2. 关注大众生活

文艺为了大众，从作家的角度讲，首先必须关注大众生活。在中国以农为主的这个国度里，农民是人民大众的主体之一。鲁迅非常重视文学中的农村和农民题材，不独在自己的创作中如此，还体现在文学作品的编辑之中，如鲁迅和茅盾于 20 世纪 30 年代编选的中国作家短篇小说集《草鞋脚》，加上赵家璧、茅盾等著名作家推荐选辑的《短篇佳作集》，农村题材小说就占了三分之一左右。鲁迅所强调的对大众生活的关注后来成为解放区文艺工作者的一个根本性方向。邓拓曾这样描述鲁迅影响下的解放区文艺创作：

① 鲁迅：《二心集·习惯与改革》，《鲁迅全集》第四卷，人民文学出版社 1973 年版，第 228 页。
② 鲁迅：《且介亭杂文·门外文谈》，《鲁迅全集》第六卷，人民文学出版社 1973 年版，第 105 页。
③ 鲁迅：《且介亭杂文二集·"题未定"草（六至九）》，《鲁迅全集》第六卷，人民文学出版社 1973 年版，第 431 页。
④ 鲁迅：《南腔北调集·"连环图画"辩护》，《鲁迅全集》第五卷，人民文学出版社 1973 年版，第 44 页。
⑤ 鲁迅：《南腔北调集·经验》，《鲁迅全集》第五卷，人民文学出版社 1973 年版，第 133 页。
⑥ 鲁迅：《且介亭杂文·门外文谈》，《鲁迅全集》第六卷，人民文学出版社 1973 年版，第 100 页。
⑦ 鲁迅：《南腔北调集·我怎么做起小说来》，《鲁迅全集》第五卷，人民文学出版社 1973 年版，第 108 页。

八年来，我们解放区的文化工作者是走着鲁迅先生所指示的方向，也就是毛泽东同志所指示的民族的、民主的、科学的、大众的新文化的方向。由于解放区文化工作者的努力，虽处于残酷的斗争环境中，仍创造了很大的功绩。比如轰动全边区的阜平高街村"穷人乐"的戏剧创作，这是一个人民自己创造的艺术作品，这是抗战八年来边区人民的一个代表作，这是鲁迅先生的方向的实现。例如普遍全边区的村剧团运动，农村黑板报、民办公助小学，屋顶广播；又如在张家口市演出的《王秀鸾》，群众剧社的《过光景》，以及普遍到解放区每个角落，人人会唱的抗战歌曲、照片、木刻、文学等，都是循着鲁迅先生指示的方向创作出来的。虽然还有缺点，但却应该给以很高的估价。①

3. 解决大众化难题

鲁迅不仅在自己的文艺批评实践中通过创造大众化的、通俗化的术语或概念来践行其文艺大众化思想（如前述，不赘），而且注重从理论层面上来解决文艺如何大众化的诸多难题。如他的《文艺的大众化》不仅强调"应该多有为大众设想的作家，竭力来作浅显易解的作品，使大家能懂，爱看，以挤掉一些陈腐的劳什子"，同时也指出文艺大众化的大规模实施必须有"政治之力的帮助"（这对后来中国共产党的文艺政策的制定无疑具有启发作用）；②《人生识字胡涂始》强调"从活人的嘴上，采取有生命的词汇"③；《论"旧形式的采用"》提出"为了大众，力求易懂，也正是前进的艺术家正确的努力"④，把艺术形式的大众化提到为谁服务的高度来认识；《门外文谈》用通俗化的语言从文字和

---

① 邓拓：《沿着鲁迅的方向前进!》（本文是邓拓 1945 年 12 月 22 日在张家口市纪念鲁迅逝世九周年大会上的讲话），常君实编：《邓拓全集》（第二卷·政论卷），花城出版社 2002 年版，第 223 页。

② 鲁迅：《集外集拾遗·文艺的大众化》，《鲁迅全集》第七卷，人民文学出版社 1973 年版，第 773 页。

③ 鲁迅：《且介亭杂文二集·人生识字胡涂始》，《鲁迅全集》第六卷，人民文学出版社 1973 年版，第 296 页。

④ 鲁迅：《且介亭杂文·论"旧形式的采用"》，《鲁迅全集》第六卷，人民文学出版社 1973 年版，第 32 页。

文学的产生和发展的角度，详细考察了文化发展的基本规律以及它和大众的关系，从历史归纳与总结中逻辑地呈现了大众语、文艺大众化的必然性。像《论重译》《趋势和复古》《汉字和拉丁化》《做文章》《关于新文字》《"彻底"的底子》等论文，或针对大众语建设，或针对欧化与复古，或从语言层面，或从历史层面，或从普及与提高的关系角度，或从建设无产阶级革命文学的高度，为当时文艺界讨论最为热烈而论争又最为激烈的文艺大众化运动提供了丰富的理论指导。

4. 参与大众化实践

鲁迅不仅从理论上阐明文艺大众化的必要性和必然性，还身体力行地参加文艺大众化的具体实践工作。如他于 30 年代和郑振铎合作出版了《北平笺谱》和《十竹斋笺谱》，对保存中国传统木刻版画珍品作出了贡献。他还与冯雪峰一起主编了集时事、文艺于一体的通俗性革命刊物《十字街头》，并亲自创作了不少民歌民谣，如《好东西歌》《公民科歌》等。其中，《好东西歌》用通俗化的语言揭露了国民党的派系倾轧和祸国殃民："你骂我来我骂你，说得自己蜜样甜。……相骂声中失土地，相骂声中捐铜钱，失了土地捐过钱，喊声骂声也寂然。……大家都是好东西，终于聚首一堂来吸雪茄烟。"① 在鲁迅的影响和带动下，"左联"成立了文艺大众化研究会，试图运用马克思主义文艺观点来解决文艺同人民群众的关系的问题，开展了多种关于文艺大众化的讨论，"提出了文艺为大众、写大众、大众写的口号，发出了全体盟员'到工厂、到农村、到战场上，到被压迫群众当中去'的号召（'左联'执行委员会决议；《无产阶级文学运动新的情势及我们的任务》）。……还在历史提供的活动范围内，进行了文艺大众化的实践。比如，创办通俗性刊物，创办民歌民谣，改编名著为通俗小说，建立工人夜校，在工厂组织读报组、办墙报，开展工农通讯员运动，办蓝衣剧社等"②。

---

① 鲁迅：《集外集拾遗·好东西歌》，《鲁迅全集》第七卷，人民文学出版社 1973 年版，第 806 页。

② 周扬：《继承和发扬左翼文化运动的革命传统——在纪念"左联"成立五十周年大会上的讲话》，中国社会科学院文学研究所《左联回忆录》编辑组编：《左联回忆录》（上），中国社会科学出版社 1982 年版，第 17 页。

从鲁迅的马克思主义文艺批评中国化实践看，学术界有两种观点是值得商榷的。一是美国学者余英时认为鲁迅只具有批判性，不具有建设性。事实上，鲁迅在中国化实践充分体现了"破"与"立"的结合，他是通过"破"（即廓清文艺意识领域的各种乌烟瘴气）去引导"立"，要引领的是文艺健康的前进方向，这本身就具有高度的建设性，而且鲁迅对马克思主义文艺原理的诸多创新性发挥，也是非常具有建设性的。二是日本学者丸山升认为鲁迅"对于马克思主义，不是将自己整个投入其中，也不是相反地全部拒绝"①，实际上，这正是鲁迅在马克思主义文艺批评中国化实践中给我们留下的宝贵思想财富：不把马克思主义文艺理论俗化为一般认知或神圣化为教条，而是通过分析、鉴别同各种非马克思主义文艺理论进行斗争，去领悟马克思主义文艺观的精髓；不是只求理论趋同于现实，而是以中国现代国情、文情的具体特点为前提和依据展开批评实践，并对高于文艺实践的诸多理性逻辑进行深度思考，实现实践—理论—实践的良性循环。这种开放的发展的马克思主义文艺观才构成当下中国马克思主义文艺中国化实践研究与探索的最重要的基础。

---

① ［日］丸山升：《鲁迅·革命·历史——丸山升现代中国文学论集》，王俊文译，北京大学出版社 2005 年版，第 44 页。

第四章　革命现实主义与马克思主义文学批评中国形态的探索

　　虽然 20 世纪 30 年代周扬曾经译介过"社会主义现实主义",但它作为文学创作的最高准则是在新中国成立前夕的第一次文代会才被正式确立为主流文艺意识形态的。从左翼文艺运动开始到新中国成立这一时段,"革命现实主义"作为马克思主义文学批评中国形态探索中一种重要的理论形态占据了文艺理论与批评界的主流。相比已经革命成功并处于社会主义建设进程中的苏联而言,"革命现实主义"中包含的"革命"内涵更符合当时中国的现实需要。无论是瞿秋白用"唯物辩证法"来充实自己"清醒的现实主义",还是茅盾用阶级理论改造自己的写实主义理论,无论是周扬移植苏联"拉普"理论和列宁的文学党性原则来宣传、阐释"社会主义现实主义",还是冯雪峰用"主观力"和"人民力"丰富现实主义理论的战斗性,抑或是胡风用"五四文魂"和"主观精神"来创立自己的现实主义理论体系,"革命"都是这一时段的核心理念或口号。可以说,在这一理念与口号下进行既往现实主义理论的改造,使之同马克思主义文艺原理以及中国的文艺革命现实结合起来,是这一历史时段中"革命现实主义"理论发展的总体态势。其中它既吸收了苏联"社会主义现实主义"的理论资源,也包含着本土理论家的拓展、创新与发挥。瞿秋白、茅盾、周扬、冯雪峰、胡风、冯乃超、成仿吾等人在中国的革命现实主义文艺理论的建构与批评实践中,从不同角度、不同层次、不同维度上丰富了中国的革命现实主义理论,对马克思主义文学批评中国形态的建构起到了积极的作用。

第一节　瞿秋白的"清醒的现实主义"与马克思主义文学批评的中国化探索

瞿秋白是自觉致力于将马克思主义文艺理论中国化的中共早期著名领导人之一。他的中国化探索不仅仅集中于"左联"时期的理论阐释活动和对文艺大众化运动的参与与指导上，事实上从 20 年代初赴俄考察开始至其从容就义，这位既是伟大的革命者又是饱经忧患之文人的中共领导人就一直试图把马克思主义文艺的基本原理同中国革命文学实践结合起来，对马列主义文艺理论的理论原则、具体创作方法乃至实际的文艺活动的组织原则都有全面的考量和深刻的阐述。其中他最突出的贡献就是在中国早期无产阶级文艺实践中，初步建立起适应革命形势及要求的革命现实主义文艺理论体系。这一体系建立在对苏联"拉普"创作方法和理论的吸取和改造上，也建立在对中国革命文学实践中的"革命的浪漫谛克"的批判上，初步完成了马克思主义的现实主义理论与中国文艺实际相结合。从其早期饿乡心程中，我们可以看到他对于革命的过程及文学的作用有着"清醒的现实主义"认识；他基于《中国拉丁化字母方案》进行的新大众语言的原型想象延展着其关于文学革命同大众文艺之间内在逻辑联系的思考；他的文艺大众化理念中的"为大众"有着不同于时人时见的真正的普洛大众情结；他对普洛大众文艺的现实问题的全方位思考与阐述展示了早期中国共产党人的理论风范；他对无产阶级文艺领导权的重视同西方马克思主义在 20 世纪大半个世纪以来的文化批判活动有着内在的相通之处，并成为反对文化殖民的重要精神财富；他对马列主义文艺原典的阐释和发挥（诸如"现实""现实主义""党的文学""辩证唯物论的创作方法"等）既有"直取心肝"的准确，也有因激进而带来的误读；他基于革命现实主义文艺立场而从事的文艺批评实践既有对鲁迅作为中国革命现实主义典范的精准发掘，也有对"启蒙五四"和"革命五四"的武断区分，更有对"第三种人"的不当拒斥。总的说来，在昭示中国左翼文学已经具有的宝贵遗产和所应拓展的广阔道路方面，瞿秋白是我们绕不开的一个理论家范本。我们只有尽量回到历史的真实场景，才能看到这位早期中共文艺理论家的心路历程及其理论轨迹向我们到底言说着什么。

一、饿乡心程中"清醒的现实主义"

在投入有组织的政治行动以前，中国的激进知识分子们对于马克思主义知道些什么呢？正如费正清所说：

> 在中国共产党创立之前，可以找到《共产党宣言》的几种译本；《新青年》和《晨报》的附刊上还有介绍历史唯物主义的文章（河上肇著）。考茨基的《卡尔·马克思的经济学说》有两种译本，一种为国民党的理论家戴季陶所译，但是《资本论》本身却只有经过大量删节的中文本。译成中文的还有《雇佣劳动与资本》《哥达纲领批判》《法兰西内战》《论犹太人问题》《神圣家族》《哲学的贫困》《政治经济学批判手稿》，以及《社会主义从空想到科学的发展》。在北京大学的图书馆中收集有数量相当可观的英文、德文、法文及日文的共产主义文献，李大钊在和他的社会主义青年小组的讨论中，利用了这些文献。除此之外，十月革命自然地把激进分子们的注意力吸引到了布尔什维克领导下的俄国。列宁的《国家与革命》《帝国主义：资本主义的最高阶段》和《共产主义运动中的"左派"幼稚病》，以及托洛茨基的《共产主义与恐怖主义》和《布尔什维克主义与世界和平》都译成了中文。列宁于 1919 年 12 月在联共八大上所作关于苏联共产党章程的报告的中文本，在《新青年》（第 8 卷，第 3 和第 4 号）上分为两部分连载——《民族自决》和《过渡时代的经济》。介绍马列主义的工作随着《共产党》月刊于 1920 年 11 月在上海创刊而蓬勃展开，俄国政党、国家和社会各个方面的情况，连同俄国新的艺术和文学，在几份激进刊物上得到了报道。不满足于翻译过来的关于新俄国的报道，中国人或前往俄国直接观察，或向莫斯科派驻记者。其中包括瞿秋白，他的动机是"寻求……改造中国的真理"。通过他们的报道，抽象的理论转化成

了具体的事实。①

可以说，正是基于把俄国抽象的革命理论转化成改造中国现实的真理的愿望，瞿秋白即便忍饥挨饿，也要到俄国这个"始终是世界第一个社会革命的国家，世界革命的中心点，东西文化的接触地"②去寻求革命真理。赴俄期间，他不仅发表了大量介绍俄国革命现状的政论文章和旅俄游记作品，以及呼吁中国革命的诗作（如《无涯》），还发表了不少翻译、介绍马克思主义理论的文章，如凯仁赤夫的《共产主义与文化》和《校外教育及无产阶级文化运动》。其中，被茅盾先生冠以"清醒的现实主义"的《饿乡纪程》和《赤都心史》既是现代中国最早记叙十月革命后苏联初期政治和社会生活的作品，更是瞿秋白走向马克思主义传播与译介的先声。这期间，瞿秋白对苏俄的现实主义文学创作以及无产阶级文艺运动非常重视。谈及原因，瞿秋白说："俄罗斯文学的研究在中国确已似极一时之盛。何以故呢？最主要的原因，就是：俄国布尔什维克的赤色革命在政治上，经济上，社会上生出极大的变动，掀天动地，使全世界的思想都受他的影响。大家要追溯他的远因，考察他的文化，所以不知不觉全世界的视线都集于俄国，都集于俄国的文学；而在中国这样黑暗悲惨的社会里，人人都想在生活的现状里开辟一条新道路，听着俄国旧社会崩裂的声浪，真是空谷足音，不由得不动心。因此大家都要来讨论研究俄国。于是俄国文学就成了中国文学家的目标。"③在瞿秋白看来，"研究共产主义——此社会组织在人类文化上的价值，研究俄罗斯文化——人类文化之一部分"正是"自旧文化进于新文化的出发点"④。因此，到社会主义文学的发源地去寻求革命精神并将其普罗文学介绍给中国读者，就成为瞿秋白在文艺上的重任。他翻译了果戈理（如《妇女》）、莱蒙托

---

① [美] 费正清：《剑桥中华民国史 1912—1949 年》（上），杨品泉等译，中国社会科学出版社 1994 年版，第 576—577 页。

② 瞿秋白：《饿乡纪程——新俄国游记·五》，《瞿秋白文集》（文学编·第一卷），人民文学出版社 1985 年版，第 31 页。

③ 瞿秋白：《〈俄罗斯名家短篇小说集〉序》，《瞿秋白文集》（文学编·第二卷），人民文学出版社 1986 年版，第 248 页。

④ 瞿秋白：《饿乡纪程——新俄国游记·十二》，《瞿秋白文集》（文学编·第一卷），人民文学出版社 1985 年版，第 84 页。

夫（如《烦闷……》《安琪儿》等）和高尔基（如《阿弥陀佛》）的作品，结识了"未来派"诗人马雅可夫斯基，欣赏了卢那察尔斯基的剧作《国民》，拜访了托尔斯泰陈列馆，还受苏俄政府大规模扫盲运动的启发，潜心研究中国文字拉丁化问题，写下《中国拉丁化的字母》（这对他后来的文艺大众化思想有着深远的影响）。他还撰写了《俄国文学史》一书，系统介绍了十月革命前俄罗斯文学的发展历史，对普希金、果戈理、托尔斯泰等人作品中的"平民性""现实性"以及"文学为服务社会的工具"等观念十分推崇。他对于革命性的大众化的文艺观的推崇可从一则例子中见出。1922 年 2 月 17日，在翻阅过往的俄国《新闻报》时，瞿秋白发现了该报登载的美国现代舞蹈家邓肯的《新艺术与群众》一文，文中大声疾呼："我们现时的艺术时代，应当融洽于'生活'，不但不能后于生活一步，而且应当为人类描画'将来'的理想"，应当给工人"怡养于高尚的真正的伟大的艺术"，"受艺术化的教育"。瞿秋白看到该文后当即将其摘译出来，题作《美人之声》，后收入《赤都心史》。[1] 瞿秋白对苏俄无产阶级文学精神的推崇和介绍还引起了鲁迅的深刻共鸣。1931 年末，鲁迅曾就翻译问题给瞿秋白复信，高度评价了《毁灭》和《铁流》两部小说的译介工作，同时也指出："不过我也和你的意思一样，以为这只是一点小小的胜利，所以也很希望多人合力的更来绍介，至少在后三年内，有关于内战时代和建设时代的纪念碑的文学书八种至十种，此外更译几种虽然往往被称为无产者文学，然而还不免含有小资产阶级的偏见（如巴比塞）和基督教社会主义的偏见（如辛克莱）的代表作，加上了分析和严正的批评，好在那里，坏在那里，以备对比参考之用，那么，不但读者的见解，可以一天一天的分明起来，就是新的创作家，也得了正确的师范了。"[2]

　　我们应该看到，瞿秋白从一开始，对于革命的过程及文学的作用就有着"清醒的现实主义"认识。首先，他清醒地认识到革命的"红花"是"染着战血"的。在他看来，革命的胜利不可能一夜之间到来，旧世界也不会一夜之间变成天堂。其次，他清醒地认识"文学只是社会的反映"。与当时许多人过高

---

① 参见周永祥：《瞿秋白年谱新编》，学林出版社 1992 年版，第 73—74 页。

② 鲁迅：《二心集·关于翻译的通信》，《鲁迅全集》第四卷，人民文学出版社 1973 年版，第 381—382 页。

估计文学对社会改革的作用不同，瞿秋白冷静地指出："文学只是社会的反映，文学家只是社会的喉舌。只有因社会的变动，而后影响于思想；因思想的变化，而后影响于文学。没有因文学的变更而后影响于思想，因思想的变化，而后影响于社会的。"① 可以说，正是这种建基于坚实的马克思主义唯物论基础上的"清醒的现实主义"，使得 30 年代的瞿秋白能够不断挣脱苏俄"拉普"的理论桎梏，从宇宙观的高度正确阐释马克思主义文艺理论的现实主义内涵，在中国左翼文艺运动中积极倡导革命现实主义，并对"革命的浪漫谛克"进行有力而恰当的批判。

二、文艺大众化的理论畅想

瞿秋白是 20 世纪二三十年代中对文艺大众化问题讨论最勤、指导实践最力、论述也最为全面的早期中共领导人之一。他关于文艺大众化的理论畅想，既有对新大众语言的原型想象，也有对普洛大众文艺创造之现实与未来的宏观剖析，还有对未来中国文学之路的探讨，虽然其中也不乏过激或不当之处，但对马克思主义文艺批评如何真正在中国实现大众化却是厥功甚伟的。

1. 新大众语言的原型想象

早在 1923 年 10 月，瞿秋白就在《荒漠里》一文，首次提出文艺的大众化。在他看来，"中国的现代文还没有成就"，"文学的白话，白话的文学"尚未真正得到发展。他批评不少文章"那里有丝毫现实性的民族性？"，像是"翻译过来的"，成为"外古典主义"。② 1929 年 2 月，他拟定并在莫斯科出版了《中国拉丁化字母方案》，后经苏联汉学家郭质生帮助修改后更名为《中国拉丁化的字母》，以汉文、俄文、拉丁文等形式印刷，在华侨中试行，引起文化界广泛的关注。这是很早从语言形式角度对文艺大众化问题所作的重

---

① 瞿秋白：《〈俄罗斯名家短篇小说集〉序》，《瞿秋白文集》（文学编·第二卷），人民文学出版社 1986 年版，第 248—249 页。

② 瞿秋白：《荒漠里——一九二三年之中国文学》（原载于《新青年》季刊 1923 年第 2 期），《瞿秋白文集》（文学编·第一卷），人民文学出版社 1985 年版，第 312—313 页。

要探讨。对于大众文艺该用何种语言，他明确主张"先采用群众现在所看惯的那种体裁，去创作新派的大众文艺，然后渐渐提高这种文艺的程度"，认为大众文艺在语言方式的选择上，"可以用普通话写，也可以用方言文写。普通话是给全国群众看的，而方言文是给一定地方的群众看的"。[1]1931年春，他在致迪兄和新兄的信中都明确主张，大众化的文艺作品必须"用现代的普通话写"，信中说："不要古文，不要古代的文言，不要古代的白话，不要夹杂着古代的文言或古代的白话的假白话文。""说一定要普通的白话，这就是不要方言，不但不要广州、上海、福建……等的文言，并且不要北京的文言。"[2]又说："凡是说得出来的白话文，都是"活人的话"，都是真正的白话文。凡是说不出来的，读出来听不懂的——不象说话腔调的——就都是假白话文。"[3]费正清曾精辟分析了瞿秋白的这种把语言改革同提倡文学革命与大众文艺内在关联起来的文艺主张：

> "大众话"或者"大众语"的问题，首先是30年代最杰出的左翼理论家瞿秋白于1932年提出的。瞿对于语言的关心，与他对马克思主义文学的信念是分不开的；由于无产阶级文学是为大众的文学，瞿顺理成章地认为它必须为大众所理解。按照瞿的观点，新文学中所用的"五四"式白话，已经成为充满外国名词、欧化句法、日文词组和文言残余为特征的新的上流社会用语。简言之，它是一种被脱离大众的城市知识分子垄断的语言。瞿因此号召进行一场新的"文学革命"，这次由正在崛起的无产阶级领导，对准三个靶子，即残留的文言，"五四"式的白话（瞿称之为新文言）以及传统的民间小说之中的旧白话。从这次二次革命中出现的，会是一种反映民众活语言的新的大众话。瞿凭着他对马克思主义的偏好，自然地

---

[1]　瞿秋白：《致岚兄》（此信约写于1929年间），《瞿秋白文集》（文学编·第三卷），人民文学出版社1989年版，第322—323页。

[2]　瞿秋白：《致迪兄》（二）（此信约写于1931年春），《瞿秋白文集》（文学编·第三卷），人民文学出版社1989年版，第332页。

[3]　瞿秋白：《致新兄》（此信约写于1931年春），《瞿秋白文集》（文学编·第三卷），人民文学出版社1989年版，第336—337页。

将这种新的大众语言的原型想象为一种"普通话"的集合体，很像那些来自中国各地，并设法在现代工厂里相互交往的城市工人所讲的语言。①

从这段分析不难看出，瞿秋白关于新大众语言的原型想象的确带有一定的乌托邦性质甚至武断特征，而且在文艺大众化讨论中遭到了茅盾等人的质疑②，但文艺创作的语言形式的大众化却成为后来中国左翼文学、解放区文学甚至新中国成立后革命文学创作与理论建设的主导方向，其指导意义是不容忽视的。

2. 普洛大众文艺创造之现实与未来的宏观分析

瞿秋白在参与和主持"左联"领导工作后即撰写了《普洛大众文艺的现实问题》一文，对普洛大众文艺的现实与未来作了全面而系统的阐述。作为运用马列主义文艺理论解决中国革命文学运动实际问题的第一篇带纲领性的文献，这篇文章分别从"用什么话写""写什么东西""为着什么而写""怎么样去写""要干些什么"五个方面对普洛大众文艺的语言形式、基本内容、创作目的、创作方法以及创作理念作了全面的阐述。当然，瞿秋白的文艺思想中确实也包含着比较明显的"左"倾主义机械论和武断之处，比如将启蒙的"五四"和革命的"五四"截然分开③，将"五四"白话文简单视为"新

---

① [美]费正清、费维恺编：《剑桥中华民国史 1912—1949 年》（下），刘敬坤等译，中国社会科学出版社 1994 年版，第 497—498 页。

② 比如，茅盾在《问题中的大众文艺》一文中就反对瞿秋白将"五四"白话文视为"新文言"的论断，认为文学作品能否接近大众的原因，"技术是主，'文字本身'是末"，并认为"杰出的旧小说已经得了圆满解决"的技术问题，革命文艺却完全没有解决，"新文言"不能独负其罪。他也不承认瞿秋白称为"普通话"的"真正的现代中国话"已经存在且可以担任文学描写的责任，主张目前还不能不用通行的"白话"。——茅盾：《问题中的大众文艺》（原载于《文学月报》1932 年第 1 卷第 2 期），《茅盾全集》（第十九卷·中国文论二集），人民文学出版社 1991 年版，第 321—325 页。

③ 比如瞿秋白在文章中说："五四时期的反对礼教斗争只限于智识分子，这是一个资产阶级的自由主义启蒙主义的文艺运动。我们要有一个无产阶级的'五四'。"——瞿秋白：《普洛大众文艺的现实问题》，《瞿秋白文集》（文学编·第一卷），人民文学出版社 1985 年版，第475 页。

第四章　革命现实主义与马克思主义文学批评中国形态的探索

文言"①，否认"第三种人"的存在②，但文章对中国现实社会和文艺现状的分析是清醒的、透彻的、有力的。比如他批评"左联"某些作家"有的只是'天才'，只是'理论'，他们已经得到的是些归纳的结论，将要得到的还是些归纳的笼统的结论"③，可以说，这正是对这些作家在创作中理论脱离实际的弊病的一针见血的批评。

尤其值得注意的是，瞿秋白的文艺大众化理念中的"为大众"有着特殊的含义和不同凡响的意义。通过细察不难发现，瞿秋白的文艺大众化理念同文学革命这一宗旨是密切联系在一起的，换言之，大众的文化解放是其真正的目的，文艺形式的变革则是其中的表现形式。比如 1929 年 3 月 18 日在给杨之华的信中谈文字改革问题时，他认为这种改革的目的在于"使中国工农群众不要受汉字的苦，这或许要五十年一百年之后，但是发端是不能怕难的"④。1931 年春，他两次致信迪兄谈新的文学革命问题，认为"新的文学革命不是'五四'的简单的继续，而是它的'辩证法的开展'"⑤，其中的重要原因就在于他认为五四新文化运动并没有真正解放大众。文艺大众化问题作为 20 世纪 30 年代文艺评论界的一个热点曾引起过热烈的讨论，看法不一。"左联"成立后所建立的文艺大众化研究会将之列入重要研究题目和工作日程，1931 年到 1932 年间，瞿秋白和冯雪峰等人一起发动了有关文艺大众化

---

① 茅盾曾在文艺大众化讨论中质疑了瞿秋白将"五四"白话文称为"新文言"的论断，但其质疑仍遭到瞿秋白的反驳，被认为是"停止大众文艺运动的办法"，是"原则上"的分歧。瞿秋白仍主张"采用罗马字母而废除汉字"。——瞿秋白：《再论大众文艺答止敬》（原载于《文学月报》1932 年第 3 期），《瞿秋白文集》（文学编·第三卷），人民文学出版社 1989 年版，第 33—54 页。

② 在同"第三种人"论战中，瞿秋白和鲁迅等认为"第三种人"是自以为超乎资产阶级和无产阶级之外的作者，根本否认其存在的可能。瞿秋白直接说："在这天罗地网的阶级社会里，你逃不到什么地方去，也就做不成什么'第三种人'。"——瞿秋白：《文艺的自由和文学家的不自由》，《瞿秋白文集》（文学编·第三卷），人民文学出版社 1989 年版，第 70 页。

③ 瞿秋白：《普洛大众文艺的现实问题》，《瞿秋白文集》（文学编·第一卷），人民文学出版社 1985 年版，第 477 页。

④ 瞿秋白：《致杨之华》，《瞿秋白文集》（文学编·第三卷），人民文学出版社 1989 年版，第 319 页。

⑤ 瞿秋白：《致迪兄》（一），《瞿秋白文集》（文学编·第三卷），人民文学出版社 1989 年版，第 331 页。

167

问题的第二次集中讨论。在这次讨论中，他对那种表面俯就大众而其潜意识中却认为自己是超越于大众的作家进行了严肃的批评，并从文艺大众化的角度对中国文艺的基本现实作了清醒的分析，认为"中国的劳动民众还过着中世纪式的文化生活。说书，演义，小唱，西洋镜，连环图画，草台班的戏剧……到处都是中国的绅士资产阶级用这些大众文艺做工具，来对于劳动民众实行他们的奴隶教育"①。他还对革命大众文艺的性质、特征及当前任务作了进一步的明确阐述，认为"革命文艺的大众化，尤其是革命的大众文艺的创造，更加是最迫切的任务了。——要创造极广大的劳动群众能够懂得的文艺，群众自己现在就能够参加并且创作的文艺。劳动民众和兵士现在需要自己的战争文学，需要正确的反映革命战争的文学，需要用劳动民众自己的言语来写的革命战争的文学。中国的革命普洛文学，应当调动自己的队伍，深入广大的群众，来执行这个任务"②。可以说，"革命的文艺，向着大众去！"这就是瞿秋白提出的具有鲜明倾向性的文艺口号。为大众着想，让知识分子自己努力地获得无产阶级的意识，让文学者应成为民众的舌人和民众意识的综合者，这才是瞿秋白的"为大众"的真正含义。

3. 中国文学出路之探讨

1931 年 5 月 30 日，他写作《鬼门关以外的战争》一文，重点讨论中国文学革命与白话文关系。在文章中，他认为要实行文学革命，首先要进行"文腔革命"，"用现代人说话的腔调，来推翻古代鬼'说话'的腔调，不用文言做文章，专用白话做文章"，"文学革命的任务，决不止于创造出一些新式的诗歌小说和戏剧，他应当替中国建立现代的普通话的文腔"。③ 在他看来，"文学革命运动继续发展的先决条件"乃在于现代普通话的新中国文的确立，亦即要"适应从象形文字转变到拼音文字的过程，简单些说，就是

---

① 瞿秋白：《"我们"是谁?》，《瞿秋白文集》（文学编·第一卷），人民文学出版社 1985 年版，第 487 页。

② 瞿秋白：《上海战争和战争文学》（原载于《文学》1932 年 4 月），《瞿秋白文集》（文学编·第三卷），人民文学出版社 1989 年版，第 10—11 页。

③ 瞿秋白：《鬼门关以外的战争》，《瞿秋白文集》（文学编·第三卷），人民文学出版社 1989 年版，第 137—138 页。

只能够看得懂还不算，一定要听得懂"。他要求"现代普通话的新中国文必须是真正现代化的"，"应当用正确的方法实行欧洲化"，"罗马化或者拉丁化"。①1931年6月10日他又写作《学阀万岁!》一文讨论新文学思想内容问题，指出五四以来的革命文学运动中出现了一种不战不和、不人不鬼、不今不古的"骡子文学"，认为它既不对旧文学宣战，又不敢同旧文学讲和，既不完全讲人话，又不会真正讲鬼话，既创造不出现代普通话的"新中国文"，又不能运用汉字的"旧中国文"。基于此，他揭露了新文学阵营中的"绅商文学""请客文学""无赖文学"的反动本质，并颂扬了无产阶级文学即普洛文学，指出其任务是为无产阶级政治服务，帮助无产阶级政党进行阶级斗争。② 正是通过对各种封建、反动、落后文艺的甄别，瞿秋白认定普洛大众的无产阶级文学才是中国文学的唯一出路。

三、马克思主义文艺学原典的正解与发挥

瞿秋白是中共历史上第一个对马克思主义文艺理论原典进行较为系统的译介并给予较为完整的阐释的理论家，在中国早期马克思主义文艺理论传播史上占有重要地位。如果说赴俄期间他主要译介的是苏俄作家如托尔斯泰、果戈理、契诃夫、阿里鲍甫、兹腊托夫拉斯基、高尔基、马雅可夫斯基等人的文学作品的话，那么回国之后特别是离开中共领导人岗位主持文委和"左联"工作以来，他对马列主义文艺理论原典的译介取得了丰硕的成果。其译介的一个突出特点是除了保持对原典的正确翻译外，往往专门为某一特定论题写下自己的"撰述"③，他的革命现实主义文学理论就是在对原典的正解与

---

① 瞿秋白：《鬼门关以外的战争》，《瞿秋白文集》（文学编·第三卷），人民文学出版社 1989 年版，第 164—169 页。

② 瞿秋白：《学阀万岁!》，《瞿秋白文集》（文学编·第三卷），人民文学出版社 1989 年版，第 174—205 页。

③ 比如他的论文集《"现实"——马克斯主义文艺论文集》就是由经典的马克思主义原著的译文和自己的阐释性论文即"撰述"组成，包括《马克斯、恩格斯和文学上的现实主义》《恩格斯论巴尔札克》《恩格斯和文学上的机械论》《恩格斯论易卜生的信》《文艺理论家的普列哈诺夫》《拉法格和他的文艺批评》《左拉的〈金钱〉》（拉法格）等 13 篇文章。参见《瞿秋白文集》（文学编·第四卷），人民文学出版社 1986 年版，第 1—226 页。

发挥中得以建立起来的，这其中既包括他对马克思主义文艺基本原理的尊重、理解与忠实，更反映出他试图将马克思主义文艺原理同中国革命文学实践相结合的不懈努力。这种努力体现在以下几个方面。

1. "现实"和"现实主义"

瞿秋白对"现实"一词的准确理解和创造性发挥突出体现在：首先，认同、坚持与捍卫马克思主义文艺现实观。他的最著名的论文集《"现实"——马克斯主义文艺论文集》以"现实"为题就足以说明这一点。这个论文集的开篇第一题就是瞿秋白的"撰述"——《马克斯、恩格斯和文学上的现实主义》，其开篇第一句话就是"马克斯和恩格斯对于文学上的现实主义，是非常之看重的"①。在"早期自然主义派"巴尔（Hermann Bahr）与爱伦斯德（Paul Ernst）关于戏剧家易卜生及其文学作品的论争中，我们也可以看到瞿秋白对马克思主义文艺现实观的捍卫。恩格斯曾就易卜生问题专门写信给爱伦斯德，对爱伦斯德的机械论谬误进行了批判，瞿秋白详细阐述了恩格斯的现实主义立场，并明确指出，爱伦斯德"对于作家和阶级之间的关系，也是机械论的观点：作家天生就不能够跳出自己的阶级意识，简直是命里注定了只会想着自己的阶级的概念"，"爱伦斯德却完全不管这些分别，他只会机械的运用一些某某阶级，市侩，贵族等等'意识模型'的死板公式。他不了解'具体的历史条件'"。② 其次，善于结合中国文艺实际进行理论的发挥与创造。他曾对"现实"一字作了如下深刻的分析：

无产阶级是资本主义社会里的最先进的阶级，他不需要虚伪，不需要任何的理想化，不需要任何的自欺欺人的幻想。"现实"用历史的必然性替无产阶级开辟最终胜利的道路。无产阶级需要认识现实，为着要去改变现实。无产阶级不需要矫揉做作的麻醉的浪漫

① 瞿秋白：《马克斯、恩格斯和文学上的现实主义》，《瞿秋白文集》（文学编·第四卷），人民文学出版社 1986 年版，第 3 页。
② 瞿秋白：《恩格斯和文学上的机械论》，《瞿秋白文集》（文学编·第四卷），人民文学出版社 1986 年版，第 35—36 页。

谛克来鼓舞，他需要切实的了解现实，而在行动斗争之中去团结自己，武装自己；他有"现实的将来"的灯塔，领导着最热烈最英勇的情绪，去为着光明而斗争。因此，普洛大众文艺，必须用普洛现实主义的方法来写。①

应该说，在这段深刻的论述中，有关现实的历史必然性同文艺创作的基本方向之间的内在的深刻关联、无产阶级主体的现实使命同历史使命之间的关系、普洛大众文艺的创作方向同创作方法之间的关系等问题，都有明确的深刻的阐述，而且这是直接针对中国革命文学中存在的种种弊端所作的针对性阐述，既有现实感，也有理论高度。虽然瞿秋白提倡的"普洛现实主义"对浪漫主义文艺有所否定，但仍从根本上突破了"拉普"在创作方法理论上自缚的桎梏，从理论上论证了马克思主义的现实主义理论必须与中国创作实际相结合的必要性和重要性。更为难得的是，他还从创作方法的角度重新倡导和阐释了太阳社林伯修倡导过的普洛现实主义，主张改用"现实主义"的译名来取代通用的"写实主义"，这是他基于对"革命的浪漫谛克"的批判和对革命现实主义的倡导而形成自己的革命现实主义文艺理论体系的一个重大创造。

2."辩证唯物论的创作方法"

瞿秋白提出的"辩证唯物论的创作方法"主要基于苏联"拉普"的"辩证唯物主义创作方法"这一口号是不争的事实。比如，他的"辩证法唯物论的文学创作方法，也比资产阶级现实主义的创作方法，要高出一个阶段"的看法；又如，他的只有无产阶级"才能够最深刻的最切实的了解到社会发展的遥远的前途"②的看法；等等，都与"辩证唯物主义创作方法"的主要阐释者法捷耶夫的看法基本上是如出一辙。比如，法捷耶夫在《打倒席勒》一文中就曾指出："无产阶级艺术家与过去伟大的现实主义者不同，将能够看到

① 瞿秋白：《普洛大众文艺的现实问题》，《瞿秋白文集》（文学编·第一卷），人民文学出版社1985年版，第479—480页。
② 瞿秋白：《马克斯、恩格斯和文学上的现实主义》，《瞿秋白文集》（文学编·第四卷），人民文学出版社1986年版，第18—19页。

社会发展的进程和推动这一进程并决定它的发展的基本力量"①。从批评实践看，瞿秋白对茅盾的小说《三人行》的批评，以及敦促茅盾从阶级斗争的角度修改《子夜》，可以说都是"辩证唯物论的创作方法"指导下的批评实践中的自然的逻辑延伸。在论及如何将革命文艺大众化的方法时，瞿秋白以下这些主张也同"拉普"的"无产阶级诗歌杰米扬化""工人突击队员进入文学界"等口号非常类似：

> 革命的大众文艺因此可以有许多种不同的题材。最迅速的反映当时的革命斗争和政治事变，可以是"急就的"，"草率的"，大众文艺式的报告文学，这种作品也许没有艺术价值，也许只是一种新式的大众化的新闻性质的文章。可是这是在鼓动宣传的斗争之中去创造艺术。可以是旧的题材的改作，例如"新岳传"，"新水浒"等等。可以是革命斗争的"演义"，例如"洪杨革命"，"广州公社"，"朱毛大下井冈山"等等。可以是国际革命文艺的改译。可以是暴露列强资产阶级帝国主义的侵略的作品，可以是"社会新闻"的改编，譬如反动的大众文艺会利用什么阎瑞生案，黄陆恋爱，洙泾杀子案等等，革命的大众文艺也应当去描写劳动民众的家庭生活，恋爱问题，去描写地主资产阶级等等给大众看。这最后一点，值得特别提起大家的注意：因为直到如今，革命文艺还是不能够充分的执行这个文艺斗争的特殊任务。②

如果我们只是一味去批判瞿秋白"辩证唯物论的创作方法"中包含的"左"倾主义，而忽视了他对俄苏理论家中真正的马克思主义文艺观的理论成分与纯粹革命的正确因子的努力抽绎和细心阐释，这在学术上对他同样是不公正的。比如他对拉法格的理论精华与无产阶级思想成分的爬梳就很能说明问题。拉法格曾对自然主义文学有过深刻的剖析：

---

① ［苏］A.法捷耶夫：《打到席勒!》，李辉凡译，张捷选编：《十月革命前后苏联文学流派》（下编），上海译文出版社 1998 年版，第 147 页。

② 瞿秋白：《大众文艺的问题》（原载于《文学月报》1932 年第 1 期），《瞿秋白文集》（文学编·第三卷），人民文学出版社 1989 年版，第 19—20 页。

哲学是人的特点，是人的精神上的快乐。不发表哲学议论的作家只不过是个工匠而已。自然主义，在文学上它相当于绘画方面的印象派，禁止推理和概括。根据这种理论，作家应当完全站在旁观的地位，他接受某种感觉而加以表现，不能超过这限度，他不应当分析现象和事变的原因，也不应预告它的后果；作家的理想是做到象一张照相底片一样。这种在艺术中重现生活的纯粹机械的方法是很容易的；它不强求任何预先准备的研究工作，只要求智力的很轻微的消耗。可是，如果扮演照相底片角色的脑筋既不很敏感，又不很宽广，那就很难免获得只是很不完整、很不全面的形象，比用最荒唐的幻想画成的图画更远离现实。自然主义作家们的方法仅仅证明了他们智慧机能的微弱。①

拉法格同时还认为：

作家的思想、人物、语言和文学形式，是他同时代的人们供给他的；因为诗人在人群的旋风中回旋，和众人一样地接受宇宙环境和社会环境的影响，所以他能体会和表达人类的热情，抓住流行的思想与语言，并且能将由于人与事物的日常接触而得的文学形式，按照他个人的用途而加以调配。天才艺术家的脑筋，并不是如象雨果所说，是"上帝的宝鼎"，而是魔术的熔炉，其中凌乱地堆积着当前的事实、感觉和思想，以及过去的回忆；在那熔炉中，这些混杂的成分互相遇合、互相混淆、互相归并、互相搭配，借以产生口述的、书面的、绘画的、雕塑的、或歌唱的作品；而且从这个脑力发酵作用所产生的作品，比助它形成的那些因素，更富于优良的品质，也正是如此，合金和组成它的各种金属相比，反而具有另一些特性。②

① ［法］拉法格：《左拉的〈金钱〉》，《文论集》，罗大冈译，人民文学出版社1979年版，第157—158页。
② ［法］拉法格：《浪漫主义的根源》，《文论集》，罗大冈译，人民文学出版社1979年版，第209—210页。

将这两段文字联系起来，我们可以看到拉法格对自然主义的机械的"照相机主义"的严厉批判和对作为"魔术的熔炉"的按"个人的用途加以调配"的艺术家的主观创造精神的提倡。我们不妨把瞿秋白的一段论述同拉法格的两段文字进行比较：

> 文艺应当是改造社会底整个事业之中的一种辅助的武器。社会的斗争是多方面的，社会现象底本身是变动的，是人自己的行动所组成的。如果文艺也还是人的行为底一种，那么，谁也不能够禁止它影响社会的意识形态，也就是在认识现实的过程之中去辅助现实底改造。反动阶级其实本能的感觉到这种可能，有时候是有意的制造着欺骗，他们时常运用文艺来阻碍社会底改造，麻醉群众的意识。所以现在"十月"之后的新兴阶级，他们的文艺上的现实主义，绝对不会是简单的照相机主义。这现实主义决不会说，只要"绝对"客观的反映现实，"自然而然"就是革命文艺。其实，主观上要想"绝对客观地"表现的作家，他往往会走到所谓超阶级的观点，而事实上，把易卜生，托尔斯泰等等所反映的"狭隘的小小的中等资产阶级的"世界，或者守旧复古的农民的世界，当做是现实的世界，这在一定的条件之下，却未必就是"无害而甚至于有益"的文艺。易卜生，托尔斯泰等等的文艺，在当时的环境里，因为许多种的具体原因，可以在一定的国家发生相当的革命化的影响；在现在的环境里，也必须新兴阶级用自己的阶级立场去批判，才能够真正接受这种文化遗产。无产阶级底阶级的和党派的立场，因为根本上是反对保存一切剥削制度的，所以才是唯一的真正客观的立场，——不但在哲学科学上是如此，在文艺上也是如此。[①]

通过比较，我们可以看到，瞿秋白之所以认同拉法格的文艺观念作为马克思主义文艺学的一个组成部分，就在于拉法格在证明了资产阶级的文艺现

---

① 瞿秋白：《马克思文艺论底断篇后记》，《瞿秋白文集》（文学编·第三卷），人民文学出版社 1989 年版，第 131 页。

实主义者根本不可能给出一个"现实的完全的景象"的同时也论证了资产阶级文学并非是最高的形式，正是拉法格理论中强硬的阶级不调和精神和理论与实际的密切联系的精神促使瞿秋白花大力气去研究他。因为这些不仅同瞿秋白对中国革命文学创作现实弊端的判断相吻合，同他将文艺批评当作阶级斗争之武器的基本理念相吻合，也同他对作为"最高形式"的无产阶级文艺的无限期许相吻合。虽然瞿秋白的"辩证唯物论的创作方法"在中国的文学批评实践中确实产生不小的负面作用并在此后遭到了周扬等人的否定，但他在提倡这种方法时试图严厉批判当时那些企图把艺术上的"真实"和政治上的"正确"对立起来的既歪曲艺术真理又混淆政治意义的论调从而廓清马克思主义文艺本相的初衷，仍然值得我们推许，而他始终为把马克思主义文艺原理同中国文艺实践相联系、相结合的努力更值得大书一笔。以下这段论述乃是一个明证：

> 第一，真正科学的文艺理论，还是革命的国际主义的新兴阶级建立起来的。只有这个阶级，在革命的行动之中，才真正能够建立，能够发展科学的文艺理论。中国的新兴阶级以及日本的，英国的等等，自然，现在还在几万重的压迫之下。尤其是中国的新兴阶级，受着封建残余的文化上的束缚特别厉害。他们不能够希望统治阶级去"提高"什么民众文化，他们极艰难的向世界各国的无产阶级学习，尤其是向俄国的无产阶级。他们不怕统治阶级讥笑什么"向俄国去批发"理论。他们努力的在行动之中学习着，研究着，应用着理论。他们决不肯说"行动就是理论"，因此，"只要行动不要真理"。他们更不能够说：先要理论，然后再要行动。他们不会感觉到理论和行动是分离的，不能并存的。①

3."党的文学"

列宁《党的组织与党的出版物》一文在中国过去通译为《党的组织和党

---

① 瞿秋白：《文艺的自由和文学家的不自由》，《瞿秋白文集》（文学编·第三卷），人民文学出版社1989年版，第64—65页。

的文学》（比如，由北京大学中文系文艺理论教研室 1981 年编辑出版的《文学理论学习资料》，其中收录的列宁关于文艺特别是文学的党性原则看法部分的条目，其出处仍然以《党的组织和党的文学》为题），这种误译直到 20世纪 80 年代才得以纠正过来。瞿秋白在 30 年代初的译文中曾使用过"党的文学"的译法（或提法），他围绕这一译法或提法所进行的阐释也确实呈现出高度自觉的阶级意识，并影响了从"左联"到后来的延安工农兵文学以及 1949 年之后的"建设社会主义的时期"的革命文学，甚至几度成为新中国成立后中国文艺思想理论斗争的焦点。而瞿秋白本人的文艺思想也因这一问题在学界有了诸多的争议。今天我们回望这一极富争议的学术个例，结合瞿秋白的马克思主义文艺理论中国化的探索，仍有必要对其进行实事求是的分析。

首先必须承认瞿秋白关于"党的文学的原则"的看法确实成为列宁文艺思想和毛泽东文艺思想的完整理论链条中的一个重要联结点。从瞿秋白对马克思主义文艺理论的译介来看，他没有专门为列宁的文艺理论批评写过"撰述"，但他翻译出了《列宁全集》第 17 卷和第 20 卷中的两篇重要文章《列夫·托尔斯泰是俄国革命的镜子》《列·尼·托尔斯泰和他的时代》和编选者 V. 亚陀拉茨基等的相关注解。列宁的托尔斯泰论虽未上升到文学的党性原则的高度来阐发文学家的艺术倾向问题与革命性问题，但瞿秋白翻译 V. 亚陀拉茨基的相关"注解"仍然值得关注，正如胡明先生所说：

> V. 亚陀拉茨基的"注解"，不仅仅是列宁"经"的笺注与疏解，而且更重要的是发挥与阐扬，它把列宁文艺理论的基本见解与主张作了发挥，加强了它们意识形态的浓度与战斗的火药味，事实上也成为了 1930 年代中国左翼的马克思主义文艺理论基本构架，并且由其中的核心意见延伸、衍化、发展成为新中国六七十年代最流行、最被认可的马列主义文艺理论正统学说的基本信条（其内核的几条纲领式的意见实际上成了"文化大革命"期间文艺战线上的正确口号与基本纲领）。在这条列宁主义文艺理论飞跃发展的线索上，V. 亚陀拉茨基与瞿秋白显然是极为重要的关键人物，正是由于这两位关键人物的阐发与传递，列宁主义的文艺思想

才与毛泽东的文艺思想连接了起来，成为马克思主义文艺理论发展史的完整链条。①

与此同时，我们必须实事求是地仔细甄别瞿秋白对于"党的文学"的理解与运用。列宁对文学的党性原则作了如下的说明甚至规定：

> 文学应当成为党的文学。与资产阶级的习气相反，与资产阶级企业主的即商人的出版业相反，与资产阶级文学上的名位主义和个人主义、"老爷式的无政府主义"和唯利是图相反，社会主义无产阶级应当提出党的文学的原则，发展这个原则，并且尽可能以完备和完整的形式实现这个原则。
>
> 这个党的文学的原则是什么呢？这不只是说，对于社会主义无产阶级，文学事业不能是个人或集团的赚钱工具，而且根本不能是与无产阶级总的事业无关的个人事业。打倒无党性的文学家！打倒超人的文学家！文学事业应当成为无产阶级总的事业的一部分，成为一部统一的、伟大的、由整个工人阶级的整个觉悟的先锋队所开动的社会民主主义机器的"齿轮和螺丝钉"。文学事业应当成为有组织的、有计划的、统一的社会民主党的工作的一个组成部分。②

关于无产阶级文学事业如何进行，列宁也从党性原则的贯彻的角度作了全面的规定：

> 无可争论，文学事业最不能作机械的平均、划一、少数服从多数。无可争论，在这个事业中，绝对必须保证有个人创造性和个人爱好的广阔天地，有思想和幻想、形式和内容的广阔天地。这一切

---

① 胡明：《经典的当时与未来——重读瞿秋白马克思主义文艺观的译介与诠释》，《清华大学学报（哲学社会科学版）》2007年第5期。
② 《列宁选集》第1卷，人民出版社1972年版，第647页。

都是无可争论的，可是这一切只证明，无产阶级的党的事业的文学部分，不能同无产阶级的党的事业的其他部分刻板地等同起来。这一切决没有推翻那个对资产阶级和资产阶级民主派是格格不入的和奇怪的原理，即文学事业必须无论如何一定成为同其他部分紧密联系着的社会民主党工作的一部分。报纸应当成为各个党组织的机关报。文学家一定要参加党的组织。出版社和书库、书店和阅览室、图书馆和各种书报营业所，这一切都应当成为党的机构，都应当汇报工作情况。有组织的社会主义无产阶级，应当注视这一切工作，监督这一切工作，把生气勃勃的无产阶级事业的生气勃勃的精神，带到这一切工作中去，无一例外，以此消灭古老的、半奥勃洛摩夫式的、半商业性的俄国原则——作者写，读者读——的一切基础。①

相比列宁这种基于十月革命取得全面胜利后无产阶级文化领导权在握的革命领袖不容置疑的口吻，瞿秋白对于"文学的党性原则"的理解显然温和得多，也更贴近中国革命文学尚处于起步与发展初期的实际。瞿秋白认为："列宁的关于文学和哲学的党派性的原则，当然应该在普罗革命文学创作上，尤其在批评上来应用，发展；问题只在于应用得正确不正确。这个对于普罗革命文学的作家和批评家是不成问题的事，对于一般的作家和批评家我们不会去强迫他应用，至多也不过要他们来认识罢了，即对于自己的作家也并没有强迫，而只是讨论，研究，学习。"②这表明，瞿秋白承认文学的党性原则，但对于"文学的党性原则"具体在中国革命文学实践中如何运用，更在意的则是它同中国革命文学的实际发展状况能否能够切合。此外，我们还应看到，由于瞿秋白承认文学的党性原则，也强调将之应用到文学批评实践中去，此后的学术界在清算"左"倾主义文艺错误时，大多将文学是政治的"留声机"的观点全部扣在瞿秋白头上，这个问题仍然需要实事求是地进行分析。事实上瞿秋白关于文艺与政治的关系的看法坚持了马克思主义的辩证法，既看到

① 《列宁选集》第1卷，人民出版社1972年版，第648页。
② 瞿秋白：《并非浪费的论争》，《瞿秋白文集》（文学编·第三卷），人民文学出版社1989年版，第90页。

文艺的政治性、阶级性，同时也强调"并不是一切煽动都是文艺"，强调文艺的反映生活，"并不是机械的照字面来讲的留声机和照相机"。他明确指出：

> 新兴阶级固然运用文艺，来做煽动的一种工具，可是，并不是个个煽动家都是文学家——作者。文艺——广泛的说起来——都是煽动和宣传，有意的无意的都是宣传。文艺也永远是，到处是政治的"留声机"。问题是在于做那一个阶级的"留声机"。并且做得巧妙不巧妙。总之，文艺只是煽动之中的一种，而并不是一切煽动都是文艺。每一个阶级都在利用文艺做宣传，不过有些阶级不肯公开的承认，而要假托什么"文化""文明""国家""民族""自由""风雅"等等的名义，而新兴阶级用不着这些假面具。新兴阶级不但要普通的煽动，而且要文艺的煽动。一九〇五年前后直到一九一七年十月之前，象高尔基、绥拉菲摩维支的作品，——我想就是苏先生也得承认是文艺，——是的的确确有艺术上的价值的。但是，这些东西同时就是煽动品。做了煽动家未必见得就不能够仍旧是一个作者——文学家。高尔基等等虽然没有中国的"作者之群"那么死抓住了文学不肯放手，然而不见得就比中国的文学家低微到了什么地方去。同时，高尔基等等的确是些伟大的宣传家。新兴阶级自己也批评一些煽动的作品没有文艺的价值，这并不是要取消文艺的煽动性，而是要煽动作品之中的一部分加强自己的文艺性。而且文艺的反映生活，并不是机械的照字面来讲的留声机和照相机。庸俗的留声机主义和照相机主义，无非是想削弱文艺的武器。真正能够运用艺术的力量，那只是加强煽动的力量；同时，真正为着群众服务的作家，他在煽动工作之中更加能够锻炼出自己的艺术的力量。艺术和煽动并不是不能并存的。自然，一定要说：凡是煽动就不是文学，——这也可以，这句话也有"用处"。对于谁有用处呢？对于那些不肯承认自己是在利用文艺来煽动的阶级！①

---

① 瞿秋白：《文艺的自由和文学家的不自由》，《瞿秋白文集》（文学编·第三卷），人民文学出版社1989年版，第67—68页。

不难看出，在"真正为着群众服务的作家，他在煽动工作之中更加能够锻炼出自己的艺术的力量。艺术和煽动并不是不能并存的"这一论断中，瞿秋白有着鲜明的大众意识、对艺术基本规律的尊重以及对艺术与宣传之间辩证关系的深刻理解，应该说这些都是符合马克思主义文艺经典原理的，把瞿秋白完全看成是列宁主义文艺理论与政策的宣传者与推行者，这种看法是值得商榷的。

四、革命现实主义文学批评实践

瞿秋白的革命现实主义批评是一种典型的政治—文学批评模式。这一批评的基本思路就是以阶级斗争理论为主，强调在现实中去表现革命的战斗的人生，从政治或革命斗争的角度出发去批评作品，在语言表达和文体特点上表现出非常明显的以文学来阐发社会政治理论的"政论文"特征。他的批评具有以下三大特征。

1. 鲜明的时代性

关注现实社会和人生，从文学作品对现实社会和人生的及时反映中发掘其价值是瞿秋白的文学批评的首要特征。早在 1923 年 8 月 2 日，他就高度评价了郑振铎所译的俄国作家萨文柯夫（笔名路卜洵）的《灰色马》，提出了"文学是民族精神及其社会生活之映影"的论断，并强调指出，"俄国文学史向来不能与革命思想史分开"。[①] 在他看来，萨文柯夫不是真实的反抗者，但他能做到"艺术的真实"，"《灰色马》真是此'社会革命党陈列馆'里很优美的成绩，——真是尽了他'艺术的真实'之重任。他确确实实能代表俄国社会思想史——文学史里一时代一流派的社会情绪呵"。[②] 此后，他

---

① 瞿秋白：《〈灰色马〉与俄国社会运动》（原载于《小说月报》1923 年第 14 卷第 11 号，后印入《灰色马》译本首卷），《瞿秋白文集》（文学编·第一卷），人民文学出版社 1985 年版，第 255—256 页。

② 瞿秋白：《〈灰色马〉与俄国社会运动》（原载于《小说月报》1923 年第 14 卷第 11 号，后印入《灰色马》译本首卷），《瞿秋白文集》（文学编·第一卷），人民文学出版社 1985 年版，第 269 页。

又写作《劳农俄国的新作家》一文高度评价高尔基的《昨天和今天》，称其为"劳动贫民的作家"，并称赞马雅可夫斯基是革命后五年来"未来主义的健将"，"以革命为生活，呼吸革命，寝馈革命"，"有簇新的人生观"，"是唯物派，——是积极的唯物派，而不是消极的定命主义的唯物派"。[1] 当鲁迅的杂文笔调被那些象牙塔里的绅士们鄙视和围攻之时，瞿秋白对鲁迅杂文笔调产生的时代原因及其现实价值也作了深刻的阐述：

> 谁要是想一想这将近二十年的情形，他就可以懂得这种文体发生的原因。急遽的剧烈的社会斗争，使作家不能够从容的把他的思想和情感熔铸到创作里去，表现在具体的形象和典型里；同时，残酷的强暴的压力，又不容许作家的言论采取通常的形式。作家的幽默才能，就帮助他用艺术的形式来表现他的政治立场，他的深刻的对于社会的观察，他的热烈的对于民众斗争的同情。不但这样，这里反映着"五四"以来中国的思想斗争的历史。杂感这种文体，将要因为鲁迅而变成文艺性的论文（阜利通——Feuilleton）的代名词。自然，这不能够代替创作，然而它的特点是更直接的更迅速的反应社会上的日常事变。[2]

2. 浓郁的战斗性

瞿秋白的文学批评充满对一切虚伪、反动的文艺创作的不妥协的战斗精神。比如他在《猫样的温文》中尖锐批评了徐志摩在其创办的《声色》报发表的诗作《一个诗人》，认为徐是猫样的诗人，像一只"不撒野的温文尔雅的猫"，捉老鼠时是很凶狠的，见到主人时则是非常温顺的；其作品不过是"一个清客"对主子奉献的"歌声"和"色情"。[3] 在《屠夫文学》一文中他

---

① 瞿秋白：《劳农俄国的新作家》（原载于《小说月报》1923 年第 14 卷第 9 号，1927 年作者编入《文艺杂著》时改为《劳农俄国的新文学家》），《瞿秋白文集》（文学编·第一卷），人民文学出版社 1985 年版，第 273—274 页。

② 瞿秋白：《〈鲁迅杂感选集〉序言》，《瞿秋白文集》（文学编·第三卷），人民文学出版社 1989 年版，第 96 页。

③ 瞿秋白：《猫样的诗人》（原载于《文艺新闻》1931 年第 32 号，原题作《猫样的温文》，

猛烈抨击民族主义文学为杀人放火的文学，认为它们"不过在那些四六电报宣言布告之外，替军阀添一种欧化文艺的宣传品，去歌颂这种中世纪式的战争"①。在随后的《青年的九月》一文中他则深刻揭露了民族主义文学利用民族意识否定阶级斗争，反对人民革命战争的实质。他明确指出："文艺上的所谓民族主义，只是企图圆化异同的国族主义，只是绅商阶级的国家主义，只是马鹿爱国主义，只是法西斯主义的表现，企图制造捍卫帝国主义统治的所谓'民族'的'无上命令'，企图制造服从绅商的奴才性的'潜意识'，企图制造甘心替阶级仇敌当炮灰的'情绪'——劳动者安心自相残杀的杀气腾腾的'情绪'。"②

3. 高度的针对性

从 1931 年到 1933 年间，瞿秋白译介和发表了大量的马克思主义文艺理论著作和文艺批评文章，在左翼文坛上产生了广泛影响。这一时期他的文艺批评具有非常强的针对性，主要是针对当时文艺界存在的问题而发的。这些文学批评既有批判"民族主义文学"、"自由人"和"第三种人"（如《屠夫文学》《文艺的自由和文学家的不自由》）这类论敌集中、火力十足的批判性文章，也有剖析某类文坛重要现象的宏观性考察（如革命文学在创作题材上存在的弊端③），或文艺大众化问题（如《普洛大众文艺的现实问题》《大众文艺的

编入《乱弹》时改为《猫样的诗人》），《瞿秋白文集》（文学编·第一卷），人民文学出版社 1985 年版，第 373—375 页。

① 瞿秋白：《狗样的英雄》（原载于《文学导报》1931 年第 3 期，原题作《屠夫文学》，编入《乱弹》时改为《狗样的英雄》），《瞿秋白文集》（文学编·第一卷），人民文学出版社 1985 年版，第 369—370 页。

② 瞿秋白：《青年的九月》（原载于《文学导报》1931 年第 4 期），《瞿秋白文集》（文学编·第二卷），人民文学出版社 1986 年版，第 36 页。

③ 比如，在瞿秋白的主持和努力下，"左联"执行委员会于 1931 年 11 月作出《中国无产阶级革命文学的新任务》的决议，其中一节专谈创作问题，在题材方面要求"作家必须注意中国现实社会生活中广大的题材，尤其是那些最能完成目前新任务的题材"，"现在必须将那些'身边琐事'的，小资产智识份子式的'革命的兴奋和幻灭'，'恋爱和革命的冲突'之类等等定型的观念的虚伪的题材抛去"。——《中国无产阶级革命文学的新任务》（1931 年 11 月中国左翼作家联盟执行委员会的决议），马良春、张大明编：《三十年代左翼文艺资料选编》，四川人民出版社 1980 年版，第 181—182 页。

问题》）的总体考察；还有针对具体作家作品优缺点的微观剖析，比如：《画狗罢》中对张天翼《鬼土日记》的剖析①；对华汉（阳翰笙）《地泉》中创作题材上的"英雄主义的革命的浪漫谛克"的批评②；对革命文学中存在的"脸谱主义"弊端的剖析与批评③；等等，都显示出瞿秋白文艺批评这种高度的针对性。

五、对毛泽东文艺思想的影响

作为中国早期重要的马克思主义文艺理论经典的传播者与宣传家，瞿秋白的马克思主义文艺见解及其具体的文艺批评实践所显示出的强烈的哲学理性震撼力与深切的历史意识形态生命力不仅给中国五四后期左翼的新文艺以积极影响，同时对毛泽东文艺思想的形成产生了深远的影响。虽然在20世纪60年代毛泽东由于政治原因对瞿秋白断然采取了全盘否定的态度，但此前对瞿秋白的文艺思想、文艺工作总体上还是持肯定态度的，这可以从新中

---

① 1931年8月10日，瞿秋白作《画狗罢》评价张天翼的《鬼土日记》，认为它"能够在短篇的创作里面，很紧张的表现人生，能够抓住斗争的焦点"。同时也指出小说题材过大，内容"不真切""图式化"等毛病。——瞿秋白：《画狗罢》（原载于《北斗》月刊1931年9月创刊号），《瞿秋白文集》（文学编·第一卷），人民文学出版社1985年版，第356—358页。

② 在为华汉于1932年再版的《地泉》所作的序言中，瞿秋白把《地泉》作为新兴文学"不应当这样写的标本"进行彻底解剖，认为《地泉》的全部题材只是"英雄主义的革命的浪漫谛克"，并指出作品的诸多问题，如：人物关系不是现实的，"一切人物都是理想化的，没有真实的生命的"，对转变人物"不能够深刻的写到这些人物的真正的转变过程，不能够揭穿这些人物的'假面具'""把他们变成了'时代精神的号筒'"。瞿秋白最后还指出，"这种浪漫主义是新兴文学的障碍，必须肃清这种障碍，然后新兴文学才能够走上正确的路线"，即"唯物辩证法的现实主义的路线"。——瞿秋白：《革命的浪漫谛克——评华汉的三部曲》，《瞿秋白文集》（文学编·第一卷），人民文学出版社1985年版，第456—460页。

③ 他批评一些作家写"反革命"，就"一定是只野兽，只要升官发财，只要吃鸦片讨小老婆；而革命的一定是圣贤，刻苦，坚决等等"。认为"生活不这么简单！工人，劳动群众所碰见的敌人，友人，同盟者，动摇的'学生先生'，也不是这样纸剪成的死花样，而是活人。工人农民自己也是活人！反革命的人，一样会有自己的理想，自己的道德"。——瞿秋白：《普洛大众文艺的现实问题》，《瞿秋白文集》（文学编·第一卷），人民文学出版社1985年版，第479页。

国成立之初毛泽东同意瞿秋白五百万字遗稿中的文学类文字的全部出版中看出。历史的许多细节还可印证瞿秋白对毛泽东的重要影响，比如瞿秋白所译的郭烈夫的《唯物论》给毛泽东的影响。① 现在回望历史，我们可完全有理由说，瞿秋白文艺思想构成了毛泽东文艺思想的重要源泉之一。正如胡明先生所说：

> 瞿秋白理解与阐释的这个马克思主义文艺理论批评体系以及结合中国文坛实际即"中国化推行"的一批文艺批评著述，不仅在当时的中国掀起了强烈的左翼文艺批评高潮，并有效贯彻与应用了一段时间，尤其是与毛泽东的《在延安文艺座谈会上的讲话》精神内核结合后的中国化体系，其革命性与战斗力至少一直延伸到六七十年代的"文化大革命"。尽管在"文化大革命"一开始，瞿秋白就被作为党的历史上最著名的叛徒和错误政治路线的执行者而批臭批倒，但他创立的一整套马克思主义文艺理论批评的中国版却始终岿然不动，其思想内核的几个重要范畴甚至到了新旧世纪之交仍发生出种种跃动，与社会转型期沉重的历史意识形态思考一并撞击着当代人文知识分子的心灵。②

如果我们稍作梳理的话，可以发现瞿、毛二人在致力于将马克思主义文艺理论中国化的探索中，有着惊人的一致性和高度的承续性。

---

① 1943 年 12 月 20 日，毛泽东给胡乔木的一封信中说："请你就延安能找到的唯物史观社会发展史，不论是翻译的，写作的，搜集若干种给我。听说有个什么苏联作家写了一本猴子变人的小说，我曾看过的一本赖也夫斯基的社会学，张伯简也翻过（或是他写的）一本《社会进化简史》，诸如此类，均请收集。"四天之后，毛泽东给刘少奇一封信，送去1930 年上海泰东图书局出版的恩格斯的《从猿到人》（郭烈夫编，成嵩译）。信中说："此书有恩格斯两篇短文，十分精彩，可以看。郭烈夫的一篇亦可一阅。郭烈夫的《唯物论》，瞿秋白曾有译本，我看过，还好，后来听说他犯有错误，我还不知其错误究竟在何处。我正在找其他唯物史观的书看，看后再送你。"——龚育之：《关于毛泽东读哲学书的几封信》，龚育之、逄先知、石仲泉：《毛泽东的读书生活》，生活·读书·新知三联书店 2014 年版，第 68—69 页。

② 胡明：《经典的当时与未来——重读瞿秋白马克思主义文艺观的译介与诠释》，《清华大学学报（哲学社会科学版）》2007 年第 5 期。

1. 关于"文艺大众化"的方向

关于文艺大众化的立场、原则、方向甚至语言形式等问题，瞿、毛二人之间有着惊人的吻合度。瞿秋白主持文委和"左联"工作之后，积极参与大众化工作委员会的理论指导，并明确提出了"文艺大众化"的方向，即"左翼文艺家们必须和工农大众相结合，了解工农大众的思想情感，改造自己小资产阶级知识分子的精神面貌，使自己的作品从语言到内容真正大众化，真实地反映工农大众的生活和斗争，成为工农大众自己的发言人，成为自己的阶级兄弟"[①]。而毛泽东所构想的新民主主义的大众文化"应为全民族中百分之九十以上的工农劳苦民众服务，并逐渐成为他们的文化。要把教育革命干部的知识和教育革命大众的知识在程度上互相区别又互相联结起来，把提高和普及互相区别又互相联结起来"[②]。在《在延安文艺座谈会上的讲话》（简称《讲话》）中毛泽东更明确地指出："我们是站在无产阶级的和人民大众的立场"，大众化"就是我们的文艺工作者的思想感情和工农兵大众的思想感情打成一片。而要打成一片，就应当认真学习群众的语言"。[③] 关于瞿秋白的革命文学语言论同毛泽东对文学通俗化的提倡之间的内在关联，费正清先生还曾作过如下精辟的分析：

> 这种天真的乌托邦式的语言理论，在 20 世纪 30 年代显然是无法实行的，而且也从未有效地实行过。拉丁化的文本充其量也只是阅读汉字的语音手段，不能替代汉字。但是事实证明，这场语言论争的其他部分却对毛泽东极其有用。瞿秋白对五四文学的过激批评，为毛的延安讲话打下了基础。瞿与毛两人都

---

① 吴奚如：《左联大众化工作委员会的活动》，中国社会科学院文学研究所《左联回忆录》编辑组编：《左联回忆录》（上），中国社会科学出版社 1982 年版，第 337—338 页。

② 毛泽东：《新民主主义论》（本文是毛泽东 1940 年 1 月 9 日在陕甘宁边区文化协会第一次代表大会上的讲演，原题为《新民主主义的政治与新民主主义的文化》，原载于延安出版的《中国文化》1940 年 2 月 15 日创刊号，同年 2 月 20 日在延安出版的《解放》第 98、99 期合刊登载时，题目改为《新民主主义论》），《毛泽东选集》第二卷，人民出版社 1991 年版，第 708 页。

③ 毛泽东：《在延安文艺座谈会上的讲话》，《毛泽东选集》第三卷，人民出版社 1991 年版，第 848、851 页。

同意无产阶级文学的语言必须接近大众的用语。文学的"通俗化"就这样成为 1942 年毛政策的一个标志；而由瞿开始的收效甚微的第二次"文学革命"，在延安经再次发动，效果大有可观。①

2. 关于五四文学

在对待五四文学的态度上，与当时的鲁迅、茅盾等人的温和态度不同，瞿、毛二人有着高度一致的激进批评姿态。瞿秋白曾明确提出要有一个"无产阶级的'五四'"的口号，因为，在他看来：

"五四"的新文化运动对于民众仿佛是白费了似的！五四式的新文言（所谓白话）的文学，以及纯粹从这种文学的基础上产生出来的初期革命文学和普洛文学，只是替欧化的绅士换了胃口的鱼翅酒席，劳动民众是没有福气吃的。为什么？因为中国的封建残余——等级制度的统治，特别在文化生活上表现得格外明显。以前，绅士用文言，绅士有书面的文字；平民用白话，平民简直没有文字，只能够用绅士文字的渣滓。现在，绅士之中有一部分欧化了，他们创造了一种欧化的新文言；而平民，仍旧只能够用绅士文字的渣滓。现在，平民群众不能够了解所谓新文艺的作品，和以前的平民不能够了解诗古文词一样。新式的绅士和平民之间，没有共同的言语。既然这样，那么，无论革命文学的内容是多么好，只要这种作品是用绅士的言语写的，那就和平民群众没有关系。"五四"的新文化运动因此差不多对于民众没有影响。反对孔教等等……在民众之中还只是实际革命斗争的教训，还并没有文艺斗争里的辅助的力量。②

---

① [美]费正清、费维恺编：《剑桥中华民国史 1912—1949 年》（下），刘敬坤等译，中国社会科学出版社 1994 年版，第 499 页。

② 瞿秋白：《大众文艺的问题》，《瞿秋白文集》（文学编·第三卷），人民文学出版社 1989 年版，第 13 页。

与"自由人"胡秋原固守五四不同，瞿秋白认为，"五四时期的反对礼教斗争只限于智识分子，这是一个资产阶级的自由主义启蒙主义的文艺运动"，因此，他主张"要有一个无产阶级的'五四'"①。当胡秋原提出"要继续完成五四之遗业，以新的科学的方法，彻底清算，再批判封建意识形态之残骸与变种"②的时候，瞿秋白立即发表《请脱弃"五四"的衣衫》一文，指出胡秋原此举不过是分散反对日本帝国主义的战斗"火力"而已，强烈要求其脱弃五四的衣衫。③

值得注意的还有瞿秋白与茅盾的理论分歧。茅盾后来曾回忆过其《"五四"运动的检讨》一文的写作背景和依据。这篇"遵照瞿秋白的建议"写就的文章同他于1929年所写的《读〈倪焕之〉》一文对待五四的态度前后有很大的差别。《读〈倪焕之〉》一文明确提请人们记取五四文学运动的历史功绩："我们亦不能不承认，活跃于'五卅'前后的人物在精神上虽然迈过了'五四'而前进，却也未始不是'五四'产儿中的最勇敢的几个。没有了'五四'，未必会有'五卅'罢。同样地会未必有现在之所谓'第四期的前夜'罢。历史是这样命定了的！"④而在《"五四"运动的检讨》一文中，茅盾却认为："'五四'是中国资产阶级争取政权时对于封建势力的一种意识形态的斗争。换一句话，'五四'是封建思想成为中国资产阶级发展上的障碍时所必然要爆发的斗争。……然而这以后，无产阶级运动崛起，时代走上了新的机运，'五四'埋葬在历史的坟墓里了。"⑤短短一两年时间内，作为五四运动的亲历者和因为文学实绩而广获赞誉的茅盾何以对五四文学产生如此截然

---

① 瞿秋白：《普洛大众文艺的现实问题》，《瞿秋白文集》（文学编·第一卷），人民文学出版社1985年版，第475页。

② 《文化评论》社：《真理之檄》（原载于《文化评论》1931年12月25日创刊号），吉明学、孙露茜编：《三十年代"文艺自由论辩"资料》，上海文艺出版社1990年版，第3页。

③ 瞿秋白：《请脱弃"五四"的衣衫》（原载于《文艺新闻》1932年1月18日第45号），吉明学、孙露茜编：《三十年代"文艺自由论辩"资料》，上海文艺出版社1990年版，第20—21页。

④ 茅盾：《读〈倪焕之〉》，《茅盾全集》（第十九卷·中国文论二集），人民文学出版社1991年版，第198页。

⑤ 茅盾：《"五四"运动的检讨——马克思主义文艺理论研究会报告》（原载于《文学导报》1931年第1卷第5期），《茅盾全集》（第十九卷·中国文论二集），人民文学出版社1991年版，第231页。

不同的看法？茅盾后来在回忆中直承："文章写作之前我都与秋白交换过意见，其中有的观点也就是他的观点"，并补充说："三十年代初期，人们（包括瞿秋白和我）却普遍认为'五四'运动是中国新兴资产阶级的革命，这个革命是先天不足的，短命的，到'五卅'运动时，它就退出了历史舞台，让位于新崛起的无产阶级革命运动。我的这篇报告就是按照这样的理论来展开的，因此，对于'五四'运动的历史作用，评价必然偏低"。尽管如此，"这认识在当时还被认为是温和的，保守的"。①

如果我们把毛泽东的《新民主主义论》和《在延安文艺座谈会上的讲话》仔细对照起来看，就会发现其中对待五四文学的看法发生了不小的变化。在《新民主主义论》中，毛泽东明确提出："中国应该大量吸收外国的进步文化，作为自己文化食粮的原料，这种工作过去还做得很不够。这不但是当前的社会主义文化和新民主主义文化，还有外国的古代文化，例如各资本主义国家启蒙时代的文化，凡属我们今天用得着的东西，都应该吸收。"②这也就是说，对于善于吸收外国文学营养的五四新文学运动，毛泽东是持辩证态度的。不过，在《在延安文艺座谈会上的讲话》中，毛泽东谈论更多的是五四以来文化战线的发展状况问题、无产阶级的和人民大众的立场问题、文艺作品给谁看的工作态度问题以及文艺工作者如何学习马列主义理论提高认识等问题，少有涉及对五四的评价问题，这其中一个主要的原因就在于延安文艺座谈会作为整风运动的一部分，毛泽东的讲话体现了深刻的改造知识分子的意识形态意图。正如费正清指出：

> 毛泽东在 1942 年 5 月召开的著名的延安文艺座谈会，是针对全体共产党干部的新发动的整风运动的一部分。毛在意识形态上的意图——改造延安知识分子的思想是明显的。但毛本身是个知识分子，他对五四时期以来的新的文学趋向也很关心。如他《讲话》所展示的那样，他对 30 年代早期的文学论争十分了解，而且可能一直在阅读左翼文学界撰写的某些创作，尤其是鲁迅的作品。因此，

---

① 茅盾：《"左联"前期》，《我走过的道路》（中），人民文学出版社 1984 年版，第 73—76 页。
② 毛泽东：《新民主主义论》，《毛泽东选集》第二卷，人民出版社 1991 年版，第 706—707 页。

《延安讲话》可以理解为毛踏着瞿秋白的足迹，对五四至 1942 年的中国现代文学所作的新的评价。但在同时，毛对文坛上某些新近的论点当然是清楚的，这些论点需要澄清和解决。①

毛泽东的指示并未特别提到文学，但是它与文学领域的关联不久即被延安文化委员们——特别是陈伯达、艾思奇和周扬找出。1939—1940 年，接着发生关于"民族形式"的论争扩展到重庆。由争辩引起的文章充满混乱的议论，因为没有人确切知道毛所说的"民族形式"和"国际主义的内容"究何所指；因此激昂而猛烈的抨击，实际上是在搜索那些关心找出"民族形式"真正源泉的作家们的意图。主要由林冰代表的一派，认为"民族形式"与人们喜闻乐见的传统的通俗文艺形式是一回事。继瞿秋白之后，他们攻击那种五四新文学是"洋八股"，是城市资产阶级的产物，必须予以抵制。然而，敌对阵营中的作家们集合起来卫护"五四革命传统"，他们认为新文学的主流事实上体现了"民族形式"，或者正在朝这个方面发展。用最能言善辩的发言人胡风的话讲，"'民族形式'本质上是五四的现实主义传统，在新的情势下面主动地争取发展的道路"。此外，胡风认为这种新的传统，是与封建的和倒退的旧传统的彻底决裂。胡风用一种迂回的马克思主义意向进行论述，他认为借用外国的东西事实上是可行的。就此而言，胡风向毛暗贬西方的影响，直接提出了挑战。第三派，主要是党的委员们和郭沫若，试图使双方和解。周扬争辩说，人们应当吸收传统艺术形式中的"优良成分"，同时新文学中产生的"新形式"，也应该保留并应进一步发展。然而，总的说来，周扬的论点更加接近于胡风，而不是林冰；因为他总结说，"民族新形式之建立，并不能单纯地依靠于旧形式，而主要地还是依靠对于自己民族现实生活的各方面的绵密认真的研究"——换句话说，现实主义。②

---

① [美] 费正清、费维恺编：《剑桥中华民国史 1912—1949 年》（下），刘敬坤等译，中国社会科学出版社 1994 年版，第 543 页。

② [美] 费正清、费维恺编：《剑桥中华民国史 1912—1949 年》（下），刘敬坤等译，中国社会科学出版社 1994 年版，第 543—544 页。

与此同时，我们还能从毛泽东在《讲话》前后对鲁迅的态度中发现这一端倪。比较瞿、毛二人对鲁迅的态度，我们可以发现，无论是瞿秋白生前对鲁迅的高度赞许还是毛泽东在《讲话》之时及之后对鲁迅的有选择的忽视，都基于他们对五四新文化运动性质的基本判定。瞿秋白对鲁迅的赞许是因为鲁迅是"从进化论进到阶级论，从绅士阶级的逆子贰臣进到无产阶级和劳动群众的真正的友人"，"从痛苦的经验和深刻的观察之中，带着宝贵的革命传统到新的阵营里来的"。① 但毛泽东之评价鲁迅，正如麦克法夸尔所说："虽然毛泽东事实上在此前非常推崇鲁迅，说他是一位'空前的民族英雄'，但他的延安文艺讲话却批驳了鲁迅所主张的东西。鲁迅曾经倡导西方的文学体裁和思想，但毛泽东却敦促作家们返回到自己传统的民间风格中来。鲁迅的作品暴露了社会的阴暗面，在其中群众以及精英都因冷漠、落后和不公正而受到讥讽，毛泽东却呼吁应该有为党的目标服务的和歌颂群众的文艺。作家不再能按照现实的实际情况或按照个人之所见来批评现实；他们应该按照现实可能的情况和党与毛泽东所见到的情况来描叙现实。"②

3.关于无产阶级文化领导权问题

文化领导权是马克思主义文艺思想的核心价值。它在文艺创造活动中具体地表现为文艺的党性、阶级性、倾向性、人民性和民族性等。在马克思主义文艺理论的发展过程中，对文化或文艺的领导权的认识是不断建构、发展与深化的。经典马克思主义理论家恩格斯在《诗歌和散文中的德国社会主义》和《致斐·拉萨尔》中多次强调了文学的阶级性和作者的倾向性，列宁在《党的组织和党的文学》中也特别强调了无产阶级文学的党性原则，高尔基在《论文学》中甚至直接提出"文学家是阶级的耳目与喉舌"。可以说，无产阶级文化领导权在马克思主义文艺思想中占据着核心地位。瞿、毛二人都是站在共产党领袖的角度去论证文化在革命中的战略作用以及无产阶级文化领导权问题。瞿秋白曾主持了几年党中央工作，在离开直接的政治领导岗位

---

① 瞿秋白：《〈鲁迅杂感选集〉序言》，《瞿秋白文集》（文学编·第三卷），人民文学出版社1989年版，第115页。

② [美] R.麦克法夸尔、费正清编：《剑桥中华人民共和国史——革命的中国的兴起1949—1965》，谢亮生等译，中国社会科学出版社1990年版，第240页。

之后，更多将精力放到"文化革命"以及无产阶级文化领导权的夺取上。他在理论探讨与批评实践中倾力甚多的文艺大众化、文化民族化问题都是这一总体目的的体现。他明确指出："革命的大众文艺问题，是在于发动无产阶级领导之下的文化革命和文学革命。"① 而在《讲话》前后，毛泽东则"含蓄地批驳了杂文作家们的批评，为党的文艺政策和对待知识分子的政策打下了基础。他虽然未对这些作家点名，但他攻击了他们意在独立于党的领导作用之外的想法，并且驳斥了他们所提关于艺术必须独立于政治的要求。艺术家和艺术无论何时都应服从于党所交派的任务。虽然他提出他的观点作为独创的教义，但他关于文艺的观点是苏联的社会主义现实主义的理论和瞿秋白强调的民族形式的结合"②。可以说，瞿秋白关于五四传统、大众化、文化革命的理论与实践，以及强调文艺工作者要学习马克思主义，强调世界观指导创作方法的思想几乎全盘为毛泽东接受。

4.关于借鉴西方现代文艺思潮问题

对于如何借鉴西方现代文艺思潮，瞿、毛二人在立场、原则上也有着惊人的相似，只不过瞿秋白的论述更为直观而毛泽东更为宏观。如瞿秋白就中国文坛对西方现代文艺思潮的借鉴作了这样的批评："绅商的'智识阶级'既然自命为'智识阶级'，那自然是比平民高出一等的人物了。所以他们除诗古文词四六电报之外，造出了一种新文言的'深奥而高妙'的新文艺。什么表现主义，后期印象主义……一直到'魔道主义'，样样都有；他们是要'找寻刺激'，他们是要模仿没落颓废的或者发狂的吃人的帝国主义资产阶级的艺术。"③ 而毛泽东在《在延安文艺座谈会上的讲话》中讲得更为严厉，宣称马克思主义就是要"破坏那些封建的、资产阶级的、小资产阶级的、自由主义的、个人主义的、虚无主义的、为艺术而艺术的、

---

① 瞿秋白：《大众文艺的问题》，《瞿秋白文集》（文学编·第三卷），人民文学出版社1989年版，第14页。

② [美] R.麦克法夸尔、费正清：《剑桥中华人民共和国史——革命的中国的兴起1949—1965》，谢亮生等译，中国社会科学出版社1990年版，第240页。

③ 瞿秋白：《"五四"和新的文化革命》，《瞿秋白文集》（文学编·第三卷），人民文学出版社1989年版，第27—28页。

贵族式的、颓废的、悲观的以及其他种种非人民大众非无产阶级的创作情绪"①。

第二节　冯雪峰的革命现实主义理论与马克思主义文学批评的中国化

冯雪峰是民主革命文艺的先锋、"左联"重要的发起者。作为最早运用唯物史观研究文艺问题的探索者之一，他也是为封闭而又激荡的中国引介马克思主义文艺理论的"窃火者"，是马克思主义文艺理论中国化的自觉的实践者、执行者。其中，冯雪峰最重要的文艺思想成果是革命现实主义理论的建构，这表现在：他将民主主义革命思想与世界革命实践经验结合起来，形成了具有民族特质的革命现实主义；他对文艺与政治关系、典型化问题等的分析、论述，既有着鲜明的政治倾向性，也有着对文艺特性的尊重；他努力探析文艺创作中的主客观关系问题，独具匠心地提出"人民力"和"主观力"这对辩证概念，要求作家在现实生活和矛盾斗争中调动自己的主观能动性并彰显人民的力量，为革命现实主义创作指明了前进的方向；他高举鲁迅的伟大旗帜，在中国文坛上托举起先进的战斗着的鲁迅精神，架起了无产阶级政党与鲁迅之间沟通的桥梁，为中国革命现实主义实践找到了它的精神代表；他通过自己的批评实践批判了左翼文艺运动中的机械论、宿命论、教条主义、宗派主义等错误，注重"感性生活"的积极作用，为革命现实主义文学批评的展开树立了较为正确的批评规范；他倡导在继承五四以来优良文艺传统的基础上，走"文艺大众化"路线，致力于"民族形式"的探索，为丰富革命现实主义理论体系作出了有益的探索。总之，在无产阶级革命文学运动中，冯雪峰是不可忽视的一位文艺理论家，他努力构建的政治倾向与文艺创作相统一的革命现实主义理论体系是他在马克思主义文艺批评中国化探索

---

① 毛泽东：《在延安文艺座谈会上的讲话》，《毛泽东选集》第三卷，人民出版社1991年版，第874页。

中的突出贡献。

一、革命现实主义的理论建构

冯雪峰在 1933 年写就的《〈子夜〉与革命的现实主义的文学》一文中提出了"革命的现实主义"概念。这一核心概念的提出并非率尔操觚而成，而是建立在他对马克思主义文艺思想的广泛吸纳和细致消化上。比如，俄国"十月革命"胜利后，冯雪峰就怀着对无产阶级革命的无比信仰，开始向国内译介俄国普罗文学，并写下大量译介性文章，如《新俄文学的曙光期》《新俄的戏剧与跳舞》《新俄的无产阶级文学》《新俄的文艺政策》等。与此同时，他也翻译了不少马克思、列宁的原著，如 1930 年翻译的马克思的《艺术形成之社会的前提条件》，使马克思主义文艺理论受到了中国文艺界的广泛关注；其翻译的最早的中文列宁著作《卡尔·马克思》，为了应付国民党的检查，还被迫改名为《科学的社会主义之概要》，并略去作者名。在他翻译的论著中，涉及马克思、列宁、普列汉诺夫、高尔基、法捷耶夫、梅林、藏原惟人等许多马克思主义文艺理论家，数量大、范围广，价值高。尽管他翻译的文艺理论著作多是从日文转译而来，不可避免地出现疏漏、生涩难懂等问题，但其翻译态度严肃认真，在翻译过程中也都尽可能遵照原文来修正自己的译文。这些译介过来的苏联文学和马克思主义文艺理论，也深入地贯彻到冯雪峰的文艺思想中，为其革命现实主义理论的建构打下了良好的基础。他的革命现实主义理论建树，集中体现在以下几个方面。

1. 基本理念：革命现实主义文艺必须同中国民主革命的现实要求相结合

冯雪峰的革命现实主义理论建构特别重视中国反帝反封建的革命斗争的现实要求。他清楚地意识到苏俄革命文学的"国际化"经验要同中国的文艺现实结合起来，才能成为中国文艺"民族化"的内容，并在其"民族化"的斗争中表现出来。他认为："这'民族化'的过程必然是体现在我们民族内部的民主主义思想的斗争过程上；我们的民主主义的思想和文学的斗争过程，还不仅对于各种文艺思想和各种旧的现实主义有所批判和选择，并且还体验着从旧现实主义到新现实主义的世界文学的发展过程。"① 在他看来，民主革命的新文艺，自五四以来，就以"革命的现实主义"和"反抗的浪漫主义"为主潮，其中有一个取法于 19 世纪世界文学思潮，培植于民族的实际斗争中，体验着将外来的转化成自己的，旧的转变成新的"民族化"过程。为了维护现实主义的主流地位，并吸收一切进步的、革命的文艺思想，冯雪峰扩大了革命现实主义的内涵和外延，将古代具有反抗性、否定性的浪漫主义作家（如李白）和作品（如《西游记》）统一纳入革命现实主义的进程中。他的这种革命现实主义范围的划分，尽管稍显牵强、笼统、模糊化，但也足见他在协调文艺的政治思想与优秀文艺传统之矛盾冲突上的良苦用心。关于革命现实主义文学实践上的成功者或代表者，冯雪峰首推鲁迅，认为鲁迅正是"取法着或承继着十九世纪世界文学的主潮"，同时又是在"民族现实的革命斗争的土地上"成长起来的。② 在冯雪峰看来，鲁迅的第一部作品《狂人日记》，既受了俄国现实主义作家果戈理《狂人日记》的影响，又暴露本民族的家族制度和礼教的弊端，其揭露之显著，忧愤之深广，方式之创新，使其成为"扬弃"旧文学，吸收进步文学的代表作。由此观之，冯雪峰对革命现实主义的认识，正是借鉴苏俄文艺思想，又立足于五四以来以鲁迅为代表的新文学创作经验而作出的深刻的、独创式的论述。

2. 主要构架：从"文艺与政治"到"文艺与现实"

20 世纪上半叶，中国文艺界曾就文艺与政治的关系问题争论不休，冯雪峰在自我批评和反思过程中逐渐跳出了机械的二元论局限并将之提高到文艺与现实关系的层次上。早在 30 年代初，冯雪峰曾把文艺看成是政治的附庸或者夺取政治革命战争胜利的一种武器，认为"艺术价值不是独立的存在，而是政治的、社会的价值"③。后期，冯雪峰开始对自己这种文艺功利论思想进行反思。关于文艺与政治的关系问题，冯雪峰总体上仍然强调"政治

---

① 冯雪峰：《论民主革命的文艺运动》，《雪峰文集》第二卷，人民文学出版社 1983 年版，第 121—122 页。

② 参见冯雪峰：《论民主革命的文艺运动》，《雪峰文集》第二卷，人民文学出版社 1983 年版，第 122—123 页。

③ 冯雪峰：《关于"第三种文学"的倾向与理论》，《雪峰文集》第二卷，人民文学出版社 1983 年版，第 200 页。

干涉文学"，注重阶级立场对文学的指导作用，认为文学是受到作家的意识形态、世界观的影响的，必然带有一定的阶级性，但他已经开始注意到文艺本身特殊的规律和作者的主观性，注意到艺术相对独立于政治及"政治和艺术的统一"。在他看来，文艺要为政治服务，是文艺主动选择的结果，而并非为政治的附庸或者"狭义的宣传"。文艺"有自己的战斗律，活泼地为着政治而战斗着"①。"文艺和政治的关系，是文艺和生活的关系的根本形态，因为文艺是生活的实践，它和现实社会生活的相互关系就构成它和现实社会生活之间的政治的关系。"②冯雪峰重视文艺与现实生活的内在联系，肯定一切揭示、正视现实生活及矛盾斗争的作品。在他看来，一个作家的政治思想或社会思想以及其作品内容的"广阔而深刻"，是建立在历史真实和现实真实的基础之上的，"一切作品的政论的性质总一定跟着生活的连肉带血的形象，一定是社会的诗的真实"③。因而，冯雪峰极其看重文艺创作与现实斗争的联系，要求在无产阶级的政治立场上去全面地反映现实。他批判以公式主义或客观主义的态度对待艺术，厌恶以口号式的宣传或以纯粹堆积材料的方式去损害艺术创造，这都同他政治与文艺辩证关系的深入理解有着深刻的关联。

3.创作力量源泉："人民力"和"主观力"

冯雪峰的著作中有很多有关"力"的论述，如人民力、主观力、艺术力、批判力、同化力等，其中，最具有辩证思想的"人民力"和"主观力"是其解释革命现实主义创作之力量源泉的创新性表述。

（1）人民力。为纠正"'左'倾机械论""教条主义"等各种错误倾向，冯雪峰首次提出了"人民力"的概念，要求作家在历史的现实的矛盾斗争中展现人民的历史要求、方向和力量。冯雪峰认为，展现广大社会生活和实践斗争，尤其反映出人民发展着的新生力量，"是我们革命现实主义文艺现在所追求的唯一根本的目标"④。"正惟这客观的人民的斗争和力量，才是文艺的思

---

① 冯雪峰：《关于"艺术大众化"》，《雪峰文集》第二卷，人民文学出版社1983年版，第32页。

② 冯雪峰：《文艺与政论》，《雪峰文集》第二卷，人民文学出版社1983年版，第58页。

③ 冯雪峰：《文艺与政论》，《雪峰文集》第二卷，人民文学出版社1983年版，第61页。

④ 冯雪峰：《论民主革命的文艺运动》，《雪峰文集》第二卷，人民文学出版社1983年版，第165页。

想力，艺术力，作品或作者的一切主观战斗力的源泉。"①冯雪峰看到了人民在历史实践过程中的主导性和能动作用，这与马克思主义的唯物史观是相一致的。冯雪峰对"人民力"的产生和获得有着清醒的认识：人民并不是总代表进步、光明的一面，人民的战斗不得不经历曲折、失败，作家必须取得正确的思想，要在艰苦的社会矛盾和斗争中坚持正确的方向才能获得强大的精神力量。另外，在冯雪峰看来，文艺与"人民力"、文艺与政治的关系是紧密联系的，因为，"政治决定文艺是通过文艺的根源，要求和实践的；文艺实践政治，是文艺主动地通过现实人民生活的发展关系的"②。正是从这个角度，冯雪峰指出："文艺与政治的关系最主要的是反映人民实践发展上之辩证的关系；在人民实践发展上，主导的和领导的力量与思想是不可少的，必须强调的，——在这里文艺反映生活就体验着一种政治的关系，即这种发展的实质；而它的实践就秉着这种方向而促进着这种发展。"③ 由此可见，文艺与政治、文艺与现实生活、文艺与"人民力"之间是存在着某种辩证的一致性。冯雪峰的这些论述，把"为政策"而写作的被动创作调整为以"人民力"的呈现作为创作标准，既是对马克思主义文艺人民观的精彩阐述，也是对当时文艺创作的政治化、公式化有着及时的纠偏作用。

（2）主观力。在《论民主革命的文艺运动》一文中，冯雪峰还提出了"主观力"的概念。不同于胡风极度重视强调作家的主观精神对文艺创作的影响，冯雪峰认为文艺创作的过程就是创作者社会实践的过程，艺术的实质在于调动"主观力"和展现"人民力"。他指出："大家对文艺要求着思想力，艺术力，主观的战斗热力，归根结蒂，无非是要求文艺取得在历史的现实的矛盾斗争中的人民的力量，无非是要求文艺应该真实地在现实斗争中而将人民力变成文艺的主观的力量，于是文艺能在人民中起着强大的作用。"④ 可见，"主观

---

① 冯雪峰：《论民主革命的文艺运动》，《雪峰文集》第二卷，人民文学出版社 1983 年版，第166 页。

② 冯雪峰：《论民主革命的文艺运动》，《雪峰文集》第二卷，人民文学出版社 1983 年版，第171 页。

③ 冯雪峰：《论民主革命的文艺运动》，《雪峰文集》第二卷，人民文学出版社 1983 年版，第171 页。

④ 冯雪峰：《论民主革命的文艺运动》，《雪峰文集》第二卷，人民文学出版社 1983 年版，第166 页。

力”应是作家在文艺创作中将人民斗争的力量表现出来的主观上的力量，是作家深入人民生活及社会斗争中所锻造出的坚定站在人民立场上的主观态度。冯雪峰不仅肯定作家创作中的主观能动作用，相信作家精神、理想、情感等力量的存在，同时也强调作家立场的重要性。在冯雪峰看来，主观性是个宽泛、模糊的定义，作家会不可避免地受到自身思维的局限而带有错误的主观偏见，如何获得正确的思想，惟有从广大的人民生活中去取得，从社会斗争实践和自我批评中去批判、改造、加强自己的主观性。"高明的先见或批判，不能在人民历史斗争之外产生，而是人民解放斗争的历史经验的总结，并时时在新的现实斗争和思想斗争中改正和发展的结果。"① 正因为冯雪峰是在整个社会环境及思想斗争中去强调作家的主观力量，所以其关于"主观力"的论述在当今文艺理论发展中仍具有进步意义。

（3）"人民力"和"主观力"的辩证统一。"人民力"本身，就体现着主客观的辩证思想。"人民的力量，对历史和社会的客观本身及其变动上的其他的客观条件说，是人民的主观的力量；但对作家或文艺的主观说，它是客观。"② 正因为如此，"人民力"成为文艺创作过程中连接现实与人民、人民与作家个体的关键。在"人民力"和"主观力"关系上，"主观力"来源于"人民力"，依靠"强大的人民力"来显示"强大的主观力"。基于此，冯雪峰认为："作家如果已经有强大的主观力，则他分明已经在现实的历史的斗争中握住了强大的人民力或历史力；因此，要具有或发扬强大的主观力，就必须投入现实和历史的斗争中去拥抱强大的人民力。"③

值得注意的是，冯雪峰还以辩证的眼光提出了"人民力"和"主观力"相互转换的观点。在他看来，"人民力"和"主观力"并非处于对等的交换地位，将外在的"人民力"转化为作品的艺术力，也绝非作家的"静观""内省"就能完成。客观之所以能够转化为主观，关键在于现实斗争的催化作用。这

① 冯雪峰：《论民主革命的文艺运动》，《雪峰文集》第二卷，人民文学出版社1983年版，第169—170页。

② 冯雪峰：《论民主革命的文艺运动》，《雪峰文集》第二卷，人民文学出版社1983年版，第166页。

③ 冯雪峰：《论民主革命的文艺运动》，《雪峰文集》第二卷，人民文学出版社1983年版，第169页。

主要表现在:"首先,在基本上是客观的矛盾斗争产生或决定主观;其次,这主观也始终要在客观的矛盾斗争中不断地改造着自己,生长着自己。"①也就是说只有通过这种辩证整合关系,文艺创作才能揭示现实矛盾斗争的动态过程。"客观主义"或"革命宿命论",其错误之处,就在于作家没有关注到客观现实中具体的矛盾斗争过程,以及在矛盾斗争中主客观相互转换而产生的人民的力量。

关于"人民力""主观力"及其相互关系的论述,是冯雪峰革命现实主义理论中重要的创新点。这些论述既看到了艺术家的创作力量,呼吁文艺工作领导者给予艺术家以足够的关注和正确的引导;同时也看到了人民大众的不足和潜力,要求艺术家给予大众以正确的批判、引导,并在实践斗争和思想斗争中提升"人民力"。由此不难看出,冯雪峰的"人民力"和"主观力"这对辩证概念不仅深刻阐述了革命现实主义创作的力量源泉,还包含着对文艺大众化问题的高度理论提摄——人民群众创造历史并推动历史的变革,人民群众也创造文艺并推动文艺的变革。冯雪峰还把他的这一观念贯穿到其文学批评实践中,如1931年,他曾推介丁玲中篇小说《水》为"新小说"的范式,之所以为"新",就是因为《水》中的主人公不是孤立的、固定的个体,而是在"全体中相互影响的,发展的",以"集体的行动的开展"的大众。②

4. 创作心理机制:作家"感性生活"决定其"理性生活"

冯雪峰通过对五四以来的文艺运动进行梳理,站在革命现实主义的高度,对过去的错误、过失——机械论和教条主义,宗派主义或关门主义,革命宿命论和客观主义——进行解剖、批判、纠正,指出"感性生活"在创作心理机制形成中的重要性。

在1928年至1936年期间,革命文艺的创作呈现出文艺与政治简单结合的鲜明缺点,这也导致了革命现实主义更多流于狭隘的政治口号的宣传上,无法获得积极的战斗力。冯雪峰指出,20世纪二三十年代提出的新现实主

① 冯雪峰:《论民主革命的文艺运动》,《雪峰文集》第二卷,人民文学出版社1983年版,第166—167页。

② 冯雪峰:《关于新的小说的诞生——评丁玲的〈水〉》(原载于《北斗》1932年第2卷第1期),《雪峰文集》第二卷,人民文学出版社1983年版,第334—335页。

义，正因为没有搞清现实主义同社会历史和生活实践的关系，以为在写实主义的基础上加上无产阶级世界观就完成了现实主义的改造，由此犯了机械论、教条主义的错误。在他看来，这些错误不只是因为"太注重书本子"才导致了教条式和形式化的结果，更多的是没有正确看待"感性生活"。何谓"感性生活"？冯雪峰对之作出了独到的辩证的阐述：

> 在实际上，理性和感性的对立或脱离既不可能，在我们革命运动的历史上或思想运动的历史上，错误者的理性生活要完全脱离他的感性生活更属不可能，所以问题是在：如果感性生活（当作实践生活解释）是人的意识的主要决定者，那么错误与否也主要地由人的感性生活所决定，就是说，感性生活才是人具体地体验着社会矛盾斗争的生活，而且主要地决定他如何感受和认识那矛盾。这样，理性生活就不能脱离感性生活，它被统一（对立地统一）于感性生活中，即它作为一种独立的理性生活时也主要地被感性生活所决定，于是思想的错误不错误也主要地由感性生活所决定。可以看我们的历史事实，经验主义的错误固不用说，即教条主义的错误也主要地由错误者的感性生活所决定的。①

由上不难看出，冯雪峰认为理性生活不能脱离感性生活，并且理性生活主要由感性生活所决定，二者不能割裂开来。教条主义和机械论这些不健康的理性思维总是和错误的感性思维相联系。它"以不健康的感性生活为依靠：即保存着自己的从旧阶级来的弱点，并且汇集着群众中的弱点，一方面在革命被客观的沉重压迫的困难之下，而形成了一种不健康的领导制度"②。

与提倡"感性生活"相联系，冯雪峰还非常看重作家的"热情和向精神的突击"，将其看作是"感性生活"的重要组成部分。"向精神的突击"，指的是"作家被自己的对人民的热情和生活的理想所推动而燃烧一般地从事

---

① 冯雪峰：《论民主革命的文艺运动》，《雪峰文集》第二卷，人民文学出版社1983年版，第149页。
② 冯雪峰：《论民主革命的文艺运动》，《雪峰文集》第二卷，人民文学出版社1983年版，第150页。

写作，以及向人物的所谓内心生活或意识生活的探求"①。它彰显着战斗的热情、个性的解放以及艺术的理想，有了它，必然会对一切压迫人、腐蚀人的精神的旧社会、恶势力及僵化的教条主义、客观主义思想进行猛烈的反抗、抵制。尽管这种热情不乏夹一些幼稚或不纯的东西，但若使它在社会实践斗争中得到历练、改造、提高，最后也将能够成为强大的文艺力量。

5. 典型的社会生产法则："社会的，世界的，历史的矛盾性"

典型观是马克思主义文艺思想中的重要论题，也是冯雪峰革命现实主义文艺理论的重要组成部分。20世纪30年代，当瞿秋白将"典型环境中的典型人物"这一马克思主义文艺理论批评的核心问题引入中国后，曾引发了以胡风和周扬为首的两大阵营的热烈讨论，冯雪峰在艺术典型的创造方面则有着个人独到的见解。在《论典型的创造》一文中，冯雪峰不仅注意到了典型形象塑造中共性与个性、普遍性与特殊性的辩证关系，还注意到"典型艺术的社会生产的法则"，即"典型之社会的，世界的，历史的矛盾性"②。在他看来，伟大作品的典型形象，如哈姆莱特、堂吉诃德、阿Q等，都是从"社会的，世界的，历史的矛盾"中孕育滋长出来的，都是在人与人、人与社会矛盾冲突的斗争中显露出其性格和生气的。在《论形象》一文中，冯雪峰也指出艺术形象的塑造，应是客观现实的反映，应在具体的历史环境及社会矛盾中去展现人物的个性及精神面貌。"艺术是只有在客观真理，主观实践，和艺术创造达到高度的统一的时候才能获得生命。"③可见，冯雪峰注意到社会矛盾或历史背景对典型创作的制约作用，同时也强调艺术典型应该放在明确的历史背景中去塑造。在他看来，艺术家要想创造出典型，就应抱有参与社会实践的蓬勃的热情及对历史的透视能力，通过对社会生活的观察与思考来获得鲜活的个人体验。针对"典型的匮乏""思想力的灰白"等文艺现象，冯雪峰敏锐地指出，之所以产生这些问题，就是因为很多艺术家的典型创造活动，其实并没有在广阔的社会斗争中去展现作品人物的性格、情感和

---

① 冯雪峰：《论民主革命的文艺运动》，《雪峰文集》第二卷，人民文学出版社1983年版，第154页。
② 冯雪峰：《论典型的创造》，《雪峰文集》第二卷，人民文学出版社1983年版，第44页。
③ 冯雪峰：《论形象》，《雪峰文集》第二卷，人民文学出版社1983年版，第54页。

思想，没有触及社会的思想矛盾，或者不敢正视创造典型形象所必须涉及的一些根本问题。可见，冯雪峰正是通过运用马克思主义的典型观及其切身体会来反思中国当时的典型创作问题，从而形成了独具特色的典型理论。在典型形象创造中，重视对创作主体的反思是冯雪峰革命现实主义典型观的魅力所在。

6. 文艺大众化：革命现实主义的方向

民主革命的文艺运动必须倡导大众化的路线，这是左翼文艺和延安工农兵文艺所共同坚持的。在冯雪峰的革命现实主义理论体系中，文艺大众化是作为革命现实主义运动及创作的一个基本方向而加以特别重视的。之所以特别重视，这同冯雪峰对五四以来的文学活动的深刻总结有密切关系。五四运动中，文学在觉醒，但其运动方向由于资产阶级的领导而并未能使新文学向着工农大众发展。到1928年，随着"革命文学"口号的提出和"大众文艺"的宣传，人们才逐渐意识到这个问题，但对之也仅限于"通俗文艺"的定位上。"左联"成立以后，文艺战线的政治斗争更加剧烈，文艺的阶级属性更加鲜明，"大众化"开始作为一种文艺路线或创作方向被提出。1934年，中国语文改革的论争以及"大众语运动"，使"大众化"问题走向更深入的思考。其间，"左联"发起的几次文艺大众化讨论更是将这一问题变成了左翼革命文艺运动的热点。抗战开始后，文艺大众化路线开始转向为民族革命战争服务，抗日宣传、教育的需要及知识分子与人民的频繁接触使大众化运动得到了空前的发展。这其中，1936年"两个口号"的论争还引发了"民族形式"问题与大众化问题之关联的热烈讨论，它与1942年召开的延安文艺座谈会一起，成为"抗战期间民主主义革命文艺运动上的两大事件"。冯雪峰对此阐述道："以'民族形式'和大众化为中心的讨论，却涉及了整个的新文艺运动史和文艺上的所有问题，结果是使问题的性质能够在历史的检讨及人民斗争的思想要求之下有了更深彻的阐明，而大众化作为革命的现实主义文艺运动及创作的基本方向的一点，也赢得了更广阔更深刻的确认。"① 正是在这

---

① 冯雪峰：《论民主革命的文艺运动》，《雪峰文集》第二卷，人民文学出版社 1983 年版，第117 页。

一宏观认识下，冯雪峰将文艺大众化问题纳入其革命现实主义理论体系中，重点阐述了如下几个问题。

（1）"文艺大众化"的双重任务。冯雪峰认为，"文艺大众化"本身就是文艺向更高发展的一种形式，但在历史背景中，它具有统一着政治宣传与文艺发展的双重任务。文艺之政治化的趋势，是"革命的艺术传统凭着现实条件而主动地争取的发展"[1]。"这种大众艺术的开始生长，对于革命的艺术传统即是一种新的生力，于是使传统充实，并且进而使传统起着质的变化。这是完全合于艺术在与政治的矛盾的斗争中发展的原则，合于艺术的生长的原则的"。[2]冯雪峰以托尔斯泰的宗教宣传作品和别德芮伊的政治讽刺诗为例，指出优秀非抗战作品也能够触动人心，深入问题核心；宣传作品也可具有丰富的艺术要素，乃至成为艺术。在他看来，"五四"以来的革命文艺传统正是在革命文艺与大众文艺的相融和改造、提升而逐渐形成。

（2）"普及"和"提高"的辩证原则。对于文艺大众化运动，冯雪峰提出了"普及"和"提高"辩证结合的原则，他指出："大众化将完全体验着新文艺的'提高'的发展的历史过程；'普及'体验着'提高'，而'提高'要求着'普及'。"这里的"普及"即"大众化"，"提高"则指"高度地反映广大人民的现实生活，斗争要求和力量，以及和这内容相适应的民族形式之创造。"[3]在他看来，大众文艺应根据特定的历史阶段去寻求恰当的大众化实践方式，但这并不意味着刻意地迁就大众，而是在提升大众政治文化思想水平的基础上，从大众中获得无限的艺术的力量。

（3）"民族形式"与"大众化"的关联。在冯雪峰看来，"大众化"与"民族形式"之间有着密不可分的关系。"什么是本质的大众性？就是强健深广的革命内容——人民之历史的姿态和要求——和民族的形式。"[4]冯雪峰将

---

① 冯雪峰：《关于"艺术大众化"》，《雪峰文集》第二卷，人民文学出版社 1983 年版，第 38 页。

② 冯雪峰：《论民主革命的文艺运动》，《雪峰文集》第二卷，人民文学出版社 1983 年版，第 38 页。

③ 冯雪峰：《论民主革命的文艺运动》，《雪峰文集》第二卷，人民文学出版社 1983 年版，第 176 页。

④ 冯雪峰：《论民主革命的文艺运动》，《雪峰文集》第二卷，人民文学出版社 1983 年版，第 174 页。

中国新文艺放在世界文化、历史高度、社会现实的背景下去考察，不仅赋予"民族形式"以新的时代、社会内涵，同时将"民族形式"的最终实现落脚到"文艺大众化"运动上。冯雪峰在《民族性与民族形式》一文中写道：

> 　　民族形式，是我们民族革命的内容所要求，是为了表现这种战斗的内容而在觅求着这种形式；这种形式是战斗的，必须是新创的，是为了民族文化的最终目的——世界文化的建立的；它决不是一种当作被扬弃的过程看的民族形式。因此，我们所提的民族形式，是大众形式的意思。大众形式，或者说大众性原则的形式，是我们新文艺创造的大路，是我们民族文化要跑上世界文化的起程点。但大众形式，用了民族形式的名义而提出，也有它的具体的眼前的实践的意义，第一是含有对抗着帝国主义的文化的意义的，第二则上面已说过，是为着革命的本质而自觉地重视着民族战斗的特质，为着革命的内容而创造着民族形式。①

　　从这段论述中可以看到，冯雪峰认为，"民族形式"是由"民族革命的内容所要求"和决定的，必须"为着革命的内容而创造着民族形式"，因此，"民族形式"的创造应同当下的革命现实结合起来。同时，"民族形式"又处于"扬弃"的动态过程，是在人民生活和现实斗争中发展起来的，它"必须向人民大众的生活和斗争肉搏"，也"必须诉之于作家的艺术的实践"。② 从"民族形式"的内容看，其"内容是向着广大人民的生活，斗争要求与力量的反映，形式与语言是与这相适应地进行着改造，向着坚强，明确，丰富而洗炼的大众的形式与语言而努力"③。从这个意义上讲，人民生活的广阔、丰富、复杂、多样性，又要求着"民族形式"的多元发展。可见，文艺"民族

---

① 冯雪峰：《民族性与民族形式》，《雪峰文集》第二卷，人民文学出版社1983年版，第71—72页。

② 冯雪峰：《论民主革命的文艺运动》，《雪峰文集》第二卷，人民文学出版社1983年版，第118页。

③ 冯雪峰：《论民主革命的文艺运动》，《雪峰文集》第二卷，人民文学出版社1983年版，第178页。

形式"的最终形成有赖于"文艺大众化"的真正展开。冯雪峰还对经过"文艺大众化"运动后形成的民族"新形式"的创造提出了以下原则：其一，新形式应是独创的，去极大限度地适应并发展新的内容，增加世界文化特色。其二，它应是"发展的，和选择那能够发展的"，"去选择一切能够发展和正待发展的形式和要素"。① 其三，它是对抗的，这由我们的思想斗争任务所决定，要求在对抗旧的艺术，旧的文化的基础上获得新艺术的创造动机。其四，它应是"有定则的，有定向的"，"因为我们的形式，既由一定的社会发展条件和一定的内容所决定，向着它一定的方向发展，又必须向着新的艺术样式和艺术风纪的形成的"，而这些基本的原则和定向"正是大众性的原则和方向"。②

二、"鲁迅论"中的革命现实主义文学批评实践

冯雪峰是 20 世纪 30 年代与鲁迅接触最密切，受其影响、熏染最深的早期无产阶级文艺理论家之一。他的"鲁迅论"以其深刻性、全面性使革命现实主义文艺批评大放异彩。

1. 鲁迅认识的深化过程

革命早期的冯雪峰并不太熟悉鲁迅，认为鲁迅是个"很矛盾的人"，不易接触。1928 年 5 月，当创造社、太阳社攻击鲁迅时，冯雪峰写了《革命与知识阶级》一文，为鲁迅辩护，希望"革命"对"在艺术上表现他们内心生活的冲突的苦痛"③ 的这类人给予宽容与理解，当然，这种辩护事实上也并非真正出于对鲁迅的崇敬之心。后期，他在阅读鲁迅作品后开始真正理解了鲁迅的文艺思想，意识到自己之前对于鲁迅的评价因受了机械论的影响而太过浅薄和武断。20 世纪 30 年代，冯雪峰到达上海，担任起联结党和鲁迅的重大任务，这既加深了鲁迅对共产主义政党的了解和信任，也让两人建

---

① 冯雪峰：《形式问题杂记》，《雪峰文集》第二卷，人民文学出版社 1983 年版，第 66 页。
② 冯雪峰：《形式问题杂记》，《雪峰文集》第二卷，人民文学出版社 1983 年版，第 67 页。
③ 冯雪峰：《革命与知识阶级》，《雪峰文集》第二卷，人民文学出版社 1983 年版，第 291 页。

立起深厚的友谊。1930 年 5 月，冯雪峰在《讽刺文学与社会改革》一文中，肯定鲁迅不仅是"伟大的讽刺作家"，而且已经是"热烈的社会改革家"，并确认了鲁迅的共产主义立场："他将国家主义骂了，也将无政府主义，好政府主义，狂飙主义，改良主义等劳什子都骂了，然而偏偏只遗下了一种主义和一种政党没有嘲笑过一个字，不但没有嘲笑过，分明地他还在从旁支持着它。"① 从中不难看出，冯雪峰对鲁迅世界观的了解和认识发生了质的飞跃。1933 年 12 月底，冯雪峰到达江西中央苏区，同毛泽东、瞿秋白密切接触，这是他鲁迅观形成的重要时期。"在瑞金的时候，谈鲁迅是秋白同志碰见我而又有时间闲谈时的话题之一。"② 在《关于鲁迅在文学上的地位》一文中，冯雪峰高度评价鲁迅在文学史上的地位，称其为"彻底的为人生，为社会的艺术派，一个伟大的革命写实主义者"，"在中国，鲁迅作为一个艺术家是伟大的存在，在现在，中国还没有一个作家能在艺术的地位上及得他的"，而鲁迅"作为一个思想家及社会批评家的地位，在中国，在鲁迅自己，都比艺术家的地位伟大得多"。③ 这是冯雪峰在鲁迅逝世之前对鲁迅所作出的深刻、全面、高度的评价。1936 年 10 月，鲁迅逝世后，冯雪峰更是将大量精力放在鲁迅著作的整理和研究上，并将鲁迅精神推向了那个时代文艺界的巅峰。他将鲁迅与屈原、杜甫、陶潜等人相比拟，将鲁迅精神称为"鲁迅主义"，称其为"现代现实主义之中国的特色"④。由此可见，冯雪峰对鲁迅思想的阐释、研究，尽管早期有一些不成熟的论断，但随着他与鲁迅的深入接触及自我思想的修正反思，其评价也逐渐客观中肯。

2. 鲁迅旗帜的自觉捍卫者

1928 年，当创造社诸人诋毁鲁迅为"趣味派""二重性的反革命人物""法

---

① 冯雪峰：《讽刺文学与社会改革》（原载于《萌芽月刊》1930 年第 1 卷第 5 期），《雪峰文集》第二卷，人民文学出版社 1983 年版，第 299 页。

② 冯雪峰：《回忆鲁迅》，《雪峰文集》第四卷，人民文学出版社 1985 年版，第 228 页。

③ 冯雪峰：《关于鲁迅在文学上的地位——一九三六年七月给捷克译者写的几句话》，《雪峰文集》第四卷，人民文学出版社 1985 年版，第 23—24 页。

④ 冯雪峰：《鲁迅论》（原题为《鲁迅与中国民族及文学上的鲁迅主义》，1937 年 10 月 19 日在上海鲁迅逝世周年纪念会上的讲话，劳荣记录），《雪峰文集》第四卷，人民文学出版社 1985 年版，第 15 页。

西斯蒂"时，冯雪峰就曾公允地指出，"我们在鲁迅的言行里完全找不出诋毁整个的革命的痕迹来"①。此后，冯雪峰始终维护鲁迅作品的文学地位及社会价值，反击恶意的"中伤者"。比如，"新月派"梁实秋指责鲁迅的文章"东批评，西嘲笑"，却没有积极的主张，只是"蝙蝠式的两边站"，冯雪峰立即以《讽刺文学与社会改革》一文反驳梁实秋的谬论及诽谤，称鲁迅为世界上最伟大的讽刺文学家之一，并高度评价鲁迅杂文的现实主义战斗精神，充分肯定鲁迅作品的艺术价值和社会意义。1936 年，文艺界发生"两个口号"之争，文学论争逐渐演变为人身攻击，"国防文学"拥护者将矛头指向鲁迅，称鲁迅为"托派"，并攻击其为"左的宗派主义""行会主义""理想的奴才"等。在这期间，冯雪峰曾先后为病中的鲁迅代笔写了《答托洛斯基派的信》《论现在我们的文学运动》《答徐懋庸并关于抗日统一战线问题》等文章，痛斥"托派"论调，呼吁两方团结，驳斥徐懋庸等人对鲁迅的责难。在《对于文学运动几个问题的意见》《鲁迅与民族统一战线》等文章中，冯雪峰同样批判了周扬等人的"关门主义""宗派主义"做派，并对鲁迅的抗日统一战线思想作出了进一步的阐释。可以说，一直以来，冯雪峰始终从各个方面捍卫鲁迅的文学地位，这种捍卫，不仅是对鲁迅本人的捍卫，更是对为民族而战斗着的鲁迅精神的捍卫，也是对自己的革命现实主义理论的坚守。

3. "鲁迅论"中的"民族魂"定位

在鲁迅逝世周年纪念日，冯雪峰在上海纪念会上发表演讲，后被整理为《鲁迅论》（原题《鲁迅与中国民族及文学上的鲁迅主义》）一文，文章将鲁迅更具体地誉为"中国民族的战斗者之魂"。在冯雪峰看来，鲁迅花费了毕生之力描绘出"民族史图"，对中国民族进行了深刻的解剖和揭露——上及学者、教授、洋博士等高等人士乃至新式青年的"人性"，下至底层社会的小孩、老人、女人等悲惨的生活（如闰土、祥林嫂、阿 Q、孔乙己等）。换言之，鲁迅以其现实主义笔触深刻揭示出了中国"吃人"的封建文明及"做奴隶而不得"的社会现状，他的"民族史图"正是"中国民族的衰弱史"，连同着"中国人民的血战史"一起陈列出来。不仅如此，冯雪峰还敏锐地意

---

① 冯雪峰：《革命与知识阶级》，《雪峰文集》第二卷，人民文学出版社 1983 年版，第 292 页。

识到，鲁迅不仅为人们揭示了社会统治的残暴黑暗，同时也为人们点燃了民族革命战斗的火把。"中国大众不仅能看见自己的血和自己的战斗的传统，而且要知道自己的弱点，尤其要知道在中国民族的唯一的出路中的自己的责任和自信。"①冯雪峰认为，鲁迅正是以他战斗性的言论和文字，为中华民族指明出路和自信，因为，"惟有秉着对于民族的伟大的爱而为中国民族战斗着的鲁迅先生，才能拥有着中国民族的战斗传统，而达到历史的真理。惟在中国民族的解剖中达到了中国民族的出路，只有争得不是牛马，也不是奴隶的，从未有过的第三种的'人'的时代——这历史的真理的鲁迅先生，才必然要达到惟有无产者大众才有将来的这历史的真理"②。

冯雪峰认为，鲁迅这种借文字为民族、大众谋出路的方式，造就了他在中国文学史及思想史上的特殊地位：他不仅独创了政论思想和文艺形式相结合的"杂文"文体，而且还形成了独特的现实主义，即"历史的真实和民族的爱的一致"③。在冯雪峰看来，与这种现实主义相联系的正是鲁迅的"韧战"精神，"这也是鲁迅先生从实践出发，针对着对中国社会的战斗的艰难性而结成的特点"④。从这些深入的剖析不难看出，冯雪峰的鲁迅论中对鲁迅"战斗的现实主义精神"的推崇，始终贯穿在其革命现实主义文学批评中。

总的来说，新中国成立前的冯雪峰围绕着革命现实主义体系建构的基本理念、革命现实主义核心范畴的架构、革命现实主义创作力量的源泉、革命现实主义的创作心理机制、典型形象的创造法则以及革命现实主义的基本方向等重要方面，初步构筑了一个能够密切联系当时中国文艺实际的革命现实主义理论体系，并以其"鲁迅论"检验了这一理论体系的批评效力。这一体系立足于马克思主义文艺基本原理同中国文情的结合，对文艺与政治、作家与表现对象、主观与客观关系，文艺的典型性与形象性等各个方面都有较为深入的论述，对革命现实主义理论的进一步发展有着重要的借鉴意义，对马克思主义文艺批评中国化的探索也是一种有益的尝试，其中，避免了周扬等人那样对苏联文艺理论的简单移植，也避免了瞿秋白政治批评中的一些政治

---

① 冯雪峰：《鲁迅论》，《雪峰文集》第四卷，人民文学出版社 1985 年版，第 5 页。
② 冯雪峰：《鲁迅论》，《雪峰文集》第四卷，人民文学出版社 1985 年版，第 9 页。
③ 冯雪峰：《鲁迅论》，《雪峰文集》第四卷，人民文学出版社 1985 年版，第 14 页。
④ 冯雪峰：《鲁迅论》，《雪峰文集》第四卷，人民文学出版社 1985 年版，第 14 页。

化、简单化倾向，其历史功绩是不容否定的。当然，他的这个探索性的革命现实主义理论体系也存在许多不足，如：对文艺内部规律和文艺形式审美性的发掘、探讨显得非常薄弱；对文艺大众接受心理的研究基本阙如；对革命现实主义与浪漫主义的关系的理解比较机械，对革命现实主义如何处理其同作家心理结构的关系，革命现实主义中的真实性如何同审美性结合起来等问题，也都不甚了解或论述较少，而且其论述也多散见于各篇章之中，体系性还有待完善，论题过于集中在文艺与政治维度上而缺少文化学的深度与广度；等等。这些都为中国化的马克思主义现实主义理论的进一步发展提供了反思的基础。

第三节　茅盾的革命现实主义理论与马克思主义文学批评的中国化

茅盾是五四新文学运动的元老，文学研究会的核心人物和重要理论批评家。他的现实主义文学创作和文艺批评实践是 20 世纪中国文学和文学理论发展史重要的组成部分，其现实主义理论大致经历了 20 年代初对写实主义的提倡到 20 年代中期开始对革命现实主义的倡导，再到新中国成立前后转向对"社会主义现实主义"的倡导，理论关键词经历了从"人生"到"革命"到"政治"（阶级斗争）的转换，其现实主义理论视域的展开也经历了从"文艺—生活"到"文艺—革命"到"文艺—政治"的转换。在革命斗争风起云涌的 30 年代，茅盾是革命现实主义文学最优秀的作家之一，他的《子夜》《林家铺子》和"农村三部曲"站在社会历史学家的高度展示二三十年代中国社会政治和思想的大变动，揭示了革命必然取得最后胜利的历史趋向。这些创作从中国社会政治、经济斗争及阶级矛盾角度展示重大社会问题，其规模的宏大和描写的深刻，都是当时革命现实主义文学创作的典范。在革命现实主义文学创作的基础上，他还将自己的理论修养和创作经验融入批评实践中，形成了自己独具特色的社会—历史批评模式。尽管他的批评观有着从早期的"为人生"的现实主义观向后期的革命现实主义观的转变，但他始终在其社会—历史批评模式中贯穿了以下三点：（1）紧密结合着中国的文艺运动实际和作家的创作实际进行现实主义理论的建构与批评实践。他的"作家论"如《冰心论》《鲁迅论》《徐志摩论》均能体现这一特质。（2）坚持革命现实主义文艺批评应同中国的革命现实同步调、共呼吸。他的《从牯岭到东京》《读〈倪焕之〉》《"民族主义文学"的现形》《问题中的大众文艺》《"九一八"以后的反日文学》《"五四"运动的检讨》等著名批评文章，或展露批评界在革命低潮的迷惘，或揭示民族主义文学的嘴脸，或针对文艺大众化问题与反日文学问题，都体现出了强烈的时代针对性。（3）力求用马克思主义文艺基本原理特别是美学的观点和历史的观点去指导创作与批评。这突出表现在他在同"第三种人""自由人"以及激进左翼文艺理论家的论争中总是要求在革命文学领域内应当重视艺术规律，注重艺术形式与艺术技巧的探索，一如既往地反对文艺创作中的公式化、概念化倾向，体现出其革命现实主义文学批评实践重理性分析、重艺术技巧的个性特色。正是这突出的三点使得茅盾的革命现实主义理论成为马克思主义文学批评中国形态建构中的重要组成部分，具有重要理论意义。

一、从写实主义到革命现实主义

茅盾是中国现代文学史上现实主义文学创作最有力的提倡者之一，也是现实主义理论重要的探索者与创新者。在 1925 年写作《论无产阶级艺术》之前，茅盾一直致力于向国内介绍、宣传西方的现实主义文艺创作方法或创作思潮。Realism，即西方文艺理论中的现实主义，最初传入中国时被译为写实主义。茅盾曾对之作过详细的解释："新文学的写实主义，于材料上最注重精密严肃，描写一定要忠实，譬如讲佘山必须至少去过一次，必不能放无的之矢。"[1]1921 年茅盾接手主编《小说月报》后即大力倡导在中国开展写实主义创作，在他看来："写实主义的文学，最近已见衰歇之象，就世界

---

[1]　茅盾：《什么是文学——我对于现文坛的感想》（本文为作者 1923 年 8 月在松江暑期演讲会上的演讲稿，原载于松江《学术演讲录》1924 年第 2 期），《茅盾全集》（第十八卷·中国文论一集），人民文学出版社 1989 年版，第 387 页。

观之立点言之，似已不应多为介绍，然就国内文学界情形言之，则写实主义之真精神与写实主义之真杰作实未尝有其一二，故同人以为写实主义在今日尚有切实介绍之必要；而同时非写实的文学亦应充其量输入，以为进一层之预备。"①在茅盾早期的译介工作及理论主张中，现实主义的推介与倡导都是核心。如《我对于介绍西洋文学的意见》中强调"该尽量把写实派自然派的文艺先行介绍"②；《现在文学家的责任是什么?》中明确提出"文学是为表现人生而作的"③；等等。1921 年底，他在《小说月报》上发表陈望道从日文翻译的论文《文艺上的自然主义》，并加"附志"，向青年读者推荐。在随后的关于自然主义的论争中，茅盾以给作者周赞襄、史子芬、周志伊、吕蒂南等人复信的方式全面阐述了他对自然主义的看法，并在《一年来的感想与明年的计划》一文中，明确提出自己之提倡自然主义，乃在于试图"校正国人的两大病"，亦即那种"以文学为游戏为消遣"的文学观念和"但凭想当然，不求实地观察"的描写方法。④ 在《自然主义与中国现代小说》一文中，茅盾还对自然主义文学的特质作了深入的阐发："自然主义者最大的目标是'真'；在他们看来，不真的就不会美，不算善。他们以为文学的作用，一方要表现全体人生的真的普遍性，一方也要表现各个人生的真的特殊性，他们以为宇宙间森罗万象都受一个原则的支配，然而宇宙万物却又莫有二物绝对相同。世上没有绝对相同的两匹蝇，所以若求严格的'真'，必须事事实地观察。这事事必先实地观察便是自然主义者共同信仰的主张。"⑤在这种阐发的基础上，茅盾又写了《脑威写实主义前驱般生》《波兰近代文学泰斗显克微支》《西班牙写实文学的代表伊本纳兹》《脑威现存的大文豪鲍具尔》《纪

① 茅盾：《〈小说月报〉改革宣言》，《茅盾全集》（第十八卷·中国文论一集），人民文学出版社 1989 年版，第 56 页。

② 茅盾：《我对于介绍西洋文学的意见》（原载于《时事新报·学灯》1920 年 1 月 1 日），《茅盾全集》（第十八卷·中国文论一集），人民文学出版社 1989 年版，第 3 页。

③ 茅盾：《现在文学家的责任是什么?》（原载于《东方杂志》1920 年第 17 卷第 1 号），《茅盾全集》（第十八卷·中国文论一集），人民文学出版社 1989 年版，第 9 页。

④ 参见茅盾：《一年来的感想与明年的计划》（原载于《小说月报》1921 年第 12 卷第 12 号），《茅盾全集》（第十八卷·中国文论一集），人民文学出版社 1989 年版，第 150 页。

⑤ 茅盾：《自然主义与中国现代小说》（原载于《小说月报》1922 年第 13 卷第 7 号），《茅盾全集》（第十八卷·中国文论一集），人民文学出版社 1989 年版，第 235 页。

念佛罗贝尔的百年生日》等一系列文章，为中国文学界系统介绍和引进西方写实主义文学。对于现实主义的钟爱，甚至影响到茅盾对中国新文学发展的总体判断，比如，他在1941年初曾认为，中国新文学二十多年来的发展，只有"现实主义屹然始终为主潮"，而唯美主义、象征主义等文学都不过是"被时代遗忘了"的"浪潮上的浮沫"；而二十多年来文艺界里所有的论争，诸如"文艺大众化"论争、文艺与政治关系论争、"人生与艺术"论争、"文艺自由"论争等实际上都是围绕现实主义的主轴而展开，"都是为了现实主义的更正确地被把握，都是为了争取现实主义的胜利"。[1] 总的来说，茅盾的早期文学观念是以写实主义为基础，强调文学表现人生，强调文学的真实性。然而，正如茅盾自己所言："'为人生的艺术'当初由文学研究会一部分人所主张。文艺的对象应该是'被侮辱者与被践踏者'的血泪：他们是这样呼号着。但是这个主张并没引起什么影响，却只得到了些冷笑和恶嘲。粗看来，这个现象似乎极可怪；不过假使我们还记得那时候正是一方面个人主义思潮煽狂了青年们的血，而别一方面'老'青年们则正惴惴然忧虑着'五四'所掀动的巨人（被侮辱与被践踏的民众）将为洪水之横决，那我们便可了然于'人生的艺术'之所以会备受各方面的冷眼了。"[2] 也就是说，文学研究会的"为人生的艺术"的主张和写实主义的创作理念开始落后于时代的迅猛发展。对此，茅盾在《"五四"运动的检讨》中分析说："无产阶级的革命运动卷去了大多数的深受封建制度压迫的青年，他们固然不满于文学研究会派的意识不明确的'为人生的艺术'，同时也唾弃了创造社派的象牙塔中生活的'为艺术的艺术'了。新的时代要求那表现着新的意识形态的文学。在阶级斗争日形尖锐化的新局面下，文学团体必然的要起变化，结果是文学研究会的无形解体和创造社派的改变方向。"[3] 正是基于这样的情势判断，从20世

---

① 茅盾：《现实主义的道路——杂谈二十年来的中国文学》（原载于重庆《新蜀报·蜀道》1941年2月1日），《茅盾全集》（第二十二卷·中国文论五集），人民文学出版社1993年版，第171—173页。
② 茅盾：《关于"创作"》（原载于《北斗》1931年9月20日创刊号），《茅盾全集》（第十九卷·中国文论二集），人民文学出版社1991年版，第272页。
③ 茅盾：《"五四"运动的检讨——马克思主义文艺理论研究会报告》，《茅盾全集》（第十九卷·中国文论二集），人民文学出版社1991年版，第246—247页。

纪 20 年代中期，茅盾开始转向提倡革命文学。在他看来，"在我们这时代，中产阶级快要走完了他的历史的路程，新鲜的无产阶级精神将开辟一新时代"，因此，他主张："文学者目前的使命就是要抓住了被压迫民族与阶级的革命运动的精神，用深刻伟大的文学表现出来"，文学者"更须认明被压迫的无产阶级有怎样不同的思想方式、怎样伟大的创造力和组织力，而后确切著名地表现出来，为无产阶级文化尽宣扬之力"。① 作为这种文艺情势判断的理论结果，1925 年 5 月，茅盾在《文学周报》上发表题为《论无产阶级艺术》的长文，全面阐述了他对无产阶级艺术本质及其特征的基本看法。这是茅盾转向革命文学并建立其革命现实主义理论的重要标志。根据茅盾自己的回忆，这篇长文的主要写作目的"有清理一番自己过去的文学艺术观点的意思，以便用'为无产阶级的艺术'来充实和修正'为人生的艺术'"②。这篇长文对苏联高尔基创始的无产阶级文学进行了深入的理论探讨，从五个方面对无产阶级艺术做了全面剖析。

文章第一部分梳理了无产阶级艺术的历史形成，介绍了以高尔基为代表的苏联革命作家的作品及其成就，高度称赞高尔基"是第一个把无产阶级所受的痛苦真切地写出来，第一个把无产阶级灵魂的伟大无伪饰无夸张地表现出来，第一个把无产阶级所负的巨大的使命明白地指出来给全世界人看！"③ 在茅盾看来，这种"能够表现无产阶级的灵魂，确是无产阶级自己的喊声"④ 的无产阶级艺术才是未来中国文艺的发展方向。文章还尝试运用阶级观点去分析作家作品，比如对他以前推崇过的罗曼·罗兰，茅盾就进行了否定："罗曼·罗兰的民众艺术，究其极不过是有产阶级知识界的一种乌托邦思想而已。他空洞的说'为民众的，是民众的'，才是民众艺术，岂不是刚和民治主义者所欣欣乐道的 For the people，of the people 的政治为同一徒有美名

① 茅盾：《文学者的新使命》（原载于《文学》周报 1925 年第 190 期），《茅盾全集》（第十八卷·中国文论一集），人民文学出版社 1989 年版，第 541 页。

② 茅盾：《茅盾回忆录》，孙中田、查国华编：《茅盾研究资料》（上），中国社会科学出版社 1983 年版，第 335 页。

③ 茅盾：《论无产阶级艺术》，《茅盾全集》（第十八卷·中国文论一集），人民文学出版社 1989 年版，第 500 页。

④ 茅盾：《论无产阶级艺术》，《茅盾全集》（第十八卷·中国文论一集），人民文学出版社 1989 年版，第 500 页。

么？在我们这世界里，'全民众'将成为一个怎样可笑的名词？我们看见的是此一阶级和彼一阶级，何尝有不分阶级的全民众？"①

　　文章第二部分对无产阶级艺术产生的条件以及无产阶级文学批评的基本性质都做了深入的剖析。首先，茅盾把艺术创作过程恍悟凝练为一个"新而活的意象＋自己批评（即个人的选择）＋社会的选择＝艺术"的"方程式"，②然后对无产阶级文学批评的性质作了揭示，并断言："文艺批评论确是站在一阶级的立点上为本阶级的利益而立论的；所以无产阶级艺术的批评论将自居于拥护无产阶级利益的地位而尽其批评的职能，是当然无疑的。"③

　　文章第三部分在无产阶级艺术同旧有的"农民艺术""革命艺术"以及"旧有的社会主义文学"的对比中揭示了无产阶级艺术的基本性质及其特点，认为"无产阶级的艺术意识须是纯粹自己的，不能掺有外来的杂质；无产阶级艺术至少须是：(1) 没有农民所有的家族主义与宗教思想；(2) 没有兵士所有的憎恨资产阶级个人的心理；(3) 没有知识阶级所有的个人自由主义"④。

　　文章第四部分阐述了无产阶级艺术的表现内容，对新生的无产阶级艺术中出现的"误以刺激和煽动作为艺术的全目的"的弊端进行了批判。茅盾指出："有许多富于刺激性的诗歌和小说，往往把资本家或资产阶级知识者描写成天生的坏人，残忍，不忠实。这是不对的。因为阶级斗争的利刃所指向的，不是资产阶级的个人，而是资产阶级所造成的社会制度；不是对于个人品性的问题，而是他在阶级的地位的问题。无产阶级所要努力铲除的，是资产阶级的社会制度，及其相关连的并且出死力拥护的集体。一个资本家也许竟是个品性高贵的好人，但他既为他一阶级的代表并且他的行动和思想是被他的社会地位所决定的，则无产阶级为了反对资产阶级的缘故，不能不反对

① 茅盾：《论无产阶级艺术》，《茅盾全集》（第十八卷·中国文论一集），人民文学出版社1989年版，第500—501页。
② 茅盾：《论无产阶级艺术》，《茅盾全集》（第十八卷·中国文论一集），人民文学出版社1989年版，第505页。
③ 茅盾：《论无产阶级艺术》，《茅盾全集》（第十八卷·中国文论一集），人民文学出版社1989年版，第506—507页。
④ 茅盾：《论无产阶级艺术》，《茅盾全集》（第十八卷·中国文论一集），人民文学出版社1989年版，第510页。

这个代表人。"①

　　文章最后一部分集中讨论了无产阶级艺术的形式问题，并就无产阶级文艺的内容与形式的辩证关系问题做了深入阐发，认为"无产阶级作家应该承认形式与内容须得谐合；形式与内容是一件东西的两面，不可分离的。无产阶级艺术的完成，有待于内容之充实，亦有待于形式之创造"②。

　　此外，茅盾还就无产阶级文艺如何处理继承与发展的关系问题提出了自己的明确意见。认为"一方虽则承认前人的遗产应该利用，而他方又本着'左'倾的幼稚病的指向，误以为凡去自己时代愈远者即愈陈旧朽腐，不合于自己的用途，反之，离自己时代愈近者即愈新鲜，较和自己的思想接近，因而误认最近代的新派艺术的形式便是最合于被采用的遗产"③。

　　总的来说，《论无产阶级艺术》的写作与发表，是茅盾"已经意识到无产阶级艺术的基本原理将会指引中国的文艺创作走上崭新的道路"④而作，因而，这篇从各个方面总结苏联早期无产阶级文学的成就和缺失并指出苏联无产阶级文学运动中的"左"倾幼稚病的宏文，其真正的目的并不止于对苏联革命文学成就做一个学术史意义上的清理，而是具有鲜明的时代考量和中国问题意识，是试图在中国建立革命现实主义理论的初步尝试。虽然其中对于"写实主义""现实主义""自然主义"等概念还缺乏严格的区分，但其理论建构上的写实主义→自然主义→革命现实主义的逻辑发展线索还是大体清晰的。这些理论探索同此后的《〈红光〉序》《欢迎〈太阳〉!》《"民族主义文学"的现形》《"五四"运动的检讨》《"五四"与民族革命文学》等一系列革命文学批评文章为茅盾真正实现从写实主义向革命现实主义的转化打下了坚实的基础。

---

① 茅盾:《论无产阶级艺术》,《茅盾全集》(第十八卷·中国文论一集),人民文学出版社1989年版,第513页。

② 茅盾:《论无产阶级艺术》,《茅盾全集》(第十八卷·中国文论一集),人民文学出版社1989年版,第515页。

③ 茅盾:《论无产阶级艺术》,《茅盾全集》(第十八卷·中国文论一集),人民文学出版社1989年版,第516页。

④ 茅盾:《茅盾回忆录》,孙中田、查国华编:《茅盾研究资料》(上),中国社会科学出版社1983年版,第340页。

二、革命现实主义理论的核心视域

茅盾的革命现实主义理论建构，其核心视域主要集中在以下几个方面。

1. 世界观与创作及创作方法的关系问题

在 20 世纪 20 年代中后期关于无产阶级革命文学的论争中，世界观与创作及创作方法的关系问题受到高度重视，茅盾显然也受到了影响，但相比周扬等人将世界观与创作方法几乎直接画等号的做法，茅盾对这一问题的看法显然更为辩证。

一方面，茅盾非常重视世界观对创作及创作方法的决定性作用的。比如，他于 1931 年发表的《中国苏维埃革命与普罗文学之建设》一文就明显受到了"唯物辩证法创作方法"的影响。他还将五四到抗战前的中国新文学运动分为三个阶段，即五四到"五卅"为第一阶段，其基本特征是"写实主义的与浪漫主义的创作方法之交错"；"五卅"到"北伐"为第二阶段，其基本特征是"写实主义占了优势"；"北伐"以后到抗战以前为第三阶段，其基本特征是"现实主义的胜利"，[1] 并将这种胜利看作是革命文学内部两条战线斗争的结果，认为这一胜利使得革命作家"不但纠正了'标语口号的创作论'以及'唯技巧主义'，并且也清算了旧写实主义创作方法的不够，在辩证的唯物论的光照下把握了现实主义的创作方法"[2]。他的这种观念还突出体现在他对五四运动的评价中。与 1929 年在《读〈倪焕之〉》一文中对五四持正面的肯定的看法不同的是 [3]，他在《"五四"运动的检讨》一文中评述说："'五四'是封建思想成为中国资产阶级发展上的障碍时所必然

---

[1] 参见茅盾：《中国新文学运动》（原载于《新疆日报·女声》1939 年第 12 期），《茅盾全集》（第二十二卷·中国文论五集），人民文学出版社 1993 年版，第 39—45 页。

[2] 茅盾：《中国新文学运动》（原载于《新疆日报·女声》1939 年第 12 期），《茅盾全集》（第二十二卷·中国文论五集），人民文学出版社 1993 年版，第 43—44 页。

[3] 茅盾在《读〈倪焕之〉》一文中肯定了"五四"的历史功绩。他说："我们亦不能不承认，活跃于'五卅'前后的人物在精神上虽然迈过了'五四'而前进，却也未始不是'五四'产儿中的最勇敢的几个。没有了'五四'，未必会有'五卅'罢。同样地会未必有现在之所谓'第四期的前夜'罢。历史是这样命定了的！"——茅盾：《读〈倪焕之〉》，《茅盾全集》（第十九卷·中国文论二集），人民文学出版社 1991 年版，第 198 页。

要爆发的斗争。这个斗争的发展，在现在看来，是有很显明的阶段的：最初由白话文学运动作了前哨战，其次战线扩展而攻击到封建思想的本身（反对旧礼教等等），又其次扩展到实际政治斗争——'五四'运动；然而这以后，无产阶级运动崛起，时代走上了新的机运，'五四'埋葬在历史的坟墓里了。"① 从这种颇有差别的历史评判不难看出，茅盾的世界观发生了重大的改变。茅盾后来曾回忆了这篇"遵照瞿秋白的建议"写就的文章，谈到他何以产生这样的改变②，从中不难发现他的世界观的重大改变直接影响了他对"五四"文学运动的评价，突出表现在：其一，世界观直接成为他用以评价"五四"写实主义文学的标准。比如，在他看来，"'五四'以来写实文学的真精神就在它有一定的政治思想为基础，有一定的政治目标为指针"，这个政治目标就是"民族的自由解放和民众的自由解放"。③ 其二，世界观成为文学史分期的重要依据。比如在 20 世纪 40 年代，他就曾明确反对冯雪峰在《论民主革命的文艺运动》一文中所提出的"民主主义革命的新文艺，从'五四'一开始，就以革命的现实主义和反抗的浪漫主义为主潮"④ 的观点，他明确主张："从思想运动这面看，进步的宇宙观之成为思想运动之支配的力量，显然是从一九二五以后开始的。从文艺运动方面看，则一九二四以前，中国文坛上的主力不是一派而是两派：郭沫若为代表的浪漫主义及鲁迅为代表的写实主义，而在一九二五年以后则合为革命的现实主义。"⑤ 正是基于这种观念，茅盾明确指出，"文学的反帝反封建的

① 茅盾：《"五四"运动的检讨——马克思主义文艺理论研究会报告》，《茅盾全集》（第十九卷·中国文论二集），人民文学出版社 1991 年版，第 231 页。

② 据茅盾回忆说："三十年代初期，人们（包括瞿秋白和我）却普遍认为'五四'运动是中国新兴资产阶级的革命，这个革命是先天不足的，短暂的，到'五卅'运动时，它就退出了历史舞台，让位于新崛起的无产阶级革命运动。我的这篇报告就是按照这样的理论来展开的，因此，对于'五四'运动的历史作用，评价必然偏低。"——茅盾：《"左联"前期》，《我走过的道路》（中），人民文学出版社 1984 年版，第 73—74 页。

③ 茅盾：《浪漫的与写实的》（原载于《文艺阵地》1939 年第 1 卷第 2 期），《茅盾全集》（第二十一卷·中国文论四集），人民文学出版社 1991 年版，第 389 页。

④ 冯雪峰：《论民主革命的文艺运动》，《雪峰文集》第二卷，人民文学出版社 1983 年版，第 122 页。

⑤ 茅盾：《也是漫谈而已》（原载于《文联》1946 年第 1 卷第 4 期），《茅盾全集》（第二十三卷·中国文论六集），人民文学出版社 1996 年版，第 236 页。

任务之完成，必须展开与加强现实主义的创作方法；而要获得现实主义的创作方法，则作家的正确而前进的世界观、人生观实为必要"①。

另一方面，茅盾也强调作家世界观必须同具体的生活实践或创作实践结合起来。在他看来，"从书本知识上可以得到正确的进步的世界观，这是很明白的事；但即此自以为满足，那就有危险，遇到实际问题时，他就会手足失措，甚至看社会现象也会分析错误，作家如果单单仗着从书本子上得来的正确世界观，就来写作品，在脑子里先计划定某些是进步的，某些是反动的，然后按图案填进人物故事去，这样的办法，其实不是现实主义创作方法，而是理想主义的填谱方法，其结果一定是空洞、抽象的东西"②。从倡导革命文学开始，茅盾就一直致力于同"标语口号文学"、人物描写中的"脸谱主义"以及文艺创作中的"公式化"弊端作斗争，认为"只有从生活中把握到的正确观念方是真正的'正确'"③。他的这种观念还反映到他对当时有关世界观与创作及创作方法之关系问题的错误理论认识的批评中。1948年，茅盾称赞黄药眠的论文《论约瑟夫的外套》是驳斥舒芜的《论主观》等若干文章中"最好的一篇"，因为黄药眠的论文"从根蒂上找出舒芜对于哲学和社会科学都没有系统的研究，不过从哲学史上拾了许多废料，也没看看这些废料是否互相冲突，就生扭硬凑，弄成非驴非马"④。应该说，茅盾对革命现实主义文学创作中出现的各种弊病的正确批评，同他对作家世界观必须同具体的生活实践或创作实践相结合的这种深刻认识有着密切的关系，在一定程度上也丰富了革命现实主义的理论内涵。

可惜的是从新中国成立前后开始，茅盾对世界观与创作及创作方法的关系问题又因主流意识形态的需要而陷入前一个极端中。比如，在第一次全国

---

① 茅盾：《中国新文学运动》，《茅盾全集》（第二十二卷·中国文论五集），人民文学出版社1993年版，第45页。
② 茅盾：《作家的主观与艺术的客观性》（摘录）（本文原系座谈笔录，与他人发言合为一篇，发表于《文学月报》1941年第3卷第1期。座谈会于同年1月8日在重庆召开，由罗荪主持），《茅盾全集》（第二十二卷·中国文论五集），人民文学出版社1993年版，第212页。
③ 茅盾：《关于"创作"》，《茅盾全集》（第十九卷·中国文论二集），人民文学出版社1991年版，第280页。
④ 茅盾：《〈论约瑟夫的外套〉读后感》（原载于香港《文汇报·文艺周刊》1948年9月30日），《茅盾全集》（第二十三卷·中国文论六集），人民文学出版社1996年版，第427页。

文代会的报告中，他以《讲话》为核心来批评胡风派的理论，明确宣称"关于文艺中的'主观'问题，实际上就是关于作家的立场、观点与态度的问题"①。又在1958年出版的《夜读偶记》中，把世界观对创作的决定作用推演到文学史的发展中，认为"现实主义的哲学基础是唯物主义，它的社会基础是生产斗争和阶级斗争以及在这两种斗争中推动社会前进的革命力量"②，甚至断言阶级社会内的一部文艺发展史实际上就是"现实主义与反现实主义的斗争史"③。不能不说，这些看法较之新中国成立前对世界观与创作及创作方法之关系的辩证理解倒退了不少。

2."创作的自由"：革命现实主义的基本条件

虽然茅盾比鲁迅更明确赞成革命文学的倡导，但他对文学工具论持明确的反对态度，这同瞿秋白、冯雪峰、周扬等人的革命现实主义理论把文艺视为革命或政治斗争的工具的倾向有着极大的区别，表现出一个深谙创作之道的理论家对文艺与政治关系的理性的成熟的思考。即使转向革命现实主义，茅盾仍然在各个场合以不同的方式强调要正确理解文艺与政治的辩证关系，强调创作的自由是实现革命现实主义创作成功的基本条件。比如，在20世纪30年代关于"文艺自由"的论辩中，茅盾就对"左联"内部的宗派主义和关门主义进行了批评，认为这种"'唯我最正确'，'非我族类，群起而诛之'的现象，以及把'左联'办成个政党的做法"④，对文艺的发展是极为不利的。在他看来，"左翼"这种粗暴的"非此即彼"的思维模式和关门

---

① 茅盾：《在反动派压迫下斗争和发展的革命文艺——十年来国统区革命文艺运动报告提报》(本文是1949年7月19日在第一次文代会上作的报告)，《茅盾全集》(第二十四卷·中国文论七集)，人民文学出版社1996年版，第63页。

② 茅盾：《夜读偶记——关于社会主义现实主义及其它》(原载于《文艺报》1958年第1、2、8、9、10期，同年7月经作者修改后，8月由百花文艺出版社印成单行本)，《茅盾全集》(第二十五卷·中国文论八集)，人民文学出版社1996年版，第204页。

③ 茅盾：《夜读偶记——关于社会主义现实主义及其它》(原载于《文艺报》1958年第1、2、8、9、10期，同年7月经作者修改后，8月由百花文艺出版社印成单行本)，《茅盾全集》(第二十五卷·中国文论八集)，人民文学出版社1996年版，第125—161页。

④ 茅盾：《"左联"的解散和两个口号的论争》，《我走过的道路》(中)，人民文学出版社1984年版，第309页。

主义作风还"暴露了左翼文艺批评界的贫弱"。① 在"国防文学"和"民族革命战争的大众文学"两个口号的论争中,他又对周扬"关起大门做皇帝"的宗派主义和关门主义进行了批评,提倡"救国目标大家一致,文艺言论彼此自由"②。在两个口号的论争中,茅盾实际上"更加看重为革命目标而写创造性的作品";更加坚定地相信"有良心的艺术家不应当放弃他们的人格完整,或失去他们的创作特权"。③ 到了 40 年代,茅盾更明确地把创作自由视为现实主义创作的基本条件,认为"创作的自由是包括在现实主义的创作方法中的一个条件。没有自由精神的作家不可能是一个健全的现实主义者;创作的自由受了桎梏和压迫的时代,也就很难使现实主义的文学得到高度的发展"④。

此外,茅盾还就"歌颂与暴露"之争同创作自由之间的关系做了深入的阐发,认为"文艺工作者的起码任务是反映现实。但即使是这一点起码的任务罢,没有歌颂与暴露的自由就根本无法完成。归根到底一句话,还是需要写作自由"⑤。应该说,茅盾的这些关于如何正确处理文艺与政治关系,以及政治与作家创作自由之间关系的看法是极其辩证的,对于提高革命现实主义文艺创作

---

① 茅盾后来在回忆这场论争时说:"记得在一九三二——三三年顷,曾出现过所谓文艺批评的'危机'……是指一九二八年以来盛行的那种文艺批评不时兴了,曾经目为'权威'的,被发现是建筑在错误基础上的,于是遭到了'清算'。'第三种人'又乘机'崛起',把文艺批评中的这些过失归咎于党对文艺的领导,以艺术保护者的身份出现,指责革命文艺,提出所谓'文艺自由'的口号。以鲁迅为代表的左翼文艺界对'第三种人'展开了论战,批驳了他们的谬论,捍卫了无产阶级革命文艺运动。但是,健全的正确的文艺批评尚未建立起来,批评家们尚未完全摆脱旧的习惯。……总之,通过与'第三种人'的这场论争,也暴露了左翼文艺批评界的贫弱。"——茅盾:《〈春蚕〉、〈林家铺子〉及农村题材的作品》,《我走过的道路》(中),人民文学出版社 1984 年版,第 143 页。

② 茅盾:《再说几句——关于目前文学运动的两个问题》(原载于《生活星期刊》1936 年第 1 卷第 12 期),《茅盾全集》(第二十一卷·中国文论四集),人民文学出版社 1991 年版,第 165 页。

③ [美] 费正清、费维恺编:《剑桥中华民国史 1912—1949 年》下,刘敬坤等译,中国社会科学出版社 1994 年版,第 503 页。

④ 茅盾:《生活与"生活安定"》(原载于重庆《大公报·文艺》1944 年 4 月 16 日),《茅盾全集》(第二十三卷·中国文论六集),人民文学出版社 1996 年版,第 35 页。

⑤ 茅盾:《谈歌颂光明》(原载于《自由导报》1945 年第 6 期),《茅盾全集》(第二十三卷·中国文论六集),人民文学出版社 1996 年版,第 230 页。

的理论品格和释放革命现实主义作家的创造力是具有重要理论意义的。

3.革命现实主义的"时代性"理论

强调文学是时代精神的展现是茅盾现实主义文学理论中的核心成分。早在1922年，他在《文学与人生》一文中就明确指出："各时代的作家所以各有不同的面目，是时代精神的缘故；同一时代的作家所以必有共同一致的倾向，也是时代精神的缘故。"① 可以说，早年茅盾分析《呐喊》《沉沦》《狂人日记》等作品时，都是从这些作品如何展现或反映时代精神入手的。如果说在五四时期，茅盾还只是笼统地以"时代的精神""时代的思潮""时代的反映"来作为现实主义文艺创作的核心理念的话，那么，从20年代中后期开始倡导革命文学后，茅盾提出了非常系统的时代性理论，以之充实自己的革命现实主义理论。他在《读〈倪焕之〉》一文中集中阐释了时代性的内涵：

> 所谓时代性，我以为，在表现了时代空气而外，还应该有两个要义：一是时代给与人们以怎样的影响，二是人们的集团的活力又怎样地将时代推进了新方向，换言之，即是怎样地催促历史进入了必然的新时代，再换一句说，即是怎样地由于人们的集团的活动而及早实现了历史的必然。在这样的意义下，方是现代的新写实派文学所要表现的时代性！②

值得注意的是，这里所说的时代性既包含了时代的总体情形及其给作家的影响的内涵，还包含了时代发展的内在的普遍的规律或者历史的必然要求的内涵，而揭示这后一种内涵在现实主义文学创作中的内在表现，在茅盾看来更为重要。这可以从他早年对鲁迅的《呐喊》以及20年代后期对叶圣陶

---

① 茅盾：《文学与人生》（本文是作者1922年8月在松江第一次暑期学术演讲会上的演讲稿，原载于松江《学术演讲录》1923年第1期），《茅盾全集》（第十八卷·中国文论一集），人民文学出版社1989年版，第271页。

② 茅盾：《读〈倪焕之〉》，《茅盾全集》（第十九卷·中国文论二集），人民文学出版社1991年版，第209—210页。

的《倪焕之》的不同评价中看出。在他看来，前者"所表现者，确是现代中国的人生，不过只是躲在暗陬里的难得变动的中国乡村的人生"①，而在后者中，"时代的空气，不用说是已经表现了的了"，与此同时，"时代给与人们的影响，在倪焕之身上也有了鲜明的表现"，②正是从时代性出发，他称赞《倪焕之》"把一篇小说的时代安放在近十年的历史过程中的，不能不说这是第一部；而有意地要表示一个人——一个富有革命性的小资产阶级知识分子，怎样地受十年来时代的壮潮所激荡，怎样地从乡村到城市，从埋头教育到群众运动，从自由主义到集团主义，这《倪焕之》也不能不说是第一部。在这两点上，《倪焕之》是值得赞美的"③。

对于时代与文艺之间的关系，茅盾始终坚持文艺是时代的反映的现实主义精神，并将之应用到其批评实践中。比如，当沈从文提出所谓的经典作品决不能媚悦流俗的观点时④，茅盾立即在《关于"差不多"》一文中批驳了沈从文将文学的时代性与艺术的永久性对立起来的看法，认为这是从根本上否定了新文艺"作家们应客观的社会需要而写他们的作品"的正确传统，不过是"幸灾乐祸似的一口咬住了新文艺发展一步时所不可避免的暂时的幼稚病"⑤而已。

值得注意的是，茅盾对于时代性的理解还有更为深刻的一面，即在他看来，文学创作之反映时代，不一定非得去表现时代的大事件本身，那些在重大社会事件中展现了这些事件对于作品人物或作家人生或心理的深刻影

① 茅盾：《读〈倪焕之〉》，《茅盾全集》（第十九卷·中国文论二集），人民文学出版社1991年版，第199页。

② 茅盾：《读〈倪焕之〉》，《茅盾全集》（第十九卷·中国文论二集），人民文学出版社1991年版，第210页。

③ 茅盾：《读〈倪焕之〉》，《茅盾全集》（第十九卷·中国文论二集），人民文学出版社1991年版，第207页。

④ 1936年10月，沈从文以炯之的笔名在《大公报》文艺副刊上发表《作家间需要一种新运动》一文，指责文学创作中题材、内容、风格"差不多"现象，其原因在于"记着'时代'忘了'艺术'"，号召"作者需要有一种觉悟，明白如果希望作品成为经典，就不宜将它媚悦流俗"。——参见沈从文：《作家间需要一种新运动》，《沈从文全集》（第17卷·文论），北岳文艺出版社2009年版，第101—108页。

⑤ 茅盾：《关于"差不多"》（原载于《中流》1937年第2卷第8期），《茅盾全集》（第二十一卷·中国文论四集），人民文学出版社1991年版，第311—312页。

响的，同样也是时代性题中应有之义。关于这一点，茅盾在《所谓时代的反映》一文中作过专门的论述，认为"几乎所有优秀的新文艺作品全是反映了'五四''五卅'等等运动的；谁能说我们的好作品中的男女人物不带着'五四''五卅'等等伟大时代的烙印？谁能说我们的好作品中间没有写到'五四''五卅'等伟大的运动怎样改变了人与人的关系，又怎样改变了人与生活的关系？难道这还不能算是'五四'等等大时代在文艺上得到了反映么？"①从茅盾的这些理论阐述和批评实践不难看出，他的革命现实主义理论非常注重从时代精神及其内在的必然要求角度揭示文艺与时代、与现实之间的内在关系，既是对现实主义创作内在规律的高度尊重，也是用历史唯物主义基本观点去丰富、充实现实主义文艺理论体系的有益尝试。

4. 革命文学的题材问题

茅盾对于革命文学的创作题材问题的看法较之太阳社等激进革命作家更为辩证。一方面，他强调要选择那些具有重大社会意义或凸现社会普遍性问题的题材。比如，他于1933年在《创作与题材》一文中就明确告诫文学青年"所选取的题材，第一须有普遍性，第二须和一般人生有重大的关系"②。另一方面，他也主张革命文学题材应该多样化。在太阳社的《太阳月刊》创刊时，茅盾对这个年轻的激进的革命文学刊物表示欢迎，同时也希望太阳社作家能"先把自己的实感来细细咀嚼，从那里边榨出些精英、灵魂，然后转变为文艺作品"③，并就太阳社作家题材选择过于狭窄的问题提出了自己有关题材多样化的明确主张：

> 文艺是多方面的，正像社会生活是多方面的一样。革命文艺因之也是多方面的。我们不能说，惟有描写第四阶级生活的文学才

---

① 茅盾：《所谓时代的反映》（原载于《文艺阵地》1938年第1卷第2期），《茅盾全集》（第二十一卷·中国文论四集），人民文学出版社1991年版，第392页。
② 茅盾：《创作与题材》（原载于《中学生》1933年第32期），《茅盾全集》（第十九卷·中国文论二集），人民文学出版社1991年版，第358页。
③ 茅盾：《欢迎〈太阳〉!》（原载于《文学周报》1928年第5卷第23期），《茅盾全集》（第十九卷·中国文论二集），人民文学出版社1991年版，第164页。

是革命文学，犹之我们不能说只有农工群众的生活才是现代社会生活。也犹之战争文学不一定是描写战壕生活。而那些描写被战云笼罩的后方的文学也是战争文学。所以革命的后方也是好题材。所谓革命的后方，就是老社会受了革命的壮潮摧激后所起的变化。蒋光慈的论文，似乎不承认非农工群众对于革命高潮的感应——许竟是反革命的感应，也是革命文学的题材。我以为如果以蒋君之说，则我们的革命文学将进了一条极单调的仄狭的路，其非革命文学前途的福利，似乎也不容否认罢？①

茅盾还从中国革命的实际出发，认为中国革命需要小资产阶级的加入和帮助，而新兴的革命文学在题材方面的一个重要缺点就是缺乏对小资产阶级生活的关注。他对这种在创作中排斥小资产阶级的现象进行了分析与批评，认为"现在差不多有这么一种倾向：你做一篇小说为劳苦群众的工农诉苦，那就不问如何大家齐声称你是革命的作家；假如你为小资产阶级诉苦，便几乎罪同反革命。这是一种很不合理的事！……我们的作家一向只忙于追逐世界文艺的新潮，几乎成为东施效颦，而对于自己家内有什么主要材料这问题，好像是从未有过一度的考量"②。基于此，他明确主张革命文艺要"从青年学生中间出来走入小资产阶级群众"，其具体做法则是："应该先把题材转移到小商人、中小农等等的生活。不要太多的新名词，不要欧化的句法，不要新思想的说教似的宣传，只要质朴有力的抓住了小资产阶级生活的核心的描写！"③

5."向人民大众的生活去学习"：革命现实主义的"经验—观察—体验"

与瞿秋白、冯雪峰等人重视政治倾向在文学中的决定性作用不同的是，

① 茅盾：《欢迎〈太阳〉!》（原载于《文学周报》1928 年第 5 卷第 23 期），《茅盾全集》（第十九卷·中国文论二集），人民文学出版社 1991 年版，第 165 页。

② 茅盾：《从牯岭到东京》（原载于《小说月报》1928 年第 19 卷第 10 号），《茅盾全集》（第十九卷·中国文论二集），人民文学出版社 1991 年版，第 190 页。

③ 茅盾：《从牯岭到东京》（原载于《小说月报》1928 年第 19 卷第 10 号），《茅盾全集》（第十九卷·中国文论二集），人民文学出版社 1991 年版，第 191 页。

茅盾的革命现实主义思想更重视作家对生活的观察、理解和发掘，把充实的生活以及从生活中形成的正确的文学观念看作是现实主义创作的基础。早在 20 世纪 30 年代初，针对革命文学中的"脸谱主义""标语口号"和"公式化"创作弊端，茅盾就明确指出："这个错误的倾向应该不再继续。将来的伟大作品之产生不能不根据三个条件：正确的观念，充实的生活，和纯熟的技术；然而最最主要的还是充实的生活。只有从生活中把握到的正确观念方是真正的'正确'，也只有从生活中体认出来的技术方是活的技术。"[1] 这种观念也落实到茅盾的具体的文学批评实践。在评价阳翰笙的《地泉》一作时，他将《地泉》一作中的"脸谱主义"和"方程式"的描写的失败归结为"不合于生活的实际"，希望作家能"更刻苦地去经验复杂的多方面的人生"。[2] 到了 40 年代，他的这种注重作家的生活开掘的观念得到了更进一步的理认提升，形成了较为完整的革命现实主义体验论。这集中体现在他的《论如何学习文学的民族形式——在延安各文艺小组会上演说》一文中。该文中说：

> 向生活去学习，这句话也不是今天才提起的，我们干文学的人把这句话当作座右铭，也有了相当长的时期了。人人有他的生活，所不同者，有的生活复杂而广阔，有的单调而窄狭。所谓"向人民大众的生活去学习"，无非是使得生活范围扩大起来，往复杂、往深处去的意思。换言之，就是要去经验各种各样的生活。但是这里就发生了一个问题：人总不能干遍三百六十行，一定要是自己"经验"过的，势有所不能。因此，在"经验"以外，不得不借助于"观察"。所谓向生活学习，我以为又是把"经验"和"观察"统一起来的意思。怎样才能统一起来呢？我以为，从"经验"一边说，须得时时把自己的经验从新咀嚼，如像反刍动物似的，把已经吃下去的东西回出来再咀嚼一遍。换言之，"经验"本是主观的，但须

---

① 茅盾：《关于"创作"》，《茅盾全集》（第十九卷·中国文论二集），人民文学出版社 1991 年版，第 280 页。

② 茅盾：《〈地泉〉读后感》（原载于 1932 年 7 月上海潮风书局重版的《地泉》一书），《茅盾全集》（第十九卷·中国文论二集），人民文学出版社 1991 年版，第 335 页。

要时时以客观的态度来分析研究；从"观察"一边说，须要慎防或有意或无意地把自己和被观察的对象对立起来，而成了旁观者的态度，应当使"我"溶合于"人"的生活中，忧人之所忧，乐人之所乐，在生活上，"我"虽是第三者，但在情绪上，"我"和他们不分彼此，换言之，"观察"虽是客观的过程，但须要以主观的热情走进被观察的对象。我们不能把"向人民大众的生活去学习"了解为狭义的经验论，但也不能了解为单纯的观察论。

……

人人有他的生活经验，但未必人人能从生活学得了什么。所谓"甘苦自知"，只是一种浅尝的经验论，受用不多；必须知道甘之何以为甘，苦之何以为苦，这才算是从生活中真正领会到了真味。上面所说要把生活经验从新拿出来咀嚼，就是这个意思。这样的心理过程，可以名之为"体验"。但正像咀嚼食物不可缺少唾液一样，咀嚼生活经验的时候，也需要一种"唾液"，就是进步的宇宙观人生观，没有这种"唾液"，被咀嚼的东西还是不会起化学分解作用，结果只是白嚼一顿。同样，当进行"观察"的时候，也不能不有精神的显微镜和分光镜，就是站在怎样的立场——本于什么宇宙观人生观去看人生。至于在观察时，不但要能"广"，且要能"深"，不但要看"正面"，也要能看"反面"，不但要注意表面的、显著的，也要注意内在的、隐微的，不但要能具体，也要能概括……诸凡一切，那又是方法的问题，虽有原则，但神而明之，在乎其人。总而言之，在我看来，一个人观察力之如何，和他的生活经验之如何，其间有相因相依的关系，不过，最基本的条件还在他先在思想上有了根基，即先有了进步的宇宙观人生观这一项武器。①

从这段引文中不难看出，茅盾就现实主义创作如何理解和处理现实生活

---

① 茅盾：《论如何学习文学的民族形式——在延安各文艺小组会上演说》（原载于《中国文化》1940 年第 1 卷第 5 期），《茅盾全集》（第二十二卷·中国文论五集），人民文学出版社 1993 年版，第 132—134 页。

与文艺创作的关系问题作了深入的发掘，把作家与生活之间的关系看成是一个由"经验→观察→体验"的逐渐深入的过程，强调了创作主体在观照和体验生活时的主体能动作用。其中更为难得的是，"向人民大众的生活去学习"的观点还把革命现实主义理论提升到了人民性的高度。

6. 革命现实主义理论的"社会科学"化

在 20 世纪二三十年代的革命文学运动中，文学创作特别是革命现实主义文学创作与批评的"社会科学"化是一个十分值得注意的倾向。当时不少作家或批评家都非常重视社会科学中的社会分析或社会剖析方法。比如洪深曾说自己往往"对于某一种人事某一个情形，有了一个主张或结论"之后，才去"更去多多的阅历观察人生，从人生中寻取适当的材料，凑成一个足以发挥我的结论的故事"。[1] 茅盾也有相类似的看法甚至创作体验。在谈及《春蚕》的创作时，茅盾就坦承："生活经验的限制，使我不能不这样在构思过程中老是先从一个社会科学的命题开始。"[2] 在他看来，"一个做小说的人不但须有广博的生活经验，亦必须有一个训练过的头脑能够分析那复杂的社会现象；尤其是我们这转变中的社会，非得认真研究过社会科学的人每每不能把它分析得正确。而社会对于我们的作家的迫切要求，也就是那社会现象的正确而有为的反映！"[3] 实际上，茅盾的《子夜》作为社会分析的杰出作品，其中所显示出来的关注社会重大矛盾和用社会科学指导思想的特点在当时就为批评家们所注意或发现。如瞿秋白就指出，作为"中国第一部写实主义的成功的长篇小说"，《子夜》虽然"还有许多缺点，甚至于错误"，"然而应用真正的社会科学，在文艺上表现中国的社会关系和阶级关系，在《子夜》不能够不说是很大的成绩"。[4] 对《子夜》的社会科学分析的显著特点进行分析

---

① 洪深：《我的经验》，载《创作的经验》，上海天马书店 1935 年版，第 141—142 页。
② 茅盾：《我怎样写〈春蚕〉》，《茅盾全集》（第二十三卷·中国文论六集），人民文学出版社 1996 年版，第 215 页。
③ 茅盾：《我的回顾》，《茅盾全集》（第十九卷·中国文论二集），人民文学出版社 1991 年版，第 406 页。
④ 瞿秋白：《〈子夜〉和国货年》（原载于《申报·自由谈》1933 年 4 月 2 日、3 日），《瞿秋白文集》（文学编·第二卷），人民文学出版社 1986 年版，第 71 页。

的还有吴组缃和叶圣陶，前者将美国好莱坞有声影片《大饭店》与《子夜》进行了对比分析，认为影片的毛病是"没有用一个新兴社会科学者的严密正确的态度告诉我们资本主义的社会是如何没落着的；更没有用那种积极振起的精神宣示下层阶级的暴兴"①，而《子夜》则展示了这一过程；后者则直接认为，茅盾之写《子夜》"是兼具文艺家写创作于科学家写论文的精神的"②。对社会科学研究方法及基本思路的重视不仅反映在茅盾的革命现实主义小说创作中，也反映在他对革命现实主义理论的探讨中，这突出表现在他的《"五四"运动的检讨》一文中。在这篇向"左联"的"马克思主义文艺理论研究会"提交的报告的第一部分中，茅盾详细分析了"五四发生之社会的基础"（从"五四"前夜的中国政治经济到新兴阶级形成的社会根源）；在第二部分中，详细阐述了五四运动中中国新兴资产阶级意识形态的表现特点以及它之所以成为民族解放运动根源的原因；第三部分勾勒了从"五四"到"五卅"的社会发展状况及社会剧变情势。可以说，这份报告对"五四"文学运动的剖析，具有政治分析或社会分析的典型特征，其对社会科学理论的运用凸现了茅盾革命现实主义理论的"社会科学"化的鲜明特点。此外，茅盾在革命现实主义理论探索中，还把社会科学知识的积累、掌握与消化看作是革命现实主义创作中主导生活经验的一根红绳，他认为："'生活经验丰富'一语，实为第一要件。但是徒有丰富的生活经验而无理解力，则犹掬钱满手，而无绳子以穿之，还是不能受用，社会科学的知识便是这么一条绳子。但自然，浅尝辄止的社会科学知识也不是一条可靠的绳子。"③

总的来说，茅盾革命现实主义理论中的这种"社会科学"化倾向强调了文艺创作中社会分析或社会剖析的重要性，对于现实主义创作如何把握重大社会现实或历史进程的必然要求有正面的积极的推动作用，是将马克思主义的历史唯物主义运用到文学创作与批评中的自觉尝试，对于其社会—历史批评模式的形成也起到了至关重要的作用，但其中存在明显的局限，即依靠理

①　吴组缃：《评茅盾〈子夜〉》，《文艺月报》1933年第1卷创刊号。

②　叶圣陶：《略谈雁冰兄的文学工作》（原载于《新华日报》1945年6月24日），孙中田、查国华编：《茅盾研究资料》（上），中国社会科学出版社1983年版，第460页。

③　茅盾：《高尔基与现实主义》（原载于《大公报》1946年6月15日和《联合日报》晚刊6月18日），《茅盾全集》（第二十三卷·中国文论六集），人民文学出版社1996年版，第311页。

论的推导或某种先验的观念来进行创作或批评实践，将社会性高置于人的主体性之上，过于重视对社会本质与社会内在规律的发掘，用社会性消解了人的情感、意志、愿望等主体性内容，这又在一定程度上制约了其革命现实主义理论的发展。

三、革命现实主义的文学批评实践

茅盾既是一个杰出的现实主义作家，也是一个深谙现实主义文学创作基本规律的批评家。他从主持《小说月报》开始就把文艺批评与文艺创作置于同样重要的地位，强调"必先有批评家，然后有真文学家"[①]。在转向革命现实主义后，茅盾自觉运用马克思主义的历史唯物主义理论进行革命现实主义的文学批评实践，这些体现在他为五四同时代作家所写的作家论（如《鲁迅论》《庐隐论》《冰心论》《落花生论》《王鲁彦论》《徐志摩论》等）中，体现在他对叶圣陶、阳翰笙、田汉、丁玲、王统照、张天翼、彭家煌、杜衡等人具体作品的评论中，体现在他编辑《小说月报》等期刊、副刊的办刊思想中，也体现在他所对各种文艺论争的看法中。总的来看，他的革命现实主义文学批评实践有以下基本特点。

其一，较之其以前的写实主义文学批评实践，既一贯坚持其"凝视现实""揭露现实"的现实主义精神，更明确强调文艺意识形态性与倾向性。比如，他在《〈红光〉序》中称赞顾仲起的长诗是"慷慨的呼号，悲愤的呓语，或者可说是'标语'的集合体"，并肯定这些喊口号式的新诗是"时代的产物、环境的产物"。[②]他指出丁玲的《水》"是一九三一年大水灾后农村加速度革命化在文艺上的表现"[③]。在有关抗战文艺的讨论中，他又明确指

---

① 茅盾：《〈小说月报〉改革宣言》，《茅盾全集》（第十八卷·中国文论一集），人民文学出版社 1989 年版，第 112—113 页。

② 茅盾：《〈红光〉序》（原载于《中央日报》1927 年 3 月 27 日副刊星期特别号《上游》第 6 期），《茅盾全集》（第十九卷·中国文论二集），人民文学出版社 1991 年版，第 112—113 页。

③ 茅盾：《女作家丁玲》（原载于《中国论坛》1933 年第 2 卷第 7 期，后又刊于《文艺月报》1933 年第 1 卷第 2 期），《茅盾全集》（第十九卷·中国文论二集），人民文学出版社 1991 年版，第 436 页。

出："目前我们的文艺工作万般趋向于一个总目的，就是加强人民大众对于抗战意义之认识，对于最后胜利之确信，这是我们今日文艺批评之政治的同时也是思想的标尺。"① 对于抗战文艺中的"歌颂与暴露"之争，茅盾同样首先以政治倾向性作为批评的核心，在他看来，"抗战的现实是光明与黑暗的交错，——一方面有血淋淋的英勇的斗争，同时另一方面又有荒淫无耻，自私卑劣。……消灭这些荒淫无耻自私卑劣，便是'争取'最后胜利之首先第一的要件。目前的文艺工作者必须完成这一政治任务"②。在对五四新文学运动的实质及其意义的剖析中，我们还能看到茅盾已经能比较从容地运用阶级分析的方法来对文艺现象进行总体判断了。他说："人的发见，即发展个性，即个人主义，成为'五四'期新文学运动的主要目标；当时的文艺批评和创作都是有意识的或下意识的向着这个目标。个人主义（它的较悦耳的代名词，就是人的发见，或发展个性），原是资产阶级的重要的意识形态之一，故在新兴资产阶级的意识形态对封建思想开始斗争的'五四'期而言，个人主义成为文艺创作的主要态度和过程，正是理所必然。而'五四'新文学运动的历史的意义，亦即在此。"③

　　其二，在强调文艺的意识形态性和政治倾向性的同时，也反对文艺工具论。这也是作为深谙创作之道，有着丰富的现实主义创作经验的茅盾同作为革命领袖的瞿秋白以及同作为马克思主义文艺理论家却缺乏丰富创作经验的周扬与冯雪峰等人在革命现实主义理论建设中有着显著区别的地方，尽管瞿、周、冯等人在某些特定的场合里也反对文艺工具论，但似乎每到具体的批评实践却总是难以认真地深入地考量文艺与政治的关系，难以在政治倾向的剖析与文艺内部规律及要求的阐发的结合上找到平衡点。茅盾对革命文艺中那种只要政治不要文艺的主张或做法进行过很多尖锐的批评。比如他讽刺创造社、太阳社一些作家"仅仅根据了一点耳食的社会科学常识或是辩证法，

① 茅盾：《论加强批评工作》（原载于《抗战文艺》1938 年第 2 卷第 1 期），《茅盾全集》（第二十一卷·中国文论四集），人民文学出版社 1991 年版，第 433 页。

② 茅盾：《论加强批评工作》（原载于《抗战文艺》1938 年第 2 卷第 1 期），《茅盾全集》（第二十一卷·中国文论四集），人民文学出版社 1991 年版，第 433—434 页。

③ 茅盾：《关于"创作"》，《茅盾全集》（第十九卷·中国文论二集），人民文学出版社 1991 年版，第 266 页。

便自负不凡地写他们所谓富有革命情绪的'即兴小说'"①。在他看来,"有革命热情而忽略于文艺的本质,或把文艺也视为宣传工具……因而也就发生了可痛心的现象:被许为最有革命性的作品却正是并不反对革命文艺的人们所叹息摇头了"②。

其三,在时代—作家—作品的三维结构中展开革命现实主义文学批评实践。茅盾的革命现实主义文学批评善于分析社会背景和阶级关系、作者的艺术人格及其艺术技巧、作品人物心理及其典型意义,呈现出典型的社会—历史批评特征(详见第二章第三节相关论述)。

其四,在社会价值与文艺内在规律、倾向性与客观写实、理性化分析与艺术感悟力的呈现、作品时代性内容的敞现同艺术魅力的发掘之间,寻求一种有机的平衡,是茅盾革命现实主义文学批评的重要特点。如果说在转向革命现实主义之前,茅盾对这种有机平衡的追求主要集中在对"人生"("表现人生指导人生")问题这一焦点上并呈现出鲜明的批判现实主义色彩的话,那么在这之后,茅盾的革命现实主义文学批评更注重对社会生活作总体全景式的鸟瞰,更注重社会生活的本质、内在规律及社会历史走向的揭示,更注重从政治、经济及阶级角度进行作家作品思想内容的发掘,更注重为进步阶级"实现了历史的必然"而呐喊。

第四节　周扬的"社会主义现实主义"理论与马克思主义文艺理论中国化探索

周扬既是马克思主义文艺理论家,又是党在文艺战线上的主要领导人,这双重身份的重叠,使他成为中国现代文艺理论史上马克思主义文艺理论中国化的先驱者和推动者之一。周扬从 20 世纪 30 年代走上文坛开始,一直致

---

① 茅盾:《读〈倪焕之〉》,《茅盾全集》(第十九卷·中国文论二集),人民文学出版社 1991 年版,第 211 页。
② 茅盾:《从牯岭到东京》,《茅盾全集》(第十九卷·中国文论二集),人民文学出版社 1991 年版,第 188 页。

力于马克思主义文艺理论的探索，并自觉根据中国革命文学的实践经验，有针对性地将马克思主义文艺的基本原理进行中国化改造。其中国化探索在其不同的文艺思想阶段呈现出不同的形态：三四十年代，他对马克思主义文论的中国化探索主要体现为对"社会主义现实主义"理论的系统化、中国化改造；五六十年代，作为毛泽东文艺思想的代表，周扬所做的主要工作就是运用马克思主义理论对毛泽东文艺思想进行全方位的阐释和宣传；新时期开始后，周扬又通过对自己文艺思想的反思继续进行马克思主义文艺理论的中国化探索。可以说，周扬对马克思主义文论中国化探索的轨迹浓缩了中国形态的马克思主义文学理论的发展历程和理论特征，尤其是他在三四十年代对"社会主义现实主义"理论的引介和中国化改造更是深刻影响了党所领导的无产阶级文化、文艺革命运动的历史。总之，在还原马克思主义理论中国化的历史演变并反思马克思主义基本原理与中国实际相结合的正反两方面经验上，周扬是我们绕不开的具有代表性的理论家。

一、"社会主义现实主义"理论的引介与阐发

周扬一生都致力于苏俄文论的译介并以苏俄文论为底里建构了自己的文艺理论体系，这在学界是不争的事实。苏联文学、文论深刻影响了他的文学观念，重塑了他的批评语言，改造了他的批评方法和模式。尤其是"社会主义现实主义"理论成为他从事文学批评的最重要的批评方法。周扬引入"社会主义现实主义"理论是基于当时中国革命文学进一步发展的现实需求，因为，在"社会主义现实主义"被引进之前，曾经名噪一时的无产阶级写实主义显示出明显的弊端：一方面，它没有实现与现实历史的、客观的结合；另一方面，它没有真正触及现实主义的核心，只是将旧现实主义的写实方法与无产阶级的世界观机械结合在一起。① 正是在现实主义方法遭遇瓶颈的背景之下，周扬引入了苏联的"社会主义现实主义"理论，并在苏联和日本学

---

① 冯雪峰在回顾革命文学运动发展历程时曾指出 1929 年至 1930 年之间名噪一时的无产阶级写实主义的弊端，参见王福湘《悲壮的历程：中国革命现实主义文学思潮史》一书的相关论述，广东人民出版社 2002 年版，第 87—88 页。

者研究的基础之上，更为全面、系统、深入地探讨了"社会主义现实主义"理论。

对"社会主义现实主义"理论的引介与阐发是周扬早期理论探索的重要组成部分。早在《十五年来的苏联文学》一文中，周扬就已经提到了"社会主义现实主义"这个新口号以及它对苏维埃文学的重要意义。两个月以后，他又专门撰文系统介绍了"社会主义现实主义"产生的背景、含义、特征等等，这篇文章就是后来产生了很大影响的《关于"社会主义的现实主义与革命的浪漫主义"——"唯物辩证法的创作方法"之否定》。此后，他又先后写了《现实的和浪漫的》《现实主义试论》等一系列文章继续对"社会主义现实主义"理论进行补充和深化，逐渐形成了自己对苏联"社会主义现实主义"理论体系的较为完整的阐释，并将其与五四文学传统、"文艺大众化"运动以及政治斗争、抗日救亡运动结合起来，使"社会主义现实主义"理论体现出同中国文艺实践紧密结合的特点。周扬对苏联"社会主义现实主义"的译介与阐发，就其核心内容而言，集中在以下几个方面。

1. 文学本质问题：文学的阶级性、党派性及其与真实性的关系

作为左翼文艺运动宿将和解放区文艺工作领导者、组织者的周扬，在30年代"左联"同"自由人""第三种人"的论战和40年代的"王实味事件"中就文学的阶级性、党派性及其和真实性的关系问题对文学的本质做了比较深入的探讨，为"社会主义现实主义"创作方法的引入打下了良好的基础。

在文学的本质问题上，周扬驳斥了以胡秋原为代表的自由主义知识分子提出的所谓"文学与艺术至死是自由的，民主的"，"文艺应当表现完美的人性"等观点，认为这些抹杀了文学阶级性的资产阶级自由主义见解通过宣扬文学的超阶级性来否定文学之于政治的意义，实际上就是取消了文学的武器作用。在他看来，阶级性是文学的必然属性，无产阶级文学是无产阶级同反动意识斗争的有力武器。因为，从客观因素上看，在帝国主义和封建势力的剥削仍然存在的社会里，文学是不会得到真正的自由的；从主观因素上看，作为认识主体的人，不只是生物学的存在，更是社会的、阶级的存在，这就决定了人对于社会现实的认识或多或少都会受到他所处的社会关系和阶级条件的限制。需要注意的是，尽管胡秋原也承认文学的阶级性，但他只是把阶

级性看成是构成文学的因素之一；而周扬却将阶级性当作文学的首要、根本的属性，不承认文学拥有真正的自由，也不承认文学可以表现超阶级的人性。尽管周扬并没有完全忽视艺术的特殊性，试图在强调文学的政治意义的同时兼顾文学自身的规律，但在当时的革命氛围下，难免沦为空谈。

为了突出强调文学的阶级性，周扬又阐述了文学的党派性。所谓文学的党派性，其实质"就是'阶级性'的更发展了的，更深化了的思想和实践"①。换言之，文学的党派性是文学的阶级性的更完全的认识，是对阶级社会中意识形态阶级性的进一步发展和具体化。就两者的关系来看，党派性与阶级性没有性质上的根本的区别，只有程度上的差别，党派性是阶级性的延伸和发展。周扬以"党派性"为旗帜，使得文学的阶级属性更为凸显，也更加彰显了文学与无产阶级之间不可分割的联系。

周扬还深入阐述了文学的阶级性、党派性同真实性之间的关系。不同于自由主义理论家通过强调文学的绝对自由来达到文学对现实客观的、没有粉饰的反映，周扬从阶级性是文学的本质属性出发，认为文学不存在纯粹的、绝对客观的真实，而只有主观的、阶级性的真实，并且文学与政治相结合不仅不会妨碍文学的真实性，还会促使文学最大限度地发挥其真实性。因为"只有站在历史发展的最前线的阶级，才能最大限度地反映和认识客观的真理"②，而无产阶级又是继承资产阶级遗产并将根本消灭阶级的特殊的阶级，就决定了无产阶级文学是最具有真实性的文学。也就是说，无产阶级文学的阶级性决定了它必然具有真实性，而要想最大限度地发挥无产阶级文学的真实性，又必然诉诸它的阶级性和党派性。

现在看来，自由主义文学思潮关于文学的客观规律的一些看法，以及他们对文学的自由性的倡导，都有其合理之处，但仅以此指责以周扬为代表的左翼理论家，仍然有失公允。毕竟他们是处于救亡、革命、解放的时代氛围下，处于阶级斗争的激烈旋涡中，强调文学的阶级性、党派性，虽然难免偏激，但从根本上是符合当时左翼革命文学思潮的指导思想的，对于维护无产

① 周扬：《文学的真实性》（原载于《现代》1933 年第 3 卷第 1 期），《周扬文集》第一卷，人民文学出版社 1984 年版，第 65 页。

② 周扬：《文学的真实性》（原载于《现代》1933 年第 3 卷第 1 期），《周扬文集》第一卷，人民文学出版社 1984 年版，第 63—64 页。

阶级在文学意识形态领域的话语权,有其特殊的时代价值和历史意义。

2.关于"社会主义现实主义"理论体系的阐释

"社会主义现实主义"这一口号在苏联是经过诸多争论之后才最终由斯大林确定的。作为 20 世纪 30 年代高度集中的苏联政治经济体制要求文学统一化的产物,它虽然是一个在理论上统领全局且要求人人服从的创作方法,但是"拉普"理论家、苏共领导人及苏联作协对之的讨论"仅限于论述'社会主义现实主义'的特征,以及这一方法应如何看待和处理文学的一系列内外关系"①,事实上并未形成一个完整的理论架构,而它在"与其说还很贫乏,毋宁说干脆地说是缺如"② 的中国文艺理论界更有针对中国文艺现实进行重新建构或阐释的必要。正是在这一情势下,周扬在吸纳苏联和日本学者的研究成果的基础之上,更为全面、系统、深入地探讨了"社会主义现实主义"理论。这具体表现在:他在历时层面上总结了"社会主义现实主义"区别于"唯物辩证法的创作方法"的理论特征;在共时层面上深化了"社会主义现实主义"与"革命浪漫主义"的关系;在方法论层面上论述了如何在具体的批评实践中真正实现"社会主义现实主义"。

关于"社会主义现实主义"的内涵,苏联文艺界已经给出了明确的答案:

> 社会主义的现实主义,作为苏联文学与苏联文学批评的基本方法,要求艺术家从现实的革命发展中真实地、历史地和具体地去描写现实。同时艺术描写的真实性和历史具体性必须与用社会主义精神从思想上改造和教育劳动人民的任务结合起来。③

这一定义强调了"社会主义现实主义"在客观地、具体历史地反映现实

---

① 汪介之:《"社会主义现实主义"在中国的理论行程》,《南京师范大学文学院学报》2012年第1期。

② 《文艺科学》1937年4月创刊号"编后记",转引自汪介之:《"社会主义现实主义"在中国的理论行程》,《南京师范大学文学院学报》2012年第1期。

③ 《苏联作家协会章程》,载《苏联文学艺术问题》,曹葆华等译,人民文学出版社1953年版,第13页。

以及"改造和教育劳动人民"方面的意义，以此来修正"唯物辩证法的创作方法"单纯从世界观出发而忽视了与社会实践和劳动阶级结合的弊病。从这个定义中不难看出，"社会主义现实主义"是和苏联的社会现实和文学实践紧密结合的，是为苏联的社会主义建设服务的，周扬也清醒地认识到这一点，他在引进"社会主义现实主义"理论时就明确指出，如果不顾及这一理论应用的现实条件，而"把这个口号生吞活剥地应用到中国来，那是有极大的危险性的"①。为了准确把握"社会主义现实主义"的本质，以此让它更好地为无产阶级文学服务，周扬立足于苏联对"社会主义现实主义"的核心定义，结合多个理论家的观点，描述了"社会主义现实主义"的理论特征，将其总结为以下四点：第一，真实性，"社会主义现实主义"与原来的现实主义传统是一脉相承的，是新的社会环境下出现的新的现实主义形态，因此，它仍然秉持了真实的原则；第二，动力的，现实是不断发展变化的，"社会主义现实主义"和现实保持了相同的节奏，也是在运动发展之中反映现实，这是它超越了"唯物辩证法的创作方法"和旧现实主义的地方；第三，反映本质和典型，"社会主义现实主义"对现实的反映不是表面的、琐碎的而是本质的、综合的，即对现实进行了艺术概括；第四，大众性、单纯性，这将"社会主义现实主义"与中国的"文艺大众化"运动联系在一起，使"社会主义现实主义"理论更加契合中国的现实需求。

　　周扬对"社会主义现实主义"和"革命浪漫主义"的关系进行了理论深化：其一，周扬不再仅局限于讨论"社会主义现实主义"与"革命浪漫主义"的关系，而是更具普遍性地探讨了现实主义与浪漫主义的关系，认为浪漫主义同样是包含在现实主义中的一个因素，而不是和现实主义相对立的一种趋势；其二，周扬认为浪漫主义具有照耀现实、充实现实的作用，这从本质上将新浪漫主义与过去颓废的浪漫主义区别开来，肯定了想象和幻想在文学创作中的意义，看到了积极浪漫主义中所蕴含的革命性和斗争性的因素，也为50年代"两结合"的形成打下了理论基础。

---

① 周扬：《关于"社会主义的现实主义与革命的浪漫主义"——"唯物辩证法的创作方法"之否定》，《周扬文集》第一卷，人民文学出版社1984年版，第114页。

"社会主义现实主义"是作为一种创作方法提出来的，其实践性和操作性到底如何，这在当时的理论界少有人进行阐发或总结。而周扬在阐释"社会主义现实主义"的理论体系时，不仅进行了理论形态的描述，同时还进行了方法论层面的解读，即探讨了如何才能在创作和批评活动中真正实现"社会主义现实主义"。周扬在《现实主义试论》一文中总结了达到"社会主义现实主义"的四点原则。首先，"社会主义现实主义"既强调对客观现实的把握，同时又强调通过客观来磨炼、充实主观，只有在实践中实现主客观的融合，才能真正把握"社会主义现实主义"的创作方法；其次，"社会主义现实主义"是以正确的世界观为基础的，正确的世界观是观察和研究现实的指南针，也是主客观融合的前提；再次，"社会主义现实主义"对现实的表现不是盲目的，而是力求反映客观的、典型化的现实；最后，"社会主义现实主义"中必然包含浪漫主义因素，现实只有在想象力和幻想的灌注之下才能成为艺术品。这四点原则辩证地将主观与客观、现实主义与浪漫主义结合在一起，既突出了"社会主义现实主义"理论的特征，又为如何在文学实践活动中运用"社会主义现实主义"方法划定了标准。

周扬对"社会主义现实主义"理论特征和原则的总结与描述，既完善了苏联的理论成果，又尽可能贴近中国文学的社会现实与党的意识形态路线，吸收了浪漫主义中革命的积极的因素，为中国的革命现实主义文学思潮提供了一个更为成熟的理论形态，并使之在新中国成立后成为文学创作和批评的最高标准。不过，周扬并没有能完全避免"社会主义现实主义"的缺陷，他在"国防文学"中独尊现实主义，并认为"判断一个作品是否社会主义现实主义的，主要不在它所描写的内容是否社会主义的现实生活，而是在于以社会主义的观点、立场来表现革命发展中的生活的真实"[①]。这表明"社会主义现实主义"在批评上同样存在"唯物辩证法的创作方法"的以世界观裁决文学创作倾向的弊病。

---

① 周扬：《社会主义现实主义——中国文学前进的道路》（原载于苏联文学杂志《旗帜》1952年12月号，《人民日报》1953年1月11日转载），《周扬文集》第二卷，人民文学出版社1985年版，第186—187页。

3. "社会主义现实主义" 的方向与动力：文艺大众化

在文学创作中秉持大众化立场是 "社会主义现实主义" 方法的内在要求和原则，"社会主义现实主义" 本身就包含 "大众性" "单纯性" 的因素；而 "文艺大众化" 又促使作家不断深入生活，接触大众，从现实主义的立场去观察现实。可见，"文艺大众化" 既是衡量文学作品现实主义水准的标杆又是确保 "社会主义现实主义" 方法落实到文学实践中的关键因素。正因为如此，周扬在论述现实主义的问题时，特别强调现实主义的文学运动和民主主义的任务是不能分离的，应当 "充分地发挥文学的民主性，大众性，使文学成为教育大众的工具" [1]。

早在 1932 年，周扬就在《关于文学大众化》一文中对如何去实践 "文艺大众化" 提出了很多有价值的看法，主要包括对作品语言和形式的要求，以及作家要深入革命斗争和在大众中发展新的作家，这些观点在后来都得到了进一步的阐发。抗战爆发之后，战争促使文艺与大众化走得更近，文学的大众化立场成为时代的最强音，"文艺大众化" 成为解放区文艺运动的中心议题。正是在这样的社会和文化氛围中，周扬在早期观点的基础上围绕三个侧重点对 "文艺大众化" 做出了进一步的探索：其一，"文艺大众化" 的内涵；其二，左翼革命文艺的 "文艺大众化" 对五四新文学传统的扬弃；其三，如何促进文艺的大众化、民族化趋势以更好地适应新时期新的社会环境的要求。

周扬对 "文艺大众化" 工作的认识很大程度上受到了毛泽东《在延安文艺座谈会上的讲话》（以下简称《讲话》）的影响，他高度评价了《讲话》对 "文艺大众化" 工作的指导作用，认为《讲话》"最正确、最深刻、最完全地从根本上解决了文艺为群众与如何为群众的问题" [2]。正是在《讲话》精神的引领下，周扬修正了抗战前对 "文艺大众化" 内涵的理解。他主动改变之前的 "化大众" 立场，不再单方面强调通过文艺的不断大众化来提高大众的文化水准，而将重心放到知识分子如何向大众学习进而改造自己的思想之上。

---

[1] 周扬：《现实主义和民主主义》（原载于《中华公论》1937 年 7 月 20 日创刊号），《周扬文集》第一卷，人民文学出版社 1984 年版，第 228 页。

[2] 周扬：《〈马克思主义与文艺〉序言》（原载于《解放日报》1944 年 4 月 11 日），《周扬文集》第一卷，人民文学出版社 1984 年版，第 460 页。

周扬这一立场的转变其实是代表了一个时代文化的走向，文学的天平开始向大众倾斜，知识分子的精英意识逐渐被瓦解，这有可能使"文艺大众化"的发展走向另一个极端。

在"文艺大众化"与五四传统之间的关系问题上，周扬肯定五四文学革命推动文学不断"去贵族化"而向大众化发展，及其在语言、内容等方面为实现文艺的大众化所做的贡献。同时，他也反思了五四在文学的大众化传统上的不彻底性。在他看来，根本原因在于五四文学虽然提出了"人的文学"和"平民的文学"的口号，但在"化大众"的启蒙意识的规范和主导之下，知识分子不可能真正深入大众，而大众化立场的不彻底又决定了五四文学革命与以工农兵为代表的革命文学之间是存在隔阂的，也就无法实现文艺与大众的真正结合。虽然周扬在主观愿望上是想通过大众立场来实现对五四传统的超越和发展，但在实际操作中他往往对五四文学特别是五四以来的现实主义文学创作进行了不当的否定，也由此导致了他与鲁迅、茅盾、胡风、冯雪峰等人在现实主义文艺理论上的诸多分歧。在反思五四文学革命"化大众"立场的基础之上，周扬积极探索了如何推动革命文学与大众进一步结合。首先，要表现抗战这一新的主题，文艺与抗战靠得越近，文艺就与大众走得越近。其次，在形式上，周扬重点讨论了通俗文学中旧形式的利用问题。他比较辩证地论述了新形式与旧形式之间的关系，认为新形式与旧形式之间不是相互排斥的，而是相互补充、相互渗透、相互发展的。两者之中，又以新形式为主。新形式是新的经济政治的反映和产物，是符合历史发展趋势的，但它和大众尚处于隔膜状态，因此要充分利用旧形式，同时，也要估量旧形式能被利用的限度，要用批判的眼光来审视旧形式，用新形式来改造旧形式，进而从旧形式中发展出新形式来，最终实现新的大众化的形式与新内容的结合，从而促进文艺与大众的真正靠拢。此外，周扬还考虑到了一般民众文化水平低下和新文艺尚处于不成熟阶段的现状，因此，并没有完全排斥那些暂时不为大众所理解的作品，清醒地意识到艺术和大众的完全结合需要一个长期的过程，不得不说，这是比较符合文学当时的发展状况的。

周扬对如何实现"文艺大众化"进行了不懈的探索，不断根据现实调整自己的看法和策略，从而提出了很多具有理论价值和实践价值的观点，尤其是在抗战爆发之后，周扬倡导文学深入抗战，深入大众生活，充分利用旧形式，逐渐推动了新文艺的大众化、民族化发展。通过对"文艺大众化"的深入研究，周扬更加坚定了现实主义立场，更加确信"社会主义现实主义"方法对于新民主主义文化与文艺建设的重要价值。

4. 对"典型"基本特征的辩证认识

早在 1921 年，鲁迅就引入了"典型"这一文学理论概念①，此后，经瞿秋白等人的译介，恩格斯关于现实主义文学中典型环境与典型人物塑造之间关系的理论也逐渐引入中国文艺理论界，但事实上，直到新中国成立以后学术界对典型问题仍然存在很多争议。周扬和胡风关于典型问题的争论发生在"社会主义现实主义"理论引入中国之后，左翼理论界在肃清"唯物辩证法的创作方法"的影响的过程中提出了反对类型化，反对"个性消解在原则里面"等讨论的背景之下。其实，二人对典型的基本含义的论述并没有根本上的差别，他们都强调典型是个性与共性的集合，是某个群体的共同特征表现在某个具体的人身上。二人最主要的分歧集中在对典型的基本特征，尤其是特殊性的含义和特殊性之于典型的意义之上。

关于典型的普遍性和特殊性，胡风的解释是："所谓普遍的，是对于那人物所属的社会群里的各个个体而说的；所谓特殊的，是对于别的社会群或别的社会群里的各个个体而说的。"② 对此，周扬修正了胡风对特殊性的阐释。他认为，典型的特殊性不仅是相对于别的群体而言，甚至在典型所在的群体中与其他个体相比它也是与众不同的。周扬还指出，胡风对于典型的认识缺乏对人物特殊性的具体分析，这将不利于挖掘典型的社会群意义，还会有使个性消除在原则里面的危险。也就是说，周扬和胡风都承认典型同时具有普遍性和特殊性，但侧重点各有不同，胡风更强调典型中普遍性的一面，甚至他对典型特殊性的理解也消解在普遍性之中，他所理解的个性是包含了某一群体普遍性的个性；而周扬却更看重典型的特殊性，认为典型的群体意

---

① 鲁迅 1921 年 4 月 15 日在《译了〈工人绥惠略夫〉之后》一文中用到了"典型"和"典型人物"的概念。——参见曹新伟：《胡风、周扬关于典型理论的论争》，《山东师大学报（人文社会科学版）》2001 年第 2 期。

② 胡风：《什么是"典型"和"类型"——答文学社问》，《胡风评论集》（上），人民文学出版社 1984 年版，第 97 页。

义要通过其个性表现出来，不能抹杀人物的多样性。

客观地讲，周扬对典型普遍性和特殊性内涵和关系的看法是非常符合文学创作的实际情况的，既肯定了典型同时具有自身的个性和它所代表的群体的共性，同时还敏锐地看到典型的普遍性蕴含于特殊性之中，要通过特殊性表现出来，这充分反映了周扬对典型问题的深刻理解和他自身清晰的逻辑思辨。需要注意的是，周扬所说的典型是用"社会主义现实主义"方法创造出来的，他对典型的看法就难免会受到"社会主义现实主义"理论的影响。因此，他特别强调典型在政治救亡运动中的斗争意义，要努力创造民族英雄和卖国者两种类型的正负典型。在当时的社会背景之下，周扬将典型创造与民族斗争结合起来是可以理解的，但他就这一点攻击胡风把典型的创造和中国文学的战斗任务相分离，有取消文学的武器作用的危险，这难免有些上纲上线和宗派主义的表现。

通过以上对"社会主义现实主义"理论体系以及与之相关的"文艺大众化""典型论"的分析，可以看出，周扬在新中国成立前的文艺思想是以"社会主义现实主义"理论为核心的，这是他进行文学批评活动的主要方针和原则。经过周扬改造和深化的"社会主义现实主义"理论的"苏式色彩"已经大大减弱，逐渐融入中国现代的文学理论体系中，和"文艺大众化""典型论"等理论相互辐射、影响，共同构成了中国革命文学思想的基石，并在文艺批评活动中得到了充分的体现。

二、"鲁迅论"中的"社会主义现实主义"文学批评实践

周扬的特殊身份决定了他在从事文学批评时不可能以纯粹的批评家的角色出现，而是以党的意识形态的体现者和代表者的身份来审视作家和作品。也就是说，周扬在选取批评对象以及批评立场时都是以党的文艺政策为标准的，作家和作品不过是他阐释某种权力话语的工具。尽管如此，他在20世纪三四十年代所写的一些没有直接和党的宣传工作、思想斗争以及政治斗争相关联的文章中，还是有一些体现了他的理论家素养和批评家眼光的。比如，他对《雷雨》人物描写的深刻分析，从五四精神的角度评价《女神》，以及对孔厥小说风格的准确把握，等等，都较好地处理了政策阐释与文学批

评之间的关系。特别是他的"鲁迅论"灵活运用"社会主义现实主义"批评方法，客观总结了鲁迅的历史功绩及其思想演变历程，其批评所达致的思想高度是值得推许的。

1. 鲁迅与无产阶级的自然结合是历史的必然结果

周扬在鲁迅逝世两周年的时候，写下了一篇纪念鲁迅的文章——《一个伟大的民主主义现实主义者的路——纪念鲁迅逝世二周年》。这篇文章主要是对鲁迅一生的事业和信念做一个宏观的阐述，并由此得出了一个结论：鲁迅与无产阶级的自然结合是历史的必然结果。

鲁迅的一生处于封建社会向半殖民地半封建社会过渡的时期，时局的变换与社会的动荡，使他的思想非常驳杂同时又非常独立，在五四精神的熏陶下走出来的他从不隶属于任何党派团体，但最后他却成为无产阶级性质的革命文学团体——"中国左翼作家联盟"（以下简称"左联"）的筹建者和精神领袖。鲁迅这种转变的契机以及他与无产阶级之间的关系是非常耐人寻味的，是进行鲁迅研究必须首先解决的问题。对此，周扬敏锐地洞察到了这一点，并且很深刻、准确地分析了鲁迅与无产阶级结合的必然性。

周扬概括了鲁迅坚持了一生的四个信念与原则，这四个信念与原则是鲁迅精神的高度浓缩，同时也正是这四个信念与原则促使鲁迅走向了无产阶级。第一，民族主义。鲁迅的民族主义的出发点是爱国主义，鲁迅最初弃医从文，就是为了用文艺来感化社会、振兴民族精神。鲁迅的民族主义具有反帝国主义的性质，尤其是在"九一八"事变之后，他积极拥护中共的抗日民族统一战线，坚决抗击日本侵略者。鲁迅的民族主义从来不曾有狭隘的种族观念，他对中华民族的弱点和黑暗面有清醒的认识，致力于改造国民性。第二，民主主义。周扬将鲁迅一生最大的战绩归为"他是中国第一个站在最坚决的民主主义的立场，反对人吃人，主张人的权利的"[1]。他用笔杆子痛斥封建专制对百姓精神的奴役，塑造了很多追求光明和自由的民主主义知识分子的人物。他还是民主政治的激烈的主张者，曾为民主革命的失败而痛心。第

---

[1]　周扬：《一个伟大的民主主义现实主义者的路——纪念鲁迅逝世二周年》，《周扬文集》第一卷，人民文学出版社1984年版，第285页。

三，现实主义。鲁迅的作品大胆地暴露中国现实的黑暗面，发掘民众心理的弱点，是彻底的现实主义，同时他的现实主义没有和悲观主义相连，现实的可怕从没有动摇他对人类前途的坚定信仰，这使得鲁迅的现实主义和"社会主义现实主义"之间产生了某种内在的联系。第四，对大众的爱。在鲁迅早期的作品中就表现出了他对劳苦大众的爱和尊敬，他对大众的爱贯穿了他的一生，"哀其不幸，怒其不争"的背后隐藏的是一颗火热的心。这四点原则和信念自始至终蕴含在鲁迅的思想生涯中，从未动摇。同时，这四点原则和信念与中国共产党的追求在根源上是相通的，他们都致力于拯救中华民族，他们都对大众有深沉的爱，在具体的文艺原则上，他们都高举现实主义和大众性的旗帜，正是这些天然存在的联系，将鲁迅和无产阶级紧密联系在一起，共同奉献于中国人民的民族解放与社会解放事业。应该说，周扬从"社会主义现实主义"的基本理念对鲁迅文艺思想的剖析达到了一个相当高的批评水准。

2. 鲁迅早期文学思想的解读

1941 年为了纪念鲁迅诞辰六十周年，周扬又写了一篇纪念鲁迅的文章，专门回顾了鲁迅初期的思想和文学观，将他称为"精神界的战士"。用这个称号来形容鲁迅是非常恰当的，他一直就是以斗士的姿态对抗一切黑暗势力，绝不妥协。在周扬看来，鲁迅早期的思想就如他在《文化偏至论》中所说的："掊物质而张灵明，任个人而排众数。"[1] 也就是说，鲁迅的中心思想就是要反对市侩，主张个性。周扬抓住了鲁迅早期思想中个性主义这个最鲜明的标签，这对于经历过五四文学革命的鲁迅而言无疑是非常准确的。鲁迅早期的思想集中体现在他对拜伦的尊重之上。"拜伦精神"就是崇尚个性，顽强反抗，毫不妥协的代名词。但鲁迅之所以推崇拜伦，并不仅仅是因为他的反抗精神，同时还是因为他的同情心。在鲁迅冷酷的暴露与批判的文字之下同样饱含着他对人类一切苦难与不幸的同情。不过，尽管周扬承认鲁迅精神与拜伦精神之间有共通之处，承认鲁迅早期的思想来源于西方资产阶级哲学，但周扬认为鲁迅的个性主义和那种狭隘的个人中心主义思想是有根本区

----

[1] 鲁迅：《坟·文化偏至论》，《鲁迅全集》第一卷，人民文学出版社 1973 年版，第 41 页。

别的，因为鲁迅始终和广大的农民大众有血肉联系。在分析了鲁迅早期思想的基础上，周扬又简要分析了鲁迅的文学观，鲁迅早期的文学观是他思想的有机组成部分，相应于他反对市侩、主张个性的思想，他的文学也是积极战斗的文学。这种对文学战斗性的要求，是他现实主义理论的高度反映。

　　从鲁迅早期的思想中发掘出其革命因素和战斗精神，将鲁迅视为勾连五四文学传统与革命文学之间的桥梁，这是周扬运用"社会主义现实主义"理论进行鲁迅思想与文学评价的必然结果。虽然周扬这些追忆鲁迅的文章在很大程度上是为了宣传党的意识形态和文艺政策，但其对鲁迅的总体评价仍然是值得肯定的，这也反映出"社会主义现实主义"理论在评价无产阶级文学家及其文学成就时仍然具有相当的理论效力，它之成为新中国成立后中国文艺界创作指南并非偶然，周扬的这一示范性评论在特定的历史背景下仍然有其积极意义。

3."鲁迅论"的反复性

　　"左联"期间，周扬与鲁迅就已经结怨很深，尤其在解散"左联"后和"两个口号"的论争中，周扬与鲁迅之间的斗争更是达到了白热化的程度，二人产生矛盾的根源在于他们文化立场的根本不同。鲁迅思想的着眼点在于"立人"，一生致力于改造国民性；周扬的思想核心在于"立党"，他所有的文艺主张的最终指向都是党的意识形态。这就决定了他们之间必然是存在分歧的，也表明周扬是不可能从根本上认同鲁迅思想的，在鲁迅生前他也确实没有流露出对鲁迅发自肺腑的真正认同。那么，为什么他要在鲁迅逝世后创作纪念鲁迅的文章呢？最主要也是最直接的原因就是毛泽东在30年代后期和40年代初期曾多次发表对鲁迅的高度评价，号召全党学习鲁迅，并将鲁迅精神总结为："政治远见"、"斗争精神"和"牺牲精神"，[①] 在1940年1月的《新民主主义论》里又给予鲁迅崇高的历史地位。正是在这样的政治氛围中，一向就对党的文艺政策十分敏感的周扬意识到了鲁迅的价值，他对鲁迅的评价自然不乏迎合毛泽东论调并不断将鲁迅以及鲁迅精神神化的倾向。

---

① 毛泽东：《论鲁迅》，中共中央文献研究室编：《毛泽东文集》第二卷，人民出版社1993年版，第42—45页。

周扬对鲁迅评价的政治功利性也就决定了他对鲁迅的评价不可能是客观公允的，也不可能展示鲁迅精神的全貌，同时也造成了他的"鲁迅论"会再次因为毛泽东对鲁迅看法的变化而变化。1942年《讲话》发表以后，毛泽东在许多问题上显示出与鲁迅的明显差异：鲁迅致力于思想斗争，而《讲话》号召政治斗争；鲁迅着眼于"改造国民性"，而《讲话》立足于阶级与阶级的对抗。这种对鲁迅精神的否定在后来的文艺潮流中愈演愈烈。周扬在后来也较少提及鲁迅，从侧面表明他对鲁迅的看法又发生了微妙的变化。可见，周扬的"鲁迅论"由于受到党的文艺政策尤其是毛泽东的文艺思想的影响而呈现出立场的反复性。如果把这种反复性放到周扬对"社会主义现实主义"理论的总体理解中，就不难看出，"社会主义现实主义"理论对无产阶级世界观、人生观的高度重视所造成的文艺批评的高度政治功利性就成为制约周扬对鲁迅做出正确、客观评价的重要原因。

"社会主义现实主义"理论是周扬文艺理论框架的"基石"。尽管并非他的原创理论，但是他为了使这个理论适合中国国情和党的文艺政策所做的探索工作是值得肯定的，其中的探索也显示了周扬作为一名马克思主义文艺理论家的理论水准。只是，这一理论内在的政治功利性同周扬作为知识分子的自身思想的复杂性与矛盾性混合在一起，造就了他在坚守、阐释这一理论过程中的双面特征：作为一名从五四文学革命中成长起来的知识分子，他推崇个性主义，具有崇高的文化使命感；同时，他又对政治风向非常敏感，想在仕途上有一番作为。1942年延安整风运动以后，周扬开始接受毛泽东的文艺思想，成为毛泽东思想最权威的解释者和坚定的执行者。但他越是靠近毛泽东，越是失去了自我；越是阐释毛泽东思想，越是失去了自己的声音；仕途上越是顺利，思想上越是不自由，这种转变是极其痛苦的，最终他还是没有跟上毛泽东的步伐而遭到批判。因此，只有秉持"了解之同情"的态度来审视周扬走过的思想历程，我们才能客观评价他在理论探索上的是与非，才能真正看到周扬在不同的历史阶段为促进马克思主义文艺理论的中国化所做的贡献。

第五节　胡风的革命现实主义理论与马克思主义文艺理论中国化探索

胡风文艺思想及其遭遇是马克思主义文艺理论中国化的一个缩影，我们可以从胡风的个案看到马克思主义中国化所走过的道路、曾经出现过的问题和所取得的成就。和同时代的许多优秀文艺理论家一样，他继承了五四文化运动的优良传统，参加了文艺大众化论争，逐渐走向马克思主义。不同的是，他在批判地接受日本、苏俄甚至西方马克思主义的文艺思想时，更注重结合中国文艺的实际情况去拓展马克思主义文艺理论，更坚守知识分子的独立人格，更注意在文艺创作实践与批评实践中彰显其对马克思主义实践论全方位的深度理解。胡风的文艺思想是马克思主义文艺思想中国化的重要成果，具有鲜明的马克思主义实践论色彩。因为，胡风考察文艺现象的基本方法是从文艺实际出发，而不是从某种固有的文艺原则出发。他早在《论现实主义的路》中就指出："我们的基本要求是为了实践，我们的基本方法是从实际出发；我以为，理论或原则，应该是从'具体历史或现实'提升出来，应该从'具体历史或现实问题'里面取得具体的性格，因而才能够回到'具体历史或现实'里去，才能够找出具体的途径，由这去推进'具体历史或现实'的。"[①] 可以说，面对当时中国文艺的实际情况和出现的种种问题，身兼理论家与诗人的胡风都在正确理解马克思主义实践论的基础上身体力行。他主办过《七月》《希望》等刊物；继承了鲁迅对于新人的培养和鼓励，以自己为中心形成了七月派。可以说，他的诗歌创作，他的文艺评论，他的理论建构，总是与中国的文艺实践密切相关，处处显示着马克思主义实践思维的宝贵品格。胡风所建构的完全属于他自己的独特的革命现实主义文艺理论体系也是深深植根于马克思主义实践论的基础之上的。

---

① 胡风：《论现实主义的路——对于主观公式主义和客观主义的、粗略的再批判，并以纪念鲁迅先生逝世十二周年》，《胡风评论集》（下），人民文学出版社 1985 年版，第 271—272 页。

与瞿秋白以政治—文艺为轴心、冯雪峰以革命—文艺为轴心、茅盾以社会人生—文艺为轴心、周扬以世界观—文艺为轴心去建立其革命现实主义理论体系不同，也与鲁迅只依据文艺客观现实的变化进行"战斗"而不刻意创造革命现实主义理论体系不同，胡风的革命现实主义文艺理论体系在高张主体能动性的基础上，以"主客观化合论"对革命现实主义文艺创作的内部规律作了全面而深入的揭示，以能动反映论抵御着机械反映论和庸俗社会学对革命现实主义文艺创作的不断侵蚀；用"精神奴役创伤"论昭示革命现实主义文艺创作的现实担当，也在拓展马克思主义异化理论的应用广度的基础上为中国革命现实主义文艺理论增加了精神深度；用"主观战斗精神"论将革命现实主义拓展为主观精神（即创作主体的自我扩张和自我斗争）和客观真实（"求真实""写真实"）这二极的融合，并将其总体特质提炼为"战斗的生命"，赋予了革命现实主义与批判现实主义、写实主义、自然主义完全不同的当代品格；用"到处都有生活"论弥补了革命现实主义对生活与文艺关系的单向度理解，成为遏制"题材决定论""无冲突论""反对暴露阴暗面"等错误论调的理论先声；用"新民族形式"论将革命现实主义文艺创作中的民族化问题、大众化问题同新民主主义革命的时代要求结合起来考量，创新性地在革命现实主义文艺理论中进行中国文艺的民族化、大众化、时代化问题的综合研究，展示出非凡的理论魄力。这是一个涉及文艺创作内部规律、文艺功能与艺术担当、理论构成维度、文艺创作源泉和文艺形式的革新等诸多重大问题有着严密的逻辑结构和理论自洽性的革命现实主义文艺理论体系，是胡风坚持知识分子的独立人格，将生命激情与苦难体验化作思想武器的理论结晶，在马克思主义文艺理论与批评中国化进程中，具有非常重要的地位。

一、"主客观化合论"：对文艺创作内在机制的辩证阐发

胡风参加过"左联"，也一直是坚定的马克思主义信仰者。在思考文艺创作规律时，胡风自觉地运用了马克思主义文艺理论。在现当代文学理论家中，胡风对于马克思主义中关于主客观的辩证关系的认识是最为深刻的。胡风将马克思主义的主客观辩证法引入文艺创作之中，认为创作过程是主客体

相克相生的过程。在大多数人纠缠于文学与外部的关系如何处理时，胡风就已立足于文艺创作实践，更多地关注和探讨文艺的内部规律。他辩证地思考了作家主观与客观生活之间的联系，在尊重客观生活的同时，更加强调作者的主体因素。更为可贵的是他将主客两者之间的关系放在了一个重要的位置进行了深刻的考察，由此揭示出文艺创作的规律——"主观客观化合论"。

结合胡风在各种场合、各种论著中的阐述，可以发现，他对"客观"的理解是前后一致的。周恩来曾问过胡风所说的"客观主义"是什么，胡风解释为：作者没有对其笔下人物有爱恨情仇的感情体验。他的"主观"一词，包含有肯定与否定两种含义：当对其表示赞同态度时，"主观"的含义中包含着"主观战斗精神"；当对其表示批判态度时，"主观"的含义中包含着"主观公式主义"。

在《为初执笔者的创作谈》中，胡风从文艺创作过程的角度提出了"主客观化合论"。他借用了法捷耶夫在《我的创作经验》中的一段话："我无法说出这来。所晓得的，只是全部积蓄起来的材料，跟一种基本的思想、观念，起了某种化学上的化合，这种基本的思想、观念，是艺术家——和一切活的、斗争的、有爱情的、快乐的、以及痛苦的人一样——在自己的心中早就孕蓄起来的。"[①]对法捷耶夫的观点，胡风做了进一步的发挥。法捷耶夫在这里说的实际就是"客观的东西怎样地通过作家底主观而结晶为作品底内容的经过"[②]，在胡风看来，即文艺创作的过程。对于这个过程中"主观"和"客观"的内涵及其关系，胡风认为，文艺创作过程中并没有那么尊重"客观"，也没有那么尊重"主观"。因为，现实的材料在文艺创作过程中如何运用，最终会以怎样的面貌呈现在作品中是未知的，所以说没那么尊重"客观"；"一种基本的思想、观念"看似主观，却是生活经验的结果，即特定的现实关系的反映，所以说也没那么"主观"。在胡风看来，主客观之间存在着互动关系。"客观"对于"主观"有三方面的作用：一是作家创作时看似有着天马行空的自由，然而这些"主观"的自由却有着"客观"的基础；二

---

① ［苏］法捷耶夫：《我的创作经验》，转引自胡风：《为初执笔者的创作谈》，《胡风评论集》（上），人民文学出版社 1984 年版，第 223 页。

② 胡风：《为初执笔者的创作谈》，《胡风评论集》（上），人民文学出版社 1984 年版，第 223 页。

是"主观"的自由有着"客观"的目的，最终还是要对于客观现实产生影响；三是"主观"本身就含有"客观"的成分，"主观"是特定现实生活的反映。当作家进入创作过程，"主观"也不仅是被动性的，它还成为决定如何对待"客观"的主体。这样含有双重意义的"主观"具有推动生活的力量，"不是客观主义者底'客观'所能够想象的"①那么简单。很明显，胡风遵循了马克思主义的实践观和反映论，将作家的"主观"看作是客观生活的反映，同时认为作家的"主观"也可以作用于客观生活，二者是辩证关系，随意割裂它们将会对文艺创作产生危害。对于文艺创作与批评中单纯主观和单纯客观的缺点，胡风有着清醒的认识，坚决反对主客观分离的现象或做法。在《文艺工作底发展及其努力方向》一文中，胡风对这种现象或做法进行了集中批评。在他看来，当抗日战争爆发，文艺家的精神极易兴奋和燃烧起来，如果单纯地高扬主观精神，就难以走进现实生活的具体内容；如果单纯地淹没在客观精神里面，又很难看到属于文艺家自己的东西。

应该看到，胡风对于主客观化合的创作规律的认识是逐渐完善和深化的，其中有一个对于主客关系中客体阻隔主体→主体意欲"浸透"生活→主体的自我扩张的逐层认识和不断深化的过程。在《为初执笔者的创作谈》（1935年）一文中，他指出："在创作活动底进行中，作家底思想或观念和对象间的化合作用逐渐地完成，或者被对象所加强，或者被修改。"②从中不难看出，胡风已经注意到文艺家与现实生活之间的相互作用的阻力和困难，注意到文艺家在发挥主观精神与客观事物融合过程中进行的自我确认或者自我否定。在《创作之路》（1936年）一文中，胡风重提了在《为初执笔者的创作谈》中谈论的"主客观化合论"，并打了两个形象的比喻：譬如蜜蜂，从各种的花汁造成蜜糖，譬如矿师，从各种矿砂炼出纯金。他认为就像蜜蜂和矿师一样，文艺作品里所表现的真理是从现实生活提炼出来的。这种"提炼"对作家提出了三个要求，分别是：对于人生的积极的意欲、丰富的生活知识以及将此二者结合起来的能力。其中第三点至为关键。这三个要求对应着胡风的"主客观化合论"涉及的三个主要方面：主观、客观及二者之间的化合。

---

① 胡风：《为初执笔者的创作谈》，《胡风评论集》（上），人民文学出版社1984年版，第224页。
② 胡风：《为初执笔者的创作谈》，《胡风评论集》（上），人民文学出版社1984年版，第225页。

胡风是一个高扬着"战斗"旗帜的文艺家,他将文艺创作和生活实践紧密相连,认为"世界上伟大的作家大都同时是伟大的生活者"①。在胡风看来,作品无疑就是战斗的记录,作家们的生活向着战斗,为了现实的理想和美好,需要在困难中挣扎、奋斗,也正是在这个过程中作家努力接近真理,深入人生。在《置身在为民主的斗争里面》(1944年)一文中,胡风对"主客观化合论"进行了更深入的拓展。其思路大致分三步:"文艺创作是从对于血肉的现实人生的搏斗开始的";"对于血肉的现实人生的搏斗正是体现对象的摄取过程同时也是克服对象的批判过程";"对于对象的体现过程或克服过程同时也就是作为创作主体的作家的不断自我扩张的过程和不断自我斗争的过程"。

在前两步,我们已经看到,文艺创作是一个主客观双向互动的你中有我、我中有你的化合状态。胡风的论述如果止步于此,"主客观化合论"只不过是马克思主义的主客观辩证法的一次具体应用,仅仅是用马克思主义主观能动性的实践观解释了文艺创作的规律。胡风认为问题可进一步挖掘,并颇具创新地走出了"第三步"。在"第三步"中,"主客观化合论"讨论的层面不再局限于创作主体与客观现实之间的关系,而是涉及更为深层的创作主体内部。这是胡风文艺理论的独到之处。一年后,胡风对文艺创作规律即"主客观化合论"有了更加清晰、简洁的表达:"这(写作过程)指的是创造过程上的创造主体(作家本身)和创造对象(材料)的相生相克的斗争;主体克服(深入、提高)对象,对象也克服(扩大、纠正)主体,这就是现实主义底最基本的精神。"②

胡风把写作的过程即"主客观化合"的过程概括为"相生相克"的过程,并将此与现实主义相关联,把"主客观化合论"作为文艺创作规律的完整揭示呈现给革命现实主义理论。正是在这种深化了主客关系认识的基础上,胡风对文艺作品的基本属性也给予了清楚的回答:"作品,有了某一程度完成性的,能够成为批评对象的作品,总是作家底主观精神和客观对象的溶合而

---

① 胡风:《文学与生活》,《胡风评论集》(上),人民文学出版社1984年版,第309页。

② 胡风:《人道主义和现实主义的道路——悼A.N.托尔斯泰》,《胡风评论集》(下),人民文学出版社1985年版,第66页。

被创造出来的统一体。"① 由此将他的文艺创作论和作品本体论关联并协调起来，形成了一个理论整体。

二、"精神奴役创伤"论：关于异化问题在文艺领域的拓展性阐述

作为马克思主义异化问题在文艺领域的拓展性阐述，胡风提出了"精神奴役创伤"论。胡风被称为"东方的卢卡奇"，对马克思主义的经典和卢卡奇的著作均有涉猎。胡风曾留学日本，参加日本的左翼作家联盟，接触到小林多喜二、厨川白村等人。厨川白村在《苦闷的象征》中从弗洛伊德精神分析理论、马克思主义异化理论中提炼出来的"精神的伤害"概念也深刻影响到胡风。所有这些都为胡风思考"精神奴役创伤"问题提供了理论上的根据和支持。但"精神奴役创伤"论的提出，更重要的原因是胡风对五四精神的坚守、对鲁迅精神的强烈认同，更重要的价值在于它试图通过文艺去暴露或揭示中国人的异化问题，也试图通过文艺对潜伏在人民身上几千年的精神奴役的创伤进行清算，具有非常典型的将马克思主义基本原理同中国现实结合起来的理论特征。胡风曾从一个"对立"和一个"摧毁"的角度概括了五四所包含的内在精神："不但用被知识分子发动了的人民底反抗帝国主义的意志和封建、买办底奴从帝国主义的意志相对立，而且要用'科学'和'民主'把亚细亚的封建残余摧毁。"② 这里所谓"亚细亚的封建残余"，指的就是精神奴役的创伤。五四文学的重要使命就是揭露和批判"精神奴役的创伤"，希望引起民族的觉醒并摧毁封建残余。鲁迅曾坦言其文章的取材大多来自病态社会中那些不幸的人们，因此要暴露国民的劣根性，以期能够找到治疗的解药。他在《狂人日记》中对封建社会提出了"人吃人"的控告，在《阿Q正传》中用"精神胜利法"概括了中国人精神被奴役的历史与现状，所有这些都是在与封建旧势力作你一枪我一刀的白刃血战。"什么是鲁迅精神？岂不就是生根在人民底要求里面，一下鞭子一个抽搐的对于过去的袭击，一个

① 胡风：《人生·文艺·文艺批评——试答〈青年生活〉问"怎样作文艺批评?"》，《胡风评论集》（下），人民文学出版社1985年版，第29—30页。

② 胡风：《文学上的五四——为五四纪念写》，《胡风评论集》（中），人民文学出版社1984年版，第122页。

步子一印血痕的向着未来的突进?"①胡风将鲁迅作为自己的导师,认为五四以来只有鲁迅一个人摇动了数千年的黑暗传统。他正是沿着以鲁迅为代表的五四文学的道路,开始了对于几千年来人民身上潜伏和扩散着的"精神奴役的创伤"的批判和清算。

随着五四运动高潮的逐渐褪去和革命战争的日益紧迫,人民大众在历史上的位置发生了变化,其精神面貌似乎一下子远离了鲁迅笔下刻画的"劣根性"形象。作为五四启蒙主角的知识分子逐渐被边缘化,人民从原来被教育被启蒙的对象成了革命的主体,知识分子则需要深入其中,变成了需要认真学习人民大众的对象。对于人民大众的认识,胡风与当时的主流观点是不同的。在他看来,虽然五四新文化运动过后革命的领导权让位给了人民大众,但历史地位发生变化的人民大众也决非只能赞美而不能被批判的对象。胡风对于"精神奴役的创伤"的潜在危害十分清楚,明确指出它们"当'潜在着'的时候,是怎样一种禁锢、玩弄、麻痹、甚至闷死千千万万的生灵的力量,当'拓展着',特别是在进入了实践过程的成员身上拓展着的时候,会成为一种怎样的虐杀千万生灵的可怕的屠刀"②。正是在当时对革命的人民大众的一片赞美声中,胡风非常清醒地指出了封建文化对于大众的麻痹作用,认为不能因为大众成为现实革命斗争的主体就盲目地迎合他们。实际上人民大众尤其是农民承受着沉重的精神压迫,虽然以农民阶级为主体的人民大众已经成为社会变革或军事斗争的主力军甚至社会革命的历史英雄,但精神奴役的创伤不会突然消失。在胡风看来,"如果封建主义没有活在人民身上,那怎样成其为封建主义呢?用快刀切豆腐的方法,以为封建主义和人民是光光净净地各在一边,那决不是咱们这个地球上的事情。"③这充分表明,胡风对当时中国人民及其精神状况有着非常辩证的认识,即:带有"精神奴役的创伤"的人民和"优美"的人民是一体的,他们在封建的剥削和奴役下担负着革命

---

① 胡风:《青春底诗——路翎著长篇小说〈财主底儿女们〉序》,《胡风评论集》(下),人民文学出版社 1985 年版,第 94 页。

② 胡风:《论现实主义的路——对于主观公式主义和客观主义的、粗略的再批判,并以纪念鲁迅先生逝世十二周年》,《胡风评论集》(下),人民文学出版社 1985 年版,第 350 页。

③ 胡风:《论现实主义的路——对于主观公式主义和客观主义的、粗略的再批判,并以纪念鲁迅先生逝世十二周年》,《胡风评论集》(下),人民文学出版社 1985 年版,第 349 页。

与自我解放的重任，同时又不可能不染上封建主义毒素。

胡风对五四文学与"革命文学"的内涵及其关系的认识，也是基于上述他对人民大众的优良革命品质同残留的"精神奴役的创伤"的辩证统一关系的深入理解。对于五四的"文学革命"转向"革命文学"，胡风是认同的，但他更强调二者的继承关系而非后者对前者的彻底否定。胡风认为"革命文学"运动并没有从五四的"文学革命"运动中突变出去，二者的首要任务都是反帝反封建。在他看来，虽然五四新文化运动过后革命的领导权让位给了人民大众，但历史地位发生变化的人民大众也决非只能赞美而不能被批判的对象，因为，"他们底精神要求虽然伸向着解放，但随时随地都潜伏着或扩展着几千年的精神奴役底创伤"①。正基于此，胡风批评了一些作家不能正视现实，幻想人民只是"优美的"，而忽视他们身上"精神奴役的创伤"。

在"精神奴役的创伤"论中，胡风也谈及了知识分子与人民大众的关系问题。胡风认为，经过中国社会几十年的巨大变化，知识分子成为人民中的一分子，虽然革命时期人民整体素质提高了，但知识分子依然是思想的主力，特别是经历了革命的知识分子更是人民中先进的分子。当然，胡风对知识分子也进行了反思，提出知识分子的"二重性格"：革命性和游离性。知识分子的游离性来源于思想中残留的与人民相比的那种"优越感"，以至于"滞留在自作多情但实际上却是虚浮的精神状态里面"②。这一点同毛泽东在《在延安文艺座谈会上的讲话》中对知识分子对于革命环境的种种不适应所呈现出的"游离性"的批评是一致的。总的来说，胡风是站在一个辩证的视角来看待知识分子与人民的关系的，认为他们身上都有优缺点，需要相互融合。人民需要知识分子的启蒙，知识分子需要在广大人民群众中磨炼。胡风坚持了马克思主义的实践论，认为异化问题只有在实践中才能解决，只有在实际生活中去磨炼并使得人民群众主体意识不断觉醒才能克服"精神奴役的创伤"。可见，胡风反思的不仅仅是广大人民身上的"精神奴役的创伤"，也反思知识分子身上的二重性，这是胡风相较于五四又一个进步的地方。从这

① 胡风：《置身在为民主的斗争里面》，《胡风评论集》（下），人民文学出版社 1985 年版，第 21 页。
② 胡风：《论现实主义的路——对于主观公式主义和客观主义的、粗略的再批判，并以纪念鲁迅先生逝世十二周年》，《胡风评论集》（下），人民文学出版社 1985 年版，第 324 页。

个意义上讲，胡风对于异化问题，结合了长久以来中国人民身上的"精神奴役的创伤"问题加以发挥，更切合中国现实，是将马克思主义异化理论中国化的成功尝试。

相比鲁迅面对国民"劣根性"表现出来的"在铁房子里呐喊"的悲壮，胡风面对"精神奴役的创伤"的悲壮中多了一丝乐观。在他看来，"在封建主义里面生活了几千年，在殖民地意识里面生活了几十年的中国人民，那精神上的积压是沉重得可怕的"①，但"无论沉重得怎样可怕，还是一天一天觉醒了起来，一天一天挺立了起来；经过了无数的考验以后，终于能够悲壮地负起了这个解放自己的战争底重担"②，"在民主斗争的大潮里面，回响着苦难的人民底痛烈的控诉和深沉的渴望，滚动着觉醒的人民底坚强的信念和欢乐而雄壮的歌声"③。

要消除中国人民身上几千年来潜伏和扩展着的"精神奴役的创伤"，文艺创作需要怎么做？做什么？特别是文艺要具体展现什么？胡风的回答是："广大人民，特别是劳苦人民底负担、潜力、觉醒和愿望。"④在胡风看来，有向往美好明天的渴求，必然要求着抖去"盘结在你（中国）古老的灵魂里的一切死渣和污秽"⑤。他在《论现实主义的路》中以"明天"和"昨天"做比喻（一方面挥手告别"精神奴役的创伤"的"昨天"，另一方面热切盼望人民解放和进步的"明天"），又极其富有诗意地将"明天"和"昨天"这两个比喻巧妙融入对作家创作过程的提摄中：

---

① 胡风：《青春底诗——路翎著长篇小说〈财主底儿女们〉序》，《胡风评论集》（下），人民文学出版社1985年版，第90页。
② 胡风：《青春底诗——路翎著长篇小说〈财主底儿女们〉序》，《胡风评论集》（下），人民文学出版社1985年版，第90页。
③ 胡风：《论现实主义的路——对于主观公式主义和客观主义的、粗略的再批判，并以纪念鲁迅先生逝世十二周年》，《胡风评论集》（下），人民文学出版社1985年版，第307—308页。
④ 胡风：《论现实主义的路——对于主观公式主义和客观主义的、粗略的再批判，并以纪念鲁迅先生逝世十二周年》，《胡风评论集》（下），人民文学出版社1985年版，第284页。
⑤ 胡风：《论现实主义的路——对于主观公式主义和客观主义的、粗略的再批判，并以纪念鲁迅先生逝世十二周年》，《胡风评论集》（下），人民文学出版社1985年版，第275—276页。

作家在实践过程中间死命地追寻并发动自身里面那个向往明天性的诸因素的主观精神要求（同时也是抵抗并压下昨天性的诸因素的要求）去把握对象，征服对象，在对象里面猎人似地去追索那昨天性的诸因素，爱人似地去热恋那明天性的诸因素。因为，那昨天性的诸因素是既成势力，精明老练，善于逃匿，善于反扑，善于作态，善于化装，而明天性的诸因素是初生的，或者藏头遮面，或者东躲西逃，或者又惊又喜，或者若隐若现，当然也能有初生之犊似地挺身而出的情形。在现实主义的作家，这是一个你死我活的实践斗争。对于昨天性的诸因素，他痛恨，他鞭打，他痛哭，他甚至不惜用流血手段；对于明天性的诸因素，他热爱，他赞颂，他歌唱，他甚至沉醉地愿意为它们死去。①

在这段表述中，胡风将"精神奴役的创伤"论与作家创作过程联系在了一起，并成功将"精神奴役的创伤"说纳入其现实主义文艺理论体系中。这是对当时回避人民大众身上的缺点而过度赞美人民大众的一次矫正，更是主流声音中的一个异数。可以说，"精神奴役的创伤"论弥补了现实主义文艺理论在其发展进程中对于异化问题的忽视，在革命现实主义文艺理论探索中，把中国的异化现实同马克思主义文艺基本原理结合起来，拓展了革命现实主义文艺理论的深度。

三、"主观战斗精神"论：马克思主义文艺能动反映论的构建

胡风在《文艺工作底发展及其努力方向》一文中正式提出了"主观战斗精神"。他认为作家在日常生活的包围和腐蚀下会导致"主观战斗精神底衰落，主观战斗精神底衰落同时也就是对于客观现实的把捉力、拥抱力、突击力底衰落"②。应该说，"主观战斗精神"在胡风那里并没有形成一个严格的

---

① 胡风：《论现实主义的路——对于主观公式主义和客观主义的、粗略的再批判，并以纪念鲁迅先生逝世十二周年》，《胡风评论集》（下），人民文学出版社 1985 年版，第 355—356 页。
② 胡风：《文艺工作底发展及其努力方向——为文协理事会起草，在第六届年会上宣读的论文》，《胡风评论集》（下），人民文学出版社 1985 年版，第 10 页。

定义，在不同场合有着不同的表达，比如主观力量、战斗精神、精神状态、人格力量、思想等等，但总的来看，"主观战斗精神"就是作家"认识世界的思想力，体验现实的感受力，投身于现实的热情"①。

"主观战斗精神"是胡风革命现实主义理论的核心概念，它贯彻到胡风文艺思想的每一个角落。"主客观化合论"中，主客观能够化合的关键是创作主体要有主观战斗精神。主客观化合中创作主体的自我扩张和自我斗争，也离不开主观战斗精神。作家要发扬"主观战斗精神"深入生活，才能发现、重视"精神奴役的创伤"，也才能克服和消灭"精神奴役的创伤"。"主观战斗精神"在文艺和生活中同时存在，是作家的一种文艺态度，也是作家应有的一种生活态度。在胡风眼中，创作过程是一个生活过程，作家应带着主观战斗精神深入体验生活，将客观对象变成自己的东西表现出来。他曾批评一些作家"抽掉了'经验'生活的作者本人在生活和艺术中间受难的精神"②。同时，"主观战斗精神"和"受难精神"又是联系在一起的。胡风认为作家深入生活，把握和克服客观对象并不是一个简单的过程。真诚的革命文艺家必须抱着为革命流血的心进入现实生活才能真正地担负起实现人民的解放和进步的重任。在革命史上，无数鲜血是这样流了的，在人民的斗争里，无数的鲜血是这样流着的，因此，真诚的革命的作家，是得抱有这样的流血的心去深入现实和担负现实的。这不是一个自然而然的过程，不是客观自动演变就可以达成的，而是需要发扬"主观战斗精神"才能实现的。

胡风的革命现实主义文艺理论的一个突出的特点，就是用"主观战斗精神"来充实现实主义文艺的生命力。在《现实主义在今天》一文中，胡风说："主观精神和客观真理的结合或融合，就产生了新文艺底战斗的生命，我们把那叫做现实主义。"③"由于作家底献身的意志，仁爱的胸怀，由于作家底对现实人生的真知灼见，不存一丝一毫自欺欺人的虚伪。我们把

---

① 张炯、邓绍基、郎樱主编：《中国文学通史·现代文学》(下)，江苏文艺出版社 2013 年版，第 90 页。

② 胡风：《略论文学无门》，《胡风评论集》(上)，人民文学出版社 1984 年版，第 393 页。

③ 胡风：《现实主义在今天——应〈时事新报〉一九四四元旦增刊征文作》，《胡风评论集》(中)，人民文学出版社 1984 年版，第 319 页。

这叫做现实主义。"①胡风在这里说明了"求真实"是现实主义的要求，也暗示了需要"主观战斗精神"去实现文艺创作"真实"。在《一个要点备忘录》中，胡风认为，现实主义要成其为现实主义，需要对现实生活的情绪的饱满和主观精神的作用的燃烧，要求思想力与艺术力的统一。在《青春底诗》中，胡风就主观战斗精神对现实主义的重大意义作了进一步的阐发："没有对于生活的感受力和热情，现实主义就没有了起点，无从发生，但没有热情和思想力量或思想要求，现实主义也就无从形成，成长，强固的。"②

胡风的"主观战斗精神"论在文艺领域中丰富和发展了马克思主义理论中关于"人的主观能动性"的阐述。在文艺创作中，在体验现实生活中，在为解放和进步的明天的奋斗中，在摧毁人民身上的"精神奴役的创伤"和作家的"二重性"中，"主观战斗精神"都在发挥着极其重要的作用。可以说，"主观战斗精神"论将作家的主体意识放在了一个显著的位置，纠正了在创作中忽视主体意识的现象，凸现了主体意识及其战斗精神在革命现实主义文艺创作中的巨大作用。"战士和诗人原来是一个神底两个化身"③。胡风对于"主观战斗精神"的阐发和体悟如此之深，以至于它早已超越了理论层面而融入阐释者生命之中，化作了一种生命态度和理想追求。

四、"到处都有生活"说：对革命现实主义理论论域的拓展

早在1936年的《文学与生活》一文中，胡风就承认文艺是从生活中产生出来的，文艺是对生活的反映，他说："为做'作家'而创作，不见得能够写出伟大的作品，为战斗而生活，才能够取得创作底源泉。"④在这里，我们不妨将之同毛泽东对这一问题的阐述进行一下对比，毛泽东在《讲话》中

---

① 胡风：《现实主义在今天——应〈时事新报〉一九四四元旦增刊征文作》，《胡风评论集》（中），人民文学出版社1984年版，第320页。
② 胡风：《青春底诗——路翎著长篇小说〈财主底儿女们〉序》，《胡风评论集》（下），人民文学出版社1985年版，第92页。
③ 胡风：《略论文学无门》，《胡风评论集》（上），人民文学出版社1984年版，第393页。
④ 胡风：《文学与生活》，《胡风评论集》（上），人民文学出版社1984年版，第309页。

说:"一切种类的文学艺术的源泉究竟是从何而来的呢?作为观念形态的文艺作品,都是一定的社会生活在人类头脑中的反映的产物。革命的文艺,则是人民生活在革命作家头脑中的反映的产物。人民生活中本来存在着文学艺术原料的矿藏,这是自然形态的东西,是粗糙的东西,但也是最生动、最丰富、最基本的东西;在这点上说,它们使一切文学艺术相形见绌,它们是一切文学艺术的取之不尽、用之不竭的唯一的源泉。这是唯一的源泉,因为只能有这样的源泉,此外不能有第二个源泉。"①从对比中不难看出,他们都坚持了马克思主义反映论的基本原理,即一定的社会生活在人类头脑中的反映的产物,把生活看作是文艺创作的源泉。但对于应当表现什么样的生活和怎么去表现,胡风与毛泽东及其文艺思想的阐释者们之间有着很大的分歧。是去着力表现工农兵生活还是表现所有的现实生活?是只能讴歌光明的生活而不能展露生活的阴暗面还是光明与黑暗都可以写?显然,毛泽东在《讲话》中提出的"生活源泉论"经过艾思奇、周扬等人的阐释后,重点都集中到创作题材的选择上,即文艺应以工农兵为主要表现对象并强调突出阶级斗争和光明面,而其他题材或生活则必须忽视或放弃。比如周扬于1947年在《晋察冀日报》上就撰文强调,"主题是确定的,文艺工作者应当而且只能写与工农兵群众的斗争有关的主题"②。而胡风则提出了"到处都有生活"说。在《给为人民而歌的歌手们》(1948年)一文中,胡风明确指出:"哪里有人民,哪里就有历史。哪里有生活,哪里就有斗争,有生活有斗争的地方,就应该也能够有诗。"③

对于胡风的"到处都有生活"说的理论内涵的正确理解,需要结合胡风对人民与知识分子的看法来探究。《讲话》从总体上对知识分子持负面看法和批判态度,将之归入小资产阶级行列,有意无意地将知识分子与工农兵放到对立面,放到需要改造的位置。毛泽东认为:"中国的革命的文学家艺术

---

① 毛泽东:《在延安文艺座谈会上的讲话》,《毛泽东选集》第三卷,人民出版社1991年版,第860页。

② 周扬:《谈文艺问题》(原载于《晋察冀日报》1947年5月10日增刊),《周扬文集》第一卷,人民文学出版社1984年版,第501页。

③ 胡风:《给为人民而歌的歌手们——为北平各大学〈诗联丛刊〉诗人节创刊写》,《胡风评论集》(下),人民文学出版社1985年版,第237页。

家，有出息的文学家艺术家，必须到群众中去，必须长期地无条件地全心全意地到工农兵群众中去，到火热的斗争中去，到唯一的最广大最丰富的源泉中去，观察、体验、研究、分析一切人，一切阶级，一切群众，一切生动的生活形式和斗争形式，一切文学和艺术的原始材料，然后才有可能进入创作过程。"①应该说，胡风对毛泽东坚持文艺的工农兵方向，坚持知识分子与工农兵生活相结合，是持有肯定态度的，但他同时认为，知识分子不仅是人民中的一分子，更是起到先进作用的一分子。在《讲话》大力赞扬工农兵的生活时，胡风没有放弃批判人民身上几千年来潜伏和扩散着的"精神奴役的创伤"。换言之，他并没有把工农兵的生活当作文艺中唯一的生活题材，而是通过其"到处都有生活"说试图扩大文艺创作的题材或范围。胡风当然承认工农兵生活应该是时代的主题，也承认写重大题材的重要性，但他也认为，如果描写重大题材的文艺作品没有什么艺术表现力，不能打动或感动读者，那么重大题材并不能够让这个作品成为一部好作品。在他看来，文艺作品更重要的不仅在表现力，更在于"求真实"。由此可见，真实性及其表现力而非题材是胡风判断革命现实主义文艺创作成功与否的重要标准。

与上述问题相关的是：作家是否只能写光明面或正面人物而不能写黑暗面和反动或落后人物，即使写也只能写一点点？与毛泽东文艺思想的阐释者们强调只能写光明面或正面人物不同，胡风认为，既然"到处都有生活"，那么，黑暗面和反动或落后的人物同样可以写，只要遵循现实主义的"求真实"原则即可。胡风以五四以来新文艺的实际情况特别是以鲁迅为例给予了回击。在他看来，鲁迅写生活的黑暗面，但不能由此判定鲁迅心中没有光明，也不能由此判定鲁迅的作品让读者意志消沉。实际情况恰恰相反，光明往往从黑暗的包围中突击出来，正面人物往往在与邪恶的搏斗中更显力量。胡风对那些提倡只能写光明面或正面人物的文艺主张进行了实质性的归纳与批评，即"不要文艺，是捏死文艺。因为它使文艺脱离现实的人生，因为它要作家说谎"②。

---

① 毛泽东：《在延安文艺座谈会上的讲话》，《毛泽东选集》第三卷，人民出版社 1991 年版，第 860—861 页。
② 胡风：《现实主义在今天——应〈时事新报〉一九四四元旦增刊征文作》，《胡风评论集》（中），人民文学出版社 1984 年版，第 323 页。

对于谁能真正触摸并把握生活，谁能从生活的深处走到历史的前台，胡风还提出了大胆的见解，认为"历史是统一的，任谁的生活环境都是历史底一面，这一面连着另一面，那就任谁都有可能走进历史底深处。因为，历史是统一而又矛盾的，另一面向这一面伸入，这一面向另一面发展，那就任谁都有可能走在历史底前面"①。这就是说，无论是知识分子还是工农兵大众都可以触及或把握到真实的现实生活，也都是创造历史的一员。当秉有"主观战斗精神"的知识分子与现实更紧密地结合起来时，他们甚至能更早更准确地把握到历史的脉搏和前进方向。胡风的这一看法既是在谈文艺创作的源泉问题，更是向文艺工作者或知识分子发出了要敢于承担社会责任的呼吁，这是对革命现实主义文艺品质的新颖思考。

与毛泽东从政治家的立场出发将文艺看作是为政治服务的观点不同，作为文艺家的胡风，坚持的是政治导向下文艺的自身规律性。前者从哲学高度解释了文艺创作的源泉问题，也坚持了马克思主义反映论，但是这种解释是笼统的，因为生活并不直接等于艺术，生活变成艺术的关键中介是艺术家，是艺术家对生活的理解与开掘。按胡风的理解，生活本身要变成革命现实主义文艺作品，不仅需要坚持现实主义"求真实"的创作原则，也需要遵循主客化合或遇合的基本规律，更需要作家的"主观战斗精神"的充实。正是从这个意义上讲，胡风"处处都有生活说"从革命现实主义创作的基本原则和基本要求出发，突破了毛泽东文艺思想的阐释者们对"生活源泉论"中的"生活"内涵的狭隘理解，为革命现实主义向更广阔的道路发展提供了理论支持，还启发了 20 世纪 50 年代秦兆阳等人关于社会主义现实主义的进一步思考以及 80 年代关于开放的现实主义的思考，其理论价值是不容置疑的。

五、"民族形式"观："五四传统—现实主义"阐释框架中的民族化探索

文艺"民族形式"是马克思主义文艺理论民族化的核心问题。关于这一

---

① 胡风：《给为人民而歌的歌手们——为北平各大学〈诗联丛刊〉诗人节创刊写》，《胡风评论集》（下），人民文学出版社 1985 年版，第 237 页。

问题的论争，在抗战时期以延安为中心，迅速扩展到桂林、重庆、香港、晋察冀等地区。作为民族主义的文化诉求与民族国家的文化建构的核心问题，文艺"民族形式"内含着诸多重要问题，如：如何评价"五四"新文学（"五四"新文学是否是"民族形式"）？"民族形式"的中心源泉是什么（是以民间形式为中心还是以现实主义为中心）？中国文学现代化道路如何走？等等。在当时的国统区，向林冰、葛一虹、郭沫若、胡风等人都对"民族形式"问题阐述过自己的看法。其中，以向林冰的"民间形式中心源泉论"和胡风的"现实主义中心源泉论"之间的争论最为激烈。针对向林冰"民间形式中心源泉论"中的大众形式＝民间形式＝民族形式的等式构建，胡风在《论民族形式问题》（1940年）一文中以"五四传统—现实主义"为阐释框架，从三个方面集中阐述了他对"民族形式"问题的看法。

首先，胡风不同意向林冰在《论"民族形式"的中心源泉》一文中所提出的应在民间形式中发现民族形式的源泉的观点。他认为这一观点的基本依据即"新质发生于旧质的胎内"是值得怀疑的，并引用卢卡奇（旧译"卢卡契"）《叙述与描写》中的一段话对向林冰进行了批驳。卢卡奇说："表现现实的新的风格、新的方法，虽然总是和以前的诸形式相联系着，但是它决不是由于艺术形式本身固有的辩证法而发生的。每一种新的风格底发生都有社会的历史的必然性，是从生活里面出来的，它是社会发展底必然的产物。"[1] 从中不难看出，胡风显然接受了卢卡奇的看法，认为社会生活及历史发展构成了各民族艺术形式形成与发展的主导因素，文艺形式本身的新旧更替并不起决定作用。他以五四文学为例来说明社会生活的变化对于艺术形式特别是民族艺术形式的形成的决定性作用："以市民为盟主的中国人民大众底五四文学革命运动，正是市民社会突起了以后的、累积了几百年的、世界进步文艺传统底一个新拓的支流。"[2]。对于五四文艺何以能成为"世界进步文艺"之重要组成部分，胡风认为，这是是因为五四文艺是反映社会进步潮流的文艺，是"和封建传统反抗的现实主义（以及浪漫主义）文艺"，是"争求独立解放

① [匈]卢卡契：《叙述与描写》，转引自胡风：《论民族形式问题》，《胡风评论集》（中），人民文学出版社1984年版，第222页。

② 胡风：《论民族形式问题》，《胡风评论集》（中），人民文学出版社1984年版，第234页。

的弱小民族文艺”和“想挣脱工钱奴隶底运命的、自然生长的新兴文艺”。①
五四新文艺正是具备了这些进步因素，才具有了与封建文艺完全不同的崭新
形态。与此同时，胡风还对民间形式发表了自己的辩证看法，认为民间形式
在形式上是不健全的，在内容上是有毒的，但其具有一定的借鉴意义，即民
间形式不仅反映了封建主义的观点，也在一定程度上反映了生活的样相，因
此，研究民间文艺的目的并不是要利用其形式，而是为了“从它得到帮助，
好理解大众底生活样相，解剖大众底观念形态，汲受大众底文艺词汇”和“更
加能够理解大众底表现感情的方式，表现思维的方式，认识生活的方式”。②

其次，在具体的革命现实主义文艺创作中，如何理解与处理民族形式问
题？胡风提出了五四传统、民族现实和国际革命经验相结合的处理方式，即
“以现实主义的五四传统为基础，一方面在对象上更深刻地通过活的面貌把
握民族的现实（包括对于民间文艺和传统文艺的汲取），一方面在方法上加
强地接受国际革命文艺底经验（包括对于新文艺底缺点的克服），这才能够
创造为了反映‘新民主主义的内容’的‘民族的形式’”③。这也就是说，对
于文艺“民族形式”的建构而言，五四文艺传统是基础，民族的活的现实是
条件，国际革命文艺经验是助力，“新民主主义的内容”是核心。因此，文
艺“民族形式”并非是一个单纯的文艺形式问题，而是有着诸多因素制约的
一个综合问题，其中，“新民主主义的内容”是文艺“民族形式”构建的关
键要素。正是基于这样的理解，胡风认定，“‘民族形式’，不能是独立发展
的形式，而是反映了民族现实的新民主主义的内容所要求的、所包含的形
式”④。由此不难看出，文艺“民族形式”的建构，在胡风看来，不能就形式
谈形式，而应是“新民主主义的内容”所包含的形式。

再次，胡风主张，“主观战斗精神”的发挥对于革命现实主义文艺去创
造“新民主主义的内容”及其所包含的形式仍然具有重要的理论价值与现
实意义。他对此阐述道：“如果说现实底发展不能不通过人类主观实践力量，

① 胡风：《论民族形式问题》，《胡风评论集》（中），人民文学出版社 1984 年版，第 234—235 页。
② 胡风：《论民族形式问题》，《胡风评论集》（中），人民文学出版社 1984 年版，第 246 页。
③ 胡风：《论民族形式问题》，《胡风评论集》（中），人民文学出版社 1984 年版，第 265 页。
④ 胡风：《论民族形式问题》，《胡风评论集》（中），人民文学出版社 1984 年版，第 258 页。

那么，对于内容（形式）的真实的把握当然得通过作为主观实践力量的正确方法，那就是现实主义。"① 这也就是说，只有以"主观战斗精神"把握新民主主义的内容，它才能不被其他形式利用，而以"民族形式"来体现。当然胡风并没有详细阐述"主观战斗精神"在"民族形式"中的作用，不过，结合胡风对五四文学的赞赏与对民间文学的批判都可以看出，胡风是在"五四传统—现实主义"的阐释框架中去理解革命现实主义文艺应该如何理解与处理民族形式这一问题的。胡风的"民族形式"观凸现了"新民主主义的内容"的决定性作用，也强调了五四现实主义文艺传统对于文艺"民族形式"建构的重要借鉴意义，其主流是正面的、积极的，虽然其中还有许多值得商榷之处，但在当时的国统区仍然坚持、遵循马克思主义文艺理论关于内容与形式关系的基本原理，并努力结合中国文艺形式创造的实践探索文艺"民族形式"问题，对于马克思主义文艺理论民族化的探索仍然是有贡献的。

胡风文艺思想最重要的基石是马克思主义实践论和能动反映论。在对文艺创作的主客观化合过程→主观战斗精神体现的过程→克服精神奴役创伤的过程→拥抱生活的过程→世界文艺和民族形式辩证统一的过程的不断发掘中，胡风不断突破当时文艺学界的各种理论禁锢，拓展马克思主义文艺理论的深广度，建立起了属于自己的相对完整的革命现实主义理论体系。应当说，他的这个革命现实主义理论体系以及新中国成立后对这一体系的补充与深化，是 20 世纪马克思主义文艺理论中国化进程中的重要成就，其历史地位和学术价值都不容置疑。

---

① 胡风：《论民族形式问题》，《胡风评论集》（中），人民文学出版社 1984 年版，第 258 页。

第五章　延安文艺运动与马克思主义文学批评中国形态的建构

　　延安文艺运动是 20 世纪中国文化史、文学史上最重大的文化事件之一。它不仅延续了五四文学的启蒙主题，而且延伸了五四未竟的大众启蒙构想，在当时产生了广泛的政治文化影响，对新中国成立后的文艺进程也产生了毋庸置疑的决定性影响，其模式及指导思想，在新中国成立后几十年间，规范和制约着中国当代文学的基本走向和实践品格。马克思主义文艺理论是延安文艺运动产生与发展的理论基础，延安文艺则是马克思主义大众化的有效载体和必然结果，为实现马克思主义文艺理论话语体系的中国化提供了宝贵的历史经验。在延安文艺运动中，中国共产党人为建构中国形态的马克思主义文学批评作出了重大贡献，其中，张闻天对延安文艺运动的指导具有过渡性的历史意义，周扬延安时期的文艺思想为毛泽东文艺思想的形成提供了重要的理论资源。这一时期的"民族形式"论争是马克思主义文学批评中国化探索的一个重要截面，对中国马克思主义文学批评的民族性意识的觉醒、形成与深化起到了正面的积极的推动作用：既为中国马克思主义文学批评的民族观注入了丰富的人民性内涵，也确立了马克思主义文学批评中国形态建设的重要两极（即大众化与民族化）之间的内在关联，因而在马克思主义文学批评的中国化进程中具有重要的示范作用。延安文艺大众化运动有其内在的逻辑发展理路，是五四"启蒙文学"和"革命文学"向"工农兵文学"转进，大众化论争从纯粹理论层面转向实践层面的产物。相对健全的延安文学制度的建立和知识分子对文艺大众化的有力践行，是延安文艺大众化实践得以全面展开的重要原因。"文艺小组"这种"轻骑兵"式的活动方式则充分显示出中国共产党人在马克思主义文学批评中国化探索中的创造性。中国共产党在延安文艺运动的前后期分别树立的两个典范性的方向即"鲁迅方向"和"赵树理方向"不仅影响了中国现当代文学与批评的基本进程,而且有力地塑造了中国形态的马克思主义文学批评的基本品格。

第一节 张闻天与马克思主义文学批评中国形态的探索

作为中共历史上杰出的马克思主义理论家和革命家,张闻天为马克思主义理论在中国的传播与发展所作的不可磨灭的历史贡献,已为学界所共知,而他对马克思主义文艺理论中国化的探索也为中国文艺学界留下了宝贵的理论财富。他在纠正文艺战线上的"关门主义",反对宣传工作中的"党八股",转变领导文艺的组织形式与工作方法,推动戏剧与报告文学的发展、支持"文协"等文艺团体的成立和发展,历史地考察新文化运动及其特征,总结"左联"的历史经验,以及如何学习和发扬鲁迅精神,如何实现文艺大众化,如何正确对待中外文化,如何正确对待文化人和文化团体,如何理解新文化的内容与性质,如何理解文艺形式,如何理解五四文学革命的领导等诸多问题上,都作出了卓有成效的理论指导。概括而言,张闻天对马克思主义文艺理论的中国化探索突出体现在以下几个方面:一是马克思主义理论的译介;二是参与和指导左翼文学与文化运动;三是指导马克思主义文艺理论中国化(特别是文艺大众化)的实际开展;四是关于马克思主义文艺理论中国化问题的理论建构。

一、张闻天的马克思主义中国化探索

张闻天是自觉致力于马克思主义中国化的早期中共领导人,从马克思主义理论的译介到"左翼"文艺运动的理论指导,再到新文化的理论构想,他都为我们探索马克思主义中国化留下了宝贵的财富。

1. 早期张闻天的马克思主义理论译介

作为中共历史公认的杰出的马克思主义理论家，张闻天在五四运动爆发后即投身革命民主活动，积极传播马克思主义。早在 1919 年，他就发表《社会问题》一文，用马克思《〈政治经济学批判〉导言》中的历史唯物主义来解释社会形态的"四大变动"，而该文所强调的要用唯物史观来观察社会问题，同李大钊在《再论问题与主义》（《每周评论》1919 年 8 月 17 日载）一文中提出并运用的"唯物史观"这一概念，几乎在同一时期站到了中国思想界的时代前沿。他于 1922 年 1 月发表的长篇论文《中国底乱源及其解决》用马克思主义唯物史观系统论述了中国革命和社会主义的前途。在这篇文章中，张闻天明确指出，未来中国的根本出路在于"实行社会主义"而不是走"西洋人走过的道路"，并坚决反对把马克思主义学说"解释得死板而且不通"；在他看来，"因为马克斯是死人，他底学说虽可随人家解释，但到底太呆板了。社会主义却是活的东西，很有伸缩余地的"①。由此可见，张闻天很早就体现出非常自觉的马克思主义理论中国化的意识。从 20 世纪 20 年代开始，张闻天作为马克思主义著作的重要翻译者和编译马列著作的主要组织者，对马克思主义理论的传播起到了巨大的作用。20 年代前期在中华书局任编辑期间，他先后编辑出版过《唯物史观解说》《社会主义初步》《社会问题总览》等马克思主义著作。到 1925 年，张闻天已经阅读了大量马克思主义著作，据他该年 11 月 26 日填写的《旅莫中国国民党支部党员调查表》显示，在"读过何种社会科学书籍"一栏中，他填写的是："马克思：共产党宣言；马克思：政治经济批评；恩格斯：家庭之起源；斯大林：列宁主义的理论与实际；考茨基：阶级斗争；郭泰：唯物史观解说；高畠素之：社会问题详解；西里格曼：经济史观；克卡朴：社会主义史；何脱曼：马克思经济学说，等。"②1927 年他负责了列宁的《无产阶级革命与叛徒考茨基》和《卡尔·马克思》的翻译工作③。在赴俄期间，

---

① 张闻天：《中国底乱源及其解决》（原载于《民国日报·觉悟》1922 年 1 月 5 日、6 日），张闻天选集编辑组：《张闻天文集》第一卷，中共党史资料出版社 1990 年版，第 28—37 页。

② 张培森主编：《张闻天年谱（1900—1976）》（上卷），中共党史出版社 2000 年版，第 73 页。

③ 据 1927 年 10 月 6 日中大校务委员会讨论出版计划，在提交会议讨论的《翻译工作计划（一九二七年十月至一九二八年一月）》中列有张闻天负责翻译的两本：列宁《无产阶级革命与叛徒考茨基》，七十五页，正在翻译，编辑加卜世奇，完成日期一九二七年

他于 1929 年 3—5 月完成并提交了学年论文《哲学战线的当前分歧和马克思主义方法论的任务》。这篇论文突出强调了唯物辩证法对于解决中国社会问题的重要性，以及它对于早期中国共产党制定阶级路线的重要性。① 同年，他（署名思美）翻译了最早的中文版完整译本——马克思的《法兰西内战》②。在延安时期，张闻天作为党的主要负责人，不仅兼任马列学院院长，还亲自兼任该校编译部主任，提出并组织编译"马恩丛书"（十册）③，"列宁选集"（共二十卷），并在自己的窑洞里组织《资本论》学习小组④，亲自给学员讲课、辅导。

从张闻天的文学及文学理论译介工作看，他对西方近现代文学及文学理论颇为谙熟。比如，1921 年 4 月，酷爱文学的张闻天完成了其翻译介绍文

十月至十一月；列宁《卡尔·马克思》，三十七页，正在翻译，完成日期一九二七年十二月。还列有张闻天负责编辑加工的译作两本：布哈林《历史唯物主义理论》，董亦湘译，三百九十一页，已翻译加工十六页，一九二七年十月至一九二八年二月完成；列宁《怎么办》，卜世奇译，一百五十页，正在翻译，一九二七年十一月至一九二八年三月完成。——张培森主编：《张闻天年谱（1900—1976）》（上卷），中共党史出版社 2000 年版，第 84—85 页。

① 张培森主编：《张闻天年谱（1900—1976）》（上卷），中共党史出版社 2000 年版，第 97—98 页。

② 俄罗斯科学院远东研究所汉文图书馆保存有此书的最初版本，1996 年张闻天选集传记组赴俄搜集资料过程中，发现此书，书上没有标明出版年月，据该所舍维廖夫考证此书出版当在 1929 年。与此书同时，发现的还有与上书同年在莫斯科出版的普列汉诺夫所著《马克思主义的基本问题》，译者署名亦为思美，出版机构不详。以上两书均编入 1999 年译林出版社出版的《张闻天译文集》（程中原编）。——参见张培森主编：《张闻天年谱（1900—1976）》（上卷），中共党史出版社 2000 年版，第 103—104 页。

③ 《马克思恩格斯丛书》，先后出版的共有 10 本：《社会主义从空想到科学的发展》《共产党宣言》《法兰西内战》《政治经济学论丛》《马恩通信选集》《德国的革命和反革命》《〈资本论〉提纲》《哥达纲领批判》《拿破仑第三政变记》《法兰西阶级斗争》。10 本中的前 3 本这时已经由延安解放社出版，后 7 本至 1942 年陆续出齐。——参见张培森主编：《张闻天年谱（1900—1976）》（上卷），中共党史出版社 2000 年版，第 594—595 页。

④ 在延安学习运动中组织《资本论》学习小组，参加者有王首道、王学文、吴亮平、王思华、艾思奇、何锡麟、邓力群等十余人。规定隔周在张闻天窑洞里学习讨论半天，从未间断，一直坚持到把《资本论》第 1 卷的二十五章全部学完，历时一年有余。每次讨论均由张闻天主持。第一次由他讲学习体会，着重讲了《资本论》为什么从商品、货币讲起的问题。后来讨论则由小组成员轮流作学习各章的中心发言人。——参见张培森主编：《张闻天年谱（1900—1976）》（上卷），中共党史出版社 2000 年版，第 624 页。

章《托尔斯泰的艺术观》，这是对托尔斯泰《艺术论》等文艺论文的最早翻译介绍。稍后，张闻天又完成了法国哲学家柏格森专论喜剧的美学著作《笑之研究》的翻译。从 1922 年开始，他先后译介过泰戈尔、歌德、王尔德、纪伯伦、波德莱尔、西班牙作家倍那文德、俄国作家柯罗连科及安特列夫等著名作家的作品，并同汪馥泉合作翻译了日本学者伊达源一郎的《近代文学》，可以说，正是由于对文学的谙熟使得张闻天在后来的左翼文学运动中能够一定程度上站在文学自身的立场上反对文艺战线上的"左"倾关门主义。在无产阶级文艺理论方面，张闻天于 1921 年 11 月 18 日就因读日本平林初之辅作《民众艺术底理论和实际》（海晶译，载《小说月报》第 13 卷第 11 期）而深受启发，摘录一篇，以《民众艺术和社会改造》为题，发表于 11 月 20 日《民国日报·觉悟》"评论"栏，很早就显示出把文艺与社会改造相结合的思想。[①] 他在赴俄期间翻译的普列汉诺夫的《马克思主义的基本问题》一书虽然最终未能在当时中国学术界形成实际影响，但他自觉应用普列汉诺夫的历史唯物主义的"五项公式"[②] 解释文艺创作中经济基础与上层建筑或社会心理的关系，却为自己用马克思主义文艺基本原理分析与理解当时的中国文艺动向打下了良好的理论基础。

2. "左联"时期对"左翼文艺"运动的理论指导

作为职业革命家的张闻天，早期即以作家和评论家的双重身份参与革命文学运动，这一点常常为学界所忽视。20 世纪 20 年代早期，他发表了文艺论文《生命的跳跃》（1923 年 9 月）和《从梅雨时期到暴风雨时

---

① 张培森主编：《张闻天年谱（1900—1976）》上卷，中共党史出版社 2000 年版，第 31 页。

② 俄国早期著名的马克思主义理论家普列汉诺夫在其名著《马克思主义的基本问题》中，依据马克思的基本观点，明确提出并论证了他的历史唯物主义的"五项公式"，即"（一）生产力的状况；（二）被生产力所制约的经济关系；（三）在一定的经济'基础'上生长起来的社会政治制度；（四）一部分由经济直接所决定的，一部分由生长在经济上的全部社会政治制度所决定的社会中人的心理；（五）反映这种心理特性的各种思想体系"。他认为，五因素的前三项属于社会存在，后两项属于社会意识。普列汉诺夫第一次把经济基础、上层建筑和意识形态作了如此明确、简洁的划分，在马克思主义思想发展史上有着重大意义。——参见 [苏] 普列汉诺夫：《马克思主义的基本问题》，载《普列汉诺夫哲学著作选集》（第三卷），汝信等译，生活·读书·新知三联书店 1962 年版，第 195—196 页。

期》（1924 年 5 月）。前文尖锐地批评充斥当时文坛的"悲观厌世的作品与似是而非的颓废论"，呼唤知识青年"投到人生的急流中去奋斗"；[①] 后文则明确支持"我们还要革命的文学"的主张。[②]1924 年 4、5 月间，他创作完成了《旅途》（长篇小说）和《青春的梦》（三幕话剧）。《旅途》以浪漫主义精神和跨国"革命加爱情"的虚构相结合的方式创造了那一时代的爱情与革命书写的新方法，这种书写方式既是五四新文学反帝反封建的浪漫主义精髓的承续，也开创了革命文学创作的新范式，成为革命文学初放的花朵。作为《旅途》姊妹篇的《青春的梦》不仅细腻书写了知识青年的苦闷和反抗，更大胆展示了中国女性冲破牢笼的历程，对于革命话剧艺术的探索也有重要的时代意义。他的书信体抒情小说《飘零的黄叶》则采用知识分子长虹在冬夜给阔别十年的母亲写信的方式，深沉再现了知识青年"冲到人生的战场"后的艰难生活经历、复杂心理过程，抒发了要为"创造人生的真意义而去做一个无私的光明的找求者"的革命者的决心。

张闻天在马克思主义文艺理论中国化进程中的首要贡献是从理论与行动方针上纠正了早期左翼文艺运动中的"左"倾错误。这突出体现他在《文艺战线上的关门主义》一文中，针对左翼文艺家中存在的"左"倾关门主义错误，以及策略上的宗派主义和理论上的机械论进行了严肃的批评。他明确指出：

> 中国左翼文艺运动，所以一直到今天没有发展的原因，是由于我们在文化运动中一些做领导工作同志的右倾消极与"左"倾空谈。
> ……
> 无疑的，右倾机会主义在文艺运动中同样是目前的主要危险。
> 但是，使左翼文艺运动始终停留在狭窄的秘密范围内的最大的障碍物，却是"左"的关门主义。换句话说，在左翼文艺运动中，我们

---

① 参见张闻天：《生命的跳跃——对于中国现文坛的感想》（原载于《少年中国》1923 年第 4 卷第 7 期），张闻天选集编辑组：《张闻天文集》第一卷，中共党史资料出版社 1990 年版，第 92—102 页。

② 参见张闻天：《从梅雨时期到暴风雨时期》（原载于《少年中国》1924 年第 4 卷第 12 期），张闻天选集编辑组：《张闻天文集》第一卷，中共党史资料出版社 1990 年版，第 103—111 页。

同样的看到了以"左"倾空谈掩盖了实际工作中的机会主义的现象。

……

这种关门主义，第一，表现在对"第三种人"与"第三种文学"的否认。我们的几个领导同志，认为文学只能是资产阶级的或是无产阶级的，一切不是无产阶级的文学，一定是资产阶级的文学，其中不能有中间，即所谓第三种文学。

这当然是非常错误的极左的观点。因为在中国社会中除了资产阶级与无产阶级的文学之外，显然还存在着其他阶级的文学，可以不是无产阶级的，而同时又是反对地主资产阶级的革命的小资产阶级的文学。这种文学不但存在着，而且是中国目前革命文学中最占优势的一种（甚至那些自称无产阶级文学家的文学作品，实际上也还是属于这类文学的范围）。排斥这种文学，骂倒这些文学家，说他们是资产阶级的走狗，这实际上就是抛弃文艺界的革命的统一战线，使幼稚到万分的无产阶级文学处于孤立，削弱了同真正拥护地主资产阶级的反动文学做坚决斗争的力量。

……

这种"左"的关门主义，第二，表现在文艺只是某一阶级"煽动的工具""政治的留声机"的理论。照这种"理论"看来，凡不愿做无产阶级煽动家的文学家，就只能去做资产阶级的走狗。这种观点，显然把文学的范围大大的缩小了，显然大大的束缚了文学家的"自由"。

在革命的小资产阶级的文学家中间，有不少的文学家固然不愿意做无产阶级的"煽动工具"或"政治的留声机"，但是他们同时也不愿意做资产阶级的"煽动工具"或"政治的留声机"，他们愿意"真实的""自由的"创造一些"艺术的作品"。……此外，在"煽动的工具""政治的留声机"中固然有文艺的作品，然而决不是一切宣传鼓动的作品都是文艺的作品。在有阶级的社会中间，文艺作品都有阶级性，但决不是每一文艺作品都是这一阶级利益的宣传鼓动的作品。甚至许多文艺作品的价值，并不是因为它们是某一阶级利益的宣传鼓动品，而只是因为它们描写了某一时代的真实的社会现象。……

无产阶级文艺批评家的任务，正是在以马克思主义的武器，去批评所有的文艺作品，正确的指出这些作品的阶级性与它们的艺术价值（或无价值），而不是把一切这些作品因为它们不是无产阶级的作品，就一概抛到垃圾堆里，去痛骂这些作品的作家为资产阶级的走狗。马克思主义的文艺批评家不是资产阶级的自由主义者，拿所谓超阶级的观点去批评艺术（如胡秋原），但同时他也不是疯狂的宗教的信徒。①

张闻天的这篇文章不仅指出了"左联"在与"自由人""第三种人"的论争中的不良倾向，同时，还批评了文学大众化讨论中的"左"的倾向。为此，他明确提出了自己的看法：

文艺应该大众化，左翼文艺家为了要实现宣传鼓动的目的，应该采取各种通俗的大众文艺的形式，通俗的白话文，写出能为大家所了解的文艺作品，这完全是正确的。然而因此认为只有这种作品才是文艺作品，只有利用这种"有头有脑"的说部、唱本、连环图画之类的形式才能创造出无产阶级的文艺的观点，无疑的是错误的。我认为无论如何，现代文艺的各种形式比较中国旧文艺的形式是进步的。无产阶级的文艺当然应该利用这种新的形式。

至于说这种形式，工人看不懂，那就是"有头有脑"的《红楼梦》与《水浒传》等，工人何尝看得懂。所以我们的任务不是在抛弃现代艺术的形式与技巧，而是提高工人的教育程度，使工人们懂得这些艺术品。

然而在现社会下对于工人这种教育是非常有限的。所以以为在现社会之下可以把工人的教育怎样普及或提高，使他们能够赏鉴文艺的作品，这当然完全是社会民主党的幻想。所以无产阶级的先锋

---

① 张闻天：《文艺战线上的关门主义》，张闻天选集编辑组：《张闻天文集》第一卷，中共党史资料出版社 1990 年版，第 307—310 页。

队第一步的任务是在领导工人阶级的经济政治的斗争，推翻地主资产阶级的统治，建立民众的政权。只有那时，我们才能实行普及教育，教育广大的工农群众，使他们能够赏鉴高尔基或绥拉菲莫维支以及托尔斯泰等的作品。

所以左翼作家在目前集中力量于阶级斗争的宣传鼓动的工作，利用一切通俗的文艺形式号召工农阶级起来斗争，是完全应该的。因为用革命的手段推翻地主资产阶级的统治，建立民众自己的政权，是他们目前的中心任务。但这绝不是说，只有这种宣传鼓动的通俗作品，才是无产阶级的文艺。而且事实上这种作品的大多数却并不是文艺作品。这当然不是左翼作家的耻辱。[1]

从这段论述可以看到，张闻天对于"文艺大众化"讨论中出现的否定五四文学新形式的倾向，提出了不同的看法，这是基于他对五四新文学运动的性质、方向、成就以及对外国近现代文学发展现状的深刻了解而得出的看法，对于后来的文艺大众化运动的进一步发展，以及在革命文艺创作中如何有效吸收五四以来的文艺新形式，都有着重要的现实意义和理论价值。值得注意的是，这篇文章发表后，冯雪峰（时任文委书记）即按照这篇的主要精神发表了《关于"第三种文学"的倾向与理论》（载于《现代》1933 年第 2 卷第 3 期）。正是这两篇重要文章改变了左翼文坛的"关门"论调，使得多数言论能够立即从团结"同路人"的角度来重新看待"第三种人"。可以说，正是在张闻天的指导下，"文艺自由论辩"趋于结束，"促使左翼文艺运动从狭窄的、秘密的，走向广泛的、半公开的与公开的方面去"。[2] 更为重要的是，左翼文坛的混战局面也由于当时中共临时中央政治局常委主管宣传工作的张闻天的亲自干预而停止，并成为左翼文坛克服"左"倾错误求得真正发展的一个转机。这是作为文学家和革命家的张闻天在成为党的领袖人物后，对中国革命文艺运动的基本方针、基本方向所

---

[1] 张闻天：《文艺战线上的关门主义》，张闻天选集编辑组：《张闻天文集》第一卷，中共党史资料出版社 1990 年版，第 310—311 页。

[2] 张培森主编：《张闻天年谱（1900—1976）》（上卷），中共党史出版社 2000 年版，第 186—187 页。

作的重要调整，也是他在探索马克思主义文艺理论中国化道路上所作出的重大贡献。

3. 延安时期对马克思主义文艺理论中国化工作的理论指导

在延安时期，张闻天一直致力于马克思主义中国化工作。中共发起成立的重要研究机构如中国问题研究会、哲学研究会、党建研究会等，他都是主要负责人。比如1938年5月中共中央在延安创办马列学院，张闻天兼任院长。该院开办三年，共招生五届，先后毕业学员达八九百人，教学上贯彻的是理论联系实际的方针。张闻天亲自授课和辅导的有《两次革命高潮之间的反动时期》和《苏维埃革命运动》，此外，他还作了题为《抗日民族统一战线中的策略问题》《战略与策略问题》等专题报告①。后来他又在延安学习运动中亲自组织《资本论》学习小组。他在延安时期作为中共的主要负责人，不遗余力地在政治、哲学、文化诸方面对马克思主义的中国化工作进行实际的理论指导和组织形式的建设，其历史功绩是不容否认的。在中共历史上，"马克思主义中国化"这一命题到底是由谁最先提出，目前学界还存在争议，学界主流意见认为是在中共六届六中全会上由毛泽东正式提出并加以精辟而深刻的阐释。实际上，中共六届六中全会上，对马克思主义中国化的概念（或者叫"命题""原则"）的提出、应用、解读，张闻天都作出了重要的理论贡献。从1936年起，他在中央的会议和一些文章及报告中，多次对马克思主义中国化问题作出自己的阐述。比如，1936年3月，张闻天在政治局报告中引述了季米特洛夫的讲话后，首次提出了将马列主义和共产国际指示"民族化"，"使之适合于我们的具体环境"的观点②。同年10月，在讨论白区工作的讲话稿中，他又进一步提出："我们的理论，不是教条与公式，而是行动的指南"，因此，"任何一国革命的经验，都不能机械的搬运到别一国来"。他明确指出，中国共产党人必须"能够使用马克思列宁主义的方法，去分析具体的环境，并从这种分析中

---

① 参见张培森主编：《张闻天年谱（1900—1976）》（上卷），中共党史出版社2000年版，第567—568页。

② 张闻天：《共产国际"七大"与我党抗日统一战线的方针》，张闻天选集编辑组：《张闻天文集》第二卷，中共党史出版社1993年版，第80页。

得出一定的行动方针"，"应该把他们的理论与实际结合起来"。①1937 年
5 月在中共党代会上，张闻天再次提出，"现成的到处适用的药方是没有
的"，对于马列主义来说，"现在严重问题就是如何灵活的应用马列主义到
中国的具体环境中来"②。同年9 月 10 日召开的中央政治局常委扩大会议以
及 11 月 14 日在延安陕公大礼堂举行的特区文化协会成立大会上，张闻天
针对马列主义理论宣传工作以及党的文化领导工作都阐述了自己的"文化
运动中国化""马列主义具体化、中国化"的主张。在 1938 年 7 月 26 日
对延安抗日军政大学第三期毕业生所作的题为《论待人接物问题》讲演中，
他明确指出："马克思列宁主义不但要求估计到中国社会各阶级在革命中
的地位、作用及其相互间的区别，而且也要求认识一切中国人所有的民族
的、社会的、历史的、文化的、思想的、风俗习惯的各种传统与特点。"③
在 1938 年 10 月的一次报告中，张闻天再一次强调"要认真的使马列主义
中国化"，并在报告中明确指出中国化的首要条件是要注重"理论与实际
的联系"，尤其是要"着重于马列主义的革命精神与方法的教育，着重于
拿实际问题说明马列主义的原则"，还要求相关的教学应当"依照程度，
由浅入深，由近（中国）到远（外国），由具体到抽象，由少到多；以启发、
发挥自动性、真能懂得为原则"④。在 1939 年 5 月的一次工作报告中，张闻
天在其提出的改进与加强的"八项"要点中对中国化的方向、方法、方式
等问题都作了全面的阐述。⑤1940 年 1 月 3 日他以中共中央书记处名义发出

① 张闻天：《关于白区工作中的一些问题》，张闻天选集编辑组：《张闻天文集》第二卷，中共党史出版社 1993 年版，第 188—189 页。
② 转引自杨奎松：《马克思主义中国化的历史进程》，中国社会科学院科研局编：《中国共产党与中国社会科学——中国社会科学院纪念中国共产党成立七十周年论文集》，社会科学文献出版社 1991 年版，第 70 页。
③ 张闻天：《论待人接物问题》（原载于《解放》1939 年第 65 期），张闻天选集编辑组：《张闻天文集》第二卷，中共党史出版社 1993 年版，第 430 页。
④ 参见张培森主编：《张闻天年谱（1900—1976）》（上卷），中共党史出版社 2000 年版，第 589—591 页。
⑤ 报告着重谈了今后的工作，共列出改进和加强的有八项：（一）努力加强对中央政策方针的具体研究。注意对友党的批评，提高理论水平，使马列主义中国化。（二）加强对敌友宣传工作的研究。（三）继续翻译与出版马列丛书，更多地注意中级读物的编辑与审查。（四）注意各校材料的审查，利用党报进行现场教育工作，设立内容，讲座等。（五）使

《中央关于干部学习的指示》。该指示共十条，对学习的主旨、课程的安排、教材的编印、教员的来源、学习的制度等问题均作了原则性的规定，其中第一条便是："全党干部都应当学习和研究马列主义的理论及其在中国的具体运用。"[①]这些材料充分显示，张闻天在各类报告、演讲中常常把马克思主义中国化问题放在非常重要的位置上加以强调，有着极为自觉的马克思主义中国化意识。

张闻天正是在上述这种自觉意识下去讨论马克思主义文艺理论中国化问题的，这些讨论大都带有方向性和高屋建瓴的特点。比如在 1939 年 8 月 24 日举行的中共中央政治局会议上，他专门就民族化问题指出："文艺问题我们的方向是民族化、大众化，恩来同志提出民主化是对的。关于旧形式与民间形式中是否有艺术，我个人认为民间形式在某一方面是降低了些，但要真正创造民族的艺术，这是必经的阶段。中国艺术的提高须要深入民众中去。"[②]可以说，这些发言为马克思主义文艺理论如何中国化提供了民族化、大众化的两极，为毛泽东的《讲话》提供了重要的理论支持。

张闻天在文艺大众化问题上也发表了一系列的真知灼见。早在 20 世纪 30 年代初，他就在《文艺战线上的关门主义》一文中对"大众化"主张中存在的片面性提出过尖锐的批评："我们的任务不是在抛弃现代艺术的形式与技巧，而是提高工人的教育程度，使工人们懂得这些艺术品。"[③]他

马列学院成为培养教员的中心，加强马列学院工作提高教员质量。（六）培养与搜集宣传人才。（七）建立文委工作，使党的文化，文艺政策经过文委来实现。（八）加强宣传部本身的组织工作，密切与各部的关系。毛泽东在讨论时发言说："洛甫报告很好。"并认为："理论刊物的编印，延安是空前的，是第三时期，中央苏区是第二期，《向导》报是第一时期。"过去中央苏区所谓"共产主义国民教育方针""共产主义文艺政策"，不对。宣传部今后要"注意宣传工作组织与领导，要有领导的艺术"。——参见张培森主编：《张闻天年谱（1900—1976）》（上卷），中共党史出版社 2000 年版，第 608—609 页。

① 张培森主编：《张闻天年谱（1900—1976）》（上卷），中共党史出版社 2000 年版，第 625 页。

② 张培森主编：《张闻天年谱（1900—1976）》（上卷），中共党史出版社 2000 年版，第 616—617 页。

③ 张闻天：《文艺战线上的关门主义》，张闻天选集编辑组：《张闻天文集》第一卷，中共党史资料出版社 1990 年版，第 310 页。

高度赞扬鲁迅"没有一个时候不和被压迫的大众站在一起"①。1936 年 11 月 22 日，他在中国文艺协会成立大会上所作的题为《以文艺的方法具体的表现去影响全国人民促成巩固的统一战线》中明确提出"作家要同工农群众相融合"的思想。② 在 1940 年 10 月 10 日为中共中央起草的《关于各抗日根据地文化人与文化团体的指示》中，他又明确反对将文艺狭隘地政治化或公式化，主张"对于文化人的作品，应采取严正的、批判的，但又是宽大的立场，力戒以政治口号与狭隘的公式去非难作者，尤其不应出以讥笑怒骂的态度。我们一方面应正确的评价他们的作品，使他们的努力向着正确的方向，同时鼓舞他们努力写作的积极性，不使他们因一时的失败而灰心失望"③。

二、新文化的理论构想及其对马克思主义文艺思维方式的发展

新文化的理论构想是张闻天对马克思主义文艺理论中国化以及毛泽东文艺思想的逐步形成的最重要贡献之一。这一重要贡献突出体现在他于 1940 年 1 月 5 日出席陕甘宁边区文化界救亡协会第一次代表大会时所作的题为《抗战以来中华民族的新文化运动与今后任务》的报告中。这一报告主要是讨论新文化建设问题的，但对马克思主义文艺理论中国化问题的探索却有着方向性的指导意义。

1. 新文化的"四维"理论构想及其重大意义

张闻天的这个报告对新文化的性质、内容、任务与发展前途作了全面系统的论述，充分显示了张闻天在系统地攻读马列原著后结合中国革命文化与文艺的具体实践勇于理论创新和理论建构的马克思主义理论家气质。报告共

---

① 张闻天：《哀悼鲁迅》，张闻天选集编辑组：《张闻天文集》第二卷，中共党史出版社 1993 年版，第 191 页。

② 张闻天：《作家要同工农群众相融合》，张闻天选集编辑组：《张闻天文集》第二卷，中共党史出版社 1993 年版，第 196—197 页。

③ 张闻天：《正确处理文化人与文化团体的问题》，张闻天选集编辑组：《张闻天文集》第三卷，中共党史出版社 1994 年版，第 116 页。

分十五个问题展开：

（一）日本灭亡中国的奴化活动与奴化政策；

（二）抗战以来中华民族的新文化运动及其中心任务；

（三）中华民族新文化的内容与性质；

（四）中华民族的新文化与旧文化；

（五）中华民族的新文化与外国文化；

（六）中华民族新文化与三民主义；

（七）中华民族新文化与社会主义；

（八）关于中华民族新文化与大众化问题；

（九）关于中华民族新文化的形式问题；

（十）中华民族新文化的历史发展；

（十一）中华民族新文化运动历史发展中的特征及其前途；

（十二）中华民族新文化运动当前的具体任务；

（十三）关于抗日文化统一战线；

（十四）中国新文化运动的基本队伍；

（十五）全力为争取抗战建国的彻底胜利而斗争。

报告在论述新文化的性质时将新文化的特征概括为"民族的、民主的、科学的、大众的"四个特点，这四个特征的归纳与总结，不仅基本确立了马克思主义文化与文艺中国化的基本方向和主要维度，而且对马克思主义文化与文艺中国化问题的探讨有着全局性的、方向性的引领作用。如果我们把这个报告同稍后的毛泽东的《新民主主义论》进行对比，就会发现，这四个维度的确立与毛泽东构建新民主主义文化体系的设想是高度一致的。我们不妨来对读这两个对中国新文化建设有着至关重要影响的文本：

中华民族的新文化必须是为抗战建国服务的文化。要完成这个任务，它必须是：

（一）民族的，即抗日第一，反帝、反抗民族压迫，主张民族独立与解放，提倡民族的自信心，正确把握民族的实际与特点的文化；

（二）民主的，即反封建、反专制、反独裁、反压迫人民自由的思想习惯与制度，主张民主自由、民主政治、民主生活与民主作风的文化；

（三）科学的，即反对武断、迷信、愚昧、无知、拥护科学真理，把真理当做自己实践的指南，提倡真能把握真理的科学与科学的思想，养成科学的生活与科学的工作方法的文化；

（四）大众的，即反对拥护少数特权者压迫剥削大多数人、愚弄欺骗大多数人、使大多数人永远陷于黑暗与痛苦的贵族的特权者的文化，而主张代表大多数人利益的、大众的、平民的的文化，主张文化为大众所有，主张文化普及于大众而又提高大众。

上述新文化的四个要求是有机的联系着的。真正民族的，必然是民主的、科学的、大众的。但任何一种主义，一个学说，只要对于上述要求中的一个要求或一个要求中的一点要求有所贡献，即可成为新文化的一个组成部分。

……

在新文化中最有地位的、最能得到推崇的主义与学说，应该是能够为新文化的全部要求的实现而斗争的主义与学说，为最富有革命性与科学性的主义与学说。马克思列宁主义就是这样的主义与学说（关于这点，以后还要继续讲到）。

（五）为抗战建国服务、以民族的、民主的、科学的与大众的因素作为自己内容的中华民族新文化的性质，基本上是民主主义的。以马克思列宁主义的科学理论为指导的社会主义文化，在新文化运动中起着最彻底的一翼的作用。①

这种新民主主义的文化是民族的。它是反对帝国主义压迫，主张中华民族的尊严和独立的。它是我们这个民族的，带有我们民族

① 张闻天：《抗战以来中华民族的新文化运动与今后任务》（本文是张闻天于1940年1月5日在陕甘宁边区文化界救亡协会第一次代表大会上所作报告大纲），张闻天选集编辑组：《张闻天文集》第三卷，中共党史出版社1994年版，第38—39页。

的特性。它同一切别的民族的社会主义文化和新民主主义文化相联合，建立互相吸收和互相发展的关系，共同形成世界的新文化；但是决不能和任何别的民族的帝国主义反动文化相联合，因为我们的文化是革命的民族文化。中国应该大量吸收外国的进步文化，作为自己文化食粮的原料，这种工作过去还做得很不够。这不但是当前的社会主义文化和新民主主义文化，还有外国的古代文化，例如各资本主义国家启蒙时代的文化，凡属我们今天用得着的东西，都应该吸收。但是一切外国的东西，如同我们对于食物一样，必须经过自己的口腔咀嚼和胃肠运动，送进唾液胃液肠液，把它分解为精华和糟粕两部分，然后排泄其糟粕，吸收其精华，才能对我们的身体有益，决不能生吞活剥地毫无批判地吸收。所谓"全盘西化"的主张，乃是一种错误的观点。形式主义地吸收外国的东西，在中国过去是吃过大亏的。中国共产主义者对于马克思主义在中国的应用也是这样，必须将马克思主义的普遍真理和中国革命的具体实践完全地恰当地统一起来，就是说，和民族的特点相结合，经过一定的民族形式，才有用处，决不能主观地公式地应用它。公式的马克思主义者，只是对于马克思主义和中国革命开玩笑，在中国革命队伍中是没有他们的位置的。中国文化应有自己的形式，这就是民族形式。民族的形式，新民主主义的内容——这就是我们今天的新文化。

这种新民主主义的文化是科学的。它是反对一切封建思想和迷信思想，主张实事求是，主张客观真理，主张理论和实践一致的。在这点上，中国无产阶级的科学思想能够和中国还有进步性的资产阶级的唯物论者和自然科学家，建立反帝反封建反迷信的统一战线；但是决不能和任何反动的唯心论建立统一战线。共产党员可以和某些唯心论者甚至宗教徒建立在政治行动上的反帝反封建的统一战线，但是决不能赞同他们的唯心论或宗教教义。中国的长期封建社会中，创造了灿烂的古代文化。清理古代文化的发展过程，剔除其封建性的糟粕，吸收其民主性的精华，是发展民族新文化提高民族自信心的必要条件；但是决不能无批判地兼收并蓄。必须将古代封建统治阶级的一切腐朽的东西和古代优秀的人民文化即多少带有民主性和革命性的东西区别开来。中国现时的新政治新经济是从古代的旧政治旧经济发展而来的，中国现时的新文化也是从古代的旧文化发展而来，因此，我们必须尊重自己的历史，决不能割断历史。但是这种尊重，是给历史以一定的科学的地位，是尊重历史的辩证法的发展，而不是颂古非今，不是赞扬任何封建的毒素。对于人民群众和青年学生，主要地不是要引导他们向后看，而是要引导他们向前看。

这种新民主主义的文化是大众的，因而即是民主的。它应为全民族中百分之九十以上的工农劳苦民众服务，并逐渐成为他们的文化。要把教育革命干部的知识和教育革命大众的知识在程度上互相区别又互相联结起来，把提高和普及互相区别又互相联结起来。革命文化，对于人民大众，是革命的有力武器。革命文化，在革命前，是革命的思想准备；在革命中，是革命总战线中的一条必要和重要的战线。而革命的文化工作者，就是这个文化战线上的各级指挥员。"没有革命的理论，就不会有革命的运动"，可见革命的文化运动对于革命的实践运动具有何等的重要性。而这种文化运动和实践运动，都是群众的。因此，一切进步的文化工作者，在抗日战争中，应有自己的文化军队，这个军队就是人民大众。革命的文化人而不接近民众，就是"无兵司令"，他的火力就打不倒敌人。为达此目的，文字必须在一定条件下加以改革，言语必须接近民众，须知民众就是革命文化的无限丰富的源泉。

民族的科学的大众的文化，就是人民大众反帝反封建的文化，就是新民主主义的文化，就是中华民族的新文化。

新民主主义的政治、新民主主义的经济和新民主主义的文化相结合，这就是新民主主义共和国，这就是名副其实的中华民国，这就是我们要造成的新中国。①

在这两个文本中，除了毛泽东将"民主的"看作是"大众的"题中应

---

① 毛泽东：《新民主主义论》，《毛泽东选集》第二卷，人民出版社1991年版，第706—709页。

有之义外，他们对新民主主义文化的体系构成、基本内容、性质等方面的理解有着惊人的一致。这是因为，他们二人都面对救亡图存、不断革命的紧迫现实，都主张在密切联系中国文艺现实的基础上去学习、运用马克思主义文艺基本原理，都强调迅速消解旧文艺意识形态并建立马克思主义文艺话语体系的理论权威。其中稍有不同的是，张闻天把建立新文化的主要使命放在"抗战救国"（毛泽东则放在要建立一个无产阶级的新中国）上，特别提到新文化之民主性的重要性（而毛泽东则将之归到"大众的"之中，视其为"大众的"题中应有之义进行了合并，这也为后来文艺界延宕对文艺民主性问题的讨论，也为后来"文革"期间的文艺专制的形成埋下了伏笔），将"科学"与真理的追求联系起来（而毛泽东则突出"科学的"的基本含义在于"实事求是"和"理论联系实际"，更凸现如何追求"科学"的方法论及基本原则问题），将"大众"定位于少数特权者的对立面（而毛泽东则将之明确定位于"工农劳苦民众"）。但这些差别不能掩盖毛泽东与张闻天在建设中国新民主主义文化问题上所体现出来的共同的民族主义立场和平民价值观，以及都注重从社会视角与政治建构的角度对文化问题进行深刻考察。综合起来看，这两个文本涉及的文化问题之广、之深，思考问题之全面，文化理论建构视域之广阔，都是此前共产党人的马克思主义中国化探索中所不曾有过的，都是马克思主义中国化的逐渐成熟的重要形态和标志性成果。现在回看这两个文本，我们可以看到，"民族的"是对于文化的民族特性、民族形式、民族传统的关怀与强调，在纠正"苏维埃文化"及其所谓"国际主义""国际路线"所存在的非民族性、反民族化倾向中透露着强烈的文化自觉与理论自信；"科学的"强调的是五四启蒙文化精神，其中包含了对资产阶级在反对封建主义文化的启蒙运动中的实绩的认可，以及对外国先进文化的巨大启蒙作用的认同；而"大众的"凸显的则是革命文化的核心理念和基本原则。如果说《新民主主义论》"在道路上完成了从苏维埃革命到新民主主义革命的转变，在理论上实现了三民主义思想体系和共产主义思想体系的整合，在文化上弥合了传统文化、启蒙文化、革命文化之间的裂隙"[①]的话，那么张闻天的这个报告同样集中

---

① 　周平远：《新民主主义理论创新论》，《湖南社会科学》2014 年第 1 期。

体现了中国共产党人的文化自觉、文化自信、文化创新。正基于此，邓小平在《一二九师文化工作的方针任务及其努力方向》报告中也表述了同张闻天相同的对新文化基本性质的理解，强调新民主主义文化的核心就是民族的、民主的、科学的、大众的。① 我们也真切地看到，在随后几十年的马克思主义中国化探求过程中，文艺理论界的大多数努力及其探索都并没有超过张、毛二人的基本框架。

2. 对马克思主义文艺思维方式的创新性发展

张闻天对马克思主义文艺理论中国化的贡献不仅体现在上述理论建构中，还体现在他探讨文艺问题时对马克思主义思维方式所作的创新性发展与应用上。综合起来看，这种创新性发展与应用突出体现在以下三个方面。

第一，综合性辩证思维。即张闻天善于对文艺现象进行多角度、多方面、多因素、多变量的全面的综合的辩证性的认识与考察。这一点在他对新文化性质、内容、原则、方向等问题的全面阐述中可以看得非常清楚。关于新文化问题，张闻天对诸如马列主义的科学理论与其他党派与学说的关系，文化理论与文化策略的关系，新文化与传统文化的关系，新文化与外国文化的关系，新文化与"中学为体，西学为用"的"中国本位文化"的关系，无产阶级文化与三民主义文化的关系，五四启蒙文化与左翼革命文化的关系，新文化与社会主义的关系，新文学内容与形式的关系，党的集中领导与作家的创作自由的关系，文化的普及与提高的关系，文艺形式与政治立场的关系，文艺作品的人性与阶级性的关系等复杂的文化与文艺内外部关系问题，每每都能以辩证视境加以综合考量，将之放到理论与实践相结合的原则中加以检验，形成了自己开放性的综合辩证思维特色。

第二，中介性思维。即张闻天善于通过分析文艺现象中所呈现出来的矛盾的复杂性、多样性，在充分认识文艺活动中矛盾对立的两极的基础上，也承认矛盾对立之外存在的东西，及事物矛盾的中间状态，并注意引导其向非

---

① 《一二九师文化工作的方针任务及其努力方向》（原载于第一二九师政治部出版的《抗日战场》1941 年第 26 期），参见《邓小平文选》第一卷，人民出版社 1994 年版，第 22—29 页。

对立的方向转化。这一点突出体现在他对左翼文艺战线上的"左"倾关门主义的批判上。在 20 世纪二三十年代的左翼文艺运动中，由于受党中央"左"倾思想的影响，文艺界曾出现过"左"倾关门主义错误，其突出表现就是否认当时中国文艺具有第三种文学或第三种人存在，将中国文坛简单区分为无产阶级阵营和资产阶级两个对立阵营，甚至连鲁迅、茅盾等作家也被激进的革命文学家们批判。这实际上是用一种非此即彼的形而上学思维方式来处理复杂的文艺问题。张闻天从当时的实际情况出发，创造性地运用唯物辩证法的中介性思维，对文艺战线上的这种"左"倾关门主义思想进行了科学的剖析和尖锐的批判。他指出，"使左翼文艺运动始终停留在狭窄的秘密范围内的最大的障碍物，却是'左'的关门主义"。这种关门主义，"第一，表现在对'第三种人'与'第三种文学'的否认"，"第二，表现在文艺只是某一阶级'煽动的工具'，'政治的留声机'的理论"。对于小资产阶级文学家，张闻天将之视为同盟者，主张对他们进行"忍耐的解释、说服与争取"，要执行"广泛的革命的统一战线"。① 他还就如何看待阶级倾向性不明显的文艺作品发表了自己的意见，认为"在有阶级的社会中间，文艺作品都有阶级性，但决不是每一文艺作品都是这一阶级利益的宣传鼓动的作品。甚至许多文艺作品的价值，并不是因为它们是某一阶级利益的宣传鼓动品，而只是因为它们描写了某一时代的真实的社会现象"②。在他看来，如果排斥这种文学，骂倒或打倒这些文学家，将其视为资产阶级的走狗，其实质就是抛弃文艺界的革命统一战线，最终只能使无产阶级文学陷于孤立。因此必须正确对待小资产阶级文艺创作，正确估计其革命性的一面并克服自身的弱点。正是运用唯物辩证法的中介性思维，张闻天正确分析了当时的文坛现状，正确阐述了中共的文艺政策，为中共的文化统一战线的形成打下了坚实的基础。

第三，适应性思维。即张闻天十分注重根据实际情况来决定工作方针，保证党的文艺路线、文艺方针、文艺政策在具体的运行中实现与客观文艺活动实际的协调一致。这不仅表现在他能在具体的革命实践中根据革命斗争的

---

① 张闻天:《文艺战线上的关门主义》，张闻天选集编辑组:《张闻天文集》第一卷，中共党史资料出版社 1990 年版，第 307—309 页。

② 张闻天:《文艺战线上的关门主义》，张闻天选集编辑组:《张闻天文集》第一卷，中共党史资料出版社 1990 年版，第 309 页。

实际情况的变化及时调整或转变自己的思维方式或应对策略上（如遵义会议前后对毛泽东态度的转变，以及西安事变前后从"反蒋抗日"到"逼蒋抗日"到"联蒋抗日"的策略的转变），也表现在他对左翼文艺实践和新民主主义文化建设的思考中。比如，他对"文艺大众化"讨论中出现的否定五四文学新形式的倾向就明确提出了不同的看法。在1937年的《十年来文化运动的检讨及目前文化运动的任务》的报告中明确提出文艺运动要适应当前抗战形势。关于抗日文化统一战线，他明确指出："一切文化人，只要他们赞成抗日，均应在抗日的目标下团结起来，不论他们在文化上所做的工作同抗日有无直接的关系。"[1] 在他看来，"发扬文化人的精神生活，为实行他们的理想而斗争，提高他们创作与研究的积极性，关心他们创作的命运——这是发展与巩固文化统一战线的最重要的方法"[2]。针对统一战线内部出现的各种问题，他也明确表明自己的态度，认为"统一战线内部的意见上的某种不一致、意气之争、门户之见，一般是不可避免的。应经过民主的方式来解决各种争论。应该提倡自由辩论与讨论的风气。争论一时不能解决也不要紧，不必过早做结论。对某个文化人的缺点的提出，也要经过适当的方式"[3]。在1939年2月5日出席《新中华报》编辑部召集的在延安的文化人座谈会上，他就《新中华报》的改进办法明确指出："《新中华报》以后要多方面地反映现实，文艺、歌咏、木刻、漫画、科学、哲学都可以刊登，特别在副刊上更需要有多方面的内容。""《新中华报》过去编辑比较呆板，以后要在活泼生动的各种形式中表现我们坚定的政治立场。"[4] 所有这些都充分说明，张闻天十分注重在接触实际和调查研究的基础上，不断调整自己的理论思考以适应新的发展变化着的文艺现实，从中寻找马克思主义文艺原理同中国文艺现实的契合点，并由此形成更加深入的理论思考。

---

① 张闻天：《抗战以来中华民族的新文化运动与今后任务》，张闻天选集编辑组：《张闻天文集》第三卷，中共党史出版社1994年版，第57页。

② 张闻天：《抗战以来中华民族的新文化运动与今后任务》，张闻天选集编辑组：《张闻天文集》第三卷，中共党史出版社1994年版，第59页。

③ 张闻天：《抗战以来中华民族的新文化运动与今后任务》，张闻天选集编辑组：《张闻天文集》第三卷，中共党史出版社1994年版，第59页。

④ 张培森主编：《张闻天年谱（1900—1976）》（上卷），中共党史出版社2000年版，第599—600页。

第二节 "民族形式"论争与马克思主义
文学批评的中国化探索

在 20 世纪中国文艺理论发展历程中，有四次关于"民族性"问题的集中探讨，即抗战时期的"民族形式"论争、五六十年代关于文学理论遗产继承问题中的"民族化"讨论、80 代改革开放背景下中西文化比较视域中的文艺民族性探讨以及 90 年代以来全球化思潮背景下的文艺民族性探讨（如"中国古代文论的现代转换"问题的讨论）。这四次讨论，基本上都围绕古今关系、中西关系两个维度展开，都涉及文艺的民族化问题以及如何同丰富与发展马克思主义文艺理论相关联的深层理论问题，因而也就逻辑地呈现了马克思主义文学批评中国形态建构的一个截面。

"民族形式"问题在抗战时期特别是在延安文艺运动中得到深入的阐发，原因是多方面的。首先是抗战这一特殊现实要求文艺界深入挖掘文艺的"民族性"以配合、满足抗战救国的时代主题的需要。其次是革命文艺发展的内在逻辑要求使然。正如周扬所说："'五四'以来，进步的革命的文艺工作者不止一次地提出过与讨论过'大众化'、'民族形式'等等的问题，但始终没有得到实际的彻底的解决。"①抗战时期，"民族形式"问题在延安文艺运动中得到了空前的重视，与新文化及新文艺建设、文艺大众化、文艺现代性、革命现实主义发展问题等诸多内蕴着马克思主义文学批评中国形态建设的深层问题内在地关联起来，成为探讨革命文学发展的重要理论课题之一。再次，苏联民族文化理论的传入及其对中国理论界的深刻影响（如列宁关于"两种文化"的理论和斯大林关于苏联文化发展所提出的"社会主义内容"和"民族形式"的理论）。最后，是由于主流意识形态的大力支持和延安马克思主义理论家的群体崛起及其对之的集中阐发。其中，中共领袖毛泽东、周恩

---

① 周扬：《新的人民的文艺》（本文是周扬 1949 年 7 月在中华全国文学艺术工作者代表大会上关于解放区文艺运动的报告，原载于《中华全国文学艺术工作者代表大会纪念文集》），《周扬文集》第一卷，人民文学出版社 1984 年版，第 518 页。

来、张闻天等人关于新民主主义文化建设的民族化思考，艾思奇、何干之、周扬、郭沫若、冯雪峰、胡风、柯仲平、何其芳、潘梓年、茅盾、王实味、光未然等马克思主义理论家对"民族形式"问题的具体阐发，都起到了不容忽视的作用。

一、"民族形式"问题论争概述

延安文艺理论界关于"民族形式"问题的探讨，主要是响应毛泽东在《中国共产党在民族战争中的地位》(1938 年)、《新民主主义论》(1940 年) 和《在延安文艺座谈会上的讲话》(1942 年) 而展开的。毛泽东的这三个经典文本，集中谈论文艺民族化、民族形式问题的主要有以下三处：

> 　　我们这个民族有数千年的历史，有它的特点，有它的许多珍贵品。……从孔夫子到孙中山，我们应当给以总结，承继这一份珍贵的遗产。这对于指导当前的伟大的运动，是有重要的帮助的。共产党员是国际主义的马克思主义者，但是马克思主义必须和我国的具体特点相结合并通过一定的民族形式才能实现。……使马克思主义在中国具体化，使之其每一表现中带着必须有的中国的特性，即是说，按照中国的特点去应用它，成为全党亟待了解并亟须解决的问题。洋八股必须废止，空洞抽象的调头必须少唱，教条主义必须休息，而代之以新鲜活泼的、为中国老百姓所喜闻乐见的中国作风和中国气派。把国际主义的内容和民族形式分离起来，是一点也不懂国际主义的人们的做法，我们则要把二者紧密地结合起来。①
>
> 　　这种新民主主义的文化是民族的。它是反对帝国主义压迫，主张中华民族的尊严和独立的。它是我们这个民族的，带有我们民族的特性。它同一切别的民族的社会主义文化和新民主主义文化相联合，建立互相吸收和互相发展的关系，共同形成世界的新文化；但

---

① 毛泽东：《中国共产党在民族战争中的地位》，《毛泽东选集》第二卷，人民出版社 1991 年版，第 533—534 页。

是决不能和任何别的民族的帝国主义反动文化相联合，因为我们的文化是革命的民族文化。中国应该大量吸收外国的进步文化，作为自己文化食粮的原料，这种工作过去还做得很不够。这不但是当前的社会主义文化和新民主主义文化，还有外国的古代文化，例如各资本主义国家启蒙时代的文化，凡属我们今天用得着的东西，都应该吸收。但是一切外国的东西，如同我们对于食物一样，必须经过自己的口腔咀嚼和胃肠运动，送进唾液胃液肠液，把它分解为精华和糟粕两部分，然后排泄其糟粕，吸收其精华，才能对我们的身体有益，决不能生吞活剥地毫无批判地吸收。所谓"全盘西化"的主张，乃是一种错误的观点。形式主义地吸收外国的东西，在中国过去是吃过大亏的。中国共产主义者对于马克思主义在中国的应用也是这样，必须将马克思主义的普遍真理和中国革命的具体实践完全地恰当地统一起来，就是说，和民族的特点相结合，经过一定的民族形式，才有用处，决不能主观地公式地应用它。公式的马克思主义者，只是对于马克思主义和中国革命开玩笑，在中国革命队伍中是没有他们的位置的。中国文化应有自己的形式，这就是民族形式。民族的形式，新民主主义的内容——这就是我们今天的新文化。①

有人说，书本上的文艺作品，古代的和外国的文艺作品，不也是源泉吗？实际上，过去的文艺作品不是源而是流，是古人和外国人根据他们彼时彼地所得到的人民生活中的文学艺术原料创造出来的东西。我们必须继承一切优秀的文学艺术遗产，批判地吸收其中一切有益的东西，作为我们从此时此地的人民生活中的文学艺术原料创造作品时候的借鉴。有这个借鉴和没有这个借鉴是不同的，这里有文野之分，粗细之分，高低之分，快慢之分。所以我们决不可拒绝继承和借鉴古人和外国人，哪怕是封建阶级和资产阶级的东西。但是继承和借鉴决不可以变成替代自己的创造，这是决不能替代的。文学艺术中对于古人和外国人的毫无批判的硬搬和模仿，乃

---

① 毛泽东：《新民主主义论》，《毛泽东选集》第二卷，人民出版社1991年版，第706—707页。

是最没有出息的最害人的文学教条主义和艺术教条主义。①

　　可以发现，不同历史时期的这三个文本，阐述的重点和对象均有差别。第一个重在讨论马克思主义中国化问题，提出了"中国作风和中国气派"的说法，并将之建立在将民族形式和国际主义的内容相结合的基础上；第二个重在讨论中国新民主主义文化建设中的民族化问题，提出了著名的"精华和糟粕"说；第三个重在指明文艺"为工农兵服务"的文艺方向的基础上提出了文艺的"继承和发展"说。应该说，三个文本阐述的"民族化"问题，在论述对象上也各有不同，第一个侧重于马克思主义哲学的中国化问题，第二个集中于新民主主义文化的建设问题，第三个则集中于文艺问题。正是这种哲学→文化→文艺的视域的不断转换，引发了中国马克思主义理论家、文化工作者和文艺工作者等各种不同身份的人以不同立论角度、不同侧重点或不同理解参与了这一问题的讨论。

　　抗战时期关于"民族形式"问题的讨论，在理论界形成了不同地域、不同阶层、不同时段的多个集中讨论。其中影响较大者，如：1938 年 4 月，胡风和"七月社"成员在汉口召开"宣传·文学·旧形式的利用"座谈会（座谈会纪录以《宣传·文学·旧形式的利用》为题发表于 1938 年 5 月 1 日《七月》第 3 集第 1 期）；1938 年 5 月 11 日，《通俗读物》编刊社同仁举行关于"旧瓶装新酒"的创作方法座谈会（其《关于"旧瓶装新酒"的创作方法座谈会记录》收入《通俗读物论文集》，汉口生活书店 1938 年 10 月版）；1939 年 2 月 16 日，周扬、艾思奇、陈伯达三人同时在延安《文艺战线》和《新中华报》上分别发表《我们的态度》《抗战文艺的动向》《关于文艺的民族形式问题杂记》等文章，为以"旧形式的利用"为主的文艺运动作理论铺垫；1939 年 6 月 25 日，延安《文艺突击》发表了一组关于文艺"民族形式"的讨论文章（如艾思奇的《旧形式，新问题》、柯仲平的《介绍〈查路条〉并论创造新的民族歌剧》、杨松的《论新文化运动中的两条路线》、罗思的《论美术上的民族形式与抗日内容》、萧三的《论诗歌的民族形式》等），文章已明确按照"中

---

① 毛泽东：《在延安文艺座谈会上的讲话》，《毛泽东选集》第三卷，人民出版社 1991 年版，第 860 页。

国作风和中国气派"来讨论旧形式、民族形式问题；1939 年 11 月 16 日，延安《文艺战线》再次开辟"艺术创作者论民族形式问题专辑"（其中，周扬写了题为《艺术创作者论民族形式问题》的专辑介绍，刊载的文章涉及艺术各门类，主要有柯仲平的《论文艺上的中国民族形式》、罗思的《论美术上的民族形式与抗日内容》、萧三的《论诗歌的民族形式》、冼星海的《论中国音乐的民族形式》、沙汀的《民族形式问题》、何其芳的《论文学上的民族形式》等）；1939 年 12 月，香港举行关于民族形式集中讨论的座谈会（《大公报》文艺副刊从 12 月 10 日到 16 日连续发表许予的《质的提高：创造文艺民族形式的讨论》、黄药眠的《中国化与大众化》、文俞的《旧瓶装新酒》、杜埃的《民族形式创造诸问题》、宗珏的《文艺之民族形式问题的展开》、安适的《文艺下乡与民族形式》、袁水拍的《一个名词》、黄绳的《民族形式和语言问题》等）；1939 年 12 月 23 日，重庆方面也组织了相关讨论（如许予在《大公报》发表《质的提高：创造文艺民族形式的讨论》），对香港民族形式讨论座谈会做了介绍。同月 26 日，戈茅在重庆《新华日报》发表《关于民族形式问题》，1940 年 2 月 15 日，《文学月报》同时刊登潘梓年的《论文艺的民族形式》、葛一虹的《关于民族形式》和向林冰的《论通俗读物的文艺化》；1940 年 2 月，桂林《救亡日报》"文化阵线"发表冼星海等四人关于音乐民族形式的文章。[①] 有关"民族形式"的讨论在 1941 年后逐渐转入低潮。

为对民族形式问题论争有更清楚的认识，特将抗战以来有关"民族形式"问题论争的主要文章制作成如下简表。[②]

延安时期"民族形式"论争简表

作者	文章名	刊物名	发表时间	备注
毛泽东	论新阶段	《解放》周刊第 57 期	1938 年 11 月 25 日	收入《毛泽东选集》时题为《中国共产党在民族战争中的地位》

---

① 引自石凤珍：《文艺"民族形式"论争研究》，中华书局 2007 年版，第 35—40 页。

② 此表的制作主要参考了石凤珍《文艺"民族形式"论争研究》（中华书局 2007 年版）一书第 235—248 页的相关阐述内容。

作者	文章名	刊物名	发表时间	备注
柯仲平	谈"中国气派"	《新中华报》	1939 年 2 月 7 日	
陈伯达	关于文艺的民族形式问题杂记	《新中华报》	1939 年 2 月 16 日	又载 1939 年 4 月 16 日《文艺战线》第 3 期
刘百羽	关于旧形式的二三意见	《新中华报》	1939 年 2 月 28 日	—
莎寨	利用旧形式	《新中华报》	1939 年 2 月 28 日	—
黄绳	关于文艺大众化的二三意见	《文艺阵地》第 2 卷第 11 期	1939 年 3 月 16 日	
柳湜	论中国化	《读书月报》第 1 卷第 3 期	1939 年 4 月 1 日	
胡秋原	论新形式与旧形式	《抗战文艺》第 4 卷第 1 期	1939 年 4 月 1 日	
艾思奇	旧形式运用的基本原则	《文艺战线》第 1 卷第 3 号	1939 年 4 月 16 日	
宋之的	关于艺术作品的民族性问题	重庆《大公报》	1939 年 5 月 1 日	
齐同	大众文谈	香港《大公报》	1939 年 5 月 18—19 日	—
张庚	话剧民族化与旧剧现代化	重庆《理论与现实》第 1 卷第 3 期	1939 年 6 月 10 日	—
艾思奇	旧形式，新问题	《文艺突击》第 1 卷第 2 期	1939 年 6 月 25 日	
萧三	论诗歌的民族形式	《文艺突击》第 1 卷第 2 期	1939 年 6 月 25 日	又载 1939 年 11 月 16 日《文艺战线》第 1 卷第 5 期
劳夫	大众化和旧形式	《边区文化》第 4 期	1939 年 8 月	—
罗思	论美术上的民族形式与抗日内容	《文艺突击》第 1 卷第 2 期	1939 年 6 月 25 日	又载 1939 年 11 月 16 日《文艺战线》第 1 卷第 5 期
柯仲平	介绍《查路条》并论创造新的民族歌剧	《文艺突击》第 1 卷第 2 期	1939 年 6 月 25 日	
杨松	论新文化运动中的两条路线	《文艺突击》第 1 卷第 2 期	1939 年 6 月 25 日	—

续表

作者	文章名	刊物名	发表时间	备注
胡风	民族革命战争与文艺	《七月》第4集第1期	1939年7月	—
黄绳	当前文艺运动的一个考察	《文艺阵地》第3卷第9期	1939年8月16日	—
巴人	中国气派与中国作风	《文艺阵地》第3卷第10期	1939年9月1日	—
周而复	从延安寄到重庆	《七月》第4集第3期	1939年10月	—
魏伯	论民族形式与大众化	《西线文艺》第1卷第3期	1939年10月10日	—
香港《大公报》《文艺》副刊	《文艺》鲁迅纪念座谈会记录	香港《大公报》《文艺》副刊	1939年10月25日	—
《文艺战线》杂志编者	"艺术创作者论民族形式"特辑按语	《文艺战线》第5期	1939年11月16日	—
沙汀	民族形式问题	《文艺战线》第5期	1939年11月16日	—
何其芳	论文学上的民族形式	《文艺战线》第5期	1939年11月16日	—
冼星海	论中国音乐的民族形式	《文艺战线》第5期	1939年11月16日	—
黄药眠	中国化和大众化	香港《大公报》《文艺》副刊	1939年12月10日	—
许予	质的提高：创造文艺民族形式的讨论	香港《大公报》《文艺》副刊	1939年12月10日	又载1939年12月10日重庆《大公报》
杜埃	民族形式创造诸问题	香港《大公报》《文艺》副刊	1939年12月11日、12日	—
文俞	旧瓶装新酒	香港《大公报》《文艺》副刊	1939年12月11日	—
宗珏	文艺之民族形式问题的展开	香港《大公报》《文艺》副刊	1939年12月12日、13日	—
安适	文艺下乡与民族形式	香港《大公报》《文艺》副刊	1939年12月13日	—

续表

作者	文章名	刊物名	发表时间	备注
黄绳	民族形式和语言问题	香港《大公报》《文艺》副刊	1939 年 12 月 15 日	—
袁水拍	一个名词	香港《大公报》《文艺》副刊	1939 年 12 月 11 日、12 日	—
黄芝冈	评《话剧民族化与旧剧现代化》	《新演剧》第 1 期	1939 年 12 月 24 日	—
戈茅	关于民族形式问题	重庆《新华日报》	1939 年 12 月 26 日	—
王冰洋	抗战第二期的诗过程	重庆《大公报》副刊《战线》	1940 年 1 月 5—7 日	
罗荪	抗战文艺运动鸟瞰	《文学月报》第 1 卷第 1 期	1940 年 1 月 15 日	—
巴人	民族形式与大众文学	《文艺阵地》第 4 卷第 6 期	1940 年 1 月 16 日	—
冯雪峰	民族性与民族形式	收入《鲁迅论及其他》	1940 年出版	桂林新知书店
冯雪峰	过渡性与独创性	收入《鲁迅论及其他》	1940 年出版	桂林新知书店
王冰洋	通俗文艺和民族形式	重庆《国民公报》《星期增刊》	1940 年 2 月 4 日	
毛泽东	新民主主义的政治与新民主主义的文化	《中国文化》创刊号	1940 年 2 月 15 日	收入《毛泽东选集》时题为《新民主主义论》
周扬	对旧形式利用在文学上的一个看法	《中国文化》创刊号	1940 年 2 月 15 日	又载 1940 年 2 月 16 日《文艺战线》第 6 期
潘梓年	论文艺的民族形式	《文学月报》第 1 卷第 2 期	1940 年 2 月 15 日	—
葛一虹	关于民族形式	《文学月报》第 1 卷第 2 期	1940 年 2 月 15 日	—
葛一虹	民族遗产与人类遗产	《文学月报》第 1 卷第 3 期	1940 年 3 月 15 日	—
力扬	关于诗的民族形式	《文学月报》第 1 卷第 3 期	1940 年 3 月 15 日	—
向林冰	论"民族形式"的中心源泉	重庆《大公报》副刊《战线》	1940 年 3 月 24 日	—
铁夫	谈谈诗歌的民族形式	《黄河》月刊第 1 卷第 2 期	1940 年 3 月 25 日	—

续表

作者	文章名	刊物名	发表时间	备注
向林冰	"国粹主义"简释	重庆《新蜀报》副刊《蜀道》	1940 年 3 月 27 日	—
周扬	新文艺和旧形式	重庆《大公报》副刊《战线》	1940 年 3 月 28—30 日	—
黄芝冈	论民族形式	《抗战文艺》第 6 卷第 1 期	1940 年 3 月 30 日	—
孟辛（冯雪峰）	形式问题杂记	《文艺阵地》第 4 卷第 11 期	1940 年 4 月 1 日	—
罗荪	谈文学的民族形式	《读书月报》第 2 卷第 2 期	1940 年 4 月 1 日	—
王冰洋	玻璃瓶里装玄学	重庆《新蜀报》副刊《蜀道》	1940 年 4 月 2 日	—
莲子	编后记	《新蜀报》副刊《蜀道》	1940 年 4 月 4 日	—
向林冰	民间形式的运用与民族形式的创造	《中苏文化》第 6 卷第 1 期	1940 年 4 月 5 日	—
卢鸿基	论争的"中心源泉"	重庆《新蜀报》副刊《蜀道》	1940 年 4 月 7 日	—
葛一虹	民族形式的中心源泉是在所谓"民间形式"吗？	重庆《新蜀报》副刊《蜀道》	1940 年 4 月 10 日	—
向林冰	"从猿到人"	重庆《新蜀报》副刊《蜀道》	1940 年 4 月 11 日	—
梅林	民族形式"中心源泉"的商榷	重庆《新蜀报》副刊《蜀道》	1940 年 4 月 12 日	—
陈鹏啸	论形式与内容	重庆《新蜀报》副刊《蜀道》	1940 年 4 月 12 日	—
王冰洋	"什么是新国粹主义呢?"	重庆《新蜀报》副刊《蜀道》	1940 年 4 月 14 日	—
魏东明	旧传统与新趋势——"民族形式"谈之一，问题的提出	重庆《大公报》	1940 年 4 月 13—15 日	
田仲济	"中心源泉"在哪里？	重庆《新蜀报》副刊《蜀道》	1940 年 4 月 15 日	—
葛一虹	今日，我们论争的是什么？	重庆《新蜀报》副刊《蜀道》	1940 年 4 月 16 日	—

续表

作者	文章名	刊物名	发表时间	备注
莲子	编后记	重庆《新蜀报》副刊《蜀道》	1940 年 4 月 17 日	—
卢鸿基	"国粹主义"与"中心源泉"略谈	重庆《新蜀报》副刊《蜀道》	1940 年 4 月 17 日	—
方白	怎样创造文艺上的民族形式	重庆《新蜀报》副刊《蜀道》	1940 年 4 月 18 日	—
金满成	从"洋鬼"谈到"酒瓶"	重庆《新蜀报》副刊《蜀道》	1940 年 4 月 19 日	—
向林冰	封建社会的规律性与民间文艺的再认识——再论民族形式的中心源泉之一	重庆《新蜀报》副刊《蜀道》	1940 年 4 月 21 日	—
黄芝冈	从抗日内容下看中心源泉	重庆《新蜀报》副刊《蜀道》	1940 年 4 月 23 日	—
文龙	文艺大众化的中心问题	《现代文艺》创刊号	1940 年 4 月 25 日	—
方白	民族形式的"中心源泉"不在"民间形式"吗?	重庆《新蜀报》副刊《蜀道》	1940 年 4 月 25 日	—
王冰洋	论民族形式的社会背景	重庆《新蜀报》副刊《蜀道》	1940 年 4 月 28 日	—
《读书月报》杂志社	《读书界》的报导	《读书月报》第 2 卷第 3 期	1940 年 5 月 1 日	—
向林冰	发扬五四时代的文艺史观	《读书月报》第 2 卷第 3 期	1940 年 5 月 1 日	—
丁易	"民族形式"作品的语汇	《笔阵》第 1 卷第 2 期	1940 年 5 月 1 日	—
以群	新文艺的成果	《中苏文化》第 6 卷第 3 期	1940 年 5 月 5 日	—
胡风	文学史上的五四	《中苏文化》第 6 卷第 3 期	1940 年 5 月 5 日	—
杨骚	五四精神和旧瓶主义	《中苏文化》第 6 卷第 3 期	1940 年 5 月 5 日	—
常任侠	五四运动与中国新诗的发展	《中苏文化》第 6 卷第 3 期	1940 年 5 月 5 日	—

作者	文章名	刊物名	发表时间	备注
向林冰	大众化内容与通俗化形式	《中苏文化》第6卷第3期	1940年5月5日	—
王瑶	"大众化"与"中国化"	重庆《时事新报》	1940年5月8日	—
王冰洋	民族形式的创造之双重任务	重庆《时事新报》	1940年5月8日	—
刘念渠	论创造中国民族的新戏剧	《理论与现实》第2卷第1期	1940年5月15日	—
《文学月报》杂志社	文艺的民族形式问题座谈会	《文学月报》第1卷第5期	1940年5月15日	—
光未然	文艺的民族形式问题	《文学月报》第1卷第5期	1940年5月15日	—
以群	新文学之路	《抗战文艺》第6卷第2期	1940年5月15日	—
黄芝冈	再论民族形式	《抗战文艺》第6卷第2期	1940年5月15日	—
王冰洋	由几个枝节问题看中心问题	重庆《新蜀报》副刊《蜀道》	1940年5月16日	—
向林冰	再论民族形式的中心源泉	重庆《新蜀报》副刊《蜀道》	1940年5月27日	—
罗荪	谈近代文艺思潮	《读书月报》第2卷第4期	1940年6月1日	—
向林冰	新兴文艺的发展与民间文艺的高扬——再论民族形式的中心源泉之三	重庆《新蜀报》副刊《蜀道》	1940年6月3日	—
郭沫若	"民族形式"商兑	重庆《大公报》《星期论文》专栏	1940年6月9—10日	又载1940年9月25日《中国文化》第2卷第1期
夏照滨	关于建立文艺的民族形式	重庆《新蜀报》副刊《蜀道》	1940年6月14日	—
莫荣	还是生活第一	《现代文艺》第1卷第3期	1940年6月25日	—
《新华日报》社	民族形式座谈笔记	重庆《新华日报》	1940年7月4日	—

续表

作者	文章名	刊物名	发表时间	备注
潘梓年	新文艺民族形式问题座谈会上潘梓年同志的发言	重庆《新华日报》	1940 年 7 月 4—5 日	—
周建人	大家为什么要求新的文化	重庆《新华日报》	1940 年 7 月 5 日	—
向林冰	民族形式的三个源泉及其从属关系——再论民族形式的中心源泉之四	重庆《新蜀报》副刊《蜀道》	1940 年 7 月 9 日	—
以群	一点小声明	重庆《新蜀报》副刊《蜀道》	1940 年 7 月 10 日	—
王冰洋	斥内容拜物教——论内容决定形式的过程	重庆《新蜀报》副刊《蜀道》	1940 年 7 月 14 日	—
潘子农	"民族形式"习论	《国民公报》《部队文艺》	1940 年 7 月 14 日	—
梓年	民族形式与大众化	重庆《新华日报》	1940 年 7 月 22 日	—
茅盾	论如何学习文学的民族形式——在延安各文艺小组会上的演说	《中国文化》第 1 卷第 5 期	1940 年 7 月 25 日	—
石滨	民族传统与世界传统——民族形式问题中的一个问题	《现代文艺》第 1 卷第 4 期	1940 年 7 月 25 日	—
葛一虹	鲁迅论大众文艺——纪念鲁迅先生六十诞辰，并为目前争议中的民族形式之一问题而作	重庆《新华日报》	1940 年 8 月 3 日	—
向林冰	关于民族形式问题敬质郭沫若先生	重庆《大公报》副刊《战线》	1940 年 8 月 6—21 日	
杨洪	《新水浒》（书评）	《现代文艺》第 1 卷第 3 期	1940 年 8 月 25 日	
楚云	关于文艺的"民族形式"问题的论争——答高梦旦、白文澜君等	《学习生活》第 1 卷第 5 期	1940 年 9 月 10 日	

作者	文章名	刊物名	发表时间	备注
长虹	民间语言，民族形式的真正的中心源泉	重庆《新蜀报》副刊《蜀道》	1940年9月14日	—
罗荪	历史文件	《文学月报》第2卷第1、2期	1940年9月15日	
茅盾、罗荪	关于民族形式的通信	《文学月报》第2卷第1、2期	1940年9月15日	
茅盾	旧形式·民间形式·与民族形式	《中国文化》第2卷第1期	1940年9月25日	又载1940年12月1日《戏剧春秋》第1卷第2期
公木	论"发辫小脚"与"圆颜方趾"	延安《新诗歌》第2期	1940年10月1日	—
陈伯达	关于文艺民族形式的论争	《中国文化》第2卷第2期	1940年10月25日	又载1941年2月15日《文学月报》第2卷第6期
默涵	"习见常闻"与"喜闻乐见"	《中国文化》第2卷第3期	1940年10月25日	—
张天翼	关于文艺的民族形式	《现代文艺》第2卷第1期	1940年10月25日	—
胡风	论民族形式问题底提出和争点——对于若干反现实主义倾向的批判提要，并以纪念鲁迅先生逝世底四周年	《中苏文化》第7卷第5期	1940年10月25日	—
罗荪	论争中的民族形式"中心源泉"问题	《读书月报》第2卷第8、9期	1940年11—12月	—
铎	民族形式试论	《笔阵》第2卷第2期	1940年11月1日	—
郑伯奇	关于民族形式的意见	《抗战文艺》第6卷第3期	1940年11月1日	—
长虹	民族形式的作品举例	重庆《新蜀报》副刊《蜀道》	1940年11月7日	—
杨洪	旧形式与新形式	《现代文艺》第2卷第2期	1940年11月25日	—

续表

作者	文章名	刊物名	发表时间	备注
长虹	正眼看人	重庆《新蜀报》副刊《蜀道》	1940 年 11 月 26 日	——
易庸	戏剧的民族形式问题	《戏剧春秋》第 1 卷第 2 期	1940 年 12 月 1 日	——
《戏剧春秋》杂志	戏剧的民族形式问题座谈会（桂林诸家）	《戏剧春秋》第 1 卷第 2 期	1940 年 12 月 1 日	——
廖化	一九四一年文坛杂记	重庆《新华日报》	1942 年 1 月 1 日	——
沙可夫	回顾一九四一年展望一九四二年边区文艺	《晋察冀日报》	1942 年 1 月 7 日	——
周津	论内容与形式	《现代文艺》第 2 卷第 4 期	1942 年 1 月 25 日	——
欧阳凡海	论文艺动员的成果缺点及其任务	重庆《新华日报》	1942 年 2 月 8—10 日	——
茅盾	抗战以来文艺理论的发展——为"文协"五周年纪念作	《抗战文艺》"'文协'成立五周年纪念特刊"	1942 年 3 月	——
防耳	民族形式的再提起	重庆《新华日报》	1942 年 6 月 12 日	——
陈伯达	写在王实味同志《文艺的民族形式短论》之后	《解放日报》	1942 年 7 月 4 日	——
姚雪垠	略论抗战文学的语言问题	重庆《大公报》副刊《战线》	1942 年 7 月 19 日	——
王亚平	创造诗歌的民族形式	《学习生活》第 3 卷第 2 期	1942 年 7 月 20 日	——
欧阳凡海	五年来的文艺理论	《学习生活》第 3 卷第 3 期	1942 年 8 月 20 日	——
叶知秋	抗战文艺运动的五年	《学习生活》第 3 卷第 3 期	1942 年 8 月 20 日	——
王亚平	伟大的五年间新诗	《学习生活》第 3 卷第 3 期	1942 年 8 月 20 日	——
何其芳	杂记三则	《草叶》第 6 期	1942 年 9 月 15 日	——
杨克敬	论诗体的民族形式	《文讯》第 3 卷第 5 期	1942 年 11 月 30 日	——

续表

作者	文章名	刊物名	发表时间	备注
张秀中	关于文艺通俗大众化与艺术性的问题	《华北文化》半月刊新1卷第1期	1943年4月25日	—
茅盾、田汉等	戏剧的民族形式问题	桂林白虹书店1943年5月出版	1943年5月	—
茅盾	从百分之四十五说起	《中原》第1卷第4期	1944年9月	—
冯雪峰	论艺术力及其它——小市民性呢?人民大众性呢?	收入《有进无退》,国际文化服务社1945年12月出版,作于1944—1945年间	1945年12月	—
冯雪峰	论民主革命的文艺运动	《中原、文艺杂志、希望、文哨联合特刊》第1卷第1期	1946年5月	—
李贤铭	"大众化"哪里去了?	《中原、文艺杂志、希望、文哨联合特刊》第1卷第2期	1946年6月	—
郭沫若	创造新的民族形式与参加民主斗争	《中原、文艺杂志、希望、文哨联合特刊》第1卷第2期	1946年6月	—
胡风	论民族形式问题·题记	收入《论民族形式问题》,(重庆)学术出版社1947年3月出版	1947年3月	—

从这张简表不难看出,"民族形式"问题并非是一个简单的文艺形式问题,它涉及旧形式的利用、新旧形式之间的关系、与中国化及大众化之间的关系、旧形式运用的基本原则、通俗文艺和民族形式的关系、民族遗产与人类遗产的关系、民族形式与五四新文艺的关系、民族形式与民间文艺的关系、旧形式与民间形式及民族形式之间的关系、民族形式与现实主义创作之间的关系、文艺的地方性和通俗性、文艺通俗大众化与艺术性的关系、民族形式与参加民主斗争的关系等多种问题,也涉及音乐、戏剧、诗歌等多个文艺门类,理论涵盖域非常广阔。

二、"民族形式"论争的核心问题

关于"民族形式"问题论争所形成的理论派别，美国历史学家费正清先生曾做过向林冰派、胡风派、"党的委员派"的三派区分：

> 1939—1940 年，接着发生关于"民族形式"的论争扩展到重庆。由争辩引起的文章充满混乱的议论，因为没有人确切知道毛所说的"民族形式"和"国际主义的内容"究何所指；因此激昂而猛烈的抨击，实际上是在搜索那些关心找出"民族形式"真正源泉的作家们的意图。主要由林冰代表的一派，认为"民族形式"与人们喜闻乐见的传统的通俗文艺形式是一回事。继瞿秋白之后，他们攻击那种五四新文学是"洋八股"，是城市资产阶级的产物，必须予以抵制。然而，敌对阵营中的作家们集合起来卫护"五四革命传统"，他们认为新文学的主流事实上体现了"民族形式"，或者正在朝这个方面发展。用最能言善辩的发言人胡风的话讲，"'民族形式'本质上是五四的现实主义传统，在新的情势下面主动地争取发展的道路"。此外，胡风认为这种新的传统，是与封建的和倒退的旧传统的彻底决裂。胡风用一种迂回的马克思主义意向进行论述，他认为借用外国的东西事实上是可行的。就此而言，胡风向毛暗贬西方的影响，直接提出了挑战。第三派，主要是党的委员们和郭沫若，试图使双方和解。周扬争辩说，人们应当吸收传统艺术形式中的"优良成分"，同时新文学中产生的"新形式"，也应该保留并应进一步发展。然而，总的说来，周扬的论点更加接近于胡风，而不是林冰；因为他总结说，"民族新形式之建立，并不能单纯地依靠于旧形式，而主要地还是依靠对于自己民族现实生活的各方面的绵密认真的研究"——换句话说，现实主义。①

---

① [美] 费正清、费维恺编：《剑桥中华民国史 1912—1949 年》（下），刘敬坤等译，中国社会科学出版社 1994 年版，第 543—544 页。

从论争所呈现出来的总体面貌及理论主张看，费正清先生的区分是比较准确的，但如果从其论争的核心问题看，显然要复杂得多。"民族形式"问题的论争可以依据其论争的核心问题进行如下的归纳。

1. 关于"民族形式"问题之集中在抗战前后被着重提出并在延安文艺运动中得到重视的原因或背景，在当时有以下几种主要代表性看法

（1）"抗战形势要求"说。这一看法的主要代表人物有从贤、陈伯达和陈毅等人。如从贤说："因为目前文化运动的任务是要动员广大民众参加抗战，保证抗战的胜利，所以它的内容首先就是民族的。在抗战以前，就有人提出救亡运动中的文化应该有爱国主义的内容。爱国主义和民族主义在目前就是一个东西，保卫国土就是争取民族的解放。……中国的无产阶级的党不但自己坚决地为保土救国而战，并且还首先号召了救国的统一战线，自己成为这一战线的模范的领导者。在文化运动上，马克思主义者提出民族主义的内容，也就是为要号召全国各派文化人以及广大民众参加救国战线。"① 在陈伯达看来，"从抗战中，从抗战动员的需要上，我们更可以了解，在文化工作上疏忽自己民族的历史，疏忽自己民族的特点，或者不去理解自己民族的弱点，这是错误的"②。陈毅也说："我认为在现在中国抗战时代有三种文化政策的对立而且是正在混战着，敌寇的文化政策，一句话说完就是造成奴隶顺民的文化侵略政策……当着日本帝国主义文化侵略猖獗的情势下，当着顽固派反共文化政策的进攻条件下，我们的文化运动就要充分提倡与帮助一切抗日的文化工作，组织强固的文化战线，我们要以

---

① 从贤：《现阶段的文化运动》（原载于《解放》1937 年第 1 卷第 23 期），《延安文艺丛书》编委会编：《延安文艺丛书》（第一卷·文艺理论卷），湖南人民出版社 1984 年版，第 360—361 页。

② 陈伯达：《我们关于目前文化运动的意见》（原载于《解放》1938 年第 39 期），《延安文艺丛书》编委会编：《延安文艺丛书》（第一卷·文艺理论卷），湖南人民出版社 1984 年版，第 378 页。这个由"陕甘宁边区文化界救亡协会"于 1938 年 5 月 4 日发出并刊载于《解放》第 39 期上的《我们关于目前文化运动的意见》是由陈伯达起草的，后于 1939 年由陈伯达收入其论文集《文化战线》一书中，在有关"民族形式"论争中，王实味将其视作陈伯达个人言论对待，陈伯达在《写在实味同志〈文艺的民族形式短论〉之后》一文中也将其视为自己的文章。故本书均将这篇文章视为陈伯达之作。

伟大文化的歼灭战来歼灭日寇和压倒顽固派的反共文化活动！这就是我们文化政策和文化工作的总方向！"①

（2）"建立民族新文艺"说。毛泽东、张闻天、陈伯达、艾思奇、周扬、王实味等人都持这种看法。如1939年7月艾思奇在《两年来延安的文艺运动》中指出："抗战文艺运动有两个中心任务：一，动员一切文化力量，推动全国人民参加抗战；二，建立中华民族自己的新文艺。……就第二个任务来说，延安建立中华民族文艺的努力，是向着这样的方向走，内容是三民主义的，也即是革命民主主义的，而形式是民族的。……延安的文艺运动，是不可关闭在自己的小圈子里来做的。它要照顾到全国各地。……对于华北以外的大后方，延安是编辑了两个文艺杂志，《文艺战线》和《文艺突击》，用以表现延安的文艺工作并与全国文艺界互相交换和研究。为要具体地规定文艺界应该走的道路，延安曾进行过多次的文艺理论研究及创作的批评讨论。在全国文艺界要求确定文艺政策的呼声里延安准备在最短期内提出一些贡献。"②

（3）"现实主义内在发展要求"说。这一看法以胡风为代表。他认为："文艺大众化或大众文艺底内容底这一个发展，汇合着'五四'以来的新的现实主义理论底发展（新现实主义——唯物辩证法的创作方法——社会主义的现实主义）和进步的创作活动所累积起来的艺术的认识方法底发展，这三方面底内的关联就形成了'五四'新文艺底传统，现实主义的传统。"③

（4）"苏联'民族形式'理论示唆"说。如郭沫若认为："'民族形式'的提起，断然是由苏联方面得到的示唆。苏联有过'社会主义的内容，民族的形式'的号召。但苏联的'民族形式'是说参加苏联共和国的各个民族对于同一的内容可以自由发挥，发挥为各样的形式，目的是以内容的普遍性扬

---

① 陈毅：《关于文化运动的意见——在海安文化座谈会上的发言》（原载于《江淮》1941年第5期），《延安文艺丛书》编委会编：《延安文艺丛书》（第一卷·文艺理论卷），湖南人民出版社1984年版，第173—176页。

② 艾思奇：《两年来延安的文艺运动》（原载于《群众》1939年第3卷第8、9期），刘增杰、赵明、王文金等编：《抗日战争时期延安及各抗日民主根据地文学运动资料》（上），山西人民出版社1983年版，第60—62页。

③ 胡风：《论民族形式问题底提出和争点——对于若干反现实主义倾向的批判提要，并以纪念鲁迅先生逝世底四周年》（原载于《中苏文化》1940年第7卷第5期），徐迺翔编：《文学的"民族形式"讨论资料》，广西人民出版社1986年版，第442页。

弃民族的特殊性。在中国所被提起的'民族形式',意思却有些不同。在这儿我相信不外是'中国化'或'大众化'的同义语。目的是要反映民族的特殊性以推进内容的普遍性。"①

（5）"文艺政策要求"说。如光未然说："文艺的民族形式问题,决不是一种纸上空谈,它是抗战以来的文艺活动中特别是创作实践活动中所引起的最迫切而且是最实际的问题。从它的意义上看来,不仅是创作方法上的问题,而且是文艺政策上文艺路线上的问题;不仅是艺术生活上的问题,而且是政治生活上的问题。"②

（6）"文化运动配合"说。即把民族形式问题放到新文化运动建设的配合角度加以考虑。如黄绳认为："文艺运动是整个文化运动的一环,在文化运动的整体中,它具备了和其它环节相一致的一般性,同时因它本身的性能而获得了独特的意义。所以文艺运动是要配合着整个文化运动的发展而发展的。"③

2.关于"民族形式"问题中内容的内涵及内容与形式的构成问题。这一问题的争论尤为激烈,主要有以下几种看法

（1）民族形式和社会主义内容。这是苏联以斯大林为代表的民族文化理论中关于形式与内容之构成的主要观点。对于何为民族文化以及无产阶级文化与民族文化之间的关系,斯大林曾作过非常详细的阐述：

> 什么是民族文化呢？怎样把民族文化和无产阶级文化结合起来呢？难道列宁不是在战争以前就说过我们这里有两种文化——资产阶级文化和社会主义文化,并且说民族文化这个口号是力图用民族主义毒素来毒化劳动者意识的资产阶级的反动口号吗？怎样把民

① 郭沫若：《"民族形式"商兑》（原载于重庆《大公报》1940年6月9日、10日）,徐迺翔编：《文学的"民族形式"讨论资料》,广西人民出版社1986年版,第315页。

② 光未然：《文艺的民族形式问题》（原载于《文学月报》1940年第1卷第5期）,徐迺翔编：《文学的"民族形式"讨论资料》,广西人民出版社1986年版,第269页。

③ 黄绳：《当前文艺运动的一个考察》（原载于《文艺阵地》1939年第3卷第9期）,徐迺翔编：《文学的"民族形式"讨论资料》,广西人民出版社1986年版,第45页。

族文化的建设，把增设使用本族语言的学校和训练班的工作以及从本地人中间培养干部的工作，和社会主义建设、无产阶级文化建设结合起来呢？这里有没有不可克服的矛盾呢？当然没有！我们在建设无产阶级文化。这是完全对的。但是社会主义内容的无产阶级文化，在卷入社会主义建设的各个不同的民族当中，依照不同的语言、生活方式等等，而采取各种不同的表现形式和方法，这同样也是对的。内容是无产阶级的，形式是民族的，——这就是社会主义所要达到的全人类的文化。无产阶级文化并不取消民族文化，而是赋予它内容。相反，民族文化也不取消无产阶级文化，而是赋予它形式。当资产阶级执政的时候，当各民族在资本主义制度保护下巩固起来的时候，民族文化这个口号是资产阶级的口号。当无产阶级执政的时候，当各民族在苏维埃政权保护下巩固起来的时候，民族文化这个口号就成了无产阶级的口号。谁不了解这两种不同情况的原则性的差别，谁就永远不会了解列宁主义，也永远不会了解民族问题的实质。①

全人类的无产阶级文化不是排斥各民族的民族文化，而是以民族文化为前提并且滋养民族文化，正象各民族的民族文化不是取消而是充实和丰富全人类的无产阶级文化一样。②

对于斯大林的民族文化理论，郑伯奇曾就其对中国文艺界的影响做过如下概括："民族形式这个名词的提出，大概是在苏联新宪法传入到中国前后，假使我的记忆不错的话。苏联所流行的'民族的形式，社会主义的内容'这种对于民族文艺的政策，也引起中国文坛的注意。……站在政治的立场上，站在推进文化运动的立场上，提出'中国化'的口号，提出'中国作风，中

---

① [苏] 斯大林：《论东方民族大学的政治任务》（1925 年 5 月 18 日在东方劳动者共产主义大学学生大会上的演说），中国社会科学院民族研究所编：《斯大林论民族问题》，民族出版社 1990 年版，第 306—307 页。

② [苏] 斯大林：《论东方民族大学的政治任务》（1925 年 5 月 18 日在东方劳动者共产主义大学学生大会上的演说），中国社会科学院民族研究所编：《斯大林论民族问题》，民族出版社 1990 年版，第 308 页。

国气派'的要求，在抗战深入的现阶段，的确是非常适宜的了。"① 事实上，陈伯达、周扬、郭沫若等人在其讨论民族形式问题时也都曾提及之，可见它对当时的延安理论界影响深远，而"民族的形式，社会主义的内容"这种形式与内容的构成模式之所以在当时并未得到更多的回应，其主要原因或许是当时中国民族革命的任务尚未完成，社会主义尚未建成。不过这种形式与内容之关系的思考模式则楔入中国文艺理论家们关于这一问题的深层思维中，并在新中国成立后重启文艺"民族化"问题讨论时得到了回应。

（2）民族形式，爱国主义内容。这是抗战初期的一种主要观点，其中，爱国主义又与民族主义同义，民族形式是为着"保土救国"及民族解放这样的爱国主义内容服务的，如前述从贤的《现阶段的文化运动》一文即持这一观点，像罗思的《论美术上的民族形式与抗日内容》等也是结合具体艺术门类的民族形式问题讨论抗日、爱国等内容。

（3）文化新内容和民族旧形式。这种在抗战初期从新文化建设的角度阐述内容与形式之间关系的观点，以陈伯达和邓拓为主要代表。早在 1937 年 7 月，陈伯达就明确指出："对于过去中国最好的文化传统，应该接受而光大之。同时我们还要接受世界一切最好的文化传统和文化成果，我们还要在中国多方面地创造新文化。我们要为'现代文化的中国'而奋斗。如果不是这样，那末，我们就只简单地走到'整理国粹'的泥坑中去了。"② 同时他还认为，"在纠正过去文化运动的弱点和缺憾的时候，我们同时也须提防走向另一个极端：背着现代，面着古代，看不见新世界，忽视新知识，否认新道德，而往古书堆里去钻，对于旧的做盲目的歌颂，这就会成为不可救药的错误"③。除了辩证阐述文艺内容与形式的关系之外，陈伯达还批评当时一些文化工作者，或是"只做复古厌新的空想，夸大自己的

---

① 郑伯奇：《关于民族形式的意见》（原载于《抗战文艺》1940 年第 6 卷第 3 期），徐迺翔编：《文学的"民族形式"讨论资料》，广西人民出版社 1986 年版，第 486—487 页。

② 陈伯达：《思想无罪——我们要为"保卫中国最好的文化传统"和"争取现代文化的中国"而奋斗》（原载于《读书月报》1937 年第 3 号），丁守和主编：《中国近代启蒙思潮》（下），社会科学文献出版社 1999 年版，第 188 页。

③ 陈伯达：《论文化运动中的民族传统》（原载于《解放》1938 年第 46 期），《红色档案——延安时期文献档案汇编》编委会编纂：《解放》（第三卷·第 41 期至第 59 期）（影印本），陕西人民出版社 2013 年版，第 186 页。

狭隘的民族偏见，却不愿意科学地和理智地去理解自己民族的历史，并根据这种科学的了解在文化各部门来教育自己的国民"，或是"抽象地、公式化地空嚷着新文化，空嚷着科学，却不能根据科学去发挥自己民族的特点，去发扬自己固有的文化传统；却不了解这种固有文化传统在民间习惯上的深厚影响，不了解应该怎样善于利用各种曲折的方式来改造固有文化传统，使之成为新时代的文化；不了解新内容旧形式在许多文化部门对于最广大人民的教育，是具有怎样的重大的过渡的意义"。① 邓拓也强调要把新文化的内容与文艺旧形式结合起来，他明确指出："无批判地利用旧形式，结果新内容必受限制、束缚，内容变了，形式多少也要变了。只有在以新内容不断变更旧形式的观点上，才谈得上利用旧形式。我们要'从旧生新'，而不是把'新的断送给旧的'。文化的新内容和旧的民族形式结合起来，这是目前文化运动所最需要提出的问题，也就是新启蒙运动与过去启蒙运动不同的主要特点。从过去我们文化的经验中证明出来，忽视文化上旧的民族形式，则新文化的教育是很困难深入广大群众的。因此，新文化的民族化（中国化）和大众化二者是不可分开的。忽视民族化和空谈大众化，这是抽象的，非现实的"②。

（4）民族形式和国际主义的内容。这是毛泽东于 1938 年在《中国共产党在民族战争中的地位》一文中提出的（见前述），并于 1939 年初得到周扬的响应。③

（5）民族的形式，新民主主义的内容。这是毛泽东在《新民主主义论》中对内容的内涵所作的重新界定（如前述），是后来有关"民族形式"讨论中关于内容与形式构成模式中的最有代表性的看法。毛泽东在精辟概括了中国革命的基本性质及阶段属性之后对文艺内容与形式关系问题所作的

---

① 陈伯达：《我们关于目前文化运动的意见》，《延安文艺丛书》编委会编：《延安文艺丛书》（第一卷·文艺理论卷），湖南人民出版社 1984 年版，第 376 页。

② 邓拓：《三民主义的现实主义与文艺创作诸问题——在边区文艺作者创作问题座谈会的报告》（原载于《边区文化》1939 年 4 月创刊号），常君实编：《邓拓全集》（第五卷·哲学·经济·文化艺术·新闻工作卷），花城出版社 2002 年版，第 158—159 页。

③ 周扬在《我们的态度》一文中说："要在自己民族历史文化的基础上去吸取世界文化的精华。国际主义也必须通过民族化的形式来表现。"——周扬：《我们的态度》（原载于《文艺战线》1939 年 2 月 16 日创刊号），《周扬文集》第一卷，人民文学出版社 1984 年版，第 263 页。

这种哲学提摄，成为当时理论界讨论这一问题的主要出发点。比如我们从冯雪峰、胡风、王实味等人有关形式与内容关系的阐述中就可以看到，虽然他们论述的侧重点各异（冯雪峰的文学"现代化"立论角度、胡风的"现实主义"立论角度、王实味的"文艺大众化"立论角度），但都是在新民主主义革命这一前提下讨论"民族形式"问题。如冯雪峰在论述中国文学的现代化问题时所说的文学内容就是"民主主义革命的精神"①；胡风虽然一以贯之地主张"民族形式"在"本质上是五四的现实主义传统在新的情势下面主动地争取发展的道路"②，但他更笃信"'革命文学'运动并没有从五四的'文学革命'运动底民主主义的任务，为民族底解放（反帝），为民族地进步（反封建）这任务突变出去"③，因而，民族形式"不能是独立发展的形式，而是反映了民族现实的新民主主义的内容所要求的、所包含的形式"④；而王实味从"文艺大众化"角度进行的考察得出的基本结论是，"新文艺不仅是进步的，而且是民族的。新文艺运动为新民主主义革命运动之一部分，在这个意义上说，更可以说它是大众的"，而"新文艺之没有大众化，最基本的原因是我们底革命没有成功，绝不是因为它是'非民族的'"。⑤ 此外，艾思奇所说的"三民主义的，也即是革命民主主义的，而形式是民族的"，也是毛泽东"民族的形式，新民主主义的内容"这一基本构成模式的翻版。

---

① 冯雪峰在阐述中国文学的现代化时说："我们认为'五四'新文学在形式和精神上不同于旧文学，这正是中国文学的现代化。虽然在许多方面，它确实是'外国化'了；但实质上，这正是中国文学在中国革命的要求与推动以及世界进步文学的影响之下的现代化。所谓现代化，在当时就是在思想上向民主主义革命的精神前进，在文学形式上向更适合于新的内容的形式前进。这样的现代化，是必要的，是伟大的革命行动，也正是'五四'文学革命的目的。"——冯雪峰：《中国文学中从古典现实主义到社会主义现实主义的发展的一个轮廓》，《雪峰文集》第二卷，人民文学出版社 1983 年版，第 431 页。

② 胡风：《论民族形式问题》，《胡风评论集》（中），人民文学出版社 1984 年版，第 220 页。

③ 胡风：《论民族形式问题》，《胡风评论集》（中），人民文学出版社 1984 年版，第 209 页。

④ 胡风：《论民族形式问题》，《胡风评论集》（中），人民文学出版社 1984 年版，第 258 页。

⑤ 王实味：《文艺民族形式问题上的旧错误与新偏向》（原载于《中国文化》1941 年第 2 卷第 6 期），徐迺翔编：《文学的"民族形式"讨论资料》，广西人民出版社 1986 年版，第 620—621 页。

3. 关于"旧形式利用"问题的争论，形成了如下几种代表性的有价值的共识

（1）"旧形式"的利用乃是为了创造新文艺。这是当时最普通、最主流的观点。陈伯达、周扬、艾思奇、胡风、冯雪峰、王实味等人都是持这种观点的。如陈伯达认为，"利用旧形式，不是复古，……是新文艺运动的新发展，是要促成更大的，更高的，更深入的新文艺运动"①。在艾思奇看来，旧形式的利用"并非完全投降旧形式，无条件地主张旧形式至上主义；也并非仅仅以旧形式为敷衍老百姓的手段，把它看做艺术运动本身以外的不重要的东西；而是要把它看做继承和发扬旧文艺传统的问题。我们的眼光是从发展方面来看的，运用旧形式，其目的不是要停止于旧形式，而是为要创造新的民族的文艺"②。周扬认为，"利用旧形式也并不是停止于旧形式，保存旧形式的整体，而正是要在艺术上思想上加以改造，在批判地利用和改造旧形式中创造出新形式"③。王实味也明确提出，"旧文艺的格式体裁还可以运用，有时甚至需要运用。但这运用既不是纯功利主义地迎合老百姓，也绝不能说只有通过它们才能'创造民族形式'。主要的还是要发展新文艺"④。

（2）旧形式的利用必须同文艺大众化结合起来。作为手段的"旧形式的利用"和作为目的的"文艺大众化"应当结合起来，在这场讨论中成为一种主流观念。这不仅在当时的中共领导人毛泽东、周恩来、张闻天等人的相关论述中可以大量见到（如周恩来于1939年8月4日在中共中央政治局会议上的"发言提纲"中提出的关于文艺的"民族化、大众化、民主化""三化"思想；张闻天关于新文化建设的"民族的、民主的、科学的、大众的""四维"理论构想），而且当时重要的马克思主义文艺理论家基本上也都是从"结合"

① 陈伯达：《关于文艺的民族形式问题杂记》（原载于《文艺战线》1939年第3期），徐迺翔编：《文学的"民族形式"讨论资料》，广西人民出版社1986年版，第8页。

② 艾思奇：《旧形式运用的基本原则》（原载于《文艺战线》1939年第1卷第3号），《延安文艺丛书》编委会编：《延安文艺丛书》（第一卷·文艺理论卷），湖南人民出版社1984年版，第595页。

③ 周扬：《对旧形式利用在文学上的一个看法》（原载于《中国文化》1940年2月15日创刊号），《周扬文集》第一卷，人民文学出版社1984年版，第295页。

④ 王实味：《文艺民族形式问题上的旧错误与新偏向》，徐迺翔编：《文学的"民族形式"讨论资料》，广西人民出版社1986年版，第621页。

论的角度阐述了这一问题。比如，陈伯达认为，"忽视民族化而空谈大众化"是"抽象的，非现实的"，"新文化的民族化（中国化）和大众化，二者实是不可分开的"。① 他还进一步指出，"近来文艺上的所谓'旧形式'问题，实质上，确切地说来是民族形式问题，也就是'新鲜活泼的，为中国老百姓所喜见乐闻的中国作风与中国气派'的问题"②。周扬也认为，"目前把艺术和大众结合的一个最可靠的办法是利用旧形式"③，而旧形式的利用"不但与发展新形式相辅相成，且正是为实现后者的目的。把民族的、民间的旧有艺术形式中的优良成分吸收到新文艺中来，给新文艺以清新刚健营养，使新文艺更加民族化、大众化"④。在艾思奇看来，"利用旧形式，在民族文艺的发扬上，在大众的平民的文学的创造任务上，是一件非常必要的工作。这是把新文学十几年来的发展中的非中国化的偏向的一个纠正"⑤。郭沫若从中国所面临的现实民族危机需要文艺建设作出通权达变的角度阐述了民族形式问题与大众化的内在关系，在他看来，为了适应"动员大众，教育大众"的迫切需要，"当然是任何旧有形式都可以利用之"，而且"为鼓舞大多数人起见，我们不得不把更多的使用价值，放在民间形式上面"。⑥ 此外，像胡风在《论民族形式问题》一文开篇将民族形式问题与大众化的要求联系起来阐述，像冯雪峰在《过渡性与独创性》中对旧形式利用中那些脱离现实与大众要求的弊端的批评，等等，都表明理论界在这一问题上达成了较为统一的看法。在"左联"时期多次的文艺大众化讨论中，实际上已经涉及利用旧形式创造新

---

① 陈伯达：《我们关于目前文化运动的意见》，《延安文艺丛书》编委会编：《延安文艺丛书》（第一卷·文艺理论卷），湖南人民出版社 1984 年版，第 380 页。

② 陈伯达：《关于文艺的民族形式问题杂记》（原载于《文艺战线》1939 年第 3 期），徐迺翔编：《文学的"民族形式"讨论资料》，广西人民出版社 1986 年版，第 7 页。

③ 周扬：《我们的态度》（原载于《文艺战线》1939 年 2 月 16 日创刊号），《周扬文集》第一卷，人民文学出版社 1984 年版，第 263 页。

④ 周扬：《对旧形式利用在文学上的一个看法》，《周扬文集》第一卷，人民文学出版社 1984 年版，第 294—295 页。

⑤ 艾思奇：《抗战文艺的动向》（原载于《文艺战线》1939 年 2 月 16 日创刊号），《延安文艺丛书》编委会编：《延安文艺丛书》（第一卷·文艺理论卷），湖南人民出版社 1984 年版，第 396 页。

⑥ 郭沫若：《"民族形式"商兑》（原载于重庆《大公报》1940 年 6 月 9 日、10 日），徐迺翔编：《文学的"民族形式"讨论资料》，广西人民出版社 1986 年版，第 319 页。

形式的问题，全面抗战开始后，这个问题再次提出，并伴随着理论认识上的不断深化而付诸到抗战文艺宣传的实践中，这在延安文艺运动中得到了突出的体现，传统戏曲、俚谣、评书、山歌、秧歌、插绘本、连环画、章回体小说、小调、大鼓、快板、相声、评书、演义、皮簧，这些大众所喜爱和能理解的旧的艺术形式，经过革命内容上的改造后，成为当时文艺创作中取得重要成就的一个方面。

4. 围绕"民间形式"问题的论争，拓展为新文化与启蒙文化之争。代表性看法有以下几种

（1）"民族形式"中心源泉论。以向林冰、方白等人为代表。如向林冰认为，"民间形式的批判的运用，是创造民族形式的起点，而民族形式的完成，则是民间形式运用的归宿"，"现实主义者应该在民间形式中发现民族形式的中心源泉"。[1] 方白也认为"民族形式的中心源泉不在移植形式而在民间形式"，民间形式是"创造民族形式的'主流'"。[2] 这一论调的核心看法是：大众是社会变革、文艺新形式创造的根本动力，为大众所喜闻乐见的民间形式就是民族形式的中心源泉；采用大众所喜闻乐见的各种旧形式去代替五四启蒙文化形式乃是文艺大众化、通俗化的根本方法；解决现存民间旧形式往往包含着封建主义反动沉淀物这一矛盾的办法则是"旧瓶装新酒"，即将旧形式与革命的先进思想结合起来，以革命的内容将其改造为革命的民族形式。

（2）反对新"国粹主义"。以葛一虹、胡风为代表。这一派的主要看法是：提倡代表着落后封建主义的民间形式乃是复辟早已被新文化所抛弃的"国粹主义"，应该予以批判；重申启蒙文化的现代性要求，肯定启蒙文化在现代中国文化中的绝对主流地位（实际上是用"新"与"旧"的价值区分代替"民族"与"西方"的问题），因此，他们反对向、方等人不加批判地全盘继承民族遗产的做法，主张发展五四以来的新文艺。葛一虹在《民族形式

---

[1]　向林冰：《论"民族形式"的中心源泉》（原载于《大公报》副刊《战线》1940 年 3 月 24 日），徐迺翔编：《文学的"民族形式"讨论资料》，广西人民出版社 1986 年版，第 195 页。

[2]　方白：《民族形式的"中心源泉"不在"民间形式"吗?》（原载于《新蜀报》副刊《蜀道》1940 年 4 月 25 日），徐迺翔编：《文学的"民族形式"讨论资料》，广西人民出版社 1986 年版，第 242—243 页。

的中心源泉是在所谓"民间形式"吗?》（重庆《新蜀报》副刊《蜀道》1940
年 4 月 10 日）以及胡风在《论民族形式问题》中，都极鲜明地表达了他们
对新"国粹主义"的批判态度以及对五四以来新文艺的肯定态度。

（3）"适应"说。即针对国统区上述两种在民族遗产继承问题上全盘接
受或一概否定的形而上学的对立的观点，提出不应纠缠于所谓"中心源泉"
之争，而应将注意力集中于民间形式如何适应抗战和文艺大众化的时代要
求上，郭沫若的《"民族形式"商兑》，茅盾的《关于民族形式的通信》，
潘梓年的《新文艺民族形式问题座谈会上潘梓年同志的发言》《新华日报》
召开的民族形式座谈会上以群等人的发言，以及后续各报刊相继发表的胡
绳、罗荪、戈茅、黄芝冈、光未然等人的相关文章或言论都是持这种"适
应"说的。这种看法在当时占主流地位，对将"民间形式"问题的讨论从"中
心源泉"之争引导到民族形式问题本身或更宏阔的理论视野中来起到了积极
的作用。

5. 关于"民族形式"问题本身的学理性质，主要有以下两种代表性看法

（1）"民族形式"即中国化。这种看法是有关"民族形式"的性质问题
中最有代表性的看法，从其理论来源看，受毛泽东《中国共产党在民族战争
中的地位》一文中所提出的将马克思主义中国化的观点的影响更为明显。如
郭沫若认为，"在中国所被提起的'民族形式'"，"不外是'中国化'或'大
众化'的同义语"。[1] 艾青说他对民族形式的理解，"觉得和中国化是一个意
思"[2]。郑伯奇说："民族形式这个问题在目前这个阶段的提出，应该是跟中
国化的提出，具有相同的意义。说得干脆一点，现在提出的民族形式问题应
该就是中国化问题。"[3] 潘梓年也认为"文艺上的民族形式问题，应该就是中

---

[1]　郭沫若：《"民族形式"商兑》（原载于重庆《大公报》1940 年 6 月 9 日、10 日），徐迺翔编：
《文学的"民族形式"讨论资料》，广西人民出版社 1986 年版，第 315 页。

[2]　艾青在 1940 年 6 月 9 日民族形式座谈中的发言。《新华日报》社：《民族形式座谈笔记》（原
载于重庆《新华日报》1940 年 7 月 4 日），徐迺翔编：《文学的"民族形式"讨论资料》，
广西人民出版社 1986 年版，第 333 页。

[3]　郑伯奇：《关于民族形式的意见》（原载于《抗战文艺》1940 年第 6 卷第 3 期），徐迺翔编：
《文学的"民族形式"讨论资料》，广西人民出版社 1986 年版，第 486—487 页。

国化的问题"①。

（2）"民族形式"即大众化。这种看法中主要有两种思考向路，其一是从文艺大众化的发展阶段来看"民族形式"问题，如罗荪认为："民族形式乃是文艺大众化发展的一个新阶段。"② 这种看法显然同20世纪30年代早期左翼文艺运动关于如何实现文艺大众化的问题讨论有着密切的联系，其中关于语言改革和旧形式即民间形式的利用问题是一个重要的讨论方面。其二是将民族形式与大众形式相等同起来。如冯雪峰认为，"我们所提的民族形式，是大众形式的意思"③。

三、"民族形式"论争与马克思主义文学批评的中国化探讨

从近代以来的"夷夏之辨"，到五四时期的"欧化"与"国粹"之争，20年代中西文化比较，30年代的东方文化本位论，抗战时期的"民族形式"问题大讨论，五六十年代文艺理论民族化讨论，80年代"开放"与"封闭"之争，90年代全球化与本土化之争，中国文化建设中的民族化问题始终围绕如何对待传统文化与外来文化来展开，相应地，如何处理世界文学一体化与各民族文学多样化（或者说文学世界化与民族化）就构成了20世纪中国文学发展的一个基本矛盾。这其中，"民族形式"问题论争由于其特殊的抗战背景，以及中共领导人基于马克思主义理论资源而展开的有关新民主主义文化建设的革命构想，具有了特定的理论旨归和理论意义（与新中国成立后的多次有关文艺民族化的讨论相区别），在马克思主义文学批评的中国化探索中也具有了特殊的意义或地位。

首先，"民族形式"论争对中国马克思主义文学批评的民族性意识的觉醒、形成与深化起到了正面的积极的推动作用。

---

① 潘梓年：《论文艺的民族形式》（原载于《文学月报》1944年第1卷第2期），徐迺翔编：《文学的"民族形式"讨论资料》，广西人民出版社1986年版，第170页。

② 罗荪在文艺的民族形式问题座谈会中的发言（原载于《文学月报》1940年第1卷第5期），《中国新文学大系1937—1949》（第二集·文学理论卷二），上海文艺出版社1990年版，第181页。

③ 冯雪峰：《民族性与民族形式》，《雪峰文集》第二卷，人民文学出版社1983年版，第72页。

按照斯大林的理解，"民族是历史上形成的一个有共同语言，有共同地域，有共同经济生活以及有表现于共同文化上的共同心理状态的稳定的人们共同体"①。自19世纪80年代以来，在全世界的民族独立运动中，"民族"始终是一面标志性的旗帜。无论它是以目标明确的政治或文化动员之策略的方式呈现出来，或者以本尼狄·安德森所说的"想象的共同体"的形式而存在，语言或文学在"民族性"的构建中都承担着极其重要的意识形态使命。如果说五四新文化运动启蒙的重要主题是"国民性"批判的话，那么，20世纪30年代以来，随着中华民族危机的加深，出于维护民族尊严，凝聚民族团结力量的需要，主流文艺对国民性的批判转变为对民族性的维护。民族性作为一个文学问题或政治问题被提上更为重要的议事日程。正如蒋光赤（即蒋光慈）所期冀的那样，"一定要产生几个能够代表民族性，能够代表民族解放运动的精神的文学家！"②这种民族性维护在抗日战争时期表现得尤为突出。特别是当1938年毛泽东在《中国共产党在民族战争中的地位》中明令"洋八股"必须停止而代之以"中国作风和中国气派"之时，文学中的"民族形式"已不仅仅作为潜在的意识形态力量，而是上升为一个明确的政治问题，不但引发了学界的热烈讨论，而且表征着文艺"民族性"意识的完全觉醒。

延安文艺运动中文艺"民族性"的意识觉醒，与延安的中共理论家对文化"民族性"的高度关注和深刻体认有着密切的关系。当然，他们的出发点或立论点各有不同、各有侧重。这其中，艾思奇的文化遗产继承理论侧重于从共产主义、国际主义和革命的民族主义之间的内在关系着手进行考察③；何干之的民族传统文化观侧重于从其新启蒙思想中的民族主义本位

---

① [苏]斯大林：《马克思主义与民族问题》，唯真译，苏南新华书店1949年版，第8页。
② 光赤：《现代中国社会与革命文学》（原载于上海《民国日报》《觉悟》1925年1月1日），北京大学、北京师范大学、北京师范学院中文系中国现代文学教研室主编：《中国现代文学史参考资料·文学运动史料选》（第一册），上海教育出版社1979年版，第409页。
③ 如艾思奇在《共产主义者与道德》中说："如果有人说共产主义者只是国际主义者，不能同时成为真正的民族主义者，因此在中国的共产主义者也不能谈民族道德的发扬，这就完全是一种公式的、形式论理学的曲解。……中国的共产主义者能够同时是革命的民族主义者，而且本来也就是中华民族的一部分优秀的子孙。共产主义者必须而且已经在继承着和发扬着中国民族的优秀的传统，不论是一般文化方面的或单单道德方面的。中国

入手强调文化重建①，而陈伯达则主要借助苏联民族文化理论对文化的新内容和民族旧形式结合的必要性进行详细论述②，这些理论阐述都为毛泽东的新民主主义文化建设中的文艺"民族化"构想提供了坚实的理论支持。更为重要的是，周扬、冯雪峰、胡风、王实味等人对这一问题的不同角度或不同层面的阐述，为中国马克思主义文学批评的民族性意识的觉醒、形成与深化起到了正面的、积极的推动作用。

这种推动作用首先突出体现在对文艺民族特色的强调上。比如，艾思奇就明确提出，"我们需要更多的民族的新文艺，也即是要以我们民族的特色（生活内容方面和表现形式方面包括在一起）而能在世界上站一地位的新文艺。没有鲜明的民族特色的东西，在世界上是站不住脚的"③。这种推动作用还体现在对文艺民族性问题的深度思考上。比如冯雪峰的专论《民族性与民族形式》就集中体现了中国马克思主义文学批评对文艺民族性问题的深度思考。文章指出：

历史上许多宝贵的伦理思想，是可以在共产主义者身上获得发展的。"——艾思奇：《共产主义者与道德》（原载于延安《解放》1938 年第 51 期），《艾思奇文集》第一卷，人民出版社 1981 年版，第 417—418 页。

① 他主张要承袭启蒙传统，以"历史的批评眼光"继续批判封建思想，同时注重传统文化对于现代性重建的意义，即在接受西方文化新成果之际，注意挖掘并保存中国文化史上"最精良的传统"。在他看来，应当"扬弃旧的文化，接受新的文化，应用最新的文化成果来整理批判旧的思想，旧的传统，同时又发扬光大新文化体系。这是创造中国新文化，同时又创造世界新文化的模范。"——何干之：《近代中国启蒙运动史》，刘炼编：《何干之文集》，北京出版社 1993 年版，第 140 页。

② 比如，陈伯达在《我们关于目前文化运动的意见》一文中指出："文化的新内容和旧的民族形式结合起来，这是目前文化运动所最需要强调提出的问题，也就是新启蒙运动与过去启蒙运动不同的主要特点之一。苏联各民族文化的伟大发展的经验，在这点上正是足资我们深刻的参考的。从我们过去一切文化运动的经验已证明了出来，忽视文化上旧的民族形式，则新文化的教育是很困难深入最广大的群众的。因此，新文化的民族化（中国化）和大众化，二者实是不可分开的。忽视民族化而空谈大众化，这是抽象的，非现实的。在伟大抗战的前面，我们急须唤醒数万万同胞群众的兴起，以争取民族之伟大的胜利。"——陈伯达：《我们关于目前文化运动的意见》，《延安文艺丛书》编委会编：《延安文艺丛书》（第一卷·文艺理论卷），湖南人民出版社 1984 年版，第 380 页。

③ 艾思奇：《旧形式运用的基本原则》（原载于《文艺战线》1939 年第 1 卷第 3 号），《延安文艺丛书》编委会编：《延安文艺丛书》（第一卷·文艺理论卷），湖南人民出版社 1984 年版，第 596 页。

艺术和一般文化的民族的特质，是和它那人类的，世界的本质处在辩证的关系中，这关系也在形式和内容的关系中表现着。我们从形式和内容的关系上，也可以看清楚所谓"民族性"的地位。

我们倘使从形式和内容的关系上去看，则所谓"民族性"，首先是存在在各民族在其生活斗争的发展过程中独自地创造着的文化形式的特性上的，例如在语言、诗歌、建筑、演剧、跳舞、音乐、装饰及其他生活样式上无数的各种各样不同的文化形式上面，各民族都表现着它的民族的特质。在这里，这特质是对内容的世界的本质而说的；并且在这里，内容的民族的特质是在形式的民族的特质上表现出来的。于是，从形式和内容的关系上来看，则在人类跟着生产力的发展，各民族的生产关系和社会关系都发展着，发生着变化的时候，各民族的文化形式首先就已跟着内容，跟着新的社会生活而起着变化了；这时又是人类有世界的结合的必要的时候，各民族的文化就又发生着交互的关系，而互相影响，起着变化，并且在形成着国际的文化。在这样的时候，"民族性"才开始作为问题，但"民族性"本身却已经在被扬弃着。由于民族内社会关系的变化和各民族交互影响而来的国际文化的形成的过程，是文化的特质向着本质发展的过程；从形式和内容的关系来说，就是形式跟着内容发展的过程。归结便是所谓民族之国际化。换言之，就是各民族文化既具有世界性的内容，这世界性的内容既必然而且必须具形为有民族特质的民族形式而存在，则民族文化之形式上的民族的特质，也是具有它在文化上的民族的价值。而且也将和内容不可分离地取得世界的价值。——但这种民族的特质之向着世界的本质的发展过程，是一种矛盾斗争的过程，也便是形式之依存于内容的斗争的过程。而在这过程上，民族形式必然而且必须在世界化着，国际化着了。——所以，从形式和内容关系的发展看来，则民族之国际化是民族文化发展的内在的必然性，也是非常明白的。而且又是民族文化发展所必需的。这样，"民族性"问题在文化上是失去了独立的意义的，它的意义是只能在文化的民族形式的特质上去求，而且这是由内容和本质所决定的。文化的"民族性"正是处在被扬弃的过程上，我们只能这样地估定它的地位。

　　文化和艺术的发展的辩证法，是人类生活的实践上的辩证法。人类生活的实践的辩证法，是民族的国际化，即各民族之平等的互爱的世界的团结，而这团结是必须通过各民族内的阶级斗争及无产阶级革命的路。自然，我们还需要注意到民族意识和所谓民族精神；但这些在文化和艺术上表现出来的时候所构成的"民族性"，在客观的文化的价值上也就正如上面所分析。①

　　从这段文字中不难发现，冯雪峰已经充分注意到：文艺的民族性体现在文艺内容与形式的辩证关系中；文艺的民族形式的变化是随着新的社会生活内容而变化的；"民族性"本身也是一个不断扬弃的概念；文艺的世界性内容往往以饱含着具体的民族特色的民族形式呈现出来；民族文艺的国际化是民族文艺发展的内在的必然要求；文艺民族性是民族精神的表征。可以说，正是"民族形式"论争的不断深入，使得理论界对文艺民族性的理解更为理性、深入、辩证。诸如40年代毛泽东《讲话》确立工农兵文学传统，新中国成立后知识分子上山下乡思想改造，以及新民歌运动等等，都表明文艺"民族性"意识已逐渐嵌入到主流文艺意识形态的政策或制度中，并在中国文学和政治范畴中占有相当重要的地位，而这同"民族形式"论争的推动作用是分不开的。

　　其次，用"人民性"拓展、充实"民族性"，为中国马克思主义文学批评的民族观注入了丰富的理论内涵。

　　在"民族形式"论争中，文艺的"人民性"不断得到凸现，并逐渐融入、渗透、整合到"民族性"中，这是"民族形式"论争发展过程中呈现出来的非常突出的一个特点。陈伯达早年论述新旧文化的形式差异时，就曾提到"最广大最下层的人民群众最习惯于旧的文化形式"，要把其融入新的文化内容中。② 柯仲平认为，"最浓厚的中国气派，正被保留、发展在中国多数的老

---

① 冯雪峰：《民族性与民族形式》，《雪峰文集》第二卷，人民文学出版社1983年版，第70—71页。

② 陈伯达：《论文化运动中的民族传统》，《红色档案——延安时期文献档案汇编》编委会编纂：《解放》（第三卷·第41期至第59期）（影印本），陕西人民出版社2013年版，第184页。

百姓中"①。潘梓年甚至断言,"用中国人(占全人口百分之八十以上的工农大众)的语言描写中国人的生活的文艺,就是具有中国气派与中国作风的文艺,就是民族形式的文艺"②。艾思奇谈旧形式的利用,其核心也是强调其为了"大众的平民的文学的创造"③。当毛泽东在《新民主主义论》中规定了新民主主义文化的性质和"民族的科学的大众的"的基本特征,并在《新民主主义论》中提出文艺必须"为全民族中百分之九十以上的工农劳苦民众服务"④时,民族形式问题实际上已经在延安文艺界内部得到了理论的统一,其实质是以延安文艺的"人民"代替五四新文化的"国民",用"人民性"来重建"民族性"。毛泽东的这种理论改造不仅为中国化的马克思主义文学批评在思考文艺民族性问题时提供了创新性的理论视角,也为"民族形式"论争走上正确的道路指明了方向。这一点可以从延安马克思主义文艺理论家们探讨旧形式利用问题中看到其巨大的作用。比如:周扬在《对旧形式利用在文学上的一个看法》一文中不仅强调了民族形式的本土性,还明确将"民间形式"从内部区分为"属于人民的"和"属于统治阶级的";⑤茅盾在《论如何学习文学的民族形式》一文中用"人民文化"的新价值标准重新选择、阐释、梳理了"市民文学"的发展历史⑥;冯雪峰

---

① 柯仲平:《谈中国气派》(原载于《新中华报》1939 年 2 月 7 日),《延安文艺丛书》编委会编:《延安文艺丛书》(第一卷·文艺理论卷),湖南人民出版社 1984 年版,第 601 页。

② 潘梓年:《民族形式与大众化》(原载于《新华日报》1940 年 7 月 22 日),《延安文艺丛书》编委会编:《延安文艺丛书》(第一卷·文艺理论卷),湖南人民出版社 1984 年版,第 723 页。

③ 艾思奇:《抗战文艺的动向》(原载于《文艺战线》1939 年 2 月 16 日创刊号),《延安文艺丛书》编委会编:《延安文艺丛书》(第一卷·文艺理论卷),湖南人民出版社 1984 年版,第 396 页。

④ 毛泽东:《新民主主义论》,《毛泽东选集》第二卷,人民出版社 1991 年版,第 708 页。

⑤ 周扬在《对旧形式利用在文学上的一个看法》一文中说:"所谓旧形式一般地是指旧形式的民间形式,如旧白话小说、唱本、民歌、民谣以致地方戏,连环画等等,而不是指旧形式的统治阶级的形式,即早已僵化了的死文学,虽然民间形式有时到后来转化为统治阶级的形式,而且常常脱不出统治阶级的羁绊。所谓新形式,又是指民族新形式,而不是指国外新形式,虽然一个民族的文艺常常要受先进民族或与自己民族在社会经济范畴上相类似的民族的文艺的影响。"——周扬:《对旧形式利用在文学上的一个看法》(原载于《中国文化》1940 年 2 月 15 日创刊号),《周扬文集》第一卷,人民文学出版社 1984 年版,第 295—296 页。

⑥ 茅盾在该文中将民族文学遗产分为两类,一类是"奉召应制的歌功颂德,或者是'代圣立言'的麻醉剂,或者是'身在山林,心萦魏阙'的自欺欺人之谈,或者是攒眉拧眼的无病呻吟"。虽然它们在数量上占据"百分之九十九"的优势,但它们不构成中华民族值

认为文艺的价值高低不在于是否是民族形式，而要"看它们反映的内容和人民关系的深浅广狭而定"①，等等，可以说都是在毛泽东这种理论改造的基础上进行的拓展性、补充式阐述。基于这些论述，我们可以看到，"民族"概念和"人民"概念所产生的交集，赋予了"民族文化"或"民族文艺"以新的内涵，即：人民是历史、文化和艺术的创造者；"民族文化"或"民族文艺"是中国现代性追求的重要精神基础，即使为统治阶级长期遮蔽，仍然是革命性的力量；通过对"民族文化"或"民族文艺"的选择、批判和重建，为解决近代以来的中西文化或文艺、古今文化或文艺之争寻找到最为有效的途径，即从民族内部寻找新文化创造的动力，从民族内部寻找人民大众这一创造主体，去解决中西与古今之争中的各种误区或局限。可以说，这些新的内涵集中体现了中国马克思主义者对文艺民族性问题的历史唯物主义的理解与把握。

再次，进一步确立了马克思主义文学批评中国形态建设的重要两极即大众化与民族化之间的内在关联。

早在"左联"时期，就有过多次关于"大众文艺"的讨论，限于历史条件，"大众化"还不可能真正付诸实践，文艺"大众化"与"民族形式"的运用的内在关系的探讨也未能深入。抗战时期，"民族化"文艺论争成为重要焦点和理论建设、创作实践的主要追求之一，特别是在毛泽东的号召下，延安抗日根据地和国统区开展的"民族形式"问题讨论，将马克思主义文学批评中国形态建设的重要两极即大众化与民族化之间内在地关联起来，不仅提高了理论论争的品格，而且对马克思主义文艺批评的大众化与民族化有着正面的积极的推动作用。这突出表现在以下两个方面。

得弘扬的优秀文化遗产。而能获得弘扬价值的优秀文化遗产，数量上只占百分之一，但"或多或少是代表了极大多数人民大众的利益，表白了人民大众的思想情感，喜怒爱憎的作品"。而"这百分之一中间，才有我们民族的文学形式，或文学的民族形式"。并且，茅盾将这百分之一总命名为"市民文学"，然后，"撩开那百分之九十九"，专门梳理了这百分之一的文学在中国历史上从战国到近代的发展道路，并且将《水浒传》《西游记》《红楼梦》作为其三个典范代表。——茅盾：《论如何学习文学的民族形式——在延安各文艺小组会上的演说》，《延安文艺丛书》编委会编：《延安文艺丛书》（第一卷·文艺理论卷），湖南人民出版社 1984 年版，第 667—682 页。

① 冯雪峰：《论通俗》（原载于《中国作家》1948 年第 1 卷第 3 期），《雪峰文艺》第二卷，人民文学出版社 1983 年版，第 376 页。

第一，理论探讨上将二者关联起来，改变了"左联"时期将两个问题分开、隔离起来的讨论态势。如：陈伯达提出了"新文化的民族化（中国化）和大众化，二者实是不可分开的"的观点[①]，在他看来，中国化的创造性的新文艺"必要文艺真正能感召起千百万人民起来，必要文艺真正能把握大众并能为大众所把握；而要达到这点，就必要文艺做到为广大老百姓'所喜闻乐见'"[②]；周扬认为，"目前把艺术和大众结合的一个最可靠的办法是利用旧形式"[③]；胡风明确主张，深彻地研究民间文艺，并不是"为了要'运用'它底形式，而是为了要从它得到帮助，好理解大众底生活样相，解剖大众底观念形态，汲受大众底文艺词汇"[④]；邓拓就戏剧创作明确指出："剧本的语言与表现手法应该完全适合于民族的特点与地方的特点，戏剧的演员应该富有大众的素朴的生活的风度，如果能够吸收在斗争中生长的大众的戏剧的天才到戏剧团体里来，使戏剧这一艺术形式真正为大众所掌握和喜爱，那又是最理想的成功了。"[⑤] 可以说，这些理论探讨，或为《讲话》中有关"文艺的工农兵方向"、"知识分子与人民大众结合"以及"知识分子改造"等表述提供了理论支持，或成为毛泽东文艺大众化思想的有力阐释，都为建设中国形态的马克思主义文学批评打下了坚实的理论基础。

第二，在文艺创作与批评实践上将二者关联起来，为延安工农兵文艺的发展提供了方向、导向上的指导作用。相比左翼革命文学对利用一切通俗的大众化的文艺形式或借鉴旧文艺旧形式进行革命宣传实际更多地停留在口头或理论探讨层面上而言，延安工农兵文艺显然在大众化和民族化的结合上取得了更为丰硕的实践成果。用民族形式进行创作的赵树理即是其中最为典型的一例，在赵树理的作品中，大众化和民族化的结合具有典范意义，人民不再是被动、被启蒙、被同情的对象，而是成为真正的主人公，成为历史实践

---

① 陈伯达：《我们关于目前文化运动的意见》，《延安文艺丛书》编委会编：《延安文艺丛书》（第一卷·文艺理论卷），湖南人民出版社 1984 年版，第 380 页。

② 陈伯达：《关于文艺的民族形式问题杂记》，徐迺翔编：《文学的"民族形式"讨论资料》，广西人民出版社 1986 年版，第 7 页。

③ 周扬：《我们的态度》，《周扬文集》第一卷，人民文学出版社 1984 年版，第 263 页。

④ 胡风：《论民族形式问题》，《胡风评论集》（中），人民文学出版社 1984 年版，第 246 页。

⑤ 邓拓：《开展边区的戏剧运动——为边区戏剧座谈会而作》，常君实编：《邓拓全集》（第五卷·哲学·经济·文化艺术·新闻工作卷），花城出版社 2002 年版，第 164 页。

的主体。正如费正清所说："紧接《讲话》之后，延安文学实践最明显的特点是当地民间形式和习语的实验。据陆定一说，毛的《讲话》推动了下列新型文艺的出现，按照普及程度排列：（1）民间舞蹈和民间戏曲；（2）'民族'风格的木刻；（3）传统说书风格的小说和故事；（4）模仿民间歌谣节奏和习语的诗歌。它们全都包含民间的成分，而且显然直接或者间接地投合民众'视听'感觉之所好。"① 可以说，这些兼具大众化和民族化的文艺创作实践对于此后中国文艺发展的总体方向的影响及其意义，怎么评价都不为过。

最后，将民族形式的创造问题放到民族现实生活的基础上，确立了中国马克思主义文学批评在民族形式创造问题上的现实主义和唯物主义理论原则。

关于这一点，可以说在当时的讨论中基本形成了共识。如陈伯达认为，"文艺应是具体的民族的、社会的真实生活之反映"②。郭沫若认为，造成新的"民族形式"要植根于"现实生活"，因为"民族形式的中心源泉，毫无可议的是现实生活"③。王实味认为，"民族形式只能从民族现实生活的正确反映中表现出来"④。冯雪峰认为，"新文艺创造的大路"乃在于"为着革命的内容而创造着民族形式"⑤。新文艺的创造"要求着新文艺的形式和语言也非从内容的要求（大众的生活与斗争的要求）出发不可"⑥。胡风还一针见血地指出，当时的现实主义创作中"没有取得'新鲜活泼的'、'中国作风与中国气派'"，以及"有些大众文艺底作者还只是疲乏地彳亍在反刍式的'旧形式'里面"的原因，"正是因为现实主义的方法没有被作家融化成象它所要求的那样在活的形象上认识（表现）今天这样丰富的现实的能力"，或者"我

---

① ［美］费正清、费维恺编：《剑桥中华民国史 1912—1949 年》（下），刘敬坤等译，中国社会科学出版社 1994 年版，第 550 页。

② 陈伯达：《关于文艺的民族形式问题杂记》，徐迺翔编：《文学的"民族形式"讨论资料》，广西人民出版社 1986 年版，第 7 页。

③ 郭沫若：《"民族形式"商兑》（原载于重庆《大公报》1940 年 6 月 9 日、10 日），徐迺翔编：《文学的"民族形式"讨论资料》，广西人民出版社 1986 年版，第 327 页。

④ 王实味：《文艺民族形式问题上的旧错误与新偏向》，徐迺翔编：《文学的"民族形式"讨论资料》，广西人民出版社 1986 年版，第 620 页。

⑤ 冯雪峰：《民族性与民族形式》，《雪峰文集》第二卷，人民文学出版社 1983 年版，第 72 页。

⑥ 冯雪峰：《论艺术力及其它——文艺风貌偶瞀之三》，《雪峰文集》第三卷，人民文学出版社 1983 年版，第 239 页。

们所把握到的现实主义的方法还没有坚强到把今天这样丰富的现实最大限地最高速地化为自己底血肉"。① 应该说，这些立足于现实生活的唯物主义民族形式观，对于正确地认识和解决文艺与群众、文艺与民族的关系，澄清"民族形式"论争中的思想混乱或认识模糊观点，廓清从理论到创作上长期存在的全盘接受或全盘否定民族文艺遗产的错误，都有着重要的时代意义，同时对创作实践也产生了积极的影响，通过这次讨论在延安和各个抗日民主根据地陆续出现了一大批反映新生活，表现新主题，成功地运用群众语言或民间传统文艺形式，为人民喜闻乐见的优秀的文艺作品，就是明证。

第三节 "文艺大众化"与马克思主义文学 批评的中国化探索

"文艺大众化"是中国新文学史上的一个重大事件，也是纵贯 20 世纪马克思主义文学批评中国形态建构的主流观念。从观念到行动，从观点到倾向，从理论到创作，从"革命文学"对之的理论倡导到延安时期的广泛实践，中国的文艺大众化，都不是舶来品，而是中国马克思主义文艺工作者根据中国革命文艺的现实境况作出的本土文化选择。这其中，延安的文艺大众化实践通过中国共产党的缜密的宏观与微观权力运作，有效纠正了此前文艺大众化论争中论争主题与内在动机失衡、阶级改造冲动压倒理论或观念建设的弊端，初步实现了政治驯服功能同知识分子的自我改造与自我超越的结合，实现了大众文艺理论探讨与大众文艺创作实践的结合，并将其内在批评理念打造为一种影响至今的"方向"型文艺批评范式（这可以从"鲁迅方向"、《讲话》方向、"赵树理方向"对延安文艺及新中国成立后相当长一段时间的文艺批评的巨大影响中看出），因而在马克思主义文学批评中国形态的建构中具有典型意义。

近现代以来，关于"文艺大众化"问题的讨论主要有三个发展阶段：第一阶段是近现代之交到 20 世纪 20 年代中期"革命文学"兴起，主要是在"通

---

① 胡风：《论民族形式问题》，《胡风评论集》（中），人民文学出版社 1984 年版，第 219 页。

俗化"意义上来进行理论思考与创作实践。其中，梁启超等人倡导的"新民说"和"小说界革命"等，试图以通俗文艺来改变传统文艺的面貌，发挥其唤醒民众的社会功能。五四时期，对白话文创作的提倡则使"文艺大众化"成为新文学联系大众的创作基石。第二阶段是从"革命文学"兴起到 1937 年抗战开始，主要是围绕"革命文学"的创作方法、对象和途径等重要问题展开大众文艺论争。其中瞿秋白、茅盾等人关于无产阶级文学的提倡，以及后期创造社郭沫若、郁达夫、郑伯奇、李初梨、冯乃超、彭康等人对苏联及日本普罗文学的大力宣传，都直接引发了国内文艺理论界对文艺大众化问题的关注与热烈讨论，并开启了马克思主义文学批评中国形态建设的重要一极。这其中，又以"左联"的理论声援最为有力。在"左联"的领导下，20 世纪 30 年代早中期形成了三次声势颇大的关于"文艺大众化"问题的直接论争。第一、第二次讨论主要集中于 1930—1932 年，其中，《大众文艺》以"文艺大众化的诸问题"和"我希望于大众文艺的"为题，《北斗》杂志社以"文学大众化问题"为题，均进行了广泛征文。其中重要文章有：沈端先的《所谓大众化的问题》、郭沫若的《新兴大众文艺的认识》、陶晶孙的《大众化文艺》、冯乃超的《大众化的问题》、郑伯奇的《关于文学大众化的问题》、鲁迅的《文艺的大众化》、王独清的《要制作大众化的文艺》、史铁儿的《普洛大众文艺的现实问题》、宋阳的《大众文艺的问题》、洛扬的《论文学的大众化》、何大白的《文学的大众化与大众文学》、寒生的《文艺大众化与大众文艺》、瞿秋白的《"我们"是谁?》和《欧化文艺》、止敬的《问题中的大众文艺》、宋阳的《再论大众文艺答止敬》、起应的《关于文学大众化》等，最重要的理论成果是形成了《"左联"关于文艺大众化问题的几次决议》。第三次讨论集中于 1934 年前后，讨论的核心是大众语问题。主要文章有汪懋祖的《禁习文言与强令读经》和《中小学文言运动》、垢佛的《文言和白话论战宣言》、徐懋庸的《关于文言文》、陈子展的《文言——白话——大众语》、陈望道的《关于大众语文学的建设》、胡愈之的《关于大众语文》、傅东华的《大众语问题讨论的现阶段及以后》、樊仲云的《关于大众语的建设》、叶圣陶的《杂谈读书作文和大众语文学》、任白戈的《"大众语"的建设问题》、魏猛克的《普通话与"大众语"》、王任叔的《关于大众语文学的建设》、陶行知的《大众语文运动之路》、高荒的《由反对文言文到建设大众语》、黄宾的《关于白话文与文言文的论争的意见》、闻心的《大众语运动的几个问题》、胡绳的《文言与新文言》等。第三阶段是从 1937 年开始，"文艺大众化"问题转向与救亡主题结合，开始关注文艺的民族性与民族形式问题，毛泽东的《讲话》发表后，这一主题又迅速与工农兵这一服务对象结合起来，并在延安文艺运动中得到空前成功的实践。

在延安文艺大众化运动开启之前，中国共产党直接领导的文艺大众化实践实际上已经开始。在第二次国内革命战争期间，当时中央苏区的群众性文艺活动就已蓬勃开展，苏区军民曾经利用传统民歌创作了大量的红色歌谣，并在 1934 年 1 月召开的第二届工农大众上组织大型文艺演出。1931 年 12 月 11 日在江西瑞金创刊的《红色中华》亦开辟了各种专栏，登载杂文、纪实散文、报告文学等各种形式的文艺作品，或批判与揭露国民党的反动统治面目，或表现苏区工农群众的革命精神，为苏区文艺大众化的传播作出了突出的贡献，只是由于长征的紧迫形势而不得不暂时停止，直到 1937 年 1 月 29 日在延安改名为《新中华报》后继续发挥其重要作用。随着延安逐渐成为中国革命的大本营和全国抗战的指导中心与战略总后方，大量文艺人才奔赴延安。在战时救亡与革命情势的现实要求、领袖及其意志（《讲话》）、延安知识分子群体的自觉选择与价值观调适、系统的延安文学制度的建立等诸多要素的合力下，延安文艺运动中的"文艺大众化"活动终于蔚成如火如荼的现实，促成了一道 20 世纪中国文艺发展史中革命延安、大众延安、文艺延安的亮丽的"延安景观"，而马克思主义文学批评中国形态的建设也在这道景观中确立了其大众化、民族化的重要两极。

一、延安文学制度的建立与文艺大众化实践的展开

"文艺大众化"实践之所以能在延安得到真正的展开，其中一个重要原因在于延安文学制度的有效建设。特别是由于中国共产党的各级文化和文学"领导机关"的介入，使得各种文艺社团的建设、相应的奖励制度以及稿费制度的建立成为现实，极大地促进了文艺与大众的密切联系，使"左联"时期关于"文艺大众化"问题的理论探讨落到现实实践之中。在构成延安文学制度的诸多要素中，文艺社团的建设及其活动为"文艺大众化"实践的展开

起到重要的推动作用，不妨以此为例进行分析。

　　作为延安文学制度的重要组成部分，延安文艺社团是中国共产党政治实践的重要表现形式，也是延安文学走向体制化的直接推动力量。抗战期间，延安及各解放区根据地产生了数以千计的文艺社团，数量之巨是五四时期难以比拟的。从其构成看，延安文艺社团主要有"知识分子型"文艺社团和"工农兵型"文艺社团两种。《讲话》后，随着文艺社团的一体化建构，延安文艺社团的大众化特征表现得更为明显，其理论规范、运作方式、管理方式、服务对象等具有与五四时期文艺社团显著不同的特征。在理论规范上，这些社团更强调政党意识形态对抗战、革命基本主题的规范，更强调充分发扬劳动群众在文艺上的创造性，更强调文艺直接普遍地为群众服务；在运作方式上，更强调文艺社团同群众的联系，强调文艺社团"上山下乡"，走进底层民众；在管理方式上，更强调政党意志及其组织管理；在服务对象上，更强调面向工农兵群体。这些特点可以在以丁玲为代表的"西北战地服务团"的"行动纲领"中明显见出。其中明确指出——"以戏剧、音乐、讲演、标语、漫画、口号各种方式向抗日战士及群众做大规模之宣传，使能彻底明了民族革命战争之意义与目标，借以唤起中华民族之儿女们的斗争情绪与求生存的牺牲精神"。"努力创作抗战剧本、歌曲、各种大众化之艺术作品，供全国救亡团体应用，以便扩大抗日宣传。""与各地救亡团体，参战团体，取得联络，并教授各种救亡歌曲，及排练各种形式之杂耍、戏剧，以相互帮助，推动工作。"① 这些社团更注重社会实践以及同广大民众的有机联系。比如，茅盾就称赞说："鲁艺的教学，注重实践，譬如戏剧系和音乐系'实践'的场所是经常演出——开晚会，美术系有'美术工场'，文学系则有他们的壁报和延安出版的各种刊物。此外，还采取走出校门的办法，如组织混合的艺术队，到边区各县流动演出和宣传；或编成小队，'扎根'到一地，参加当地的实际工作，体验和充实生活。"②

　　这些社团也非常注重文艺大众化如何同民族形式的处理结合起来。比

① 丁玲：《第一次大会·西北战地服务团行动纲领》，张炯主编：《丁玲全集》(5)，河北人民出版社 2001 年版，第 49—50 页。

② 茅盾：《延安行》[原载于《新文学史料》1985 年第 1 期（总第 26 期）]，《茅盾全集》（第三十五卷·回忆录二集），人民文学出版社 1997 年版，第 367 页。

如，关于如何利用并改造旧形式，鲁艺平剧团"把工作分为三步骤，第一期是掌握京剧的技巧，第二期是新编历史剧，作为改良和实验的过渡，第三期才是从京剧的技术中化出来，保存其精华，又加进新的成分，而完成新歌剧之创造"①。为更好地分析延安文艺社团的上述特点，本书特别制作了"延安时期主要文艺社团"简表，通过这张简表可以看出延安文艺社团的上述特征。

延安时期主要文艺社团（简表）

社团名	成立时间	成立地点	主要成员	主要刊物	宗旨或主要活动
中国文艺协会（简称"文协"）	1936年11月22日	延安	丁玲、伍修权、徐特立、成仿吾、陆定一等	《红色中华副刊》	"培养无产者作家，创立工农大众的文艺"。戏剧组公演《矿工》《秘密》等，编校革命回忆录《红军长征记》，高尔基逝世周年纪念会，讨论《血祭上海》，提出"文章下乡""文章入伍"口号，倡导文艺大众化。赴晋西及冀鲁豫开展美术展览
陕北锄头剧社	1937年2月19日	延安	—	—	演出《抗日先锋》《过新年》
人民抗日剧社	1937年3月7日	延安	危拱之、黄植、廖承志等	—	《亡国恨》《秋阳》《放下你的鞭子》《死亡线上》《阿Q正传》等。演员多为陕北当地农村人。6—7月间在陕北巡回公演一月余
西北战地服务团	1937年8月12日	延安	丁玲、吴奚如、陈克寒等	《战地》《诗建设》《歌创造》	《重逢》《王老爷》《东北之光》等，以及丁玲介绍该团活动的20多篇速写。出版战地丛书《战场歌声》、编印各种街头诗、岩头诗、传单诗和壁画。编演活报剧、平剧、话剧、歌剧等

---

① 茅盾：《延安行》［原载于《新文学史料》1985年第1期（总第26期）］，《茅盾全集》（第三十五卷·回忆录二集），人民文学出版社1997年版，第367页。

社团名	成立时间	成立地点	主要成员	主要刊物	宗旨或主要活动
边区文化界救亡协会（简称边区"文协"）	1937 年 11 月 14 日	陕公大礼堂	吴玉章、丁玲、成仿吾、艾思奇、何干之、周扬、柯仲平等	《文艺突击》《文艺战线》	协会先后设立诗歌总会、《文艺突击》社、戏剧救亡协会、《文艺战线》社、讲演文字研究会、大众读物社、文艺顾问委员会、抗战文艺工作团等。发起《五月在延安》征稿。纪念高尔基。组织"民众歌咏班"，创作抗战歌曲
战歌社	1937 年 12 月底	延安	柯仲平	《新诗歌》	延安最早群众性诗歌组织，举办多次诗歌朗诵会、"诗的朗诵问题"座谈会，开展街头诗歌运动，发表大量街头诗
陕甘宁边区音乐界救亡协会（简称"音协"）	1938 年 1 月 9 日	延安	冼星海、吕骥、向隅、时乐蒙、马可、麦新	—	组织延安大合唱团、印刷歌曲册子、召开音乐界纪念会、举行大小晚会等
鲁迅艺术学院	1938 年 4 月 10 日	延安	毛泽东、周恩来、林伯渠、徐特立、成仿吾、艾思奇、周扬等	《生产》	"以马列主义的理论与立场，在中国新文艺运动的历史基础上，建设中华民族新时代的文艺理论与实际，训练适合今天抗战需要的大批艺术干部，团结与培养新时代的艺术人材，使鲁艺成为实现中共文艺政策的堡垒与核心"。演出戏剧《矿山》《军火船》《希特勒之梦》《农村曲》《松花江》《送郎上前线》《打虎沟》《人命贩子》《夜袭阳明堡》等，组织抗战戏剧节，纪念聂耳、举办"九一八"纪念展览会。公演《黄河大合唱》。举办成立周年大型展览会，创作大量抗战剧本及歌曲、宣传画，木刻

社团名	成立时间	成立地点	主要成员	主要刊物	宗旨或主要活动
鲁艺实验剧团	1938 年 8 月 1 日	延安	—	—	与鲁艺戏剧系教学工作相结合，演出《日出》《婚事》《求婚》《蠢货》《纪念日》《带枪的人》
陕甘宁边区民众剧团	1938 年 7 月 4 日	延安	柯仲平、刘克礼、马健翎等	—	《好男儿》《查路条》《中国魂》《三岔口》《中国拳头》《十二把镰刀》《一条路》《有办法》《回关东》等。1938 年间外出巡回演出近四个月，行程 2500 多公里。共四十多位成员参与该活动
边区文艺界抗战联合会（简称"边区文联"）	1938 年 9 月 11 日	延安	丁玲、林山、田间、成仿吾、沙汀、任白戈等	—	以"选拔干部、供给文艺食粮，建立抗战中的文艺理论"为宗旨
山脉文学社	1938 年 10 月 27 日	延安	奚定怀、徐明、劳森	《山脉文学》《山脉诗歌》	制定"十大工作方式"，开展文艺大众化运动。在延安地区建立十多个小组，成立多个分社，开展文艺大众化运动
烽火剧团	1938 年 10 月	延安	蔺子安、高波、陈明相等	《太阳月刊》《时代文艺》《新流月刊》《拓荒者》《海风周报》	奔赴前线，动员民众参加抗战。演出《小放牛》《过关》《治病》《李秀成之死》等剧目
抗大文工团	1938 年底	延安	缪正心、欧阳山等	—	排演《没有祖国的孩子》《汉奸的子孙》《保卫大武汉》《延安生活三部曲》《窑黑子》《保卫马德里》等戏剧。演唱《延水谣》《新山歌》《在太行山上》
陕甘宁边区美术工作者协会	1939 年 2 月 7 日	延安	胡蛮、江丰、力群、钟敬之、华君武	—	多次举办画展，并创作油印画、招贴画、街头美术墙报等

社团名	成立时间	成立地点	主要成员	主要刊物	宗旨或主要活动
中华戏剧界抗敌协会边区分会（简称"边区剧协"）	1939 年 2 月 10 日	延安	—	—	负责协调、领导延安戏剧界，所属有民众剧团、鲁艺戏剧系、烽火剧团、抗大文艺工作团、陕公剧团、民众娱乐改进会、鲁艺实验剧团、工余剧人协会、旧剧研究会、剧作小组、西北文工团、青年艺术剧院等
中国民间音乐研究会	1939 年 3 月 5 日	延安	树连、罗椰波、铁铭等	—	出版《陕北民歌集》《绥远民歌集》等。改编优秀民歌《边区十唱》《有吃有穿》《翻身道情》等
中华全国文艺界抗敌协会延安分会（简称"延安文抗"）	1939 年 5 月 14 日	延安	周扬、成仿吾、萧三、沙可夫、丁玲、艾思奇、柯仲平、严文井等	《大众文艺》《中国文艺》	组织文艺小组、开展街头文艺活动、出版不定期《街头文艺》，举办文艺月会、星期文艺学园，设立文艺出版所，出版文艺大众丛书
工余剧人协会	1939 年 10 月 21 日	延安	艾思奇、张庚、钟敬之等	—	《大雷雨》《日出》等
延安文化俱乐部	1940 年 3 月	延安	萧三、陈明	—	其宗旨是"促进文化活动，提倡文化娱乐，联络感情"，举办各种展览和纪念活动，为诸文化团体提供活动场所，成为延安文化活动中心
大众读物社	1940 年 3 月 12 日	延安	周文、胡采、金照、胡绩伟等	—	先后出版过《边区群众报》《大众画库》《大众文库》、"革命岁月"丛书、《大众习作》等
西北文艺工作团	1940 年 9 月 1 日	—	—	—	推出过《蜕变》《北京人》《雾重庆》《生活在召唤》《俄罗斯人》等。《讲话》后，转为以演秧歌剧为主

续表

社团名	成立时间	成立地点	主要成员	主要刊物	宗旨或主要活动
文艺月会	1940 年 10 月 19 日	延安	丁玲、舒群、萧军等	《文艺月报》	召集座谈讨论或例会
延安新诗诗歌会	1940 年 12 月 8 日	延安	萧三、柯仲平、乔木、何其芳、公木、郭小川	—	开展各种诗歌大众化运动
鲁迅研究会	1941 年 1 月 15 日	延安	艾思奇、萧军、周文、周扬、陈伯达、范文澜、丁玲	—	出版鲁迅研究成果、设"鲁迅文艺奖金"、成立"鲁迅纪念馆"和"鲁迅文化基金"等
延安平剧研究院	1942 年 10 月	延安	—	—	《逼上梁山》《三打祝家庄》《史可法》《上天堂》《难民曲》等

　　如果说上述简表只能给人一个有关延安时期主要文艺社团的笼统印象，还缺乏更微观的细察的话，那么我们不妨以"文艺小组"这种延安文艺社团的常见形式来做进一步的分析。当茅盾于 1940 年到达延安时，他回忆说："延安各文艺小组（各学校、各机关、各工厂、各部队的），大约有五六百人，都是经常写通讯的，所以也就是文艺通讯员。这许多小组都由全国文协延安分会指导，通讯员的习作有十多个作家专任批改。好的习作都在《大众文艺》或其他刊物上发表。其中有不少是颇为优秀的。去年十月，又专门出版了一个刊物，名为《大众习作》，登载青年们的习作，——小说、诗歌、报告等等，每一部门篇数多少不等，每一部门有一篇总的批评，而且每一篇经过修改的习作都把原作照登在下方，说明何以如此修改，以便读者对照着看。"①茅盾的回忆表明，文艺小组在延安已如雨后春笋般地崛起。这些小组往往有着较为统一的领导机构，其中"文协"起着重要的领导与调节作用，《新中华报》1940 年 7 月 12 日的一则消息说："文协领导之文艺小组工作，自文协代表大会后，有极大开展，现组员已达三百余人，遍及边区各地。文协为了

---

① 茅盾：《抗战期间中国文艺运动的发展》（原载于《中苏文化》1941 年第 8 卷第 3、4 期合刊），《茅盾全集》（第二十二卷·中国文论五集），人民文学出版社 1993 年版，第 198 页。

更积极地帮助各个组员，最近拟组织有系统的文艺报告，聘茅盾、周扬、艾思奇、丁玲等为报告人。"①著名作家萧三曾对这些文艺小组的活动方式、创作主题、社会影响做过极详细的描述：

> "文章下乡"！"文章入伍"！——这是抗战以来全国文艺企图文艺普遍、深入民间的口号。……
>
> 在陕甘宁边区这个先进的、模范的抗日民主根据地，则除了"文章下乡"、"文章入伍"之外，还有"文章入工厂"以及"文章入机关，入学校，入各个民众组织"一个现象，这就是这些地方里面的"文艺小组"之创立与发展。我们认为这也是文艺更加普遍与深入的表现，而且它的意义更重要，前途远大。……
>
> 解放社印刷工厂文艺小组——成立了一年多，组员三十多人，他们自己经常出壁报（《萌芽》《突出》《墙报》《印工》……）研究文艺问题，诵读文艺名著，自己写作。最近他们出了好几个集子。例如一九四〇年一月十五日出了一本《襟园》，里面收集了十三个作者的报告，小说、诗歌、戏剧、故事，共十六篇，内容有写本厂生活的《排字部的一天》；写东北青年出哈尔滨经北平，开封，临汾到延安学习，工作，被日机炸死的经过的《债》，写工人自己生活的《变迁》，《征工》……有《看〈日出〉后偶感》的诗，有"葭州脑子气死老人"的故事……
>
> 机器厂文艺小组第一、第二组——成立了一年多，十多个组员。组员刘亚洛的作品在《文艺突击》发表过多次。这是一个很热心，很用功而有才能的工人作家。组员侯金保所作《我和菜油机的生活》曾登《文艺突击》，曾译成世界语，曾转载于《中学生》，并给了好的批评。在这个文艺小组里有一个四十多岁的老工人写过一篇民谣式的长歌，很好。组员们在厂里出自己的墙报——工厂生活，有一个集体的读书会，经常座谈，诵读中国及世界的名著（《洋

---

① 转引自孙中田：《茅盾在延安》，孙中田、查国华编：《茅盾研究资料》（上），中国社会科学出版社1983年版，第443页。

鬼》《我爱》，参加的听众一百多人，尤其小鬼们，自动要求给朗读）。工作之余努力创作，边区文协曾派人和他们开过文艺座谈会，大家发言讨论，至为热烈。①

在萧三所列的文艺小组中，除刚才提到的解放社印刷文艺小组、机器厂文艺小组外，还有八路军政治部印刷工厂文艺小组、留守兵团文艺小组、女子大学文艺小组、抗大文艺小组、财政经济部文艺小组、七里铺兵站文艺小组、新华书店文艺小组、安塞通讯社文艺小组、民众剧团文艺小组等将近二十个小组。这些文艺小组对底层民众的影响是极巨大的，"工厂及机关文艺小组的组织和成绩比学校里的好，工厂工人的情绪比较热烈，他们挤出时间来学习，创作，挤出时间来替《文艺突击》和现在的《大众文艺》排印，因为他们把它当作自己的刊物"②。更为重要的是，参加这些文艺小组，对于改造知识分子或文艺工作者的意识形态和思想观念，促使其自觉融入大众中去，具有特殊的作用。萧三作为当时延安著名的作家，其感受是非常具有代表性的：

> 我们的文艺工作者都感觉到、观察到边区和延安的实际生活非常生动丰富，它是多方面的，无穷无尽，几乎垂手可得的。比如去年以来，已有一部分作家找了由前方归来的同志们谈了，写成了前方——敌后许多动人的故事：比如上述工代会、合作社主任大会、仓库主任大会，也有个别的文艺工作者参加了，写了新闻，写了人物……但是却没有有组织地、大批地来作那些事。到了开边区参议会，特别是群英会时，情形便稍为不同了，作家们开始有组织地参加工作了——起初有三四个，随后有十来个作家同志（连记者同志

---

① 萧三：《谈延安——边区的"文艺小组"》（原载于《大众文艺》1940年第1卷第1期），《延安文艺丛书》编委会编：《延安文艺丛书》（第十六卷·文艺史料卷），湖南文艺出版社1987年版，第413—414页。

② 萧三：《谈延安——边区的"文艺小组"》（原载于《大众文艺》1940年第1卷第1期），《延安文艺丛书》编委会编：《延安文艺丛书》（第十六卷·文艺史料卷），湖南文艺出版社1987年版，第416页。

一共有二十来个人）从头到尾参加了大会、小组会，访问了、观察了、研究了个别参议员，个别劳动英雄与模范工作者，随即写出了许多文章，叙述了英雄们的业绩，描写了他们的形象……因此鼓励了他们，无疑地对生产、工作各方面的更加进步，也起了推动的作用。……在作家自己这方面便觉得真正受了很好的教育，首先是接近了群众，工农兵群众中的英雄、代表，了解了他们的工作，事迹、生活，进一步认识了"群众的创造性、积极性，热情、正气，是无穷无尽的"（毛泽东同志），人民的力量是伟大的。①

还有特别可宝贵的，是这一次参加的文艺工作同志们与劳动英雄及模范工作者之间，发生了很好的感情。我们的文艺工作同志不是以好奇心或资产阶级新闻记者和作者的心理与态度，去"剥削"他们，从他们身上"挖材料"来"搞创作"，来卖新闻以取得名与利。不，文艺工作者们这一次至少是下了这样的决心的：去亲近工农兵群众，为他们服务，使自己在全面建设边区这座大厦中，也尽一份微小的力量，也砌上一块砖石或安上一根木料。具体的工具就是笔。而且也下了决心多写通讯、报告、速写等，因为这样能反映得快些、及时些。劳动英雄和模范工作者，这些群众中杰出的代表们是最实际而又最聪明的。他们看得出文艺工作者的诚恳，也了解到，这是为大家、为集体，而不是为个人英雄主义捧场，他们谦虚，但不虚伪，"有啥说啥"，说出自己的经验、办法来，也是为了大家好，而不是为个人出风头。……于是作家们和他们建立起了初步的友谊。这就是作到了知识分子、文艺工作者与工农兵群众初步的结合。……这是我们这次最大的收获。②

①　萧三：《第一步——从参加边区参议会及劳模大会归来》（原载于《解放日报》1945年2月20日），《延安文艺丛书》编委会编：《延安文艺丛书》（第一卷·文艺理论卷），湖南人民出版社1984年版，第320页。

②　萧三：《第一步——从参加边区参议会及劳模大会归来》（原载于《解放日报》1945年2月20日），《延安文艺丛书》编委会编：《延安文艺丛书》（第一卷·文艺理论卷），湖南人民出版社1984年版，第322页。

这种文艺小组就其性质讲，它本身就是文艺大众化的一种体现。延安文艺抗分会文艺小组工作委员会所提出的《文艺小组工作提纲及其组织条例》中明确指出，文艺小组是根据大众对文艺普遍的爱好和要求，而在自由民主的边区所产生的一种群众的文艺运动，要求普遍深入文化生活到群众中间去，大量发展培养文艺写作干部，进行民族形式、大众化、新民主主义文化等问题的讨论。[①] 值得注意的是，这些由文协统一领导的文艺小组通过座谈会广泛征求意见，还确立了延安及解放区文艺创作与批评的总问题：

> 总的题目：写什么和怎样写？读什么和怎样读？一、关于理论的：1.大众化与通俗化；2.何谓民族形式？3.如何区分浪漫主义与现实主义以及将来两者能否交流？4.如何使文艺与战斗结合，而在战斗里使文艺真切地出现？5.为什么现在产生的作品不易被人称赞和接受？6.学习马列主义之后，为什么反倒写不出文艺作品？7.典型和故事怎样结合？8.什么叫做典型，怎样创造典型？9.为什么没有伟大作品产生？10.文艺与科学。11.文艺与政治。12.文艺学习与政治学习相互关系。13.写作方法与世界观。14.文学的现实性。15.关于艺术上的隔阂问题。二、关于写作修养的：1.怎样搜集材料和处置材料？2.怎样读书才能收到效果？3.如何创造新的形式？4.如何运用活生生的语言？5.怎样处理主题？6.写什么？7.怎样写诗？8.怎样写小说？9.怎样运用方言？10.写作应有什么准备？[②]

不难看出，在这种"轻骑兵"式的文艺小组所设定的讨论题目中，延安及解放区文艺创作与批评在现实中所遇到的困难或瓶颈都以"问题"意识表现出来了。可以说，这里所列的两大类25小类问题基本涵盖了马克思主义

---

① 艾克恩编纂：《延安文艺运动纪盛》（1937年1月—1948年3月），文化艺术出版社1987年版，第283页。

② 艾克恩编纂：《延安文艺运动纪盛》（1937年1月—1948年3月），文化艺术出版社1987年版，第283—284页。

文艺理论中的主要问题，它们不仅是延安文艺大众化、民族化实践中的理论思考，还在相当长时间内规范了马克思主义文学批评中国形态建构的主要问题域，具有特别重要的理论价值。

正是由于这些文艺社团的兴起，延安文艺呈现出与国统区完全不同的气象。丁玲曾满怀激情地赞颂了这种文艺新气象：

> 苏区的文艺，到现在还没有产生过如同阿Q那样艺术上成熟的作品，就是象《子夜》《八月的乡村》……有着丰富、新鲜，大的场面的描写也找不出。然而却自有它的特点。如同苏区的戏剧运动一样，就是大众化，普遍化，深入群众，虽不高深，却为大众所喜。……虽是在印刷业不发达的苏区，而文艺的花朵，纵是一些很小的野花也好，却是遍地的浮映着，如同海上的白鸥，显得亲切而可爱。
>
> 创设了苏维埃的人们，和那些从土地革命生长了出来的人们，具有着新生的明朗的气氛，在各种工作方面显示了独特的明快的作风，在文艺上也呈现出活泼、轻快、雄壮的优点。最能作证明的，便是流行着比全中国都丰富的歌调，不只采用了江西、福建、四川、陕西……八九省的民间歌谣的形式，放进了适合的新的内容，如《送郎当红军》《渡黄河歌》，这都是一些不朽的佳作；而且创作了新的雄伟的《第二次全苏大会》（堪比《马赛曲》《国际歌》及《武装上前线》）……
>
> 于是文艺的兴趣被提高了，文艺的书籍也在有人抢着阅读；而且有了文艺协会的组织，在延安的会员就有几百；油印的小刊物（纯文艺的）总是供不应求，每日都可以接到索阅的函件。作为撰稿者的前方指战员，或是小村落上的剧团的演员们，拥挤的稿件，塞破了编辑者的皮包，琳琅满目。想不到的一些材料都被使用着了，而大的整个的材料又正在有计划之中被搜罗整理中。……
>
> 这初初的蔓生的野花，自然还非常幼稚，不能厌足高等博士之流的幻想，然而却实实在在是生长在大众中，并且有着辉煌的前途

是无疑的。①

由于相对健全的文学制度的建立，延安文艺大众化运动呈现出勃勃生机。艾思奇在"文协"第一次代表大会的报告《抗战中的陕甘宁边区文化运动》中对此曾做过细致的总结：

> 就艺术方面来说，边区的成绩的表现，首先是在于做到了大量的创作。根据边区美术救亡协会的不算完全的统计，在美术方面，抗战以来各种宣传画、漫画、木刻、壁画等等的创作，数量在三千五百件以上；音乐方面的创作，从小调歌曲一直到大合唱，共计三百个以上；戏剧的作品，由活报杂耍到两三幕的大戏，共一百多种以上；文学作品如象诗歌小说报告之类，数量特别多，目前一时无从估计。……
>
> 在报纸杂志方面，边区出版了关于政治（《解放》）、军事（《军政杂志》）、文化（《中国文化》《文艺突击》）、妇女（《中国妇女》）、青年（《中国青年》）、工人（《中国工人》）、科学卫生（《国防卫生》）等各部门的专门刊物，以及许多油印石印的刊物画报（如《前线画报》）等，有《今日新闻》和三日刊的《新中华报》，而它的内容，是不仅只有边区的地方性质，而且也有指导全国的性质。
>
> ……
>
> 为要团结和培养专门做文化工作的干部，边区已建立了这样的一些基础：鲁迅艺术学院，自然科学院，边区师范，卫生学校，各剧团，文化协会等等。②

---

① 丁玲：《文艺在苏区》（原载于《解放》1937年第1卷第3期），《延安文艺丛书》编委会编：《延安文艺丛书》（第一卷·文艺理论卷），湖南人民出版社1984年版，第352—354页。
② 艾思奇：《抗战中的陕甘宁边区文化运动——一九四〇年一月六日在陕甘宁边区文化协会第一次代表大会上的报告》，《论文化和艺术》，宁夏人民出版社1982年版，第93—100页。

二、知识分子与文艺大众化

在延安，聚集并活跃着一批当时中国文坛上著名的作家或批评家（或以后成长为中国文艺理论与批评界的中坚人物），如茅盾、萧三、成仿吾、柯仲平、冯雪峰、胡蛮、丁玲、萧军、王实味、吴奚如、周文、周扬、艾思奇、罗烽、艾青、徐懋庸、何其芳、林默涵、荒煤、刘白羽、陈涌、田间、洪深等，他们构成了一个力量强大的延安文艺工作者及理论批评家群体。作为中共政党意志与广大民众利益之间的沟通的桥梁，其对文艺大众化运动的自觉践行有力推动了延安文艺大众化运动。

虽然在延安整风运动时期出现了"王实味事件""吴奚如案"，文艺界的思想斗争渐露苗头，《讲话》后文艺团体由于意识形态的规约而逐渐走向一体化①，文艺创作也渐趋配合和服务于政治而相对忽视了自身的艺术规律，但当时的延安和解放区对于知识分子的总体态度是肯定、接纳、欢迎的，除了为其创造或提供必要的生活和工作环境外，毛泽东及共产党人都在竭力引导知识分子进行思想改造，努力使其大众化、群众化。这可以在毛泽东的《新民主主义论》《文化工作中的统一战线》《大量吸收知识分子》的大量相关论述以及他与丁玲、萧军、周文、欧阳山等人的书信往来见出；在张闻天《抗战以来中华民族的新文化运动与今后任务》对知识分子优缺点的实事求是的分析和满怀期待中见出；在中共《关于各抗日根据地文化人与文化人团体的指示》《关于部队文艺工作的指示》这样的官方文件中见出；也可以从延安将鲁迅解读为党的鲁迅、革命的鲁迅、民族的鲁迅、大众的鲁迅中见出。延安文艺工作者们也在宽松的政治、文化环境中不断进行自我反省、自我批评和精神蜕变，响应"文章下乡，文章入伍"的口号，走出书斋，深入民间，真正地接触和体验民众生活。1939年前后，多数文艺家都参加了各

---

① 比如，中共中央在1942年9月通过的"关于统一抗日根据地党的领导及调整各组织间关系的决定"中明确规定："党对民众团体的领导，经过自己的党员及党团。"这一决定表明，中国共产党一方面要遵照解放区各级政府施政纲领的规定，保持文艺社团的独立性；另一方面又要从中国共产党的意识形态要求出发，加强对文艺社团的政党领导。——《关于统一抗日根据地党的领导及调整各组织间关系的决定》，中央档案馆编：《中共中央文件选集》（第十三册·一九四一——一九四二），中共中央党校出版社1991年版，第432页。

种文化工作团体，如西北战地服务团、抗敌剧社、太行山剧团、冀中火线社等等，除了创作演出，还协助广大农村开展群众文艺运动。在茅盾的《延安行》、萧三的《谈延安——边区的"文艺小组"》、成仿吾的《战火中的大学》、丁玲的《文艺在苏区》、艾思奇的《文艺工作者到前方去》、艾青的《展开街头诗运动》、荒煤的《鲁迅文艺工作团在前方》、刘白羽的《延河水流不尽》中，我们都能看到他们对热火朝天的文艺大众化运动的热情记叙和发自肺腑的支持。同样，我们也能看到他们深入民众、投入文艺大众化一线的身影，如：丁玲参加西北战地服务团奔赴抗日前线并主编《战地》丛书；茅盾在延安各文艺小组会上进行如何学习民族形式的演说；萧三组织文化俱乐部举办文艺理论报告会；陕北公学"妈妈校长"成仿吾带领陕北公学流动剧团走乡串户进行巡回演出；周文创办崭新的大众化报纸——《边区群众报》（1940年3月25日）；洪深用《一千一百个基本汉字使用教学法》从文字改革入手进行文艺大众化思想宣传；"大众诗人"柯仲平积极提倡诗朗诵活动，发起延安街头诗运动；田间等晋察冀诗人群开展街头诗运动和传单诗、街头剧创作；等等。可以说，延安及各解放区文艺工作者在同普通民众的对话和相互学习中，从他们那里吸收了新的思想和新的文学因子，从而引起自身的质变。而普通民众也从新文艺中得到了现代文明、民主科学的启蒙与熏陶，促成了自己的觉醒。这种知识分子同普通民众之间的互动不仅带来了解放区群众性文艺创作的热潮，也有力地推动了新文学向着大众化、民族化的方向不断前进。柯仲平为民众剧团所写的团歌正是这种知识分子践行文艺大众化目标的有力佐证：

> 你从哪达来？从老百姓中来。
>
> 你又要往哪达去？到老百姓中去。
>
> 我们是来学习老百姓的宝贵经验，你看老百姓已经活了几千年、几万年。
>
> 我们是来动员老百姓抗战生产，你看老百姓的力量深无底、大无边。
>
> 我们是来吃老百姓的奶，我们是来为老百姓开垦荒山。
>
> 在民主的边区，我们自由地走去走来；
>
> 我们要叫胜利花开遍，

花开遍，在荒山！ ①

对于知识分子与普通民众的这种互动所形成的文艺大众化热潮，丁玲也曾作过深情的回忆：

> 抗战开始以后，更多的革命艺术家、剧团、演出队、知识分子从国统区的大城市，辗转来到延安。延安的戏剧活动，出现了空前的繁荣，从一九三九年底到一九四二年召开文艺座谈会之前的几年里，据我不完全、不准确的回忆，在延安舞台上先后演出了大型话剧《团圆》《农村曲》（歌剧）、《大雷雨》《突击》《日出》《雷雨》《钦差大臣》《过黄河》《蜕变》《阿Q正传》《李秀成之死》《铁甲列车》《带枪的人》《中秋》《悭吝人》《伪君子》《北京人》《抓壮丁》《马门教授》《新木马计》等；京剧则有《打渔杀家》《四进士》《法门寺》《武家坡》《群英会》《空城计》《宋江》《玉堂春》《奇双会》《六月雪》《梅龙镇》等。这些戏大抵都是名著佳作，把在战时延安社会中平常没有或少见的人物，连同新颖的服装、舞台灯光、布景等等，五光十色，带给了延安的军民观众，打开他们的眼界。这是很好的，难怪当时有些介绍文章要说"观众踊跃"。②

三、延安文艺大众化运动对马克思主义文学批评建构的影响及意义

延安文艺大众化运动绝非单纯的文艺议题，它不仅是属于文学本体意义上的建设性探讨，更是承载着共产党人和知识分子探求建构现代民族国家的政治诉求的实践活动。通过对关涉文艺大众化的基本要素如"谁是大众""谁来大众化""大众化谁""如何大众化"等的分析，不难看出，延安时期的文艺大众化与五四时期的文艺大众化有着明显的区别，表现出"大众"身份由

---

① 柯仲平：《民众剧团歌》，王琳编：《柯仲平诗文集·短诗》，文化艺术出版社1984年版，第78页。

② 丁玲：《延安文艺座谈会的前前后后》，张炯主编：《丁玲全集》(10)，河北人民出版社2001年版，第270—271页。

"底层阶级"向"阶级属性"、知识分子的立场由"启蒙的大众化"向"革命的大众化"以及文艺形式从"民族形式"向"民间形式"不断转换的清晰演进理路。可以说，延安时期的文艺大众化，同五四时期甚至"左联"时期的文艺大众化停留于纯粹的理论探讨相比，不仅具有明显的角色置换的特点（即启蒙者与启蒙对象，知识分子与人民大众、老师与学生、改造者与被改造者之间发生了身份转换），而且纵贯着政治权力的运作和意识形态的指涉。这些都对中国现当代文艺批评特别是马克思主义文艺批评产生了重大的影响，甚至规范着 20 世纪后半叶中国文艺批评的基本走向。比如，第一次文代会后，为显示《讲话》的实绩，实践《讲话》的方向，文艺界编辑出版了《中国人民文艺丛书》和《文艺建设丛书》两套丛书，前者收集延安文艺座谈会后解放区的优秀文艺作品，共 53 种；后者则收集新中国贯彻工农兵文艺方向的新成果。这些描写工农兵、歌颂工农兵的新人新作以及新的创作理念，基本规定了新中国成立后一段时期内中国文艺创作与批评的基本方向。而新中国成立后兴起的新民歌大众化运动以及川剧的马克思主义大众化改造活动，同样可以看到延安文艺大众化实践的直接承续。

延安时期的文艺大众化运动，具有文学史或文艺批评上的"区隔"意义。由于延安及各解放区的文艺大众化活动在实践操作层面所取得的巨大成绩，"化大众"变成了"大众化"，乡村文艺基本代替了都市文艺而成为主流，个性写作、启蒙传统及非"大众化"文艺作品为集体写作、工农兵传统及大众化文艺作品所代替，这使得延安工农兵文艺迅速同五四启蒙文艺划开了界限，一种以大众喜闻乐见为文艺评价标准，以是否能顺应大众心理或鼓动大众热情为目标或指归的文艺创作理念代替了五四以来的个性主义写作理念，并成为评判作品、作家或区分现代中国文学史不同发展阶段的标准。这一区隔意义还体现在现当代以来文艺批评关于文学类型的辨析与判定上。比如，关于解放区与国统区大众文艺的性质问题，文艺批评界就常常把在《讲话》精神指引下的"农民大众文学"（如秧歌剧《兄妹开荒》、新歌剧《白毛女》、新编京剧、街头诗、墙报、赵树理小说等）与在国统区为人追捧的张爱玲、徐訏等人为代表的"市民大众文学"并列视为中国现代大众文艺的两大类型。

从文艺大众化的总体发展态势来看，无论是近代的文艺通俗化理念、五四时代对白话文的提倡，还是"左联"时期对于文艺大众化的理论探讨，尽管参与论争的理论家们基本都达成了文艺必须深入大众，必须具有为大众所乐于接受的形式的共识，但大众并没有真正发言，文艺创作领域中也未出现真正意义上的大众化作品，文艺大众化论争仍然是知识分子话语的内部展开。只有在延安文艺运动中，当毛泽东将文艺的"工农兵方向"开始由抽象的"文艺理论"转化为具体的"文艺实践"，解放区文艺活动变成了一种特殊的政治实践，并且解放区文艺在生成方式上实现了以知识分子为中心向以工农兵大众为中心的根本性转化时，文艺大众化才能变成如火如荼的现实。这其中，政党对文艺直接干预的政治之力以及各种文艺奖励政策、大众诉求基础的转变及对文艺服务对象的明确、知识分子大众化维度的增加等等，是形成20世纪中国大众文艺发展中的"延安景观"的重要原因。从马克思主义文学批评中国形态的建构视角来看，延安文艺运动中的这道特殊的亮丽的大众景观，充分展示了理性化的观念认识与人民群众的现实关切和需求的结合、阶级利益与人民群众利益的统一以及大众化的对象与大众化的主体的融洽在建构中国形态的马克思主义文学批评理论的重要作用。这也昭示着：凡是有建树有作为的文艺批评理论，都不是主体创立者把自己关在书斋里，单靠冥思苦想和放飞思维能够实现的，恰恰相反，文艺创作者与批评者必须走出书斋，走进丰富多彩的现实生活，走进工农大众的广阔的革命斗争实践，在敏锐把握历史与现实、参与当下社会生活和实践进程中，抓住文艺实践本质，提炼文艺实践经验，揭示文艺实践规律，才能让文艺真正成为为人民大众所需要的精神食粮，才能让文艺理论与批评的现实生命力得到延续与发展。

第四节　两个方向的树立：延安文艺运动中的马克思主义文学批评中国化探索

延安文艺运动为中国文学创作与批评树立了两个典范性的方向："鲁迅方向"和"赵树理方向"。这两个方向的树立为我们理解马克思主义文学批评中国形态的进程提供了极好的中国化范本。

一、"鲁迅方向"与延安文艺批评

如何正确解读与评价一个在现代中国革命史、思想史、文学史上有着世界性影响而其思想又异常复杂的本土文化巨人，特别是他作为一个党外人士，其文化思想如何同中国共产党的思想、文化、文艺建设理念协调起来，这是当时处于政治弱势又面临抗战紧迫情势的中国共产党必须解决的现实文化与文艺问题。历史的进程本身清晰地显示出中国共产党在解决这一现实问题时，既能以实事求是的精神准确地评价鲁迅在中国现代思想与文化中的地位，也能创造性地将鲁迅的价值与意义同自己的新民主主义文化建设结合起来，正是从这个意义上讲，鲁迅方向的树立是延安的马克思主义文学批评中国化的一个典范尝试。

首先，我们必须看到，在中国共产党人的努力宣传中，鲁迅方向的树立同新民主主义文化建设是紧密结合在一起的。当 1936 年鲁迅逝世时，中共中央和苏维埃政府即发布告全国同胞和全世界人士书，痛悼鲁迅，称其为民族解放、社会解放的文人的模范。[1] 毛泽东于 1937 年 10 月 19 日在延安陕北公学举行的鲁迅逝世周年纪念大会上发表题为《论鲁迅》的讲话，称其为"党外的布尔什维克"和"彻底的现实主义者"[2]，高度赞扬其政治远见、斗争精神和牺牲精神。会后中共中央致电给许广平，称鲁迅是"最伟大的文学家、热忱追求光明的导师，献身于抗日救国的非凡领袖，共产主义苏维埃运动之亲爱的战友"[3]。《救亡日报》随即推出"鲁迅先生逝世周年纪念特辑"。1938 年 4 月 10 日延安成立鲁迅艺术学院，目的"不仅是为了纪念我们这位伟大的导师，并且表示我们要向着他所开辟的道路大踏步前进"[4]。1938 年 10 月 19 日，边区文化界救亡协会主持召开延安纪念鲁迅逝世二周

---

① 艾克恩编纂：《延安文艺运动纪盛》（1937 年 1 月—1948 年 3 月），文化艺术出版社 1987 年版，第 34—35 页。

② 《毛泽东文集》第二卷，人民出版社 1993 年版，第 42—45 页。

③ 艾克恩编纂：《延安文艺运动纪盛》（1937 年 1 月—1948 年 3 月），文化艺术出版社 1987 年版，第 35 页。

④ 艾克恩编纂：《延安文艺运动纪盛》（1937 年 1 月—1948 年 3 月），文化艺术出版社 1987 年版，第 61—62 页。

年大会。中共中央六届六中全会再次致电许广平表达敬意。周扬发表讲话，盛赞鲁迅是半封建半殖民中国的伟大的现实主义者、彻底的民主主义者和忠实的民族主义者，"没有鲁迅就没有今日的新文学"①。《新华日报》随即推出《鲁迅先生逝世两周年纪念专刊》，周恩来作题词，鲁艺为纪念鲁迅，演出钟敬之编导的活报剧《鲁迅之死》。1939 年 5 月 10 日在鲁迅艺术学院成立周年纪念会上，毛泽东题词："抗日的现实主义，革命的浪漫主义"；刘少奇题词："为大众文艺的创作而努力"，李富春题词："发扬鲁迅的精神，创造中国大众的新艺术"。这些纪念活动大都将鲁迅精神同文艺大众化活动联系起来。1939 年 10 月 19 日，重庆文化界举行纪念鲁迅逝世三周年大会。国统区的胡风、陈绍禹都作了发言，《新华日报》为此发表社论《纪念伟大的民族战士鲁迅先生》，同时发表纪念文章：欧阳山的《怎样纪念我们底巨人》、潘梓年的《纪念为自由而奋斗的战士》、戈宝权的《鲁迅先生与苏联》、草明的《不妥协的人》、汉夫的《鲁迅先生的伟大思想》等。这些社论与纪念文章的重点也都是鲁迅对新民主主义文化与文化建设的巨大作用。1940年 1 月 4—12 日，在陕甘宁边区文化协会第一次代表大会上，会场放置毛泽东的题词——"为建立中华民族的新文化而斗争"，"鲁迅的方向就是中华民族新文化的方向"。毛泽东在会上带病讲演《新民主主义的政治与新民主主义的文化》（即《新民主主义论》），指出五四以前是旧民主主义的资产阶级的新文化与封建的旧文化的斗争，而五四以后，则是新民主主义文化与帝国主义奴役文化及封建文化之间的斗争，这时文化上的一支新军出现，是共产主义文化思想，以鲁迅为领导者。② 会议还通过了鲁迅研究会案。《新中华报》于 1 月 17 日发表的社论《边区文协代表大会的成就》中认为此次大会的成绩，"表现在确定了中国革命运动和文化运动的方向，强调全国文化界统一战线，应该从各方面提高中国文化，为建立民族的、民主的、科学的、大众的中华民族新文化而斗争"③。1940 年 8 月 3 日，为纪念鲁迅诞

---

① 艾克恩编纂：《延安文艺运动纪盛》（1937 年 1 月—1948 年 3 月），文化艺术出版社 1987 年版，第 93 页。

② 《毛泽东选集》第二卷，人民出版社 1991 年版，第 697—698 页。

③ 艾克恩编纂：《延安文艺运动纪盛》（1937 年 1 月—1948 年 3 月），文化艺术出版社 1987 年版，第 167 页。

辰六十周年,《新华日报》发表社论《我们怎样来纪念鲁迅先生?》,指出要继承他"创作的光荣传统和他一生所抱的为民族、为人民和为求进步而斗争的精神","要加强进行新民主主义的文化运动"。①1940 年 10 月 19 日,延安举行纪念鲁迅逝世四周年大会。丁玲、吴玉章、萧军、周扬、冯文彬、艾思奇等人发言。吴玉章高度评价鲁迅的伟大事业在于"(一)建树了文化上无产阶级的理论思想。(二)建立了真正为劳苦大众服务的革命大众文学。(三)热心赞助新文字运动,使中国文化能真正深入到大众中间去"②。1941 年 1—6 月间延安举行两次鲁迅研究会工作座谈会。1 月 15 日,延安鲁迅研究会在文化俱乐部成立,到会 30 余人,成立鲁迅作品编委会,编辑出版《鲁迅研究丛刊》,设立"鲁迅文学奖金",发出征集鲁迅作品及研究文章的启事(如《敬征关于讨论阿 Q 文献》的启事),并拟筹建鲁迅纪念馆。1941 年 10 月 19 日,延安各界举行鲁迅逝世五周年纪念大会,散发《鲁迅先生逝世五周年纪念特刊》及《鲁迅语录》多种。萧军、萧三、丁玲等人发言。1942 年 10 月 18 日,延安各界举行鲁迅逝世六周年纪念大会。会上,吴玉章称赞鲁迅为思想革命家、社会革命家、文学革命家、文字革命家。徐特立称赞鲁迅是真正理论联系实际的。萧三明确指出:"一个革命文学家一定要无产阶级化,在这一点上鲁迅先生是做到的。鲁迅先生从来没有个人英雄主义,他非常谦逊地说自己是大众中的一个,是桥梁中的一木一石。他的爱和恨是敌我分明的,他爱大众,恨大众的敌人,因此鲁迅先生是没有歪风的完人。"③1942 年 10 月 19 日,《解放日报》发表社论《纪念鲁迅先生》指出:"鲁迅先生的伟大,不仅在他是一个中国近代的最伟大的文学家,而且更重要的是,他是一个伟大的革命家、民族解放的战士、中国共产党的良友与战斗的同志。"④ 社论同时强调,"鲁迅先生对待文学工作的态度,还

---

① 艾克恩编纂:《延安文艺运动纪盛》(1937 年 1 月—1948 年 3 月),文化艺术出版社 1987 年版,第 201 页。

② 艾克恩编纂:《延安文艺运动纪盛》(1937 年 1 月—1948 年 3 月),文化艺术出版社 1987 年版,第 214 页。

③ 艾克恩编纂:《延安文艺运动纪盛》(1937 年 1 月—1948 年 3 月),文化艺术出版社 1987 年版,第 400—401 页。

④ 艾克恩编纂:《延安文艺运动纪盛》(1937 年 1 月—1948 年 3 月),文化艺术出版社 1987 年版,第 401 页。

保留着直接的指导作用和教育意义"①。从这些有关鲁迅的纪念活动中不难看出，"鲁迅方向"其实就是新民主主义文化与文艺建设的革命的、民族的、大众的方向。这实际也表明，在《讲话》出台之前，中国共产党人对于鲁迅的纪念、解读与评价有着鲜明的政治与文化目的。这也可以从中共领导人在鲁艺的大量讲话中看得十分清楚。比如，毛泽东就曾多次到鲁艺发表重要讲话，阐述自己的文艺思想，强调无产阶级文学艺术工作者要到革命斗争中去学习人民的语言。他在给鲁艺文学系"路社"的诗歌座谈会的信中还明确指出："诗歌要反映人民生活，要写抗日的现实斗争，才能完成诗歌的革命任务。因此，诗歌工作者要参加人民群众的生活。还有，诗歌要用接近群众的语言来写，群众才喜爱。"②

"鲁迅方向"不仅是新民主主义文化建设的方向，更是知识分子自我改造的典范性方向。这一点在何其芳《论鲁迅的方向》一文中得到了集中的阐发。在该文中，何其芳在开篇即引用毛泽东在《新民主主义论》中所说的"鲁迅的方向，就是中华民族新文化的方向"③，然后重点剖析了"鲁迅精神"，将其总结为三点，即：（1）彻底地不妥协地反对封建文化和买办文化；（2）勇敢地背叛自己阶级并成为无产阶级革命家和思想家；（3）信任人民的力量与智慧，并鞠躬尽瘁地为人民服务。何其芳还特别补充道："必须认识，鲁迅先生也是经过了从一个阶级到一个阶级的变化的。不了解这点，就不可能了解为什么鲁迅的方向就是中华民族新文化的方向，也不可能了解到底什么是鲁迅精神。"④从何其芳的这段对"鲁迅方向"及"鲁迅精神"的阐发来看，他更强调、认同鲁迅是知识分子自我改造的典范。事实上，在延安，我们也确实看到许多知识分子自我改造的例证，如：丁玲在《讲话》后发表的《关于立场问题之我见》以及《文艺界对王实味应有的态度及反省》中对于自己

---

① 艾克恩编纂：《延安文艺运动纪盛》（1937年1月—1948年3月），文化艺术出版社1987年版，第401页。

② 艾克恩编纂：《延安文艺运动纪盛》（1937年1月—1948年3月），文化艺术出版社1987年版，第90—91页。

③ 《毛泽东选集》第二卷，人民出版社1991年版，第698页。

④ 何其芳：《论鲁迅的方向》（本文是何其芳1946年10月为鲁迅先生逝世十周年纪念作），《何其芳文集》第四卷，人民文学出版社1983年版，第140页。

小资立场的反省；艾青在《我对目前文艺上几个问题的意见》中对自己以前"作家不是百灵鸟"论调的反思以及倡导街头诗去落实这种自我改造；何其芳在《给艾青先生的一封信——谈〈画梦录〉和我的道路》中叙述自己的生活状态与思想倾向的转变；等等。几乎可以说，从国统区奔赴延安的作家或批评家大多经历了这种自己改造、反省甚至忏悔。因此，结合《讲话》前后中共党人对"鲁迅方向"同新民主主义文化内在联系的各种阐发，我们可以看到，"鲁迅方向"实际就是新民主主义文化的革命、民族、大众方向和知识分子自我改造的结合体，而这正是毛泽东延安时期文化与文艺思想的总体构想的现实体现。

中国共产党所树立的"鲁迅方向"对当时的延安文艺批评和抗战后的中国文学发展方向有着深远的影响。这种影响体现在多方面。比如：关于创作现状的判断，丁玲在《解放日报》上撰文《我们需要杂文》，罗烽在《解放日报》副刊《文艺》上发表《还是杂文的时代》，都指出现在仍没有脱离鲁迅的时代，仍然需要杂文去划破黑暗；关于作家阶级立场的评判，何其芳在1942年写了题为《两种不同的道路——略谈鲁迅和周作人的思想发展上的分歧点》的专文，将周氏二兄弟的心路历程归纳为民主主义与个人主义的分歧；在文艺界的思想斗争上，周文在《解放日报》上撰文《从鲁迅的杂文谈到实味》（1942年6月16日），批评王实味假借鲁迅旗号，拿出貌似鲁迅的杂文，号召青年攻打自己的阵营；关于现代中国文艺革命精神的传承问题，周恩来在重庆《新华日报》（1941年11月16日）为郭沫若五十生辰、创作生活二十五周年发表《我要说的话》，称"鲁迅是新文化运动的导师，郭沫若便是新文化运动的主将。鲁迅如果是将没有路的路开辟出来的先锋，郭沫若便是带着大家一道前进的向导"[1]。周扬则在《解放日报》"庆祝郭沫若先生五十寿辰"特刊上撰文《郭沫若和他的〈女神〉》，称《女神》是"自我的歌颂，民族的歌颂，大众的歌颂，这三者融合为一，构成了他的诗的内容。他的浪漫主义是属于高尔基所说的积极的革命的一种"[2]。在"鲁迅方向"的

---

[1]　周恩来：《我要说的话——论鲁迅与郭沫若》（原载于《新华日报》1941年11月16日），文化部文学艺术研究院编：《周恩来论文艺》，人民文学出版社1979年版，第3页。

[2]　艾克恩编纂：《延安文艺运动纪盛》（1937年1月—1948年3月），文化艺术出版社1987年版，第294页。

讨论中，自然不乏对于鲁迅其人其作的评判。如周扬在《新文学运动史讲义提纲》中将鲁迅称为"精神界之战士"。他认为："新文学运动在鲁迅身上找到了自己'最伟大最英勇的旗手'，鲁迅的方向就是中华民族新文化的方向（毛泽东同志语）。这个文学巨人一生所走的道路，从急进小资产阶级的立场到无产阶级立场，从最彻底的民主主义思想到共产主义思想，正标示了新文学发展之必然的趋向。"① 王实味则以其特有的敏锐察识并剖析了鲁迅战斗人生中的"寂寞"。在他看来，"鲁迅先生战斗了一生，但稍微深刻了解先生的人，一定能感觉到他在战斗中心里是颇为寂寞的。他战斗，是由于他认识了社会发展规律，相信未来一定比现在光明；他寂寞，是由于他看到自己战侣底灵魂中，同样有着不少的肮脏和黑暗。他不会不懂这个真理：改造旧中国的任务，只有由这旧中国底儿女——带着肮脏和黑暗的——来执行"②。

值得注意的是，在所有谈论"鲁迅方向"的议论中，陈涌不仅对"鲁迅方向"的要义作了阐发，还将《讲话》后文艺的蓬勃发展视为"毛泽东方向——鲁迅方向"，他说：

> 今天是鲁迅先生逝世十周年，也是毛泽东同志《在延安文艺座谈会上的讲话》发表三周年。鲁迅先生留下的基本方向，就是文艺积极服务于现实政治的方向，就是积极拥护文艺大众化，拥护采取民间的旧形式，拥护木刻、连环图画和其他通俗文艺形式的方向。应该说：这个方向在鲁迅先生死后某些方面是有了减弱，某些文艺工作者只在口头上而不曾在主要文艺主张上追随鲁迅先生。鲁迅先生文艺思想的大发展，是毛泽东同志在延安文艺座谈会上的讲话。
>
> ……
>
> 自毛泽东同志文艺座谈会讲话发表以后，文艺和群众结合的问题基本上得到了解决，文艺对于现实的作用大大地提高了；文艺本

---

① 周扬：《新文学运动史讲义提纲》（本文是周扬 1939—1940 年间在延安鲁迅文学艺术院授课的讲稿），《文学评论》1986 年第 1 期。

② 王实味：《政治家·艺术家》（原载于《谷雨》1942 年第 1 卷第 4 期），北京大学、北京师范大学、北京师范学院中文系中国现代文学教研室主编：《中国现代文学史参考资料·文学运动史料选》（第四册），上海教育出版社 1979 年版，第 596 页。

身也因为找到了人民生活的取之不尽、用之不竭的矿藏，而得到了新文学史上从来未发生过的生气蓬勃的发展。这是文艺战线上毛泽东方向——鲁迅方向的伟大胜利。①

二、"赵树理方向"与延安文艺批评

学界有一种代表性看法，即在延安作家群体中，丁玲和赵树理代表着《讲话》重要的两方面内容：前者是知识分子思想的改造和立场的转变（与何其芳所说的"鲁迅方向"相吻合）；后者则是传统的民间形式的利用。如果说，从鲁迅逝世到抗战结束，延安文艺批评的主导方向是"鲁迅方向"的话，那么，从抗战结束到新中国成立初期，延安乃至中国革命大众文艺的主导方向则是"赵树理方向"。"赵树理方向"的树立意味着延安文艺创作与批评从《讲话》后出现了新的转变。按照费正清先生的说法，"不论是在精神上还是在风格上"，这"实际宣告鲁迅的——以及批判现实主义的——时代已成过去。一个新的时代已经开始，必须创造一种新的文学，它将体现与20世纪20年代和30年代的文学在内容和形式两方面的彻底决裂。从本质上说，这种文学应该是属于人民以及为人民的积极的文学；换句话讲，它在内容上应该清楚地以工农兵为中心，而且在有资格教育群众以前，必须满足群众的需要。五四时期以来的优先次序，现在颠倒过来了，原先是作者的个性和想象在文学作品中得到反映，并传递给逢迎的读者；而现在是工农兵读者提供革命文学的主题，并指导作者的创作。"②

1."赵树理方向"的偶然性和必然性

"赵树理方向"的出现是有其偶然性的。在《讲话》前，赵树理因进行所谓的"旧派"创作而饱受"新派"打压，被嘲笑为"庙会作家""快板诗人"。

---

① 陈涌：《三年来文艺运动的新收获》（原载于《解放日报》1946年10月19日），《延安文艺丛书》编委会编：《延安文艺丛书》（第一卷·文艺理论卷），湖南人民出版社1984年版，第559—560页。

② ［美］费正清、费维恺编：《剑桥中华民国史1912—1949年》（下），刘敬坤等译，中国社会科学出版社1994年版，第547页。

虽然他的创作很好地体现了《讲话》的基本思想，但这只是一种巧合或机遇，而非创作意图上的主观迎合。这可以从《小二黑结婚》出版早于《讲话》公开见报中看出，可以从赵树理生前多次强调其创作《小二黑结婚》和《李有才板话》时并没有听到《讲话》这一历史事实中看出，也可以从其因为自己得到毛泽东这样的中共灵魂人物的响应而欣喜若狂的自述中见出①。也就是说，这不过是毛泽东和赵树理、革命统帅和文艺战士对于文艺如何服务于时代主题以及如何服务于工农兵群众的一种不谋而合。毛泽东的《讲话》对解放区的文学艺术工作的高度重视，对文艺为工农兵大众服务之重要性的反复强调，对规范与统一文艺界思想认识的强烈愿望，以及解放区文艺界大规模思想整风运动后，进步作家在深刻反省其对中国现代文学的基本性质之认识的基础上，普遍产生了真正意义上的无产阶级革命文学只能产生于工农大众自己的作家之手的全新认识，各种历史偶因，风云际会，聚焦并凸现了赵树理及其创作的实用价值。

赵树理及其创作成为后延安时代文艺创作与批评的主导方向，又有其必然性。这种必然性首先表现在中国现代文学的发展从抗战开始进入了一个新的阶段，费正清对此解释说："随着 1936 年鲁迅的逝世与 1937 年战争的爆发，中国现代文学进入了农村阶段。以重庆为中心的'大后方'具有某种农村氛围，而爱国的时代精神引导大多数作家去亲近乡村的群众。这种民粹主义，加上对文学大众化的反复要求，为毛泽东在延安的文艺理论提供了合乎逻辑的背景。在这条新的准则的三个中心主体中，是农民，而不是工人或者士兵，从延安作家那里受到主要的一份创作注意，正如农民阶级构成毛本人的革命战略的支柱。"②

其次，是基于赵树理本人的艺术选择。在关于文艺大众化的"新派"（即坚持以五四新文学为基础）与"旧派"（即强调用民间文艺来改造新文学）

---

① 赵树理说："我那时虽然还没有见过毛主席，可是我觉得毛主席是那么了解我，说出了我心里想要说的话。十几年来，我和爱好文艺的熟人们争论的、但始终没有得到人们同意的问题，在《讲话》中成了提倡的、合法的东西了。"——参见戴光中：《赵树理传》，北京十月文艺出版社 1987 年版，第 174—175 页。

② ［美］费正清、费维恺编：《剑桥中华民国史 1912—1949 年》（下），刘敬坤等译，中国社会科学出版社 1994 年版，第 561 页。

之争中，赵树理是主动选择后者的。这从其对那些模仿苏联诗人马雅可夫斯基诗体的作品的嘲讽，从其成立"通俗化研究会"，从其努力学习毛泽东《新民主主义论》以加强对大众化文学的认识，从其深感中国当时的"文坛太高了，群众攀不上去，最好拆下来铺成小摊子"，"立志要把自己的作品先挤进《笑林广记》《七侠五义》里边去"① 的创作意愿，以及做个"文摊文学家"而不是"文坛文学家"的决心中都可以看到。就像周扬所说，赵树理是作为"一个在创作、思想、生活各方面都有准备的作者"② 进入到大众文艺行列的。

再次，最为重要的是，"赵树理方向"是解放区语境对赵树理"阶级"价值、大众价值的主动选择，因而也是被政治意识形态规约的"赵树理方向"。"赵树理方向"是在 1947 年晋冀鲁豫边区文联召开的文艺工作座谈会上首次提出的，这次会议一致认为赵树理的创作精神及其成果，是边区文艺工作者实践毛泽东文艺思想的具体方向。陈荒煤在《向赵树理方向迈进》一文中又做了具体阐述，认为"赵树理方向"的主要内容，就是围绕革命文学要为群众服务和如何服务的问题，表现为三个特征：一是政治性强，站在人民的立场，爱憎分明地表达阶级感情；二是创造了生动活泼的为广大群众所欢迎的民族形式；三是具有高度的革命功利主义、埋头苦干、实事求是的精神，能全心全意为工农大众服务。文章还认为赵树理创作的核心理念(即"老百姓喜欢看，政治上起作用！")是对"毛主席文艺方针最本质的认识，也应该是我们实践毛主席文艺方针最朴素的想法，最具体的作法"，因此应该"把赵树理同志方向提出来，作为我们的旗帜，号召边区文艺工作者向他学习、看齐"。③ 实际上，在 1946 年，郭沫若、周扬、茅盾、邵荃麟等著名文艺人士就先后发表文章称赞赵树理的创作。比如，郭沫若热情洋溢地评论《李有才板话》说："我是完全被陶醉了，被那新颖、健康、素朴的内容与手法。

---

① 陈荒煤：《向赵树理方向迈进》(原载于《人民日报》1947 年 8 月 10 日)，《陈荒煤文集》(第 4 卷·文学评论·上)，中国电影出版社 2013 年版，第 34 页。

② 周扬：《论赵树理的创作》(原载于《解放日报》1946 年 8 月 26 日)，《周扬文集》第一卷，人民文学出版社 1984 年版，第 486 页。

③ 陈荒煤：《向赵树理方向迈进》(原载于《人民日报》1947 年 8 月 10 日)，《陈荒煤文集》(第 4 卷·文学评论·上)，中国电影出版社 2013 年版，第 34 页。

这儿有新的天地，新的人物，新的感情，新的作风，新的文化。谁读了，我相信都会感着兴趣的。"①周扬在其《论赵树理的创作》一文中也对赵树理创作进行了热情评价，对其人物创造特点（总在一定的斗争环境展开人物的性格）和语言创造特点（群众化、口语化、通俗化）进行了细致的剖析，将赵树理誉为"一位具有新颖独创的大众风格的人民艺术家"②；其《李有才板话》被看作是"非常真实地，非常生动地描写农民斗争的作品，简直可以说是一个杰作"③；赵树理的创作也被看作是"毛泽东文艺思想在创作上实践的一个胜利"④。在茅盾的《关于〈李有才板话〉》一文中，《李有才板话》被看作是"标志了向大众化的前进的一步"，"标志了进向民族形式的一步"。⑤随着赵树理及其创作在晋冀鲁豫边区文艺工作座谈会上被确定为"赵树理方向"，以及他获得边区政府唯一的文教作品特等奖，赵树理成为解放区最有代表性的作家之一，成为"可能是共产党地区中除了毛泽东、朱德之外最出名的人了"⑥。他的这种方向性影响还体现在第一次文代会时他的创作入选代表解放区文艺创作业绩的大型丛书《中国人民文艺丛书》，以及在 1956 年中国作协第二次理事扩大会议周扬的报告中被列为与郭沫若、茅盾、巴金、老舍、曹禺齐名的"语言艺术大师"。可见，将赵树理"旗帜化""经典化""方向化"，是党和政策执行者对特定历史条件下文艺发展的一种设计和瞩望，是 1942年《讲话》之后文学一体化的政治要求。

---

① 郭沫若：《〈板话〉及其它》（原载于上海《文汇报》1946 年 8 月 16 日），郭沫若著作编辑出版委员会编：《郭沫若全集》（文学编·第二十卷），人民文学出版社 1992 年版，第 129 页。

② 周扬：《论赵树理的创作》（原载于《解放日报》1946 年 8 月 26 日），《周扬文集》第一卷，人民文学出版社 1984 年版，第 486—487 页。

③ 周扬：《论赵树理的创作》（原载于《解放日报》1946 年 8 月 26 日），《周扬文集》第一卷，人民文学出版社 1984 年版，第 487 页。

④ 周扬：《论赵树理的创作》（原载于《解放日报》1946 年 8 月 26 日），《周扬文集》第一卷，人民文学出版社 1984 年版，第 498 页。

⑤ 茅盾：《关于〈李有才板话〉》（原载于《群众》周刊 1946 年第 12 卷第 10 期），《茅盾全集》第二十三卷，人民文学出版社 1996 年版，第 340 页。

⑥ ［美］杰克·贝尔登：《中国震撼世界》，邱应觉等译，中国赵树理研究会编：《赵树理研究文集·下卷：外国学者论赵树理》，中国文联出版公司 1998 年版，第 4 页。

2."赵树理方向"与文艺批评

文艺批评界之所以推出"赵树理方向"，就是因为赵树理的创作在文艺的民族化、大众化方面，确实作出了重大的贡献。这不仅仅表现在他在人物塑造、情节结构和语言等均有所创造，形成了他自己在艺术上的独特风格（这种个人艺术风格同时也是民族的、大众的风格），更表现在他创造了老百姓喜闻乐见的，具有中国作风、中国气派的新的民族文艺形式。这种创造性至少体现在以下三个方面：一是创造了真正的"人民文学"。和闰土和阿Q这样的"沉默"或"不自觉"的农民形象不同，赵树理笔下的农民形象都有着丰厚的文化底蕴（即使是典型的落后人物形象），他们不再是被动麻木、喑哑无声、简单的被启蒙、被同情的对象，而成为真正的主人公，成为历史实践的主体。而这种艺术呈现是非常符合历史唯物主义对于人民群众在历史中的作用的基本看法的，同毛泽东写给《逼上梁山》的作者杨绍萱、齐燕铭的信中所说的"历史是人民创造的"的观点也是吻合的[①]。二是突破了五四新文学的"乡村想象"，书写了延安工农兵文艺全新的"农村想象"。五四新文学笔下的阴郁的愚昧的中国农村，在赵树理这里，被充满积极乐观的生活情趣、发生着翻天覆地的巨大变化的新农村形象所代替。三是开启了解放区新启蒙文学创作的先河。这种新启蒙文学是以农村大众为对象，将通俗易懂的为老百姓所喜闻乐见的民间文艺形式和新的意识形态完美结合起来，将是否服务于大众，是否能为大众所接受作为创作的核心理念或评价的基本标准。从这个意义上讲，"赵树理方向"对于现当代文艺批评的影响是非常深远的，它突出体现在以下几个方面。

其一，文艺批评的利益导向的明确化。即实现了从"国民"（五四）到"工农兵大众"的转变，真正确立起文艺批评的民本立场。这一点，我们可

---

① 1944年1月9日晚，毛泽东看完《逼上梁山》演出十分高兴，当夜给杨绍萱、齐燕铭写了封热情洋溢的信："看了你们的戏，你们做了很好的工作，我向你们致谢，并请代向演员同志们致谢！历史是人民创造的，但在旧戏舞台上（在一切离开人民的旧文学旧艺术上）人民却成了渣滓，由老爷太太少爷小姐们统治着舞台，这种历史的颠倒，现在由你们再颠倒过来，恢复了历史的面目，从此旧剧开了新生面，所以值得庆贺。郭沫若在历史话剧方面做了很好的工作，你们则在旧剧方面做了此种工作。你们这个开端将是旧剧革命的划时期的开端，我想到这一点就十分高兴，希望你们多编多演，蔚成风气，推向全国去！"——《毛泽东文集》第三卷，人民出版社1996年版，第88页。

以在后延安时期的马克思主义文学批评家的批评理念或主张中经常看到。比如，胡风在《置身在为民主的斗争里面》一文中，就强调批判现实主义的战斗性"不仅仅表现在为人民请命，而且表现在对于先进人民底觉醒的精神斗争过程的反映里面了。……中国的新文艺正是应着反抗封建主义的奴役和帝国主义的奴役的人民大众底民主要求而出现的"①。又如，冯雪峰认为"新的一代的国民文艺的建立"，即"将艺术的发展从人民的生活和斗争中去探求"。② 在他看来："要新文艺有远大的发展，则'五四'以来的传统经验就显得很不够，一方面必须继续并扩大世界现实主义文艺及其理论的介绍与研究，一方面则一切都须在和人民的生活实践在一起的创作实践中加以实验，修正和扩充，跟着人民生活和新文艺的发展得出新的经验和原则。在我们，从旧的现实主义转化为新的革命的现实主义的发展过程，也即是革命现实主义的生长过程，还远没有完成，这都要和人民的生活与斗争的进展联在一起去进展。"③"人民"地位的突显，我们也可以在 1949 年第一次文代会这样有着极其重要意义的文艺大会上周扬以《新的人民的文艺》和郭沫若以《为建设新中国的人民文艺而奋斗》为题的报告中看出。这种批评的民本立场还在编辑理念的改变中得到体现，比如 1948 年《诗创造》编辑部明确提出要在"艺术是服役于人民的"理念下进行编辑工作的改进：

> 作为对于过去检讨的总结，也作为以后革新的方针，从本辑起，我们要以最大的篇幅来刊登强烈地反映现实的作品，我们要和人民的痛苦和欢乐呼吸在一起，我们这里要有人民的痛苦的呼号、挣扎或者战斗以后的宏大的笑声。我们对于艺术的要求是：明快，朴素，健康，有力，我们需要从生活实感出发的真实的现实的诗，不需要仅仅属于个人的伤感的颓废的作品，或者故弄玄妙深奥

---

① 胡风：《置身在为民主的斗争里面》，《胡风评论集》（下），人民文学出版社 1985 年版，第 17 页。

② 冯雪峰：《论民主革命的文艺运动》，《雪峰文集》第二卷，人民文学出版社 1983 年版，第 163—164 页。

③ 冯雪峰：《论民主革命的文艺运动》，《雪峰文集》第二卷，人民文学出版社 1983 年版，第 164—165 页。

莫测的东西，我们提倡深入浅出使一般读者都能够接受的用语和形式，我们要在普及的基础上提高，要在提高的指导下讲求普及（不是迎合或滥调），我们不是抛却了艺术性，或者说降低了艺术的水准，而是要使诗的艺术性和社会性紧密地配合起来有个更高度的统一和发展。再说一句：我们是重视艺术的，但必须艺术是服役于人民的。①

正是基于这种人民理念，《中国人民文艺丛书》编辑部曾编辑1942年延安文艺座谈会以来解放区文艺作品选集，其中戏剧27种（如《白毛女》《王秀鸾》《李国瑞》《刘胡兰》等）、小说16种（如《李有才板话》《李家庄的变迁》《太阳照在桑干河上》《高干大》等）、通讯报告7种（如《诺尔曼·白求恩片段》）、诗歌5种（如《王贵与李香香》《赶车传》）、说书词2种（如《刘巧团圆》）。② 这套丛书的编辑以"人民"为题，以是否反映广大民众的基本生活和基本利益为编选原则，足见文艺批评的民本立场已深植文艺界，甚至可以说，"人民"一词成为《讲话》后文艺批评的中心能指。

其二，文艺批评性质的重新规定。即文艺批评是作为毛泽东文艺思想之应用与展开而存在的。"五四"以来，我们可以看到各种批评观念的盛行：或将批评视为揭示文学艺术作品的美和缺点的科学（如刘文翩、景昌极等），或将批评视为一种价值判断（如郭绍虞、罗根泽等），或将批评视为一种解释性活动（如梁宗岱），或将批评视作自我感觉的记录（如李健吾、林语堂等），或将批评视作一种独立的艺术（如周作人、朱光潜等）。而在"赵树理方向"推出后，文艺批评界对文艺批评进行了重新规定："批评必须是毛泽东文艺思想之具体应用，必须集中地表现广大工农群众及其干部的意见，必须经过批评来推动文艺工作者相互间的自我批评，必须通过批评来提高作品的思想性和艺术性。批评是实现对文艺工作的思想领导的重要方法。"③ 将文

---

① 《诗创造》编辑部：《"新的起点"——〈诗创造〉一年总结》（原载于《诗创造》1948年第2卷第1辑），洪子诚主编：《中国当代文学史·史料选：1945—1999》（上），长江文艺出版社2002年版，第101—102页。

② 刘增杰：《中国现代文学史料学》，中西书局2012年版，第28—29页。

③ 周扬：《新的人民的文艺》，《周扬文集》第一卷，人民文学出版社1984年版，第535页。

艺批评是否体现毛泽东文艺方向视为文艺评判的基本标准，在后延安时期周扬、茅盾、冯雪峰、邓拓诸人的文艺批评中可以说是俯拾皆是。

其三，文艺创作与批评主导方向的完全确立。这种主导方向即"民族的、科学的、大众的"。毛泽东在《新民主主义论》中提出的这三个方面只是作为新民主主义文化的总体构想，具体落实到文艺领域，则是由"赵树理方向"标示或表征的。它是马克思主义文学批评中国形态的建构从理论层面转换到具体实践层面的一个具体表现。其中，文艺的民族化与大众化作为马克思主义文学批评中国形态建设的重要两极（科学化问题的探讨相对滞后，迟至 20 世纪 50 年代末才得到周恩来等人的集中阐发），成为文艺批评极为关注的两个方面，这可以在周扬在 1949 年 7 月第一次文代会上所作的题为《新的人民的文艺》这个兼具总结与展望意义的解放区文艺运动的报告中看得极为清楚：

> 解放区文艺的内容是新的，而且也正因为内容是新的，在形式方面也自然和它相适应地有许多新的创造。这首先表现在语言方面。"五四"以来，进步的革命的文艺工作者不止一次地提出过与讨论过"大众化""民族形式"等等的问题，但始终没有得到实际的彻底的解决。直到文艺座谈会以后，由于文艺工作者努力与工农群众相结合，努力学习工农群众的语言，学习他们的萌芽状态的文艺，"大众化""民族形式"的问题就自然而然地得到了解决，至少找到了解决的正确途径。解放区文艺作品的重要特色之一是它的语言做到了相当大众化的程度。①

> 解放区文艺的另一个重要特点之一，就是和自己民族的，特别是民间的文艺传统保持了密切的血肉关系。小说方面，《李有才板话》；诗歌方面，《王贵与李香香》；戏剧方面，《白毛女》《血泪仇》。这些在群众中比较最流行的作品都是如此。《白毛女》《血泪仇》，为什么能够突破从来新剧的记录，流行如此之广，影响如此之深呢？其主要原因就在：它们在抗日民族战争时期尖锐地提出了阶级

---

① 周扬：《新的人民的文艺》，《周扬文集》第一卷，人民文学出版社 1984 年版，第 518 页。

斗争的主题，赋与了这个主题以强烈的浪漫的色彩，同时选择了群众所熟习的所容易接受的形式。《白毛女》是在秧歌基础上，创造新型歌剧的一个最初的尝试。文艺座谈会以来，文艺工作者在搜集研究与改造各种民间形式上，都做了不少的工作。其中最主要的收获是秧歌，我们在农村旧秧歌的基础上创造出了新的人民的秧歌，它的影响现在已遍及全中国。此外，绘画方面，解放区的木刻、年画、连环画等，都带有浓厚的中国作风与中国气派，如大家熟知的古元、彦涵、力群等人的木刻，华君武、蔡若虹的漫画。音乐方面，也产生了许多在群众中广泛流行的民歌风的歌曲。我们对待旧形式，已不再是简单的"旧瓶装新酒"，而是"推陈出新"，这是完全符合一个民族的文艺发展的正常规律的。鲁迅曾经说过："旧形式是采取，必有所删除，既有删除，必有所增益，这结果是新形式的出现，也就是变革。"鲁迅的这个预言在解放区是已经初步实现了。现在没有人会说《李有才板话》《王贵与李香香》是旧形式，秧歌是旧形式，相反地，它们正是我们所追求所探索的新形式。过去我们把封建阶级的文艺看成旧形式，是对的，但把资产阶级的文艺看成新形式，却错了。后一种看法是来源于盲目崇拜西方的心理，而又反过来助长了这种心理；说得不客气，这是一种半殖民地思想的反映。对于人民的文艺来说，封建文艺的形式也好，资产阶级文艺的形式也好，都是旧形式。对于两者我们都不拒绝利用，但都要加以改造。在民族的、科学的、大众的基础上，将它们改造成为人民服务的文艺，这就是我们对一切旧形式的根本态度。对民间形式，也是如此。①

其四，吹响文艺创作与批评"再革命"的号角。"赵树理方向"的树立不仅起着区隔五四新文学与延安工农兵文艺的作用，而且意味着文艺界还要承担文艺创作与批评"再革命"的重任。《讲话》发表之后，将毛泽东关于

---

① 周扬：《新的人民的文艺》，《周扬文集》第一卷，人民文学出版社 1984 年版，第 519—520 页。

中国革命性质及其阶段划分的理论应用到对中国现代文学性质及其发展阶段的那种剖析、描述或阐述，我们可以经常看到，也能在周扬、茅盾、郭沫若等人于第一次文代会上所作的相关文艺运动报告中看到对于五四新文学与延安工农兵文艺的不同评价。这实际表明"赵树理方向"的树立同时也开启了中国文艺创作与批评继续革命的道路，即完成五四新文学运动所未能完成的任务。正是"赵树理方向"所包含的文艺创作与批评"再革命"的深层理念为新中国成立后相当长一段时期内文艺界的思想斗争埋下了伏笔，也导致了赵树理本人的悲剧性命运。就像费正清所说：

> 赵树理的作品被周扬赞为"毛泽东思想在创作实践上的一个胜利"。除这些作品以外，紧接延安讲话之后，几乎没有出版什么值得注意的小说，这与秧歌剧和民间歌谣的盛行形成了强烈的对比。假如这种现象可以认为是毛泽东意图的准确反映，那末，延安讲话所开辟的新的道路，似乎将会引导中国现代文学摆脱书面程式的束缚，而与广大接受者重新建立一种直接的"视听"联系。这种极端的措施，也许是毛对 30 年代早期左派关于汉语大众化和拉丁化一系列争论的回答。汉字作为唯一不朽的文学媒介（甚至在崇尚古典的旧中国，口头传说以后也改写成文字），一直是神圣不可侵犯的。在这样的一种文化中，毛泽东主义的这一趋向，的确会构成一场第二次文学革命。从这个角度看，江青在"文化大革命"期间领导革命样板戏的出现，无疑是毛的文学激进主义的合乎逻辑的延续。①

---

① ［美］费正清、费维恺编：《剑桥中华民国史 1912—1949 年》（下），刘敬坤等译，中国社会科学出版社 1994 年版，第 552—553 页。

第六章 马克思主义文学批评中国形态的典范形态

——毛泽东文艺思想的形成

纵观 20 世纪百年来中国马克思主义文艺理论的发展、演进历程，我们可以清楚地看到，中国共产党人的文艺指导思想具有"理论视野和思维方式的战略性、基本立场和价值追求的人民性、概念范畴和学科体系的科学性、理论话语发生方式的现实性以及发展逻辑的扬弃性"等基本特征[①]，它们不仅充分展现了中国化马克思主义文艺理论的基本面貌，而且其形成与发生又都是以毛泽东文艺思想为其最重要的基础的。毛泽东文艺思想是马克思主义中国化在文艺领域的高度结晶，它的实践性、人民性和民族性三大特征，从思想内涵上讲，又与毛泽东思想"活的灵魂"即实事求是、群众路线和独立自主有着密切的对应关系。学界普遍认为，毛泽东文艺思想具有伟大的创新性、完整的体系性、高度的科学性、鲜明的实践性和强烈的战斗性，是以毛泽东为代表的中国马克思主义文艺理论家针对中国现实国情、民情、文情，运用马克思主义文艺学普遍原理指导中国革命文艺实践的理论产物。正如有学者指出的那样，毛泽东文艺思想"鲜明地流贯着一种思想启蒙者、精神解放者和文化开拓者那种自由、自主、自信的精神状态和情绪状态"[②]，其创新性的内容、创新性的思维、创新性的激情充溢着中国作风、中国气派、中国智慧，正是从这个意义上，我们将毛泽东文艺思想看作是马克思主义文艺理论中国形态的典范形态。

[①] 参见许徐：《五维一体：中国共产党文艺指导思想的理论逻辑——从"延安讲话"到"北京讲话"的历史考察》，《西部学刊》2017 年第 8 期。

[②] 肖佩华、邹瑞兰：《毛泽东文艺思想成因溯探》，《延边大学学报（社会科学版）》2013 年第 2 期。

第一节　作为集体智慧结晶的毛泽东文艺思想

"毛泽东的文艺观"和"毛泽东文艺思想"是两个既相互联系又有区别的概念，前者外延小而呈定势，跟个体性相联系，后者外延大而呈动态，是集体智慧的结晶。如前所述，毛泽东文艺思想是以中国共产党人为主体，以毛泽东为代表，在吸收诸多马克思主义文艺理论家的理论成果的基础上，将马列主义文艺理论、苏共中央的文艺政策与中国古代的文化传统、革命文艺运动的现实相结合而创造出来的。它是在总结早期共产党人所倡导的革命文学、后期创造社和太阳社所倡导的无产阶级文学、左联时期输入的"拉普"理论和"社会主义现实主义"等一系列文艺创作经验、理论与批评实践的基础上所形成的具有鲜明中国特色与中国风格的革命化、民族化、大众化的文艺理论体系，更是中国共产党的一整套领导文学艺术工作的方针政策。1942 年 5 月《在延安文艺座谈会上的讲话》（以下简称《讲话》）是毛泽东文艺思想体系形成的标志，延安文艺界的整风运动则是它第一次的和典范性的实践，从此中国革命现实主义文学思潮的历史进入新的时代，即毛泽东时代。

毛泽东文艺思想作为马克思主义文艺理论与批评之中国形态的典范形态，其产生同作为中国共产党人理论共识的"马克思主义中国化"理论命题的提出以及对之的现实实践之间有着直接的内在的关系。从五四运动以来，中国共产党人就一直在进行马克思主义中国化的探索。如李大钊在 1919 年 8 月同胡适讨论"问题与主义"时就强调革命者"必须要研究怎么可以把他的理想尽量应用于环绕着他的实境"[1]。在他看来，社会主义理想"因各地、各时之情形不同，务求其适合者行之，遂发生共性与特性结合的一种新制度（共性是普遍者，特性是随时随地不同者），故中国将来发生之时，必与英、德、俄……有异"[2]。

---

① 《李大钊文集》（下），人民出版社 1984 年版，第 34 页。

② 《李大钊文集》（下），人民出版社 1984 年版，第 376 页。

相同的看法在蔡和森那里也能看到。他特别强调了"理论武器"的选择要与"客观情形"相一致:"马克思主义列宁主义在世界各国共产党是一致的,但当应用到各国去,应用到实际中去才行的。要在自己的争斗中把列宁主义形成自己的理论的武器,即以马克思主义列宁主义的精神来定出适合客观情形的策略和组织才行。"①20 世纪 20 年代末和 30 年代初瞿秋白提出的"革命的理论永不能和革命的实践相离"②,以及毛泽东在《反对本本主义》中提出的"马克思主义的'本本'""必须同我国的实际情况相结合"③,这些都可以看作是早期共产党人的马克思主义中国化意识的进一步自觉。在抗战爆发前后中国知识界兴起的"新启蒙运动"中,作为中共党员的陈唯实、柳湜和陈伯达等人,都在着力探讨旨在强调中国特色、弘扬民族传统、培养"民族的自觉与自信"的"中国化"问题。如陈唯实提出了"辩证法之实用化和中国化"的主张;柳湜提出了吸收外来文化的"中国化"原则;陈伯达提出了要使唯物辩证法在中国问题中具体化起来的主张;潘梓年和嵇文甫提出了"马克思主义学术中国化"的主张。由此可见,毛泽东在 1938 年 10 月中共六届六中全会上正式向全党提出的马克思主义中国化的口号④,是中国共产党人经过长期摸索再由毛泽东进行创新性凝练得出的理论结晶。此后,中国共产党的理论工作者艾思奇、潘梓年、嵇文甫、张如心、胡绳、胡乔木、邓拓、邓力群等人对马克思主义中国化的必要性和可能性、含义、原则、途径等方面进行了全面系统的研究;张如心则在《论布尔什维克的教育家》《在毛泽东同志的旗帜下前进》《学习和掌握毛泽东同志的理论和策略》等系列研究

① 蔡和森:《中国共产党史的发展(提纲)》,《蔡和森的十二篇文章》,人民出版社 1980 年版,第 21 页。
② 《瞿秋白选集》,人民出版社 1985 年版,第 310 页。
③ 毛泽东:《反对本本主义》,《毛泽东选集》第一卷,人民出版社 1991 年版,第 111—112 页。
④ 毛泽东在这次会议上说:"马克思主义必须和我国的具体特点相结合并通过一定的民族形式才能实现。马克思列宁主义的伟大力量,就在于它是和各个国家具体的革命实践相联系的,对于中国共产党来说,就是要学会把马克思列宁主义的理论应用于中国的具体的环境","因此,马克思主义的中国化,使之在其每一表现中带着必须有的中国的特性,即是说,按照中国的特点去应用它。成为全党亟待了解并亟须解决的问题"。——中央档案馆编:《中共中央文件选集》第十一册,中共中央党校出版社 1991 年版,第 658—659 页。

毛泽东思想的文章中，对"毛泽东的理论和策略的体系""毛泽东同志的思想"等作了全面的阐述与开掘。

作为马克思主义中国化的伟大成果，毛泽东思想在其形成过程中，毛泽东本人同中共理论工作者之间的相互学习、相互吸收是这种集体智慧形成的重要原因。其涉及领域之广，理论碰撞与吸收之深刻，成为当时延安马克思主义中国化进程中令人注目的理论与文化现象。如：艾思奇翻译的《新哲学大纲》是毛泽东在延安研读哲学的主要书籍之一，其诠释新哲学纲要的《大众哲学》和《哲学与生活》等著作，对毛泽东产生了不可低估的影响。这些影响不仅反映在毛泽东对艾思奇著述的仔细阅读、详尽批注、参照与参考上（如毛泽东在《实践论》中总结感性认识和理性认识循环往复的运动规律时即参考了艾思奇的某些论述），也反映到其哲学的大众化叙述方法也给了毛泽东很大影响（如解释反映论时以照相机作喻，论述质和量互变规律时以雷峰塔的倒塌作喻等等）。此外，像何干之在20世纪30年代运用马克思主义分析当时中国政治和经济状况，论证中国半殖民地半封建社会的性质并在此基础上提出"新的民主革命"学说；陈翰笙对"三座大山"革命对象的新颖而深刻的阐述；吕振羽在《史前期中国社会研究》中依据马克思的社会发展学说尤其是列宁的东方理论，有机结合世界革命的潮流和本国的现实国情对中国社会形态所作的"原始公社制—奴隶制—封建制—半殖民地半封建制"四个阶段的明确划分；等等。这些或为毛泽东参考，或为其发挥，或成为毛泽东思想中的创造性因子得以激活，都为毛泽东的新民主主义理论的形成提供了学理支撑。应该说，作为中国共产党人的理论共识，"马克思主义中国化"理论命题也是中国共产党人探讨中国现实文艺问题的指针，它不仅确立了马克思主义文艺基本原理应同中国文艺实践相联系的基本原则，而且为毛泽东文艺思想的形成奠定了坚实的哲学基础。

当然，我们也应看到，在毛泽东文艺思想的形成过程中，除毛泽东本人外，中共其他领导人、马克思主义文艺理论工作者、延安进步作家、党的同路人也在其中起到了重要作用。他们或是毛泽东文艺思想形成的铺垫者，或是传播者、阐释者、推动者。他们之间的互相借鉴和依托是毛泽东文艺思想形成的重要原因。以下分别以典型实例说明之。

作为中共早期重要领导人、马克思主义文艺理论经典的传播者与宣传家，瞿秋白的文艺思想构成了马列主义文艺思想与毛泽东文艺思想沟通与联系的桥梁。这突出表现在：关于文艺大众化的立场、原则、方向甚至语言形式等问题，瞿、毛二人之间有着惊人的吻合度；在对待五四文学的态度上，瞿、毛二人有着高度一致的激进批评姿态；二人都曾站在共产党领袖的角度去论证了文化在革命中的战略作用以及夺取无产阶级文化领导权的重要性问题；对于如何借鉴西方现代文艺思潮，二人在立场、原则上也有着惊人的相似。可以说，毛泽东继承了瞿秋白文艺理论中的反映论的文艺本质论、工具论的文艺属性论以及大众化的文艺方向论，同时，又在文艺的人民性、文艺语言论、文艺批评标准、文艺与统一战线的关系等方面发展了瞿秋白文艺理论。延安时期的中共领袖张闻天自觉致力于马克思主义中国化的探索活动，他发表的有关文艺大众化工作方面的理论构成了毛泽东文艺思想的重要组成部分。他在题为《抗战以来中华民族的新文化运动与今后任务》的报告中还曾详细论述了新文化的性质，将其特征概括为"民族的、民主的、科学的、大众的"四个特点，这些归纳或总结同稍后的毛泽东在《新民主主义论》中提到的"无产阶级领导的人民大众的反帝反封建的文化"的新民主主义文化体系的设想也有着高度契合的地方。

正如学界所指出的那样，周扬对毛泽东文艺思想的形成也产生过不可忽略的影响。早在1936年，周扬就在《现实主义试论》中通过对苏联文学创作方法的分析，详细阐述了现实主义与浪漫主义的内在关系以及二者在创作方法上的差异。周扬的这些介绍与分析对毛泽东文艺思想的影响是显而易见的。如毛泽东于1938年4月28日在鲁迅艺术学院的讲话中就提出了将二者结合起来的初步设想。① 结合毛泽东于一年后在鲁迅艺术学院成立一周年纪念大会上的题词（即"抗日的现实主义、革命的浪漫主义"），以及新中国成

---

① 毛泽东在讲话中说："我们在艺术论上是马克思主义者，不是艺术至上主义者。我们主张艺术上的现实主义，但这并不是那种一味模仿自然的记流水账式的'写实'主义者，因为艺术不能只是自然的简单再现。至于艺术上的浪漫主义，并不是完全没有道理的。它有各种不同的情况，有积极的、革命的浪漫主义，也有消极的、复古的浪漫主义。有些人每每望文生义，鄙视浪漫主义，以为浪漫主义就是风花雪月哥哥妹妹的东西。殊不知积极浪漫主义的主要精神是不满现状，用一种革命的热情憧憬将来，这种思潮在历史上曾发生过进步作用。一种艺术作品如果只是单纯地记述现状，而没有对将来的理想的追求，就不能鼓舞人们前进。在现状中看出缺点，同时看出将来的光明和希望，这才是革命的精神，马克思主义者必须有这样的精神。"——中共中央文献研究室编：《毛泽东文集》第二卷，人民出版社1993年版，第121—122页。

立后毛泽东提出的"两结合"，都可以看出，周扬文艺思想既是毛泽东文艺思想与苏联文艺思潮之间的联结点，也为毛泽东提供了将马克思主义文艺理论中国化的结合点。再如，毛泽东在《讲话》中提到的"普及"与"提高"关系问题，也深受周扬影响。这突出体现在周扬于 1932 年在《关于文学大众化》一文中认真阐述过大众文化水准的"提高"问题，他说："文学大众化的主要任务，自然是在提高大众的文化水准，组织大众，鼓动大众"，"所以我们要暂时利用根深蒂固的盘踞在大众文艺生活里的小调、唱本、说书等等的旧形式，来迅速地组织和鼓动民众，同时要提高教育和文化的一般水准，使劳苦大众一步一步地接近真正的、伟大的艺术"①。此后，他又在 1940年 2 月发表的《对旧形式利用在文学上的一个看法》一文中就如何看待普及与提高二者的关系，以及如何利用旧形式去进行民众文艺水平的普及与提高作了深入探讨②，这些看法不仅被毛泽东赞赏为"写得很好，必有大影响"③，而且在《讲话》一文中被毛泽东创新性地概况为："普及是人民的普及，提高也是人民的提高"，提高"是在普及基础上的提高"，普及"是在提高指导下的普及"。

延安进步作家对毛泽东文艺思想的形成也有着重要的作用。以延安文艺座谈会的召开及《讲话》的最终发表为例。为召开延安文艺座谈会，毛泽东会前曾约见了丁玲、艾青、萧军等许多作家了解文艺发展状况及存在的问题④，"仅 4 月间，他找文艺家们谈话或给他们写信，有文字记载的，就有一二十起"⑤。毛泽东还专门给萧军、欧阳山、草明、艾青等人去信，就有

---

① 周扬：《关于文学大众化》，《周扬文集》第一卷，人民文学出版社 1984 年版，第 28 页。

② 周扬在该文中指出，新文艺与大众的隔阂，"一面固然归因于大众文化水平低下，一面却要由新文艺本身的缺点负责"，因而，"补救前者，除利用旧形式之外，更直奔的办法是普及教育，消灭文盲，改革文字"，"补救后者，却完全是新文学自己的责任"。为此，他向作家提出："一面要尽可能利用旧形式，使之与大众化的新形式平行，在多少迁就大众的欣赏水平中逐渐提高作品之艺术的质量，把他们的欣赏能力也跟着逐渐提高，一直到能鉴赏高级的艺术；另一方面所谓高级的现在的新文艺应切实大众化，一直到能为一般大众所接受"。——周扬：《对旧形式利用在文学上的一个看法》，《周扬文集》第一卷，人民文学出版社 1984 年版，第 295 页。

③ 《毛泽东文艺论集》，中央文献出版社 2002 年版，第 259 页。

④ 胡乔木：《回忆毛主席在延安文艺座谈会上的讲话》，《中华魂》2006 年第 5 期。

⑤ 陈晋：《文人毛泽东》，上海人民出版社 2005 年版，第 226 页。

关文艺方针诸问题，请他们代为收集反面意见。其中，艾青于 1942 年 4 月 23 日写了《我对目前文艺上几个问题的意见》（后于 5 月 15 日刊登在《解放日报》）。如果把这篇被毛泽东细读过的文章同《讲话》进行比照，就能发现二者讨论的内容、文章的框架结构甚至讨论问题的顺序，都有很大的相似之处。艾青的文章分为六个方面：一、文艺与政治；二、作者的立场和态度；三、写什么；四、怎样写；五、作家的团结；六、文艺工作的领导。其中的"二、作者的立场和态度"，在《讲话》的"引言"部分得到了提炼，其他的几个部分在《讲话》的"结论"部分都有展开、拓展或更明确、更精练的总结与概括。

毛泽东文艺思想的这种集体智慧特点，也体现在它与鲁迅文艺思想之间的离合关系中。这种离合关系的展开是以《讲话》的发表作为明显标志的。《讲话》发表前，毛泽东多次发表对鲁迅的高度评价，引用鲁迅的文章和诗句，还把鲁迅《答北斗杂志社问》列入中共的《宣传指南》，称赞鲁迅的方向就是中华民族新文化的方向，号召全党学习由"他的政治的远见""他的斗争精神"和"他的牺牲精神"综合而成的"鲁迅精神"。而在《讲话》中，基于对延安文艺界的思想批判和思想整风的现实要求，《讲话》在"结论"第四部分论述文艺批评时，以专节的篇幅批驳了文艺界的那种"还是杂文时代，还要鲁迅笔法"这是"缺乏基本的政治常识，所以发生了各种糊涂观念"。《讲话》中说："鲁迅处在黑暗势力统治下面，没有言论自由，所以用冷嘲热讽的杂文形式作战，鲁迅是完全正确的。""但在给革命文艺家以充分民主自由、仅仅不给反革命分子以民主自由的陕甘宁边区和敌后的各抗日根据地，杂文形式就不应该简单地和鲁迅的一样。我们可以大声疾呼，而不要隐晦曲折，使人民大众不易看懂。"[1] 从中不难看出，毛泽东文艺思想与鲁迅文艺思想之间的这种离合关系实际是一种理论的整合：《讲话》对延安文艺界的思想批判，其中既有在文艺的阶级性、杂文观、现实主义创作方法等问题上对左翼文艺主流观念的继承，也有在文艺的人民性、知识分子思想改造和文艺统一战线等问题上对鲁迅文艺思想的吸收。

---

[1] 毛泽东：《在延安文艺座谈会上的讲话》，《毛泽东选集》第三卷，人民出版社 1991 年版，第 872 页。

第二节　《在延安文艺座谈会上的讲话》的"经"与"权"

　　近年来，文艺理论界存在着这样一种片面的看法，即：毛泽东文艺思想不过是革命形势与抗战紧迫状况下的一些政策条文，并不具有马克思主义文艺学的真理性和普遍价值。这种看法直接导致了某些学者将毛泽东文艺思想或《讲话》的基本精神简单归结为"反映认识说"、"斗争工具说"、为工农兵服务的"民本位"论、"典型的政治性文论"、依据阶级斗争理论构成的"革命文艺故事思想的总蓝本"等。这些看法或认识虽不无道理地解说了毛泽东文艺思想的某个侧面、某个片断，但又以因其缺乏整体性观照而带有极大的片面性，从根本上损害了毛泽东文艺思想的整体性、普遍意义与现实指导价值。如果我们把毛泽东文艺思想特别是《讲话》的产生与形成放到马克思主义文艺理论中国化的历史进程这一宏观视角中加以审视，就能发现，毛泽东并不是孤立地就文艺来论述文艺，而是从中国人民的总体解放这一战略全局出发，把文艺解放同文化解放、社会解放逻辑地关联起来，既注意到文艺理论与批评建构的现时需要，更注意到这种建构必须具备更大的普适性。正是从这个意义上讲，要全面考察毛泽东文艺思想的典范性以及《讲话》的经典意义，必须以把"有经有权"思想作为解读《讲话》的钥匙或指针。

　　关于"有经有权"这一说法，胡乔木曾回忆说："《讲话》正式发表后不久，毛主席说：郭沫若和茅盾发表意见了，郭说：'凡事有经有权'。毛主席很欣赏这个说法，认为是得到了一个知音。'有经有权'，即有经常的道理和权宜之计。毛主席之所以欣赏这个说法，大概是他也确实认为他的讲话有些是经常的道理，普遍的规律，有些则是适应一定环境和条件的权宜之计。"[①]郭沫若的这个为毛泽东所极度欣赏的"有经有权"的说法，正是我们全面准确理解《讲话》成为马克思主义文艺理论中国化的经典文献的一个非常重要的入口。

---

① 《延安文艺座谈会前后》，《胡乔木回忆毛泽东》，人民出版社1994年版，第267页。

就"权"而言。抗战前后，延安之"不但在政治上而且在文化上作中流砥柱，成为全国文化的活跃的心脏"①，其原因是多方面的。如：中共民主政治的巨大吸引力；中共对知识分子的特殊礼遇；延安根据地文艺大众化运动的蓬勃开展；等等。但由于奔赴延安的知识分子大多带有精英意识，在思想深处往往脱离工农大众，个人主义倾向严重，导致其文艺创作严重脱离根据地的革命实际，其中还出现了不少质疑延安政治生活与文艺生活的作品，如《解放日报》文艺栏和《谷雨》先后发表了一批对延安生活的各方面缺点有所揭露与批评的文艺作品，如小说《在医院中时》（丁玲）；杂文《我们需要杂文》《三八节有感》（丁玲），《还是杂文的时代》（罗烽），《了解作家，尊重作家》（艾青），《野百合花》《政治家·艺术家》（王实味），《论同志之"爱"与"耐"》（萧军）等。有些作家还表现出排斥党的领导的自由主义倾向。②当时延安文艺界的总体思想状况在1943年4月22日新华社的"党务广播"《关于延安对文化人的工作的经验介绍》中总结得非常详细：

> 这份广播说："在延安集中了一大批文化人，脱离工作，脱离实际。加以国内政治环境的沉闷，物质条件困难的增长，某些文化人对革命认识的模糊观点，内奸破坏分子的暗中作祟，于是延安文化人中暴露出许多严重问题。""有人想把艺术放在政治上，或者脱离政治。""有人以为作家可以不要马列主义的立场、观点，或者以为有了马列主义的立场、观点就会妨碍写作。""有人主张对抗战与革命应'暴露黑暗'，写光明就是公式主义（所谓歌功颂德），还是'杂文时代'（即主张用鲁迅对敌人的杂文来讽刺革命）一类口号也出来了。代表这些偏向的作品在文艺刊物甚至党报上都盛极一时。"于是"中央特召开文艺座谈会"，"上述的这些问题都在毛主席的结

---

① 《欢迎科学艺术人才》，《解放日报》1941年6月10日。

② 比如：1938年3月，初来延安的萧军在一次宴会上，发言表示"不同意延安的文艺为政治服务的方针"，认为"把文艺的水平降低了"。在随后遭到不点名批评后，萧军中途退席。——参见徐懋庸：《我和毛主席的一些接触》，《延安文艺回忆录》，中国社会科学出版社1992年版，第85页。

论中得到了解决"。①

　　除了延安文艺界自身存在的思想认识上的混乱外，还有胡风在大后方重庆坚持的关于现实主义的论争、上海"孤岛"发生的关于"鲁迅风"的论争以及晋察冀边区关于"三民主义现实主义"的讨论等。正是在这样的现实情况下，毛泽东在领导全党整风运动的同时密切关注文艺界的现状，先后同几十位文艺家写信、谈话，征求意见，请他们代为"搜集反面的意见"，并亲自审定与会者名单，酝酿文艺座谈会的召开。质言之，如何取得"文化领导权"？如何消除个人主义或"小资产阶级的空想社会主义思想"？如何促进知识分子的思想转化？这些现实问题摆在中国共产党面前，必须要有适应一定环境与条件的权宜之计，而召开延安文艺座谈会正是这样一个重要的"权"之节点。

　　如果我们再来看《讲话》的相关报道与最终发表时间，也能看到其中的"权"。据史料记载，毛泽东在延安文艺座谈会上发表讲话后，当时报纸上没有报道，其原因是：一、"毛主席不让发表。他说这是些新问题，很复杂，他要多考虑考虑，也多听听意见"②；二、"要等发表的机会"③。现在看来，这里所说的等"机会"，与当时的时局发展有密切的关系。《讲话》发表后的次月，适逢中共中央作出《关于纪念"七七"抗战五周年的决定》，该决定强调："全国军民必须团结一致，渡过目前的困难……为此必须：拥护蒋委员长领导抗战建国，加强国共合作，加强全民族的团结，改善各抗日党派间的关系"④，这样的时机显然不适合《讲话》的正式发表，而之所以选择在1943年10月发表《讲话》，则可能同国共之间冲突加剧、中共党内的"阶级教育"以及1943年7月以来大力宣传"毛泽东同志思想"的需要等各种现实情势有关。

---

① 黎辛：《关于"延安文艺座谈会"的召开、〈讲话〉的写作、发表和参加会议的人》，《新文学史料》1995年第2期。

② 黎辛：《关于"延安文艺座谈会"的召开、〈讲话〉的写作、发表和参加会议的人》，《新文学史料》1995年第2期。

③ 《胡乔木回忆毛泽东》，人民出版社1994年版，第260页。

④ 中央档案馆编：《中共中央文件选集》第十三册，中共中央党校出版社1991年版，第403页。

如果说上述这些现实情境是《讲话》之"权"的外在依据的话，那么，《讲话》本身的逻辑前提的预设、伦理层面的论辩和《讲话》自身的修改则是《讲话》的内在之"权"。

首先，在逻辑前提上毛泽东预设了中国人民解放斗争"有文武两个战线"（即文化战线和军事战线）和文武两支军队，他们的奋斗目标和战斗对象是一致的。其中，在五四以来的文化战线上，"文学和艺术是一个重要的有成绩的部门"，但它们和当时的革命战争"在实际工作上却没有互相结合起来"，"这是因为当时的反动派把这两支兄弟军队从中隔断了的缘故"，因此，"我们要把革命工作向前推进，就要使这两者完全结合起来。……要使文艺很好地成为整个革命机器的一个组成部分，作为团结人民、教育人民、打击敌人、消灭敌人的有力的武器，帮助人民同心同德地和敌人作斗争"。不难看出，这个逻辑预设既指明了中国共产党人与五四精英知识分子在奋斗目标上或方向上的一致，也在肯定了五四文学的功绩的同时指出了其中存在的问题，为《讲话》进一步阐述"立场问题"、"态度问题"、"工作对象问题"、如何熟悉工农兵的问题、如何学习马列主义的问题，等等，做好了铺垫。可以说，此处的"权"是为了求同存异。

其次，在伦理层面上，毛泽东解构了知识分子的精英心态。其"权"表现在两个方面，一是结合延安作家当下创作中出现的各种"不熟""不懂"现状进行剖析①，将那些具有传统民本思想的知识分子首先置于道德追问的困境中。二是现身说法。毛泽东以自己为例，讲述了学生出身的他，如何从最初嫌弃工人和农民肮脏，到逐渐相互熟悉，"感情起了变化"，到最后"和工农兵大众的思想感情打成一片"。通过这种伦理考问和自我示例，毛泽东巧妙地把五四以来的文艺"化大众"引导到文艺"大众化"上来。此处的"权"是通过有力的事实逻辑和巧妙的道德追问达到消解知识分子个人主义、自由

---

① 这些"不熟""不懂"具体说来就是："我们的文艺工作者不熟悉工人，不熟悉农民，不熟悉士兵，也不熟悉他们的干部。什么是不懂？语言不懂，就是说，对于人民群众的丰富的生动的语言，缺乏充分的知识。许多文艺工作者由于自己脱离群众、生活空虚，当然也就不熟悉人民的语言，因此他们的作品不但显得语言无味，而且里面常常夹着一些生造出来的和人民的语言相对立的不三不四的词句。"——毛泽东：《在延安文艺座谈会上的讲话》，《毛泽东选集》第三卷，人民出版社 1991 年版，第 850—851 页。

主义倾向的最终目的。

　　再次，通过《讲话》的不断修改完成"权"向"经"的转化。《讲话》这篇经典文献在历史上曾先后出过四个版本，分别是：一、《讲话》公开发表前的 1943 年 6 月出版的《整风文献》本（简称"1943 年 6 月本"）①；二、1943 年 10 月 19 日《解放日报》全文刊发的《讲话》（当月由延安解放社出版，后来各解放区或根据地甚至国统区印行的单行本大多以此翻印），即通称的"解放社本"或"1943 年 10 月本"②；三、1953 年收入四卷本《毛泽东选集》中的经过压缩与修订的《讲话》，通称"1953 年本"；四、1991 年，根据中共中央的决定对四卷本《毛泽东选集》进行修订的《讲话》，称为"1991 年本"。这四个版本在历史跨度上将近五十年，其间经过了三次修改或修订。"1943年 10 月本"相比"1943 年 6 月本"，文字修饰上的改动约 80 处，主要是标点符号和句子的改动，舍弃了部分随意的口语，内容上的改动比较引人注目的则是将"大小资产阶级"改为"小资产阶级"。③"1953 年本"相比"1943年 10 月本"，改动处约 600 多处，内容上的改动约 100 多处④，不少地方进行了较大篇幅的压缩、拓展或修改。其中比较明显的地方是：对"引言"部分谈到的对敌态度问题上作了较大的压缩；在"引言"部分谈知识分子要熟悉工农兵问题时，从文学语言的角度大幅拓展了论述的篇幅；"结论"部分谈为文艺为什么人的问题时将"1943 年 10 月本"中突出描述国民党特务机

---

① 关于这个版本的出现，刘增杰在《〈在延安文艺座谈会上的讲话〉版本考释》（《新文学史料》2013 年第 3 期）一文中作过详细的考证，认为 1943 年 6 月，《讲话》曾收入《整风文献》一书，由延安解放社出版，这个版本的书名为《毛泽东在延安文艺座谈会上的讲话》，1943 年 10 月本及以后出版的《讲话》各版本书名则为《在延安文艺座谈会上的讲话》；另据庄桂成《〈在延安文艺座谈会上的讲话〉的三次修改》（《光明日报》2012 年 5 月 24日）一文称，《讲话》的记录稿曾于座谈会的当月，即 1942 年 5 月被七七出版社印行过，庄文称为《在延安文艺座谈会上的讲话》的第一个版本。此处存疑。

② 另据曹国辉《〈在延安文艺座谈会上的讲话〉第一个版本与尹达》（《出版史料》2004 年第 1 期）一文介绍，历史学家尹达当年参加《讲话》的版式设计与文字校对，尹达所称的第一个版本实际上就是"1943 年 10 月本"。

③ 参见刘增杰在《〈在延安文艺座谈会上的讲话〉版本考释》（《新文学史料》2013 年第 3 期）一文中的相关介绍。

④ 参见刘增杰在《〈在延安文艺座谈会上的讲话〉版本考释》（《新文学史料》2013 年第 3 期）一文中的相关介绍。

关派遣奸细分子的较长句子调整为"暂时的投机分子";删除了有关特务文艺的说法,将张资平等人的"奴隶文艺"改为"汉奸文艺";删除了原有的关于抗日的地主阶级、资产阶级的提法,加大了对小资产阶级立场作家的批评力度;把原来关于利用封建阶级和资产阶级的文艺旧形式调整为要继承古今中外优秀文艺传统;将"无产阶级现实主义"改为"社会主义现实主义";此外,增补了无产阶级对于过去时代的文艺作品的态度,即"首先检验它们对待人民的态度如何,在历史上有无进步意义,而分别采取不同的态度";等等。"1991年本"相比"1953年本",正文没有改动,主要是改正注释中某些不准确的史实和提法,如更正了列宁的《党的组织和党的出版物》的名称(原注中被翻译为《党的组织和党的文学》)以及梁实秋、周作人和张资平等人的注释问题。从这四个版本及三次修改看,毛泽东本人绝不把《讲话》看成终极真理而是随时注意总结历史规律和发展经验,注意根据革命斗争形势和中国社会发展的具体情况来调整其文艺思想。究其实,《讲话》中的这种"权"与"变"正是毛泽东文艺思想不断丰富和完善的过程。

就"经"而言。毛泽东文艺思想特别是《讲话》中那些基本的精神和穿越时空的理论力量是相对于"权"而言的一贯的、稳定的、内在的成分。《讲话》作为毛泽东文艺思想的核心文献和马克思主义文艺理论史上的重要经典之一,其"经"(经典性)突出表现在以下几个方面:首先,它从理论层面确认了文艺的意识形态性质。文艺的意识形态性是马克思主义文艺学最基本、最重要的原理之一,《讲话》正是在这个关键性原理上坚持了马克思主义,并围绕文艺的意识形态性全面阐述了文艺与生活、与人民、与革命的辩证关系,同时又在新的历史条件下为马克思主义文艺理论注入了新的思想内容(特别是其人民本位的文艺观),丰富与拓展了马克思主义文艺理论。其次,它从实践层面上确立了党的文艺工作的基本指导方针,解决了文艺为什么人的根本性问题。纵观中国文艺数千年来的发展,文艺从来是少数人的特权,文艺为什么人这一根本问题,中国的封建主义文艺和资本主义文艺从来没有从理论上进行过全面的、正确的阐述,《讲话》直取心肝,独拈这一关键性问题给予适时的正确的解答,对于统一当时混乱的文艺思想界,给进步文艺工作者指明创作方向,具有重大的现实意义。与此同时,它还以"大多数人"的文艺理论的方式,对此后中国文艺的发展进程、文学理论与批评的建构方式产生了深远的影响，成为中国共产党领导与指导文艺工作的重要法典。再次，《讲话》的形式过程及产生本身也极为典型地体现了马克思主义的理论与实际（或现实实践）相结合的原则。换言之，《讲话》中真正的"经"就在于它将马克思主义普遍真理具体化，以及解决任何问题都采用辩证唯物主义和历史唯物主义的思想方法。

郭沫若从文学与时代关系的角度，认为文学之"经"与时代之间有内在关联，"经"应具体化为具有时代性的"权"。他的观点与毛泽东所提出的马克思主义中国化的逻辑具有内在一致性，这也是他被毛泽东引为知音的根本原因。从"有经有权"这个角度理解《讲话》，理解它从新文艺的权变发展为革命文艺之"经"，我们就能发现，它的确是在特殊历史条件下对中国革命文艺发展情势的应答，首先必须从它所面对的实际问题去作完整而准确的理解。

就其实质而言，《讲话》研判的主要对象是革命文艺，要解决的是革命文艺发展中出现的一系列问题，因而它首先是有关革命文艺的行动指南和理论纲领。这是无可厚非的，因为，任何一种思想或理论的形成都有它具体的理论情境、特定的问题域或具体的实践对象。正是从这个意义上讲，如果将其夸大到是一切文艺工作的绝对行动纲领，并且可以永恒不变地指导任何时期的文艺工作，那就是违背了马克思主义基本精神的，就是不科学的。实际上，对《讲话》进行不当的定位或误读，恰恰正是以后中国文艺发展中出现各种问题与错误的根本原因。比如：1944年，周扬在其编辑的《马克思主义与文艺》中称《讲话》"最正确最完全地解决了文艺如何到群众中去的问题"①，实际上就是把《讲话》看作是无须发展的最高真理。又如：为纪念《讲话》发表25周年和28周年，《人民日报》曾先后于1967年和1970年开设了两个纪念专栏。这两个专栏的共同特点就是：把《讲话》认定为判断敌我、是非的唯一标准，强调了《讲话》在文艺理论与实践中的"武器"作用；重提工农兵形象问题，进一步窄化了《讲话》所倡导的服务对象。其后果就是直接导致极左文艺思潮的泛滥。同时我们更应看到《讲话》之"经"真正体现了毛泽东文艺思想的根本价值和无穷力量。它主要体现在：一、《讲话》科学地揭示了马克思主义文艺理论中国化的根本原则和科学方法。马克思主义

---

① 《周扬文集》第一卷，人民文学出版社1984年版，第454—455页。

的根本原则是实践，实质是方法，正是因为毛泽东掌握了马克思主义文艺学的方法论内核，通过实践和理论相统一的基本原则去正确分析、处理马克思主义文艺基本原则同中国特殊的国情、文情如何相适应的问题，才使得《讲话》具有普遍的方法论意义和穿越时空的力量。二、《讲话》科学地揭示了马克思主义文艺理论中国化的历史必然性。结合一百多年来马克思主义文艺理论中国化的总体历史进程来看，《讲话》是这一进程中极为重要的一环。它不仅总结了近现代以来中国革命文艺发展的经验与教训，而且围绕中国文艺的出路（亦即马克思主义文艺理论是否需要中国化）、中国文艺发展的基本条件(亦即中国文艺实践是否需要马克思主义）以及中国文艺如何发展(具体表现为对马克思主义文艺理论中国化如何展开的精辟论述）等重大问题进行了全面的系统的阐述，显示出"示来者以轨则"的巨大理论包容力。三、《讲话》科学地揭示了马克思主义文艺理论中国化的基本内涵。即从中国文艺的民族特性、革命文艺的创作现实、马克思主义文艺学的基本要求等总体性客观存在出发，将新民主主义文化的实质阐发为既是"无产阶级领导的人民大众的反帝反封建的文化"，同时也是"民族的科学的大众的文化"，将其未来形态提摄为"中国特色、中国风格、中国气派"，将其发展方向总结为"民族化""科学化"和"大众化"。这不仅奠定了以后中国马克思主义文艺理论模式建构的基础，也指明了马克思主义文艺批评中国形态建设的基本方向和具体途径，显示出超越时空的巨大理论涵摄力。

第三节　作为"中国形态"之典范的毛泽东文艺思想

毛泽东文艺思想之所以成为马克思主义文艺理论与批评中国形态的"典范形态"，这是因为它在马克思主义文艺理论与批评的主体培育、本质内涵分析、根本原则揭示、科学方法制定等诸多方面，为马克思主义文艺理论中国化的奠基和开拓作出了独创性贡献，创造性地完成了马克思主义文艺基本原理同中国文艺创作与批评实际的伟大结合。其典范意义突出表现在以下方面。

一、创新性地发展了马克思主义文艺学的人民性思想

毛泽东把《湘江评论》中"平民的文学"和"现代的文学"口号、《中国共产党在民族战争中的地位》中的要创作出"为中国老百姓所喜闻乐见的中国作风和中国气派"的思想以及《新民主主义论》中"民族的科学的大众的文化"观点凝练为《讲话》中的"为最广大人民群众服务"的思想并将之提升为党的文艺方针政策。这种以人民为本位的文艺思想不仅是中国文艺理论史上的伟大革命，更是世界范围内马克思主义文艺理论的创新发展。就中国文艺而言，毛泽东的文艺人民性思想颠覆了中国数千年来少数文化精英的文艺价值观，真正把人民置于文艺服务的核心对象，这与封建文人"以民为本"的思想、"惟歌生民病，愿得天子知"中的同情心理以及五四新文学运动提倡的"平民文学"形成了鲜明的区别，人民第一次真正地在文艺活动、审美活动中占据了主体地位。就其对世界范围内的马克思主义文艺理论的创新而言，毛泽东的文艺人民性思想既继承了马克思主义文艺学关于"文艺为什么人"这一核心问题的基本思想（如列宁的"文学的党性原则"和文学"为千千万万劳动人民"服务的思想，斯大林的作家要"把自己提高到能够担负起先进无产阶级的歌手的任务"等），又创新性解决了"如何为群众的问题"。他围绕文艺的普及与提高、作家如何转变其感情立场等问题所作的全面而深刻的阐述，对作家如何与时代相结合问题的深入剖析，对文艺家"必须彻底解决个人与群众的关系"等基本原则的反复提倡，对"古为今用""洋为中用""百花齐放""推陈出新"等文艺方针政策的倡导，等等，都是对"如何为群众的问题"的有力回答，为马克思主义文艺学处理文艺与群众关系问题创新性地确立了方法论原则。可以说，为人民的文艺呐喊，鲜明地规定以人民为本位的审美取向，全面地、系统地、理论化地、深刻地论证以人民为本位的文艺观念，在马克思主义文艺理论史上都属首次。这种文艺人民性思想的理论创新与中国特色突出体现在：

首先，它建立了一个以文艺与人民的关系为核心、以文艺为人民服务为文艺根本目的的完整的理论体系，即把文艺活动的四要素即世界（人民生活）、作品（人民文艺）、艺术家（人民文艺者）、欣赏者（人民群众）都打上了人民的烙印。西方学者艾布拉姆斯曾从事实认知的角度将文学活动分为

世界、作家、作品、读者四要素，这种基于文艺活动的基本事实所作的区分，因其缺乏价值认知（文艺的价值在于文艺的人民需要），只能是一种静态的、缺乏价值美学支撑的理论体系。而毛泽东的文艺人民性思想则提早几十年从事实认知与价值认知相统一的角度建立起一个完整的文艺理论体系，这不能不说是一个重大的学理性的创新。这一理论体系在具体的文艺实践中也得到了极好的验证。以人民为本位的毛泽东文艺思想开辟了中国文学创作的新天地，延安文艺创作出现了繁荣景象，像《太阳照在桑干河上》（丁玲）、《暴风骤雨》（周立波）、《高干大》（欧阳山）、《吕梁英雄传》（马烽）、《小二黑结婚》与《李有才板话》（赵树理）、《菏花淀》（孙犁）等小说，《白毛女》《逼上梁山》《三打祝家庄》等新编歌剧、戏剧，《王贵与李香香》等诗歌，《高楼万丈平地起》《东方红》《翻身道情》等民歌，以及大量表现大众生活、平民生活、工农兵生活、底层生活的文艺特写、报告文学等为人民群众喜闻乐见的具有鲜明"民族化"和"大众化"的"新的人民的文艺"作品成为一个时代文艺成就的标志与象征。这些都充分证明了人民大众的审美需要才是检验艺术成就高低的根本标准。

其次，为文学人民性共识的形成奠定了理论基础。文学的人民性这一命题通过《讲话》的深度开掘，不仅成为新中国领导人文艺思想的核心，而且成为中国文艺工作者的基本价值取向以及中国现当代文艺理论的主导范式和核心原则，它们共同构成了马克思主义文艺理论中国化进程的最重要的共识之一。就前者而言，毛泽东"民族的、科学的、大众的"思想，同邓小平的"人民需要艺术，艺术更需要人民"的思想、江泽民的"三个代表"重要思想、胡锦涛的"贴近实际、贴近生活、贴近群众"的思想，以及习近平对文学人民性之主导地位和本源内涵的阐发，共同构建了中共领导层关于文艺与大众关系问题的开放理论体系；就后者而言，它引导了现当代中国作家思想价值观念的转型，推动了现当代中国文艺修辞策略从启蒙向大众的转向，确立了适应中国文艺创作现实的批评话语范式，生成了中国现当代文艺理论的人民向度。

再次，实现了马克思主义文艺学的结构转向。在经典马克思主义文艺学中，文艺属于社会客体结构，具有意识形态性，而以"为什么人"作为理论体系核心的毛泽东文艺思想，将文艺的根本问题由文艺的意识形态性转化为文艺的人学问题，将对文艺与经济、政治的关系问题的探讨转变为文艺与人的关系、与人民大众的关系的探讨，相应地，文艺也从本来属于社会客体结构转向人与人的主体结构，这不仅为马克思主义文艺理论的学科内容从社会学延伸到人学、心理学奠定了基础，而且为马克思主义文艺学在当代中国的进一步发展留下了巨大的理论空间。

二、实现了政治话语、大众话语和学术话语的有机统一

毫无疑问，毛泽东文艺思想体系话语首先是有关革命文艺发展问题的政治性探讨，因而从语言形式上看它具有政治话语的典型特征，但是它并非是单纯的革命宣传与政治说教，或者时代的某种理论口号，而是将大众话语和学术话语有机融合进其政治阐述中，实现了政治话语、大众话语与学术话语的有机统一。这突出表现在：首先，以《新民主主义论》《实践论》和《矛盾论》为理论基础、以《讲话》为理论之具体展开的毛泽东文艺思想，突出强调了新民主主义文化的基本性质是"民族的"，亦即强调它作为"人民大众反帝反封建的文化"的革命性、政治性，强调了无产阶级文化领导权的重要性，强调了文艺的服务对象是人民大众。正是围绕这种政治性、革命性，《讲话》建立起了包括革命文艺与社会政治革命的关系；文艺的人性与阶级性；文艺与大众的关系；文艺作品与社会生活的关系、作家的世界观与文艺创作方法、文艺的内容与形式、风格与流派、文艺的普及与提高、文艺的民族形式及发展创新、文艺批评及其政治与艺术标准等诸多问题的政治——文艺话语体系。其次，生动鲜活的大众话语成为毛泽东文艺思想的语言载体。在毛泽东的各类文章、讲话中，通俗易懂、魅力无穷、言简意赅、生动鲜明的大众化语言比比皆是。诸如"星星之火，可以燎原""愚公移山""人固有一死，或重于泰山或轻于鸿毛""放下包袱，开动机器""扫帚不到，灰尘照例不会自己跑掉""惩前毖后，治病救人""自己动手，丰衣足食"等等，都形象生动、贴近百姓生活。《讲话》中的"阳春白雪"和"下里巴人""齿轮和螺丝钉"的比喻，以及"打成一片""尾巴主义"等形象的说法也经常出现。这些都充分说明毛泽东十分注意继承中国传统文化元素，化用中国成语、俚语、俗话、老话，以及其他人民大众所喜闻乐见的话语素材，身体力行地将作为西

方话语的马克思主义及其文艺原理转化为普通群众所能掌握的大众化语言，使之成为马克思主义文艺理论与批评中国化的典范尝试。再次，用经过深度吸收与消化的学术话语增强其话语体系的学理性。比如：他将马克思主义的"存在决定意识"的历史唯物主义基本原理延伸到对文艺的意识形态本性的论证中，认为"存在决定意识，就是阶级斗争和民族斗争的客观现实决定我们的思想感情"；讨论文艺的人民性问题时，他吸纳列宁于 1905 年提出的文艺应当"为千千万万劳动人民服务"的观点，又在《讲话》中加以拓展论述；在指导文艺工作者如何学习马克思主义时，特别强调要用辩证唯物论和历史唯物论的观点去观察世界，观察社会，观察文学艺术，而不是"在文学艺术作品中写哲学讲义"，"马克思主义只能包括而不能代替文艺创作中的现实主义，正如它只能包括而不能代替物理科学中的原子论、电子论一样"。在阐述文艺与生活的关系时，用辩证法明确指出人类的社会生活虽然是文学艺术的唯一源泉，但是文艺作品中反映出来的生活却可以而且应该比普通的实际生活更高，更强烈，更有集中性，更典型，更理想，更带普遍性，等等。此外，毛泽东对文艺教条主义的总结，对无产阶级革命功利主义内涵的分析，对文艺批评两个标准的划分等等，也都极富学理性。

三、对中国传统文艺理论的创造性吸收与转化

这种创造性的吸收与转化突出表现在：首先，对传统文艺理论中优秀的民族精神的吸收。这其中，我们可以从《讲话》中关于"革命的功利主义"思想看到儒家功利主义文艺观的渗透，从《讲话》中的革命文艺的"工农兵"主体论看到古代墨家平民哲学的影响，从《讲话》的阶级斗争理论看到主张暴力强调改革进步的法家思想的影子。更为重要的是，毛泽东把中国传统文艺理论中的浓郁的现实主义精神和深厚的人文关怀深刻融入其文艺人民性思想中。

细察中国传统文艺精神，不难看出，中国传统文艺思想更重视文艺应该培养什么样的人（而非人培养什么样的文艺），更强调人的精神决定艺术精神而且艺术精神反过来又重塑人的精神，因而，长期建立于"仁政""民本"基础上的中国文艺家始终在"文以载道""为民请命""不平则鸣"甚至"怨

愤著书"的理念下去表现其现实主义人文关怀。可以说，毛泽东文艺思想一方面继承了中国传统文化中的"民本"思想、现实主义精神和人文关怀等合理成分，同时又深刻批判了旧文艺脱离和敌视人民、为统治阶级"代言"的本质，提出了文艺为人民大众服务、首先为工农兵服务的"文艺的人民性"思想。这不仅为新民主主义文艺事业也为新中国成立后中国社会主义文艺建设奠定了理论基础、指明了前进方向。其次，广泛吸收了中国传统文论重要理论范畴加以创新性转化。在毛泽东文艺思想中，我们可以看到毛泽东对传统"味"论的直接继承（如在谈及文艺的论著、书信、言语大量运用"味道""兴味""趣味""口味""诗味"与"有味""无味""乏味"等传统审美欣赏概念或术语），也可以看到其文艺反映论与传统"物感"说、文艺服务论与传统"言志"和"载道"说、主体修养论与传统"养气"说、"典型"论与传统"形神"说、"两结合"论与传统"奇正"说、"动机效果统一"论与传统"以意逆志"和"知人论世"说以及"推陈出新"论与传统"通变"说等在不同理论层面和批评层面的相互融通。

四、用文艺现代性的中国经验彰显世界性意义

如果把毛泽东文艺思想放到"现代化"视野或"现代性"维度上加以考察，就不难发现，《讲话》具有在民族自我认同的基点上筹划中国社会文化转型之现代性格局的典型特征，以及在世界现代性总体进程中讨论中国文艺特殊问题的理论特征。不管是在具体问题上阐述对于晚清以来中国文化与文艺的更新与重构问题的深度思考，还是接引马克思主义理论从更弘阔的视野去反思世界政治与文化的秩序，《讲话》都在用文艺现代性的中国经验彰显着某种世界性意义。换言之，从现代性及其意义的历史变迁来看，毛泽东文艺思想既体现了现代中国知识分子对民族现代化的一种文学性想象，也表征着现代性在全球播散过程中的一种中国思想形态或"中国经验"的创造性生成。

作为一种地方性经验，毛泽东思想所产生的世界性影响是人所共知的。在今天的第三世界国家里，毛泽东思想仍然构成了一种活的意识形态，在西方思想界，它也保持着对西方左翼知识分子的持续吸引力。毛泽东文艺思想作为一种地方性的"中国经验"，不仅丰富和发展了经典马克思主义文艺理

论，对西方文艺理论的发展也产生了深刻的影响。德国著名女作家安娜·西格斯曾经这样评价过《讲话》："谁要是慢慢地、彻底地读一遍这个《讲话》，一定会发现以前所不知道的、但希望知道的许多问题。谁要是把它读了两三遍，就会得到所有问题的正确的解答。"①

如果我们用比较、互证或会通的眼光去看的话，就能深切感受到这种"中国经验"的世界性意义。比如，葛兰西的"文化领导权"理论强调以"有机知识分子"为中介，通过"阵地战"策略对人民群众进行教育。这一最终流于空想的理论不仅在毛泽东的《新民主主义论》中得到清醒的触及，在《讲话》中得到全面阐发，而且通过延安整风运动使得"知识分子有机化"得以实现，中国共产党建立文化领导权的蓝图也最终变成现实。另一位著名西方马克思主义批评家本雅明曾于1934年4月在巴黎法西斯主义研究学院作过题为《作为生产者的作家》的讲话，开头即引用法国学者拉蒙·费尔南代的话："应当把知识分子争取到工人阶级一边，使之意识到双方的精神活动与生产地位是一致的"，号召左翼艺术家站在无产阶级一边，催促"进步的"艺术家如工人一样，去介入艺术生产的种种手段，去改变传统媒介的"技术"，去转变资产阶级文化的"装备"。他还围绕艺术与大众之间相互影响的紧密关系提出"艺术政治化"的设想："作为生产者的作家通过他与无产阶级的一致，同时也就直接找到了与某些以前无关紧要的生产者的一致。"②他的这一设想实际上在《讲话》中就已得到了理论上的圆满解决。此外，毛泽东的《矛盾论》和《讲话》对西方马克思主义理论家阿尔都塞的"意识形态国家机器"理论和马舍雷的文艺反映论所产生的重要影响，早已是学界不争的事实。如果我们再把眼光拓展一些，还可以看到，《讲话》对读者意识的重视，对读者所作的政治学、社会学分析，对读者期待视野由低到高的运动过程的剖析，以及其中所提出的普及与提高相结合的创新性理论，都说明毛泽东文艺思想奠定了当代接受美学发展的基础。而毛泽东文艺思想对后现代

---

① 转引自余飘、涂武生等：《坚持与发展——毛泽东文艺思想在当代》，北京出版社1992年版，第77页。

② ［德］瓦尔特·本雅明：《作为生产者的作家——1934年4月在巴黎法西斯主义研究学院的讲话》，何珊译，《马克思主义文艺理论研究》第十卷，文化艺术出版社1989年版，第301—318页。

主义文艺思想的启发也在逐渐为人们所关注，其颠覆旧思想体系与解构主
义、主张女性解放与女性主义、提倡大众化同后现代文化的大众化发展趋
势、反对帝国主义同后殖民主义的基本主张等等，都有着内在的相通或一
致性。

"马克思主义文学批评的中国形态研究"系列丛书

主　编　胡亚敏

马克思主义文学批评中国形态的历史进程（下卷）

MAKESIZHUYI WENXUE PIPING
ZHONGGUO XINGTAI DE LISHI JINCHENG

黄念然　著

人民出版社

第 二 编

马克思主义文学批评中国形态的发展与变异

第七章 "十七年": 主流文艺意识形态的中国化改造与马克思主义文学批评中国形态的巩固

　　如何正确评价"十七年"（1949—1966）文学创作与文学理论在中国当代文学史与当代文艺思想史上的地位，学界里一直存在较大的争议。质疑者认为这一时段是政治性凌驾在文学性之上，政治运动造成了文学的盲从特征，文艺理论方面，解构多于建构，批判胜于建设，因此，从文学创作到理论创新，概无足观。肯定者则认为这一时期创作方面出现大量"红色经典"，理论建设上确立和巩固了马克思主义文艺理论的统治地位。其中，质疑性的看法似乎在学界略占上风并影响到中国当代文学史和当代文艺思想史的书写。相应地，对于"十七年"间中国文艺理论界的马克思主义文学批评的中国化探索也出现了这种质疑多于肯定的意见。马克思主义文学批评理论是现当代中国文学理论建构与发展的重要思想资源，直接影响着中国文学批评的现实发展和未来走向，对建构当代科学的有中国特色马克思主义文学批评理论体系更有着重要的现实意义。因此，应当跳出预设的思维定式，综合这一时段的总体文化生态（特别是这一时段主流文艺意识形态的中国化改造的总体情势），以陈寅恪先生所说的"同情的理解"态度而非硬性的价值尺度去分析"十七年"马克思主义文学批评中国化探索的复杂性与艰难性，才能真正回到历史场景，作出正确的价值重估，并对马克思主义文学批评中国化的继续探索产生积极的学术影响。

　　"十七年"间的马克思主义文学批评中国形态的探索，在总体上呈现出成绩与错误并存、文艺从属于政治的主导性倾向和呼唤人与人性、致力于文艺规律之探索的非主导性倾向交织的发展情势。探索和巩固构成了这一时段马克思主义文学批评中国形态建构的基本内容，其主流是积极的。这种探索和巩固同中国学界对主流文艺意识形态的中国化改造，毛泽东对马克思主义文艺理论的补充和推进，周恩来在社会主义建设时期的马克思主义文艺理论中国化探索，周扬、冯雪峰等人对毛泽东文艺思想的阐释、宣传，以及执着于真理的文艺理论家们对马克思主义文艺理论的创新性发挥，又有着密切的关系。"十七年"文学批评思维的历史贡献、基本矛盾和教训启示有哪些？"十七年"文学批判思维的内在逻辑及其与"异质性"文学批评理论的关系如何？其中的阶级论是如何同人性论、真实论、自由论之间实现转化与调和的？"十七年"文学批评构建自身合法性的途径与方法有哪些？它如何吸纳与扬弃五四至 20 世纪 30 年代现代文艺理念？如何革新与张扬解放区"革命文艺"实践性体系？对执政党文艺政策核心理念的持久影响表现在哪些方面？"十七年"文学批评机制与批评文体的特殊性表现在哪些方面？"十七年"文学媒介刊物与意识形态诉求的互动对马克思主义文学批评中国化实践有哪些启示？诸如此类的问题都值得深思。

第一节　主流文艺意识形态的中国化改造

1949—1966 年这"十七年"间，为了促进马克思主义文艺理论及其中国化的最新理论成果——毛泽东文艺思想由主导性文艺意识形态向主流文艺意识形态的转化，中国共产党着力通过马克思主义文艺理论中国化的实践，在主流文艺意识形态的观念化、主流文艺意识形态的科学化、主流文艺意识形态的制度化和主流文艺意识形态的社会化等层面进行了新构建。

一、主流文艺意识形态的观念化

意识形态是有关社会行动或政治实践的"思想体系""信仰体系"或"象征体系"。毛泽东文艺思想要想从一种主导性文艺意识形态上升为主流文艺意识形态，成为新中国成立后中国文艺发展之总体愿景的理论象征，它就不能仅仅只满足于自己以马克思主义为内质建立了一个完整的文艺思想体系，不能仅仅依靠过往左翼文艺的实践来进行佐证和以群体式的文艺"大众化"运动来进行验证，或者仅仅从毛泽东《讲话》精神中的基本逻辑或主要理论构想去进行自我证明，以求得解释的雄辩和论证的自洽，而最终只是作为有关中国文艺及其发展的想象、期望、假设之混合式的东西而存在，它必须要能在认识和改造富于变化的文艺世界中实现自身的发展，并在这种发展中成为一种观念性的东西内嵌到中国文艺理论与批评中，内化到中国文艺工作者的艺术人格甚至创作动机中，才能产生巨大的现实指导作用和深远、恒久的理论影响。因此，密切联系社会主义时期文艺新实践去创新和调适马克思主义、毛泽东文艺思想的基本理论与范畴，从而构建新的观念化的文艺意识形态，就成为新中国成立后中国文艺建设的首要选择。具体地说，就是创新和调适马克思主义文艺理论的基本理论形态或范畴，以适应社会主义建设时期的文化与文艺发展的需要，其在理论探索中则表现为：致力于构建一个以政治和文艺之关系为核心，通过政治思想斗争去抵制各种非无产阶级思想的社会主义文艺观的主流意识形态，从而在文艺工作者深层思想观念中树立起马克思主义文艺理论的权威地位。可以说，在新中国成立后"十七年"，无论是巩固毛泽东文艺思想在文艺战线的统治地位，还是在调整期内去纠正日益滋长和蔓延的文艺工作中"左"的错误，无论是审时度势地宣告知识分子已经成为"工人阶级的一部分"，还是在全面贯彻"调整、巩固、充实、提高"方针的大背景下去对文艺方面存在的突出问题进行梳理和解决，将马克思主义文艺理论的真理性、权威性内化到文艺工作者的思维方式和知识结构中，成为这一时段主流文艺意识形态建设中的重中之重。相应地，文化与文艺的"建设"，知识分子的"自我改造"，文艺的"经济基础"或"上层建筑"等新的文艺范畴或语汇得到了激活并频频闪现在"十七年"的马克思主义文艺理论中国化探索实践中。

二、主流文艺意识形态的科学化

这种科学化有其内在需要。首先是确立和实现马克思主义的话语理性权威的需要。新中国成立后的文艺界思想状况呈现出马克思主义文艺理论主导意识形态同各种边缘化意识形态之间相互渗透与消解的态势。在毛泽东看来，"尽管进行了可以上溯到 40 年代初期的多年的思想灌输，党和非党知识分子中不容忽视的一部分人仍然没有放弃他们在几十年前所接受的西方自由主义思想"①。非马克思主义思想的难以去除，文艺旧意识的根深蒂固，以及文艺工作者本身的个性化特征与批判性思维对主导文艺意识形态的天然"排拒性"，使得消解和清除旧意识形态在思想文化领域的影响成为文艺工作的中心。其次是毛泽东对真理发展规律的基本看法。在他看来，正确的东西总是在同错误的东西作斗争的过程中发展起来的，马克思主义必须在斗争中才能发展。换言之，马克思主义文艺理论的科学性只有在同各种落后的甚至反动的文艺旧意识的较量中才能得以呈现、得以发展。新民主主义时期毛泽东本人对马克思主义中国化的基本内涵的系统阐述、对马克思主义中国化的历史必然性的深刻揭示、对马克思主义中国化的基本要素的详尽分析，以及对马克思主义中国化的根本原则和科学方法的不懈探索，本身就基于他对真理发展规律的笃信。新中国成立后他对马克思主义文艺理论的科学性的追求同样是这种笃信内在的逻辑的延伸。再次是摆脱苏联发展模式的时代需要（虽然最终未能摆脱政治和思想文化领域内的斯大林模式）。把对苏联修正主义文化与文艺的反拨与突破，看成是文艺领域内的马克思主义的正本清源和马克思主义文艺理论科学化的重要途径，仍然在当时的党内取得共识，并付诸实际行动。

新中国成立后"十七年"的马克思主义文艺理论的科学化主要是通过三种途径来进行的。一是通过开展思想文化领域的批判运动来增强马克思主义文艺理论中国化的动力。对电影《武训传》中唯心史观的批判，对俞平伯《红楼梦研究》的批判，对胡风文艺思想的批判，对"人情"论、"人性"论、"人道主义"等文艺思想的批判，等等，始终贯彻着在思想文化领域中如何准确地科学地理解和应用马克思主义这一核心问题。二是通过开展知识分子的自我改造来实现文艺价值观和思想意识的新旧替代，让知识分子或文艺工作者在"系统学习—批评与自我批评—提高认识、转变思想"等环节中逐步理解、

---

① ［美］R.麦克法夸尔、费正清编：《剑桥中华人民共和国史——革命的中国的兴起 1949—1965 年》，谢亮生等译，中国社会科学出版社 1990 年版，第 267 页。

认同马克思主义文艺理论的科学性。三是通过广泛的文艺学术讨论活动去清理日益变化的文艺现实所引发的思想困惑，去夯实马克思主义文艺理论的科学性。新中国成立后"十七年"间以各种形式进行的诸多文艺问题大讨论足以说明这一点。这种科学化探索还体现在对文艺自身规律的探索上，比如关于社会主义建设时期文艺创作如何适应经济基础与上层建筑问题的探讨、文学的形象性问题探讨、政治与文艺的关系问题探讨，等等，都是这种科学化努力的表现。

三、主流文艺意识形态的制度化

与传统文艺活动的个人化或私人化特征相比，现代文艺活动更具有制度化、集群化生产的特征，制度性保障往往是一种文艺意识形态获得主流地位的重要保证。文艺政策的制定及宣传导向的确立，文艺管理机制或奖励机制的设置，作家的思想改造和评价机制的设立，以及文艺教育体制的规范化等等，都是新中国成立后"十七年"文艺意识形态制度化的重要表现。新中国成立后"十七年"，主流文艺意识形态的制度化特征突出表现在以下两个方面：

其一，制度建设与主流文艺意识形态的高度关联。新中国成立后，由于社会主义社会文化建设的实际而急迫的需要，中国共产党以讲话、报告、指示、批示、意见、方针等形式作了很多文艺意识形态制度化方面的探索。由于思想斗争的复杂性和社会主义文化建设的艰巨性，制度建设同主流文艺意识形态的确立之间具有高度的直接关联性，往往是一个方针或指示直接针对一个重大的文艺意识形态问题。如 1953 年 9 月 23 日，周恩来所作的《为总路线而奋斗的文艺工作者的任务》的报告，确立了社会主义现实主义为最高文艺实践准则。他在 1959 年 5 月 3 日的紫光阁文艺座谈会上、1961 年 6 月 19 日的文艺工作座谈会和故事片创作会议上以及 1962 年 2 月 17 日的紫光阁文艺会议上的三次重要讲话，探讨的核心是用文艺规律领导文艺事业的科学方法问题。他于 1956 年 1 月 14 日所作的《关于知识分子问题的报告》，以及中共中央于 1956 年 2 月 24 日发出的《关于知识分子问题的指示》和1957 年 3 月 12 日毛泽东在全国宣传工作会议上关于知识分子问题的论述，涉及的则是政治民主和艺术民主等重要问题。关于如何反对教条主义、繁荣社会主义文艺事业，先后有 1956 年 5 月 2 日毛泽东在最高国务会议上提出的"百花齐放，百家争鸣"的方针、1957 年 2 月毛泽东在《关于正确处理人民内部矛盾的问题》中关于"双百"方针的进一步阐述，以及 1962 年 4 月中共中央批转文化部党组和全国文联党组提出的《关于当前文学艺术工作若干问题的意见（草案）》。至于清理文艺中的右倾主义，则有 1957 年 6 月 8 日毛泽东起草的《组织力量反击右派分子的猖狂进攻》的党内指示，以及 1963 年 12 月 12 日和 1964 年 6 月 27 日毛泽东关于文艺问题的两个批示，等等。不难看出，为确保马列主义、毛泽东文艺思想的主流文艺意识形态地位，这些新的制度化了的路线、方针、政策乃至法律、法规为马克思主义文艺理论和毛泽东文艺思想从主导意识形态向主流意识形态的转变构建了一个内在的价值导控体制。

其二，文化选择制约着文艺意识形态的制度化。文艺意识形态的制度化能否实施、成功，相当程度上也取决于它对文化的合理选择。换言之，文艺政策及体制问题背后凸现的常常是面临文化矛盾或文化冲突时所作出的文化选择和文化整合。马克思主义文艺理论与批评在其中国化进程中，就曾经历过这种文化选择和文化整合，并集中体现在对文艺与政治、传统与现代、西方与中国三大文化矛盾或文化冲突的文化选择上。如果说毛泽东在《讲话》中关于新民主主义文化的"古为今用，洋为中用"的文化建设构想尚停留在理想愿景层面，那么，新中国成立后的"十七年"，通过文艺意识形态的制度化的方式把这种理想愿景变为现实，就成为社会主义文化建设事业的重中之重。其中，文化建设向路的选择往往制约着文艺意识形态的制度化。比如，毛泽东提出的"百花齐放，推陈出新"，既为后来"双百"方针确立了中国文艺制度化的雏形，更是一种基于文化选择方面的深度考量："百花齐放"着重于文艺的民主化，"推陈出新"则着重于文艺的民族化和时代化。可以说，20世纪五六十年代围绕"推陈出新"的理论命题、文化遗产继承与创造问题和"双百"方针的诸多讨论，主流文艺意识形态一以贯之地加以强调的主要有三点：一是应广泛吸纳各种文化的合理因子，同时也反对生吞活剥地毫无批判地吸收；二是文艺要有民族的形式；三是马克思列宁主义的普遍真理必须同中国革命的具体实践相结合。在社会主义建设时期，由于主要领导者对社会主义文化发展形势的不同估计，这种文化选择甚至呈现出在文化激进主义和文化理性主义之间摇摆不定的特点（由毛泽东发起的各种激进的思想批判运动和周恩来的相对温和的、具有明显"改良"色彩的补救正是这一特点的重要体现）。

四、主流文艺意识形态的社会化

要真正实现马克思主义文艺理论和毛泽东文艺思想由主导性意识形态向主流意识形态的转变，必须改变旧有的定型化的革命式的宣传方式、方法，才能让大众或社会个体能够接受主流文艺意识形态的教化并将其内化为文艺工作者的个体动机、认知、态度和文化性格。新中国成立后"十七年"，执政党把文艺意识形态视为一种"社会胶合剂"，在坚持马克思主义文艺理论的理论"灌输"的前提下，通过联系大众的文化与文艺利益需求开展主流文艺意识形态的大众化学习与教育活动，以形成共有的文艺价值观与规范。新中国成立后"十七年"大量马克思主义文艺理论通俗性读本的编撰、教材的编写以及文艺大字报宣传方式的着力使用，都可以看到这种社会化的努力。

上述主流文艺意识形态的中国化改造反映到马克思主义文艺批评中国化的探索上，诚如学界后来的总结，"十七年"的文学批评，论题过于集中而不能向多方伸展，思维方式过于单一而没有真正地"百花齐放"，苏式影响太深而不中不西乃至缺乏应有的特色，对马列主义、毛泽东思想理解不深不透而有简单化、机械套用、不切文艺实际的毛病，整体创造和逻辑展示不力，体验与三昧之论不多，理论准备不足而开拓更少，政治因素过浓而学术气氛不够，批判多而建设少，仿制多而建构少。[1] 但如果我们从马克思主义文艺批评的中国化探索的学术视角来看的话，广为学界诟病的"十七年"在文学批评理论的科学性、现代性改造上实际上一定程度地巩固了马克思主义文艺批评的"中国形态"。这种科学性、现代性改造就是对中国本土的传统文艺批评以及五四以来的各种资产阶级文艺批评进行马克思主义的批判和科学化的改造，以适应社会主义建设时期的文艺发展需要，达到巩固新生政权和文艺新政策的目的。

---

[1] 参见张首映：《十七年文艺学格局及其在新近十年转换鸟瞰》，《文艺研究》1988年第2期。

第二节　苏联文艺理论模式的引进和马克思主义文学批评的中国化

如果说主流文艺意识形态的中国化改造主要是马克思主义文学批评中国形态建构的内部需要的话，那么，新中国成立后苏联文艺理论模式的大量引进则构成了确立和巩固马克思主义文学批评形态的外部条件。这是因为，借鉴苏联已有的先进的革命经验、文化经验和文艺经验迅速展开社会主义建设时期的文艺建设，对于执政党来说，既是一种现实需求，更有着弥补理论创新经验之不足的现实便利。

一、苏联文艺理论模式的引进

苏联革命的成功及其经验对中国的影响是深刻的、全方位的。毛泽东在新中国成立前夕发表的《论人民民主专政》对此作过集中的论述，他说："中国人找到马克思主义，是经过俄国人介绍的。在十月革命以前，中国人不但不知道列宁、斯大林，也不知道马克思、恩格斯。十月革命一声炮响，给我们送来了马克思列宁主义。十月革命帮助了全世界的也帮助了中国的先进分子，用无产阶级的宇宙观作为观察国家命运的工具，重新考虑自己的问题。走俄国人的路——这就是结论。"[①]1952 年，周扬在为苏联文学杂志《旗帜》所写的文章中引用了这段话，并将其延伸到对文艺问题的探讨中，直接断言："'走俄国人的路'，政治上如此，文学艺术上也是如此。"[②]对苏联政治、经济、文化模式的全面笃信，使得新中国成立后中国出现了全面接受俄苏文学的热潮。无论是翻译俄苏马克思主义文艺理论家的著作，还是对无产阶级

---

① 毛泽东：《论人民民主专政》，《毛泽东选集》第四卷，人民出版社 1991 年版，第 1470—1471 页。

② 周扬：《社会主义现实主义——中国文学前进的道路》（原载于苏联文学杂志《旗帜》1952 年 12 月号，《人民日报》1953 年 1 月 11 日转载），《周扬文集》第二卷，人民文学出版社 1985 年版，第 183 页。

文艺家作品的研究，或者对俄苏马克思主义文艺理论教材编写的借鉴，都达到了一个前所未有的高潮。1954 年 7 月 17 日，中国作家协会主席团第 7 次扩大会议讨论并通过文艺工作者学习政治理论和古典文学遗产的参考书目，书目以《文艺学习》编辑部的名义，刊载于同年第 5 期《文艺学习》上。所列的书目除马克思、恩格斯的《共产党宣言》《社会主义从空想到科学的发展》《路德维希·费尔巴哈和德国古典哲学的终结》，以及毛泽东的"两论"（《矛盾论》和《实践论》）、"毛选"和《讲话》，其他基本都是苏联论著，如普列汉诺夫的《论个人在历史上的作用》，列宁的《卡尔·马克思》《列宁文选》（两卷集，其中必读《马克思主义的三个来源和三个组成部分》《什么是"人民之友"以及他们如何攻击社会民主党人?》《帝国主义是资本主义的最高阶段》《国家与革命》《共产主义运动中的"左派"幼稚病》），马林科夫的《在第十九次党代表大会上关于联共（布）中央工作的总结报告》，日丹诺夫等人的《苏联文学艺术问题》等，其中，以斯大林的著作书目为最多，有《列宁主义问题》《无政府主义还是社会主义?》《与德国作家路得维希的谈话》《与英国作家威尔斯的谈话》《马克思主义和语言学问题》《苏联社会主义经济问题》共六种，此外像《列宁　斯大林论中国》《马克思　恩格斯　列宁　斯大林论文艺》等涉及苏联领导人言论的编著也在其列。[1]

在译介俄苏马克思主义文艺理论家的著作方面，"前三雄"（别林斯基、车尔尼雪夫斯基、杜勃罗留波夫）和"后三雄"（普列汉诺夫、卢那察尔斯基和沃罗夫斯基）以及高尔基的论著都得到了系统的译介、整理与研究。"前三雄"作为俄国革命民主主义者的代表，其文艺思想成为中国文艺学界和批评界的精神财富，国内先后翻译出版了不少他们的原著以及对他们的介绍性著作，同时国内也出现了相关的研究性论著，其热情一直持续到 20 世纪 60 年代初。专论方面代表性的有刘宁的《别林斯基的美学观点》（《北京师范大学学报（社会科学版）》1958 年第 3 期）、汝信的《论车尔尼雪夫斯基对黑格尔艺术哲学的批判》（《哲学研究》1958 年第 1 期）等。专著方面则有陈之骅编写的《车尔尼雪夫斯基》（商务印书馆 1962 年）和《别林斯基》（商

---

[1]　参见洪子诚主编：《中国当代文学史·史料选：1945—1999》（上），长江文艺出版社 2002 年版，第 228—230 页。

务印书馆 1963 年）以及朱光潜的《西方美学史》下卷第 16 章和第 17 章中关于别、车二人的论述。由于马、恩、列都没有专门性的文艺论著，因此，别、车、杜获得了"准马列"的地位。成为当时国内文艺论战时进攻的矛和盾。但也可看到，别、车、杜的中心地位是相对于西方理论家而言，仅仅只是作为马列文论的补充而存在的，起一种代用品的作用。在"后三雄"中，普列汉诺夫由于一直被看作是孟什维克的理论代表，从 1935 年至 20 世纪 50 年代前期，对之的译介基本处于停滞，但到 50 年代中后期也开始迅速恢复。如陈冰夷在中国首次全译了普氏的《从社会学观点论十八世纪法国戏剧文学和法国绘画》一文。此外，他还翻译了普列汉诺夫的《无产阶级运动和资产阶级艺术》《艺术与社会生活》《俄国批评的命运——评伏伦斯基〈俄国批评家·文学概论〉》等。1957 年吕荧以俄文版普列汉诺夫《艺术与文学》一书的第 3 部分为底本翻译了《亨利克·易卜生》等 5 篇论文，结集为《论西欧文学》，由人民文学出版社出版，次年他还翻译了普列汉诺夫的《车尔尼雪夫斯基的美学理论》（载《文艺理论译丛》1958 年第 1 期）一文。外国学者论普列汉诺夫的专著也得以翻译出版，如张祺翻译了苏联学者福明娜的《普列汉诺夫的文学和艺术观》（新文艺出版社 1958 年版）。作为普氏著作翻译中的佼佼者，曹葆华翻译与校对了普列汉诺夫的《没有地址的信》《艺术与社会生活》，将二者合为一书，于 1962 年由人民文学出版社出版。1964 年人民出版社的《论艺术（没有地址的信）》则是以曹葆华的译本为基础，根据俄文版原文作校订、补充，为方便党的高级干部阅读而专门印行的，它也是毛泽东开列的高干阅读的 30 本必读书之一。1958 年人民文学出版社出版了蒋路翻译的卢那察尔斯基的《论俄罗斯古典作家》。译者曾专门谈及了翻译的因由，认为该书收集的 15 篇文章"无疑是用马克思主义观点评论文学现象的优秀典范"①。作为无产阶级文学奠基人的高尔基更是得到国内学界的青睐。20 世纪 50 年代对他的译介已呈现出从作品到理论的系统化全面引入的趋势。如缪灵珠翻译了高尔基的《俄国文学史》（上海新文艺出版社 1956 年），孟昌和曹葆华合译了高尔基的《文学论文选》（人民文学出版社 1959 年），巴金与曹葆华合译了高尔基的《回忆录选》（人民文学出版社 1959 年），曹葆华、渠建明合

---

① 蒋路：《卢那察尔斯基和他的〈论俄罗斯古典作家〉》，《新建设》1958 年第 9 期。

译了高尔基的《文学书简》上、下卷（人民文学出版社 1962、1965 年）。此前出版的高尔基的论著经过重译、修订或补充后出版的有：以群翻译的《给初学写作者》（后更名为《给青年作者》，由多个出版社出版）、曹葆华翻译的《苏联的文学》（由新华书店、新文艺出版社、上海译文出版社多次出版）、戈宝权翻译的《我怎样学习写作》（生活·读书·新知三联书店 1950 年）、适夷翻译的《契诃夫 高尔基通信集》（海燕书店 1950 年和上海新文艺出版社 1953 年）等。一些文艺理论编著如《论写作》（人民文学出版社 1955 年）、《苏联作家谈创作经验》（中国青年出版社 1956 年）、《苏联作家论社会主义现实主义》（人民文学出版社 1960 年）等，也都大量收录了高尔基论述文艺的言论。

这些俄苏马克思主义文艺理论家的著作、理论、观点、言论对当时中国文学界和理论界的影响是非常巨大的。以文艺理论教育为例，这一时段的文艺理论教科书的编写主要以苏联学者季莫菲耶夫的《文学概论》和毕达可夫的《文艺学引论》为范本来进行的，后来周扬挂帅、以群主编的权威统编教材《文学的基本原理》在全书的体例框架、思维规程及观念系统等各个方面，与苏联模式可说是一脉相承。再以高尔基为例。缪灵珠在其翻译的高尔基的《俄国文学史》译本第二版"后记"中特别提到高尔基的文学史观和方法，认为"以知识分子对人民的态度作为文学史的主线——这种创举，应归功于高尔基"[1]。在 20 世纪 60 年代中国文学概论教材的编写中，以群的《文学的基本原理》和蔡仪的《文学概论》都确认高尔基是社会主义现实主义的奠基人，将之视为对资产阶级文学的主要批判者，并在其教材中大量引用高尔基的言论。

作为苏联最高文艺准则的"社会主义现实主义"当然也受到中国文艺理论界的热情追捧，其中又以当时的周扬为最，他把苏联的社会主义现实主义看作是"中国文学前进的道路"。以下摘录的周扬阐述苏联"社会主义现实主义"的四段内容，从苏联文学的力量源泉、教育作用、"社会主义现实主义"的实质以及学习方法等不同角度对"社会主义现实主义"理论及其创作方法进行了肯定：

---

[1] ［苏］高尔基：《俄国文学史》，缪灵珠译，上海译文出版社 1979 年版，第 590 页。

中国人民，不论在解放之前或者在已经取得伟大胜利之后，总是经常地从苏联文学中吸取斗争的信心、勇气和经验。在这个文学中，我们看到了世界上从所未有的一种最先进的、美好的、真正体现了人间幸福的社会制度，看到了人类最高尚的品格和最崇高的道德的范例。苏联文学的强大力量就在于：它是站在共产主义思想的立场上来观察和表现生活，善于把今天的现实和明天的理想结合起来，换句话说，它的力量就在社会主义现实主义的方法。①

由于中国人民的历史性的胜利，为鲁迅所歌颂的中苏两国人民早已心心相印的"文字之交"，就在一个完全新的条件下获得了空前的开展和更进一步的巩固。现在苏联的文学、艺术和电影已经不只是作为中国作家和艺术工作者的学习的范例，而且是作为以共产主义思想教育和鼓舞广大中国人民的强大精神力量，成为中国人民新的文化生活的不可缺少的最宝贵的内容了。苏联的作品，如《铁流》《毁灭》《士敏土》《静静的顿河》《被开垦的处女地》《钢铁是怎样炼成的》《青年近卫军》《日日夜夜》《俄罗斯人》《前线》等，早已为中国广大读者所熟习。苏联的文学作品中所描写的苏联人民的高尚典型，已经不仅被千千万万的中国读者所热爱，而且永远活在中国人民的心中了。保尔·柯察金、丹娘、马特洛索夫和奥列格已经成为我国无数青年的表率。②

社会主义现实主义首先要求作家在现实的革命的发展中真实地去表现现实。生活中总是有前进的、新生的东西和落后的、垂死的东西之间的矛盾和斗争，作家应当深刻地去揭露生活中的矛盾，清楚地看出现实发展的主导倾向，因而坚决地去拥护新的东西，而反

---

① 周扬：《社会主义现实主义——中国文学前进的道路》（原载于苏联文学杂志《旗帜》1952年12月号，《人民日报》1953年1月11日转载），《周扬文集》第二卷，人民文学出版社1985年版，第182页。

② 周扬：《社会主义现实主义——中国文学前进的道路》（原载于苏联文学杂志《旗帜》1952年12月号，《人民日报》1953年1月11日转载），《周扬文集》第二卷，人民文学出版社1985年版，第185页。

对旧的东西。因此当我们评论一篇作品的思想性的时候，主要就是看它是否揭露了社会阶级的矛盾——这种矛盾是无微不至地表现在生活的各方面的——以及揭露是否深刻。任何企图掩盖、粉饰和冲淡生活中的矛盾的倾向，都是违背现实的真实，减低文学的思想战斗力，削弱文学的积极作用的。①

向苏联文学的社会主义现实主义学习，对于我们，今天最重要的，就是学习如何描写生活中新的和旧的力量的矛盾和斗争，学习如何创造体现了共产主义高尚道德和品质的新的人物的性格。

许多优秀苏联作家的作品，在这一方面都是我们学习的最好的范本。斯大林同志关于文艺的指示，联共中央关于文艺思想问题的历史性的决议，日丹诺夫同志的关于文艺问题的讲演，以及最近联共十九次党代表大会上马林科夫同志的报告中关于文艺部分的指示，所有这些，为中国和世界一切进步文艺提供了最丰富和最有价值的经验，给予了我们以最正确的、最重要的指南。②

上述影响也常常渗透到文学批评实践中。以俄苏红色经典的批评为例。在中国全面接受俄苏文学的热潮中，苏联红色经典如《母亲》《被开垦的处女地》《毁灭》《青年近卫军》《静静的顿河》《钢铁是怎样炼成的》《铁流》等，成为中国批评界研究的主要对象，其总体批评倾向是以阶级分析法为作品分析的准绳，凸显其在阶级斗争中的作用，将作品的政治教化意义宣扬到极致。比如将高尔基的《母亲》看作是"无产阶级革命斗争的英雄史诗"或社会主义现实主义的典范作品。

---

① 周扬：《社会主义现实主义——中国文学前进的道路》（原载于苏联文学杂志《旗帜》1952年12月号，《人民日报》1953年1月11日转载），《周扬文集》第二卷，人民文学出版社1985年版，第188页。

② 周扬：《社会主义现实主义——中国文学前进的道路》（原载于苏联文学杂志《旗帜》1952年12月号，《人民日报》1953年1月11日转载），《周扬文集》第二卷，人民文学出版社1985年版，第190页。

二、对"中国形态"建构的影响

总的来说，由于 20 世纪二三十年代的苏联"拉普"文艺理论和"社会主义现实主义"的引入，加之引介者瞿秋白、周扬等人在中共领导层的特殊地位，以及毛泽东本人对列宁主义文艺思想的推崇，苏联文艺理论对马克思主义文学批评中国形态的探索产生深远的影响。这种影响突出体现在以下方面：

其一，对于文学批评的体系建构的深远影响。从 20 世纪二三十年代起，中国的马克思主义文艺理论家就致力于建构一套适合中国文艺实际的批评体系，其引入的思想资源，既有经典马克思主义文艺理论家如马克思、恩格斯本人的，也有西方马克思主义文艺理论家如卢卡奇的，获取途径既有取资于马克思主义诞生地德国的，也有经日本中转的，但从现实影响看，则都不如俄苏正统马克思主义文学批评。究其原因，可能有如下几个原因：一是由于各种原因，经典马克思主义理论家对文艺问题尚未作系统的全面的体系性论述；二是日本文艺理论家之激进甚至极端，其影响力主要集中于后期创造社会和太阳社成员，而这些成员在中国并未真正获得过对马克思主义文艺理论话语的解释权；三是最为重要的是苏联在"十月革命"成功后，获取了无产阶级文化与文化的领导权，制定了相对规范而系统的文艺政策，形成了相对系统的理论体系，也取得了文艺创作上的巨大成就，为中国文艺工作者探索中国形态的马克思主义文艺批评提供了成功范例。这一点，我们可以从俄苏马克思主义文学批评的系统性上见出。围绕列宁主义旗帜建立起来的俄苏马克思主义文学批评在体系的完整性及内容的丰富性上，同西方马克思主义文学批评和日本马克思主义文学批评相比，更具有理论优势。如作为对文艺本质的探讨，它以"革命的镜子""生活的反映"或"社会本质的反映"建立起了文学反映论；作为对文学社会属性的探讨，它以"党性""倾向性""人民性""阶级"等范畴建立起了意识形态分析的文艺批评理念；作为对民族文化形式问题的探索，它以"两种文化"论、"社会主义内容"和"民族形式"等建立起了自己的民族形式理论。这些理论上的构建，对于尚处于摸索状态的中国文艺理论界，无疑具有巨大的吸引力。在新中国成立后"十七年"，我们看到，俄苏马克思主义文学批评的理论体系不仅在中国文艺理论界的理论问题的探讨得到全面的接受，而且在文学教育特别是教科书的编写中也几乎全面照搬。

其二，对于文学批评性质之规定的深远影响。苏联的文学批评从总体上讲是一种政治批评，主张文学艺术从属于政治，强调文艺批评要为政治或阶级斗争服务，这一点深刻影响了中国左翼文艺运动和延安工农兵文艺，以及新中国成立后"十七年"中国文艺创作及批评实践的发展。"鲁迅方向"向"赵树理方向"的转变，新中国成立后"十七年"各种文艺批判运动的广泛开展，都表明苏联文艺理论中的这种政治批评不仅被中国文艺批评界所接受，甚至一定程度上内化到中国批评家的思维模式与知识结构的养成中。它不仅强化了中国传统文学批评的政治—伦理色彩，而且为"文革"期间中国文艺批评中"斗争哲学"的泛滥埋下了伏笔。

其三，对于马克思主义文学批评中国形态探索进程的深远影响。从20世纪二三十年代开始，中国文艺界关于"革命文学"的论争、关于"文艺大众化"的讨论、关于"自由人"和"第三种人"的论争，都有一个重要的共同特征，即面对的都是中国本土的文艺现实，都试图通过更能针对中国现实问题的理论选择达到建构中国化的马克思主义文学批评理论的目的。当然，这期间对马克思主义理论的认识与选择，由于资源的丰富性和真假难辨的特征，中国化的马克思主义文学批评理论的建构只能说是处于摸索状态之中。俄苏马克思主义文艺理论资源只是影响中国的一个方面，译介或传播是这种影响的表征。俄苏马克思主义文学批评对于中国马克思主义文学批评而言，还处于一种"接受"状态。延安工农兵文艺运动深入发展期间，随着《讲话》的出台，苏联文艺思想经周扬等人的译介，更多地成为中共制定文艺政策或确定文艺方向的主要思想资源或理论依据，特别是列宁主义文艺思想得到了更多的强调与应用。较之前期的"接受"为主的影响状态，这一时期苏联文艺思想逐渐占据了中国文艺理论界的思想前沿。但延安文艺座谈会的召开仍然是针对当时解放区和国统区左翼作家之间的论争和某些混乱思想而举行的，《讲话》也正是对之进行拨乱反正的理论表述，因而这一时期的马克思主义文学批评中国化探索并非全然笼罩在苏联文艺思想的影响下，虽然其中不乏苏联文艺思想的影响，但毛泽东文艺思想的形成仍然是基于中国文艺现实运用马克思主义观点而形成的创造性理论成果。因此，这一时段，苏联文艺思想对中国化马克思主义文学批评的影响实际上是一种"应用"状态。如前所述，新中国成立后"十七年"，从理论准则到批评模式，从研究方法到具体创作，中国文艺理论界大量引入苏联文艺理论，甚至全盘照搬，由此也引发了中国文艺创作的公式化、概念论等各种弊端。随着 20 世纪五六十年代中共与苏共的矛盾和决裂，更是由于中国共产党在调整期对中国社会主义革命和建设特点的认识的进一步深入，以及文艺政策的相应调整，开始出现了对苏联"无冲突论"和社会主义现实主义的某些批评和澄清，中国化的马克思主义文学批评探索开始出现"疏离"苏联文艺思想的态势。从这样一个"接受"→"应用"→"疏离"的总体态势中，我们可以看到，苏联文艺理论思想与批评模式对马克思主义文学批评中国形态探索进程的重要影响。

第三节　毛泽东对马克思主义文艺思想的补充和推进

20 世纪中国文艺史上还没有哪一种文艺思想能像毛泽东文艺思想那样以其无比巨大的力量影响着、指导着、推动着、制约着文艺的发展。它之所以有如此的现实影响力，是因为它把建构一种主流文艺意识形态所必需的理论基础（马克思主义文艺理论）、政策导向（苏共中央的文艺政策）、传统吸收（中国古代文化）和现实面对（革命文艺实践）锻造成了一个理论和实践统一的形态并发挥了空前的威力。在思想体系已然形成和典范实践（如整风运动）已经开始的情势下，新中国成立后，毛泽东对马克思主义文艺思想的中国化探索就主要集中在补充和推进层面。总的来看，"新中国马克思主义文学理论的起步就是毛泽东的《讲话》以及后来毛泽东的一些补充论述"，《讲话》及毛泽东在新中国成立后的文艺问题论述的大体框架是："文艺方向——工农兵方向；文艺性质——从属于党在一定历史时期的政治路线；文艺源泉——社会生活，文艺反映社会生活；文艺资源——古为今用，洋为中用；文艺加工——典型化，即'六个更'；文艺思维——形象思维；文艺方法——社会主义现实主义或革命浪漫主义与革命现实主义相结合；文艺家道路——与工农群众相结合、改造世界观；文艺功能——团结人民、教育人民、打击敌人、消灭敌人；文艺批评——政治标准第一，艺术标准第二；文艺方针——百花齐放，百家争鸣；文论学习对象——苏联文论；文论价值取向——民族的、大众的、科学的。"[1] 在这个总体框架中，毛泽东的部分补充性论述一定程度上推进了马克思主义文艺理论的中国化探索。这些补充性论述主要集中在《应当重视电影〈武训传〉的讨论》《论十大关系》《关于正确处理人民内部矛盾的问题》《同文艺界代表的谈话》《关于〈红楼梦〉研究问题的信》《应当充分地批判地利用文化遗产》《人的正确思想是从哪里来的?》《关于人的认识问题》以及"一九六五年七月二十一日给陈毅的信"中。其补充与推进主要体现在以下几个方面。

一、"百花齐放，推陈出新"

1951 年 4 月 3 日，毛泽东为中国戏曲研究院的成立亲笔题词："百花齐放，推陈出新。"这个题词虽然只有八个字，在其后的各类讲话中也较少将这八字二句联系起来讲，但蕴含的意义却是极其巨大的。其一，"百花齐放"既体现了中国共产党对戏曲艺术发展规律的充分尊重，从而也为新中国文化艺术的多元化发展指明了方向，为"双百"方针最终成为新中国文化与文艺的指导性方针打下了坚实的理论基础。其二，"推陈出新"四字，表面上看，体现的是中国共产党对民族优秀艺术保护、继承而又积极建设的意图，更深层的意义则在于它是对如何建设社会主义文艺的原则与方法的一种深度思考。如果说"百花齐放"是着重思考文艺的民主化问题，那么，"推陈出新"则是将文艺的民族化和时代化问题融合在一起的高度概括之后的理论结晶。因为，这二者之间是辩证统一的关系，没有文艺上的"百花齐放"，就不可能有文艺的全面的"推陈出新"，反之，没有"推陈出新"，也就不可能有真正的"百花齐放"。早在 1940 年的《新民主主义论》和 1942 年的《讲话》中，毛泽东就对马克思主义文艺理论的中国化问题进行过深入的阐述，其侧重点主要在于新民主主义革命时期新文化的构建和想象上，但都未曾把对文艺的民主化、民族化、时代化问题的

---

[1] 童庆炳：《走向新境：中国当代文学理论 60 年》，《文艺争鸣》2009 年第 9 期。

思考融合、凝练为一个真正具有中国风格和中国气派的理论命题或时代口号，从这个意义上讲，"百花齐放，推陈出新"八字，在马克思主义文艺理论中国化进程中具有举足轻重的作用，是毛泽东推进马克思主义文艺理论中国化进程的重大理论创造。

二、"百花齐放，百家争鸣"

所谓"双百"方针，指的就是艺术问题上的"百花齐放"和学术问题上的"百家争鸣"。

它的提出有三个重要的时间节点：一是毛泽东于 1956 年 4 月 28 日召开的中共中央政治局扩大会议上谈及；二是同年 5 月 2 日，毛泽东在最高国务会议上作正式宣布；三是同年 5 月 26 日，中央宣传部举行报告会，陆定一以题为《百花齐放，百家争鸣》的讲话对这个方针作了全面阐述。由此，"双百"方针作为中国科学文化工作的最高指导方针被确定下来。

就"双百"方针产生的历史语境来看，它的产生首先与执政党对国内阶级斗争状况的估计和工作重心的调整有关。这在毛泽东的《论十大关系》中已有清晰的表达，其目的就是"努力把党内党外、国内国外的一切积极的因素，直接的、间接的积极因素，全部调动起来"①。

在后来的《关于正确处理人民内部矛盾的问题》中，毛泽东再一次重申："它是根据中国的具体情况提出来的，是在承认社会主义社会仍然存在着各种矛盾的基础上提出来的，是在国家需要迅速发展经济和文化的迫切要求上提出来的。百花齐放、百家争鸣的方针，是促进艺术发展和科学进步的方针，是促进我国的社会主义文化繁荣的方针。"②

其次，"双百"方针的产生也同 20 世纪 50 年代中期苏联和东欧发生的一些政治事件有着密切的关联。从斯大林的政治模式和文艺政策的终结以及匈牙利和波兰的群众性事件中，中国领导人更清醒地认识到正确解

---

① 毛泽东：《论十大关系》，中共中央文献研究室编：《毛泽东文集》第七卷，人民出版社1999 年版，第 44 页。

② 毛泽东：《关于正确处理人民内部矛盾的问题》，中共中央文献研究室编：《毛泽东文集》第七卷，人民出版社 1999 年版，第 229 页。

决人民内部矛盾的重要性,决心冲破苏联那套以行政方式和官僚主义干涉科学文化的模式(比如周扬就认为"双百"方针同对斯大林的批评有直接关系)①。特别是各种文艺批判运动越来越严重地将学术或思想问题等同于政治问题,直接导致了新中国成立几年后思想文化界的沉闷。这种动辄从政治上"上纲上线"的阻碍学术文化繁荣的做法,同在科学文化工作中照抄照搬苏联经验的教条主义做法有着密切的关系。因此,挣脱苏联文艺工作的教条主义成为"双百"方针的一个重要思想背景。

再次,同毛泽东批判修正主义的主观意图也有着密切的关系。毛泽东反复提醒知识分子或文艺工作者要注意到"百花齐放,百家争鸣"的阶级性和政治性。他认为:"我们已经在生产资料所有制的改造方面,取得了基本胜利,但是在政治战线和思想战线方面,我们还没有完全取得胜利。无产阶级和资产阶级之间在意识形态方面的谁胜谁负问题,还没有真正解决。我们同资产阶级和小资产阶级的思想还要进行长期的斗争。不了解这种情况,放弃思想斗争,那就是错误的。凡是错误的思想,凡是毒草,凡是牛鬼蛇神,都应该进行批判,决不能让它们自由泛滥。"②正是基于上述判断,毛泽东得出结论说:"我们提倡百家争鸣,在各个学术部门可以有许多派、许多家,可是就世界观来说,在现代,基本上只有两家,就是无产阶级一家,资产阶级一家"③。

总的来看,"双百"方针是经毛泽东在《论十大关系》《关于正确处理人民内部矛盾的问题》《在中国共产党全国宣传工作会议上的讲话》等重要论著中加以详尽的阐释和系统的发挥才最终成为社会主义文化建设的总方针的。它的提出并不仅仅只是一次基于社会主义时期文化或文艺建设之内在需要的简单的政策调整,更是中国共产党人对于如何将马克思主义的文化民主

---

① 周扬说:"最近中央提出了'百花齐放,百家争鸣'的方针……这和苏共第二十次代表大会提出对斯大林的批评有关。……我们不否认对于斯大林的批评在全世界引起了很大的混乱。但这个混乱现在看起来不是主要的,主要的是收获。我们是在这样一个状况下提出'百花齐放,百家争鸣'的。"——周扬:《关于当前文艺创作上的几个问题——在中国作协文学讲习所的讲话》,《周扬文集》第二卷,人民文学出版社 1985 年版,第 405 页。

② 毛泽东:《在中国共产党全国宣传工作会议上的讲话》,中共中央文献研究室编:《毛泽东文集》第七卷,人民出版社 1999 年版,第 281 页。

③ 毛泽东:《在中国共产党全国宣传工作会议上的讲话》,中共中央文献研究室编:《毛泽东文集》第七卷,人民出版社 1999 年版,第 273 页。

和文艺民主思想深度融入中国现实的一次积极探索，它最终以方针政策的形式确立下来，也把马克思主义的中国化提升到一个新的历史高度与理论高度，这在其带有鲜明中国特色的简洁的表述方式、高度的理论涵摄力和巨大的现实效能中都可看到。不可否认的是，毛泽东对"双百"方针的阐释，并非尽善尽美，比如，忽视了社会主义初级阶段的国情，对知识分子世界观要求过高，但其效果却是非常积极的，如"干预生活"的概念和一批"干预生活"的现实主义优秀文艺作品就是在"双百"方针出台后出现的。刘宾雁的《在桥梁工地上》和《本报内部消息》、王蒙的《组织部来了个年轻人》、李国文的《改选》、耿简的《爬在旗杆上的人》、李准的《芦花放白的时候》、刘绍棠的《西苑草》、方之的《杨妇道》等一大批强调"写真实"的作品，敢于直面官僚主义、教条主义、各种矛盾和一些阴暗面，敢于大胆触及社会生活中的许多尖锐问题，可以说是"双百"方针出台后文艺界在长期压抑之后得到的一次集中的爆发，而文艺批评界对这一"干预生活"思潮所给予的积极的肯定与评价，则也显示出"双百"方针的正面的、积极的影响。

三、"推陈出新"

虽然毛泽东对他的"百花齐放，推陈出新"题词没有作任何说明，但联系他在《论十大关系》（1956年4月25日）、《同音乐工作者的谈话》（1956年8月24日）、《关于正确处理人民内部矛盾的问题》（1957年2月27日）、《同文艺界代表的谈话》（1957年3月8日）、《同新闻出版界代表的谈话》（1957年3月10日）以及《应当充分地批判地利用文化遗产》（1960年12月24日同古巴妇女代表团和厄瓜多尔文化代表团谈话）中的相关阐述，就不难看出，围绕古今中外文化的继承与创造问题，毛泽东把他在《新民主主义论》和《在延安文艺座谈会上的讲话》中的有关"古为今用，洋为中用"的思想进一步凝练为"推陈出新"的理论命题。这个理论命题并非学界惯常所理解的只是毛泽东对其过往的"古为今用，洋为中用"的一个简单总结或综合，而是含有更多的内涵。如果仔细比较毛泽东在新中国成立前后有关文化遗产继承与创造问题的各类论述，可以发现，强调把马列主义普遍真理同中国革命具体实践相结合，广泛地吸收古今中外文化中的优秀遗产或合理因子去创造具有鲜明民族特色的文艺形式是毛泽东文艺思想中一以贯之地加以强调的核心内容。不同的则是新中国成立后的相关论述更强调文化继承与创造中的"以我为主"和"以今为主"，更强调马克思主义在文化继承与创造中的重要性。比如，在《论十大关系》中，毛泽东就强调"每个民族都有它的长处"，"必须有分析有批判地学，不能盲目地学，不能一切照抄，机械搬用"，即使"对于苏联和其他社会主义国家的经验，也应当采取这样的态度"。[①] 在《同音乐工作者的谈话》中，毛泽东认为，"中国人还是要以自己的东西为主"，并明确指出，"向古人学习是为了现在的活人，向外国人学习是为了今天的中国人"[②]。在《同新闻出版界代表的谈话》中，他认为"要争取百分之八十以上的中间状态的知识分子来学习马克思主义"[③]。在《同文艺界代表的谈话》中，他认为"文化遗产中有许多毒素和糟粕"，文艺界"问题很多"，其原因是"还有一些人对马克思主义世界观是抵触的"。[④] 如果把这些阐述联系起来看，相比新中国成立前的"精华"和"糟粕"之类的论述，新中国成立后毛泽东"推陈出新"的理论命题更重视文化或文艺创造的时代性以及马克思主义对这种创造的指导意义。从理论视域上看，"推陈出新"包含了两个理论层面，从共时性层面看，这是毛泽东对马克思主义哲学的文化继承性学说和批判辩证法思想的中国化发展，从历时性层面看，则是传统文化与文艺的"通变"说的现代性与革命性转化。换言之，"推陈出新"是新中国成立后毛泽东在马克思主义文艺理论中国化探索方面从共时性和历时性两个层面相融合的视角，推进马克思主义文艺理论的民族化与时代化所作出的重大理论贡献。

---

① 毛泽东：《论十大关系》，中共中央文献研究室编：《毛泽东文集》第七卷，人民出版社1999年版，第41页。

② 毛泽东：《同音乐工作者的谈话》，中共中央文献研究室编：《毛泽东文集》第七卷，人民出版社1999年版，第77、82页。

③ 毛泽东：《同新闻出版界代表的谈话》，中共中央文献研究室编：《毛泽东文集》第七卷，人民出版社1999年版，第264页。

④ 毛泽东：《同文艺界代表的谈话》，中共中央文献研究室编：《毛泽东文集》第七卷，人民出版社1999年版，第257、250、251页。

四、"两结合"

"两结合"是"革命现实主义和革命浪漫主义相结合"的简称,《中国百科大辞典》对其的解释是:"毛泽东于 1958 年提出的无产阶级文艺的创作方法。要求文艺工作者把现实主义和浪漫主义有机结合起来,以革命现实主义为基础,以革命浪漫主义为主导,从理想的高度反映生活,努力表现新的时代和新的人物,批判各种落后势力和消极现象。使文艺作品充满革命英雄主义和革命乐观主义的精神。这一方法的提出,对新中国文艺有深刻影响。"①

"两结合"的雏形可以追溯到 1938 年毛泽东给鲁迅艺术学院的题词:"抗日的现实主义,革命的浪漫主义。""革命现实主义和革命浪漫主义相结合"的正式出台,则源于 1958 年的民歌收集运动,毛泽东在这一年的成都会议上说:"我看中国诗的出路恐怕是两条:第一条是民歌,第二条是古典,这两面都提倡学习,结果要产生一个新诗。现在的新诗不成型,不引人注意,谁去读那个新诗。将来我看是古典同民歌这两个东西结婚,产生第三个东西。形式是民族的形式,内容应该是现实主义与浪漫主义的对立统一。"②

在西方,"现实主义"和"浪漫主义"作为概括两种不同倾向或表现方式的文学运动与文学潮流的概念或范畴,有着悠久的概念争议史和深远的理论影响,且一直以对立面出现。马克思主义经典理论创始人将二者并行论述的并不多,谈论更多的是现实主义创作中的真实性问题、倾向性问题,如认为"不应该为了观念的东西而忘掉现实主义的东西,为了席勒而忘掉莎士比亚"③;批评夏多布里昂的创作是"换上了浪漫的外衣,用新创的辞藻来加以炫耀;虚伪的深奥,拜占庭式的夸张,感情的卖弄,色彩的变幻,文字的雕琢,矫揉造作,妄自尊大,总之,无论在形式上或在内容上,都是前所未有的谎言的大杂烩"④,以及借评论巴尔扎克的《人间喜剧》的成

---

① 中国百科大辞典编委会编:《中国百科大辞典》,华夏出版社 1990 年版,第 526 页。

② 中共中央文献研究室编:《建国以来毛泽东文稿》第七册,中央文献出版社 1992 年版,第 124 页。

③ 《马克思恩格斯全集》第 29 卷,人民出版社 1972 年版,第 585 页。

④ 《马克思恩格斯全集》第 33 卷,人民出版社 1973 年版,第 102 页。

功来谈论对现实主义文学创作中的倾向性问题。在苏联，列宁讨论"现实主义"和"浪漫主义"的关系，主要是从革命的、推陈出新的角度出发的①；普列汉诺夫则更多是从"现实"与"自我"的敌对关系出发加以阐述的②。将这二者结合、联系起来考虑的主要是柯罗连科、高尔基、卢那察尔斯基、法捷耶夫等人。高尔基认为，"在伟大的艺术家们身上，现实主义和浪漫主义好象永远是结合在一起的"，而像巴尔扎克、屠格涅夫、托尔斯泰、果戈理、契诃夫这些古典作家"就很难完全正确地说出，——他们到底是浪漫主义者还是现实主义者？"在他看来，浪漫主义和现实主义的合流是俄国优秀文学的突出特征，它使俄国的文学"具有那种日益明显而深刻地影响着全世界文学的独创性和力量"③。基于此，高尔基在1910—1931年间多次提出将二者结合起来，但结合所成的"第三种东西"到底以什么来命名，则引起较大争议，最终被全苏第一次作家代表大会概括为"社会主义现实主义"④。卢那察尔斯基提到的"上升的浪漫主义"虽然看到了其

---

① 列宁说："即使美术品是'旧'的，我们也应当保留它，把它作为一个范例，推陈出新。为什么只是因为它'旧'，我们就要撇开真正美的东西，抛弃它，不把它当作进一步发展的出发点呢？为什么只是因为'这是新的'，就要象崇拜神一样来崇拜新的东西呢？那是荒谬的，绝顶荒谬的！"——［德］蔡特金：《回忆列宁》，《列宁论文学与艺术》（二），人民文学出版社1960年版，第911页。

② 普列汉诺夫说："一个人如果想把他自己的'自我'看作唯一的现实，那他就会像吉比乌斯女士那样'爱自己像爱上帝一样'。这是完全可以理解的，而且也是完全不可避免的。可是一个人如果'爱自己像爱上帝一样'，那他在自己的艺术作品中就只会表现他自己。他对外在世界之所以感到兴趣，完全是因为它涉及这同一个'唯一的现实'，涉及这同一个宝贵的'自我'。……思想并不是什么脱离现实世界而独立存在的东西。任何一个人的思想，都是由他对这个世界的关系所决定和丰富的。一个人对这个世界的关系一旦到了把自己的'自我'看作'唯一的现实'的地步，他在思想方面就必然成为一个不折不扣的穷光蛋。"——［俄］普列汉诺夫：《艺术与社会生活》，《没有地址的信 艺术与社会生活》，曹葆华等译，人民文学出版社1962年版，第270—274页。

③ ［俄］高尔基：《谈谈我怎样学习写作》，《论文学》，孟昌、曹葆华、戈宝权译，人民文学出版社1978年版，第163页。

④ 1934年，全苏第一次作家代表大会通过《苏联作家协会章程》，明确将高尔基所说的"第三种"东西概括为"社会主义现实主义"，将其内涵规定为："社会主义的现实主义，作为苏联文学与苏联文学批评的基本方法，要求艺术家从现实的革命发展中真实地、历史地和具体地去描写现实。同时艺术描写的真实性和历史具体性必须与用社会主义精神从思想上改造和教育劳动人民的任务结合起来。"——参见《苏联作家协会章程——一九三四

中的现实主义的成分，但离毛泽东所说的"革命现实主义和革命浪漫主义相结合"仍然有距离，因为它"只不过是跃升到更大的高度并且表现得磅礴有力的现实主义而已"①。对浪漫主义与现实主义结合问题讨论最深入的是法捷耶夫。他不仅提到了"革命的浪漫主义"这一概念②，更从欧美及俄苏文学史中撷取巴尔扎克、马克·吐温、高尔基等人的创作实践进行理论提摄，指出"现实主义"和"浪漫主义"的有机结合往往产生伟大的艺术。比如关于巴尔扎克的创作，法捷耶夫认为，"因为在巴尔扎克的现实主义中有着前进的浪漫主义原则，所以他的现实主义才发挥了非凡的力量。后来，当现实主义和浪漫主义原则在法国文学发展中分裂的时候，可以说，前者和后者在这方面都受到损失了"③。在法捷耶夫看来，"在美国没有一个比马克·吐温更大的现实主义者"，因为，"当资产阶级的现实主义在巨大的社会运动底土壤上萌芽和为进步的思想所渗透、温暖、照耀的时候，它是最富有血肉的"。④ 对于19世纪以来的俄国伟大文学的基本特征，法捷耶夫将其概括为"现实主义和浪漫主义原则之不可分性"，而"只有高尔基第一个把现实主义和革命的浪漫主义原则达到有机的结合，因为在高尔基的作品中的正派文学角色破天荒第一次跟历史上的真正英雄——革命工人，布尔什维克——相吻合。所以高尔基

年九月一日第一次苏联作家代表大会通过，一九三五年十一月十七日苏联人民委员会批准》，《苏联文学艺术问题》，曹葆华等译，人民文学出版社 1953 年版，第 13 页。

① 卢那察尔斯基说："有各种各样的浪漫主义；但它们的体现者总归是萧索时代的某些优秀人物。我要附带说明一下。上升的浪漫主义也是有的，但它的格调截然不同，它同现实主义有着极其深刻的联系，实在说，它只不过是跃升到更大的高度并且表现得磅礴有力的现实主义而已。至于本义上的浪漫主义，即多少有点厌弃现实的浪漫主义，它却是萧索时代泥沼中的花朵。"——[苏] 卢那察尔斯基：《萧索时期的天才》，《论文学》，蒋路译，人民文学出版社 1978 年版，第 502 页。

② 法捷耶夫说："关于革命的浪漫主义这一词的含意，我们可以把它应用到苏联的文学上，但不能把它应用到过去的文学上去，这完全是自然的事。旧文学没有苏联文学所处的那些条件。但在旧的现实主义中存在着进步的、前进的浪漫主义原则是可以说的。"——[苏] 法捷耶夫：《论文学批评的任务》，《苏联文学批评的任务》，刘辽逸等译，生活·读书·新知三联书店 1951 年版，第 9 页。

③ [苏] 法捷耶夫：《论文学批评的任务》，《苏联文学批评的任务》，刘辽逸等译，生活·读书·新知三联书店 1951 年版，第 11 页。

④ [苏] 法捷耶夫：《论文学批评的任务》，《苏联文学批评的任务》，刘辽逸等译，生活·读书·新知三联书店 1951 年版，第 16 页。

便成了社会主义的现实主义底创始人"。① 通过对一系列文学史实的分析，法捷耶夫得出结论说："进步的浪漫主义原则跟现实主义之结合，这是证明一个艺术家有崇高的理想，他为这些理想而斗争，批评那些妨碍实现这些理想的一切。由于这个原故，他的作品才能成为革新的作品，才能具有壮丽的、同时又是朴素的、自然的、不受拘束的形式。"②

从高尔基、卢那察尔斯基、法捷耶夫等人的论述来看，其共同点有：一是"现实主义"和"浪漫主义"相结合才能产生伟大的作品；二是资产阶级杰出现实主义文艺作品中往往蕴含优秀的浪漫主义因子；三是艺术家应以二者的结合为崇高理想。但他们都没有像毛泽东这样简明扼要地将二者结合起来，冠以"革命"二字的同时赋予其新的内涵。当然，新内涵的赋予主要是由周扬来完成的。周扬说：

> 毛泽东同志提倡我们的文学应当是革命的现实主义和革命的浪漫主义的结合，这是对全部文学历史的经验的科学概括，是根据当前时代的特点和需要而提出来的一项十分正确的主张，应当成为我们全体文艺工作者共同奋斗的方向。……我们处在一个社会主义大革命的时代，劳动人民的物质生产力和精神生产力都获得了空前解放，共产主义精神空前高涨的时代。人民群众在革命和建设的斗争中，就是把实践的精神和远大的理想结合在一起的。没有高度的革命浪漫主义精神就不足以表现我们的时代，我们的人民，我们工人阶级的、共产主义的风格。……我们应当从我国文学艺术传统中吸取现实主义和浪漫主义相结合的丰富经验，并且在共产主义新思想的基础上发扬而光大之。③

这个艺术方法的提出，是毛泽东同志对于马克思主义文艺理论

---

① ［苏］法捷耶夫：《论文学批评的任务》，《苏联文学批评的任务》，刘辽逸等译，生活·读书·新知三联书店1951年版，第18—21页。

② ［苏］法捷耶夫：《论文学批评的任务》，《苏联文学批评的任务》，刘辽逸等译，生活·读书·新知三联书店1951年版，第22页。

③ 周扬：《新民歌开拓了诗歌的新道路》（原载于《红旗》1958年第1期），《周扬文集》第三卷，人民文学出版社1990年版，第5—6页。

的又一重大贡献。毛泽东同志是根据马克思主义关于不断革命论和革命发展阶段论相结合的思想，根据文学艺术本身的发展规律，从当前革命斗争的需要出发提出这个方法来的，他把革命气概和求实精神相结合的原则运用在文学艺术上，把文学艺术中现实主义和浪漫主义这两种艺术方法辩证地统一起来，以便更有利于表现我们今天的时代，有利于全面地吸取文学艺术遗产中的一切优良传统，有利于更好地发挥作家、艺术家不同的个性和风格，这样，就给社会主义文学艺术开辟了一个广阔自由的天地。这两种精神的结合，不只适用于文艺创作，也适用于文艺批评。①

从两段引文不难看出，按照周扬的理解，毛泽东之提出"两结合"，是"共产主义精神空前高涨"的时代要求，是"实践的精神和远大的理想"相结合的现实需要，也是"马克思主义关于不断革命论和革命发展阶段论相结合"理论的进一步发展。实际上，在这些赞颂背后，我们还要看到，全苏第一次作家代表大会通过的"社会主义现实主义"从"左联"时期传入一直到1958年，中国文艺界对此并无太多争议，第一次文代会甚至被确立为中国文艺实践的最高准则，何以会被"两结合"所取代？学界惯常认为的中苏交恶导致毛泽东有意识地摆脱苏联模式固然是其中的重要原因，更重要的恐怕还在于它的出台同当时"大跃进"氛围有着密切的关系。"两结合"的提法正值毛泽东发动1958年民歌运动（通称为"新民歌运动"）期间，"新民歌运动"集中地体现了毛泽东所要求的"敢想敢说敢干"的精神，正如周扬所说，"随着社会主义生产大跃进，全国各地涌现出了不计其数的民歌……解放了的人民在为多、快、好、省地建设社会主义的伟大斗争中所显示出来的革命干劲，必然要在意识形态上，在他们口头的或文字的创作上表现出来。不表现是不可能的"②。毛泽东发动民歌运动，"其中的一个考虑显然是希望从民

---

① 1960年7月22日，在中国文学艺术工作者第三次代表大会上，周扬作了题为《我国社会主义文学艺术的道路》的报告，其中专门阐述了"革命现实主义和革命浪漫主义的结合"这一问题。——周扬：《我国社会主义文学艺术的道路》，《人民日报》1960年9月4日。

② 周扬：《新民歌开拓了诗歌的新道路》（原载于《红旗》1958年第1期），《周扬文集》第三卷，人民文学出版社1990年版，第1页。

歌中看到下层民众的振作精神、乐观精神和顽强意志，从而帮助党内'解放思想'，走出一条'多快好省'的建设道路"①。本来具有诗人浪漫情怀的毛泽东在"大跃进"氛围下选择突出"革命浪漫主义"这一概念，另一个更深层的原因可能更在于"社会主义现实主义"本身。由于"社会主义现实主义"毕竟承续着批判现实主义传统，创作中仍然大量地保留了种种现实的场景和细节，这就同毛泽东"不断革命"论的理论与实践要求相去甚远。这一点在周扬的《我国社会主义文学艺术的道路》的报告中得到了佐证。周扬在报告中明确反对以"庸俗的鼠目寸光的现实主义"去描写现实的琐碎，也反对以真实的名义描写灰色小人物或卑劣反面人物的"内心的复杂性"。可见，"两结合"之取代"社会主义现实主义"，其原因是多方面的。

"两结合"与"社会主义现实主义"相比，在对文艺本质、文艺意识形态性以及文艺的功能等重大问题上的看法基本都是一致的，但也有一些区别，主要是：其一，更加凸现革命浪漫主义的地位。在苏联的"社会主义现实主义"中，现实主义一般占主导地位，浪漫主义主要作为现实主义的一个组成部分而存在，并且只有在同现实主义的结合中才能让自身的魅力得到彰显，这一点不仅可以在前述的高尔基、卢那察尔斯基、法捷耶夫相关阐述的侧重点中看得非常清楚，在后来苏联官方意识形态主要负责人日丹诺夫那里同样也可以看到。② 其二，表现对象或内容上更突出共产主义理想。这一点从前述周扬所提到的"共产主义新思想"，以及何其芳提出的"表现共产主义风格"中都可以看到。③ 可以说，"理想"特别是共产主义理想是革命浪

---

① 罗嗣亮：《毛泽东与一九五八年民歌运动关系考论》，《中共党史研究》2014 年第 3 期。

② 日丹诺夫说："社会主义现实主义是苏联文学创作和文学批评的基本方法，而这是以下面一点为前提的：革命的浪漫主义应当作为一个组成部分列入文学的创造里去，因为我们党的全部生活、工人阶级的全部生活及其斗争，就在于把最严肃的、最冷静的实际工作跟最伟大的英雄气概和雄伟的远景结合起来。"——[苏]日丹诺夫：《在第一次全苏作家代表大会上的讲演》，《日丹诺夫论文学与艺术》，戈宝权等译，人民文学出版社 1959 年版，第 10 页。

③ 何其芳说："中国的文艺工作者虽然早就知道并且接受了革命浪漫主义应当作为社会主义现实主义的一个组成部分这样的说法，然而对革命浪漫主义的重要性和两种方法结合的必要性，却在长时期内都是认识不足的，不大明确的。……毛泽东同志在中国人民大跃进开始的时候把两者作为同等重要的方法提出来，并且强调它们的结合，这就澄清了和纠正了在这个问题上的模糊和偏颇。在这以后，大家认识到，这样的创作方法才能更好地表现我们的伟大的社会主义革命和社会主义建设的时代，表现广大人民群众的冲天干

漫主义赋予社会主义现实主义的崭新意义。正是在这一点上，毛泽东突破了苏联社会主义现实主义。当然，从现实主义真实性的原则转向浪漫主义的"凌空高蹈"甚至"浮躁夸饰"也为后来文艺创作中的"假、大、空"埋下了伏笔，诱发了诸多不良后果。这种"假、大、空"也反映到文艺批评中，最典型的一例莫过于 1965 年 2 月 1 日郭沫若在《光明日报》发表的一篇诠释毛泽东诗词《红旗跃过汀江》的文章，其中写道：

> 主席并无心成为诗家或词家，但他的诗词却成为了诗词的顶峰。……
>
> 主席更无心成为书家，但他的墨迹却成为了书法的顶峰。例如以这首《清平乐》的墨迹而论，黄粱写作"黄梁"，无心中把粱字简化了。龙岩多写了一个龙字。"分田分地真忙"下没有句点。这就是随意挥洒的证据。然而这幅字写得多么生动，多么潇洒，多么磊落，每一个字和整个篇幅都充满着豪放不羁的革命气韵。
>
> 在这里给我们从事文学艺术工作的人，乃至从事任何工作的人，一个深刻的启示。那就是人的因素第一、政治工作第一、思想工作第一、抓活的思想第一这"四个第一"的原则，极其灵活地、极其具体地呈现在了我们的眼前。①

五、"诗要用形象思维"

毛泽东对感性、形象、感觉经验在人的认识形成中的作用一向非常重视。早在《实践论》中，他就明确指出："理性的东西所以靠得住，正是由于它来源于感性，否则理性的东西就成了无源之水，无本之木，而只是主观自生的靠不住的东西了。从认识过程的秩序说来，感觉经验是第一的东西，我们强调社会实践在认识过程中的意义，就在于只有社会实践才能使人的认

劲，表现共产主义风格。"——何其芳：《毛泽东文艺思想是中国革命文艺运动的指南》(1961 年)，《文学艺术的春天》，作家出版社 1964 年版，第 287 页。

① 郭沫若：《红旗跃过汀江》，《光明日报》1965 年 2 月 1 日。

识开始发生，开始从客观外界得到感觉经验。一个闭目塞听、同客观外界根本绝缘的人，是无所谓认识的。认识开始于经验——这就是认识论的唯物论。"①关于文艺的思维方式问题，爱诗也写诗的毛泽东在新中国成立后结合新旧诗争论比较集中地阐述了他的看法。1958 年 1 月 14 日，毛泽东在中南海约见《人民日报》文艺部主任袁水拍和中国作协书记处书记臧克家讨论诗歌时，提出了诗歌的三条重要准则："精练""有韵""一定的整齐，但不是绝对的整齐"。其中"有韵"一条就含有诗歌的形象性的涵义。对于现代白话新诗缺少诗歌韵味和形象的毛病，毛泽东曾不满地批评道："现在的新诗不能成形，我反正不看新诗，除非给一百块大洋。"②他在 1965 年 7 月 21 日给陈毅的信中又集中提出了诗歌的思维方式问题，明确指出，"诗要用形象思维，不能如散文那样直说，所以比、兴两法是不能不用的"。在这封信中，毛泽东以杜甫的《北征》和韩愈的《山石》《谒衡岳庙遂宿岳寺题门楼》《八月十五夜赠张功曹》等诗歌为例，谈到了古典诗歌中运用的比兴手法，并批评了"宋人多数不懂诗是要用形象思维的，一反唐人规律，所以味同嚼蜡"。值得注意的是，毛泽东还以此为契机谈到现代诗的创作问题，认为"要作今诗，则要用形象思维方法"③。毛泽东关于诗歌思维方式问题的看法，表面上看只是针对诗歌这一文类，实际上涉及文学艺术一切文类所共同的特性及其所共同遵循的基本规律——形象性，这是对古今一切文艺创作实践进行的高度总结，是符合文艺基本规律的。也正因为此，他的这些看法引发了学界关于"形象思维"以及关于唐宋诗优劣问题的热烈讨论，这其中最值得注意的是，毛泽东并非套用马克思主义文艺理论的基本原理，而是从对中国传统诗歌创作经验的总结与"体贴"出发，形成了他的文艺思维方式论，其中国化的特点表现得尤其明显。

---

① 毛泽东：《实践论》，《毛泽东选集》第一卷，人民出版社 1991 年版，第 290 页。

② 董学文、魏国英：《毛泽东的文艺美学活动》，高等教育出版社 1995 年版，第 179 页。

③ 董学文、魏国英：《毛泽东的文艺美学活动》，高等教育出版社 1995 年版，第 235—236 页。

第四节 周恩来的马克思主义文艺理论中国化探索

在新中国文艺史上，周恩来有着"艺术总理"的美誉。他是中国共产党在社会主义新历史条件下如何领导和发展文艺的重要理论奠基者，对中国社会主义文艺建设的一系列重大理论问题都有过深刻而独到的论述。如果说在新民主主义革命时期，毛泽东通过《新民主主义论》《在延安文艺座谈会上的讲话》等一系列论著把马克思主义文艺基本原理同中国文艺实践结合起来，创立了光辉的典范的马克思主义文艺理论的中国形态——毛泽东文艺思想的话，那么，周恩来则是在社会主义革命时期运用马克思主义、毛泽东文艺思想去解决社会主义文化建设中的中国文艺实际问题的主要理论贡献者，他在捍卫毛泽东文艺思想、拓展马克思主义文艺批评的中国形态等方面作出了卓越的理论贡献，对社会主义文艺事业的发展产生了巨大的现实指导作用和深远、恒久的理论影响。周恩来文艺思想强大的理论说服力和生命力源于他的文艺思想是一个严密的完整的逻辑构成，即他是以与时俱进的实践思维品格去探讨马克思主义文艺理论的时代化问题；用对马克思主义文艺基本原理的科学理解与完整把握去探讨文艺的内外在规律；通过坚持政治民主、思想民主、艺术民主来反对政治、文化专制主义，为文艺创作和批评开辟广阔的天地；通过坚持"以中为主""以我为主"的原则探讨马克思主义文艺理论及批评的民族化之路。换言之，"时代化""科学化""民主化""民族化"既是周恩来文艺思想体系的支柱，也是他致力于马克思主义文艺理论中国化的根本出发点。

一、"时代化"：与时俱进的实践思维品格

一百多年前的马克思主义文艺基本原理如何同中国文艺现实结合起来，周恩来通过他的"时代化"探索给出了深刻的答案。从近代启蒙文学到五四新文学、左翼革命文学、延安工农兵文学，再到新时期社会主义文学，马克思主义文艺基本原理如何同丰富多彩的变动不居的百多年来的中国文学实践

相结合并成为中国文艺发展的指南，是中国马克思主义文艺理论家面临的严峻的时代课题。在跌宕起伏的历史大潮中，因激进而走向文艺"左倾"的，因保守而走向文艺"右倾"的，可谓比比皆是。只有站在时代的潮头，紧贴文艺现实发展和律动的脉搏，才能让马克思主义文艺理论在不同历史阶段的中国文艺实践中发挥其理论威力，而周恩来的"时代化"文艺思想正体现了这种与时俱进的实践思维品格。

周恩来的马克思主义文艺理论时代化探索可以从他一生漫长的文艺活动中见出。他早期的文艺实践活动丰富多彩，举凡诗歌、散文、小说、戏剧、报告文学等，不仅体裁广泛，而且很有成绩，比如《旅欧通信》《警厅拘留记》和《检厅日录》等都是报告文学的力作。如果说这些只是周恩来在革命浪潮初起时响应时代号角所进行的文艺实践的话，那么在全面接受马克思主义理论并走上革命领导岗位之后，周恩来总能根据革命的需要和时代与现实的变化来不断调整自己的理论视角或领导方法以适应中国文艺实践。比如，在"左联"时期，面对左翼革命文学实践的激进姿态，他要求左翼作家团结鲁迅[①]，一定程度上对纠正文艺战线上的"左"倾关门主义起到了很好的作用。1938年中华全国文艺界抗敌协会成立后，他又适应抗战形势的要求，建议中央作出党内决定：以郭沫若为鲁迅的继承者和中国革命文化界的领袖，并由全国各地党组织向党内外传达，以奠定郭沫若的文化界领袖的地位[②]，使左翼文坛在郭沫若的旗帜下复归统一。更为难得的是，他还于1939年8月4日在中共中央政治局会议上的"发言提纲"中就抗战文艺的总方向提出了具有创新性意义的"三化"（民族化、大众化、民主化）构想，

---

① 据张闻天夫人刘英回忆，1936年，周恩来非常支持张闻天派冯雪峰去上海开展地下工作，并对冯的工作表示满意。——参见刘英：《在历史的激流中——刘英回忆录》，中共党史出版社1992年版，第98页。1936年7月6日张闻天和周恩来（联合署名"洛思"）致信"李（允生）兄"（即冯雪峰），明确说："你对周君（指周扬）所用的方法是对的。"其中还谈到鲁迅："你的老师（指鲁迅）与沈兄（指茅盾）好吗？甚念。你老师送的东西虽是因为交通的关系尚未收到，但我们大家都很感激。他们为抗日救国的努力，我们都很钦佩。希望你转致我们的敬意。对于你老师的任何怀疑，我们都是不相信的。请他也不要为一些轻薄的议论而发气。"——参见程中原：《体现党同鲁迅亲密关系的重要文献——读张闻天、周恩来给冯雪峰的信》，《人民日报》1992年7月6日。

② 吴奚如：《郭沫若同志和党的关系》，《新文学史料》1980年第2期。

对五四以来文艺界争论中涉及的诸多问题进行了高度的理论概括，为毛泽东文艺思想的形成奠定了坚实的理论基础。当延安轰轰烈烈地开展文艺大众化运动之时，周恩来专程从重庆回到延安听了《黄河大合唱》，并于 1939 年 7 月 8 日为之题词："为抗战发出怒吼，为大众谱出呼声！"又把秧歌运动从延安带到重庆，积极支持文艺大众化运动。"延座"讲话之后，为适应传播毛泽东文艺思想的需要，周恩来在国统区领导重庆《新华日报》，陆续刊登了《讲话》和中共中央的相关决定以及延安等地执行《讲话》的动态与经验，把毛泽东文艺思想和整风精神传达给国统区广大读者。比如，《新华日报》于 1943 年 11 月发表社论《文化建设的先决条件》，公开系统地阐述了《讲话》的基本精神及中国共产党的文艺政策。1944 年 4 月，周恩来又委派何其芳和刘白羽到重庆，向大后方的文艺工作者传达《讲话》精神，调查国统区文艺运动情况，并由郭沫若或他委托冯乃超主持，举行了多次传达和学习《讲话》的集会。在面对 20 世纪 40 年代中期国统区复杂的文艺形势时，周恩来既能坚持毛泽东文艺思想，又能审时度势地引导重大的文艺论争。在有关文学与政治关系问题的论争中，周恩来领导并组织了《新华日报》对茅盾的话剧《清明前后》与夏衍的话剧《芳草天涯》两个剧本的讨论，从文艺批评实践的角度坚持了毛泽东《在延安文艺座谈会上的讲话》有关文艺与政治关系的观点，被认为是"一次对毛泽东文艺思想生动形象的学习"①。在关于"主观论"的论争中，曾给胡风创办《七月》《希望》等刊物以有力支持的周恩来亲自召集会议说服胡风，指出其"客观主义"提法的不妥，在胡风准备离开重庆回上海时，一面在经济上帮助胡风，一面继续对之进行耐心的批评和教育。在新中国成立前夕召开的中华全国文学艺术

---

① 对这两个剧本的讨论被看作是贯彻《讲话》和整风精神的有组织的活动。艾克恩说："周恩来同志组织重庆进步文艺工作者对《清明前后》和《芳草天涯》两部剧作进行评论。周恩来同志在一次党的会议上，对《芳草天涯》中提倡和宣扬资产阶级的'容忍'作了尖锐的批评，并给剧作者写信，指出这出戏是失败之作。周恩来同志还出席这两个剧本的讨论会，并指示将讨论记录在《新华日报》上公开发表。冯雪峰、何其芳、默涵、荃麟以及王戎等人都参加了这两个剧本的评论。他们各自依据自己对《讲话》基本精神的理解，就国统区进步文艺存在的问题发表了许多有益的意见，实际上是一次对毛泽东文艺思想生动形象的学习。"——参见艾克恩编纂：《延安文艺运动纪盛 1937.1—1948.3》，文化艺术出版社 1987 年版，第 724—725 页。

工作者代表大会（即"第一次文代会"）上，周恩来作了《在中华全国文学艺术工作者代表大会上的政治报告》。该报告虽然尚未论及新中国文艺发展中的许多政策问题，如戏曲改革问题、"双百"方针问题、对于中外文学遗产的继承和创新问题、文艺人才培养问题、文艺批评问题等，但周恩来明确、集中、详尽地论述了文艺应该为工农兵服务和怎样为工农兵服务的问题，对于新中国文艺的工农兵方向作了全面和科学的阐释，并明确提出要建立两种类型的文艺组织（即行业协会性质的组织和文艺部门的组织）。在新中国即将成立，阶级斗争情况异常复杂，文艺政策的建构尚不完备，以及中国共产党对想象中的新中国文艺发展规律的认识还有待深入的现实情势下，周恩来从文艺政策的协调功能和引导功能（而非控制功能）出发，既强调文艺的工农兵方向，也阐明文艺创作内容与题材多样化的重要性，展示了中国共产党在特殊时期对文艺创作所采取的宽容姿态①，这正是他与时俱进理论品格的重要体现。这种品格还体现在新中国成立后1953年9月召开的第二次全国文代会上他所作的《为总路线而奋斗的文艺工作者的任务》的政治报告中。为适应确立新中国文艺发展的主流意识形态的时代需要，周恩来总结了历年来关于文艺的各种论争，用毛泽东文艺思想对大会明确规定作为中国文艺界创作和批评之最高准则的社会主义现实主义作了中国化的阐释：

> 新的文学艺术，掌握了毛主席文艺为工农兵服务的方向。既然如此，文艺就必须首先歌颂工农兵中间的先进人物。我们有许多充满了为工农兵服务的热情的作品。今天文艺创作的重点，应该放在歌颂的方面，应该创造我们这个时代的典型人物。既然是典型，当

---

① 周恩来在报告中特别指出："我们主张文艺为工农兵服务，当然不是说文艺作品只能写工农兵。比方写工人在解放以前的情况，就要写到官僚资本家的压迫；写现在的生产，就要写到劳资两利；写封建农村的农民，就要写到地主的残暴；写人民解放战争，就要写到国民党军队里的那些无谓牺牲的士兵和那些反动军官。所以我不是说我们不要熟悉社会上别的阶级，不要写别的阶级的人物，但是主要的力量应该放在那里必须弄清楚，不然就不可能反映出这个伟大的时代，不可能反映出创造这个伟大时代的伟大劳动人民。"——周恩来：《在中华全国文学艺术工作者代表大会上的政治报告》，中共中央文献编辑委员会：《周恩来选集》（上卷），人民出版社1980年版，第353页。

然要超过现实中原来的人，不但要把他最优秀的方面写出来，同时要把劳动人民的优点写出来。因为我们创造的典型应该成为人民学习和仿效的对象，学当然是要学优点。虽然人是不免有缺点的，但是在文艺作品中我们应该把人物写得理想一点。象封建社会的理想人物——孔子，难道就没有缺点了吗？而封建社会所描绘的孔子就是个至圣先师。所以，我们就是要写工农兵中的优秀人物，写他们中间的理想人物。魏巍同志所写的《谁是最可爱的人》，就是这种类型的歌颂。它感动了千百万读者，鼓舞了前方的战士。我们就是要刻划这些典型人物来推动社会前进。同时，我们的理想主义，应该是现实主义的理想主义；我们的现实主义，是理想主义的现实主义。革命的现实主义和革命的理想主义结合起来，就是社会主义现实主义。[①]

可以说，在新中国成立后"十七年"，无论是巩固毛泽东文艺思想在文艺战线的统治地位，还是在调整期内去纠正日益滋长和蔓延的文艺工作中"左"的错误，无论是在《论知识分子问题》中审时度势地宣告知识分子已经成为"工人阶级的一部分"，还是在全面贯彻"调整、巩固、充实、提高"方针的大背景下以可贵的机遇意识对文艺方面存在的突出问题进行梳理和解决，周恩来总是能在探讨繁荣发展社会主义文艺事业带有全局性、根本性、战略性的重大问题上不断总结社会主义文艺实践的经验教训，将马克思主义文艺理论时代化的课题自觉纳入到其理论视野中去，生动阐释了一个马克思主义理论家紧贴时代脉搏的实践思维品格。

周恩来的马克思主义文艺理论时代化探索也集中体现了他运用实践思维回答时代课题的不懈努力。实践作为马克思主义哲学的核心范畴，是人类存在的基本方式，是人类面临的一切矛盾产生的总根源和解决的根本途径，是人的本质生成的最终依据和实现的唯一场所，也是任何理论产生的最终根源和发展的根本动力。马克思主义的实践论思维方式是从人与自

---

① 周恩来：《为总路线而奋斗的文艺工作者的任务》，文化部文学艺术研究院编：《周恩来论文艺》，人民文学出版社1979年版，第52—53页。

然、主体与客体的具体统一即从具体的人的现实实践活动出发来理解世界和人与世界的关系及其时代特点，因而实现了从直观、抽象的片面思维向具体、全面、整体的实践思维的转变。周恩来和马克思一样，对于"离开实践的思维"或纯粹经院化的文艺问题毫无兴趣。在他看来，"理论是从实践中提高，不是教条。实践是要有理论指导的，不是盲目乱撞。理论有浅有深，实践有多有少"①。"理论不是空论，实践不是降低，反对轻视理论，也反对轻视实践。""科学理论也要中国化，大众化，首先就是与实践结合，否则寸步难行，这就是新民主社会的科学态度。"②他坚决反对两种不良倾向："一种是无目的无理想的盲目去干，一种就是没有科学根据的空想。"③他的马克思主义文艺理论的时代化探索中的一切认识和思考始终都围绕如何科学地理解社会主义文艺实践的本质以及马克思主义文艺理论的性质、特点和功能来展开，始终都关注马克思主义文艺理论在认识、理解文艺现实和评价、改造文艺现实的巨大作用以及这种认识与实践之间的内在一致性，也始终都关注中国文艺界能否通过文艺实践而达成自我认识与自我改造。如果说周恩来在新中国成立前主要运用马克思主义实践思维中的变革思维方式去理解和处理中国革命文学的总体实践的话，那么，新中国成立后他则是用马克思主义实践思维中的发展思维方式去充分考量社会主义新时期的文艺实践，为新时期以来中国文艺实践中的主导性马克思主义实践思维方式即创新思维方式的形成打下了坚实的理论思维基础。这也是他在马克思主义文艺理论时代化探索中的重要贡献之一。

---

① 周恩来：《在全国高等教育会议上的讲话》，中共中央文献研究室、中央档案馆编：《建国以来周恩来文稿》第二册，中央文献出版社 2008 年版，第 471 页。

② 周恩来：《在中华全国第一次自然科学工作者代表会议筹委会全体会议上的讲话提纲》，中共中央文献研究室、中央档案馆编：《建国以来周恩来文稿》第一册，中央文献出版社2008 年版，第 120 页。

③ 周恩来：《在全国二、五局工作会议上的讲话》，中共中央文献研究室、中央档案馆编：《建国以来周恩来文稿》第二册，中央文献出版社 2008 年版，第 244 页。

二、"科学化"：文艺规律的全面考量

在新民主主义革命时期乃至新中国成立后相当长的一段时期内，由于客观原因，马列文艺理论在中国的传播以及中国无产阶级革命文艺的产生，从一开始就同无产阶级争取民族解放和独立的革命斗争紧密结合在一起，对于马克思主义文艺理论的科学性，特别是如何开掘马克思主义文艺理论对文艺内在规律的认识和把握，一直是一个薄弱环节。新中国成立后，周恩来不仅以党的领导人身份提出了用文艺规律领导文艺事业的科学方法，极大地改变了过去行政命令式的文艺工作领导方法，使得中国共产党在社会主义建设时期对文艺的领导更为科学化，而且自觉而明确地提出要重视文艺规律问题并加以深入的研究，使马克思主义文艺理论的科学化走向更高层次的自觉，这是他对马克思主义文艺理论科学化的又一贡献。

从左翼革命文学运动开始一直到新中国成立后多年，中国文艺界对文艺规律的淡漠甚至忽视，周恩来是有清醒认识的。他曾明确指出左翼作家的革命作品"带有宣传味道，成为艺术品的很少"[1]。20世纪50年代末到60年代初，针对这个普遍性的问题，他在1959年5月3日的紫光阁文艺座谈会上、1961年6月19日的文艺工作座谈会和故事片创作会议上、1962年2月17日的紫光阁文艺会议上，集中就文艺规律问题发表了全面而深刻的见解。总的来看，他在用对文艺规律的全面考量去促进中国马克思主义文艺理论与批评的科学化方面，具有如下突出特点：

首先，用历史唯物主义态度承认文艺规律存在的客观性，要求按规律办事。周恩来认为："文艺同工农业生产一样，有它客观的发展规律。当然，文艺是精神生产，它是头脑的产物，更带复杂性，更难掌握。"[2]"各种事物都有它的客观规律，艺术也一样。要认真地加以研究，加以摸索，许多经验要认真加以总结。"[3]同时他也强调按客观规律办事。比如，他明确地要求文

---

[1] 周恩来：《对在京的话剧、歌剧、儿童剧作家的讲话》，文化部文学艺术研究院编：《周恩来论文艺》，人民文学出版社1979年版，第113页。

[2] 周恩来：《在文艺工作座谈会和故事片创作会议上的讲话》，文化部文学艺术研究院编：《周恩来论文艺》，人民文学出版社1979年版，第95页。

[3] 周恩来：《在文艺工作座谈会和故事片创作会议上的讲话》，文化部文学艺术研究院编：

艺工作要研究经济基础，以便与社会主义的社会经济发展相适应。在他看来，"物质生产的某些规律，同样适用于精神生产。搞得过了头，精神生产也会受到损害，甚至损害更大"①。"文化建设高潮要在经济高潮之后。文化事业的发展不能漫无边际。文化事业……超过经济发展的水平，就会使基础、使生产受到影响"，因此不能"为文化而文化，最后消灭了文化"②。由此，周恩来强调，不能超越于经济发展搞为文艺而文艺，也不能滞后于经济发展而不重视文艺的繁荣工作。他的基于历史唯物主义对经济规律与文艺规律辩证关系的这些深刻认识，不仅对 20 世纪 50 年代末期文艺脱离实际的现状有重要的现实纠正作用，更对新时期社会主义文艺事业的建设有巨大的指导作用。

其次，用系统思维的方法对文艺的内外在规律进行了全面的探索。比如在《在文艺工作座谈会和故事片创作会议上的讲话》中，他对文艺规律作了认真的清理，用系统思维的方法通过全面的理论综合概括了社会主义文艺实践中带有规律性特点的几个方面，如数量和质量的问题、原料和加工的问题、思想和业务的问题、批评和讨论的问题等。这种系统思维的方法还体现在他对毛泽东文艺思想的坚决捍卫、整体理解和创新阐释上。新中国成立前后，他在多个文艺场合上都强调应该把毛泽东文艺思想和马克思列宁主义文艺理论看作一个发展的整体。当文艺界一些领导对于毛泽东关于文艺方针和文艺方向关系的论述存在着"割裂""断章取义"的理解时，他力主将毛泽东 20 世纪 40 年代"延座"讲话的基本精神、50 年代初期提出的"百花齐放，推陈出新"的文艺改革方针以及 50 年代中期提出的"百花齐放，百家争鸣"的繁荣科学、文艺的总方针放在一起进行完整的理解和运用，并创新性地提出在文艺为人民、为社会主义服务的方向下实行"百花齐放，推陈出新"的新时期社会主义文艺方针。

再次，对文艺内部规律的种种呈现作了全面而深入的阐发。文艺作为

《周恩来论文艺》，人民文学出版社 1979 年版，第 103 页。

① 周恩来：《在文艺工作座谈会和故事片创作会议上的讲话》，文化部文学艺术研究院编：《周恩来论文艺》，人民文学出版社 1979 年版，第 83 页。

② 周恩来：《在文艺工作座谈会和故事片创作会议上的讲话》，文化部文学艺术研究院编：《周恩来论文艺》，人民文学出版社 1979 年版，第 94—95 页。

文化的重要组成部分，是一个社会的、文化的、生命的高级审美形态，自有其内部规律，离开了这些内部规律，文艺也就不存在了。周恩来观照文艺的一个重要科学视角就是充分考虑到文艺的固有特性和它作用于人和社会的特殊方式。这使得他能在文艺领导工作中大大超越了单纯从社会政治的视角去要求文艺或单纯从文艺本身来看文艺的局限，从而夯实了马克思主义文艺理论的科学基础，完善了马克思主义文艺理论的科学体系，并在马克思主义文艺理论的科学化进程中提出了许多科学的极富生命力的文艺理论主张。比如，关于文艺的特点，他在多个场合，或从文艺的形象思维规律特征的角度①，或从情、意、象的辩证统一的角度②，或从艺术语言的要求角度③，对文艺的形象性规律作了全面的阐发。又如，关于艺术创造的内在规律问题。一般说来，作家只有深入生活、体验生活、思考生活并融入自己的创作经验和创作技巧才能完成艺术创作，古今中外一切的创作都离不开艺术积累—艺术构思—艺术传达这三个基本要素或基本环节。这是艺术创作的最一般的规律。周恩来将之提炼为生活、思想、技巧的辩证统

---

① 比如，1961 年，周恩来在著名的《在文艺工作座谈会和故事片创作会议上的讲话》中强调："无论是音乐语言，还是绘画语言，都要通过形象、典型来表现，没有了形象，文艺本身就不存在，本身都没有了，还谈什么为政治服务呢? 标语口号不是文艺。"他还举例说："《社会主义好》是一首好歌，但是歌词太简单了。"——参见周恩来:《在文艺工作座谈会和故事片创作会议上的讲话》，文化部文学艺术研究院编:《周恩来论文艺》，人民文学出版社 1979 年版，第 78—103 页。

② 他认为，"标语口号不是文艺"，文艺为人民服务，必须通过形象才能把思想表现出来。同时特别重视文艺作品中"以情动人"的特质。比如在《在文艺工作座谈会和故事片创作会议上的讲话》中提到《达吉和她的父亲》时，他批评说，自己看电影时几乎流泪，却没有流下来，因为导演的手法把人的感情限制住了。"'父女相会哭出来就是人性论'，于是导演的处理就不敢让他们哭。一切都套上'人性论'，不好。""思想上的束缚到了这种程度，我们要哭了，他却不让我们哭出来，无产阶级感情也不是这样的嘛!"——参见周恩来:《在文艺工作座谈会和故事片创作会议上的讲话》，文化部文学艺术研究院编:《周恩来论文艺》，人民文学出版社 1979 年版，第 78—103 页。

③ 比如，周恩来告诫作家:"话剧要写出艺术的语言。既不是《人民日报》的社论的语言，严谨的政治语言，又不是日常生活的语言，而是要提炼成真正的舞台的语言，银幕的语言。"——周恩来:《对在京的话剧、歌剧、儿童剧作家的讲话》，文化部文学艺术研究院编:《周恩来论文艺》，人民文学出版社 1979 年版，第 120 页。

一并从中揭示文艺创作的基本规律。他明确指出,文艺生产是"不能划一化地要求的",因为,"过高的指标,过严的要求,有时反而束缚了精神产品的生产"①。在他看来,成功的文艺创作往往是生活、思想、技巧的辩证统一。他既从唯物论、反映论的角度强调生活是创作的本源,也承认文艺是对现实生活本身的超越,认为文艺和生活相较,"应当是又象又不象"。②同时他也强调经验、才能和技巧的重要性。在他看来,"不敢谈经验和才能,不敢谈技巧,有人一谈技巧,就被说成是资产阶级思想,这显然是错误的"③。关于艺术典型的创造方法,他将之提摄为"通过特殊的个别的反映一般"的具有高度概括性的理论命题,同时也反对把英雄人物"神化"④。对于艺术的独创精神,他尤为珍视,认为"没有独特风格的艺术就会消亡"⑤,"文艺总要有独创精神"⑥。再如,关于文学作品与时代精神的关系问题,周恩来也从文艺的内在要求出发,认为文学作品应反映出以"合乎那个时代"的和"站得住"的为内涵的"时代精神"。他强调指出:"不能把时代精神完全解释为党的政策,党的决议。时代精神也只能通过时代

---

① 周恩来:《在文艺工作座谈会和故事片创作会议上的讲话》,文化部文学艺术研究院编:《周恩来论文艺》,人民文学出版社 1979 年版,第 84 页。

② 周恩来:《在文艺工作座谈会和故事片创作会议上的讲话》,文化部文学艺术研究院编:《周恩来论文艺》,人民文学出版社 1979 年版,第 103 页。

③ 周恩来:《在文艺工作座谈会和故事片创作会议上的讲话》,文化部文学艺术研究院编:《周恩来论文艺》,人民文学出版社 1979 年版,第 97 页。

④ 比如,1964 年 5 月,他在观看了原中国青年艺术剧院演出的《豹子湾战斗》后对塑造英雄形象问题做了非常精辟的分析。他说:"先进人物主导方面是先进的,积极的,所以是可爱的。对任何事物都是两分法,对先进人物也如此。从实践到认识,再从认识到实践,从物质到精神,再从精神到物质;总结经验,再去实践,不断前进,不断发展。丁勇是典型,是先进人物,是可爱的。丁勇的主导方面是积极的,积极因素不断克服消极因素。好多作品在描写先进人物时,把先进人物神化了。"——参见周恩来:《看〈豹子湾战斗〉后的谈话》,文化部文学艺术研究院编:《周恩来论文艺》,人民文学出版社 1979 年版,第 189—193 页。

⑤ 周恩来:《关于文化艺术工作两条腿走路的问题》,文化部文学艺术研究院编:《周恩来论文艺》,人民文学出版社 1979 年版,第 72 页。

⑥ 周恩来:《在文艺工作座谈会和故事片创作会议上的讲话》,文化部文学艺术研究院编:《周恩来论文艺》,人民文学出版社 1979 年版,第 99 页。

的一个侧面表现出来。只要按照历史唯物主义，合乎那个时代就行。"①

周恩来对文艺活动诸要素的辩证关系的广泛揭示以及在此基础上形成的丰富的、深刻的具有长远指导意义的文艺辩证法思想在方法论层面也构成了他的马克思主义文艺理论科学化探索的重要组成部分。他对文艺辩证法的理解之深、探讨之广和运用之自觉使之足以成为唯物辩证法大师。在第一次文代会上他曾就文艺的普及与提高的辩证关系问题作了深入的阐发。在调整期的各种讲话中，他观察文艺的视角或处理文艺问题的方式更是处处闪耀着辩证法的光辉。比如，关于文艺数量与质量的关系，他认为，"数量和质量是辩证地发展的，数量总是超过质量，好作品总是少数"，"优秀的作家、优秀的作品在封建社会、资本主义社会是并不很多的。当然我们要超过他们；但是也不能'人人作诗，人人画画'，每县出一个郭沫若。这种口号是不对的"。② 再如，关于思想与业务的关系问题，他认为："思想水平不提高，作品不可能写好。但是除了提高思想水平以外，还要精通业务，否则思想如何表现出来呢？只懂政治，不精通业务，写出来的东西势必是标语口号，不能感人。"③ 周恩来的文艺辩证法思想还突出体现在 1956 年 4、5 月关于昆曲《十五贯》的两次讲话中。他以《十五贯》为例，深入阐述了历史戏与现代戏、思想性与艺术性、历史题材与现实题材、历史人物与典型塑造、民族风格的继承与发展等诸多文艺内部要素之间的辩证关系。1959 年 5 月 3 日，他在邀集部分文艺界人士在紫光阁座谈时专门发表了《关于文化艺术工作两条腿走路的问题》的重要讲话，提出要用"两条腿走路"的方法去正确认识与处理文艺问题的十大关系④，集中展现了他对文艺辩证法的深入理解。在

---

① 周恩来：《对在京的话剧、歌剧、儿童剧作家的讲话》，文化部文学艺术研究院编：《周恩来论文艺》，人民文学出版社 1979 年版，第 113—114 页。

② 周恩来：《在文艺工作座谈会和故事片创作会议上的讲话》，文化部文学艺术研究院编：《周恩来论文艺》，人民文学出版社 1979 年版，第 95—96 页。

③ 周恩来：《在文艺工作座谈会和故事片创作会议上的讲话》，文化部文学艺术研究院编：《周恩来论文艺》，人民文学出版社 1979 年版，第 96—97 页。

④ 周恩来以"文艺工作也要'两条腿走路'"为主题，讲了十个问题，即十大关系：一、既要鼓足干劲，又要心情舒畅。二、既要力争完成，又要留有余地。三、既要有思想性，又要有艺术性。四、既要浪漫主义，又要现实主义；既要有理想，又要结合现实。五、既要学习马列主义，又要和实际相结合；既要学习政治，又要和生活实践相结合。六、

周恩来关于文艺的各种论述中，举凡政治宣传与艺术形式、生活真实与艺术真实、普及与提高、继承性与创造性、民族性与世界性、生活实践与艺术实践、百花齐放与百家争鸣、破除迷信与解放思想等等，他都有全面的阐述，并提摄出了许多著名的论断，如："以政治代替文艺，就没有文艺了"；"文艺要求思想性和艺术性辩证的结合"；"政治标准不等于一切，还有艺术标准"；"文艺总要有独创精神"；"艺术是要人民批准的"；等等。

周恩来关于艺术规律的阐述，是极为全面、丰富的，除以上几个主要方面之外，还有诸如坚持"思想性与艺术性辩证结合"的规律，文艺欣赏中的"寓教育于娱乐"规律，艺术标准的基本构成如"典型性""情感真挚性""独创性""艺术形式的统一性"，等等，这些都表明了我党对文艺规律的认识已经达到了一个新的高度。

周恩来对马克思主义文艺理论科学化的探讨还突出表现在他对党领导文艺的基本思路的科学清理上。执政党如何提高其领导文艺实践的水平，这是社会主义建设时期发展马克思主义文艺理论的一个新课题。新中国成立以后，在组织和领导文艺实践方面，由于过度强调文艺的政治性而忽视文艺的特殊性，以及各种"左"倾思想的干扰，党的文艺领导方法上一度出现了一些混乱或失误。周恩来针对这些现实情况，对党的文艺领导方法与思路进行了深入的清理。比如，就组织文艺创作的问题，他提出应该根据文艺的固有特点，正确处理好宏观与微观、多与少、快与慢、优与劣的关系；就党领导文艺工作的范围和应掌握的原则问题，他提出了高屋建瓴的极富建设性的"三个区别"论，即弄清大权与小权的区别、组织与个人的区别、上级与下级的区别。总的来看，周恩来清理党的文艺领导方式或方法的基本理念是"方向→导向→推广"，即通过制定和落实正确的文艺方针、政策去处理文艺实践中那些宏观性、根本性、长远性的问题，以保证文艺沿着正确的方向

既要有基本训练，又要有文艺修养。七、既要政治挂帅，又要讲物质福利。八、既要重视劳动锻炼，又要保护身体健康。九、既要敢想、敢说、敢作，又要有科学的分析和根据，把客观的可能性与主观的能动性结合起来。十、既要有独特的风格，又要兼容并包（或叫丰富多彩）。独特风格是主要的……总之，要从思想到工作方法学会"两条腿走路"。——参见周恩来：《关于文化艺术工作两条腿走路的问题》，文化部文学艺术研究院编：《周恩来论文艺》，人民文学出版社1979年版，第69—72页。

前进；在充分把握文艺界的舆论导向、思想动态的基础上做好思想和组织工作；通过抓好重头或拳头作品的组织实施和重大典型的推广工作，充分发挥其示范和引导作用。应该说，周恩来的这些方法与理念，对于切实提高执政党领导社会主义文艺实践的水平有着巨大的现实指导作用，也是对马克思主义文艺理论科学化的一个新探索。

三、"民主化"：马克思主义文艺理论中国化的方法论调整

周恩来的民主意识和民主作风在党内党外都是有口皆碑的。在他一生中，尊重、关怀、保护过的知识分子和文艺工作者可以说不计其数。当马列主义、毛泽东文艺思想从一种主导性文艺意识形态跃升为主流文艺意识形态后，必然会涉及如何发扬文艺民主这一严峻课题。如何让马列主义、毛泽东文艺思想真正成为社会主义建设时期文艺思想的指南，如何充分发扬政治民主、艺术民主，努力创造一个有利于繁荣发展社会主义文艺的良好环境，周恩来从思想意识、工作方法以及文艺内在规律诸多层面对之进行了深入的探究，提出了一系列影响深远的真知灼见。实事求是地看，从马克思主义的经典作家马克思、恩格斯到列宁再到毛泽东，都偏好强调"发展是对立面的斗争"，强调"阶级斗争是推动历史发展的直接动力"。这种"斗争哲学"理念在暴风骤雨式的革命时代里是非常必要的，但在和平的社会主义建设时期则往往造成灾难性的历史后果（如"文革"），周恩来在新中国成立后对马克思主义文艺理论的民主化问题的探讨，突出体现在他对马克思主义文艺理论中国化的方法论调整上，即适应和平时期社会主义经济建设与文明建设的需要，把文艺实践的思维视角或重心从"斗争哲学"调整到"和谐辩证法"上来，用和（而非"斗"）、对话、合作、协商等方式、方法，去理解和处理文艺实践问题和知识分子问题，不仅最大限度地弥补了毛泽东文艺思想中"斗争哲学"的缺憾，丰富了马克思主义文艺思想中的民主性思想，推动了党的"双百"方针的实施，也把马克思主义文艺理论的民主化探讨提到一个新的理论高度。

1. 以人民大众为标准的文艺利益导向

马克思主义认为，不存在超越具体历史发展阶段、永恒不变的所谓"一般民主""纯粹民主""绝对民主"，任何民主都只能从自己的文化土壤中成长起来，只能从本民族的文化血脉中衍生出来，只能与本民族所处的历史阶段和发展水平相适应。基于对马克思主义民主观的深刻理解，周恩来在应对社会主义建设时期的文艺实践时，总是坚持以人民大众为标准的文艺利益导向，强调"人民当家作主人"。他反复告诫文艺工作者"艺术创作是为大多数人看的，就更要照顾到广大群众"①。他创新性地提出了"艺术是要人民批准的"的著名论断，认为"文艺要好好为人民服务，就要通过实践，到群众中去考验。你这个形象是否站得住，是否为人民所喜闻乐见，不是领导批准可以算数的；可是目前领导决定多于群众批准。艺术作品的好坏，要由群众回答，而不是由领导回答"②。他还进一步阐述道："我们看了戏说好，不一定就好，我们的话靠不住，各人有各人的爱好，怎能作为标准？艺术是要人民批准的。只要人民爱好，就有价值，不是反党、反社会主义，就许可存在，没有权力去禁演。艺术家要面对人民，而不是只面对领导。"③由此不难看出，周恩来对社会主义文艺民主的有效性的一个重要判断标准就是是否为大众所喜闻乐见，是否给大众带去真正的艺术享受。这不仅是对马克思主义、毛泽东文艺理论的人民性特质的重要阐述，更是从民主化角度对马克思主义文艺理论如何大众化的重要方法论补充。

2. 文艺民主意识的创新性话语转换

周恩来既善于从马克思主义基本理论中提炼出民主意识，也善于用通俗化的形象的方式将这些民主意识进行创新性的话语转换并应用到对文艺现象的分析和对文艺工作的指导上，因此他关于文艺民主化的论述往往并非停留

---

① 荒煤：《周恩来对电影艺术的亲切关怀》，中共中央文献研究室编：《不尽的思念》，中央文献出版社 1987 年版，第 538 页。

② 周恩来：《在文艺工作座谈会和故事片创作会议上的讲话》，文化部文学艺术研究院编：《周恩来论文艺》，人民文学出版社 1979 年版，第 91—92 页。

③ 周恩来：《在文艺工作座谈会和故事片创作会议上的讲话》，文化部文学艺术研究院编：《周恩来论文艺》，人民文学出版社 1979 年版，第 92 页。

在一般化的号召上，而是凝练着深刻的文艺工作方法论智慧。比如他的"人民当家作主人"、"艺术是要人民批准的"、"三敢一首创"（即"提倡敢想、敢说、敢做，提倡首创精神"）、反对"一言堂"、反对"五子登科"、"群众有智慧"①，等等。其中，他的"艺术是要人民批准的"的论断就深刻揭示了文艺工作中领导、作家、人民群众三者之间的辩证关系。再以他的著名的反对"五子登科"为例。他认为，文艺批评中的套框子、抓辫子、挖根子、戴帽子、打棍子这五种不良习气阻碍了文艺批评的发展，使得"本来要求解放思想，敢想敢说敢做，结果反而束缚思想"②。在他看来，以一个主观的思想或意识形态框子去抓文艺工作者的小辫子，文艺工作就易走向主观主义、片面性和形而上学；其后果就是将文艺作品戴上各种"人性论""人类之爱""温情主义"之类的政治帽子，或从组织上"打棍子"，甚至联系家庭出身、社会关系"挖根子"，这些实际都是缺乏文艺民主的表现。反对"五子登科"，实际上涉及如何理解马克思主义文艺基本原理或总的原则，如何看待艺术家及其作品的动机与效果，如何在批评实践中实现政治民主、艺术民主等深层次理论问题，周恩来化用大众喜闻乐见的传统民间故事名称，将马克思主义文艺理论的大众化与民主化问题结合起来阐述，既形象生动，又说理深刻，是他的文艺民主意识的创新性话语转换的典型一例。

3. 对文艺生产力的解放

周恩来深刻洞察到知识分子特别是文艺工作者作为文艺生产的主体，对社会主义时期的文明、文化建设有着巨大的作用，只有彻底打掉套在文艺家身上的枷锁，才能解放其巨大的文艺生产力和文化建设力。新中国成立后党在知识分子问题上一直存在着分歧。从1949年召开的第一次文代

---

① 1963年，周恩来在审查修改音乐舞蹈史诗《东方红》时，就如何集中集体智慧以便做出正确的文艺决策对演员们说："群众有智慧，问题使你这些智慧发挥出来，集中起来。所谓多谋善断，'多谋'来自民主，'断'就是集中。我说错了，大家议论改正，说得不充分，大家补充，说对的，供大家参考。人不可能不说错话，不做错事。我说这些问题，就是提倡互相切磋，造成民主气氛。"——参见李连庆：《周恩来——素以民主精神著称的世纪伟人》，《李连庆文集·第二卷·散文篇》，昆仑出版社2002年版，第663页。

② 周恩来：《在文艺工作座谈会和故事片创作会议上的讲话》，文化部文学艺术研究院编：《周恩来论文艺》，人民文学出版社1979年版，第80页。

大会上宣布的"文艺工作者是精神劳动者，广义地说来也是工人阶级的一员"，到 1956 年召开的全国知识分子问题会议上宣布的知识分子的"绝大部分"已经是工人阶级的一部分，再到 1962 年在广州召开的戏剧创作会议上明确的"知识分子是劳动人民的知识分子"，周恩来为知识分子"脱帽""加冕"的历程折射着党在社会主义民主方面认识的改进，更体现了他推进政治民主、艺术民主的不懈努力。也正因为此，他赢得了知识分子和文艺工作者的衷心爱戴，在一些对周恩来的民主作风的充满深情的回忆文章中，文艺工作者荒煤的《〈周恩来与文艺〉文集后记》是典型的一篇，其中说道：

> 周恩来同志不仅仅是以党和国家一位最高领导人的身份，给我们带来了党的亲切关怀，按照毛泽东文艺思想的教导，谆谆善诱，结合着文艺工作的实践，引导我们学习马列主义、毛泽东思想。他不倦地学习、宣传毛泽东文艺思想，但绝不搞教条主义，一言堂，命令主义。更重要的，他总是联系实际，以平等的同志式的态度来和我们交谈，提出问题、探讨问题、解决问题，公然声称他的意见，也是一家之言，可以争论，可以批评。他是总理，我们却觉得他是文艺界"良师诤友"。凡是我们做得对的，有点成绩，他总是热情地给予支持和鼓励。凡是做错了，有缺点，他也给予严正的批评，但更多的是帮助我们寻找产生缺点和错误的原因，以及如何克服的办法，和我们一齐总结经验教训。他耐心细心地扶植新的创作，从政治思想到艺术表现都尽力予以具体的指导。他关心文艺工作者的思想和创作，也关心他们的健康、生活、基本训练。既经常过问老艺术家们的工作条件、生活情况，也叫得出许多稍有成就的青年文艺工作者名字，指出他们的成绩和缺点……往往使我们惊讶，在他那日理万机的头脑里怎么可能容纳下那么众多的文艺工作者的形象！①

---

① 荒煤：《〈周恩来与文艺〉文集后记》，《读书》1980 年第 3 期。

四、"民族化"：古学、西潮与新知之接受"间距"的智慧消解

近代以来剧烈的中西方文化、文艺思想的碰撞，造成了多种关于中国文化与文论出路的设想与探讨，或援西入中，中体西用；或以西为主，别求新声；或倡中西平等，主张融会贯通。但是，这些华丽的理论构想往往遭遇到如何消解古学、西潮与新知之间的接受"间距"的现实难题。过往对文艺民族化问题的探讨，正是由于无法消解这些"间距"而只能在"是中非外"（复古、排外）或者"是外非中"（媚外、民族虚无），以及"以古释今"或者"以今释古"的圈子中打转转，无法获得突破性进展。周恩来以马克思主义理论家的气魄破解了这一难题，对马克思主义文艺理论的民族化之路作出了重大贡献。具体说来，就是以马克思主义这一"新知"中的人民性为出发点，在中外和古今问题上强调"以我为主"和"以今为主"的总体原则，将马克思主义的时代化问题和大众化问题的探索有机融合到民族化问题的探索中。

周恩来对马克思主义文艺理论的民族化问题的探讨既有思想的延续性，也有表述上的不断调整。延安时期他提出的"三化"（民族化、大众化、民主化）中的民族化更多侧重于反对民族压迫和民族歧视、主张民族尊严与独立的革命蕴涵，1949 年在《人民政协共同纲领草案的特点》中关于新民主主义文化是"民族的形式、科学的内容、大众的方向"的论述更多强调的是文化的民族形式问题，"文革"前夕提出的新"三化"（革命化、民族化、群众化）的文艺主张则带有明显的政治内涵，但总体上都是要求从中国国情出发，坚持走民族化的道路。细察他的民族化探讨历程，论述最为深入、最有体系性、最富于创新性的，还是他在新中国成立后"十七年"特别是调整期的一系列论述，他对上述"间距"的着力破解也突出体现在这一时期。

1. 出发点：人民性为先

强调文艺为人民服务，把人民性放在民族化探索的首位，这是周恩来一贯的主张。他明确指出："古今中外都有好东西，都要学，不要排斥。不要认为古的东西没有演头。……很多民族财富要好好发掘、继承，不能埋没。

只要大体好，有些缺点也无妨，首先要有人民性，要站在同情广大人民的方面。"① 这种以人民性为先的看法突出体现在周恩来有关传统戏曲改造问题的阐述中。他认为，"人民戏曲是以民主精神与爱国精神教育广大人民的重要武器"，由于中国的传统戏曲"和人民有密切的联系"，因此"继承这种遗产，加以发扬光大，是十分必要的"。② 在他看来，地方戏尤其是民间小戏，由于"形式较简单活泼，容易反映现代生活，并且也容易为群众接受，应特别加以重视"，并强调"今后各地戏曲改进工作应以对当地群众影响最大的剧种为主要改革与发展对象"。③ 可以说，以人民性为导向，将大众化问题和民族化问题有机融合在传统民族艺术的改造中，这是周恩来的马克思主义文艺理论民族化探索的一个重要特点。

2. 总体原则："以我为主"和"以今为主"

如何看待西方文艺，借鉴西方的文艺理论？是西化还是化西？周恩来提出了明确的"以我为主"的总体原则。他说："我们搞艺术，不要只是搞一种单调的东西，要善于吸收，对外国的也是这样。一个民族和国家，其所以能够存在，总有它一些长处。……我们要学习别人的东西，但要防止盲目性。只有学到了家，才能说是吸收。昆曲和其它剧种都要保持和发扬自己的特点，也要把别人的长处吸收过来。要把人家的化为自己的，化得使人家不觉得。"④ 在后来的《在文艺工作座谈会和故事片创作会议上的讲话》中，他把这种"以我为主"的思想作了进一步的发挥，强调"以我为主"是"溶化"而不是"硬加"或"焊接"：

在中外关系上，我们是中国人，总要以自己的东西为主。但是

---

① 周恩来于 1956 年 5 月 17 日在中南海紫光阁召开的《十五贯》座谈会上的讲话。参见周恩来：《关于昆曲〈十五贯〉的两次讲话》，《文艺研究》1980 年第 1 期。
② 周恩来：《中央人民政府政务院关于戏曲改革工作的指示》(1951 年 5 月 5 日)，《人民日报》1951 年 5 月 7 日。
③ 周恩来：《中央人民政府政务院关于戏曲改革工作的指示》(1951 年 5 月 5 日)，《人民日报》1951 年 5 月 7 日。
④ 周恩来于 1956 年 5 月 17 日在中南海紫光阁召开的《十五贯》座谈会上的讲话。参见周恩来：《关于昆曲〈十五贯〉的两次讲话》，《文艺研究》1980 年第 1 期。

也不能排外，闭关自守，那样就是复古主义了。外国好的东西也要加以吸收，使它溶化在我们民族的文化里。我们的民族从来是善于吸收其他民族的优秀文化的。我们吸收了印度文化和朝鲜、越南、蒙古、日本的文化，也吸收了西欧的文化。但要"以我为主"，首先要把我们民族的东西搞通，学习外国的东西要加以溶化，不要硬加。……我是主张先把本民族的东西搞通，吸收外国的东西要加以溶化，要使它们不知不觉地和我们民族的文化溶合在一起。这种溶合是化学的化合，不是物理的混合，不是把中国的东西和外国的东西"焊接"在一起。①

关于古与今的问题，他也明确提出"以今为主"的总体原则。在他看来，"不论学习古代的东西还是学习外国的东西，都是为了今天的创造，都要把它们溶化在我们的创作中。文艺总要有独创精神"②。

总的来说，周恩来关于文学艺术的继承、革新、创造等问题的全面思考，其核心就是以"中国本民族绝大多数人喜闻乐见"为价值取向，立足于社会主义建设时期中国文艺的现实土壤以及当代中国的文艺与审美需求，既抵制盲目排外与全盘西化等错误理论偏向，也抵制割裂历史、否定传统的不良做法，为我党把马克思主义文艺理论的民族化问题凝练为"古为今用、外为中用、推陈出新"的创新性提法提供了价值取向、立足点以及总体原则等方面的理论智慧，为马克思主义文艺理论的民族化作出了重大贡献。

第五节　毛泽东文艺思想的宣传、阐释与实践

新中国成立后"十七年"，随着无产阶级政权及文化权的取得，毛泽东

---

① 周恩来：《在文艺工作座谈会和故事片创作会议上的讲话》，文化部文学艺术研究院编：《周恩来论文艺》，人民文学出版社 1979 年版，第 98—99 页。

② 周恩来：《在文艺工作座谈会和故事片创作会议上的讲话》，文化部文学艺术研究院编：《周恩来论文艺》，人民文学出版社 1979 年版，第 99 页。

文艺思想作为中国化的马克思主义文艺理论，其从主导性文艺意识形态向主流性文艺意识形态的转变，主要是通过以下方式实现的。

一、文艺政策的制定与毛泽东文艺思想的宣传

新中国成立前夕召开的第一次全国文代会，周恩来、郭沫若、茅盾、周扬等人分别作了《在中华全国文学艺术工作者代表大会上的政治报告》《为建设新中国的人民文艺而奋斗——在中华全国文学艺术工作者代表大会上的总报告》《十年来国统区革命文艺运动报告提纲》《新的人民的文艺——在中华全国文学艺术工作者代表大会上关于解放区文艺运动的报告》的报告，以执政党的意志将毛泽东《在延安文艺座谈会上的讲话》中的思想确立为新中国文艺的指导方针。周恩来的报告重申了毛泽东《讲话》中"文艺为工农兵服务"的主张；郭沫若的报告阐述了中国文化革命和文艺革命的新民主主义革命性质；茅盾的报告认为国统区的文艺运动的总目标与解放区的文艺运动具有一致性，都是遵循着毛泽东文艺思想的前进方向；周扬的报告则明确指出《讲话》规定了新中国的文艺的唯一正确方向。从这些报告可以看出，第一次全国文代会把文艺为工农兵服务、为无产阶级政治服务确定为新中国的基本文艺政策，实际上都是把毛泽东的文艺思想放在首要的、核心的位置上加以宣传。1953 年 9—10 月召开的第二次全国文代会上，郭沫若在题为《人民对文艺的需要不可忽视》的开幕词中，强调毛主席思想领导文艺的重要性；周扬的《为创造更多的优秀的文学艺术作品而奋斗》报告主张把社会主义现实主义方法作为整个文学艺术创作和批评的最高准则，把毛泽东关于戏曲活动所指示的"百花齐放"的原则作为整个文学艺术事业发展的方针。而大会最后通过的决议同样要求文艺工作者"掌握为工农兵服务的方向"。在"文革"前出台的各种方针政策，如 1956 年毛泽东代表中国共产党提出的"双百"方针，1958 年周扬发表的《文艺战线上的一场大辩论》、1961 年 6 月周恩来发表的《在文艺工作座谈会和故事片创作会议上的讲话》，以及 1962 年 4 月中共中央批转文化部党组和全国文联党组提出的《关于当前文学艺术工作若干问题的意见（草案）》等，这些具有代表性的重大文艺政策，毫无例外地都是以宣传毛泽东的文艺思想为中心任务，依据的是毛泽东的《讲话》以及

新中国成立后在各种场合中的讲话、批示精神，从而从文艺政策层面巩固了毛泽东文艺思想的指导性地位。

二、文艺政策的阐释与发挥

"作为一种新的马克思主义美学理论，延安讲话比马克思和恩格斯的著作留下更多的空白"①，费正清曾就这些"空白"进行了归纳，比如：毛泽东重申阶级社会中文艺的政治标准是第一位的，艺术标准是第二位的，并且认为文艺作品的社会政治效果比作者原来的"动机"更为重要，"但严格的美学方面的问题却几乎没有触及"②。以"民族形式"为例，"现有的传统民间艺术是否含有过多的'封建'成分，毛对此采取了规避的方法。可能新的内容有待灌输，但灌到什么样的'通俗形式'中去呢？那种广泛采用的'旧瓶装新酒'的办法也是成问题的，尤其是应用于京剧这样的形式时。如何在更加复杂深刻的层次上，区分革命文学与革命宣传品的文学技巧和文学质量的论点，在延安讲话中几乎没有分析"③。又如，关于典型问题，费正清认为："也许出于对30年代着重暴露的现实主义文学的反感，毛明白表示新的文艺作品，'应该比普通的实际生活更高，更强烈，更有集中性，更典型，更理想，因此就更带普遍性'。这个含糊的概括，有点像是苏维埃'社会主义现实主义'的初步重新陈述。"④ 在费正清看来，毛泽东的重点像苏联一样，"当然是放在'社会主义'上，而不是放在'现实主义'上——颂扬典型人物和理想人物，并在一个更高的思想层次上描写现实"⑤，但是，这似乎又与他早

---

① 〔美〕费正清、费维恺编：《剑桥中华民国史 1912—1949 年》（下），刘敬坤等译，中国社会科学出版社 1994 年版，第 548 页。

② 〔美〕费正清、费维恺编：《剑桥中华民国史 1912—1949 年》（下），刘敬坤等译，中国社会科学出版社 1994 年版，第 549 页。

③ 〔美〕费正清、费维恺编：《剑桥中华民国史 1912—1949 年》（下），刘敬坤等译，中国社会科学出版社 1994 年版，第 549 页。

④ 〔美〕费正清、费维恺编：《剑桥中华民国史 1912—1949 年》（下），刘敬坤等译，中国社会科学出版社 1994 年版，第 549 页。

⑤ 〔美〕费正清、费维恺编：《剑桥中华民国史 1912—1949 年》（下），刘敬坤等译，中国社会科学出版社 1994 年版，第 549 页。

些时候废止"洋八股"和"空洞抽象的调头"的指令相矛盾。再如，关于文艺与政治的关系问题，"毛泽东曾对文学的政治性大加辩护"，但是"马克思主义美学中最根本的论点——形式与内容之间不可分割的关系问题，从未得到深入的探究"，因为他"回避各种文学形式的社会本源的一切讨论，集中讨论了内容的意义。他这样做的时候，也把一定的限制强加到社会主义现实主义的主题和题材上了。与工农兵结合规定了范围有限的主题，如土地改革、与地主所有制斗争、游击战以及工业建设"①。因此，"可以想象，对如何解释这个新的正统的准则，以及如何填补它的空白，有相当大的意见分歧"②，也亟须文艺理论家们对之进行阐释——这正是周扬、邓拓、冯雪峰、茅盾、陆定一、何其芳等身居文化界或文艺界要职的理论家迅速成为毛泽东文艺思想的阐释者的主要原因。他们共同为马克思主义文艺批评中国形态的典范形态——毛泽东文艺思想在新中国成立后的继续巩固与发展进行了不懈的努力，这些阐释中的疏离部分因其与毛泽东文艺思想体系的部分冲突，构成了他们悲剧命运的主要原因，也为马克思主义文艺理论中国化的探索留下了值得借鉴、思考的经验与财富。

1. 周扬：《讲话》的经典化及其对毛泽东文艺思想的全面阐释

左翼文艺运动时期，周扬通过借鉴苏俄社会主义现实主义文艺思想，全方位地论述了文学的阶级性和党性原则、文学的世界观和创作方法的关系，文学和政治的关系，为毛泽东的《讲话》提供了丰富的理论资源。延安时期，他是《讲话》精神的主要阐释者以及以《讲话》精神为核心对解放区文艺实践进行政治化批评的重要批评家。而新中国成立后的"十七年"间，周扬对毛泽东文艺思想的阐释，我们必须实事求是地加以分析。

周扬接受毛泽东文艺思想，应该说是从整风运动开始的。整风运动之于周扬有着重要的意义，正如他后来所回忆的那样，是整风运动让他成为一个

---

① [美] 费正清、费维恺编：《剑桥中华民国史 1912—1949 年》（下），刘敬坤等译，中国社会科学出版社 1994 年版，第 550 页。

② [美] 费正清、费维恺编：《剑桥中华民国史 1912—1949 年》（下），刘敬坤等译，中国社会科学出版社 1994 年版，第 548 页。

马克思主义者，也认清了当时延安文艺界的"两派"性质①，并从此抛弃了自己文艺思想中与《讲话》不合的部分，自觉承担起毛泽东文艺思想之精神宣传与政策执行的角色。他使《讲话》的经典化的活动也始于整风运动开始之后。最突出的表现就是他在《马克思主义与文艺》（1944 年）一书"序言"中宣称："毛泽东同志的《在延安文艺座谈会上的讲话》给革命文艺指示了新方向，这个讲话是中国革命文学史、思想史上的一个划时代的文献，是马克思主义文艺科学与文艺政策的最通俗化、具体化的一个概括，因此又是马克思主义文艺科学与文艺政策的最好的课本。"② 在《马克思主义与文艺》中，他将马、恩、列、毛并列，同时认为毛泽东解决了鲁迅、高尔基等人并没有真正解决的普及和提高的关系问题，还呼应了毛泽东对"鲁迅笔法"的批评。1946 年，他又在其所编的《表现新的群众的时代》一书中更加明确地宣称要"做毛泽东文艺思想、文艺政策之宣传者、解说者、应用者"③。周扬对《讲话》的经典化，实际还蕴含了对中国现代文艺思想史的重新分期理念——五四文艺已过时，延安工农兵文学才是未来中国文学之路。因为，在《讲话》中，毛泽东对五四启蒙文学的功绩只字未提，相反，却对中国文艺界特别是延安文艺界所呈现出来的唯心论、自我意识、宗派主义倾向、轻视实践和脱离群众的作风以及对马克思主义文艺思想和党的组织所采取的一种独立的、非教条主义的态度给予了严厉的批判。毛泽东这种对五四以来中国文艺发展历史的"总结"式做法从某种程度上讲实际上也是在"终结"五四，其中显然蕴含着通过《讲话》树立的文艺工作方向来与此前的历史告别的政治目的，而周扬正是在深刻理解毛泽东这一思想后展开了他对毛泽东文艺思想的阐释。这些阐释包括他于 1942 年在《艺术教育的改造问题》一文中提到

---

① 周扬在 1978 年接受访问时说："在一九四二年的整风运动以前，尽管我写了不少宣传马克思主义的文章，我没有认识到自己还不是个马克思主义者，还不是个共产主义者，经过整风以后我才认识到这一点。我说你如果要问我有什么收获，这就是我唯一的收获。我当时讲过这句话，我现在还是这么感觉。"而当时延安存在的两派，一派是以周扬为代表的"鲁艺"派主张歌颂光明，一派是以丁玲为代表的"文抗"派主张暴露黑暗。——参见赵浩生：《周扬笑谈历史功过》，《新文学史料》1979 年第 2 期。

② 周扬：《〈马克思主义与文艺〉序言》（原载于《解放日报》1944 年 4 月 11 日），《周扬文集》第一卷，人民文学出版社 1984 年版，第 454 页。

③ 周扬：《表现新的群众的时代》"前记"，山东新华书店 1949 年版。

的对苏联社会主义现实主义的"重新理解"①，包括他于 1945 年在《关于政策与艺术》中以"政治即政策"的观念将过去对艺术与生活关系的关注转向对艺术与政治之关系的关注 ②，也包括他于 1947 年在《谈文艺问题》一文中对解放区文学创作的主题与题材所作的限制性或导向性规定 ③。

新中国成立后，周扬围绕《讲话》的核心精神对毛泽东文艺思想进行了全面的阐释。比如：

关于民族文化继承问题，他于 1950 年在燕京大学所作的讲演《怎样批判旧文学》中认为，毛泽东提出的"中国气派、中国作风"纠正了五四的某些偏向，其核心是"提高其民主性，革命性和艺术性"④。

关于毛泽东文艺路线的性质问题，他在题为《坚决贯彻毛泽东文艺路线》

---

① 这种"重新理解"突出表现在他对"革命的现实主义"作了重新的发挥，认为它"应当具有两个最显著的特点：一个是它是以马克思主义的世界观为基础，这个世界观并不是单纯从书本上所能获得的，首先要求作家艺术家直接地去参加群众的实际斗争；再一个是它应当是以大众，即工农兵为主要的对象。因而这种现实主义"应当是艺术真实性与教育性结合，也就是艺术性与革命性结合"。——周扬：《艺术教育的改造问题》（原载于《解放日报》1942 年 9 月 9 日），《周扬文集》第一卷，人民文学出版社 1984 年版，第 418—419 页。

② 周扬明确指出："自'文艺座谈会'以后，艺术创作活动上的一个显著特点是它与当前各种革命实际政策的开始结合，这是文艺新方向的重要标志之一。艺术反映政治，在解放区来说，具体地就是反映各种政策在人民中实行的过程与结果。……要反映新时代的人民的生活，就必须懂得当前各种革命的实际的政策，因为正是这些政策改变了这个时代的面貌，改变了人民的相互关系、生活地位、思想、感情、心理、习惯等等，总之一句话，改变了他们的命运。"他甚至进而要求文艺工作者本人"最好就是这些政策之实际执行者。这样，政策思想才会通过他的亲身经验而具体化，丰富化，变成有血有肉的东西。"——周扬：《关于政策与艺术》（原载于《解放日报》1945 年 6 月 2 日），《周扬文集》第一卷，人民文学出版社 1984 年版，第 475—477 页。

③ 这些限制性或导向性规定包括：主题上"文艺工作者应当而且只能写与工农群众的斗争有关的主题。文艺工作者所熟悉、所感到兴味的事物必须与工农兵群众所熟悉、所感到兴味的事物相一致。文艺工作者必须真实地反映群众的要求和情绪，而且站在一定的政策思想水平上回答群众从实际斗争中提出的问题"，题材上则要求"写真人真事"，因为这是"'文艺座谈会'以后文艺创作上的一个新现象，是文艺工作者走向工农兵，工农兵走向文艺的良好捷径"。——周扬：《谈文艺问题》（原载于《晋察冀日报》增刊 1947 年 5 月 10 日），《周扬文集》第一卷，人民文学出版社 1984 年版，第 501—502 页。

④ 周扬：《怎样批判旧文学》（原载于《大刚日报》1950 年 4 月 15 日），《周扬文集》第二卷，人民文学出版社 1985 年版，第 17 页。

的讲演中，明确认为《讲话》把新文艺推进到一个新的历史阶段，它的"发表及其所引起的在文学事业上的变革，可以说是继五四之后的第二次更伟大、更深刻的文学革命"，它"不但有力地扫荡了一切帝国主义、封建主义的反动文艺，而且特别针对各种小资产阶级的文艺思想和倾向，进行了严正而尖锐的批判"①。因而，"毛泽东文艺路线，就是文艺上的阶级路线、群众路线"②。

关于文艺创作的时代要求问题，他同样在《坚决贯彻毛泽东文艺路线》讲演中明确要求"我们的文艺作品必须表现出新的人民的这种新的品质，表现共产党员的英雄形象，以他们的英勇事迹和模范行为，来教育广大群众和青年。这是目前文艺创作上头等重要的任务"③，并且，"一切共产党员的和革命的文艺工作者必须努力提高马列主义知识的修养水平，这是提高文艺的思想性、艺术性、战斗性的先决条件"④。

关于文艺领导工作如何展开的问题，他在《在中国共产党第一次全国宣传工作会议上的报告》中明确指出马、恩、列、斯并没有就文艺问题作过专门的系统的研究，只有毛泽东"把马列主义的文艺理论非常系统，非常全面地作了一个解释，作了一个发挥，这样，就使得我们对于文艺工作的领导有了一个纲领"⑤。在他看来，"加强文艺工作的思想领导，那末拿什么去领导呢？就拿毛泽东同志的《在延安文艺座谈会上的讲话》这个武器去领导"⑥。"毛泽东同志的《在延安文艺座谈会上的讲话》的基本精神是什么呢？据我看就是作家的思想情感的改造问题，到实际斗争中去改造，必须学习马列主

---

① 周扬：《坚决贯彻毛泽东文艺路线》，《周扬文集》第二卷，人民文学出版社 1985 年版，第50 页。

② 周扬：《坚决贯彻毛泽东文艺路线》，《周扬文集》第二卷，人民文学出版社 1985 年版，第53 页。

③ 周扬：《坚决贯彻毛泽东文艺路线》，《周扬文集》第二卷，人民文学出版社 1985 年版，第59 页。

④ 周扬：《坚决贯彻毛泽东文艺路线》，《周扬文集》第二卷，人民文学出版社 1985 年版，第63 页。

⑤ 周扬：《在中国共产党第一次全国宣传工作会议上的报告》，《周扬文集》第二卷，人民文学出版社 1985 年版，第 66 页。

⑥ 周扬：《在中国共产党第一次全国宣传工作会议上的报告》，《周扬文集》第二卷，人民文学出版社 1985 年版，第 73 页。

义才能改造。"① 从这个意义上讲，"贯彻思想领导的头一件事情"是"向一切离开毛主席的文艺思想的倾向作斗争"②。

关于文艺的效果与动机关系问题，他引用了《讲话》中的"社会实践是检验主观愿望的标准，效果是检验动机的标准"的提法，认为"效果的好坏则是以对人民有利或有害为标准的。为人民的动机与有利于人民的效果，必须统一起来"③。

关于新中国文艺的表现对象及内在精神问题，他认为，"今天，不写关于工农兵的作品就没有出路，所以一定要写工农兵，问题是在于如何表现工农兵。要表现必须有热情，有阶级情感，对人民，对战士，对党的热爱"④。

关于社会主义文艺的内在精神问题，他认为应当着力表现一种社会主义的乐观主义精神，这种精神的基础在于三个"相信"，即"相信我们革命事业的正义性"，"相信领袖"和"相信群众"⑤。关于文艺的思想性问题，他于1951 年 11 月 24 日在北京文艺界整风学习动员大会上作的《整顿文艺思想，改进领导工作》的讲话中，对文学的思想性作了新的阐发，强调"文艺应当和最进步的阶级，即工人阶级的思想，他们的世界观、人生观相结合"⑥，"文艺必须用工人阶级的思想帮助国家来教育人民，帮助人民成长，领导人民向着社会主义和共产主义方向前进"⑦。

关于普及与提高的问题，他从"思想改造"的高度阐述道："毛泽东同

---

① 周扬：《在中国共产党第一次全国宣传工作会议上的报告》，《周扬文集》第二卷，人民文学出版社 1985 年版，第 74 页。

② 周扬：《在中国共产党第一次全国宣传工作会议上的报告》，《周扬文集》第二卷，人民文学出版社 1985 年版，第 75 页。

③ 周扬：《反人民、反历史的思想和反现实主义的艺术》（原载于《人民日报》1951 年 8 月 8 日），《周扬文集》第二卷，人民文学出版社 1985 年版，第 100 页。

④ 周扬：《在文艺界〈长征〉座谈会上的讲话》，《周扬文集》第二卷，人民文学出版社 1985 年版，第 122 页。

⑤ 周扬：《在文艺界〈长征〉座谈会上的讲话》，《周扬文集》第二卷，人民文学出版社 1985 年版，第 123 页。

⑥ 周扬：《整顿文艺思想，改进领导工作》，《周扬文集》第二卷，人民文学出版社 1985 年版，第 128 页。

⑦ 周扬：《整顿文艺思想，改进领导工作》，《周扬文集》第二卷，人民文学出版社 1985 年版，第 130 页。

志在《在延安文艺座谈会上的讲话》中，解决了文艺上的许多基本问题，例如文艺与政治的关系，普及与提高的关系等等问题，但是其中一个最根本的问题，就是思想改造……这就是问题的关键。这个关键问题没有解决，什么艺术与政治的关系，普及与提高的关系等等问题，都是不能解决的，如果'解决'了，那都是假的。"①

关于社会主义文艺方针问题，他在《毛泽东同志"在延安文艺座谈会上的讲话"发表十周年》中结合《讲话》论述道："在这个讲话中，毛泽东同志提出了革命文艺发展的正确方针——文艺必须为工农兵服务的方针。要实现这个方针，一切前进的和革命的文艺工作者必须确立共产主义世界观、人生观，掌握正确的思想方法和创作方法，只有这样才能达到文艺真正和工农群众相结合，和群众的阶级斗争相结合。"②

关于社会主义文艺创作的主导方法问题，他强调"社会主义现实主义"是创作方法的最高准则，认为"在我们国家的政治、社会、经济的生活各方面既已产生了具有决定作用的社会主义的因素，我们的以先进思想武装起来的文艺就应努力将这些生活中的新的因素真实地、突出地反映出来，借以用社会主义和共产主义的精神去教育工人、农民及其他劳动群众。革命艺术的新方法——社会主义现实主义应当成为我们创作方法的最高准绳"③。

可以说，新中国成立后周扬对毛泽东文艺思想的阐释，把基于新民主主义文化宏观构想和文艺问题总原则之阐明的《讲话》更加具体化、细致化了。我们甚至可以说，周扬和毛泽东一起，共同围绕《讲话》建立起了一个具有典型中国化特色的文艺政治学体系，即一个以"文艺从属于政治"为文学本质观，以社会主义现实主义为创作方法论，以"为人民的动机与有利于人民的效果"的相统一为文艺价值论，以工农兵生活和共产党人的英雄形象为主要表现题材，以作家的思想情感的改造为文艺工作方法论核心，以阶级路线

---

① 周扬：《整顿文艺思想，改进领导工作》，《周扬文集》第二卷，人民文学出版社 1985 年版，第 133 页。

② 周扬：《毛泽东同志〈在延安文艺座谈会上的讲话〉发表十周年》（原载于《人民日报》1952 年 5 月 26 日），《周扬文集》第二卷，人民文学出版社 1985 年版，第 141 页。

③ 周扬：《毛泽东同志〈在延安文艺座谈会上的讲话〉发表十周年》，《周扬文集》第二卷，人民文学出版社 1985 年版，第 141 页。

和群众路线"二线"为文艺倾向，以提高文艺的思想性、艺术性、战斗性为文艺创作的先决条件，以苏联文艺实践为学习典范的高度政治化的文艺学体系。也正是在这一体系下的指引下，周扬都自觉参加了各种文艺大批判，并作了诸如《文艺战线上的一场大辩论》之类的许多理论总结，在文艺斗争中进一步强化了毛泽东文艺思想的指导地位。

2. 邓拓："三化"和四个"第一"

邓拓作为毛泽东思想的重要宣传者之一，早在1944年就主持编辑出版了中国第一部《毛泽东选集》（5卷本，晋察冀版）。相比其出色的政论、杂文写作以及新闻理论造诣，他对马克思主义文艺理论尤其是毛泽东文艺思想的阐述较少，更多集中在他的"三化"论和坚持四个"第一"上。

所谓的"三化"，即革命化、民族化、群众化。邓拓站在马克思主义中国化的立场上，不仅阐述了"三化"的各种内涵，也阐述了它们之间的关系：

> 现在大家都说三化，即革命化，民族化，群众化。应该承认，首先要有革命化的思想，才有条件正确处理民族化和群众化的问题。革命化是民族化和群众化的前提。不首先解决革命化的问题，民族化、群众化就无从谈起。在阶级社会中，每一种文化，都有它的阶级性，同时也都有它的民族特点。列宁说过："每一个现代民族中，都有两个民族。每一种民族文化中，都有两种文化。"这是指的资产阶级文化和无产阶级文化。我们的社会主义文化，在内容上说，是无产阶级的，从形式上说，是民族的。正如斯大林说的："无产阶级的文化，并不取消民族的文化，而是给它以内容；反之，民族的文化，也不取消无产阶级的文化，而是给它以形式。"所以，我们看待民族化问题，必须从阶级、阶级斗争的革命观点出发。我们所说的民族文化，是革命的民族文化。我们说的民族化，是在马克思列宁思想指导下，站在无产阶级革命立场上说的。我们主张的文艺民族化，是无产阶级的口号，不是资产阶级的口号。同时，我们主张的民族化，归根到底就是要群众化，就是要为广大工农兵群众服务。民族化和群众化又是互相关联的。民族化为群众化创造了条件，

群众化为民族化提供了方向。你向着群众化的方向走，自然就能够实现民族化，因为我们民族的最大多数就是工农兵群众。所以，我们的文学艺术只要真正地向工农兵群众学习，真正地为他们服务，当然就会同时成为民族化的文学艺术，一定会富有民族特点。①

　　从这段论述可以看出，"革命化"在"三化"中占据首要地位，起着统领其他二者的作用，换言之，邓拓更强调"无产阶级革命的立场"在马克思主义文艺理论中的核心位置。至于其他二者，也同样是辩证的关系，即"民族化"为"群众化"创造条件，"群众化"为"民族化"提供方向。邓拓还对"左翼"文艺运动以来一直提倡的"大众化"作了全新的阐述：

　　　　所谓群众化，我们以前叫做大众化。毛泽东《在延安文艺座谈会上的讲话》中讲过："许多同志爱说'大众化'，但是什么叫做大众化呢？就是我们的文艺工作者的思想感情和工农兵大众的思想感情打成一片。"那个时候主席讲的大众化，就是现在我们说的群众化。从主席的指示中可以看出，群众化的核心问题，就是文艺工作者的思想改造问题。思想不改造，不能表达工农兵的思想感情，作品又怎么能够群众化呢？由此可见，民族化和群众化的关键，都在于革命化。如果没有革命化这个前提，民族化、群众化就都难以实现。当然，除了这些以外，民族化和群众化还要在形式上解决群众喜闻乐见的问题。这一方面的问题已经谈论得很久了，各地同志也已经做了不少努力，现在需要进一步做多方面的探究和试验，要打破框框，勇于革新和创造。在坚持"二为"的前提下，我们鼓励风格、形式的多样性。但总的政治方向、大的前提应当是一致的。民族化、群众化要有个过程，要不断地积累和总结经验。停步不前是不对的，过于急躁也是不行的。②

---

① 邓拓：《高举毛泽东思想红旗　进一步实现戏剧艺术的革命化》(1965年2月25日在华北区话剧歌剧观摩演出会开幕式上的讲话)，常君实编：《邓拓全集》第五卷，花城出版社2002年版，第236—237页。

② 邓拓：《高举毛泽东思想红旗　进一步实现戏剧艺术的革命化》(1965年2月25日在华北

将"大众化"等同于"群众化"，再过渡到"文艺工作者的思想改造问题"，邓拓的阐述将左翼文艺运动以来一直提倡的"文艺大众化"的宽泛内涵缩小到纯粹政治层面。他还在此基础上直接提出衡量文艺质量的四个"第一"标准：

> 那末，我们应该怎么做呢？我们首先必须正确地解决政治和艺术的关系。我们一定要坚持政治挂帅，坚持四个第一，无论是剧本的创作，或者是演出，都要坚持这个原则。衡量戏剧艺术质量好坏的标准，必须是政治第一，艺术第二。政治内容是首要的，必须坚持，无论在任何情况下，对于这一点都绝不能有任何动摇。但是，这并不是说艺术性就不重要了，就可以不讲究了。[1]

应当说，邓拓所说的"政治挂帅"以及"政治第一，艺术第二"的文艺评判标准是符合毛泽东在新中国成立后各种文艺场合的基本论述的，对于阐释毛泽东的文艺政治学体系也起到了强化的作用。他关于文艺评判标准的这些看法也体现在其文艺评论中，比如，他对中国大众画、海防前线写生画、华北地区版画的评论、对传统戏曲继承与革新问题的论述，都贯穿了上述这些思想。

3. 冯雪峰：毛泽东文艺思想与鲁迅文艺思想的调适

新中国成立前冯雪峰的文艺理论生涯可以说都是在高举鲁迅旗帜，虽然在左翼文艺运动期间也曾批评过鲁迅，但在深刻领悟鲁迅的"战斗的现实主义"精神后，冯雪峰成为一个坚定的鲁迅文艺精神的拥护者。这不仅仅表现在他和茅盾、鲁迅等人一起撰文抵制当时的"左"倾关门主义和宗派主义，或者同胡风、鲁迅等人共同提出"民族革命战争的大众文学"的口号上，还

区话剧歌剧观摩演出会开幕式上的讲话），常君实编：《邓拓全集》第五卷，花城出版社2002年版，第237—238页。

[1] 邓拓：《高举毛泽东思想红旗 进一步实现戏剧艺术的革命化》（1965年2月25日在华北区话剧歌剧观摩演出会开幕式上的讲话），常君实编：《邓拓全集》第五卷，花城出版社2002年版，第244页。

表现在他对鲁迅思想特质的理解与把握上 ①，在他对鲁迅文艺批评实践特点的总体把握上 ②。他对鲁迅作为五四文学之代表的看法，一生不曾改变，他因与鲁迅真正的学生胡风在理论观点上的相近以及支持胡风的观点，曾一度受到周恩来的批评，又因为 1936 年从瓦窑堡到上海违反中央要求先找了鲁迅而非周扬与夏衍等人，而成为后来夏衍揭批他的重要依据。所有这些都预示了一个前半生都奉行鲁迅文艺精神和五四文艺传统的冯雪峰在新中国成立后去调适由毛泽东、周扬等人所划定的五四文学与延安文学的界限将会有多么艰难。

新中国成立后冯雪峰对鲁迅文艺思想与毛泽东文艺思想的调适，主要是围绕"社会主义现实主义"去重新修正他早年所提出的"革命的现实主义"理论体系。冯雪峰在 20 世纪 30 年代中国左翼文坛最早使用"革命的现实主义"概念，把"革命"和"现实主义"合成一个创作方法的概念作系统深入的探讨，其观点侧重于现实主义与现实斗争的联系，认为现实不是一般的抽象的现实，而是特定时代的"战斗着的历史现实"。可以看到，他的这些看法同鲁迅的"战斗的现实主义"之间有着深刻的关联。这一点也突出反映在他完成于 20 世纪 40 年代中后期的《论民主革命的文艺运动》这篇总结性的

---

① 比如他认为："从思想上说，鲁迅是中国最早的一个彻底的资产阶级民主革命者。远在他青年时期，他已经抱有别人在'五四'时期才能抱有的那种思想和见解；这种思想和见解，在他青年时的那个时代，对中国而说，是远远跑到时代的前头去的，他的见解比当时的任何一个革命领袖或思想界权威都来得进步。"——冯雪峰：《鲁迅和俄罗斯文学的关系及鲁迅创作的独立特色》，《鲁迅的文学道路（论文集）》，湖南人民出版社 1980 年版，第42 页。

② 对于鲁迅在阐述文艺问题时着眼点并不在于构成自己的理论体系，而是集中回答文艺创作和文艺论争中提出的现实问题这一特点，冯雪峰曾有精到的评析："根据我所得的印象和我的理解，鲁迅先生不愿意称自己为思想家，却愿意看自己为一个战士，我想也是有道理的。自然，在客观上他是一个战士，同时也是一个思想家，因为他的思想是富于创造性的，并且也是有系统的，就是从前期发展到后期，也有一贯的鲜明的道路。但他的思想的系统性，在他那里是他的从事现实战斗的意志始终如一的自然结果，并不是他要创造一个思想系统或一个主义的结果。在他那里，一切新的和好的思想，一切真理，不是要拿来砌造自己的学说，而是要用真理之光，来照彻现实和照明前进的道路，要把一切新的和好的思想用到现实的战斗上去。他不是像一个理论家似地常常注意到逻辑的完整性，而是更多地注意实际的用处和更多地受事实的教训所影响。"——冯雪峰：《回忆鲁迅》，人民文学出版社 1952 年版，第 38—39 页。

长文中。这篇文章中的"革命"并非中共领导的有特定内涵的革命，而是从根本的变革和改造的广泛意义上使用的概念，其中关于五四文学性质的定位也迥异于周扬等人。在冯雪峰看来，"从'五四'以来的革命的新文艺，全般的看，那基本思想是民主主义的革命思想，就它的中心或主潮说，是通过了无产阶级的科学的历史观和社会革命论的，民主主义的革命思想。这后者联合和领导着所有一般的民主思想的文艺，快到三十年地战斗过来，这就造成了所谓'五四'革命文学传统，或革命现实主义文学传统"[①]。由此出发，他认为鲁迅"不仅体验了将先进民族的进步的思想和文学植根到自己的民族中来的'民族化'的战斗过程，同时也体验着从旧现实主义向新现实主义的发展过程。其中，他本人也体验着将反抗的革命的浪漫主义统一到革命现实主义中来的过程"[②]。在冯雪峰的眼中，鲁迅既是中国革命现实主义的奠基人和主要代表[③]，也是五四文学转向普罗文学的关键。然而新中国成立后为政治形势的发展以及宣传毛泽东文艺思想的需要，他的理论重心开始从"革命现实主义"向"社会主义现实主义"转变，其重要标志就是完成于1952年7—9月的长篇论文《中国文学中从古典现实主义到社会主义现实主义的发展的一个轮廓》。这篇论文依据毛泽东的文艺思想和新文化史观部分地修正和补充了其《论民主革命的文艺运动》中的某些论点，比如，他认为，"'五四'新文学运动是无产阶级领导的、统一战线的、人民大众的反帝反封建的文学运动"[④]，这显然是依据毛泽东《新民主主义论》的主要观点进行的推演。而

① 冯雪峰：《论民主革命的文艺运动》，《雪峰文集》第二卷，人民文学出版社 1983 年版，第95 页。

② 冯雪峰：《论民主革命的文艺运动》，《雪峰文集》第二卷，人民文学出版社 1983 年版，第123 页。

③ 这一点也可以从他对茅盾《子夜》的评价中看出。他认为："《子夜》不但证明了茅盾个人的努力，不但证明了这个富有中国十几年来的文学的战斗的经验的作者已为普罗文学所获得；《子夜》并且是把鲁迅先驱地英勇地所开辟的中国现代的战斗的文学的路，现实主义的创作的路，接引到普罗革命文学上来的'里程碑'之一。"——冯雪峰：《〈子夜〉与革命的现实主义的文学》（原载于《木屑文丛》1935 年 4 月 20 日第 1 辑），《雪峰文集》第二卷，人民文学出版社 1983 年版，第 363 页。

④ 冯雪峰：《中国文学中从古典现实主义到社会主义现实主义的发展的一个轮廓》（原载于《文艺报》1952 年第 14 期、1952 年第 15 期、1952 年第 17 期），《雪峰文集》第二卷，人民文学出版社 1983 年版，第 427 页。

对于鲁迅及其五四文学，冯雪峰认为，"体验着一种过渡性质的发展关系的、作为革命的小资产阶级作家的前期鲁迅的现实主义"，虽然它"已经比资产阶级古典现实主义更前进了一步"①，显然还不是社会主义现实主义，只有当鲁迅经过炼狱般的自我改造后，才能成为一个社会主义现实主义者，因此，"'五四'现实主义奠基者的鲁迅本人在后期（即在一九二七年以后）成为社会主义现实主义者，是这种改造和发展的一个明显的标志；一九四二年延安文艺座谈会更是一个明显的标志"②。从冯雪峰的这种显而易见的改变中，我们可以清楚地看到他试图将毛泽东文艺思想和鲁迅思想调和统一起来的努力，当然，其间也充满了思想的艰难与不断的自我怀疑③。为了紧跟毛泽东文艺思想发展的节拍，冯雪峰不仅开始给现实主义划分阶级成分，还开始发掘鲁迅的"党性"原则④，更明确提出要学习革命领袖关于"社会主义现实主义"的理论⑤，甚至说第二次文代会应当提出"打倒创作上的主观主义

---

① 冯雪峰：《中国文学中从古典现实主义到社会主义现实主义的发展的一个轮廓》（原载于《文艺报》1952 年第 14 期、1952 年第 15 期、1952 年第 17 期），《雪峰文集》第二卷，人民文学出版社 1983 年版，第 446 页。

② 冯雪峰：《中国文学中从古典现实主义到社会主义现实主义的发展的一个轮廓》（原载于《文艺报》1952 年第 14 期、1952 年第 15 期、1952 年第 17 期），《雪峰文集》第二卷，人民文学出版社 1983 年版，第 441 页。

③ 据七月派诗人牛汉回忆，在"文化大革命"中他和冯雪峰一起住"牛棚"的时候，冯雪峰曾对他说："讲话的基本精神与五四精神和鲁迅的基本精神恰恰是相反的。"牛汉认为，"这是冯雪峰一辈子憋在心里的话，到晚年说出来了"。——参见林贤治等：《人间鲁迅》，《读书》1998 年第 9 期。

④ 他认为党性和真实性是"完全统一的"，共产主义者的作家和革命民主主义者的作家"都具有非常高度的党性精神"，鲁迅在前后期党性都是"强烈的"，他们的艺术上的高度真实性和典型性，都是和他们的"党性精神不可分离的"。——参见冯雪峰：《英雄和群众及其他》（原载于《文艺报》1953 年第 24 期），《雪峰文集》第二卷，人民文学出版社 1983 年版，第 551—552 页。

⑤ 比如冯雪峰在其执笔的社论《克服文艺的落后现象，高度地反映伟大的现实》中传达了中宣部的指示："学习社会主义现实主义文艺理论，首先就是学习马克思、恩格斯、列宁、斯大林等伟大导师关于文艺的教言，以及毛泽东同志对于文艺的指示。同时也学习日丹诺夫同志关于社会主义现实主义的理论、马林科夫同志在苏联共产党第十九次代表大会上所作的报告中关于文艺的指示，等等。胡乔木同志在一九五二年十二月十二日对北京文艺工作者所作的报告，是党最近对文艺工作的指示；这报告书面发表时，全国文艺工作者都应该进行学习。"——冯雪峰：《克服文艺的落后现象，高度地反映伟大的现

思想，要社会主义现实主义"的口号①。这种调适与改变也反映到他的文学批评实践中，比如：他将萧也牧小说创作中的不良倾向归结为并非是由于作者"脱离生活"，"而是由于作者脱离政治"②；他认为丁玲的《太阳照在桑干河上》"是一部相当辉煌地反映了土地改革的、带来了一定高度的真实性的、史诗似的作品；同时，这是我们社会主义现实主义的在现时的比较显著的一个胜利"，并由此得出结论："从延安文艺座谈会以来毛主席亲自的教育和培植，对于我们社会主义现实主义文学的生长，是起着决定性的作用的"③。

在这一不断调适毛泽东文艺思想与鲁迅文艺思想、苏联的社会主义现实主义理论体系与自己的革命现实主义理论体系的过程中，冯雪峰也表现出一定的独立思考，这些独立思考因其与毛泽东文艺思想的体系的疏离与冲突，成为他后来悲剧命运的主因，但不可否认他对马克思主义文艺理论中国化探索的贡献。比如：他批评了"写政策"的错误，认为"为政策写作"的"这种创作路线不是指导作家去认识生活，在这基础上去发挥创造性。……这是违反现实主义的"④；在《英雄和群众及其他》中，他批判了文艺创作中孤立英雄、突出英雄，轻视群众、压低群众的倾向⑤；他重申"典型化"是现实

实》（原载于《文艺报》1953 年第 1 期），《雪峰文集》第二卷，人民文学出版社 1983 年版，第 478 页。

① 参见冯雪峰：《关于目前文学创作问题》（本文是作者于 1953 年 6 月 17 日在全国文协关于社会主义现实主义学习座谈会上的总结发言），《雪峰文集》第二卷，人民文学出版社 1983 年版，第 495—499 页。

② 冯雪峰：《反对玩弄人民的态度，反对新的低级趣味》（原载于《文艺报》1951 年第 4 卷第 5 期），《雪峰文集》第三卷，人民文学出版社 1983 年版，第 467—471 页。

③ 冯雪峰：《〈太阳照在桑干河上〉在我们文学发展上的意义》（原载于《文艺报》1952 年第 10 期），《雪峰文集》第二卷，人民文学出版社 1983 年版，第 416—417 页。

④ 冯雪峰：《关于目前文学创作问题》（本文是作者于 1953 年 6 月 17 日在全国文协关于社会主义现实主义学习座谈会上的总结发言），《雪峰文集》第二卷，人民文学出版社 1983 年版，第 497 页。

⑤ 冯雪峰认为，"群众什么时候都是实际生活中矛盾斗争的主体，而决不是旁观者或两种力量之间的中介物"。在他看来，"英雄是群众的一分子，只有在群众身上所能有的东西，才能在英雄身上出现，或者先出现。这就是我们所要创造的新人物的形象，他们新的崇高的性格和品质都应该是带群众性的、能够感动一切普通人民群众的、普通人民群众都感到亲切、都愿意仿效并且能够仿效的理由"。——冯雪峰：《英雄和群众及其他》（原载

主义文学创作的根本方法，批评了将典型化等同于"理想化"的错误创作倾向，认为"违背真实而把人物'理想化'，这和在今天的生活中看见明天的远景，或拿远大的将来的理想来照耀今天的现实的斗争，完全是两个问题"①，从而将"理想化"与"理想性"区分开来；他在《关于创作中的概念化问题》中从体验与熟悉生活而非体验政治或政策的角度深入分析了创作中概念论、公式化存在的根本原因②；他在《关于人物及其他》中反对根据政治任务的要求去描写人物，而强调依据实际生活去描写，明确提出"所谓文艺的规律，其实就是创造人物的规律，也就是生活和生活斗争的规律"③的论断。关于正面人物、反面人物以及"中间人物"，他在强调创造正面英雄人物的艺术形象之外，也主张作家应当关注反面人物和所谓"庸庸碌碌的人们"的形象塑造，其中关于"庸庸碌碌的人们"的论述实际成了后来写"中间人物"的先声④；他的"具体的文艺批评首先就是生活的批评，社会的批评，思想的批评"⑤的论断，实际就是强调要从生活的、社会的、作家自己的有

于《文艺报》1953 年第 24 期)，《雪峰文集》第二卷，人民文学出版社 1983 年版，第 545—546 页。

① 冯雪峰：《英雄和群众及其他》(原载于《文艺报》1953 年第 24 期)，《雪峰文集》第二卷，人民文学出版社 1983 年版，第 548 页。

② 冯雪峰：《关于创作中的概念化问题》(原载于《文艺月报》1955 年第 8 期)，《雪峰文集》第二卷，人民文学出版社 1983 年版，第 709—719 页。

③ 冯雪峰：《关于人物及其他》(原载于《解放军文艺》1954 年第 7 期)，《雪峰文集》第二卷，人民文学出版社 1983 年版，第 653 页。

④ 冯雪峰对"中间人物"有过这样详细的论述："当然在实际生活中，所谓不好不坏的、看起来好象既不能加以肯定也不应该加以否定的、没有什么斗争性和创造性的所谓庸庸碌碌的人们，是大量地存在着的，并且形成一种很大的社会势力。然而这样的人们，仍然不是站在矛盾斗争之外，而是站在斗争中；他们无疑是生活前进的一种雄厚的阻碍势力，可是又恰正在斗争中被教育、被改造，时刻在变化着的，因此，他们无疑又是时刻在变化成为生活前进的雄厚的革命势力。那种把先进人物和落后人物，正面人物和否定人物，看成为互相孤立的、不变化的、固定的存在的观点，是一种忽视了人们正是在斗争中变化着、发展着的事实的观点。在艺术形象上，所谓庸庸碌碌的人们，仍然也是重要的主人公，要出现在各种各样被否定的、被批评的、被教育和被改造的典型里，并且要出现在新生人物——也即是新人物的形象里。"——冯雪峰：《英雄和群众及其他》(原载于《文艺报》1953 年第 24 期)，《雪峰文集》第二卷，人民文学出版社 1983 年版，第 547 页。

⑤ 冯雪峰：《论民主革命的文艺运动》，《雪峰文集》第二卷，人民文学出版社 1983 年版，第 180 页。

血有肉的生活与思想去观察、处理文艺问题和展开文艺批评。所有这些，既有对《讲话》精髓的阐发，更有对新中国成立后毛泽东文艺思想中"左"的成分的疏离，对巩固毛泽东文艺思想的指导性地位起到了积极的作用。

4. 茅盾：现实主义理论核心的改造

茅盾曾在为五四三十周年纪念所作的《还须准备长期而坚决的斗争》一文中总结道："从达尔文主义到马克思主义，从易卜生到高尔基，从'实验主义'到辩证法，从批判的现实主义到社会主义的现实主义，从无条件地搬演欧洲近代的文艺形式到提出民族形式这一课题——三十年来，这道路是迂回曲折的，但却不是循环往复而是步步前进，步步在作两条战线的斗争。到今天，'三十年为一世'，马列主义的中国化，毛泽东思想，正如已在政治军事上取得伟大的胜利一样，在文化战线上也已得到了决定性的胜利了。"[1]这段文字本身就是茅盾一生理论生活的总结。综观茅盾一生的文艺主张，实际都是译介、宣传、阐释、实践现实主义。从五四时期提出"为人生"的"写实主义"主张，到1925年之后向前推进并演变为革命现实主义，再到新中国成立后对社会主义现实主义的阐释及其应用，茅盾的现实主义文学理论体系的关键词实现了从"人生"到"革命"到"政治"的转化。

新中国成立后，茅盾对毛泽东文艺思想的阐释主要体现在对自己过往现实主义理论体系的修正上。这种修正主要是从毛泽东的"两论"（即《实践论》和《矛盾论》）吸收毛泽东的文艺理论来改造自己的现实主义理论。在第一次文代会上，茅盾主要是依据《讲话》的思想检查和批评十年来国统区文艺运动的缺点和"种种有害的倾向"，其重点是倡导建设"人民的文艺"和批评胡风的"主观论"[2]。会后，茅盾依据《讲话》，修改了自己对新文学史的分期的看法，认为从创作方法上看，《讲话》发表以前，中国的革命文艺"主要是属于批判的现实主义的范畴"，以后则"开始了革命的现实主义的新时代"。而到了20世纪50年代中后期，特别是经过整风学习和社会主义现实

① 茅盾：《还须准备长期而坚决的斗争》（原载于《人民日报》1949年5月4日），《茅盾全集》第二十四卷，人民文学出版社1996年版，第18页。

② 茅盾：《在反动派压迫下斗争和发展的革命文艺》（本文是作者1949年7月19日在第一次文代会上做的报告），《茅盾全集》第二十四卷，人民文学出版社1996年版，第46—68页。

主义的讨论，茅盾又改变了他以前的看法，认为毛泽东的《实践论》和《矛盾论》比《讲话》"更包含了现实主义创作方法的最基本的问题"。① 在 1958 年出版的《夜读偶记》中，茅盾把毛泽东"两论"中的唯物主义实践论和斗争哲学推演到他对现实主义发展史的观察与总结中，他说："现实主义的哲学基础是唯物主义，它的社会基础是生产斗争和阶级斗争以及在这两种斗争中推动社会前进的革命力量"②，因此，"在阶级社会内，文学的历史基本上就是这样的现实主义与反现实主义的斗争"③。经过改造后的茅盾的现实主义理论体系的核心话语已经不再是五四时期的"生活""人生""写实""批判"等，而是诸如"阶级""思想性""上层建筑""唯物主义""唯心主义"等与五四新文化运动颇相区别的概念体系和知识体系。

作为长期身居文化部部长位置，在中国文化界、文艺界有着崇高地位和影响的茅盾，他的这一经过改造后的现实主义与反现实主义的斗争史的观念影响甚为深远，仅从当时的中国文学史研究和中国文学批评史研究中即可窥见一斑。比如，北京大学中文系 55 级学生编写的《中国文学史》中就将文学史观同阶级斗争相联系，将一部中国文学史写成现实主义与反现实主义（或形式主义）之间的斗争史。在 1959 年 6 月 17 日由中国作协和中国社会科学院文学研究所召开的文学史问题讨论会上，何其芳也明确主张用"现实主义与反现实主义的斗争"这个公式来写文学史，这是因为在他看来，"现实主义和反现实主义的斗争虽然并不一定贯串整个文学史，但我们找不到别的更好的公式来代替它，就不如还是用这个公式"④。这种观念也迅速反映到中国文学批评史研究领域。郭绍虞一改新中国成立前《中国文学批评史》书写中以批评理念之内在规

---

① 茅盾：《认真改造思想，坚决面向工农兵!》（原载于《人民日报》《光明日报》1952 年 5 月 23 日），《茅盾全集》第二十四卷，人民文学出版社 1996 年版，第 211—223 页。

② 茅盾：《夜读偶记》，（原载于《文艺报》1958 年第 1、2、8、9、10 期，同年 7 月经作者修改后，8 月由百花文艺出版社印成单行本），《茅盾全集》第二十五卷，人民文学出版社 1996 年版，第 204 页。

③ 茅盾：《夜读偶记》，（原载于《文艺报》1958 年第 1、2、8、9、10 期，同年 7 月经作者修改后，8 月由百花文艺出版社印成单行本），《茅盾全集》第二十五卷，人民文学出版社 1996 年版，第 155 页。

④ 何其芳：《文学史讨论中的几个问题》，《何其芳选集》第二卷，四川人民出版社 1979 年版，第 351 页。

律性为依据的写法，在《中国古典文学理论批评史》中也采用了这种贯穿着斗争法则的文学史观。该著"第一章绪论"中专门论述了中国文学批评史"发展规律中的斗争问题"，认为在阶级对抗的社会中，"文学史上必然会有两种对立的创作方法，即是现实主义和形式主义。……文学史是如此，文学批评史更是如此"，并且它们与哲学史上的唯物主义和唯心主义"两种对立倾向的斗争"之间也有密切的关系。① 罗根泽在其《中国文学批评史》中更反思其早年的批评史书写"不是历史唯物主义，而是小资产阶级的客观主义"，并分析自己所产生的错误在于"只是喜欢追寻某一文学理论批评历史过程的必然性的现象，却没有想到'还要说明到底什么样的社会经济形态提供这一过程以内容，到底哪一个阶级决定这一必然性'"。更没有能"揭露阶级矛盾，并决定自己的观点"。② 这样的例子在黄海章的《中国文学批评简史》一书中也表现得非常明显。该书把上述斗争哲学作了进一步的放大，认为"文学史上进步的，向上的，和落后的，反动的，两种矛盾的斗争，在文学批评史上也同样的显现出来"③。

总的来说，虽然茅盾在新中国成立后就文艺创作的细节问题提出过许多熟谙创作之道的富有建设性的建议，比如提出"真人真事并不妨碍典型的创造"④ 的论断，反对将革命文艺理论的原则作为教条、作为公式来硬套批评对象，等等。但他的这种经过斗争哲学改造的现实主义理论体系在强化了毛泽东文艺思想中文艺为政治服务的核心观念的同时也大大削弱了自己的生命力。这种削弱，其表现是多方面的，比如：他一方面以恩格斯的现实主义定义为依据，强调"典型环境中的典型性格是现实主义创作方法的根本问题"，另一方面，在引用恩格斯"真实地表现出典型环境中的典型性格"这句经典名言时，又把其中的"真实"置换为"正确"二字；在《关于所谓写真实》一文中否定了现实主义在暴露社会生活的阴暗面的巨大作用⑤；适应"赶任

---

① 郭绍虞：《中国古典文学理论批评史》（上册），人民文学出版社 1959 年版，第 5—9 页。

② 罗根泽：《中国文学批评史·重印序》（1958 年 8 月 17 日），《中国文学批评史》（一），上海古籍出版社 1984 年版，第 1—5 页。

③ 黄海章编著：《中国文学批评简史》"概说"，广东人民出版社 1962 年版，第 3 页。

④ 茅盾：《文艺创作问题》（原载于《人民文学》1950 年第 5 期），《茅盾全集》第二十四卷，人民文学出版社 1996 年版，第 111 页。

⑤ 茅盾在《关于所谓写真实》一文中说："把暴露社会生活的阴暗面作为写真实的要求，在旧社会里，也还说得过去，可是在我们这新社会里，却是荒谬透顶的。"——茅盾：《关

务"的时代潮流，强调文艺要配合政策，与政治结合，完成政治任务[①]；肯定"大团圆"[②]；甚至提出"与其牺牲了政治任务，毋宁在艺术性上差一些"的看法[③]；等等。

三、文艺—政治批评模式的强化

除了前述文艺政策的宣传以及阐释之外，文艺—政治批评模式在文艺批评实践中的迅速展开也强化了毛泽东文艺思想的这种指导性地位。这种批评模式的主要特点是：

首先，对作品倾向性的辨析与评价成为批评的首要任务。比如，冯雪峰、陈涌、丁玲、康濯、袁水拍等人对萧也牧小说《我们夫妇之间》的批评就是因其以知识分子为主角，批评工农干部，描写家庭日常生活的细节或生活情趣而被认定为具有小资产阶级创作倾向。这是继批判电影《武训传》之后在全国范围内掀起的那场对所谓"小资产阶级创作倾向"的批判运动在文学批评领域的回应。其中，丁玲对萧也牧的批评非常具有典型性。丁玲批评说："他们反对什么呢？那就是去年曾经听到一阵子的，说解放区的文艺太枯燥、没有感情、没有趣味、没有艺术等呼声中所反对的那些东西。至于

于所谓写真实》（原载于《人民文学》1985年第2期），《茅盾全集》第二十五卷，人民文学出版社1996年版，第259页。

[①] 比如茅盾于1951年4月25日在上海文艺工作者欢迎大会上的讲话中就明确指出，目前文艺工作者的创作任务，即表现和宣传当前的三个政治任务："第一，抗美援朝、保卫世界和平。第二，生产建设。第三，镇压反革命分子。"——茅盾：《目前文艺创作上的几个问题》（原载于《解放日报》1951年4月30日），《茅盾全集》第二十四卷，人民文学出版社1996年版，第179页。

[②] 茅盾认为积极、过左、落后三种人物正是现在最典型的人物，经过斗争以后的"大团圆"正是今天的现实，在他看来，"如果我们嫌它公式化，嫌它千篇一律，难道我们去写斗争以后是一个'悲剧的结束'么？"——参见茅盾：《文艺创作问题》（原载于《人民文学》1950年第5期），《茅盾全集》第二十四卷，人民文学出版社1996年版，第106—114页。

[③] 茅盾在《目前创作上的一些问题》一文中说："如何能使一篇作品完成政治任务而又有高度的艺术性，这是所有的写作者注意追求的问题。如果追求到了，就能产生伟大的作品。如果两者不能得兼，那么，与其牺牲了政治任务，毋宁在艺术性上差一些。"——茅盾：《目前创作上的一些问题》（原载于《群众日报》1950年3月24日），《茅盾全集》第二十四卷，人民文学出版社1996年版，第130页。

拥护什么呢？那就是属于你的小说中所表现的和还不能完全包括在你的这篇小说之内的，一切属于你的作品的趣味，和更多的原来留在小市民、留在小资产阶级中的一些不好的趣味。这些东西，在前年文代会时曾被坚持毛泽东的工农兵方向的口号压下去了，这两年来，他们正想复活，正在嚷叫；你的作品给了他们以空隙，他们就借你的作品而大发议论，大作文章。因此，这就不能说只是你个人的创作问题，而是使人在文艺界嗅出一种坏味道来，应当看成是一种文艺倾向的问题了。"① 因此，《我们夫妇之间》被认为是"离开政治斗争，强调生活细节的创作方法"，是"对《讲话》的某种程度的抗拒"②。这样的文学作品还有：陈学昭的《工作着是美丽的》、碧野的《我们的力量是无敌的》、白刃的《战斗到明天》、方纪的《让生活变得更美好吧》、秦兆阳的《改造》等。与这种倾向性检查与认定相关的是，凡是具有个人主义或者"庸俗"地描写平凡琐碎趣味的文学作品都在批判之列。比如，周扬批评谷峪说：

> 从他去年发表的几个短篇（"爱情篇""草料账""傻子"）却可以看出这个作家是走在危险的路上了。这些短篇的特点和坏处，还不只是在于它们尽写了一些生活中的"小事"，而更在于把劳动人民的形象作了歪曲的描写，把他们的思想、情感和性格写成庸俗化的和畸形的。作品中的人物几乎都是缺乏行动的，他们只是在"回忆""默想"，分析自己或研究旁人，在他们心中萦绕的并不是甚么高尚的思想感情，而恰恰是一些琐碎的、卑俗的思想感情，而作者的目的又并不在批判这些东西，相反，他似乎连自己也陶醉在这些东西里面了。③

---

① 丁玲：《作为一种倾向来看——给萧也牧同志的一封信》，《丁玲论创作》，上海文艺出版社 1985 年版，第 259—260 页。

② 转引自朱寨主编：《中国当代文学思潮史》，人民文学出版社 1987 年版，第 87 页。

③ 周扬：《建设社会主义文学的任务》（本文是周扬在中国作家协会第二次理事会会议（扩大）上的报告），中国作家协会编：《中国作家协会第二次理事会会议（扩大）报告、发言集》，人民文学出版社 1956 年版，第 32 页。

其次，是否塑造出正面人物特别是英雄人物成为文艺作品价值评判的重要标准。与上述政治立场和文学倾向密切相关的是这一时段的文艺批评非常强调人物形象的创造首先就是要创造正面的、新人物的艺术形象，"决不可把在作品中表现反面人物和表现正面人物两者放在同等的地位"，进步人物不能有"虚伪、自私甚至对革命事业发生动摇"等"政治品质、道德品质"缺陷。此外，"为了要突出地表现英雄人物的光辉品质，有意识地忽略他的一些不重要的缺点，使他在作品中成为群众所向往的理想人物，这是可以的而且必要的"①。像《青春之歌》、《红旗谱》和《创业史》这类"成长小说"中的林道静、朱老忠、梁生宝等人物是作为"社会主义新人"形象被给予肯定的。像柳青的《铜墙铁壁》、徐光耀的《平原烈火》、刘白羽的《火光在前》、马加的《开不败的花朵》、杨朔的《三千里江山》、陆柱国的《上甘岭》以及电影《白毛女》《钢铁战士》《南征北战》《上饶集中营》等受到称赞，是因为它们"真实地描写了国内革命战争和抗日战争时期的一些英雄人物"，或者"表现了中国人民志愿军的高度爱国主义和国际主义的高尚品质和英雄形象"②。而周扬的《为创造更多的优秀的文学艺术作品而奋斗》、胡耀邦的《表现新英雄人物是我们的创作方向》等呼吁性文章以及1952年5月至12月《文艺报》开辟的"关于创造新英雄人物问题的讨论"专栏都强化了上述文艺批评的价值标准。

再次，具有新内容、新风格、新形式的工农兵文艺得到充分肯定。比如《王贵与李香香》被称作"'民族形式'的史诗"③，《保卫延安》被看作是"已经具有古典文学中的英雄史诗的精神"④。而"大跃进"时期出现的新民歌因

---

① 周扬：《为创造更多的优秀的文学艺术作品而奋斗》（文本是周扬于1953年9月24日在中国文学艺术工作者第二次代表大会上的报告，原载于《文艺报》1953年第19期），《周扬文集》第二卷，人民文学出版社1985年版，第251—252页。

② 周扬：《为创造更多的优秀的文学艺术作品而奋斗》（文本是周扬于1953年9月24日在中国文学艺术工作者第二次代表大会上的报告，原载于《文艺报》1953年第19期），《周扬文集》第二卷，人民文学出版社1985年版，第236页。

③ 茅盾：《再谈"方言文学"》（原载于《大众文艺丛刊》1948年第1辑），《茅盾全集》第二十三卷，人民文学出版社1996年版，第401页。

④ 冯雪峰：《论〈保卫延安〉》（上海新文艺出版社1956年版），《雪峰文集》第二卷，人民文学出版社1983年版，第280页。

其"具有迥然不同的新内容和新风格"，"连诗三百篇也要显得逊色了"①。至于那些出自大批业余作者（包括工人和农民）之手的"小小说"因其"反映了总路线鼓舞之下劳动人民的冲天干劲"，"都闪耀着革命浪漫主义的光芒，都能以银钩铁画的笔触勾勒出生产战线上新人物的风貌，表现了他们的共产主义的思想品质"②，也都受到了赞扬或肯定。

这种批评理念在当时文艺作品的选辑与出版中也得到呈现。比如著名的"中国人民文艺丛书"在 1949 年 5 月出版时，选编了解放区历年来特别是 1942 年延安文艺座谈会以来各种优秀的被认为是实践了毛泽东文艺方向的文艺作品，其中戏剧 27 种（如《白毛女》等）、小说 16 种（如《李有才板话》《李家庄的变迁》《太阳照在桑干河上》等）、通讯报告 7 种（如《诺尔曼·白求恩断片》《英雄的十月》《光明照耀着沈阳》等）、诗歌 5 种（如《王贵与李香香》《赶车传》《圈套》等）、说书词 2 种（《刘巧团圆》《晋察冀的小姑娘》）。新中国成立后，这套丛书又编选新的文艺作品陆续出版，其中有刘白羽的《火光在前》、碧野的《我们的力量是无敌的》、董彦夫的《走向胜利的第一连》，以及经过修订后出版的话剧《红旗歌》《白毛女》《赤叶河》和小说《高干大》等③。

---

① 参见《红旗歌谣》中"编者的话"（1959 年 1 月 8 日），郭沫若、周扬编：《红旗歌谣》，人民文学出版社 1979 年版，第 1—4 页。
② 茅盾：《短篇小说的丰收和创作上的几个问题》（原载于《人民文学》1959 年第 2 期），《茅盾全集》第二十五卷，人民文学出版社 1996 年版，第 375 页。
③ 刘增杰：《中国现代文学史料学》，中西书局 2012 年版，第 28—29 页。

第八章 破与立：马克思主义文学理论血脉的接续

　　在新中国成立后"十七年"的马克思主义文学批评的中国化探索中，一些文艺理论家们或以"破"的方式质疑和挑战那些"庸俗化"了的马克思主义文艺理论，或用"立"的方式去拓展、补充、丰富马克思主义文艺理论。这些或"破"或"立"的探索方式在特殊的历史语境中却接续着马克思主义文学理论的真正血脉，成为以后马克思主义文学批评中国化探索的重要理论资源。就"破"而言，在现实主义文学理论探索中，胡风对作家立场及世界观同创作方法的关系、现实主义与阶级性的关系以及如何理解社会主义现实主义等问题，作了全面的分析，并站在真实性的原则立场上批评了周扬、林默涵等人以政治置换文学、以世界观代替创作方法的理论，有力地纠正了左翼文学运动以来文艺研究中忽视主体性的偏向。他是用从五四新文化运动以来的知识分子实践中总结并继承而来的现实战斗传统中提升出来的体验现实主义理论，去反驳、突破由苏联"十月革命"以后的政治斗争实践中横向移植而来的具有典型革命实用主义特征的社会主义现实主义理论，从理论的形成及其批评的实际展开上来说，更符合马克思主义文艺原理必须同中国文艺具体实践相结合的这一中国化的基本原则。在苏联的"社会主义现实主义"理论被中国文艺界神圣化和体制化的年代，秦兆阳在其现实主义理论探索中，对苏联的"社会主义现实主义"的教条主义的主要表现（"社会主义现实主义"的定义、文艺与政治的关系、现实主义的表现内容）进行了全面的剖析和批判，并质疑了"文艺从属于政治"的观念合理性，要求突出文艺的特性，扩大"写真实"的范围，提出了开放的现实主义的新观点。黄药眠较早认识到哲学的"存在—意识"的二项关系式和单一的文艺反映论并不能解决全部文学问题，用"生活实践论"冲破了苏联教条主义文论。他在强调文艺的客观性的同时也注重作家个人的"具体感受""主观世界"及"创作心理"的重要性，认为"生之意识"乃是个体意识与实体化意识观念的合二为一，文学表达即是"生之意识"的表达。此外，他还从美的对象是"从人类生活实践中的立场去显现出来的"观点出发，将美学的阐释视野由早期强调"社会性""实践性""阶级性"的社会学美学上升到价值论美学的维度上，提出了"美是评价"这一新的美学构想，成为中国运用马克思的价值理论对文艺美学问题进行考察的先行者。就"立"而言，在文学内部规律探讨中，有巴人的"人情"论、王淑明的"人性"论、钱谷融的"文学是人学"命题、邵荃麟的"中间人物"论和"现实主义深化"论以及张光年的"题材多样化"论等。此外，在马克思主义美学中国化的初步尝试方面，王朝闻作出了可贵的理论探索，他的马克思主义审美经验论中对中国鉴赏家和艺术家美学传统的创造性继承，《新艺术创作论》对艺术辩证法的阐扬，以及《美学概论》在马克思主义美学中国化的普及方面的探索，在这一时代，都是非常难能可贵的。

第一节　现实生活与文艺创作关系问题的中国化探索

现实生活与文艺创作的关系是文艺学中最核心的问题之一，也是马克思主义文艺理论与批评实践最为关注的问题之一。新中国成立后"十七年"，由于"社会主义现实主义"被确立为中国文艺创作的最高准则，以及意识形态领域斗争的日趋复杂，文艺学界对这一问题的探讨，在一定程度上脱离了马克思主义文艺学对这一问题的辩证理解，走入了机械反映论和庸俗社会学的理论误区，但文艺理论界的有识之士仍然顶住压力，积极探索这一问题，彰显了他们在坚持马克思主义文艺基本原理下结合中国文艺创作实际去纠正学界认识误区、深化马克思主义文艺学的理论勇气和学术品格。其中，又以秦兆阳对现实主义的"再认识"和黄药眠的"生活实践"论贡献尤大。前者通过质疑苏联"社会主义现实主义"创作方法的定义以及理论内涵方面的问题，主张拓展现实主义文艺创作在表现生活上的深度和广度；后者则把马克思主义实践论引入到现实生活与文艺创作之辩证关系的认识中，强调基于现实生活的"情感体验"在文艺创作中的巨大作用，用马克思主义实践论关于主客体关系的辩证阐述，去反驳机械反映论关于文艺创作中主客观关系的单向度认识论理解。二者都极大地深化了中国文艺理论界对于现实生活与文艺创作之辩证关系的理解，为中国本土的现实主义的发展和深化提供了颇具创新性的理论支撑，也为马克思主义文艺理论的中国化探索作了重要的贡献。

一、秦兆阳的现实主义理论创新

如前所述，在 20 世纪 30 年代，"社会主义现实主义"作为无产阶级文学的创作方法和批评方法写进了《苏联作家协会章程》，并成为苏联文艺界的基本评判标准。它的提出是针对当时苏联文学的总体状况，为了建立一个文学艺术创作的统一体而产生的。其主要理论特征是强调真实性，在文学创作中要求表现社会主义社会的现实，肯定社会主义，塑造正面的英雄形象，并明确要求把文学与政治联系起来，在文学创作中展现明确的政治或阶级倾向性。这一理论传入中国后，左翼革命文艺家如周扬等人很快地从创作方法的角度接受了它。《在延安文艺座谈会上的讲话》发表后，这一创作方法得到了更加广泛的传播。不过，苏联传入的这一创作方法是在他们特定的时期和特定的文学创作基础之上形成的，中国文艺理论界对这一创作方法毫无保留地吸收导致了一些问题，尤其是被当时的文艺界误解为要写革命的主导倾向或生活的发展趋势，误解为要通过正面的英雄人物形象的塑造对人民大众进行思想教育和引导，并在中国文艺界被简化为要歌颂光明面而不能暴露黑暗，要写生活的本质和主流而不能去写非本质的、生活支流中的矛盾和问题。特别是在新中国成立之初，这一创作方法被作为中国文学创作和批评的最高标准甚至以文艺政策的形式确定下来，一定程度上催化了中国当代文学创作的公式化和概念化倾向，严重影响了现实主义文学创作。

正是面对这些日益严重的文艺问题，秦兆阳在 1951 年至 1952 年的两年间写了《概念化公式化剖析》《再谈概念化公式化》等文章进行剖析，希望能够找到解决问题的方法。此外，这一时段苏联文学界对战后流行的"无冲突"论的清算对秦兆阳有关现实主义创作问题的理论思考也产生了不小的冲击。1955 年，为了解决当时《人民文学》面临的各种问题，调任《人民文学》副主编的秦兆阳，根据领导的"加强刊物战斗性、群众性"的指示精神和"紧贴生活，关心现实，适应群众的思想要求"①，拟定了一个《〈人民文学〉改进方案》，主要内容是："极力扩大读者范围，及时反映火热的斗争生活，注意政治性与艺术性相结合（不能光强调一面）；既提倡表扬先进人物和先进事迹的作品，也发表大胆反映矛盾冲突和揭示问题的作品。'不提倡那种不痛不痒的、缺乏政治敏感性和政治热情的创作'。"② 这个方案出台后，《人民文学》相继刊登了一些反映工人和农民生活的诗歌以及社会主义建设热潮的作品，在提高文学创作质量的同时也确实展现出新的时代风貌。1956 年"双百"方针公布后，周扬立即提出了"凡言之成理的文章皆可以发表，可以讨论"③ 的执行方案。在这样的环境之下，一直以来束缚着文学创作的概念化、公式化的做法开始有了一丝松动，越来越多的文艺工作者开始正视并讨论这一问题。正是在这种总体环境下，秦兆阳于 1956 年 9 月在《人民文学》上发表《现实主义——广阔的道路》一文（署名何直），全面阐述了他对现实主义的理解。文章详细地分析了文学事业中教条主义产生的原因及其表现形态，批判了当时的教条主义对文学批评的束缚，反对粉饰生活，提倡干预生活，提倡写矛盾冲突。这篇文章虽然并未囊括"社会主义现实主义"在其传播中出现的所有问题，但它确实向文艺理论界揭示了当时甚至是此后相当长的一段时间中国文艺界存在的主要问题，特别是它对"社会主义现实主义"的定义与理论内在缺陷的质疑，展现了一个马克思主义文艺理论家不迷信权威，敢于坚持真理的学术风范，对于中国现实主义文艺创作的发展以及现实

① 秦兆阳口述，秦晴、陈恭怀记录整理：《我写〈现实主义——广阔的道路〉的由来》，《新文学史料》2011 年第 4 期。
② 秦兆阳口述，秦晴、陈恭怀记录整理：《我写〈现实主义——广阔的道路〉的由来》，《新文学史料》2011 年第 4 期。
③ 秦兆阳口述，秦晴、陈恭怀记录整理：《我写〈现实主义——广阔的道路〉的由来》，《新文学史料》2011 年第 4 期。

主义理论的探讨，都有重要的时代意义。

1. 对苏联的"社会主义现实主义"创作方法的质疑

对于何谓现实主义，秦兆阳作了这样的阐发："文学的现实主义，不是任何人所定的法律，它是在文学艺术实践中所形成、所遵循的一种法则。它以严格地忠实于现实，艺术地真实地反映现实，并反转来影响现实为自己的任务。它是指人们在文学艺术实践中对于客观现实和对于艺术本身的根本的态度和方法。这所谓根本的态度和方法，不是指人们的世界观（虽然它被世界观所影响所制约），而是指：人们在文学艺术创作的整个活动中，是以无限广阔的客观现实为对象，为依据，为源泉，并以影响现实为目的；而它的反映现实，又不是对于现实作机械的翻版，而是追求生活的真实和艺术的真实。"① 从这段阐发看，秦兆阳将现实主义看作是"文学艺术实践"中形成的，而非中国学界对苏联"社会主义现实主义"有关主题、题材、表现方式等教条式理解的现实主义。它以"无限广阔的客观现实为对象，为依据，为源泉，并以影响现实为目的"，以对"生活的真实和艺术的真实"的追求为目的，并不是"对于现实作机械的翻版"。他将这些要求及原则看成是正确理解现实主义的大前提。在他看来，中国现实主义文艺创作之所以裹足不前，就是因为，"在提出这些问题、解释这些问题、作出这些规定之时，本来应该是为了使得对于现实主义的遵循途径更加具体明确，实际上却离开了现实主义的大前提"②。

秦兆阳对"社会主义现实主义"定义本身进行了质疑。20世纪30年代的《苏联作家协会章程》理论部分有关"社会主义现实主义"的表述是："社会主义的现实主义，作为苏联文学与苏联文学批评的基本方法，要求艺术家从现实的革命发展中真实地、历史地和具体地去描写现实。同时艺术描写的真实性和历史具体性必须与用社会主义精神从思想上改造和教育劳动人民的任务结合起来。"③ 针对"社会主义现实主义"这一定义中的"真实性""历

---

① 秦兆阳：《现实主义——广阔的道路——对于现实主义的再认识》，《文学探路集》，人民文学出版社1984年版，第136页。

② 秦兆阳：《现实主义——广阔的道路——对于现实主义的再认识》，《文学探路集》，人民文学出版社1984年版，第140页。

③ 《苏联作家协会章程——一九三四年九月一日第一次苏联作家代表大会通过，一九三五年

史具体性""社会主义精神"几个关键概念，特别对其中的"结合"问题，秦兆阳认为，这种"结合"必然会导致真实性的丧失。他引用西蒙诺夫的一段话作为自己质疑的依据，后者曾在苏联第二次作家代表大会上说："社会主义现实要求艺术家真实地描写现实，但是'同时'这种描写必须与用社会主义精神从思想上改造人民的任务结合起来；那就是说，好象真实性和历史具体性能够与这个任务结合，也能够不结合；换句话说，并不是任何的真实性和任何的历史具体性都能够为这个目标服务的。"[1] 在对定义进行质疑后，秦兆阳分析了"社会主义现实主义"中的所谓的"社会主义精神"："如果认为'艺术描写的真实性和历史具体性'里没有'社会主义精神'，因而不能起教育人民的作用，而必须要另外去'结合'，那么，所谓'社会主义精神'到底是什么呢？它一定是不存在于生活的真实和艺术的真实之中，而只是作家脑子里的一种抽象的概念式的东西，是必须硬加到作品里去的某种抽象的观念。"[2] 在他看来，如果"社会主义精神"需要通过"结合"的方式显现到"艺术描写的真实性和历史具体性"中的话，那么它一定是作家硬加进去的，也必定是外在于文学创作与主体体验的一种观念性的东西，这将导致"艺术性"与"思想性"的分离。而这正是"社会主义现实主义"中的内在矛盾之处。

在上述质疑之外，秦兆阳也指出，将过去的批判现实主义称为旧现实主义的做法也是存在问题的，因为，"想从现实主义文学的内容特点上将新旧两个时代的文学划分出一条绝对的不同的界线来，是有困难的"[3]。基于此，他建议，"也许可以称当前的现实主义为社会主义时代的现实主义"[4]，而不要用"社会主义现实主义"这一带有片面性的定义，这样可以拓宽作家的思

十一月十七日苏联人民委员会批准》，《苏联文学艺术问题》，曹葆华等译，人民文学出版社 1953 年版，第 13 页。

[1] 秦兆阳：《现实主义——广阔的道路——对于现实主义的再认识》，《文学探路集》，人民文学出版社 1984 年版，第 141 页。

[2] 秦兆阳：《现实主义——广阔的道路——对于现实主义的再认识》，《文学探路集》，人民文学出版社 1984 年版，第 142 页。

[3] 秦兆阳：《现实主义——广阔的道路——对于现实主义的再认识》，《文学探路集》，人民文学出版社 1984 年版，第 143—144 页。

[4] 秦兆阳：《现实主义——广阔的道路——对于现实主义的再认识》，《文学探路集》，人民文学出版社 1984 年版，第 144 页。

路，有利于文学的发展。因为，如果继续坚持这一定义，在文艺创作中就有可能导致"无冲突论"盛行，造成作家们左顾右盼，不能也不敢写社会的黑暗，或揭示社会存在的问题，结果，现实主义就会变成"只是肯定的现实主义"而缺乏批判精神。总的来说，秦兆阳在对"社会主义现实主义"这一定义的质疑中详细地论述了这一定义给文学创作及批评带来的各种弊端，突出强调了"写真实"的重要性，应该说，这些看法在当时具有振聋发聩的作用。

2. 对"文艺从属于政治"观念的教条式理解与应用的质疑

秦兆阳在对上述质疑的基础上，还着重探讨了现实主义创作中的文艺与政治的关系问题。当然，他尚未能完全摆脱当时的主流意识形态的束缚，仍然在"政治标准第一"的前提之下来谈论这一问题，认为"文学事业是人民的革命事业的一部分，应当为政治服务和为劳动人民服务，这应该是没有疑问的事"①。同时他还从文学发展的历史强调：自古以来就从没有无倾向性的文学，任何的艺术至上的文学都是反现实主义的，而且这是经过了文艺实践的历史的验证的。不过，秦兆阳在承认上述大前提的基础上，也尖锐地指出，对文艺与政治关系的庸俗化理解同对《讲话》的庸俗化理解有着密切的关系，即："在我们中国还跟另外一些庸俗的思想结合起来了，因而更加对文学事业形成了种种教条主义的束缚。这些庸俗思想，就是对于《在延安文艺座谈会上的讲话》的庸俗化的理解和解释，而且主要表现在对于文艺与政治的关系的理解上。"②在他看来，这种庸俗化的理解直接导致了文学创作中的教条主义，其具体表现是：否定文艺的批判功能；将文学视为政治的传声筒；窄化文学创作的题材；将政治批判等同于文学批评；以行政命令干预文艺创作；等等。总的来说，他对这种片面理解文学艺术为政治服务的文艺主张所产生的实质性危害进行了深入的剖析，认为"长期这样片面地机械地强调文学艺术配合任务，其结果必然是：即或在某种程度上为当时具体的政治服务了，即或用政策和工作方法等等去对人民多少起了一点宣传作用，却没

---

① 秦兆阳：《现实主义——广阔的道路——对于现实主义的再认识》，《文学探路集》，人民文学出版社 1984 年版，第 144 页。

② 秦兆阳：《现实主义——广阔的道路——对于现实主义的再认识》，《文学探路集》，人民文学出版社 1984 年版，第 144 页。

有产生出更多更好的文学作品。这就使得文学艺术没有能够更深刻、更广泛、更长远地去对人民的精神品质起影响作用，并且使得人民在生活里不能得到更加满足的艺术享受。这损失是看不见的。这样，就与最初的目的相反——贬低了文学艺术为政治服务的作用"①。值得注意的是，他还就其对当时文坛创作状况的极为谙熟和高度敏感，对上述危害在文艺创作中的具体表现作了细致的罗列：

> 例如：不应该写过去的题材呀，过多地从是否配合了任务来估计作品的社会意义呀，出题目作文章并限时交卷呀，必须象工作总结似的反映政策执行的过程呀，以各种工作方法为作品的主旨和基本内容而忘记了人物形象呀，不应该写知识分子呀，不应以资本家或地主富农为作品中的主要人物呀，作家最激动和最熟悉的"过去的题材"不要写而硬要去写那些不激动不熟悉的东西呀，生活本身就是公式化的呀，离开了形象及其意义去找主题思想呀，用行政命令的方式去领导创作呀，政治加技术（艺术）呀……还有：我提倡写新人物，你就不应该写落后人物呀；如果你写了落后党员，就是"歪曲共产党员的形象"呀；创造新人物最好是按照几条规则来进行呀；大家都习惯地把人机械地分成先进人物和落后人物两大类呀；写先进人物不应该写他有缺点和一定要写缺点呀……②

在此基础上，他进一步分析了产生上述各种现象背后隐藏的理论实质，即"所有这些问题都有其共同的特点：都是在不同的程度上企图把复杂万状的现实生活和生动的创作规律简单化图解化；都以为自己是在掌握社会主义现实主义的原则，而实际上是在不同的程度上离开了、缩小了、歪曲了现实主义原则；都以为自己是在强调文学的政治性思想性甚至于艺术性，而实

---

① 秦兆阳：《现实主义——广阔的道路——对于现实主义的再认识》，《文学探路集》，人民文学出版社 1984 年版，第 149—150 页。
② 秦兆阳：《现实主义——广阔的道路——对于现实主义的再认识》，《文学探路集》，人民文学出版社 1984 年版，第 150 页。

际上却是在不同的程度上降低了文学的政治性思想性和艺术性"①。在对这些现象或问题进行质疑、分析的基础上，他就如何在文艺创作与批评中正确理解、应用"文艺从属于政治"的观念明确提出了自己的见解："首先，必须考虑到，文学艺术为政治服务和为人民服务应该是一个长远性的总的要求，那就不能眼光短浅地只顾眼前的政治宣传的任务，只满足于一些在当时能够起一定宣传作用的作品。其次，必须考虑到如何充分发挥文学艺术的特点，不要简单地把文学艺术当做某种概念的传声筒，而应该考虑到它首先必须是艺术的、真实的，然后它才是文学艺术，才能更好地起到文学这一武器的作用；即或是一篇杂文，一段鼓书，一篇特写，也不要忘记了它的文艺性。此外，还必须要考虑到各种文学形式的性能，必须考虑到各个作家本身的条件，不应该对每一个作家和每一种文学形式作同样的要求，必须要尽可能发挥——而不是妨害各个作家独特的创造性，必须少用行政命令的形式对文学创作进行干涉……"②总的来看，秦兆阳主张在"文艺为政治服务"的观念下，提倡政治标准与艺术标准的统一，强调尊重艺术规律和作家的独特个性。应当说，这在当时条件下是很有理论勇气和理论眼光的。

3. 对"现实主义"内涵的创新性拓展

秦兆阳在对"社会主义现实主义"的定义进行质疑的同时，也对学界、创作界对于"现实主义"内涵的误解进行了批判，并阐述了他对现实主义理论及其基本内涵的深度理解。首先，在他看来，不应该用各种教条主义去束缚现实主义文艺创作在表现生活上的深度和广度，其原因就在于"现实主义文学既是以整个现实生活以及整个文学艺术的特征为其耕耘的园地，那么，现实生活有多么广阔，它所提供的源泉有多么丰富，人们认识现实的能力和艺术描写的能力能够达到什么样的程度，现实主义文学的视野，道路，内容，风格，就可能达到多么广阔，多么丰富。……如果说现实主义文学有什么局限性的话，如果说它对于作家们有什么限制的话，那就是现实本身、艺

---

① 秦兆阳：《现实主义——广阔的道路——对于现实主义的再认识》，《文学探路集》，人民文学出版社1984年版，第151页。

② 秦兆阳：《现实主义——广阔的道路——对于现实主义的再认识》，《文学探路集》，人民文学出版社1984年版，第147—148页。

术本身和作家们的才能所允许达到的程度"①。其次，秦兆阳认为，现实主义文学有其自身的衡量标准，"那就是当它反映客观现实的时候，它所达到的艺术性和真实性、以及在此基础上所表现的思想性的高度。现实主义文学的思想性和倾向性，是生存于它的真实性和艺术性的血肉之中的"②。再次，他认为，现实主义文学及其理论的自身发展同现实生活的变化和社会历史的发展有着密切的关系，前者是在后者的变动不居中得到拓展与丰富的。他以恩格斯论述现实主义文学理论中的"典型环境中的典型性格"这一问题进行了分析。在他看来，恩格斯的这一原则"给艺术性和真实性规定了一个最确切的途径"，但"后世的人们却并不以已经总结出来了的这些原则原理为满足。因为，在整个文学事业的领域中，还有很多问题需要找到门径"。③例如：如何去正确地深刻地认识生活呢？如何才能"正确地表现典型环境中的典型性格"呢？怎样才算是典型的怎样才算是不典型的呢？诸如此类的问题都要求现实主义文艺理论应该根据文艺发展的实际状况作出回应，并有所发展。此外，秦兆阳以大胆的理论勇气提出，现实主义文艺理论的丰富与发展有不同的向路，即"有的是从现实主义本身，有的是从整个文学事业的发展方向，有的是从文学与现实的关系，有的是从政治的角度上提出来的。提出的角度虽然不同，但对于上述这些问题的回答却是有意义的"④。这就是说，只要不是机械地教条地理解现实主义，只要是能丰富和完善现实主义文艺理论，不同向路的思考都是有益的。应该说，秦兆阳的这一看法对于打破当时束缚现实主义理论及其创作方法之探讨的各种条条框框，是极具现实意义的。

在20世纪50年代中国关于"社会主义现实主义"的大讨论中，不乏周勃、丛维熙、刘绍棠等人对于现实主义文艺创作的科学性的探讨，不乏陈涌、蔡仪等人对于"社会主义现实主义"定义的不完善之处的批评，也不乏张光年、

---

① 秦兆阳：《现实主义——广阔的道路——对于现实主义的再认识》，《文学探路集》，人民文学出版社1984年版，第137页。

② 秦兆阳：《现实主义——广阔的道路——对于现实主义的再认识》，《文学探路集》，人民文学出版社1984年版，第137页。

③ 秦兆阳：《现实主义——广阔的道路——对于现实主义的再认识》，《文学探路集》，人民文学出版社1984年版，第138页。

④ 秦兆阳：《现实主义——广阔的道路——对于现实主义的再认识》，《文学探路集》，人民文学出版社1984年版，第139页。

黄药眠、蒋孔阳、钱学熙、叶以群等人从"世界观和创作方法不可分割"的观点出发对秦兆阳观点进行的反批评，但从理论勇气、批评力度和体系性上讲，秦兆阳的《现实主义——广阔的道路——对于现实主义的再认识》一文无疑更具有影响力，更能代表这一时期中国文艺界对于现实主义问题的深度思考，更能反映出马克思主义文艺理论与批评中国化的实绩。总的来说，秦兆阳以批判文艺理论与批评实践的教条主义为契机，对"社会主义现实主义"中存在的诸多问题进行了质疑、反思，对"文艺从属于政治"观念中的教条式理解与应用进行了批判，拓展了学界对于现实主义内涵及其深广度的理解，为建立有中国特色的现实主义文艺理论体系作出了有益的探索。

二、黄药眠的"生活实践论"与马克思主义文艺理论的中国化探索

黄药眠是较早自觉运用马克思主义实践论处理文艺与生活的关系问题，并从价值论角度理解和阐发文艺的审美本质问题的中国学者。他的以"情感体验"为核心的"生活实践论"文艺观作为对当时流行的机械反映论的理论反拨，深化了中国学界对文艺与生活复杂关系的认识；他围绕"生活实践论"对文艺大众化问题、时代化问题、民族化问题进行的理论探讨和批评实践，对马克思主义文艺理论与批评的中国化探索起到了正面的积极的促进作用。他以"评价"为核心的审美本质观突破了反映论美学的桎梏，实现了从价值论角度考量审美本质的思考向路的重大转变。作为理论上的先觉者，他于1945 年在《论约瑟夫的外套》中即提出其"生活实践论"的基本观点，比苏联美学界领军人物 M.C. 卡冈所提出的实践论美学观、文艺观还要早几十年。他提出的"美是评价"的观点较之 20 世纪 80 年代苏联美学家斯托洛维奇在《审美价值的本质》中对于审美本质的价值论思考也提早了几十年。他不仅是 50 年代"美学大讨论"中许多重要问题的发起者，还为李泽厚等人的实践论美学的形成和展开打下了理论基础。虽然其文艺思想和美学思想在当时受到主流意识形态的批判，但其独创性、深刻性以及对马克思主义文艺理论中国化探索的贡献却不容忽视。

1."生活实践论"的形成

从毛泽东《在延安文艺座谈会上的讲话》中以"生活是文艺的唯一源泉"的观点确立了文艺的生活源泉论后，中国学界讨论文艺与生活的关系时，大多将文艺看成是对社会的反映，加之50年代对苏联文艺理论模式的简单引进，庸俗社会学和机械反映论在中国文艺理论界占据主导地位，文艺创作中的主客观关系问题常常与哲学中的唯物主义与唯心主义联系起来或者等同起来，这是严重偏离马克思主义实践论的。黄药眠认为，即便是文学反映生活，也是通过人的主观行为反映出来的。所以，他的文艺观首要的就是强调人在创作中的主体性地位。

早在1928年，黄药眠在《非个人主义的文学》一文中就提出了"非个人主义"的文艺观，对文艺创作中的"主观"问题进行了探索。他强调"主观"是受时代限制的"主观"，主观作用的发挥必须是在一定社会历史背景下，依据一定的历史任务去实现的。在他看来。当时的历史背景下，一些小资产阶级作家创作的目的主要是为了发泄个人的苦闷，完全抛弃了时代所要求的历史担当，由于"这种人大概都是自由主义者、'艺术至上'论者，他对于人民的幸福和灾难或是完全站在一边，或是漠不关怀"[1]，因此，他的主体作用的发挥是有限的。黄药眠认为，文艺从其起源来看，本来就是属于民众的，最初甚至无所谓作家。更重要的是，文学的意义在于"提高人类的生之意识，使人类生活更丰满，更有意义"[2]。针对那种"个人主义"式的主观，他一针见血地指出："社会日见进化，组织日见严密，各机关的 Articulation，亦日见亲切，社会已经成为整个的东西，个人在从前与社会不合的时候还可以从社会急流中退出去做一个隐士，做一个散人，做一个醉汉，但现在则个人已无孤立的可能了，无论你逃到何种地方，都有一种社会的法则在那里支配你的行动，所以个人的自由究竟只是骗人的妄语。"[3]这就是说，个人的痛

---

① 黄药眠：《论文艺创作上的主观和客观》（原载于《文艺生活·海外版》1946年11月第9号），陈雪虎、黄大地选编：《黄药眠美学文艺学论集》，北京师范大学出版社2002年版，第253页。

② 黄药眠：《非个人主义的文学》（原载于《流沙》半月刊1928年第1期），陈雪虎、黄大地选编：《黄药眠美学文艺学论集》，北京师范大学出版社2002年版，第166页。

③ 黄药眠：《非个人主义的文学》（原载于《流沙》半月刊1928年第1期），陈雪虎、黄大地

苦并非个人的问题，而是社会的问题，所以，个人主义的文学家"回到自身"的文学思想是无法找寻到真正的出路的。基于此，黄药眠强调作家应当创作"充满精神""刚强""悲壮""朴素"的文学，亦即文学要具有主观战斗精神，能立足特定的历史背景，为着人民且能够体现一定的民族性。

1945 年，黄药眠在《论约瑟夫的外套》一文中通过对舒芜《论主观》一文的批评，提出了自己对马克思主义文艺观中"主观"这一概念的理解：首先，主观是人类精神的力量，"尽管思想意识为社会物质存在所规定，尽管意识是从物质产生，但不能否认意识是一种精神作用。也就是说我们不能否认主观是一种精神作用"①。因此，不能把主观视作"物的范畴"，只有机械唯物论才将其还原为物，才否认主观是人类精神的作用。其次，主观是受客观历史环境制约的主观，因此，"不能把它笼统地概括成'主观'或'人性'而抽去它的具体的历史内容"②。再次，主观是受阶级制约的主观，在阶级性占主导的社会中尤其如此。最后，主观是受个人性格、禀赋制约的主观，人的思想、意识、感觉、感情等都属于主观的范畴。不难看出，黄药眠"生活实践论"文艺观是建立在社会存在决定社会意识基础之上的，并且肯定了客观环境对人的限制。同时他还指出，正因为受到客观的限制，所以愈发需要人发挥主观精神。因为，真正的"唯物"是要人"经常接触着物，接触着生活"③，而不是要人斤斤计较于个人利益和物质的得失。总之，在黄药眠看来，"'实践''生活'是指根据于一定的社会的历史的任务去奋斗"④。

1956 年，黄药眠在《论食利者的美学》一文中对"实践"以及主客观

———————

　　选编：《黄药眠美学文艺学论集》，北京师范大学出版社 2002 年版，第 167 页。

① 　黄药眠：《论约瑟夫的外套》，陈雪虎、黄大地选编：《黄药眠美学文艺学论集》，北京师范大学出版社 2002 年版，第 235 页。

② 　黄药眠：《论约瑟夫的外套》，陈雪虎、黄大地选编：《黄药眠美学文艺学论集》，北京师范大学出版社 2002 年版，第 235 页。

③ 　黄药眠：《文艺之政治性，艺术性及其他》（原载于文艺论集《论约瑟夫的外套》，香港人间书屋 1948 年版），陈雪虎、黄大地选编：《黄药眠美学文艺学论集》，北京师范大学出版社 2002 年版，第 181 页。

④ 　黄药眠：《论约瑟夫的外套》，陈雪虎、黄大地选编：《黄药眠美学文艺学论集》，北京师范大学出版社 2002 年版，第 244 页。

关系又进行了详细的阐释。他反对朱光潜把感觉孤立起来、固定起来的做法，认为这是"感觉拜物教"。在他看来，感情同样也是一种实践。这是因为，马克思早就讲过，"全部历史是为了使'人'成为感性意识的对象和使'人作为人'的需要，成为（自然的、感性的）需要而作准备的发展史"①。基于此，他强调指出，"一个人对于某种事物之审美的评价，是和他过去的生活实践、当时的心境和他的世界观人生观有密切联系的"②。比如，审美直觉就不是孤立绝缘的，而是在实践中形成并包含了一定的情感因素。黄药眠以"梅花"为例论证了他的这一看法。在他看来，见梅花便知那是梅花，这梅花只是通过感觉器官产生的知觉的现象，对梅花的直觉，不仅包括看到梅花这一审美对象所产生的知觉，还包含主观对梅花这个审美对象的情感投射。

众所周知，马克思主义实践论的提出正是为了弥合认识论中主客观之间的对立。马克思所说的"实践"既包含一般物质生产实践，也包括文艺创作等精神性的审美实践。对审美实践活动而言，更需要主体能动作用的发挥。也就是说，生活并不直接等同于文艺作品，而是需要审美主体或创作主体的主观性、主体性的深度介入。正是基于这一理解，黄药眠后来于 20 世纪 80 年代还以文艺起源问题中的"劳动说"为例就他对"主观"问题的理解进行了补充："我认为劳动起源说是正确的。有许多原始时代的壁画和诗歌都可以证实这一点。但是，劳动并不直接产生艺术和文学，不然的话，我们天天劳动，为什么不'起源'出文学来呢？所以，劳动和文学创作之间，需要有个中介，那就是情感的激动。"③从中不难看出，黄药眠在将马克思主义实践观引入文艺学中时，已经充分地意识到了文艺学与哲学之间的差异，意识到了劳动之作为一般物质生产实践与文艺创作审美实践之间的差异，正是基于此，他创造性地提出了"美是审美评价"的观点。在他看来，审美评价是由个人表达出来的，所以，对于文艺创作而言，必须重视"主观"因素在文学

---

① 《马克思恩格斯全集》第 42 卷，人民出版社 1979 年版，第 128 页。
② 黄药眠：《论食利者的美学》（原载于《文艺报》1956 年第 14 号、1956 年第 15 号），陈雪虎、黄大地选编：《黄药眠美学文艺学论集》，北京师范大学出版社 2002 年版，第 50 页。
③ 黄药眠：《关于当前文艺理论问题的几点意见》（原载于《文艺理论研究》1980 年第 3 期），陈雪虎、黄大地选编：《黄药眠美学文艺学论集》，北京师范大学出版社 2002 年版，第 327 页。

创作中的重要性。

2."生活实践论"的理论核心

以"人"为主体是黄药眠"生活实践论"的核心。"为了人更好的生活"是黄药眠"生活实践论"的目的,"实践"则是实现这一目的的保障。黄药眠指出,在生活实践的过程中,人不仅要认识这个世界,更重要的是改造这个世界。作家的艺术创作并非简单地认识客观世界,更是个体在改造客观世界的过程中对客观事物采取相应的态度,作出相应的评价,或者给予相应的情感反应。换言之,"生活"是一切实践活动的起点,而在实践过程中作家并非消极、被动地感受生活,而是应当积极、主动地体验生活,给生活赋予意义。对于文学创作而言,如果没有经过主体的情感体验,客观对象是不会直接转化为文艺作品的。可见,在黄药眠"生活实践论"中,"生活"这一核心概念的关键内涵在于"体验",而"体验"的关键又在于"情感的体验"。也就是说,文艺创作需要重视情感的力量,文学批评也需要重视情感的力量,这是黄药眠在其"生活实践论"中特别加以强调的,也是他对马克思主义文艺实践论的创新之所在。

黄药眠在运用其"生活实践论"进行文艺研究的过程中还发现,虽然"文艺大众化"运动有理论准备在先,实践却是远远落后的。造成这一现象的原因在于作家虽然到人民群众中去生活了,事实上却以"找材料者"自居,抱着一种"混过去"和"忍受过去"的态度在生活,结果在情感上同大众之间是隔膜的,所以即便生活上与大众在一起,也依旧不能真正体验到大众的情感,难以创作出真正属于大众的优秀的文学作品。所以,在黄药眠看来,作家要写出好的作品必须深入生活实践中去磨炼自己的感觉才行,因为,对于文艺来说,情感、感觉是比思想、理论更直接反映现实的东西。

如果细察黄药眠的"生活实践论",可以看出,他的这一理论的核心主要体现在以下三个方面:

(1)生活实践的本质:情感体验

如前所述,黄药眠"生活实践论"的关键是"生活",无论是批评者、作者还是读者,生活体验都是必不可少的。一个人如何理解一个事物,关键在于个体在实际生活中所形成的"预成图式"。缺乏相应的生活体验,人与人、人与文学之间就有可能产生隔膜。黄药眠指出,目前一些作家和批评家对于"生活"的理解是形式主义的，是浮在表面的，并没有实际地与民众的生活和精神发生交感的作用，所以难以创作出真正伟大的作品。在他看来，作家应当经历情感方面的锻炼，拥有对情感的控制力，才能深刻洞察人类丰富的情感，才能更好地进行审美评价。

就人类的感觉而言，马克思曾经指出："不仅五官感觉，而且所谓精神感觉、实践感觉（意志、爱等等），一句话，人的感觉、感觉的人性，都只是由于它的对象的存在，由于人化的自然界，才产生出来的。"① 也就是说，人类的感觉和意识的产生是人化自然的结果，这也是人区别于动物的根本。在 20 世纪 40 年代，黄药眠就接受了马克思主义关于情感本质的这种看法：人类的感情是社会化的情感，人类情感就其本质而言是一种实践感觉。比如，他在《论诗的美，诗的形象化》一文中指出："因为人的每一种感情的发动，都有着社会的因素，因此我们说每一种审美的感觉，都包含着社会因素，有些人认为审美的基础应该是建筑在生理的基础上，社会心理只不过是在这个基础上加以影响而已，其实，把生理的基础之当成静的，不动的因素来看待，那是很大的错误。"② 关于情感的来源及其本质问题，马克思在《1844 年经济学哲学手稿》中曾作过精辟的概括："人作为对象性的、感性的存在物，是一个受动的存在物；因为它感到自己是受动的，所以是一个有激情的存在物。激情、热情是人强烈追求自己的对象的本质力量。"③ 黄药眠也接受了马克思的这些基本看法。他在《论诗的创作》一文中结合具体的诗歌创作进一步阐明了主体情感在诗歌创作中的巨大作用，认为：

> 诗歌的创作需要更多的主观的强度的情感去洗炼那些客观的世界里所摄取来的素材，使整个的诗篇里，以至于每一句话，每一个形象里都含蕴着浓郁的感情的香气，当然要把客观的形象转变成主观的情感的象征，和从感情的喷发中去铸造形象，这首先就需要强

---

① 《马克思恩格斯全集》第 42 卷，人民出版社 1979 年版，第 126 页。
② 黄药眠：《论诗的美，诗的形象化》（原载于《诗创作》1942 年第 15 期），陈雪虎、黄大地选编：《黄药眠美学文艺学论集》，北京师范大学出版社 2002 年版，第 621 页。
③ 《马克思恩格斯全集》第 42 卷，人民出版社 1979 年版，第 169 页。

度的热情的波动，所以感情是形象的母亲。①

值得注意的是，黄药眠在他的文艺批评实践中贯穿了这一"情感体验"观点。事实上，黄药眠对文艺创作中"情感"的重要性的关注历时甚久，从40年代到50年代，他对屈原、闻一多、沈从文、郭沫若、鲁迅等人的评价，都是以"情感"为核心来进行的，逐渐形成了自己的以"情感"为核心的"审美评价"观。比如，在《论屈原作品之思想性和艺术性》一文中，黄药眠在详细论述了文学创作过程中情感与生活之间的关系后评价了屈原的诗歌创作。他认为，从艺术的角度来讲，屈原充分地吸收了民间文学的许多精华；从思想情感的层面来讲，屈原关心人民疾苦，为人民艰难转徙而忧伤，"甚至直到临死他还希望楚王醒悟，使他自己能够为人民多做一点事——正因为他有这样永不息灭的热情，所以就到今天我们读起他的诗来，也还感到他的感情的真挚"②，只是这一优秀的抒情传统在屈原之后并没有被很好地继承下来。对于同时代的闻一多和沈从文，黄药眠认为，闻一多的诗大都关心民间疾苦，"他没有在政治上获取高位的野心，他只是站在人民大众的一面为大众说话"③，而沈从文已不再是"乡下人"，而是一个"抱着一支笔，站在人民的利益之外，发着他个人主义的美丽的梦"④的有愧"作家"荣衔的"名流"。对于郭沫若的诗歌，黄药眠评价说："他的诗不是靠客观的仔细的描写，来表达自己的思想感情，而是直接地说出自己的心里的话，有些采取了直接呼喊的形式，这种方法有它的好处，也有它的缺点，假使作者感情非常强烈、率真，这样呼喊出来的就真正地能感动了读者；但如果作者的感情

---

① 黄药眠：《论诗的创作》（原载于文艺论集《战斗者的诗人》，光华书店1947年版），陈雪虎、黄大地选编：《黄药眠美学文艺学论集》，北京师范大学出版社2002年版，第601页。

② 黄药眠：《论屈原作品之思想性和艺术性》（原载于文艺论集《沉思集》，上海棠棣出版社1953年版），陈雪虎、黄大地选编：《黄药眠美学文艺学论集》，北京师范大学出版社2002年版，第494页。

③ 黄药眠：《论闻一多的诗——读〈死水〉》（原载于《文艺丛刊》1946年第1辑），陈雪虎、黄大地选编：《黄药眠美学文艺学论集》，北京师范大学出版社2002年版，第450页。

④ 黄药眠：《乡下人，你是从哪里来的?》（原载于《唯民周刊》1947年第4卷第8期），黄大地编选：《中国现代学术经典·黄药眠卷》，北京师范大学出版社2012年版，第96页。

并不充沛，就会使人感到这只是标语口号。"①在黄药眠看来，早年"新月派"在社会的影响很大，郭沫若却敢于反对"新月派"在形式上要求中国诗歌完全欧化的主张，并能在诗歌的表现形式上做到自由洒脱，这是十分难能可贵的。他称赞郭沫若的诗歌"以情绪表现为主旨，既尊重继承中国古诗词的优良传统，又不受它的限制，并接受西洋诗歌的优良成分，自创自由体的新诗"②。他对郭沫若诗歌作品《新月》中的"夕阳的返照，还淡淡地晕着微红，原来是黄金的月镰，业已现在西空"几句进行了详细的分析，认为这虽是新诗，但念起来却有着旧诗的神韵；句子虽然长短不齐，有五言、七言，却有着古诗的味道。③对郭沫若化用古典文学遗产的方法表示赞赏的同时，黄药眠对其后期诗歌作品充斥的口号化和标语化也提出了批评。此外，黄药眠还分析了鲁迅的作品，认为鲁迅的作品之所以伟大，就在于其中充满无畏的战斗精神和热烈的情感，这些对于鲁迅的文学创作至关重要。

（2）情感体验的重要特征：积累性

除了将情感体验视为审美实践的核心之外，黄药眠还对情感体验的重要特征即积累性进行了深入的发掘。

首先，积累是建立在实践基础上的积累。如前所述，黄药眠"生活实践论"的核心是审美评价，而审美评价的实质又是情感评价。黄药眠认为，情感、感觉并不神秘，因为它们是在人类日常生活实践中逐步形成的，"人类有几千年的文化的积累，这些文化不仅教育了我们怎样去感觉，而且也改造了感觉本身，成为人化了的感觉。就是在生活实践的过程中，我们现在也还常常在修正我们的感觉"④。基于这一看法，黄药眠认为，随着实践的发展，人类的主观力也在不断地发展，人类的情感和审美评价日益完备，这些都是由于积累的作用所致。概括来说，"积累"既包括创作者个体直接生活经验的积累，

① 黄药眠：《郭沫若的诗——在中央文学研究所做的专题报告》，黄大地编选：《中国现代学术经典·黄药眠卷》，北京师范大学出版社 2012 年版，第 151 页。

② 黄药眠：《郭沫若的诗——在中央文学研究所做的专题报告》，黄大地编选：《中国现代学术经典·黄药眠卷》，北京师范大学出版社 2012 年版，第 152 页。

③ 黄药眠：《郭沫若的诗——在中央文学研究所做的专题报告》，黄大地编选：《中国现代学术经典·黄药眠卷》，北京师范大学出版社 2012 年版，第 151 页。

④ 黄药眠：《论食利者的美学》（原载于《文艺报》1956 年 7 月第 14 号、1956 年 8 月第 15 号），陈雪虎、黄大地选编：《黄药眠美学文艺学论集》，北京师范大学出版社 2002 年版，第 69 页。

又包括历史和文化的积累，还包括个体在创作中技巧以及形式的积累。

其次，积累是意识的积累，审美评价说到底是人类的审美意识的表现。黄药眠明确指出："当一个人在某一特定阶级和阶层中生活长久了，他就自然会形成一种生活方式和生活习惯（即对于外在事物的一套反应方式），而且人们常常就根据这种生活方式和习惯，有意无意地来观察和衡量这个世界，并加以判断，这就是意识。"①

再次，文学创作过程不能缺少情感的积累。黄药眠认为，人的意识是在一定生活实践中层积下来的，它"并不是简单的浮面的东西，而是由长期的生活历史层积起来的"②。在人类历史中，人类因生活环境的改变产生了新的意识。从旧意识到新意识需要一个积累的过程，要连"感觉和情趣都改变过来，那就需要更长的时间"③。因此，早在 20 世纪 30 年代末，黄药眠在《目前中国的诗歌运动》一文中就指出："在这两年多以来我们会发现了不少的好诗，可是从诗歌的大众化运动这个观点看来，那就未免太落后了。"④ 在他看来，造成这一现象的原因就在于作家生活经验不足，缺乏相应的情感积累。

（3）积累性：审美评价形成的关键

黄药眠对审美评价的形成问题也作了集中的深入的开掘，认为它与人类社会实践的积累性有密切的关系：

首先，评价是实践主体对对象的评价。黄药眠以马克思主义的实践观作为基础，明确指出："人一生下来，就在社会历史环境中生活、劳动，人们所闻所见以及其他一切感觉所及，几乎全都是人化了的事物。人们就是

---

① 黄药眠：《意识状态试论——创作论的一段》，陈雪虎、黄大地选编：《黄药眠美学文艺学论集》，北京师范大学出版社 2002 年版，第 188 页。

② 黄药眠：《意识状态试论——创作论的一段》，陈雪虎、黄大地选编：《黄药眠美学文艺学论集》，北京师范大学出版社 2002 年版，第 189 页。

③ 黄药眠：《关于〈意识状态试论〉的检讨》（原载于《新建设》1951 年第 3 卷第 6 期，《新建设》1951 年第 4 卷第 5 期），陈雪虎、黄大地选编：《黄药眠美学文艺学论集》，北京师范大学出版社 2002 年版，第 195 页。

④ 黄药眠：《目前中国的诗歌运动》（原载于文艺论集《战斗者的诗人》，光华书店 1947 年版），陈雪虎、黄大地选编：《黄药眠美学文艺学论集》，北京师范大学出版社 2002 年版，第 581 页。

在和这些事物接触中养成了人化的感觉，因此人的感觉也只能是社会化了感觉。"①在他看来，这种社会化的感觉是随着实践的不断变化和发展而改变的，因此，价值是受时间限制的，审美价值同样如此。

其次，"评价"是在人类历史发展过程中经过"积累"形成的。黄药眠认为，"评价"是从历时的层面切入的，"直觉"则是从共时的层面切入的。在历史中形成"积累"亦表现为下意识的、不假思索的"直觉"。这个"下意识"并非弗洛伊德意义上的，而是社会历史层面和个体日常生活实践经验的积累，这和荣格的"集体无意识"也不相同，因为它不仅包括在人类在历史中形成的文化，还包括个体自身的阶级经历、思想意识以及感情、情绪等方面的积累。总之，评价是建立在积累基础上的评价，没有积累就不可能有评价。不同的阶级、不同的人有不同的积累，因此对相同的事物就会形成不同的价值评价。

再次，评价的形成具有历史性。黄药眠认为，在历史长时间的发展过程中，人在生活实践中形成的历史经验，不但改造了事物，而且也改造了人类自身的审美意识。黄药眠曾举例说，这就好比吃辣椒，不吃辣椒，就没有吃辣椒的需求，有了吃辣椒的习惯，就愈发地培养了吃辣椒的能力和对辣椒的需求。

复次，评价具有两面性。评价缘何是客观公正的？亚里士多德认为依据人感觉的常态。比如大家通常认为醋是酸的，除非味觉出了问题。但是如何对待评价中所蕴含的功利性问题？黄药眠认为，在人类历史发展过程中，最初，对事物的评价往往都是功利性的。进而，随着生活水平的提高和人类生活经验的积累，人类的审美意识逐渐觉醒，以实用为目的的评价慢慢转化为对形式本身的关注，实用性目的转变为一种下意识的经验积淀。可是，在现实的层面中，人类的审美评价无疑要受到更多的挑战，诸如阶级、关系、利益和人的情绪等都会导向事物的实用性层面，那么，又该如何摆脱这种问题呢？可惜，黄药眠未能继续深入探究，转而以对典型问题的阐述来讨论审美

---

① 黄药眠：《关于文学中的人性、阶级性等问题试探》（原载于《文艺研究》1980 年第 1 期），陈雪虎、黄大地选编：《黄药眠美学文艺学论集》，北京师范大学出版社 2002 年版，第 214 页。

评价问题。在他看来，典型问题反映的是本质问题，而非一般与共同性之间关系的问题。不同的阶级对美的评价显然不同，但是，无论哪个阶级，其审美评价都需要通过个人表达出来，因而审美评价包含了个体的情感、思想以及个人的情绪色彩。

3."生活实践论"对马克思主义文艺理论中国化的贡献

黄药眠的"生活实践论"虽然在特定的意识形态斗争年代中遭到了批判，但它作为文艺理论领域中对马克思主义实践论的重要拓展，其意义和贡献都是不容置疑的。具体说来，表现在以下三个方面：

其一，"生活实践论"突破了机械反映论对文艺创作中主客体关系认识的禁锢。20 世纪五六十年代，中国文艺界受苏联机械反映论的影响十分严重，此时的"美学大讨论"更笼罩在意识形态斗争的氛围中。在这样的时代语境下，黄药眠创造性地提出"生活实践论"文艺观，打破了传统认识论主客之间的对立。正如苏联学者列·斯托洛维奇所指出的，"从康德时代起，'客体'和'主体'的范畴标明被认识对象同认识个体的认识论关系。但是马克思主义哲学中，主体对客体的关系同时被看作对象——实践的关系"[1]。黄药眠把有关文艺创作中的主客观关系的认识论问题落实到实践论上来，这不仅是对马克思主义哲学原理的正确理解，也使中国学界关于文艺的主客观认识论问题中的诸多错误或不当认识找到了理论纠偏的源头。马克思曾指出："从前的一切唯物主义（包括费尔巴哈的唯物主义）的主要缺点是：对对象、现实、感性，只是从客体的或者直观的形式去理解"[2]。这就是说，旧唯物主义抛弃了人类主体所具有的能动力。黄药眠在正确理解马克思主义理论实质的基础上，指出了审美实践活动中主体"情感体验"的巨大作用，这不仅切合文艺创作的基本特征和内在规律，对长期以来受机械反映论禁锢的中国文艺学界也无疑具有重大的理论突破作用。

在如何消除文艺实践活动中的主客观矛盾问题上，黄药眠也作出了重要

---

① [苏]列·斯托洛维奇：《审美价值的本质》，凌继尧译，中国社会科学出版社 1984 年版，第 24 页。
② 《马克思恩格斯选集》第 1 卷，人民出版社 1995 年版，第 54 页。

的理论贡献。马克思曾指出："主观主义和客观主义，唯灵主义和唯物主义，活动和受动，只是在社会状态中才失去它们彼此间的对立，从而失去它们作为这样的对立面的存在"①。这就是说，只有通过实践，主体与客体之间的对立才能消弭。机械反映论认为只有生活是真实的，发挥作家个人的主体性则被视作唯心主义，黄药眠在坚持唯物论的基础上，用"生活实践→情感体验"的理论架构突出了文学的主体性，强调在生活实践的基础上用"情感体验"解决主客之间的二元对立，这是他应用马克思主义基本原理，对文艺创作中主客、心物矛盾问题进行深度关注与把握的重要理论思考，是用马克思主义实践论反拨机械反映论的重要理论成果。

其二，在对审美活动之本质的思考中实现了审美价值论对审美反映论的突破。黄药眠曾于1957年提出过"美是审美评价"的观点②。这是从价值论角度对美的本质的重要思考，对于中国学界而言，它开启了传统反映论之外的另一条思考向路。苏联不少理论家曾从价值论角度思考过美的本质问题。比如卢那察尔斯基在《实证美学的基础》中就曾提到"美学是关于评价的科学"③，但是，他将美学视作生物学，与黄药眠从生活实践的角度思考审美问题有着很大的差异。黄药眠所提出的"生活实践论"更强调"人的感觉，有别于动物的感觉，它是社会文化历史所造成的结果"④。M.C.卡冈曾在1971年出版的《马克思列宁主义美学讲义》中提出："价值和评价仿佛是主客体关系同一体系中的两极：价值在客体对主体的关系中评定客体，而评价则是主体对客体的关系。"⑤这种观点显然要晚于黄药眠提出的"美是审美评价"

---

① 《马克思恩格斯全集》第3卷，人民出版社2002年版，第306页。
② 他于1957年6月在北京师范大学作过题为《美是审美评价：不得不说的话》的演讲，并提出了"美是审美评价"的理论观点。这篇讲稿由于突发的反"右派"斗争而未能刊发，直到1999年才于《文艺理论研究》第3期发表。——参见黄药眠：《美是审美评价：不得不说的话》（原载于《文艺理论研究》1999年第3期），陈雪虎、黄大地选编：《黄药眠美学文艺学论集》，北京师范大学出版社2002年版，第27—38页。
③ [苏]卢那卡尔斯基：《实证美学的基础》，齐明、虞人译，世界书局1939年版，第29页。
④ 黄药眠：《关于文学中的人性、阶级性等问题试探》（原载于《文艺研究》1980年第1期），陈雪虎、黄大地选编：《黄药眠美学文艺学论集》，北京师范大学出版社2002年版，第214页。
⑤ [苏]M.C.卡冈：《马克思列宁主义美学讲义》，转引自[苏]列·斯托洛维奇：《审美价值的本质》，凌继尧译，中国社会科学出版社1984年版，第34页。

的观点。列·斯托洛维奇也对审美评价问题提出过他的看法："评价——这是从个人精神世界、利益和需要的观点对现实现象所作的反映。艺术家的心理、他的处世态度是一种'棱镜'，它'折射'来自现实的信息流，并形成独特的评价'光谱'。"[1] 但细察这种"评价说"，其本质上依然隶属于传统反映论的理论范畴，因为斯托洛维奇虽然认为美是从主体出发的，但并没有突出人在实践过程中所具有的创造性力量，而是将艺术视作对现实生活的一种反映。总的来说，黄药眠从"生活实践论"角度认为，审美评价是审美对象与人的需求二者间关系的揭示，而且，在人类的审美活动中，审美价值同其他一切价值一样都受时间的限制，因此，不同的时代不同的主体会产生不同的审美体验、审美需要和审美评价。他由此得出结论说，从实践的角度来说，无论是物质性生产活动还是精神性的审美实践活动都属于人类实践的范畴，都是人类价值的体现，人的价值的实现必须要通过审美评价这一中介。显然，他的"美是审美评价"的观点属于价值论美学而非反映论美学，这在当时的中国学界不能不说是一个全新的研究角度，对于美的本质、文艺的本质以及文艺的价值属性问题都极具启发意义，在一定程度上弥补了中国反映论美学对于审美价值问题研究的巨大不足。

其三，对实践美学具有重要的启发作用。在 50 年代的"美学大讨论"中，黄药眠的《论食利者的美学》成为当时"美学大讨论"的点火之作，不但促使朱光潜对自己的主观论美学进行了反省，同时也深刻影响了李泽厚的实践美学的形成。李泽厚的"积淀说"继承了黄药眠"积累说"非常重要的两个方面：第一，黄药眠不但意识到情感先于思想存在于人类生活与实践当中，而且情感是比思想更直接地反映现实的东西。与此同时，黄药眠还意识到人的情感都包含理性的成分，理性要指导实践必须转化为情感，因为"理论只能指导着感觉的方向，而不能使我们直接去体会，只有理论变成实践，在实践的过程中，发生各种感情的波动的时候，理论才能够真正能动的反映客观世界之真实性"[2]。只是，黄药眠虽意识到了思想和情感之间的关系，但是，

---

① ［苏］列·斯托洛维奇：《审美价值的本质》，凌继尧译，中国社会科学出版社 1984 年版，第 172 页。

② 黄药眠：《论诗的创作》（原载于文艺论集《战斗者的诗人》，光华书店 1947 年版），陈雪虎、黄大地选编：《黄药眠美学文艺学论集》，北京师范大学出版社 2002 年版，第 602 页。

他并没有从积累的角度阐释理性与感情之间的关系，而李泽厚则创造性地指出，理性是在"积淀"过程中转化成为感性的。第二，对"情感"的强调是黄药眠"生活实践论"的核心，黄药眠"积累说"充分强调了"情感积累"在文学创作中的重要性。李泽厚则在"积淀说"和"情感本体"论中将黄药眠的"积累说"进行了深入的开掘，形成了自己的独创性实践美学体系。

第二节　人性和题材问题的中国化探索

"十七年"间，除了胡风、秦兆阳、黄药眠等人在现实主义理论方面进行着马克思主义文艺理论中国化的继续探索外，在学界集中讨论的文学阶级性与人性关系问题以及创作题材问题这两个论域中也收获颇丰。巴人的"人情"论、王淑明的"人性"论、张光年的"题材多样化"论、邵荃麟的"中间人物"论和"现实主义深化"论、钱谷融的"文学是人学"命题等，不仅集中敞现了中国文艺工作者敢于坚持真理的学术人格，而且将马克思主义文艺理论引入更深层的文艺内部规律的探析之中。

一、巴人的"人情"论

文学理论家巴人（原名王任叔）是马克思主义文艺人性论的觉醒者。他在《论人情》（《新港》1957 年第 1 期）一文中提出关注共同人性，引发了20 世纪 50 年代文艺界对文艺中人性问题的热烈讨论，同时也招致了对他个人的政治批判和政治迫害。在《论人情》一文中，巴人深入剖析了当时文艺创作中的政治气味过浓、人情味淡薄的现象，对片面追求作品政治性、忽视人性表现的庸俗社会学创作观念进行了合理、有力的批判。他从以下三个方面探讨了文艺创作中的复杂人性问题。

首先，从生活见闻引申到对文艺创作状况的观察。巴人以现实生活经验为例，批评了现实生活中漠视人情的现象，比如，一些出身于地主或资本家家庭的青年革命干部，为表明坚定的革命立场，通过断绝一切关系来划清与原家庭的思想界限。巴人对青年干部们违拗人性的做法是持否定态度的。在他看来，生活中的所谓"通情达理"，既要达"无产阶级的道理"，也要通"人情"。对于社会上流行的"划清思想界限"，巴人认为，正确做法应该是利用个人与家庭的感情促使家人接受思想改造，即"通过'人情'来贯彻'阶级立场'"。①他把这些生活见闻引申到对文艺创作状况的观察中，批驳了某些文学作家与理论家避免展露人情的做法，并对"人情"这一概念作了深入阐释。他认为："人情是人和人之间共同相通的东西。……一要生存，二要温饱，三要发展，这是普通人的共同的希望。"②巴人所说的"人情"，除了"发展"属于社会属性之外，其他的则属于人的自然属性。巴人十分强调阶级属性之外的共同人性，认为"缺乏人人所能共同感应的东西，即缺乏出于人类本性的人道主义"③。所谓"人人所能共同感应的东西"指的就是人情、人的本质，即人们常说的人性、人类本性。

其次，巴人强调文学批评应该重视作家的人格。比如他在《人·作品与批评》一文中就指出："作品是人造的。所以每一篇作品，除去公文程式似的八股文外，没有不渗透作者的人格的。作者的人格在作品里渗透得越深切，那作品便也越使人感动。"④

再次，用马克思关于"人的异化"的理论来阐释其"人情"论。在《论人情》中，巴人援引了马克思在《神圣家族》中关于人的异化的理论，说明阶级斗争的目的就是为了解放人类本性，消除人性异化，使人恢复本性并丰富、发展人性。50年代左右文坛缺乏优秀的现实主义作品，很多作品并没有反映真实的社会生活，更多是政治术语、政策理论的"大杂烩"，或者以政治概念或思想概念来代替生活实感。对于这些现象的产生，巴人认为，问题的根源在于创作主体知识修养的缺失，特别是缺乏对马克思主义人学理论

---

① 巴人：《论人情》（原载于《新港》1957年第1期），冯牧主编：《中国新文学大系1949—1976·第二集·文学理论卷二》，上海文艺出版社1997年版，第187—190页。

② 巴人：《论人情》（原载于《新港》1957年第1期），冯牧主编：《中国新文学大系1949—1976·第二集·文学理论卷二》，上海文艺出版社1997年版，第188页。

③ 巴人：《论人情》（原载于《新港》1957年第1期），冯牧主编：《中国新文学大系1949—1976·第二集·文学理论卷二》，上海文艺出版社1997年版，第189页。

④ 巴人：《人·作品与批评》（原载于文艺论文集《常识以下》，上海多样社1936年版，1939年上海珠林书店再版，改名为《文艺短论》），谷斯范编：《巴人文艺论集》，人民文学出版社1984年版，第3页。

的完整理解。正如巴人在《论人情》中揭露的那样，当时大量作家或批评家机械地理解文艺上的阶级论原理，认为在阶级社会里写人性，就是鼓吹资产阶级人性论，就是丧失了无产阶级的立场，这都是对马克思的人学理论缺乏理解和把握的表现。

应该说，巴人将"人情""情理"看成是文艺作品"引人入胜的主要东西"，这一看法与马克思主义人道主义关注人的存在与发展的核心理念是不谋而合的。文学是人学，对于复杂人性以及人类丰富心灵世界的展现正是文学魅力之所在，这一点已成为学界共识。他提倡在创作中揭露并反对一切违反人性的东西，以求得人类本性的复归，是符合马克思主义人学理论本质的。从这个意义上来说，写人情、写人性是符合马克思主义文艺人性论基本原理的。

巴人的"人情"论对马克思主义文艺人性论的贡献突出体现在以下几个方面：

1.对马克思主义人性论的正确理解。长期以来，国内许多文艺理论家机械地理解马克思主义人性论，将马克思主义与人道主义，阶级性与人性对立起来，将人道主义划归是资产阶级的专利，形成了对"人学"思想认识的一大误区。马克思主义的人学理论有一个不断发展的过程，每一特定发展时期，其理论内涵都有新的突破与丰富，其中既有批判继承也有创新发展，但贯穿其始终的是对人本身的关注与重视。比如，马克思在《〈黑格尔法哲学批判〉导言》中就曾明确指出，真正的德国革命应该是"一个不但能把德国提高到现代各国的现有水平，而且提高到这些国家即将达到的人的高度的革命"①，因为"人是人的最高本质"②。马克思还明确主张，"必须推翻那些使人成为受屈辱、被奴役、被遗弃和被蔑视的东西的一切关系"③。从这些论述中可以看出，马克思主义对德国古典哲学，特别是费尔巴哈人本主义思想进行了继承与改造，提倡尊重人的价值、权利、自由，将不断推进人的自由全面发展作为人的解放的最高命题，其理论核心即是"以人为本"。

关于人性与人的本质问题，马克思主义经典作家都有过深刻的丰富的论

---

① 《马克思恩格斯全集》第1卷，人民出版社1956年版，第460页。
② 《马克思恩格斯全集》第1卷，人民出版社1956年版，第461页。
③ 《马克思恩格斯全集》第1卷，人民出版社1956年版，第461页。

述。马克思将人区别于动物的一般本质概括为"人的类特性"①。认为这种"类特性"即在于人生命活动中"自由的有意识的活动"②，亦即"有意识的生命活动把人同动物的生命活动直接区别开来。正是由于这一点，人才是类存在物"③。可见，马克思将自由自觉的实践活动上升到了人的类本质高度，强调这是人的"精神本质，他的人的本质"，对于人的这种自由自觉的"类本质"或"类特性"，经典作家还进一步论述道：

> 通过实践创造对象世界，改造无机界，人证明自己是有意识的类存在物，就是说是这样一种存在物，它把类看作自己的本质，或者说把自身看作类存在物。诚然，动物也生产。它为自己营造巢穴或住所，如蜜蜂、海狸、蚂蚁等。但是，动物只生产它自己或它的幼仔所直接需要的东西；动物的生产是片面的，而人的生产是全面的；动物只是在直接的肉体需要的支配下生产，而人甚至不受肉体需要的影响也进行生产，并且只有不受这种需要的影响才进行真正的生产；动物只生产自身，而人再生产整个自然界；动物的产品直接属于它的肉体，而人则自由地面对自己的产品。动物只是按照它所属的那个种的尺度和需要来建造，而人懂得按照任何一个种的尺度来进行生产，并且懂得处处都把内在的尺度运用于对象；因此，人也按照美的规律来构造。④

从中不难发现，马克思从人与动物的比较中寻找到了人的特质，提出了自由自觉的实践活动彰显人的"类特性"的伟大思想，强调了人的主观能动性、创造性以及高级审美性（即人能遵循美的规律进行艺术创造）。巴人深刻理解了马克思的这些人学思想。他认为，艺术创造集中体现了人的自由自觉的本质，普通人在欣赏文艺创作或进行创作时，所流露出来的要求、喜爱与希望，本身就是出乎人类本性的、有利于人的发展的，应该得到顺应与保

---

① 《马克思恩格斯选集》第 1 卷，人民出版社 1995 年版，第 46 页。
② 《马克思恩格斯选集》第 1 卷，人民出版社 1995 年版，第 46 页。
③ 《马克思恩格斯选集》第 1 卷，人民出版社 1995 年版，第 46 页。
④ 《马克思恩格斯选集》第 1 卷，人民出版社 1995 年版，第 46—47 页。

护。在他看来，阶级社会"总是抑压人类本性的，这就有阶级斗争"①，但是文学作品不应压抑人类本性，而应顺应、丰富并发展人情、人性，而要使人成为创作的中心，就应该摒弃那些将人物塑造为"某些思想的简单的传声筒"②的僵化做法，主动塑造出"有典型性的、有生命、有性格的人物"③。应该说，巴人的这些看法是对马克思主义人性论的正确理解。

　　2.对阶级性与共同人性关系的辩证认识。马克思主义认为，在阶级社会中，人总是属于某个特定阶级的，超阶级的人是不存在的，超阶级的抽象的人性也是不成立的。巴人在强调共同人情与人性的同时，也承认人性中包含阶级性。他在肯定"文艺必须为阶级斗争服务"的观点的同时也指出："本来所谓阶级性，那是人类本性的'自我异化'。而我们要使文艺服务于阶级斗争，正是要使人在阶级消灭后'自我归化'——即回复到人类本性，并且发展这人类本性而日趋丰富。"④这就是说，应在坚持阶级性的前提下承认人性的多样性和具体性，承认不同阶级间人性的共同方面。在巴人看来，那种"只见人的阶级，不见阶级的人"的创作理念，亦即只注重表现阶级感情而忽略描写个人的感情，其实质就犯了将阶级特性当作阶级社会中人的社会性的唯一规定、用阶级性来否定共同人性的错误。

　　巴人的"人情"论的可贵之处在于能够结合当时的社会状况、文学语境和历史发展及时调整其对"人性""人情"的理解。20世纪30年代，巴人也曾在创作中大量描写敌对阶级之间的冲突对立，但到1957年前后，中国已进入和平建设时期，土改、抗美援朝、"三反"、"五反"等政治运动或军事斗争基本结束，经济建设和发展生产力成为主要任务，阶级矛盾与斗争在社会中

---

① 巴人：《论人情》（原载于《新港》1957年第1期），冯牧主编《中国新文学大系1949—1976·第二集·文学理论卷二》，上海文艺出版社1997年版，第188页。

② 周扬：《为创造更多的优秀的文学艺术作品而奋斗》（本文是作者于1953年9月24日在中国文学艺术工作者第二次代表大会上的报告，原载于《文艺报》1953年第19期），《周扬文集》第二卷，人民文学出版社1985年版，第242页。

③ 周扬：《为创造更多的优秀的文学艺术作品而奋斗》（本文是作者于1953年9月24日在中国文学艺术工作者第二次代表大会上的报告，原载于《文艺报》1953年第19期），《周扬文集》第二卷，人民文学出版社1985年版，第242页。

④ 巴人：《论人情》（原载于《新港》1957年第1期），冯牧主编《中国新文学大系1949—1976·第二集·文学理论卷二》，上海文艺出版社1997年版，第189页。

已降到次要地位。巴人此时强调共同人性即"人人所能共同感应的东西"①，是适应时代要求的。因为，社会各阶级、阶层均能接受的真善美和均能排斥的假丑恶，已经更多地展现于实际生活中，理应得到作家和批评家的关注。正是基于此，巴人在《论人情》中批评许多作家为了表现阶级斗争的主题或表现无产阶级的"道理"，放弃描写普通的"人情"，认为这种"斗争哲学"思维实质上是对马克思人道主义的背离，对人性的狭隘化、简单化认识。

3. 对一般人性与特殊人性关系的辩证揭示。在《资本论》第一卷中，马克思曾批评英国哲学家边沁的"效用原则"说："如果我们想把这一原则运用到人身上来，想根据效用原则来评价人的一切行为、运动和关系等等，就首先要研究人的一般本性，然后要研究在每个时代历史地发生了变化的人的本性。"② 不难看出，马克思认为边沁没有正确区分"人的一般本性"和"每个时代历史地发生了变化的人的本性"。马克思主义人性论既承认普遍、一般的人性，又承认历史、现实的人性，对人性和人的本质的认识，既包含抽象的人性也包含具体的人性。这也提示研究者们在运用马克思主义人学理论时，应当针对研究对象，将抽象不变的"人的一般本性"与可变的、历史的、现实的人性结合起来研究。巴人在概括普遍人性的同时，也关注到了人性的多层次表现。在他看来，伴随着时代的发展，人的生活内容与本性都在历史地发生着变化。人性具有一般性，即各个时代、全社会各个阶级的人所普遍具有的抽象的共同点，但在认识共性的同时，也要结合时代背景考察人性发生的历史变化，具体分析人在当代生活中的特殊性和个性，只有这样才能更全面、深刻地把握人的共性。因此，他向作家呼吁："文艺作品是通过人的描写来反映生活现象的。……通过每一个人对生活的不同的反应的描写，就能揭示共同的生活现象的无限丰富的内容。"③ 在巴人看来，文艺创作中一味夸大阶级性、否定共同人性，或只承认永恒不变的人性而将现实生活中种种具体的个性表现视为是"异化"与"非人性"的看法，无疑将对文艺产生消极影响，只有在创作中把人当作是历史中活生生的现实的人，才能避免脱离

---

① 巴人：《论人情》（原载于《新港》1957 年第 1 期），冯牧主编：《中国新文学大系 1949—1976·第二集·文学理论卷二》，上海文艺出版社 1997 年版，第 189 页。

② 《马克思恩格斯全集》第 42 卷，人民出版社 2016 年版，第 627 页。

③ 巴人：《生活本身是公式化的吗?》，《人民文学》1956 年第 5 期。

生活的公式化、概念化创作倾向，回归到现实主义创作的正确道路。可以说，巴人的这种要求作家发挥自己的主观能动性与洞察力去主动挖掘当代现实生活中人性的种种特殊、具体的表现的看法，是对当时文艺创作中的静止人性论、抽象人性论的反拨。因为经典作家早就强调要在特定的社会经济时期，具体地考察人们的生活环境、社会关系，把人放到特定的社会历史背景中去研究。

总的来说，巴人的"人情"论符合马克思人学理论的实质，把对人的关注作为文艺活动的出发点和落脚点，更加贴近文学艺术本身的特性。他针对新中国成立后概念化、公式化的创作现状所进行的批评是一针见血而又充满善意的。他在当时普遍批判资产阶级"人性论"的现实情势下，巧妙选用"人情"一词来代替更为敏感的"人性"，既符合中国人的接受心理习惯，也抓住了当时文艺创作诸弊端的症结，具有将马克思主义文艺人性论进行中国化阐释的典型特征，同时也启发了"文革"后对文艺人性问题的进一步讨论，其贡献是值得肯定的。

二、王淑明的"人性"论

作为对巴人的"人情"论的支持，王淑明对文艺中的人性问题进行了更为深入的探讨。他的《论人情与人性》（《新港》1957年第7期）一文针对新中国成立后文学创作和批评中只谈阶级性、回避人性，不能及时表现人的"真实处境"的现状进行了批评。这篇文章虽然在当时被视为推崇资产阶级人道主义而遭到批判，但在正确坚持马克思主义人性论的同时结合当时的创作实际发展了马克思主义文艺人性论，对新时期以来关于人性、人道主义的论争也有着重要的启发作用。该文从以下三个方面阐发了王淑明对文艺中人性表现问题的看法。

首先，论证了共同人性的客观存在。王淑明承认，在阶级社会中每个人都不可避免地带有"阶级的烙印"，但他更强调这与人类情感上的一些"共同相通的东西"之间是不矛盾的，并指出普遍人性是人类在情感上沟通了解、相互呼应的基本原因。他以两性之爱与亲子之爱作为重要论据，进行了更为详细的说明。他指出，男女双方的"坚贞不渝的爱情"是人类正常本性的表现，而这正是《华山畿》《梁祝哀史》等经典文学故事魅力之所在。为了论证"亲子之间的爱抚与孺慕"也源于共同人性的流露，他选用了两个文学作品进行反证。首先他将刘邦向项羽表明忠心时所说的"吾翁即若翁，必欲烹而翁，则幸分我一杯羹"，定义为"对敌斗争时的一种权术的使用"，是"矫情"和"饰词"，是扭曲人性的危言耸听。而对同样看起来有违人性的小说《铁流》，他却给予了截然相反的评价：肯定文中人物的行为是"亲子之爱上表现的另一种变态形式"。他认为文中主人公的行为是为集体利益舍弃个人利益，在阶级斗争中是一种崇高人性的表现。通过这些生活和文学作品例证，王淑明论证了人性是客观存在、彼此相通的。在他看来，如果不承认人性具有普遍性的共同基础，就会低估"无产阶级在为恢复人性的本来面目而斗争的实际伟大意义"①。

其次，分析了文学作品中"共鸣"现象产生的原因。针对读者在阅读与当今时代生活大不相同的古代文学作品时会被作品内涵所打动的情况，王淑明并没有否认该现象的产生与"共同相通的基础"以及"阶级的烙印"有关，也注意到了"类似的经验、心理的联想、记忆的重温这些心理活动的相同境界"可能起到的作用，但他更强调其中的重要原因应是人类具有"共同的人性"。②他以曹操的《短歌行》、苏轼的《念奴娇·赤壁怀古》等为例，说明这些经典作品千百年来能被广为传颂的原因就是触动了与读者相通的某些人情或人性因素。王淑明更借鉴了季莫菲耶夫和歌德关于不同时期、不同阶级中人能产生共鸣的相关看法，如歌德所说的："不必害怕有些特殊事物不能得到共鸣，无论怎样特殊的个性，只要是存在的，从石头以至于人，都包涵一些普遍的东西。"③他还由此总结道："人的情感和生活，过去和现在，虽然不必完全相似，或者可以说历史是不会重复的，但在心理现象和社会生活上，仍然有其非常接近和共通的地方。没有这些，人类就不可能构成着一定

---

① 王淑明：《论人情与人性》（原载于《新港》1957年第7期），冯牧主编：《中国新文学大系1949—1976·第二集·文学理论卷二》，上海文艺出版社1997年版，第191—193页。

② 王淑明：《论人情与人性》（原载于《新港》1957年第7期），冯牧主编：《中国新文学大系1949—1976·第二集·文学理论卷二》，上海文艺出版社1997年版，第193—194页。

③ 王淑明：《论人情与人性》（原载于《新港》1957年第7期），冯牧主编：《中国新文学大系1949—1976·第二集·文学理论卷二》，上海文艺出版社1997年版，第194页。

的社会关系，而人与人之间，也就不会有相互的接触和了解。"①

最后，批评了当时文学创作中缺少人情味的问题。与巴人不同，王淑明认为文学作品中的政治味与人情味不是矛盾的，而是一致的。他认为在那些教条式的文艺作品当中，政治气味不是太多而是太少，并且都太过空洞。他批驳了那种"以为作品有政治性，就可以不要艺术性"的庸俗社会学观点，指出要更好地展现政治味，就必须将政治性与艺术性、思想性与艺术性有机结合起来。在明确批评了那种认为"既然是英雄人物，就不许有缺点，既然是恶德分子，就不应在其心灵深处，也潜赋有善良德行的萌芽"的错误观点后，他指出了部分作家描写正面人物，总表现得十分"政治化"，完全缺乏人情味的毛病，并得出这样的基本看法：创作者如果机械地将阶级本质论植入创作理念，并以此指导创作，就极易导致其一切只从阶级出发，在文艺创作中失去真实反映现实社会的能力。② 在他看来，列夫·托尔斯泰在《安娜·卡列尼娜》中对家庭主题与社会主题的书写是紧密交织的；曹雪芹写《红楼梦》，将人情味与政治性都表现得淋漓尽致；鲁迅、郭沫若、茅盾等优秀作家的作品在传达政治主题之余，也特别着墨于人性刻画，所有这些文学大师的创作实践都说明，"只要作者能按照生活原有的样子去描写，作品就自然会富于人情味，也就会有很强的政治性。而政治，在作品中的地位，并不是外加的，而是在情节和人物的形成、发展中有机的结合着的"③。

从马克思主义文艺理论中国化的角度看王淑明的"人性"论，它在以下几个方面推进、深化了人们对文艺创作中文艺与人性关系的看法：

一是从人性共同性的角度揭示了文学艺术魅力产生的原因。与巴人以"人情"来掩饰或置换"人性"不同，王淑明坦然将人性作为文章的论点，在承认阶级性的前提之下对人性共同性问题作了更加深刻的论述。马克思主义人学理论承认普遍人性的存在，并将对人性共同性的认识作为理解人的实

①　王淑明：《论人情与人性》（原载于《新港》1957 年第 7 期），冯牧主编：《中国新文学大系1949—1976·第二集·文学理论卷二》，上海文艺出版社 1997 年版，第 194 页。

②　王淑明：《论人情与人性》（原载于《新港》1957 年第 7 期），冯牧主编：《中国新文学大系1949—1976·第二集·文学理论卷二》，上海文艺出版社 1997 年版，第 195—197 页。

③　王淑明：《论人情与人性》（原载于《新港》1957 年第 7 期），冯牧主编：《中国新文学大系1949—1976·第二集·文学理论卷二》，上海文艺出版社 1997 年版，第 197 页。

践活动的前提。马克思指出："一个种的全部特性、种的类特性就在于生命活动的性质，而人的类特性恰恰就是自由的有意识的活动。"①马克思的这段话对文艺创作的启示意义在于，作为有自我意识的类存在物，人在进行文艺创作时，不可避免地要遵循、表现这种内在的"类本质"或"共同人性"。正是遵循对马克思主义人学理论的正确理解，王淑明在《论人情与人性》一文中明确指出，许多时至今日仍有强大生命力的艺术巨作，其核心内容无外乎是：追求真善美，鞭挞假丑恶，寄托对悲剧人物的怜悯同情，主张惩恶扬善、彰显正义，这些其实都受到了共同人性的影响。它在经典文艺作品中具体表现为：注重表现特定时代的人性美；流露出对美好人性的肯定与追求；重视表现美好或崇高的人性如对爱情的忠贞不渝，对亲情或友情的爱护珍视；等等。王淑明还从人性共同性的角度解释了共鸣现象，从读者与作者人性相互感应角度揭示了艺术魅力产生的原因。在他看来，共同人性是不同社会阶段乃至不同阶级中为人所共有的宝贵品质。在每一具体变化的人性之中，都包含着共同的成分。他认为，时代风习、生活条件与今天迥异的古代作品之所以能引发现代人共鸣，正是由于共同相通的普遍人性。他批判了那种"一方面否认历史传统有继续性，同时也拒绝了对于人类心理因素有相同性底承认"②的看法，认为人性共同性对人们的思想行为或多或少、或明或暗地起着支配作用。正是这种无限永恒的普遍人性，使现代读者在阅读古代或外国作品时，能与不同时期、阶级的人的心灵相互联结，唤起遥远的呼应之感。

二是深入阐发了政治与人性、阶级性与人性的复杂关系。马克思主义认为，真正的政治总是合乎人性的政治并熔铸于人性的血肉之中，而不是教条式的宣言和空洞的标签。王淑明从文艺创作的角度也指出，文学创作中的"政治味"与"人情味"不应是相互对立的而应是协调一致的，在那些教条式的文艺作品中，作家往往错误地割裂了政治性与人性，对政治性的书写只流于空泛的政治概念。因此，在他看来，想要展现好政治性，就离不开人

---

① 《马克思恩格斯选集》第1卷，人民出版社1995年版，第96页。
② 王淑明：《论人情与人性》（原载于《新港》1957年第7期），冯牧主编：《中国新文学大系1949—1976·第二集·文学理论卷二》，上海文艺出版社1997年版，第194页。

情世态的忠实描写。对于人性与阶级性的辩证关系，王淑明认为，这二者是互为条件、互为前提的，并且两者的呈现方式随着社会历史的发展而不断地调整、变化，需要具体情况具体分析。在阶级斗争激烈的时代，阶级矛盾激化，共同人性更多地服从于阶级性需要，受到阶级性的制约；而在和平建设时期，阶级斗争趋于缓和，共同人性往往能超越阶级性的存在，更多地展现于社会生活之中。在他看来，阶级性与共同人性都是不以人的意志为转移的客观存在，既要看到"由于各个社会条件的不同，人的阶级的不同，在情感和性习的表现上"所呈现的巨大差异，也要看到"人类在某些基本情感的性质上存在着共同相通的基础"①。反映在文艺上，那些能引起古今读者广泛共鸣的文学形象都是普遍与历史的统一，"如果不承认人性也具有相对普遍性的一面，也会低估着无产阶级在为恢复人性的本来面目而斗争的实际伟大意义"②。在他看来，新中国成立后之所以出现了在文学创作中将人情人性完全排除在外的一大批不合情理的教条性作品，正是由于没有正确处理好人性与阶级性的关系。长期以来，很多作家只敢谈文学的阶级性，而将人性作为描写的禁区，由此塑造出的革命者形象，没有人性与人情，更像是某种政治概念的图解。比如一些以男女工人为题材的小说用车间生产过程取代对爱情发展进程的描写，此类写法就是对人性与阶级性关系片面理解的具体表现，结果，这种从政治观念或阶级观念出发创造出来的人物，只能成为某种政治观念的传声筒，这样的人物不通情理，没有血肉之躯，既无法真实展现人的个性，更无法打动读者，引起读者心灵上的共鸣，这样千人一面的文艺创作无法真正展现出无产阶级丰富的人情美、人性美，最终走向对马克思主义人学理论的背离。

三是从文艺创作的角度深化了马克思主义的"异化"理论。马克思曾在《1844年经济学哲学手稿》中提出了人的异化问题与人的解放问题，并集中剖析了人的四种异化中甚为关键的"类本质的异化"问题。在马克思看来，异化的扬弃就是共产主义、人道主义的实现。换言之，"共产主义是私有财

---

① 王淑明：《论人情与人性》（原载于《新港》1957年第7期），冯牧主编：《中国新文学大系1949—1976·第二集·文学理论卷二》，上海文艺出版社1997年版，第194页。

② 王淑明：《论人情与人性》（原载于《新港》1957年第7期），冯牧主编：《中国新文学大系1949—1976·第二集·文学理论卷二》，上海文艺出版社1997年版，第193页。

产即人的自我异化的积极的扬弃，因而是通过人并且为了人而对人的本质的真正占有；因此，它是人向自身、向社会的即合乎人性的人的复归，这种复归是完全的，自觉的和在以往发展的全部财富的范围内生成的"①。这里的"人性的复归"，包含着"人的解放"的含义，是马克思人道主义思想的重要理论旨归，对于文艺创作如何理解与表现被压抑、被异化的人性有着重要的指导作用。王淑明在《论人情与人性》中从文艺创作的角度阐发了马克思的"人性复归"思想。他指出："在阶级社会里，人性之正常的发展，遭受到无理的压抑与扼杀"，甚至"采取着畸形的和变态的形式而表现着"。但人性通过不断的阶级斗争，"还是不断的曲折前进着"，"每一步正常的发展，却逐渐向其本体接近"。② 换言之，人们为了追求自由美好的人性所付出的探索与奋斗可以在文艺创作中得到呈现，人的"自由自觉的活动—异化劳动—人性复归"的人性发展历程也可以成为评判和阐释文学中的人性表现的一条重要线索。

三、张光年的"题材多样化"论

新中国成立后题材问题的争鸣主要有三次大起落："建国初期、鸣放时期和60年代初的文艺政策的调整时期"，"这三次争鸣始终贯穿着题材多样化的主张同致使题材单一化、狭隘化的理论倾向之间所发生的矛盾冲突"。③1942年毛泽东在《讲话》中提出"文艺从属于政治"，强调政治标准第一，艺术标准第二，在题材问题上客观地形成了潜在的创作约束，无形中将题材限制在为政治服务的范围内，也一定程度上导致创作题材的狭隘和单调，写重大题材、写工农兵题材一度成为延安文艺及新中国成立后文艺的主流。这一阶段的创作题材主要是歌颂、回忆、斗争等，人物形象多为高大全式的英雄。文艺批评上往往以重大题材作为判断作品价值的标准，强调文艺

---

① 《马克思恩格斯全集》第3卷，人民出版社2002年版，第297页。

② 王淑明：《论人情与人性》（原载于《新港》1957年第7期），冯牧主编：《中国新文学大系1949—1976·第二集·文学理论卷二》，上海文艺出版社1997年版，第193页。

③ 黄曼君主编：《中国近百年文学理论批评史（1895—1990）》，湖北教育出版社1997年版，第1041页。

的政治性而忽视文艺的艺术性，导致题材上的程式化、片面化，形成题材上的各种清规戒律。随着新中国三大改造的提前完成，恢复和发展生产成为一切工作的重点，中国文艺方针政策也随之有所改变。1957 年毛泽东发表了《关于正确处理人民内部矛盾的问题》一文，提出了"双百"方针，将"百花齐放"看作是促进艺术发展的根本方针，提出"艺术上不同的形式和风格可以自由发展"①。这一方针在客观上为文艺创作提供了较为宽松的氛围。由于国内反右派斗争的影响，这一时期的文艺创作并没有真正实现"百花齐放"，但是提倡题材多样化一度成为文艺界讨论的热点话题。茅盾、周扬、何其芳、张光年等人均从不同的角度对题材问题做了论述。可以说，"题材问题的讨论激活了文艺创作，也激活了文艺评论"②。其中，张光年倡导的"题材多样化"论对题材问题的论述最为深入。

张光年的"题材多样化"论主要围绕题材与生活、题材与作家、题材多样化与重大题材的关系三个方面论述了题材多样化的必要性和重要性。

1. 题材与生活

张光年在《怎样处理题材》中谈及"题材与生活"的关系，认为"文学是反映生活，表现生活的"，"现实生活的种种事象，无一不是创作的题材"。③文艺创作是作家对熟悉的生活现象利用文学语言加工、提炼的产物。生活为文学创作提供了最为直接的创作素材，然而生活本身又是丰富复杂、变化多端的，故而作家在进行创作时，也要随着生活现象的不断变化拓宽创作视野。张光年承认，"历史上各个时代的各个阶级，都要求文学艺术服从自己的阶级利益，表现自己的精神面貌"，"无产阶级的社会主义的文学艺术，在创作题材上，更是开辟了前人未曾开辟过的新天地"，"无产阶级的文学艺术，自然

---

① 毛泽东：《关于正确处理人民内部矛盾的问题》，中央文献研究室编：《毛泽东文集》第七卷，人民出版社 1999 年版，第 229 页。

② 黄曼君主编：《中国近百年文学理论批评史（1895—1990）》，湖北教育出版社 1997 年版，第 1048 页。

③ 张光年：《怎样处理题材》（原载于仰光《新知》周刊 1941 年第 5 期），《张光年文集》第三卷，人民文学出版社 2002 年版，第 90 页。

要着重表现无产阶级和劳动人民的精神面貌"。① 因此，无产阶级革命和社会主义建设事业理应成为重大题材，但他也认为"文艺创作的题材，有进一步扩大之必要"②，这是因为，从文艺政策看，在社会主义社会，"百花齐放"的文艺方针为文艺创作提供了外部环境上的支持与鼓励，客观上扩大了题材范围。从作家的创作看，作家不仅可以从过去的历史中汲取营养，也可以从当下的时代生活中选择创作题材，更可以将创作视角切入到未知的生活中。从人民的需要看，只要是符合社会主流，能够满足人民群众需求的社会主义文学，能够反映一定社会意义的题材，都可以成为作家创作的来源。

2. 题材与作家

张光年在《怎样处理题材》一文中指出，"尽管创作的题材是如此地广泛，作家却总是从他所熟悉的，至少是他所接近的生活中选取他的题材"③。在他看来，作家要想写出真实感人、打动人心的作品，必然要从自己熟悉的生活题材入手。最有感触的题材，往往能渗入作者最真实的情感。如果创作者忽略身边最为熟悉的、感触最深的题材，而从陌生的题材入手，势必会导致思想深度不够、主题挖掘不深、人物形象单一等问题，同样不利于社会主义文艺事业的繁荣发展。这一看法无疑是符合文艺创作内部规律的，因为，生活素材的获得只是文艺创作成功的前提，作家能否对生活素材进行深度体悟并将之转化为融合了自己人生体验的表现题材，才是文艺创作中最为关键的一步。把生活（素材或题材）—（艺术家的）体验—艺术（作品的诞生）看成是一种完整的文艺创作链条是张光年题材论中最有价值的创新处之一，对于那种认为只要有题材就能写出重大作品的单向度的创作观是一种很好的反拨。

现实生活中题材众多，如何进行创作，关键在于作家如何利用自己的视角，如何运用独特的艺术技巧，如何筛选复杂的生活题材。作家在进行创作

---

① 张光年：《题材问题》（原载于《文艺报》1961年第3期），《张光年文集》第三卷，人民文学出版社2002年版，第274页。

② 张光年：《题材问题》（原载于《文艺报》1961年第3期），《张光年文集》第三卷，人民文学出版社2002年版，第273页。

③ 张光年：《怎样处理题材》（原载于仰光《新知》周刊1941年第5期），《张光年文集》第三卷，人民文学出版社2002年版，第90页。

时，首先应该给予作家选择题材的自由。正是在这个意义上，张光年在新时期还从题材角度对"创作自由"问题进行了补充论述，在他看来："我们所讲的创作自由，有两个方面的涵义。一方面，是指社会为作家的创作才能的自由发挥提供的保证，也就是客观上形成的鼓励和保护创作的明朗健康的政治局面；另一方面，是指作家在创作活动中进入的自由状态，也就是作家主观上完全掌握表现对象时达到的由必然王国进入自由王国的精神飞跃。"① 也就是说，"社会保证"和作家的"自由状态"构成了题材选择活动中互相联系又互相区别的两方面。一方面，社会主义文艺的繁荣需要作家们充分利用良好的政治环境，发挥自身能动性，进入自由的创作状态。另一方面，作为文学艺术的创作者，由于作家的创作个性、创作兴趣、创作能力各异，即使选择同一题材也能从多个角度展现主题各不相同的文艺作品，这也是创作自由题中应有之义。应该说，张光年的这一阐释是将马克思主义关于人类精神实践的自由特征的阐述应用到文艺创作题材选择问题上的精辟发挥。也就是说，张光年把提倡作家的创作自由看作是扩大题材多样化的一种重要方式，这不仅是对"题材程式化"的一种否定，同时也深化了题材与作家创作之间的辩证关系的认识，即：题材是作家创作的基础，而创作自由是实现题材多样化的前提。"文革"时期"四人帮"出于政治需要恣意否定"题材多样化"，鼓吹"题材决定论"，竭力抹杀创作者选择题材的自由，导致了相当长的一段时期内题材的单一化、体裁的单一化和风格的单一化，造成了社会主义文学百花凋零的局面。张光年的关于作家创作自由的补充论述，就显现出更为重要的现实意义。

3. 题材多样化与重大题材

在《题材问题》一文中，张光年认为要实现社会主义文艺的"百花齐放"，必须在题材问题上坚持题材的多样化与把握重大题材的有机统一。他明确指出："描写重大题材，指的是艺术地表现工农兵群众在革命斗争中和

---

① 张光年：《新时期社会主义文学在阔步前进》（本文是作者在中国作家协会第四次会员代表大会上的报告。原载于《惜春文谈》，上海文艺出版社 1993 年版），《张光年文集》第三卷，人民文学出版社 2002 年版，第 444 页。

社会主义建设中变革旧世界、创造新生活的丰功伟绩。……这也是提倡描写具有重大社会意义的题材。"①强调重大题材，是因为其本身就包含着时代和群众的要求，但是强调重大题材，并不是把描写重大题材进行简单化、片面化的理解。生活中的素材，本身存在着差异。生活中的事件有重要与一般之分，正如题材一般，也有重大与普通之分。正是基于这样的理解，张光年认为，从题材所囊括的社会容量来考虑，重大题材更有利于表达生活的主流、时代的脉搏，表现革命和建设的壮丽图景，所以恩格斯、列宁、毛泽东等人都提倡作家描写具有重大社会意义的题材，但是，有重大题材，必然存在一般题材，因此，应当以包容的心态，对待各种题材，绝不能将重大题材狭隘化，忽视生活中细小然而有意义的题材，因为作家往往能依据生活中一般的题材，通过某些侧面，因小及大，将生活中的小事透过其深刻的理解力挖掘出重大的社会意义。

基于上述辩证性的理解，张光年在《题材问题》一文中呼吁作家把握众多社会题材中的重大题材，能够从重大题材中提炼出重大的社会意义，同时强调在选择题材的时候也不能只写重大题材，而忽略一般题材。在他看来，古往今来，题材的选择对文艺作品而言至关重要，然而"题材本身，并不是判断一部作品价值的主要的和决定性的条件，更不是惟一的条件"②。也就是说，作家在进行创作时，一定不能对重大题材进行片面化理解，而应该在创作时结合自己熟悉的创作题材，结合人民群众的文艺精神需求进行文艺创作。

总的来说，张光年的"题材多样化"论从题材与生活、题材与作家、题材多样化与重大题材的关系等多个角度论述了社会主义文学扩大文艺创作题材的必要性。提倡题材多样化是"双百"方针的正确实践，旨在纠正文艺界对"题材问题"的片面化、狭隘化理解，因为题材问题上的清规戒律割裂了生活整体性，此前文艺界对重大题材的片面理解，导致文艺创作只能表现当前的重大题材，特别过于强调题材的政治性，不利于社会主义文学艺术的"百花齐放"。而促进题材多样化的发展，对于探索文艺内部规律，反对文艺

---

① 张光年：《题材问题》（原载于《文艺报》1961年第3期），《张光年文集》第三卷，人民文学出版社2002年版，第275页。

② 张光年：《题材问题》（原载于《文艺报》1961年第3期），《张光年文集》第三卷，人民文学出版社2002年版，第278页。

创作的教条化、程式化都有重要的现实意义。

"题材多样化"论从题材角度扩大了马克思主义文学理论中国化的探索范围，它对推进马克思主义文艺批评的中国化探索的贡献主要体现在以下两个方面：

首先，深化了现实主义文艺创作论。在延安文艺和新中国成立后的文艺创作中，"文艺从属于政治"的文艺观念一定程度上限制了作家创作的题材范围，"写什么"成为作家共同关注的话题，整个文坛似乎都以重大的政治运动为背景选取创作题材，从而导致对创作题材的片面化理解，同时严重阻碍着作家深入生活、反映现实。张光年所提倡的"题材多样化"论，突破了长期存在的教条主义束缚，对中国现实主义文艺创作的拓展与深化起到了正面的积极的作用：一、"现实主义是创作的基础，生活是现实主义的基础"①，而生活素材的丰富度决定了现实主义文艺创作的丰富性。"题材多样化"论提倡扩大题材范围，实质上是促使作家不断深入生活，从现实生活中汲取营养，在理解、感受、观察现实生活的基础上去进行文学创作，去反映丰富多彩的社会现实，这不仅夯实了现实主义文艺创作的生活根基，更拓展了现实主义文艺创作展现生活面的广度。二、"题材多样化"赋予作家以创作自由，也从创作主体层面揭示了现实主义文艺创作的一个重要规律，即作家不同的兴趣、能力以及对生活体验的深广度同样也决定着现实主义文艺创作的艺术质量，那种将题材等同于现实主义深广度的看法不过是现实主义文艺理论中的庸俗社会学的另一种表现而已。

其次，拓展了"文艺大众化"的思路。"文艺大众化"所提倡的是文艺创作与工农大众相结合，通过文艺作品反映工农大众的思想情感，使文艺作品的描写范围扩大到工农群众生活的方方面面，让文艺作品真正地为工农大众而服务。对于工农群众而言，时代在不断发展变化，工农群众的生活方式、精神需求等都在发生着变化，一成不变的题材势必不能满足工农群众的需求。张光年提倡的"题材多样化"从创作素材的角度拓展了"文艺大众化"的思路。在他看来，文艺创作是自由的，作家可以从自己熟悉的、有感触的

---

① 邵荃麟：《在大连"农村题材短篇小说创作座谈会"上的讲话》，《邵荃麟评论选集》（上册），人民文学出版社1981年版，第400页。

生活题材进入创作，只要是能满足人民群众精神需求的文艺作品都可以被社会主义文学艺术所接受。只要作家长期深入了群众生活，深刻反映了大众思想情感，同时也让工农兵群众喜闻乐见，作家即使不局限于写重大题材，而转向普通人物生活的描写，同样值得肯定。可以说，这种看法从题材角度践行了"文艺为工农大众服务"的文艺思想。

四、邵荃麟的"中间人物"论和"现实主义深化"论

在邵荃麟提出其"中间人物"论之前，"与此相近或类似的文艺论点在夏衍、周扬、冯雪峰、茅盾、林默涵等人的发言讲话以及陈企霞、丁玲、胡风、阿垅、唐达、巴人、王西彦等人的稿件中已有了零星散见"①。邵荃麟对"中间人物"的看法最初主要反映在他对《创业史》中梁三老汉形象塑造问题的关注上。在他看来，《创业史》中梁生宝形象的塑造并不是最成功的，而梁三老汉这个"中间人物"最有典型意义，因为他"概括了中国几千年来个体农民的精神负担。但很少人去分析梁三老汉这个人物，因此，对这部作品分析不够深"②。1962 年 8 月，中国作家协会在大连召开了"农村题材短篇小说创作座谈会"。作为会议主持人，邵荃麟在会上提出了要多写"中间人物"的主张，这一主张后来一步步演变为 1964 年震动文坛的"中间人物"事件，而他也成为这一事件的众矢之的。

邵荃麟"写中间人物"主张的主要内容有以下几点：首先，他强调写先进人物、英雄人物是应该的，并且充分肯定英雄人物反映了我们时代的精神。那些将他的"写中间人物"主张定位为反动性质的人似乎完全抹杀了他的这一基本出发点。其次，他认为，当前文艺的主要问题是写革命性不错，但"从反映现实的深度、革命斗争的长期性、复杂性、艰苦性来看，感到不够。在人物创作上，比较单纯，题材的多样化不够，农村复杂的斗争面貌

---

① 孙一修：《"出轨"与"归顺"的"中间"——对"写中间人物"论及其相关创作之再认识》硕士学位论文，河南大学 2006 年。

② 《文艺报》编辑部：《关于"写中间人物"的材料》（《文艺报》1964 年第 8、9 期），北京师院中文系现代文学教研室编：《中国当代文学史料选》，北京师范学院出版社 1983 年版，第 406—407 页。

反映的不够"①。这种不足又主要表现在两个方面。其一，从主要人物类型上讲，集中于描写英雄人物，这样既不利于典型的多样化，也容易引起审美疲劳；其二，还表现在英雄人物性格的单一化，表现为"一个阶级一个典型"，也就是说，只表现了英雄人物光辉的一面，而忽视了写英雄人物性格发展的过程。再次，邵荃麟强调了"写中间人物"的重要性。在他看来，这种重要性表现在：其一，从人数上看，"两头小，中间大"，处于中间状态的人物占大多数；其二，从复杂性上看，中间人物处于英雄人物和落后人物之间，并同时具有这两种人物的特质，正是由于所处位置的特殊，所以矛盾往往集中在中间人物身上；其三，由于英雄人物、先进人物不需要教育，而中间人物又占到了大多数，所以他认为文艺的主要教育对象是中间人物。此外，对于如何表现中间人物，邵荃麟认为，应当描写人民群众思想改造的"苦难的历程"，表现他们"复杂的心理状态"或者说是"阴暗心理"。在文艺如何表现生活上，邵荃麟也提出了自己独特的见解。他通过讨论复杂与单纯的关系，认为文学应当将复杂的东西，通过艺术概括，以小见大，即"从一粒米看大千世界"，主张描写"平平凡凡"或表现生活的横断面。

邵荃麟的"中间人物"论之所以会引发后来的文艺界"大地震"，既有偶然因素也有必然因素。就偶然因素来讲，"中间人物"事件虽是震动全国的大事件，但其中却夹杂着当时不为人所知的个人恩怨，即邵荃麟和柯庆施、张春桥等人之间的矛盾。同时，这一事件的发生也有其必然性。毛泽东在八届十中全会上所批评的有些人"利用小说反党"，以及在 1963 年 12 月 12 日和 1964 年 6 月 27 日先后对文艺工作作出的两次措辞极其严厉的批示，这些都表明中央当时对文艺"动刀"是必然的。随后的批判牵连到不少人或文章。比如，谢永旺（沐阳）的《从邵顺宝、梁三老汉所想起的……》、沈思的《我读〈赖大嫂〉》、侯墨的《漫谈〈赖大嫂〉》，以及康濯的《试论近年间的短篇小说》，等等，都因为宣扬"写中间人物"的观点而被牵连，成为被批判的对象。甚至时任《文艺报》编辑部副主任的黄秋耘只因将谢永旺《从邵顺宝、梁三老汉所想起的……》一文中"中间状态人物"改为"不好不坏，

① 邵荃麟：《在大连"农村题材短篇小说创作座谈会"上的讲话》，《邵荃麟评论选集》（上册），人民文学出版社 1981 年版，第 398 页。

亦好亦坏，中不溜儿的芸芸众生"，也被视为了"中间人物"论的帮凶。在这种情势下，批评界出现了一批批判或试图与"写中间人物"论调划清界限的文章，如：刘白羽的《石油英雄之歌》、何国瑞的《驳用"中间人物"教育"中间人物"的谬论》、贾文昭的《创造光辉灿烂的新英雄形象——驳邵荃麟同志的"写中间人物"理论》、朱寨的《从对梁三老汉的评价看"写中间人物"主张的实质》等。一些针对那些曾在其文章中宣扬过邵荃麟观点的批评文章也开始出现，如濮阳翔在《评严家炎同志对〈创业史〉的评论》一文中对严家炎的《创业史》的系列批评文章（如《谈〈创业史〉中梁三老汉的形象》《〈创业史〉第一部的突出成就》《关于梁生宝形象》《梁生宝形象和新英雄人物创造问题》）的批评，黎之在《创造我们时代的英雄形象》一文中针对谢永旺《从邵顺宝、梁三老汉所想起的……》的批评，黎耶在《努力塑造新英雄人物》一文中针对沈思的《我读〈赖大嫂〉》和侯墨的《漫谈〈赖大嫂〉》的批评，等等。甚至，当年主持和宣传"大连会议"的中国作家协会和所属的《文艺报》等编辑部，迫于各方压力，也举行了一系列会议，在"深入检查"其工作中的错误和缺点时，着重检查和批判了"写中间人物"的重大错误，最终将"写中间人物"的主张定性为资产阶级的文学主张，即同党的文艺方针政策相对立、同文艺为工农兵服务的方向相对立的极其错误的理论主张。

围绕"中间人物"问题进行的论战主要集中在以下几点上：第一，社会主义文艺是否应当以塑造英雄人物为主。与邵荃麟主张多写"中间人物"不同，反对者并不认为只描写英雄人物是狭窄的，在他们看来，英雄人物是无产阶级的自觉战士，是走在时代前面的标兵，通过表现英雄人物，可以最好地指导现实的发展，帮助人们正确地认识世界和改造世界，并且，他们认为英雄人物感染人、鼓舞人的作用是任何"中间人物"所不能比的。第二，对人民、"中间人物"的不同认识。反对者不同意将大多数人民定义为"中间人物"，认为这是对新时代的劳动人民的贬低。而且，在对"中间人物"的理解上，反对者也与邵荃麟相异。他们认为邵荃麟所说的"中间人物"是在政治上动摇于两条路线之间的人物。第三，在如何表现"中间人物"上，邵荃麟主张表现人物"复杂的心理状态"和人物性格发展的过程，而反对者却主张站在无产阶级的立场上去写他们，既要深刻地批判这类人物的旧意识、旧作风，也要热情地肯定他们追求进步的思想和行为。第四，教育对象与文艺社会作用问题。针对邵荃麟提出的"文艺的主要教育对象是中间人物"，反对者认为这是低估了文艺的社会作用；针对邵荃麟的"教育'中间人物'就必须写'中间人物'"的主张，反对派则认为这是一种反马克思主义的形而上学的机械论的观点。最后，最为重要的一点是对于"中间人物"事件的定性问题——是属于人民内部矛盾还是属于阶级斗争问题。当然，这场为完善社会主义文艺事业的讨论，在争论中被逐步歪曲，上升到阶级斗争的范畴，最终被看作是资产阶级和无产阶级之间的阶级斗争在文艺战线上的反映。

与"中间人物"论一齐受到批判的还有邵荃麟的"现实主义深化"论。邵荃麟认为，"农村题材最重要的是如何反映人民内部矛盾"，"从右的修正主义来强调内部矛盾，就会把它夸大而致否定社会主义，认为无产阶级专政没有优越性等等，从'左'的方面来看则是否认这个矛盾，粉饰现实，回避矛盾，走向无冲突论。回避矛盾，不可能是现实主义。没有现实主义为基础，也谈不到浪漫主义"，他由此提出，"我们的创作应该向现实生活突进一步，扎扎实实地反映现实"，应当去多表现平凡的人或事物，并把这看作是深化现实主义的一个重要途径。[①]当然这种"现实主义深化"论最终也被看成是抽掉了共产主义理想，否定文艺的党性与战斗性，暴露人民群众的阴暗面的批判现实主义的翻版而遭到批判。

总的来说，邵荃麟的"中间人物"论是针对当时文艺创作中存在的只写理想人物、英雄人物的概念化、公式化创作模式而提出的一种具有鲜明调适特征的文艺创作方法论。"现实主义深化"论则是作为前一方法的补充对现实主义创作的进一步理论探讨。这两者都鼓励作家大胆创作，要求揭示作品人物性格的复杂性和人物内心世界的丰富性，反对简单化、透明化、象征化的高大英雄人物充斥文坛，在当时特定的历史背景下，对于解放文艺工作者逐渐固化的创作思维，拓展人物表现的领域，客观展示生活面相，完善人物的表现方法，都具有积极的现实意义。当然其中的调适是非常有限的，毕竟"中间人物"论的历史出场，仍然有相当多的规定性前提，如："中间人物"

---

① 邵荃麟：《在大连"农村题材短篇小说创作座谈会"上的讲话》，《邵荃麟评论选集》（上册），人民文学出版社 1981 年版，第 389—399 页。

必须以配角形式出现在与"英雄人物"的对比中，必须站在特定的政治立场或道德角度加以评判，等等。

五、钱谷融的"文学是人学"命题

1957 年 5 月，钱谷融在上海《文艺月报》（5 月号）上发表了论文《论"文学是人学"》，明确提出了"文学是人学"的思想。在这篇文章中，钱谷融高扬人道主义，主张把人的问题引入对文学问题的解释之中。他引述了高尔基的建议：把文学叫作"人学"。同时，他将这一观点进一步延伸，认为可以把"文学是人学"当作理解一切文学问题的一把总钥匙。钱谷融的这一观点，通过对文艺创作中人性的呼唤，提出要建设文学的人学基础，要正确理解马克思主义人学理论，这是对艺术内部规律的深入探求，是当时中国文艺理论的重大突破，对流行于当时文艺创作中的公式化、概念化、教条化的创作倾向，具有重要的现实针对性，对"文革"后关于人性与人道主义的争论也有重要的启发意义。

1."文学是人学"命题的基本内涵

钱谷融曾于 20 世纪 80 年代发表《〈论"文学是人学"〉一文的自我批判提纲》（《文艺研究》1980 年第 3 期）一文。该文对早年的"文学是人学"的思想作了五个方面的概括，分别是：（1）关于文学的任务；（2）关于作家的世界观与创作方法；（3）关于评价文学作品的标准；（4）关于各种创作方法之间的区别；（5）关于人物的典型性与阶级性。钱谷融将这五个方面进行了理论提摄："文学的任务是在于影响人、教育人；作家对人的看法、作家的美学理想和人道主义精神，就是作家的世界观中对创作起决定作用的部分；就是我们评价文学作品的好坏的一个最基本、最必要的标准；就是区分各种不同的创作方法的主要依据；而一个作家只要写出了人物的真正的个性，写出了他与社会现实的具体联系，也就写出了典型。"① 从这个提纲看，"文学是人学"思想，以人为核心，涉及文学的目的、创作标准、文学批评标准、

---

① 　钱谷融：《〈论"文学是人学"〉一文的自我批判提纲》，《文艺研究》1980 年第 3 期。

创作方法、人物的典型性等重大问题，是比较完整的文艺学人学体系。其基本内涵主要体现在以下几个方面：

其一，关于文学的任务。钱谷融反对"文学的首要任务在于反映整体现实"这一看法，反对把人的描写当作是反映现实的一种手段和工具。他明确提出："文学的任务，主要应该是影响人，教育人。应该是鼓舞人们去改造现实，改造世界，使人们生活得更好，而不在于反映现实。"①"人的描写是艺术家反映整体现实所使用的工具"的观点是苏联文艺理论家季莫菲耶夫在《文学原理》中提出的，在当时的中国文艺理论界被普遍接受。钱谷融认为，在这种观念下写出的人，并不是真正发展的人，而是一种没有生命力、没有灵性的工具，因为它忽视了人的地位和作用，抹杀了文学和其他社会科学的区别，使文学流于概念化、公式化，从而扼杀了文学的生命。从历史来看，一切可以流传至今被称之为经典的文学作品，其基本推动力，就是影响人，改善人生，用神圣的精神和崇高的理想鼓舞人类的生活。关于文学与人、人与现实这三者之间的关系，钱谷融进一步指出："文学要达到教育人、改善人的目的，固然必须从人出发，必须以人为注意的中心；就是要达到反映生活、揭示现实本质的目的，也还必须从人出发，必须以人为注意的中心。"②在钱谷融看来，人是具体现实中的人，更是各种社会关系的集合体，因此，必须在文学作品中写出真正的、活生生的人，写出在社会关系中发展变化的人性，才能反映出完整的现实，揭示生活的本质，从而显示出文学的魅力，起到影响人、教育人的作用。由此，他高扬人道主义，主张尊重人的个性和艺术家的个性，认为"真正的艺术家绝不把他的人物当作工具，当作傀儡，而是把他当成一个人，当成一个和他自己一样的有着一定的思想感情、有着独立的个性的人来看待的"③。

其二，关于作家的世界观与创作方法。钱谷融认为，确认"文学是人学"，就意味着不仅承认人是文艺描写的中心对象，同时也确立了应该把怎样对待人、怎么描写人看作评价作家及其作品的标准，他明确指出："在文

---

① 钱谷融：《〈论"文学是人学"〉一文的自我批判提纲》，《文艺研究》1980年第3期。
② 钱谷融：《论"文学是人学"》，《钱谷融论文学》，华东师范大学出版社2008年版，第47页。
③ 钱谷融：《论"文学是人学"》，《钱谷融论文学》，华东师范大学出版社2008年版，第54页。

学领域内，既然一切都决定于怎样描写人、怎样对待人，那么，作家的对人的看法，作家的美学理想和人道主义精神，就是作家世界观中起决定作用的部分了。"① 为论证这一观点，他以巴尔扎克和托尔斯泰二人为例分析指出，这两人的思想既有进步的一面，也有落后的一面，而他们的文学作品的总体倾向却是进步的、有利于人民的，因此其艺术成就应被视为人道主义的胜利，这实际也表明，世界观在作家的创作中起着决定性的指导作用。

其三，关于评价文学作品的标准。钱谷融认为，评价文学作品的标准有很多，例如人民性、现实主义、爱国主义等，但从我们所珍视的文学作品中看，其中都渗透着人道主义原则。文学是人学，一部作品是否有价值，就看其是否用一种尊重人、同情人的态度来对待人，所以应把人道主义看成是评价文学作品的最基本、最必要，或者说是最低的标准。钱谷融对于文艺创作中的人道主义与阶级观点的理解主要有三个方面：第一，在文艺创作中，提倡人道主义或秉持阶级观点，这二者之间并不矛盾；第二，在阶级社会中，文学不可避免地带有阶级性，而真正的人道主义作家总是会站在被压迫者的一方进行文艺创作或表达自己的思想感情；第三，人道主义是构成人民性和现实主义必不可少的条件，因此，人民性体现得越充分的伟大的现实主义作品往往渗透着深沉的人道主义精神。

其四，关于各种创作方法之间的区别。钱谷融认为，既然文学以人为对象，以影响人、教育人为目的，那么可以从其描写人、对待人的态度来区分各种创作方法。比如：现实主义者尊重人，所概括的是人的社会关系，把人当生活的主人来看待；自然主义者蔑视人，所概括的是人的生物性，把人当作一种具有兽性的动物来看待，缺乏人道主义精神。过去的现实主义，其人道主义原则属于资产阶级，作品中的人物属于被压迫者而被同情；而在社会主义现实主义中，文艺作品高扬了无产阶级的人道主义精神，体现了社会主义的美学理想，其中的人物作为美好生活的开创者而被赞美。从钱谷融区分各种创作方法的基本理念看，其中始终贯穿着人道主义，即以如何对待人、对待人的生活和有无人道主义精神来区别各种创作方法，虽然评判标准有些单一，但在当时文艺从属政治的时代环境下，对文艺突破当时的人性论禁

---

① 钱谷融：《论"文学是人学"》，《钱谷融论文学》，华东师范大学出版社 2008 年版，第 49 页。

锢，建设文学的人学基础，具有重要意义。

其五，关于人物的典型性与阶级性。钱谷融赞同屠格涅夫的"如果被描写的人物在某一个时期来说是最具体的个人，那就是典型"这一看法。他认为每个人都是独一无二的，只要能写出真正个性，写出其和现实生活的联系，写出其个性的形成根源，都可以成为典型。这些看法与恩格斯所说的"典型环境中的典型性格"有内在的相通之处。按照马克思主义的哲学观点，普遍性寓于特殊性之中，并通过特殊性表现出来，文艺创作中人物的阶级性和其个性，属于普遍性和特殊性的关系，写好了某一时期人物的具体个性，也就表现出了其相应的阶级共性。钱谷融深刻认识到了这一点，这对于突破过去简单的"阶级分析"方法和庸俗社会学的典型创造观同样有着重大的意义。

2."文学是人学"命题对马克思主义文艺理论中国化的贡献

新中国成立初期，文艺思想的主导倾向是文艺从属于政治。1956 年的"双百"方针文艺政策给当时的知识分子带来了早春天气。1957 年钱谷融提出的"文学是人学"的思想，强调夯实文学的人学基础，这对于突破当时的文艺政治化倾向和导致文学创作公式化的教条主义倾向都有很好的反拨作用，同时，对于促进文艺理论内部规律的探讨，以及结合中国当时的文艺创作现实从文艺领域坚持和发展马克思主义人道主义思想，都有重要的现实意义。朱立元曾高度评价"文学是人学"思想："这是当时我国文艺理论最重要的突破之一，是重新思考和认识马克思主义人学理论，并应用于批判否定人性、人道主义的极'左'思想，正确总结、反思新中国成立以来文艺创作和理论、批评的历史实践和经验教训所取得的重大进展。"① 虽然在当时特殊的历史条件下钱谷融的思想被视为反动的资产阶级人性论或人道主义，其本人也被一次次清算和批斗，但在新时期，"文学是人学"的思想引发了关于人性和人道主义问题的大讨论，极大促进了新时期的文学解放活动。钱谷融"文学是人学"的思想对马克思主义文艺理论中国化所作出的贡献突出体现在以下四个方面：

其一，批判教条主义倾向，坚持和发展马克思主义文艺理论。马克思主

---

① 朱立元：《马克思主义人学理论与当代文艺学建设》，《学术研究》2009 年第 4 期。

义文艺理论中国化的过程，是不断地接受、重构和发展的过程，因此，在这一过程当中，难免会产生某些教条化、庸俗化和单一化的倾向。"文学是人学"这一思想明确反对把反映现实当成文学的首要任务，反对把描写人仅仅当成反映现实的一种工具或一种手段。钱谷融认为，上述倾向"是把文学和一般社会科学等同起来了，是违反文学的性质、特点的。这样来对待人的描写，是绝写不出真正的人来的，是会使作品流于概念化的"①。他的这些看法，在当时教条主义弥漫文坛的时期是振聋发聩的。它一方面突破了文学理论界的一些错误倾向以及夹杂在其中的一些非马克思主义理论的影响；另一方面则探讨了文学内部规律，从人学维度拓展了文艺理论研究的深度。

其二，坚持人道主义原则，继承和发展了马克思主义人学理论。钱谷融把作家对人的看法、作家的审美理想和人道主义精神看作为作家世界观中起决定作用的部分，并且把人道主义原则看成是评价文学作品最基础的标准，这是对马克思主义人学理论的继承和发展。马克思主义人学理论的核心是"以人为本"，如果结合马克思主义人学理论来观照文艺理论，可以帮助理论界更深刻地认识文学的本质，更好地探讨文学中的人性和人道主义问题。钱谷融正是在这一视角下将人学与文学结合起来思考、探索，不仅在当时提出了颇有创见的个人看法，还在文学研究中提出了较为系统的人学体系，这在当时是非常难能可贵的。在新中国成立后"十七年"的特殊历史条件下，马克思主义文艺理论中国化过程中产生了机械化套用以及文艺创作的公式化、概念化等问题，比如：只重视重大题材，只写理想人物或工农兵形象，反对写中间人物，提倡"题材决定论"，将深度表现人性的作品一律扣上"资产阶级"或"小资产阶级"的帽子，等等。钱谷融对马克思主义文艺理论的人学思考，正是针对当时中国文艺创作中经常误解或歪曲马克思主义文艺基本原理而进行的一次文艺理论上的正本清源，具有鲜明的现实针对性。说"文学是人学"论是将马克思主义文艺基本原理同中国文艺创作实际结合起来的创新典范，恐不为过。

其三，从人学角度推进了现实主义文艺理论研究。现实主义一直是20

---

① 钱谷融：《论"文学是人学"》，《钱谷融论文学》，华东师范大学出版社2008年版，第44—45页。

世纪中国文学理论和文学创作中的核心问题，"从 40 年代开始，尤其是解放以后，革命现实主义或社会主义现实主义渐由一种创作方法、文学流派和文学思潮演变成为关于文学的世界观、认识论与方法论的理论规范和创作原则，因而在理论和实践上引出了一系列分歧和论争"①。对此，钱谷融坚持"文学是人学"的观点，主张从描写人、对待人的态度上来区分不同的创作流派。同时，他认为在文艺中，最大的现实应该是人的个性。人是现实当中的人，是各种社会关系的集合体，只有写出活生生的、变化发展的人性，才能反映出完整的现实，揭示生活的本质。这对于批评当时流行的"文学的主要任务在于反映现实"的创作观念和庸俗社会学倾向，正确阐释现实主义创作原则具有重要意义，特别是他从人学角度对典型创作的阐述更深化了现实主义文艺理论中的典型创造研究。

其四，促进了文艺理论的多元化发展，扩大了批评的审美视域。这主要表现为钱谷融的"文学是人学"这一思想在新时期通过对人道主义和人性问题的论争，再一次获得肯定，并成为破除"文艺政治化"倾向和极左的思想束缚的重要思想武器，为新时期文艺创作的繁荣提供了有益的帮助。

---

① 黄曼君主编：《中国近百年文学理论批评史（1895—1990）》，湖北教育出版社 1997 年版，第29 页。

第九章　马克思主义文学批评中国形态的变异

　　"文化大革命"是形势认识和理论追求出现严重错位的产物。"无产阶级专政下继续革命"的理论对马克思主义中国化正确方向的背离，造成了文艺界的浩劫，也使得马克思主义文学批评中国形态的建构发生了断裂与变异。其中，林彪、"四人帮"炮制的《部队文艺工作座谈会纪要》就是一个破坏马克思主义文学批评中国形态进程的典型。当时的文艺界的主流意识形态及其理论的推广与宣传者通过歪曲马克思主义文艺理论而为现实的政治斗争服务，不仅没有为马克思主义文学批评中国化的实践提供新的理念，也谈不上系统的概念与体系的创新，相反，在极左路线和庸俗社会学的主导下，完全歪曲和篡改了马克思主义文艺理论所强调的现实主义及其真实性原则，将文艺的政治性、功利性推到急功近利的实用主义的极端。这一时段的马克思主义文学批评理论的探讨陷入了多重误区，出现了文艺性质认识中的所谓"从属"论和"工具"论，创作方法认识中所谓的"题材决定论""三突出""三结合"，以及创作主体条件认识中的所谓"改造先行"论。

第一节　斗争哲学与"文革"文艺批评

　　"文化大革命"的发生，其原因是多方面的。从毛泽东所面临的现实情景来讲，其一，"无产阶级政党与农民拥护者，现代化进程与革命战争精神，马克思主义与中国传统，宿命论与主观能动性，道德救世与技术救世，独裁专制与人民民主——所有这些问题，都是毛 1949 至 1976 年间反复深思而又困惑不解的矛盾问题"①。其二，在毛泽东看来，"尽管进行了可以上溯到 40 年代初期的多年的思想灌输，党和非党知识分子中不容忽视的一部分人仍然没有放弃他们在几十年前所接受的西方自由主义思想。甚至更为重要的是，在该政权下成长起来的青年知识分子和学生也受到了西方思想的影响。不管是通过苏联的渠道或者是通过他们前辈的著作，他们仍然继续了'五四'时期的传统"②。因此，只有经过文化革命，"无产阶级"属性才能"从一种社会阶级的描述转变成一种美德"，与列宁仅仅认为只有布尔什维克政党才能推动历史前进的车轮不同的是，毛泽东坚信"任何阶级只要通过品性转变实践与意识形态教育（也就是通过"整风"）都能获得无产阶级的美德"，即"布尔什维克化可以被彻底地内化于个体之中"。③就毛泽东的哲学信念来讲，发动"文化大革命"的哲学途径是理论先于实践，即"理论—实践—理论"的过程，"在此过程中意识形态（马克思主义）经由现实实践的努力以及基于实践结果基础上的调整进行评判"④。当然，"'毛主义'实践辩证法却是主体的意志——个人与集体。因此，毛泽东横跨马克思主义理论的人道主义与理想主义之双翼，他将上层建筑置于经济基础之上，并将其视为推动人类社会历史发展的动力"⑤，这当然也是造成其发生认识误判的重要哲学原因。另外，我们还要看到 20 世纪 60 年代中国激进知识分子对"文革"的助力。美国学者 R.麦克法夸尔曾指出：

> 60 年代早期的激进知识分子的文章和讲话有种种论题，但共同的特点是他们吸取毛的思想的激进方面比吸取传统的马克思主义要多。他们继续阐释毛在大跃进期间表现出来的信念，但这时是用

① ［美］R.麦克法夸尔、费正清编：《剑桥中华人民共和国史——中国革命内部的革命 1966—1982》，俞金尧等译，中国社会科学出版社 1992 年版，第 3 页。
② ［美］R.麦克法夸尔、费正清编：《剑桥中华人民共和国史——革命的中国的兴起 1949—1965 年》，谢亮生等译，中国社会科学出版社 1990 年版，第 267 页。
③ ［加］齐慕实：《毛泽东与"毛主义"》，张明编译，《毛泽东研究》2015 年第 4 期。
④ ［加］齐慕实：《毛泽东与"毛主义"》，张明编译，《毛泽东研究》2015 年第 4 期。
⑤ ［加］齐慕实：《毛泽东与"毛主义"》，张明编译，《毛泽东研究》2015 年第 4 期。

意识形态和政治的用语而不是经济用语表达。和他们的指导人一样，他们坚持经济的社会主义改造并不能自动地改变资产阶级思想，必须进行思想上的阶级斗争以反对资产阶级的上层建筑，资产阶级上层建筑即使其生产资料已被消灭，仍然残存并发挥作用。大跃进中曾被激发起来以克服自然力和经济限制的主观意志这时又将被激发起来反对资产阶级和修正主义思想的势力。他们把主观意志和革命热情等同起来，试图动员群众的主观意志以反对占优势的资产阶级上层建筑，尤其是反对年长的知识分子。①

一、《部队文艺工作座谈会纪要》与斗争哲学

在这场史无前例的悲剧中，文艺界无疑也是重灾区。1966 年《部队文艺工作座谈会纪要》（以下简称《纪要》）的出台标志着中国当代激进主义文艺政策的全面登场。和新中国成立初期的"三大文艺批判运动"、1957 年文艺界的"反右派"斗争、1958 年的文艺"大跃进"运动以及 1959 年文艺界的"反右倾"相比，《纪要》的出台预示着斗争哲学正式全面笼罩文艺批评。1979 年 5 月 3 日中共中央批转总政治部《关于建议撤销一九六六年二月部队文艺工作座谈会纪要的请示》对《纪要》作了以下的历史定评：

> 十几年来的实践证明，《纪要》提出的一系列观点和结论，是完全违反马克思列宁主义、毛泽东思想的根本原理的，也是完全不符合我国文艺战线的实际状况的。《纪要》提出的"文艺黑线专政"论，全面否定了建国以来我党领导的文艺事业，从根本上篡改了毛主席《在延安文艺座谈会上的讲话》中提出的无产阶级文艺的方向，篡改了无产阶级文艺的党性原则。《纪要》在"破除迷信"和"彻底革命"的旗号下，排斥一切中外古典文学的优秀遗产，全盘否定我国三十年代文艺的重大成就，从而彻底践踏了"五四"以来新文

---

① ［美］R.麦克法夸尔、费正清编：《剑桥中华人民共和国史——革命的中国的兴起 1949—1965 年》，谢亮生等译，中国社会科学出版社 1990 年版，第 483 页。

化运动和无产阶级革命文艺运动的光荣传统，贬黜了从马克思主义
创始以来的无产阶级文艺，推行反动的文化虚无主义和封建蒙昧主
义。《纪要》不顾文学艺术事业本身固有的规律，设置了许多唯心
主义、形而上学的禁令，完全抛弃了毛主席提出的"百花齐放、百
家争鸣"这一发展社会主义文学艺术的根本方针和党领导文艺的一
系列无产阶级政策。《纪要》贯串的思想，是一种反马克思主义的、
反科学反民主的封建文化专制主义的思想。《纪要》推行的路线，
是林彪、"四人帮"极左的机会主义路线。①

在以《纪要》为主要理论支撑的"文革"时期的文艺批评中，政治斗
争"被具体解释为一种反对'资产阶级、现代修正主义文艺思想逆流'的斗
争，或简言之是一种反对'黑线'的斗争"②而内嵌到文艺批评里。"阶级斗
争"作为马克思创立的历史唯物主义、科学社会主义学说中的关键术语或社
会学说，偏离了经典作家的本来定义与原初内涵，不但被随意解释，而且还
作为真理性的信条运用到文艺创作和文艺批评中。"阶级立场"作为对抗性
范畴的一种思想—行为模式被滥用，基于其非此即彼、简单化的二值判断而
形成的"立场＝党性＝主义＝科学＝客观＝现实"的强制性逻辑链条成为
文艺批评的基本思维方式。作为未经升华之本能的"阶级感情"内蕴着理论
化的阶级斗争学说、阶级分析方法和政治性的利害抉择，成为文艺批评主体
政治立场的试金石。偏离了"扬弃"、"理解"、"超越"（否定）、"熔铸"（保
留）、"评判"、"反省"、"分析"、"探讨"等原初涵义的"批判"，演化为以"大
鸣、大放、大字报、大辩论"四"大"为核心的政治"大批判"，将文艺批
评变成以权力为背景或倚仗而非以事实或逻辑为归依的政治审判、裁断（最
为典型的就是姚文元批《海瑞罢官》、"三家村"、周扬）。"上纲上线"则篡
改了马克思主义经典作家的"透过现象看本质"的基本内涵，把复杂的文艺
批评活动简单化、绝对化为阶级斗争的大是大非。可以说，《纪要》和随后

---

① 《总政治部关于建议撤销一九六六年二月部队文艺工作座谈会纪要的请示》，中共中央文
献研究室编：《三中全会以来重要文献选编》（上），中央文献出版社2011年版，第132页。
② ［美］R.麦克法夸尔、费正清编：《剑桥中华人民共和国史——中国革命内部的革命
1966—1982》，俞金尧等译，中国社会科学出版社1992年版，第628页。

的《五·一六通知》以及稍前毛泽东对文艺问题的两个批示①，把文艺政策的"左"倾思潮推向了极端。

在斗争哲学主导下的"文革"时期的文艺批评充满"战斗"的火药味。这可以从当时大量"战斗"性刊物的编印中见出。在"文革"期间各"战斗兵团"自编自印的刊物中，较有代表性的刊物有"新北大公社文艺批判战斗团"创刊于1967年6月的《文艺批判》和"北京大学文化革命委员会"在此前后创办的《文化批判》。书籍则有人民文学出版社《文艺战鼓》编辑部、首都红代会中国人民大学三红文学兵团编印的《60部小说毒在哪里?》、武汉大学中文系62级《延河公社》和湖北省文联红色造反团编印的《十七年百部小说批判》、郑州大学中文系六三级二班和河南二七公社郑大联委响箭兵团编印的《七十部戏剧批判》，以及辽宁大学中文系文艺理论教研室编写的内部教材《文艺思想战线三十年》等②。

斗争哲学从文艺界最先打开缺口，也几乎覆盖文艺界的各个领域或艺术的各个门类。在理论界，姚文元"揪出"了与毛泽东文艺路线这条"红线"相对立的以周扬为总头目，包括胡风、冯雪峰、丁玲、艾青、秦兆阳、林默涵、田汉诸人在内的文艺"黑线"。③ 在小说界，曾在《讲话》之后作为"方向"的赵树理的创作被彻底否定，"山药蛋派"成为"反革命别动队"。浩然的《金光大道》则由于其"紧紧围绕中国农村两条道路的斗争这一根本问题，

---

① 这两个批示分别是：一、于1963年12月12日在中宣部文艺处编印的关于上海举行故事会活动的材料上作的批示，指出："各种艺术形式——戏剧、音乐、美术、舞蹈、电影、诗和文学等等，问题不少，人数很多，社会主义改造在许多部门中，至今收效甚微，许多部门至今还是'死人'统治着"，"许多共产党人热心提倡封建主义和资本主义的艺术，却不热心提倡社会主义的艺术"。二、1964年5月27日，在《中宣部关于全国文联和所属各协会整风情况的报告》的草稿上，又作了批示，指出："十五年来，基本上（不是一切人）不执行党的政策，做官当老爷，不去接近工农兵，不去反映社会主义的革命和建设。最近几年，竟然跌到了修正主义的边缘。如不认真改造，势必在将来的某一天，要变成匈牙利裴多菲俱乐部那样的团体"。——参见高占祥等主编：《中国文化大百科全书·文学卷》，长春出版社1994年版，第834页。

② 古远清：《文化激进派的文艺主张——文革时期的文学批评之一》，《管理教育学刊》1998年第2期。

③ 姚文元：《评反革命两面派周扬》（原载于《红旗》1967年第1期），《评反革命两面派周扬》，上海人民出版社1967年版，第32—42页。

在广阔的社会背景上，表现我国农村的两个阶级、两条道路的斗争，反映了农村社会主义革命的历史进程"①而受到高度评价。在戏曲界，江青欢呼"京剧革命的胜利，宣判了反革命修正主义文艺路线的破产"②，样板戏在"文革"中的话语霸权得以形成。在电影界，《创业》《海霞》等则遭到批判或围剿。

二、"红"与"黑"：文艺批评的语义色彩

斗争哲学直接导致了"文革"文艺批评话语形成了以"红"与"黑"的语义色彩为阶级阵营辨识和意识形态判定之核心的批评景观。

"红"色，作为革命、合法、进步、光明、正义、生命等含义的色彩隐喻，代表的是政治合法性、正义性，具有让政治的影响借助于修辞形象的力量夸张、强化其冲击力的显著特点。在政治意义上的常用语汇有"红色江山""红色战线""红五类""红卫兵""红小兵""红司令""红光亮""红宝书""又红又专""根正苗红"等等。在文艺创作上，它意味着表现主旋律、体现时代精神的政治要求，当然也潜伏着与黑色的对抗性、攻击性甚至"杀机"（非此即彼的政治判断），其常用的语汇有"红色风暴""红色文艺""红色经典""红色旋律""红色战歌"等。以"红色经典"为例，它不仅包括"三红一创，山青保林"，即《红岩》《红日》《红旗谱》《创业史》《山乡巨变》《青春之歌》《保卫延安》《林海雪原》等文学作品，也包括芭蕾舞剧《红色娘子军》《白毛女》，现代京剧《红灯记》《智取威虎山》《沙家浜》《奇袭白虎团》《海港》《龙江颂》《杜鹃山》等其他艺术门类。这些"红色经典"或反映中国共产党领导的社会政治斗争，或反映普通工农兵生活，其共同点都是以《讲话》为精神指引，歌颂时代主题，充当政治观念的注脚，在创作理念、价值取向、审美趣味、形式语言乃至主要人物性格的塑造上具有某种内在一致性。这些

---

① 辛文彤：《社会主义历史潮流不可阻挡——评长篇小说〈金光大道〉第一、二部》（原载于《光明日报》1974年12月12日），王尧、林建法主编：《中国当代文学批评大系：一九四九——二〇〇九·卷三》，苏州大学出版社2012年版，第62—63页。

② 《红旗》杂志社论：《欢呼京剧革命的伟大胜利》（此文为《红旗》杂志社为江青的《谈京剧革命》公开发表而作的社论，原载于《红旗》1967年第6期），吴迪编：《中国电影研究资料1949—1979》（下卷），文化艺术出版社2006年版，第142页。

后人往往称之为"红色波普"的文艺，其诉诸感性的颠覆方式比理性批判的效力甚至更大、更直接，而"文革"文艺批评的首要任务就是进行这种色彩的辨识。

与"红"相对的则是"黑"。作为"文革"时期最常见的斗争哲学语汇，其涵义是非常丰富的。在政治上，它代表反动、敌对、反革命；在道德上，它代表邪恶、卑劣、腐朽、衰落；在文化上，代表封（封建主义）资（资产阶级）修（修正主义），此类文化思想体系的书籍统称为"黑书"；在社会组织上那些被指控有政治问题、服务方向问题的人或组合、组织，一般谓之"黑店"或"黑帮"（如文化界与文艺界著名的邓拓、吴晗、廖沫沙"三家村"和"周扬黑店"）。在个人身份上，有所谓的"地、富、反、坏、右"等"黑五类"或"牛鬼蛇神"。在个人行为或集体行为方面，则有破坏无产阶级政权的所谓"黑手"。诸如此类，不一而足。

作为斗争哲学冲击尤甚的文化领域之一，文艺界的批判活动最为突出的就是将要批判的对象安上"文艺黑线"的"标签"。比如，在武汉大学中文系鲁迅兵团《无产者》编写的《文艺黑线人物示众》（1968年版）中，关于文艺黑线人物，国内分"文艺黑线头目"（9人）、"文学界"（54人）、"电影界"（14人）、"戏剧界"（15人）、"音乐界"（7人）、"美术界"（8人）六个部分，附录"苏修文艺头目"（4人），共111人，可以说，将当时中国著名的文学艺术家基本都囊括进来了。其中文艺界的"黑线头目"是周扬、林默涵、齐燕铭、邵荃麟、刘白羽、夏衍、田汉、肖望东、阳翰笙诸人，而"苏修文艺头目"则有肖洛霍夫、爱伦堡、西蒙诺夫、丘赫莱依4人。周扬被称为"中国赫鲁晓夫在文艺界的代理人、反革命修正主义文艺黑线总头目""三十年代文艺黑线的祖师爷"。其文艺上的主要罪行是：一、带头围攻鲁迅，用"国防文学"口号对抗鲁迅的"民族革命战争的大众文学"口号。二、宣扬车尔尼雪夫斯基的"美是生活"，对抗毛主席的《讲话》精神。三、鼓吹全盘接受资产阶级文艺遗产，推行刘、邓资产阶级路线。四、鼓吹修正主义"全民文艺"论。五、在历次文艺思想批判运动中以两面派的手法向毛泽东文艺思想进攻。六、炮制"文艺十条"修正主义文艺纲领。七、把持文艺界，将之变成反革命裴多菲俱乐部。八、利用高校文科阵地大开文科教材黑会，反对党的文艺方针和教育方针。林默涵被看作是"混进党里、文艺界里的帝、资、封、修的代言人"，周扬则是"文艺黑线的得力帮闲"。其罪状是：参与围攻鲁迅，炮制"文艺八条"；鼓吹"写真实"论、"全民文艺"论和反"题材决定论"；鼓吹现代戏、历史戏和新编历史剧"三者并举"；贬低革命京剧；攻击柯庆施"写十三年"革命口号；为"中间人物"论开脱。邵荃麟的罪状是：推崇陀思妥耶夫斯基；鼓吹"中间人物"论、现实主义深化论。刘白羽的罪状是：鼓吹人性论、人道主义、"中间人物"论；丑化解放区群众；歪曲"双百"方针；狂热鼓吹苏联修正主义文艺；膜拜肖洛霍夫；批评《讲话》过时。至于作家赵树理，则是一个宣扬周扬"文艺黑线"的"专干反党反社会主义反毛泽东思想勾当的资产阶级反动作家"，其文学作品《小二黑结婚》——大写巫婆神汉，《地板》——为地主唱赞歌，《三里湾》——宣扬阶级斗争熄灭论，《张来兴》——公然为右倾机会分子鸣冤。翻看"文革"时期的文艺批评文章，赫然在目的都是黑八论、黑帮、黑材料、黑党、黑店、黑风、黑纲领、黑干将、黑高参、黑后台、黑话、黑货、黑据点、黑路、黑幕、黑牌子、黑旗、黑伞、黑书、黑手、黑司令、黑头目、黑窝、黑线、黑账、黑状之类的色彩语汇。

第二节　"文革"时期文艺批评话语的基本特征及其运作方式

在斗争哲学熏染下的"文革"文艺批评，表现出与五四启蒙文学、左翼文艺甚至延安工农兵文艺批评截然不同的风貌。通过对其批评话语的基本特征的剖析，我们可以看到其批评运作方式的实质。

一、"文革"时期文艺批评话语的基本特征

"文革"时期的文艺批评在话语形式上表现出一些重要特征，它们能帮助我们很好地认识这一时段马克思主义文艺理论异化情形下的中国文学批评呈现出的风貌。

1. 群体无意识性

"文革"期间群体无意识性的产生或形成是主流意识形态通过"主义""教义""信条"等"压迫法则"对个体进行反复灌输或"洗脑"的结果。它在"文革"时期的文艺批评活动中突出体现为大量"御用"写作班子的成立。这些写作班子都响应《纪要》中明确提出的号召——"要提倡革命的战斗的群众性的文艺批评,打破少数所谓'文艺批评家'(即方向错误的和软弱无力的那些批评家)对文艺批评的垄断,把文艺批评的武器交给广大工农兵群众去掌握,使专门批评家和群众批评家结合起来。"[1] 比如"初澜"就是由江青、张春桥、姚文元直接控制下的文化部"文艺评论"方面的御用写作班子。它是"文革"时期文艺方面的一根战斗力很强的"棍子"。[2] 除此之外,在当时影响很大的还有北京市委大批判组的"洪广思"(亦署"中国共产党北京市委写作小组")、由《红旗》杂志总编姚文元组建并直接掌握的"池恒",以及"梁效"(谐音,清华、北大两校大批判组)、"唐晓文"(中央党校)、"辛文彤"(北京市文化局)、"任犊"(上海写作组)、"罗思鼎"(上海市委写作组,谐音"螺丝钉")、"石一歌"(上海高校"十一个"成员的谐音)等。这些主导当时文艺思潮与文艺评论的写作班子,大多相互之间联系密切,通报组稿意图,协商修改、润色,并为之提供发表园地,其文艺批评文章并非批评个体对文艺作品深切体悟后的理性结晶,而是动辄口含天宪,上纲上线,完全抹杀了文艺批评的独立性。

上述这些写作班子在其批评活动中虽然摆出思辨化、理论化架势,但其群体无意识中内化与充溢的却是政治斗争法则,批评个体已经丧失了独立思考的能力,群体"盲视"成了群体"洞见"。由于主流政治意识形态已经为群体的思考预先规定好了思考的内容和路径,因此集体政治无意识支配下的

---

[1] 《林彪同志委托江青同志召开的部队文艺工作座谈会纪要》,人民出版社1967年版,第15页。

[2] 其具体事务由于会泳任组长的文化部创作领导小组办公室主管,写作组长为张伯凡。活动时间为1973年到1976年10月,共发表各类文艺批评文章一百六七十多篇。其代表作有《中国革命历史的壮丽画卷——谈革命样板戏的成就和意义》《评晋剧》《京剧革命十年》《深入批判资产阶级人性论——从标题与无标题音乐问题的讨论谈起》《坚持文艺革命反对复辟倒退——反击美术领域文艺黑线的回潮》《为哪条教育路线唱赞歌——评湘剧》《一项重大的战斗任务》及《坚持文艺革命,反击右倾翻案风》等。——参见申涛声:《阴谋文艺的一股狂澜——评"四人帮"御用写作班子初澜》,《人民日报》1977年12月15日。

文艺批评活动成为粘贴政治标签（如"人民性""阶级性"等）和划分"阶级阵营"（"无产阶级"和"资产阶级"、"唯物主义"和"唯心主义"等）的工作，任何批评家个体的严肃的批判性的思考都将被视为对"绝对真理"的挑战而招致更严厉的政治批判或政治迫害。

2. 二元对立模式

这种二元对立模式，是哲学上的唯物主义\唯心主义，客观主义\主观主义，反映论\唯心论等二元对立模式，以及政治上的进步阶级\落后阶级、无产阶级\封建阶级或资产阶级、社会主义\封建主义或资本主义等二元对立模式渗透到文艺批评领域的产物。它的基本模式是：社会主义文艺\封建主义文艺或资本主义文艺、社会主义文艺\修正主义文艺、现实主义\反现实主义、现实主义\形式主义或唯美主义、现实主义\复古主义、革命浪漫主义\消极浪漫主义、厚今薄古\厚古薄今、尊法反儒\尊儒反法等。它之所以在"文革"期间的文艺批评中突出地表现出来，其重要原因就是前述的斗争哲学的盛行，这种斗争思想不独表现在"文化大革命"的主要发起人毛泽东那里，也表现在周扬那里。他曾断言，"文学艺术从来是思想斗争的重要部门"①，并且用三个"容忍"和实质上的不能"容忍"把斗争哲学对文艺批评的内在要求作了清楚的阐述：

> 容忍资产阶级反动思想和反革命分子对人民文艺事业的腐蚀和破坏，丧失我们在文艺战线上应有的政治锐敏性和思想战斗力；容忍文艺工作中各种不正确的、不健康的和腐朽的倾向，而不去坚决地加以反对，另一方面又不积极地保护和扶植文艺事业发展中的进步因素和新生力量；容忍文学艺术落后于生活的不正常的现象，漠视广大人民群众对文学艺术的日益增长的要求，忘记作家艺术家对国家和人民所应负的责任；所有这些，就都是右倾保守主义的显著

---

① 周扬：《建设社会主义文学的任务》（本文是周扬在中国作家协会第二次理事会会议［扩大］上的报告），中国作家协会编：《中国作家协会第二次理事会会议（扩大）报告、发言集》，人民文学出版社1956年版，第9页。

的表现。两年来，经过思想战线上的一系列的斗争，特别是批判和揭露胡风反革命集团的斗争，文艺界存在的反动的资产阶级唯心主义思想和各种反人民的活动受到了致命的打击，右倾保守主义的思想也得到了有力的纠正。这样，就为我们的社会主义文艺事业的顺利前进扫清了道路。①

可以说，在当时，为数甚多的中国激进知识分子与文艺工作者在其思想深层都接受了这种斗争哲学，并且将之运用到对文艺现象的分析与评判上。在他们看来，只有通过与各种阻碍文艺创作的思想倾向进行不懈的斗争，文艺事业才能得到发展。其意识深处也同毛泽东的"不破不立"思想一样，并未将这种思想斗争看作是对文艺的干扰或破坏，恰恰相反，他们将之看作是文艺事业的主动建设，看作是在斗争中巩固和完善自己。正因为如此，我们才能看到，20世纪50年代所提出的"百家争鸣"到"文革"期间最终演变成了"两家"争鸣，即无产阶级文艺与一切非无产阶级文艺的争鸣——不是"香花"，就是"毒草"。1967年中国作家协会革命造反团、新北大公社文艺批判战斗团在毛泽东的《讲话》发表25周年之际编写的《文艺战线上两条路线斗争大事记(1949—1966)》能在文艺界迅速出版并得以广泛传播、征引，也可由此得到合理的解释。

3. 批评主体的双面性

"文革"期间，一个显见的批评现象就是很多文艺工作者在其文艺活动中淋漓尽致地展现出了他们的双面人特征。一方面，他们希望在独立于宗教、政治、经济权力之外的知识世界里拥有一个自主的自我；另一方面，强大的政治力量却使得他们不可能如自己想象的那样去寻求这种自主性，去寻求"纯粹的"艺术或文学的特点。在文艺批评与政治效用之间的矛盾激化时，面对强制性体制力量（或反复的政治运动），许多文艺工作者只好放弃前者，

---

① 周扬：《建设社会主义文学的任务》（本文是周扬在中国作家协会第二次理事会会议［扩大］上的报告），中国作家协会编：《中国作家协会第二次理事会会议（扩大）报告、发言集》，人民文学出版社1956年版，第5页。

或者被迫参与到政治运动中。其自主性在政治效用或政治斗争面前的妥协，则进一步强化了政治或意识形态在文化生产场域中的特殊地位或合法逻辑。这样，政治性强制力量在消解许多文艺工作者的批评意识或独立自主性的同时，又将他们变成了自己的同谋者。

正是由于强制性体制力量的压迫，自我批判成为"文革"时期文艺批评中的一道特殊风景。比如，《文艺报》1956 年第 12 号刊登了朱光潜的《我的文艺思想的反动性》一文。在文中，朱光潜否定了自己早期的《文艺心理学》《诗论》等著作，称这些著作"本是从唯心观点出发的，与中国过去封建的文艺思想，与欧美的哲学、美学、心理学和文艺批评各方面的思想，都有千丝万缕的联系"①。他在 1983 年的《悲剧心理学》"中译本自序"中则说："在我心灵里植根的倒不是克罗齐的《美学原理》中的直觉说，而是尼采的《悲剧的诞生》中的酒神精神和日神精神。那么，为什么我从一九三三年回国后……就少谈叔本华和尼采呢？这是由于我有顾忌，胆怯，不诚实。"②相同的例子在刘大杰那里也能看到。这位因写作《中国文学发展史》而得到毛泽东极高评价的学者，在其《中国文学发展史》一书受到复旦大学中文系文学教研组展开的批判后，写了题为《批判〈中国文学发展史〉中的资产阶级学术思想》的自我批判，文章不仅"交代"了自己资产阶级学术思想的历史根源，还主动谈了自己的反思体会：

> 如果知识分子不认真地兴无灭资，不彻底转变资产阶级立场，不在资产阶级学术思想上进行自觉自愿地深刻革命，不把这一个顽固地缠绕在我们身上的资产阶级学术思想毒瘤割得干干净净的话，我们不仅不能为社会主义建设事业贡献力量，反而要起促退派的作用。③

---

① 朱光潜：《我的文艺思想的反动性》（原载于《文艺报》1956 年第 12 号），《朱光潜美学文集》第三卷，上海文艺出版社 1983 年版，第 4 页。

② 朱光潜：《悲剧心理学——各种悲剧快感理论的批判研究》"中译本自序"，张隆溪译，人民文学出版社 1983 年版，第 2 页。

③ 刘大杰：《批判〈中国文学发展史〉中的资产阶级学术思想》，复旦大学中文系文学教研组编：《"中国文学发展史"批判》，中华书局 1958 年版，第 283 页。

这种自我批判或检讨并非个案现象，而是这一时期知识分子的群体活动。像丁玲的《〈文艺报〉编辑工作初步检讨》、冯雪峰的《检讨我在〈文艺报〉所犯的错误》、王瑶的《〈中国新文学史稿〉的自我批判》等，都折射了这一特殊时代知识分子个体不断向主流意识形态妥协、靠拢甚至主动配合的痛苦心路历程，文艺批评或学术批判也由此变成了"深刻的自我革命"。

二、"文革"时期文艺批评话语的运作方式

"文革"时期文艺批评中意识形态的运作方式主要有如下几种。

1."主义"先行

任何术语或概念如果企图包罗一切，那么，它就有可能变成一个空洞的"能指"，并且，由这一术语所生发的知识客体也就有可能变成一套教义式的信念。"文革"期间文艺批评中"主义"话语便带有明显的上述特征。按照学者刘小枫的看法，"'主义'话语是带价值论断的社会化思想言论，这些论述以某种知识学（科学）的论证来加强价值论断的正当性，以此促成不同程度的社会化行为。并不是任何思想论述都具有'主义'话语的性质，只有当某种思想话语进入社会化推论和诉求时，或当某种由个体提出的思想论述要求社会法权时，思想论述方转换为'主义'话语。一旦'主义'话语获得社会合法权，就成为意识形态"[1]。

"文革"文艺批评中这种"主义"先行的运作方式的突出话语模式就是"**毛主席说**"。即在文艺批评中大量征引毛泽东或经典马克思主义理论家们关于哲学、政治、文艺的论述或见解，用作文艺批评实践的理论阐述的根据，借助"毛主义"的话语权威来强化文章的力量。和传统文艺批评中常用的"子曰""诗云"不同的是，这是一种政治性极强的实用主义征引，它既是批评者主观立场的表达，也是批评者占领批评话语制高点的基本方法，具有把征引直接作为结论，用征引的权威话语省略或代替论证过程的特点。作为"文革"时期文艺批评表达的通行格式，"毛主义"的有关言论在各种批评文本

---

[1] 刘小枫：《现代性社会理论绪论——现代性与现代中国》，上海三联书店1998年版，第198页。

中往往被特意给予物理印记，如加粗、变成黑体字、变成斜体字或加着重号，其目的就是为了凸现"主义"的意识形态内涵，以下是典型的三个例子：

> 毛主席曾经指出："**在中国封建社会里，只有这种农民的阶级斗争、农民的起义和农民的战争，才是历史发展的真正的动力。**"……由明代杂剧《十八国临潼斗宝》改编的秦腔《临潼斗宝》，就是一出贩卖孔孟之道、污蔑柳下跖及其领导的奴隶起义、为统治阶级镇压人民革命制造反革命舆论的坏戏。①（注：黑体字为原文所有）

> 在阶级社会里，"**一切文化或文学艺术都是属于一定的阶级，属于一定的政治路线的**"。"**一定的文化是一定社会的政治和经济在观念形态上的反映。**""骂曹戏"的出现，是历史上儒法斗争在意识形态领域里的尖锐反映，是反动的儒家学派孔孟之徒，利用文艺为其反动政治服务，在思想领域中对进步的法家路线实行专政的产物。②（注：黑体字为原文所有）

> 毛主席在《实践论》中教导说："**我们的实践证明：感觉到了的东西，我们不能立刻理解它，只有理解了的东西才更深刻地感觉它。**"只有对英雄人物理解得深刻，才能做到心中有数，表现得准确、有感情，塑造出优秀的舞蹈形象。为了真正理解英雄人物，在设计舞蹈时，必须首先从全剧的主题思想出发，对如何表现英雄人物，用毛泽东思想进行认真的科学分析，即：（1）分析英雄人物的思想、感情、性格、气质等；（2）分析英雄人物的生活环境特点；（3）分析英雄人物与其他人物的关系。这三点当中，作为核心的是第一点。因为其他两点都是为烘托和突出英雄人物的精神面貌服务的。③（注：黑体字为原文所有）

---

① 疆岩松：《人民英雄不容诬蔑——批判坏戏〈临潼斗宝〉》，《工农兵批判旧戏文集》，甘肃人民出版社1975年版，第12页。
② 王松：《从旧京剧中的"骂曹戏"谈起》，《工农兵批判旧戏文集》，甘肃人民出版社1975年版，第35页。
③ 上海京剧团《智取威虎山》剧组：《源于生活　高于生活——关于用舞蹈塑造无产阶级英

从以上三例不难看出，"主义"作为支配性结构，以其合法化姿态将批评个体的论述裁定为"伪陈述"，批评个体的论述变成了"主义"的注脚，其自主性、独立性被"主义"或意识形态斗争取消了。

"文革"期间，这种高度"主义"化、高度意识形态化的文艺批评文章俯拾皆是。

这种"主义"先行的批评运作方式，在文艺理论与批评的学习、教育或规训活动中进一步发展为"马恩列斯毛论×××"。即"文革"时期的文艺界往往从马克思、恩格斯、列宁、斯大林或毛泽东的各种著作中，搜寻与当下文艺实际密切相关的各类论述，将之编辑排列在一起，加以注释、引申，其形式多是资料汇编。其中的"×××"在内容上往往是"阶级斗争""现实主义""浪漫主义""文艺""人道主义""人性""形象""典型"等等。这种从原著文本、体系、历史语境中剥离出来的"×××"大多经过精心挑选，承载丰富的意识形态内涵，既为阶级斗争作舆论准备，也把"主义"先行纳入制度化的设置中。

这种"主义"先行的批评运作方式还体现在"社论"语式的典范文本中。特别是两报一刊（《人民日报》、《解放军报》、《红旗》杂志）联合发表的社论，从文艺批评的内部问题如主题、立意、阐述角度、材料、结构、风格，到文艺批评的外部问题如作者的选择、发表时间的安排，甚至陈伯达、姚文元等直接参与、修改、审定。如1968年元旦的《人民日报》社论《迎接无产阶级文化大革命的全面胜利》、1966年4月18日《解放军报》的社论《高举毛泽东思想伟大红旗，积极参加社会主义文化大革命》，以及《红旗》杂志1967年第6期为江青《谈京剧革命》公开发表的社论《欢呼京剧革命的伟大胜利》等，将"主义"先行的文艺批评理念发挥到极致。

2."标签"化

在"文革"期间，由于"主义"的盛行，作为一种知识归类的"标签"化实际上变成了一种意识形态运作。给文学文本或批评家贴上各种"主义"

雄形象的一些体会》（原载于《红旗》1969年第12期），本社编：《革命样板戏评论集》，上海人民出版社1976年版，第73页。

标签→将作家或作品划入进步或落后两大阵营→给予歌颂或批判，往往成了"文革"文艺批评的一个基本流程。

从标签名称上看，种类繁多，如被批评或批判的文艺理论家或批评家常常被冠以"盘据在思想文化阵地上"的"资产阶级的'专家'、'学者'、'权威'、'祖爷'"、"剥削阶级"、"小资产阶级"、"反党、反社会主义、反毛泽东思想"分子、"反革命的修正主义分子"、"阶级敌人"等。或者被加以"一小撮""一帮""极少数""隐藏在人民内部的""混进党内的""混进革命队伍内部的""漏网的""反动的""恶毒的""凶狠的""凶恶的""险恶的""怀有刻骨仇恨的""死不改悔的""狡猾的"等否定性字眼。文艺作品与批评的性质常常被标签化为"形式主义""唯美主义""复古主义""反社会主义""反现实主义""为艺术而艺术""为考证而考证"等等。被批评的文艺创作活动被冠以"教唆""煽动""散布""破坏""下毒""进攻""腐蚀"等等，其作品则往往被冠以"黑书""黑戏""黑线""阴谋""黑八论"等。

3. 口号化

口号作为政治鼓动的重要手段，因其简略、凝练和高度概括性，成为以意识形态推动社会动员的器物性承载。"文革"时期文艺批评中的口号（化）当然更是政治意识形态的承载工具，它把复杂的文艺批评活动简化为文艺目标、文艺任务、文艺政策、文艺措施、文艺意义之概括、扼要的表述，也彻底把文艺批评变成了政治斗争或阶级斗争的工具。

"文革"时期文艺批评的口号化因批评展开的内在需要更多体现在其句式的运用上，或肯定，或否定，或命令，绝少对话与恳谈式的祈使、疑问，那些怀疑、商议、反诘式的批评更在批判之列。即使是陈述句式，也往往诉诸情绪、冲动而非理性、理智的"坚持""宁可……也不""打倒""拥护""坚决""谁……就……""要……不要……"等非此即彼的意识形态判断。

第三节　马克思主义文学批评中国形态的变异性表现

"无产阶级专政下继续革命的理论"和极左文艺政策下的"文革"文艺批评，用历史虚无主义对五四文学、三十年代左翼文学甚至新中国成立后"十七年"文学进行了全盘否定，用封建蒙昧主义排斥一切中外古典文学的优秀遗产，用"文艺黑线专政"论把新中国成立以来文艺理论方面的代表性论点归纳为所谓的"黑八论"(即"写真实"论、"现实主义广阔的道路"论、"现实主义深化"论、反"题材决定论"、"写中间人物"论、反"火药味"论、"时代精神汇合论"和"离经叛道论")，其实质是一种反马克思主义的、反科学反民主的封建文化专制主义的文艺思想。这一时段的马克思主义文学批评中国化探索处于停止或倒退状态，在许多重大文艺问题上都背离了马克思主义文艺基本原理，其中又以对文艺本质问题、文艺创作原则及方法问题以及创作主体的自由性问题的认识偏离最为严重，在文艺本质问题方面提出了所谓的"从属"论和"工具"论，在文艺创作原则与方法问题上提出了所谓的"题材决定论"、"三突出"和"三结合"，在创作主体的自由性问题上提出了所谓的"改造先行"论。

一、"从属"论

文艺的本质是什么？这是文艺中最关键、最核心的问题。马克思主义经典作家的文艺本质观实际上是完整而系统的本质观。其中至少包括三种不同的关于文艺本质问题的立论角度：第一，社会本质。即将文艺视为一种特殊的社会意识形态。文艺属于"更高地悬浮于空中的思想领域"，受经济基础的决定性影响又反作用于经济基础，并且要通过政治、道德、哲学等中间环节来实现，这是马克思主义文艺学的基本立足点。第二，生产本质。即把文艺视为一种特殊的精神生产实践，强调了人在文艺这种精神生产中的能动性、创造性和自由性。第三，审美本质。即文艺是按照"美的规律"来创造的，文艺是"掌握世界"的一种特殊方式。在多元聚焦文艺本质的基础上，马克思主义既把文艺的倾向性看作是一种历史性的客观存在，也强调文艺的倾向性只有内在地从艺术创作中流露出来才能与艺术相容。列宁的反映论则从根本上揭示了文艺对客观现实的依赖关系，同时也强调了文艺审美活动的主体能动性，并在此基础上进一步提出了文学的党性和人民性的要求。然而"文革"时期的文艺理论与批评，偏离和曲解了马列主义对文艺本质的基本看法，用形而上学的"从属"论和"工具"论阉割了马列主义的文艺本质论。

在 20 世纪中国文艺理论批评史上，文艺"从属"论一直占主流地位。从左翼文学的"文学从属于革命"到《讲话》的"文艺从属于政治"再到"文革"期间的"文艺从属于阶级斗争"，不同的历史时段，文艺实际都处于依附地位，从未真正享有独立品格。这种依附地位的逐渐形成，除了《讲话》中的领袖意志外，也有文艺工作者本身对文艺与革命、与政治之关系的单向度的错误理解，因此，有一个长期理论积累的过程。早在新中国成立之初，诗人阿垅就在《论倾向性》（《文艺学习》1950 年第 1 期）一文中认为，片面强调政治性将导致创作中的教条主义和公式主义，违背艺术的真实性原则，结果受到陈涌、何其芳、林默涵等人的批评。陈涌在《论文艺与政治的关系——评阿垅的〈论倾向性〉》（《人民日报》1950 年 3 月 12 日）一文中，认为阿垅的观点是纯粹唯心论的观点。稍后，邵荃麟在《论文艺创作与政策和任务相结合》（《文艺报》1950 年第 3 卷第 1 期）一文中把"文艺服从政治"这个基本原则具体化为"文艺创作如何与政策相结合"，其立论基础是"政治的具体表现就是政策"。这种看法显然为"写政策""赶任务"提供了理论支持。曹禺甚至认为："我们不是为兴趣而写作的。我们写诗歌，写小说，写剧本，是为革命，为人民的利益。因为马克思列宁主义者总是主张以'文'来载马克思列宁主义之'道'的。语言是手段，不是目的。"①

如果说"文革"前关于文艺与政治的关系，文艺界还有争论，也不乏一些真知灼见的话，那么，"文革"期间的"从属"论则完全窄化了对这一问题的理解，将文艺完全看作是阶级斗争的工具，从根本上取消了文艺的独立性。就连鲁迅精神也被剥离成为"文化大革命"的大无畏革命造反精神。这种以政治斗争或阶级斗争对文艺进行直接干预的恶果表现为：

① 曹禺：《语言学习杂感》，《红旗》1962 年第 14 期。

就整个文艺界而言，"对个别作家进行猛烈的思想攻击，对文化机构进行彻底改组，甚至解散，使文艺生活几乎窒息"①；对作家个体的影响而言，正如费正清所指出的那样，"意识形态与普及的要求使个人的观点——无论作为作者个性的伸延，还是作为一种艺术手段——都几乎不可能存在。一部作品的'文学'性，除正确的政治内容外，按它吸引读者的程度加以判断。不同于战时戏剧，政治与普及的结合对作家具有一种束缚手脚的效果；因为，为了找到正确的'政治内容'，他们必须追随党的政策的每一次更动和转变"。②更进一步看，就文学创作而言，政治上的歌功颂德式作品往往被视为"成功典范"③，群众性的创作受到追捧④；就文艺批评而言，作品是否赋予了政治意义或阶级斗争内涵则成为批评的首要标准之一。比如：革命样板戏《红灯记》《沙家浜》《智取威虎山》等由于描写中共领导的武装斗争，或者展示工农兵生活，或者突出英雄人物，被奉为无产阶级或工农兵占领文艺舞台、文化革命的典范；而敬信的小说《生命》（沈阳《工农兵文艺》1972年第1期）由于将注意力集中于"四清"下台干部崔德利同大队贫协主席老铁头的矛盾，未能突出无产阶级革命派同党内一小撮走资派斗争这一根本矛盾，被看成是舍本逐末而遭到批判。蒋子龙的小说《机电局长的一天》更是一个文艺"从属"论下遭批的典型个例。这篇认同邓小平的整顿工作、突出老干部锐意开拓的小说，尽管不停强调"文化大革命"的意义，却仍然被批判为"受了邓小平'三项指示为纲'修正主义纲领的影响"，"没有坚持党的基本路线"。⑤

① ［美］R.麦克法夸尔、费正清编：《剑桥中华人民共和国史——中国革命内部的革命1966—1982》，俞金尧等译，中国社会科学出版社1992年版，第623页。

② ［美］费正清、费维恺编：《剑桥中华民国史1912—1949年》（下），刘敬坤等译，中国社会科学出版社1994年版，第555页。

③ 比如，1974年3月15日《光明日报》发表张永枚的诗报告《西沙之战》将江青美化为战斗的"鼓舞者"和"力量源泉"，就被《人民日报》和其他报刊相继转载，并被看成是"新诗学习革命样板戏的成功范例"。

④ 比如著名的"小靳庄诗歌"就是由江青授意，假借大队社员的名义捉刀代笔而成。结果天津人民出版社和人民文学出版社于1974年和1976年分别为之出版《小靳庄诗歌选》。

⑤ 参见《人民文学》1976年第4期"编者按"。该"编者按"中还说，发表这篇小说正好"说明了'阶级斗争熄灭论'、'唯生产力论'这些黑货在我们头脑中还有市场，必须不断地在斗争中加以批判和清除"。

不可否认，文学总是要反映社会生活，并提示一定社会生活中的种种关系如政治关系、经济关系，因此它即使不直接表现政治，也无法完全摆脱政治的影响。但是，"辩证法否认在世界上存在任何纯粹单方面的因果关系。……而历史唯物主义则特别鲜明地强调，像社会发展这样一个多层次的、多方面的过程中，社会和历史发展的总过程处处都是相互作用的复杂的编织物。只有用这样的方法才有可能哪怕只是去碰一碰这个意识形态的问题。谁要是把各种意识形态看作形成它们的基础的经济过程的机械和消极的产物，那么他就丝毫没有懂得它们的本质和发展，他就不能代表马克思主义，而只是在丑化它、歪曲它"①。"文革"时期的文艺"从属"论从根本上否定了马克思主义关于社会发展中经济基础与上层建筑、上层建筑各意识形态之间的"多层次"关系，简单地把复杂的文艺活动直接等同于政治活动，等同于阶级斗争，"把知识文化和创作方面的活动看成是完成它的政治目的的婢女"②，实际上是取消了文艺存在的合法性。

二、"工具"论

如果说"从属"论主要是从文艺与政治意识形态的关系角度来理解文艺的性质并将文艺看作是政治的附庸的话，那么"文革"时期的"工具"论则是从文艺的功能、作用的角度把马克思主义关于文艺与政治意识形态的关系的理解进一步窄化、简单化为阶级斗争的工具。它对文艺创作的损害更大，对马克思主义文艺基本原理的偏离更远。

纵观中国文艺理论发展史，从来不乏文艺"工具"论。从古代的"文以载道"，到近代小说界革命中的"新民"，从"五四"文学的"启蒙"和"救亡"到左翼文学的"革命""宣传"，从抗战时期的文艺抗战工具论到延安工农兵文艺的"为工农兵服务、为政治服务"再到新中国成立后"十七年"的

---

① ［匈］卢卡契：《马克思、恩格斯美学论文集引言》，中国社会科学院外国文学研究所外国文学研究资料丛刊编辑委员会编：《卢卡契文学论文集》（一），中国社会科学出版社1980年版，第276页。

② ［美］R.麦克法夸尔、费正清编：《剑桥中华人民共和国史——革命的中国的兴起1949—1965年》，谢亮生等译，中国社会科学出版社1990年版，第231页。

"为政治服务"，都把文艺看作是一种参与现实、干预现实的工具，但只有在"文革"期间政治功利主义和实用主义盛行的情势下，文艺才完全沦为政治斗争和阶级斗争的工具，文艺的独立品格才被完全取消。文艺创作从题材选择甚至到最终的修改，都贯穿着阶级斗争这一主题或"红线"。以《金光大道》为例，浩然曾就其题材选择说：

> 《金光大道》这个题材之所以到了"文革"时期才变"废"为宝，关键就在于作者通过学习"党的基本路线"，提高"阶级斗争"和"路线斗争"觉悟，解决了文艺"为什么人"的方向问题之故。更具体地说，就是作者在与贫下中农一起"批判刘少奇在农村推行资产阶级反动路线"的过程中，"站在今天的时代高度"，通过对五十年代题材的处理，来"回答"七十年代的问题，使作品中的英雄人物"发挥榜样的力量，起到指导今天斗争生活的作用"。①

浩然还对当时《金光大道》的创作背景作了如下说明：

> 那时候，国内外的阶级敌人正在疯狂攻击我们，诬蔑无产阶级"文化大革命""毁灭文化"，不要"专家"了。他们仇恨的眼光等着看我们的笑话。另一方面，一些被打倒的文学僵尸，在阴暗角落里悄悄地散发着臭气。看旧书，唱旧歌的现象发生了，封资修的东西妄图腐蚀我们的青年一代。更重要的方面是：热气腾腾的社会主义新生事物，雨后青苗般地涌现，需要我去反映，去宣传，去歌颂；广大工农兵群众，迫切需要武器，进行社会主义文艺斗争，占领思想文化阵地。这就是当时的形势和背景。②

不仅题材选择如此，文艺作品的修改也必须同阶级斗争的要求密切相关。如金敬迈的《欧阳海之歌》在"文革"前夕成稿后，其创作体会被陶铸

---

① 史鏊之：《〈金光大道〉：浩然曾经如是说》，《作家报》1994 年 11 月 19 日。
② 史鏊之：《〈金光大道〉：浩然曾经如是说》，《作家报》1994 年 11 月 19 日。

称为"《讲话》的胜利"和"毛泽东思想的胜利",然而在付印过程中,被上级要求修改小说的后半部,原因是"欧阳海不能反他的指导员。指导员是'党的化身',不能有品质上的问题"。为了不让指导员有"品质"上的问题,"把一场严肃的思想上的冲突和品德上的差异改成仅仅是一场'误会'",金敬迈为此修改了六万多字,并得到了上级的称赞:"到底是我们党我们部队自己培养出来的作家,听指挥,领会上级的意图快。"小说出版后,江青指示说:"一、不要把欧阳海写成职业乞丐。乞丐不劳而获,是'寄生虫',和贫雇农民有本质的不同。我们不能歌颂流氓无产者。二、欧阳海的哥哥不要被国民党拉去当壮丁。他当了国民党兵,那欧阳海不就成了反动军人的亲属了?我们能歌颂反动军人的家庭吗?三、'最后四秒钟'的描写不好,很不好,一定要改掉。告诉金敬迈,这是非改不可的!"[1]1967年江青在北京接见金敬迈时,又批评那"最后四秒钟"的描写是苏修《雁南飞》在中国的翻版,小说中加上的两段国家主席刘少奇《论共产党员的修养》的引文最终也在江青的压力下删除。

"工具"论对作家创作的巨大压抑从张天民创作《创业》这部电影的过程中也可以看到。据张天民回忆说:

> 《创业》当然也处于这种摇摆之中,但当时的社会环境,我更多地是向左,向左……其中,写人、写个性、写感情的因素还有,但已是十分克制,为了保存作品中的一点"人性",我从剧本到拍摄过程中,经过多次斗争,有时,与批评者大吵大叫,获得不走群众路线的罪名,至于其中的削足适履,硬加阶级斗争的情况,是很明显的,一方面是由于压力,一方面也是自己认为大概这是正确的,主动地这样。在剧本修改过程中,每次讨论提的意思都是"阶级斗争"这条线。话说回来,如果不是因为其中硬加了不少阶级斗争,这部电影大概也就不会问世。生活中当然有阶级斗争,但其表现形式、特点都不是作品中那样的。因此,可

---

① 参见金敬迈:《好大的月亮好大的天》"代前言:话说一本书及其握管人"(本文是作者为《欧阳海之歌》1997年版所写的前言),中国电影出版社2002年版,第1—28页。

以认为，作品中生动的人与人的关系，是我的生活感受，而阶级斗争、路线斗争则是从书本和理念出发，硬编造的。为了这恼人的"斗争"，我在生活了一段之后，在积累了大量工人生活素材之后，仍感到茫然，不得已派了几位助手，跑到公安部门，保卫部门，看了许多案例，尽管有几十件案件，仍然用不上，最后还得求助于自己的大脑。在当时的情况下，高明一点的只是：我在这个理念的东西之中，注入了我对文艺规律的一些理解，一些生活感受，比之那些纯理念的写法，要好一点，这就是《创业》被人们所接受的原因。①

"工具"论对文艺造成的严重影响就是用政治宣判来解决文艺问题，用政治分析来代替审美分析，用行政命令来处理文艺中的思想问题或是非问题，也把文艺批评变成庸俗化的歌功颂德和纯粹阶级斗争的工具，这是对马克思主义文艺批评的真理性和科学性的严重歪曲。

三、"题材决定论"

文艺家在其创作中一般都会面临两个核心问题：一是写什么，二是怎么写。前者主要涉及题材问题，后者则要充分考虑到创作原则与方法问题。在这两个核心问题上，"文革"时期的文艺界都严重偏离了马克思主义文艺基本原理，分别提出了所谓的"题材决定论"、"三突出"和"三结合"。

从审美欣赏的角度看，文艺创作题材是无贵贱大小之分的。无论是宏大的政治历史题材还是细微的日常生活题材，只要艺术家将题材中蕴含的独特的生活感受和独到的人生见解开掘、提炼出来，都可能成为传世经典。相反，"题材先行"观念或"题材决定论"只能让文艺作品成为时代精神的传声筒。在"文革"前关于题材问题有过许多争论，重视重大题材、工农兵题材、无产阶级英雄人物或社会主义新人的成长题材是当时的主流观念，但其中也不乏一些对于题材问题的真知灼见，如张光年的"题材多样

---

① 《张天民回顾自己的创作》，《当代文学研究参考资料》1981 年第 1 期。

化"论。即使是不遗余力地批判胡风的林默涵也认为，"重大的斗争和日常生活是密切联系着的，不能截然分开。我们反对作家脱离群众的生活而只写自己狭小的身边琐事；但是，我们并不排斥作家去注意和描写群众生活中的'琐事'（即具体的生活细节）"。① 林默涵还以鲁迅的《伤逝》为例，认为其中青年自由恋爱的故事本身并不那么重大，却提出了重大的社会问题。20 世纪 50 年代末到 60 年代初，由于"双百"方针的推行，文艺家们享受了短暂的题材自由时光。然而，中共八届十中全会后，毛泽东于 1963 年和 1964 年连续两次对文艺创作进行批评，认为文艺工作者"不去执行党的政策……不去接近工农兵，不去反映社会主义的革命与建设"。张春桥、姚文元于 1963 年提出了大写"十三年"的口号，宣称"创作题材决定文艺性质"，规定文艺创作必须只能反映新中国成立以来十三年的生活，才能算作社会主义文艺。到了"文革"，《纪要》明确规定要"歌颂我国社会主义革命的伟大胜利，歌颂社会主义建设各个战线上的大跃进，歌颂我们的新英雄人物，歌颂我们伟大的党，伟大的领袖英明领导的文艺作品"，"要满腔热情地、千方百计地去塑造工农兵的英雄形象"，"要表现革命的英雄主义和革命的乐观主义"，要"有计划、有步骤地组织创作"重要的革命历史题材和现实题材。② 这些基于斗争哲学的题材要求，给古代历史题材、日常生活题材、爱情题材等构筑了文艺创作的题材禁区，也束缚了艺术家创作的自由。就像美国历史学家 R.麦克法夸尔所说：

　　上海座谈会明确规定，社会主义文学创作的题材应是工农兵英雄模范、社会主义革命和社会主义建设以及解放战争中的一些战役。对文学主题的限制也十分具体：描写战争，不要在描写战争的残酷性时去渲染或颂扬战争的恐怖，以免产生资产阶级和平主义；描写英雄人物，不要写他们违犯党的纪律；描写敌人，要暴露其剥削、压迫人民的本质。显而易见，这样做的结果，是使故事情节一

① 林默涵：《关于题材》，《人民文学》1959 年第 6 期。
② 《林彪同志委托江青同志召开的部队文艺工作座谈会纪要》，人民出版社 1967 年版，第3—20 页。

看开头便知结局。①

当反重大题材观、反"题材决定论"和题材多样化等被定性为"文艺黑八论"之后，"文革"的文艺创作就会以正面表现"社会主义形象""国家形象""党的形象""无产阶级英雄形象"等为由拒绝文艺作品真实深刻地表现社会生活，从而否定文艺创作的丰富性，否定作家的批判反思精神，这是完全违反艺术创作规律的。我们可以看到，在"文革"期间，受到追捧的大多是反映了所谓时代精神要求的、紧跟了党的政策的、坚持了工农兵方向的、表现了阶级斗争内容的、发挥了榜样力量的、创造了英雄人物的高大形象的文艺作品。如金敬迈的《欧阳海之歌》描写了一个普通战士成长为英雄的过程；浩然的《金光大道》描写了热气腾腾的社会主义新农村的集体化进程；李云德的《沸腾的群山》描写了革命矿工解放矿区、恢复矿山、支援人民解放战争的故事；等等。

"题材决定论"将"文革"时期的文艺批评变成简单地通过题材去识别阶级立场、政治立场的政治化活动。那些遭到批判的文艺作品，在题材上往往被认为含有宣扬资产阶级人性论、美化资产阶级生活方式、抹杀阶级斗争或丑化正面人物或英雄人物、宣传没落的封建主义思想意识或腐朽文化、暴露黑暗等内容。比如，赵树理的小说《锻炼锻炼》不但反映农民的苦难，而且对农民的劣根性也不遗余力地进行了揭露和批判，结果，1967年9月4日，山西昔阳大寨干部、贫下中农七十余人聚会批判赵树理的这棵"大毒草"，铁姑娘队队长郭凤莲义愤填膺地说："赵树理写的《锻炼锻炼》，把我们劳动人民和干部污蔑得不值半根黄菜，看了真叫人气愤极了！""周扬这些坏蛋还把他吹成'农民作家'，狗屁！他是挂羊头，卖狗肉。十几年来，他写的那些东西，从来不歌颂我们劳动人民，而是专门丑化、污蔑劳动人民，招摇撞骗，毒害了不知多少人。"②

---

① ［美］R.麦克法夸尔、费正清编：《剑桥中华人民共和国史——中国革命内部的革命1966—1982》，俞金尧等译，中国社会科学出版社1992年版，第628—629页。
② 《英雄大寨人狠批大毒草〈锻炼锻炼〉》（原载于《文化批判》1967年第6、7期），张闳本卷主编：《中国当代文学编年史·第四卷·1966.1—1976.9》，山东文艺出版社2012年版，第105—106页。

四、"三突出"

"三突出"作为"文革"时期文艺创作基本口号的提出，有一个不断简化和逐渐神化的过程，大致有三个环节：一是于会泳于 1968 年首次提出"三突出"原则："我们根据江青同志的指示精神，归纳为'三突出'，作为塑造人物的重要原则。即：在所有人物中突出正面人物来；在正面人物中突出主要英雄人物来；在主要人物中突出最主要的中心人物来。"① 二是姚文元于 1969 年对之的简化："在所有人物中突出正面人物；在正面人物中突出英雄人物；在英雄人物中突出中心人物"，并且把它上升为"无产阶级文艺创作必须遵循的一条原则"。② 此后"四人帮"又把"三突出"拔高成"无产阶级文艺创作的根本原则"。三是 1974 年，江天等人提出的编剧"三陪衬"作为对"三突出"的补充。即"反面人物要反衬正面人物，一般英雄人物烘托、陪衬主要英雄人物"。③ 经过这几个基本环节，"三突出"从最初的"重要的经验"发展到"一条原则"，再从"根本原则"最终变成"社会主义革命文艺的根本大法"，并在"样板戏"创作中得到了全面贯彻。作为将文艺极端政治化的产物，"三突出"全面篡改了马克思主义文艺基本原理。这种篡改突出体现在以下几个方面：

一是以斗争哲学将文艺创作中复杂的人物形象塑造问题进行了简单化理解或处理。马克思主义经典作家确实讨论过如何塑造革命领导者或英雄人物形象的问题。比如，在《新莱茵报·政治经济评论》第四期书评中他们就指出："如果用伦勃朗的强烈色彩把革命派的领导人——无论是革命前的秘密组织里的或是报刊上的，或是革命时期中的正式领导人——终于栩栩如生地描绘出来，那就太理想了。"④ 他们也提出过作品的"倾向性"问题。比如：

① 于会泳：《让文艺舞台永远成为宣传毛泽东思想的阵地》，上海《文汇报》1968 年 5 月 23 日。
② 上海京剧团《智取威虎山》剧组：《努力塑造无产阶级英雄人物的光辉形象——对塑造杨子荣等英雄形象的一些体会》，《红旗》1969 年第 11 期。
③ 江天：《努力塑造无产阶级英雄典型》，《人民日报》1974 年 7 月 12 日；上海京剧团《智取威虎山》剧组：《努力塑造无产阶级英雄人物的光辉形象——对塑造杨子荣等英雄形象的一些体会》（原载于《红旗》1969 年第 11 期），参见本社编：《革命样板戏评论集》，上海人民出版社 1976 年版，第 57~71 页。
④ 《马克思恩格斯全集》第 7 卷，人民出版社 1959 年版，第 313 页。

"主要的出场人物是一定的阶级和倾向的代表，因而也是他们时代的一定思想的代表"，但他们同时更强调，文艺创作"要更多地通过剧情本身的进程"来使人物的思想和动机"生动地、积极地，所谓自然而然地表现出来"。①对于那种单纯强调作品人物应是阶级和倾向的代表的观念，恩格斯在很多场合都给予了批判。比如他对拉萨尔的《济金根》中那些赤裸裸表现作者思想的"论证性的辩论"场面之描写的批评；比如他在给敏·考茨基的信中对其为在全世界面前证明自己的信念而让作品中的人物个性消融到作家提倡的原则里去的做法的批评；比如他给哈克奈斯的信中反复提到不应像"倾向小说"那样去鼓吹作者的社会观点和政治观点，而应当把作者自己的见解隐蔽在作品的艺术描写之中。无产阶级文学的杰出代表高尔基也提醒文艺工作者说："不要把'阶级特征'从外面贴到一个人的脸上去……阶级特征不是黑痣，而是一种非常内在的，深入神经和脑髓的、生物学的东西。一个严肃的作家的任务，是要用具有艺术说服力的形象来编写剧本，努力达到那种能使观众深受感动并能改造观众的'艺术的真实'。"②相较之下，在"三突出"原则中，文艺作品中复杂的人物关系完全被图解为政治斗争关系，在"三突出"的提倡者看来，"一定的人物关系，从根本上说，都是一定的阶级关系，是处于不同阶级地位中的各种各样人物之间矛盾斗争的关系"③，由此出发，文艺作品中的"英雄人物和反面人物的关系，是革命和反革命的关系，是一个阶级消灭另一个阶级的生死搏斗的关系"④；而正面人物与英雄人物的关系，被看作"是阶级弟兄的关系，前者是后者存在的基础，后者是前者的代表和榜样"⑤。

① 《马克思恩格斯选集》第4卷，人民出版社1995年版，第558页。
② [俄]高尔基：《论剧本》，《论文学》，孟昌、曹葆华、戈宝权译，人民文学出版社1978年版，第62页。
③ 小峦：《用对立统一规律指导文艺创作的典范——学习革命样板戏处理矛盾冲突的经验》（原载于《人民日报》1974年7月29日），本社编：《革命样板戏评论集》，上海人民出版社1976年版，第43页。
④ 上海京剧团《智取威虎山》剧组：《源于生活　高于生活——关于用舞蹈塑造无产阶级英雄形象的一些体会》（原载于《红旗》1969年第12期），本社编：《革命样板戏评论集》，上海人民出版社1976年版，第76页。
⑤ 上海京剧团《智取威虎山》剧组：《源于生活　高于生活——关于用舞蹈塑造无产阶级英雄形象的一些体会》（原载于《红旗》1969年第12期），本社编：《革命样板戏评论集》，上海人民出版社1976年版，第75页。

　　二是用斗争哲学曲解马克思主义唯物辩证法的对立统一规律。对立统一规律强调任何事物以及事物之间都包含着矛盾性，事物的矛盾双方又统一又斗争推动着事物的运动、变化和发展，正是从这个意义上讲，"在社会现象领域，没有哪种方法比胡乱抽出一些个别事实和玩弄实例更普遍、更站不住脚的了。……如果不是从整体上、不是从联系中去掌握事实，如果事实是零碎的和随意挑出来的，那么它们就只能是一种儿戏，或者连儿戏也不如"①。以"三突出"作为指导文艺创作的典范，实际上是反对文艺领域的"阶级斗争熄灭"论和"无冲突"论，只强调文艺矛盾中的斗争性、排斥性而忽视其同一性，忽视矛盾双方相互依存、相互渗透的关系。

　　三是以斗争哲学曲解马克思主义人学对人道与文学关系的理解。卢卡奇曾经指出："人道，也就是对人的人性性质的热衷研究，属于每一种文学、每一种艺术的本质。与此紧密相关，每一种好的艺术、每一种好的文学，如果它不仅热衷研究人、研究人的人性性质的真正本质，而且还同时热衷维护人的人性完整，反对一切对这种完整性进行攻击、污辱、歪曲的倾向，那么它们也必定是人道主义的。因为所有这些倾向，特别是人压迫人、人剥削人的倾向，在任何别种社会中都没有像在资本主义社会中那样采取如此非人的形式——正是由于在表面上似乎有着一副客观的物化的面貌——所以一切真正的艺术家、一切真正的作家，不管这些有创造才能的具体个人采取态度的自觉性有多大程度，他们对人道主义原则之被践踏总是本能的敌人。"②在马克思主义看来，人的本质并不是单个人所固有的抽象物。在其现实性上，它是一切社会关系的总和。而"三突出"原则在文艺创作中突出的是主要英雄人物的无私无欲，排除的是人性的复杂性。和描写"中间人物"的故事形成对比，"他们没有疑惧、缺点、忧伤或心绪不宁，完全为思想上的目标所鼓舞，为革命而成就了超人的功绩"③。这种反对完整人性的创作理念从根本上

---

① 《列宁全集》第 28 卷，人民出版社 2017 年版，第 364 页。

② ［匈］卢卡契：《马克思、恩格斯美学论文集引言》，中国社会科学院外国文学研究所外国文学研究资料丛刊编辑委员会编：《卢卡契文学论文集》（一），中国社会科学出版社 1980 年版，第 282 页。

③ ［美］R.麦克法夸尔、费正清编：《剑桥中华人民共和国史——革命的中国的兴起 1949—1965 年》，谢亮生等译，中国社会科学出版社 1990 年版，第 488 页。

讲也是反马克思主义人性学说的。因为，文学中"英雄主义"的出现并非凭空虚构的，"如果它成长起来，那它的根子将不是仅仅在政治经济学教科书里和不是在关于公社的论文里，而是在那深刻的心理的基础上，在这基础上将一般的形成人的气质和性格，而逻辑的观点，见解，情感，个人的爱好，也将溶合成一个确定活人的行为和活动的、在心理上不可分的整体"[①]。

　　基于斗争哲学的"三突出"创作原则，深刻凸现了"文革"时期文艺的极端政治化环境以及英雄至上和个人崇拜的政治与文化生态。依据这一原则进行的文艺创作，构成了当代中国文艺形式主义创作的高峰景观。以戏曲为例。"全国八亿人听八个样板戏"，所有的样板戏必须遵循细致烦琐的形式规则，诸如，"在舞和器乐的关系中，器乐服从于舞；在歌、舞、乐三者的关系中，舞、乐均服从于歌，器乐必须衬托唱腔，协助舞蹈，不能喧宾夺主"[②]；戏剧冲突的具体写法、舞台的调度以及人物的亮相都有特殊的规定。上海京剧团《智取威虎山》剧组曾总结其创作经验说：

> 　　正面人物与英雄人物的关系，是阶级弟兄的关系，前者是后者存在的基础，后者是前者的代表和榜样。塑造其他正面人物必须从塑造英雄人物出发，不但不能去夺后者的戏，而且要象绿叶扶红花那样去烘托英雄人物，特别是主要英雄人物。第一场结尾的亮相就是这样。在这里，舞台上分成了欲向不同目标出发的两组人员，杨子荣一组位于前，少剑波一组位于后。在前一组中，杨子荣昂然挺立于舞台之主要地位；他的侦察班战友，以较低的姿式簇拥在他身边。在后一组中，参谋长位于台侧，扬手示意；众战士以有坡度的队形，衬于参谋长之身旁。整个造型的画面是：众战士烘托了参谋长；参谋长一组又烘托了杨子荣一组；在杨子荣一组中，他的战友又烘托了杨子荣。于是形成以多层次的烘托突出主要英雄人物的局

---

① 柯罗连科于 1888 年 1 月 2 日给 H. K. 米哈依洛夫斯基的信。转引自北京大学中文系文艺理论教研室编：《文艺理论学习资料》（下册），北京大学出版社 1981 年版，第 424 页。

② 上海京剧团《智取威虎山》剧组：《源于生活　高于生活——关于用舞蹈塑造无产阶级英雄形象的一些体会》（原载于《红旗》1969 年第 12 期），本社编：《革命样板戏评论集》，上海人民出版社 1976 年版，第 80 页。

面。亮相是这样，其他舞蹈和武打也是这样。第十场的武打，为什么在杨子荣和座山雕对打之前，没有出现过对刀舞蹈呢？就是为了不要让其他人物夺去了杨子荣的戏，以免减损主要英雄形象的光辉。又如：原来的武打中，"抓匪掼地"的武打技巧是安排给罗长江的，但是现在改为给李勇奇。这也是为了使李勇奇这个作为劳动人民典型人物的勇敢刚强的舞蹈形象得到突出。①

上述原则反映到人物形象的塑造上，就是必须按照当时主流政治价值系统的愿望创造出工农兵的"理想形象"；在作品的情感表达与处理上，必须以唤醒仇恨和复仇为人物的主要情感；在故事编排或叙事上，必须以排除人性之复杂性的狭窄的阶级斗争视角来进行或完成；按照这种程式化的创作方法，"文革"的文艺创作中塑造了许多"高、大、全"式的人物，如杨子荣、李玉和、欧阳海、高大泉、萧长春、吴琼花、郭建光等。

五、"三结合"

所谓"三结合"是指"文革"时期文艺创作中领导、群众、作家的协同合作关系。文艺"大跃进"时期，周扬曾就文化建设事业问题提出过"在党的领导下，专家和群众结合，这是一切工作的路线"②的看法。到"文革"中，江青等人将之引入到文艺创作中，提出所谓的"领导出思想、群众出生活、专家出技巧"，由此，"三结合"作为毛泽东"群众路线"在文艺战线的贯彻成为当时文艺创作的一个重要方法，并被看成新生事物加以推广。由这一方法主导而产生的"创作组""写作组"创作了不少文艺作品，如上海县《虹南作战史》写作组创作的《虹南作战史》、《钻天峰》三结合创作组创作的《钻

---

① 上海京剧团《智取威虎山》剧组：《源于生活　高于生活——关于用舞蹈塑造无产阶级英雄形象的一些体会》（原载于《红旗》1969 年第 12 期），本社编：《革命样板戏评论集》，上海人民出版社 1976 年版，第 75—76 页。

② 周扬：《建立中国自己的马克思主义的文艺理论和批评》（本文是作者于 1958 年 8 月在中共河北省委宣传部召开的全省文艺理论工作会议上的讲话要点，原载于《河北日报》1958 年 8 月 22 日），《周扬文集》第三卷，人民文学出版社 1990 年版，第 34 页。

天峰》、北京市通县三结合创作组创作的《晨光曲》、广西壮族自治区百色地
区三结合创作组创作的《雨后青山》等。其中，由一名公社干部、三名农村
"土记者"和一名专业人员组成《虹南作战史》写作组，以当时名噪一时的
上海县七一公社号上大队为原型，以"农村两条路线斗争"为主题，按"样
板戏"人物模式塑造人物形象，1972 年被当作是"文化大革命"以来"第
一部写路线斗争的长篇小说"由上海人民出版社出版，并列为重点图书向全
国推荐，《文汇报》还曾辟专栏组织讨论。其中一位参与者的总结如下：

> 无产阶级文化大革命，从根本上改变了文艺黑线统治下把文学
> 当成是个人的事业和追求名利的工具那样一种局面。列宁在《党的
> 组织和党的文学》中教导我们："对于社会主义无产阶级，文学事
> 业不能是个人或集团的赚钱工具，而且根本不能是与无产阶级总的
> 事业无关的个人事业。"毛主席也教导我们："革命文艺是整个革命
> 事业的一部分，是齿轮和螺丝钉。"这就是文学的党性原则。在这
> 个原则的指导下，有关各方都想到一个点子上去了：领导部门有感
> 于文艺这个舆论阵地的重要，决心加强党对文艺事业的领导，贯彻
> 党的路线、方针、政策，为无产阶级的政治服务；广大工农兵群众
> 对革命文艺提出了更迫切的要求，要求反映他们的斗争生活，鼓舞
> 他们继续前进，并且要求直接进入文艺创作领域，用无产阶级思想
> 占领和改造这个阵地，既做物质生产的主人，也做精神生产的主
> 人；绝大部分专业文艺工作者，也迫切地感到不能再在旧轨道上生
> 活下去，愿意走与工农兵相结合的道路，把自己的知识、技能用于
> 为工农兵服务的伟大事业。①

从这段总结不难看出，在"革命文艺是整个革命事业的一部分"这个总
原则下，领导的"认识"、群众的"要求"和专业文艺工作者的自我"感受"
达到了一致，"思想""生活""技巧"找到了各自的位置，"政治把关"放在
了首位。这种颠倒文艺与生活之关系的主题先行的"三结合"创作方法完全

---

① 周天：《文艺战线上的一个新生事物——三结合创作》，《朝霞》1975 年第 12 期。

违背了艺术的基本规律，是极左路线下将文学创作看作是政治附庸的观念的产物，其文艺群众路线完全抹杀了文艺工作者的独立品格。由于政治因素的介入和权力部分的操纵，对这种隐含着强烈的政治干预的文艺作品的评论，除了歌颂，只能是吹捧，大多毫无艺术价值可言。

六、"改造先行"论

20 世纪 40 年代的整风运动和 50 年代的反右斗争，其核心都在于对知识分子或文艺工作者进行思想改造。在这场通过领会政策文件或经典著作到清理头脑中的各种非无产阶级思想再到意识的自我批判的思想改造运动中，文艺创作主体和批评主体的自由遭到完全剥夺。文艺创作与文艺批评的展开必须以作家或批评家的思想是否得到完全的改造，是否跟上无产阶级革命斗争形势，是否符合领袖意志或领导意图为先决条件。中国当代文学史上那些数不清的文艺工作者的心灵的"自我剖析"或"忏悔"正是这种"改造先行"论的折射。比如，早在新中国成立前，丁玲就说她创作《太阳照在桑干河上》中文采这一典型形象的目的在于"能够有助于改造那些出身于知识分子的青年党员"，因为，"他们尚未与个人主义决裂，他们脱离生活实际，盲目地遵循那些背熟了的条条公式"①。又如著名短篇小说家骆宾基，他在回忆其新中国成立后创作经历时，谈及自己体验生活时看到一位老人因忧虑新开的河道将使他不再便于探望邻村的女儿而表现出复杂的神态，作者潜意识中认为这正是一个绝好的中国旧式农民题材，但是他马上又感觉到了自己的这种创作冲动中所隐含的思想危害而最终放弃了这一题材和构思，其原因在于，他认为：

> （这些想法）岂不正是属于"人性论"之类的东西么？这种孤
> 独与渺茫的感情，由于父女之间的关系为客观世界的变化所隔断而

---

① 丁玲：《太阳照在桑干河上》"俄译本前言"（本文原载于 1949 年莫斯科外国文学出版社俄文版《太阳照在桑干河上》，1981 年第 7 期《读书》杂志在国内首次发表），孙瑞珍、王中忱编：《丁玲研究在国外》，湖南人民出版社 1985 年版，第 20 页。

来的东西，不正是代表着走向穷途末路的旧式农业个体经济的灭亡么？岂不正是说明我要为这个旧的人物唱挽歌，我的艺术观岂不是原封不动地仍然站在十九世纪世界文学所建立的批判现实主义立场上么？如果这样自然主义地来写真实，那么这个作品的艺术价值在哪里呢？它的价值不是需要依据无产阶级的革命的政治效果来衡量么？十万民工欢欣鼓舞所开辟出来的十七华里引河岂不成了破坏"人伦之爱"的工程！关系到苏北五百万亩农作物的收成，关系到千万农民幸福和温饱的社会主义的水利建设，岂不成了使人伤感的不幸的设施！①

如果说骆宾基一例尚属于文艺创作中政治思想上的自我斗争、困扰的话，那么，到了"文革"，这种自我斗争就升级为主动的自我解剖并将斗争哲学内化到创作的潜意识中。比如浩然提到别人曾批评他在一个短篇小说中宣扬封建孝道——因为小说着墨于一个孩子为了给奶奶治病，如何不顾自己的生命危险而千方百计去找一块藕为奶奶做药引子，他说："当时我不服气。现在服气了。因为我处理这篇作品的时候，没有学好和运用好无产阶级的理论，思想境界不高。因此结构故事的时候，离开了社会主义制度无比优越的社会背景；设计人物的时候，没有显示她的无产阶级的伟大胸怀——小孙女千方百计地给奶奶治病，应当出于革命晚辈对革命长辈的热爱，是互相关心、互相爱护、互相帮助的阶级感情，是出于一个人民公社社员的责任感，尽自己应尽的社会义务；跟传统的私有制观念实行彻底决裂，应是她这方面行动的本质特征。"②"文革"中，这种思想改造运动已让很多作家、评论家深感力不从心，极其无奈。比如茅盾在给读者的回信中说："我虽然年逾七十，过去也写过些小说，但是我的思想没有改造好，旧作错误极多极严重，言之汗颜。我没有资格给你看稿或提意见。一个人年纪老了，吸收接受

① 骆宾基：《我的创作历程——为了悼念雪峰、荃麟和彭康等同志》，《骆宾基短篇小说选》"代序"，人民文学出版社 1980 年版，第 12—13 页。

② 浩然：《为无产阶级专政冲锋陷阵——在一次部队作者座谈会上的发言》（原载于《解放军文艺》1975 年第 5 期），本社编：《坚持走与工农相结合的道路》，上海人民出版社 1975 年版，第 159 页。

新事物的能力便衰退，最近十年来我主观上是努力学习毛泽东思想，但实际上进步极小。我诚恳地接受任何批评，也请你给我批评，帮助我！"①这种"改造先行"论对文艺工作者的侵蚀、内化几乎到了难以清除的地步。最为典型的一例就是到了"拨乱反正"后的1983年，周扬在为《邓拓文集》写序时仍然说：

> 一个作家发现自己在思想认识上同党的观点有某些距离，这是一件痛苦的事。任何一个热爱祖国，拥护社会主义的作家，在根本政治立场上得应力求和党中央保持一致。但在特殊情况下，或者由于党的政策和工作上发生了偏差，或者是作家本身存在着错误的、不健康的观点和情绪，出现两者之间不一致或不协调都是可能的。在这种情况下，一个党员作家首先应当相信群众、相信党，以严肃认真，积极负责的态度向党陈述自己的意见，决不可隐瞒和掩盖自己的观点，更不可把自己摆在党之上，以为自己比党还高明。另一方面，作家也应当在党的正确方针和政策的引导下改变自己的不正确的认识，使党的正确主张真正为自己所理解，所接受，所融会贯通，从而在思想政治上达到同党中央的认识一致。这是我国近几年来各项事业蓬勃发展从正面证实了的一项重要经验，也是在怀念死于"四人帮"文字狱的邓拓同志时不能忘却的历史教训。②

对于作家的思想、倾向与实际创作之间的关系问题，马克思主义经典作家早就对此作出多种深刻论述。别林斯基也曾指出："在艺术底畛域上，倾向要不是被才能支持着，是不值一文钱的，其次，倾向本身必须不仅存在在头脑中，却主要地必须存在在心里，在写作的人底血液里；他主要地必须是一种感情，一种本能，然后恐怕再是一种自觉的思想，——倾向非像艺术本身那样地生发出来不可。读到或听到，甚至正当地被理解，但没有被自己底

---

① 韦韬、陈小曼：《父亲茅盾的晚年》，上海书店出版社1998年版，第81—82页。
② 周扬：《邓拓文集》"序言"（原载于《人民日报》1983年12月22日），《周扬文集》第五卷，人民文学出版社1994年版，第520—521页。

天性所融化，没有受到人格底印证的思想，不仅对于诗，就是对于任何文学活动，都是不生产的资本。不管你怎样摹写自然，怎样用现代的思想和善意的'倾向'调味你底摹写，如果没有诗才的话，你底摹写还是无法令人想起原物来，思想和倾向仍将是一般修辞学的东西而已。"①可以说，"改造先行"论实际上是剥夺了作家独立思考与批判的能力，把政治斗争、思想斗争强加到作家对艺术规律的自觉体会与把握中并形成了一种强迫性、压抑性机制，极大地损害了作家的艺术创造力。

从学理的角度看，对这一历史时段的文学批评的真正具有真实历史有效性的反思应该是：文学批评的主导机制如何符合基本的艺术创作规律和现实发展的规律？文学批评秩序与批判性机制如何警醒自身的局限性与遮蔽性？"中国形态"建构进程中这一变异为今后的马克思主义文学批评中国化实践提供了哪些历史教训？

---

① ［苏］别林斯基：《一八四七年俄国文学一瞥》，《别林斯基选集》第 2 卷，满涛译，时代出版社 1953 年版，第 430 页。

第 三 编

新时期以来马克思主义文学批评中国形态的建构实践

第三章
新时期以来马克思主义文学批评中国形态的建构

从内在学理上看，新时期以来的马克思主义文学批评中国形态的建构历程，大致可以分为四个阶段：一、"文革"结束到 20 世纪 80 年代中期的马克思主义文学理论研究的反思期。这一时期以思想解放运动为起点，以党的文艺政策得到自上而下的相应调整为契机，在不再提"文艺从属于政治"的现实条件下，围绕文艺与政治关系、文学与人性及人道主义关系、形象思维、文艺批评标准、现实主义、真实性、现代派、典型、文艺反映本质、共同美等核心问题，进行马克思主义文艺基本原理之科学性的反思。二、20世纪 80 年代中后期到 90 年代前期的马克思主义文学理论研究的突破期。这一时期在文学理论自主性的追求中深化前一时期科学性反思的成果，不断突破既有体系观念、形态观念的束缚，进行马克思主义文学批评中国形态构建的初步尝试。突出表现在：在"方法论热"中借鉴各种西方现当代文艺理论来追求马克思主义文艺学方法论的突破；为进一步深化和拓展文艺中的人性与人道主义问题研究而展开"文学的主体性"论争；为寻找主体论与反映论的逻辑衔接点而提出文学"审美反映"论、文学"审美特征"论和文学"审美意识形态"论；在"建设有中国特色的马克思主义文艺学"讨论中，结合文学创作实践，以文艺现代性诉求为核心，思考和探讨怎样建设马克思主义文艺理论的新体系和新形态；等等。三、20 世纪 90 年代中后期至 20 世纪末的马克思主义文艺理论研究的深化期。这一时期社会文化语境发生重大转型，马克思主义文学批评中国形态的建构在两方面取得重要成绩：一是围绕"人文精神"大讨论，以马克思主义的人文关怀为核心，进行了构建人文精神的新尝试，形成了"新理性精神"构想；二是在"古代文论的现代转换"讨论中，围绕当代文论研究与建构的文化无根性困境以及中国传统文论的当代价值等核心问题，着力探讨了马克思主义文论的民族化问题。四、新世纪以来的马克思主义文艺理论与批评的综合创新期。这一时期，在全球化语境下，马克思主义文学理论中国形态的建构开始步入理论创新的新阶段。一方面是通过对西方"文化研究"的吸收，形成了颇富中国特色的"文化诗学"；另一方面是在中国马克思主义文学理论当代形态的构想或建构上取得重大突破。其中，在文艺理论界，收获有"文艺宏观学""21世纪中国的马克思主义文艺学""以实践存在论为核心的马克思主义人学文艺学""主体论、本体论与价值论有机统一的当代马克思主义文学批评体系"以及"人民文学论"等重要理论构想。在主流意识形态领域，则产生了马克思主义文艺理论中国化的最新成果，亦即作为新时代中国特色社会主义文艺的行动纲领和思想指南的习近平文艺思想。

　　新时期以来，马克思主义文学理论与批评的中国形态的建设取得了显著成绩，为其从传统形态向当代形态的跃升奠定了坚实的学术基础。这突出表现在：一、在马克思主义文艺理论资料的整理、汇编和译介上取得长足进步，为全方位研究国内外马克思主义文论打下良好的研究基础。二、在马克思主义文艺理论的普及特别是教材编写方面，"一改完全照搬苏联、东欧教材的局面，创造了概论型、讲解型、选编型、导读注释型、发展史型的多种阐释模式"①。三、在马克思主义文艺理论与批评话语上，实现了政治话语向学科、学术话语和非常态的"专制"式独语形式向自主发展的"百家争鸣"式的对话形式的转变②。四、在马克思主义文艺学学科上逐步发展出一些新兴的、分支性的、交叉性的、边缘性的学科③。五、极大地拓展了马克思主义文艺学的论域。如审美主客体关系、审美主体间性关系、艺术生产关系、意识形态关系、文化关系、社会交往关系以及本体论关系等的研究都得到了拓展与深入。六、出现了马克思主义文艺学中国学派建设的萌芽。如以陆梅

---

① 董学文：《新中国马克思主义文艺理论六十年》，《文艺理论与批评》2009年第5期。
② 童庆炳：《新时期文学理论转型概说》，《江西社会科学》2005年第10期。
③ 董学文：《新中国马克思主义文艺理论六十年》，《文艺理论与批评》2009年第5期。

林、陈涌等人为代表的唯物史观派，以朱立元、王元骧为代表的实践存在论派，以钱中文、童庆炳等人为代表的审美意识形态派，以董学文、李志宏等人为代表的科学派，以陆贵山为代表的宏观综合派等，在当代中国马克思主义文艺学领域相互竞争，争奇斗艳。七、马克思主义文艺理论学术建制力量得到了加强与发展。如马列文艺论著研究会、全国毛泽东文艺思想研究会等学术团体在学术研究方面的常态化、常规化为建构中国形态的马克思主义文艺理论作出了巨大贡献。八、在"三论"（马克思主义文论、西方文论、中国文论）的对话与融合中拓宽了马克思主义文艺学的研究视野和探索领域。九、"对历史主体和人民群众历史作用的研究、社会主义核心价值体系本质体现的研究跃上新高度"[1]，进一步凸现了马克思主义文艺理论的中国特色、中国气派与中国风格。十、形成了全球化语境下和理论创新时代的马克思主义文学理论中国化的最新理论成果——习近平关于新时代社会主义文艺的重要论述。当然，新时期以来的马克思主义文学批评中国形态的建构也存在一些问题，比如：在实践中，教条式地对待马克思主义文论，神圣化地看待马克思主义文论，不恰当地解读马克思主义文论，非理性地运用马克思主义文论。在理论探讨上，对于如何开展马克思主义文艺理论及其中国化最新成果的大众化学习与教育活动缺乏深入的机制研究，直接影响了马克思主义文论在当代文艺思潮和创作中的引领和导向作用；在将马克思主义文论学科化、体系化、知识化、概念化、理论化的过程中，对于如何将马克思主义文学理论思想化、精神化、信念化还缺乏有效的操作途径；在借鉴西方马克思主义文论时常常出现语境错位；不能从马克思主义文论是多数人的文论的这一本质特征出发真正深入到人民中去思考马克思主义文艺大众化问题；等等。所有这些成绩与不足，都值得回顾与总结。

---

[1]　董学文：《新中国马克思主义文艺理论六十年》，《文艺理论与批评》2009 年第 5 期。

第十章　新时期以来的文艺学论争与马克思主义文学批评中国形态的探索

　　从某种意义上讲，现当代中国文艺理论批评史，称其为一部论争史，亦不为过。新时期以来马克思主义文学批评中国形态的建构是同各种文艺学问题的激烈论争紧密联系在一起的。在论争中进行思想碰撞，在论争中进行自我反思，在论争中寻求理论突破，在论争中进行综合创新，这是新时期马克思主义文学批评中国形态建构的一个重要表现形式。这些论争大多表现出鲜明的现实针对性，引起了重大的社会反响，并且呈现出哲学、美学、文艺学诸领域相互激荡的态势，与西方马克思主义文论较多地侧重于在书斋里进行理论建构和理论家之间的相互驳诘颇有区别。如果以1985年为界，可以发现，在此之前的文艺学论争重在"破"，即破除被歪曲的非马克思主义的文艺观念，通过马克思主义文论经典的重读完成文艺学领域的拨乱反正工作，并以此来反思历史、反思自我。在此之后的文艺学论争则重在"立"，即通过理论自主性的追求和理论体系及其内部规律的研究去建构当代有中国特色的马克思主义文艺学体系。在"文革"结束至20世纪80年代中期的马克思主义文论反思期，文艺界围绕文艺与政治的关系、文学与人性及人道主义的关系、形象思维、文艺批评标准、马克思主义文艺理论体系、文艺意识形态性质、文艺上层建筑性质、文艺反映论、关于"掌握世界的方式"、现实主义和浪漫主义的关系等重要问题展开了激烈的论争。这些论争对于马克思主义文学中国形态的建构具有重要的理论价值和现实意义，值得清理与总结。

第一节　文艺与政治关系论争与马克思主义
文学批评中国形态的探索

如何正确处理文艺与政治的关系是马克思主义文艺学的一个重大理论问题。它既涉及文艺理论的各个领域，也关系到中国文艺事业发展的方向，是摆在中国文艺工作者面前的现实问题。对于文艺与政治的关系问题，左翼"革命文学"、延安工农兵文学以及新中国成立后"十七年"的社会主义现实主义文学，都有过激烈的论争，并由此形成关于二者关系的三种主要看法：一是"文艺是阶级斗争的工具"的"工具论"；二是"文艺从属于政治"的"从属论"；三是"文艺为政治服务"的"服务论"。它们都对中国现当代文艺的发展产生了深远的影响。在新时期开始后，文艺理论界围绕二者关系进行了热烈的探讨和深入的反思。这次论争标志着马克思主义文艺理论中国化进程从"文革"期间的变异逐渐回到正确的轨道。

一、论争概况

"文革"结束之后，文艺界积极展开拨乱反正工作，在文化专制主义压制下一度低迷的文艺事业开始渐有起色。但"文革"的基本路线并没有得到及时、根本的否定，"两个凡是"方针仍是阻隔文艺前进的坚冰，文艺思想界仍然徘徊在"左"的轨道上。1978 年 5 月 11 日，《光明日报》发表评论员文章《实践是检验真理的唯一标准》，以此为契机而引发的全国范围内的关于真理标准的大讨论从思想上打开了重要缺口，逐渐冲破"两个凡是"的严重束缚，重新确认了检验真理的标准只能是社会实践，重新确立了理论必须与实践相统一的马克思主义的基本原则。这次思想洗礼推动了全国性的马克思主义思想解放运动，也为文艺领域探索符合中国当代实际的马克思主义文艺理论与批评体系铺平了道路。特别是 1979 年全国范围内开展的"为文艺正名"的讨论从理论上梳理了政治与文艺的关系，是中国当代文学理论体系内部的自我调整，"在实践中成为重新确立新时期文艺总方针的开端"①。随后召开的第四次文代会充分肯定了这次讨论的成果和历史意义。"为文艺正名"讨论所带来的文艺观念的变革对引发新时期文艺理论格局的重构，其作用如何评价都不为过。

这次论争的核心是文艺是否政治或阶级斗争的工具，论争的顺利展开则是由党的文艺政策的重大调整和文艺界的自我反思而共同促成的。

就前者而言，1978 年 6 月 13 日，《人民日报》即以《认真调整党的文艺政策》为题，发表了"文化部理论组"的文章，在对"毛主席革命文艺路线"的阐释上，强调"文艺为工农兵服务"而舍弃了"文艺为政治服务"的提法，学界主流意见认为，这是新时期开始后最早地对"文革"以来所奉行的文艺政策与方针的质疑。次年 3 月，胡耀邦在中宣部例会上明确提出不再用"文艺为政治服务"的提法。稍后，在周扬为第四次文代会报告稿所起草的提纲中，对如何吸收全国性的关于二者关系问题的讨论的成果，正确阐述二者之间的关系，也考虑甚多。胡乔木甚至认为，能否正确阐述二者的关系将是开好文代会的关键。1979 年 10 月，在《在中国文学艺术工作者第四次代表大会上的祝词》中，邓小平强调"继续坚持毛泽东同志提出的文艺为最广大的人民群众、首先为工农兵服务的方向"。周扬则在文代会报告中将二者关系的性质调整为"文艺和人民的关系"。在 1980 年 1 月 16 日召开的中央干部工作会议上，邓小平在谈到文艺工作者的责任时，明确指出要坚持"双百"方针和"三不主义"，不继续提文艺从属于政治这样的口号，"因为这个口号容易成为对文艺横加干涉的理论根据，长期的实践证明它对文艺的发展利少害多"②。1980 年 2 月 21 日，周扬在剧本座谈会上延伸了邓小平祝词中的"文艺为最广大的人民群众"服务的思想，第一次明确提出了"文艺为人民服务，为社会主义服务"的新时期的新口号。同年 7 月 26 日，《人民日报》发表了题为《文艺为人民服务，为社会主义服务》的社论，以官媒形式用"二为"方针取代了原来的"文艺从属于政治"的口号，"二为"方针的提出标志着

---

① 黄曼君主编：《中国近百年文学理论批评史（1895—1990）》，湖北教育出版社 1997 年版，第 1198 页。

② 《邓小平文选》第二卷，人民出版社 1994 年版，第 255 页。

党的文艺政策作出了重要的调整，文艺界也迈出拨乱反正最重要的一步。①

就后者而言，其反思的肇始是陈恭敏的《工具论还是反映论——关于文艺与政治的关系》（《戏剧艺术》1979年第1期）一文。该文认为，中国已进入一个新的历史发展时期，大规模的群众阶级斗争已经结束，原来的"文艺是阶级斗争的工具"的说法已经不能适应时代的发展，"工具论"应当予以重新审视与研究，其对文艺性质的简单的机械的政治化理解和概括也亟待得到纠正。同年3月，《文艺报》编辑部召开文学理论批评工作座谈会，与会者也就二者关系展开了热烈的讨论，并形成了两派尖锐对立的看法。肯定者将文艺视为党的整个事业的重要组成部分，认为文艺当然不能脱离政治。否定者则认为，"文艺为政治服务""文艺是阶级斗争的工具"等提法是不科学的。其中也有折中的意见，即："文艺都要受一定阶级的政治的约束，无产阶级作家必须用马克思主义观察、分析和理解生活，但是文艺不是一种可以受政治任意摆布的简单的工具；也不应该把文艺简单化地仅仅当作阶级斗争的工具。"② 这些前期争论为《上海文学》发表著名的题为《为文艺正名》的评论员文章做好了理论铺垫。《为文艺正名》一文集中火力，从文艺与政治、与生活的关系以及文艺的社会职能等方面对"工具论"进行了批驳，认为这种将文艺与政治等同起来的文艺观实际上是一种"取消文艺的文艺观"，它不仅是"造成文艺作品公式化概念化"的"主要的原因"，而且将之作为文艺的基本定义，将会"忽视文艺的多样性和丰富性"，"不利于题材、体裁的多样化和文艺的百花齐放"。文章明确提出："要真正打碎'四人帮'的精神枷锁"和改变现有的文艺局面，"就必须对'文艺是阶级斗争的工具'这个口号进行拨乱反正的工作"，"为了繁荣社会主义文艺，我们必须为文艺正名"。③"为文艺正名"活动由此全面展开，关于文艺与政治关系问题的大讨论也迅速遍及学界，《文艺报》《文学评论》《文艺研究》等重要文艺刊物对此都曾特辟专栏进行探讨，一些文艺单位或部门如全国高等学校文艺理论研究会还组织了学术研讨会。

---

① 参见徐庆全：《"文艺为人民服务，为社会主义服务"的提出》，《学习时报》2004年9月6日。
② 《文艺报》1979年第4期。
③ 《上海文学》1979年第4期，文章脱胎于1979年3月18日在北京文艺理论批评工作座谈会上李子云的发言。

二、论争的核心问题

这次论争主要围绕以下几个问题展开：

1.关于"正名"说的争论。围绕《为文艺正名》一文形成了赞同和反对两种对立意见，一定程度上也反映出新时期之初意识形态领域斗争的激烈性。赞同者认为，《为文艺正名》"敢于冲破'禁区'，对林彪、'四人帮'这条多年来被看作是不容怀疑的所谓'理论根据'进行分析，揭露了它的反动本质，这对于清除林彪、'四人帮'的流毒，活跃我们的文艺理论的研究，推动社会主义文艺的繁荣，都是有好处的。"① 反对者则强调，在阶级社会中，"一切文学艺术都是阶级斗争的形象的工具，这是一条不依人们的意志为转移的客观规律，是不容否定的马克思主义的文艺理论、毛泽东文艺思想的基本原则"，如果否定这条"无产阶级文艺的生命线"，实质"就是否定文艺事业应当成为无产阶级总的事业的一部分"，"就是否定无产阶级的党的文学原则"。② 还有人认为，"为文艺正名"这一活动"借口尊重艺术的特殊规律，实际上却在否定艺术的基本规律，否定文艺为政治服务这一马克思主义文艺观的基本原则"，"这种倾向接过我们党的解放思想的口号，从右的方面加以歪曲和引伸"③。

2."工具"说能否概括了文艺的全部作用？关于这个问题也出现了两种尖锐对立的看法。肯定"工具"说的人认为，从文艺作品的思想内容或作家的世界观来看，文艺都是阶级社会中阶级斗争的工具，因此，"文艺作品的主题、思想、感情和情绪"，"必然属于一定的阶级"并带有一定的阶级性。正是由于"阶级性是基本的、主导的属性，它渗透于真实性、思想性和艺术性之中。因此，文艺作品的认识作用、教育作用和审美作用都不是非阶级的和超阶级的，而是建立在阶级性基础上的，而是带有阶级性的"。④ 肯定者中也有人从文艺作品本身的阶级性质争辩说："从奴隶社会到封建社会再到资本主

---

① 刘纲纪：《全面地历史地理解文艺的社会作用》，《长江文艺》1979 年第 7 期。

② 张居华：《坚持无产阶级的党的文学原则——"文艺是阶级斗争的工具"不容否定》，《上海文学》1979 年第 7 期。

③ 李方平：《真实性、公式化与文艺为阶级斗争服务——与〈为文艺正名〉商榷》，《上海文学》1979 年第 9 期。

④ 王得后：《给〈上海文学〉评论员的一封信》，《上海文学》1979 年第 6 期。

义社会，凡是占有一定地位、具有较大影响、长期流传的文艺作品，大都是直接或间接地反映了阶级斗争、为当时的阶级斗争服务、充当过阶级斗争的工具的"，即使是以描写自然景物为主的文学作品"既产生于阶级社会之中，也要打上阶级的烙印，与阶级斗争有着关连"。① 反对者则认为，首先，从文艺职能上看，文艺作为阶级斗争的工具，"只是文艺的一种职能，而不是它的全部职能；只是一个历史时期的部分职能，而不是整个人类历史的文艺作品的全部职能"②，因此，它既不能概括文艺的教育作用，更不能概括文艺的全部功能，因为文艺的"认识作用是基础，教育作用是主导，审美作用是手段，三者不可缺一"，"即使是文艺的教育作用，也并不仅仅是阶级斗争的教育，甚至也不仅仅是政治教育，还应包括道德教育，历史教育，知识教育，情感教育，审美教育等等"。③ 其次，从学理逻辑上看，虽然阶级社会里，文艺经常在反映阶级斗争生活，但并不能由此延伸出"文艺就只反映阶级斗争，只对阶级斗争起作用，只是阶级斗争的工具"的结论，因为，文艺可以而且应该反映的"三大革命实践活动"本身"也还不能完全概括文艺所反映的全部社会生活"④。

3."工具"说是否是造成文学公式化概念化的直接原因？肯定者认为，"工具"说"使文艺的路子越走越窄，它对作者的写作加以限制，同时对古代的和外国的优秀遗产和作品给予排斥"，正是这个口号本身导致其产生了致命的理论困境问题，因为，"即使正确运用，无论如何也跳不出文艺要写阶级斗争、为阶级斗争服务的圈子。在这个圈子之内，能谈得上文艺题材的广阔，文艺品种的多样么？"⑤ 反对者则认为，古今中外都有"公式化概念化"的作品，将其产生的原因归结为"文艺是阶级斗争的工具"说，未必恰当。在反对者看来，促进文艺创作出现题材和体裁多样化的百花齐放的繁荣景象，虽然原因多种多样，但其中，"起着决定作用的，却是当时的统治阶级实行了有利于繁荣文艺

---

① 吴世常：《"文艺是阶级斗争的工具"是个科学的口号》，《上海文学》1979 年第 6 期。
② 顾经谭：《文学的发展与"为文艺正名"》，《上海文学》1979 年第 7 期。
③ 邱明正：《一个不精确的口号——评"文艺是阶级斗争的工具"说》，《上海文学》1979 年第 8 期。
④ 刘纲纪：《全面地历史地理解文艺的社会作用》，《长江文艺》1979 年第 7 期。
⑤ 易原符：《认识生活——文艺的普遍职能——兼驳〈文艺是阶级斗争的工具〉》，《上海文学》1979 年第 9 期。

创作的路线、方针和政策", 只是因为林彪和"四人帮"推行了一条封建法西斯的文化专制主义路线, "文艺界才沦到了万马齐喑、百花凋零的境地"。① 基于此, 反对者认为, 造成公式化概念化的原因"不在文艺为阶级斗争服务, 而在于作家没有遵循艺术本身的规律进行创作", 这是"性质不同的问题"。②

4. 文艺是否从属于政治? 肯定者认为, 文艺为政治服务是一个客观事实, 无论承认与否或如何从理论上加以解释, 它都事实地存在着, 并依据其自己的规律发展着。③ 在他们看来, 在阶级社会里, 和政治并行或互相独立的文艺是不存在的, 作为无产阶级整个革命事业的一部分的文艺, 必须坚定不移地为无产阶级政治服务, 否定了这一点, 就意味着否定了五四以来中国新文艺发展的历史及其光荣的战斗传统以及中国无产阶级文艺的全部理论和实践。④ 肯定者还批驳了那种主张用忠实于生活、写真实等等来代替文艺为政治服务的看法, 认为这种看法存在着"概念上的混乱", 因为, 所谓的"忠实于生活""写真实"解决的是艺术认识论的根源或反映论的问题, 即艺术创作的源泉问题, 属于艺术认识论或反映论层面, 而"文艺为政治服务"解决的则是艺术的社会政治功能的问题, 这两种不同的范畴或概念从根本上是不能够互相代替的。⑤ 反对者则认为"文艺为政治服务"这个口号在理论上是错误的, 在实践中是有害的。其中又以王春元和林焕平二人的批驳最为尖锐和富有学理。王春元在《"文艺为政治服务"是个错误的口号》一文中从七个方面对文艺为政治服务的实质及其内容作了详细的剖析⑥, 认为提这个口号"实际上属于专制范畴", 并且, "'四人帮'的文化专制主义, 就是'十七

---

① 吴世常:《"文艺是阶级斗争的工具"是个科学的口号》,《上海文学》1979 年第 6 期。

② 李方平:《真实性、公式化与文艺为阶级斗争服务——与〈为文艺正名〉商榷》,《上海文学》1979 年第 9 期。

③ 参见曾明:《论文艺为政治服务》,《群众》1980 年第 6 期。

④ 参见孙锁顺、范培松:《文艺·政治·生活》,《解放日报》1978 年 6 月 12 日。

⑤ 参见敏泽:《文艺要为政治服务》,《文艺研究》1980 年第 1 期。

⑥ 王春元将所谓"文艺为政治服务"口号的实质, 归纳为以下七点:1."是为现行的政策服务";2."是为当前的中心任务服务";3."是作为某个单位解决思想实际问题的工具", 或者"是作为政治工作的一部分来要求的";4."是为宣传某种阶级、阶级斗争观念服务";5."是为各个部门、各个地方的长官意志服务";6."是只能为现行的政治纲领、路线、政策、观念唱赞歌, 不能有批评";7."是用政治作为文学批评的唯一标准"。——王春元:《"文艺为政治服务"是个错误的口号》,《文艺理论研究》1980 年第 3 期。

年'的文艺为政治服务这个口号的恶性发展"①。林焕平认为文艺不能脱离政治与文艺为政治服务，这二者之间不能画等号。他从马恩原典有无论述、文艺与时代关系、政治概念本身的发展性、多义性以及文艺的长期实践历史等多个角度对文艺为政治服务的提法作了批驳②。在这两派尖锐的对立看法之外，还有折中意见。比如：有学者认为政治和文学应该是相互促进的兄弟关系而非奴役与被奴役的主仆关系，二者是平等的，"既可以利用政治来褒贬我们的文学，也可以利用文学来干预我们的政治"③。还有学者认为，"文艺从属于政治""文艺为政治服务"的命题和口号，都应给以一定的历史地位，不能笼统地、不加分析地贬斥，但"从属论""服务论"在实践中确实给文艺事业带来消极影响，特别是 20 世纪 50 年代中期以后，使文艺部分地脱离了人民，使社会主义文艺受到了损害。④

5. 关于"服务"说和"二为"方针关系的认识。也许受前述邓小平所作的《目前的形势和任务》的讲话、《人民日报》的《文艺为人民服务，为社会主义服务》的社论以及文艺部门主要负责人周扬的文章《关于政治和文艺的关系》等主要文艺形势判断及重大提法发生转变的影响，文艺界对于"服务"说和"二为"方针关系总体上呈现出比较积极、一致的看法，比如，有学者认为，"文艺为政治服务"与"文艺为人民服务"和"为社会主义服务"这"三个口号没有根本区别"，但提"二为"较好，因为，这个口号更宽泛，于文艺发展更有利⑤。有学者认为，"'二为'口号是党的文艺方针在新的历

---

① 王春元：《"文艺为政治服务"是个错误的口号》，《文艺理论研究》1980 年第 3 期。

② 林焕平在《文艺为社会主义服务》（《文艺研究》1980 年第 3 期）一文中指出：在马恩列斯的有关论述中，并没有说过谁为谁服务的关系，而且，"历史的事实，说明它们不是服务被服务的关系、决定被决定的关系"。此外，政治是一个历史的概念，有正确的政治和错误的、反动的政治，因此，这个提法本身就存在问题。在他看来，各种文艺样式的发展，显示了它们的百花齐放。不能随意为政治所拘束，文艺为政治服务以及文艺从属于政治的口号"不能概括文学艺术的全部现象"，"长期以来的实践证明，文艺为政治服务的口号，同文艺从属于政治的口号一样，被某些对文艺规律理解不清的同志利用为打棍子、对文艺横加干涉的理论根据"。

③ 李广鼐：《文学不做政治的奴婢》，《山东文学》1981 年第 1 期。

④ 参见顾骧：《革命文艺历史经验的重要总结——关于社会主义文艺的总口号》，《上海文学》1982 年第 12 期。

⑤ 参见敏泽：《关键不在口号》，《文艺理论研究》1980 年第 3 期。

史时期的重大发展，是文艺领域的重大改革，是为了以更符合文艺规律的方式坚持四项基本原则"。它的提出，"明确了艺术生产的目的，端正了文艺工作的方向，开阔了文学艺术的道路，促进了社会主义文艺的繁荣"①。还有学者认为，"文艺为人民服务"提法并非对"文艺为工农兵服务"提法的否定，恰恰是"对这个口号的补充和发展"，也是完全必要和正确的，因为，"首先，文艺'为社会主义服务'这个口号，指明了社会主义文艺的长远目标"；其次，它的服务对象也要"广泛得多"。②

三、论争在马克思主义文艺理论中国化进程中的意义

文艺与政治的关系问题是 20 世纪中国文艺发展的晴雨表，更是马克思主义文艺理论中国化的核心问题之一。新时期以来围绕二者关系的论争，对于马克思主义文艺理论的中国化探索有着重大的理论价值和现实意义，突出体现在以下几个方面：

其一，重启了对马克思主义文艺基本原理或原典的正确解读。中国现当代文艺理论中关于二者关系所形成的"工具论""从属论""服务论"，将"文艺是阶级斗争的工具"歪曲为文艺的唯一定义或全部本质，将政治正确与否作为衡量文艺成功与否的唯一标准，将文艺自身固有的丰富功能窄化为"为阶级斗争服务"的唯一功能，实际上是从根本上取消了文学艺术的特征，也导致文艺创作走入低潮甚至黑暗。究极而言，就是对马克思主义文艺基本原理的误读甚至歪曲。新时期关于二者关系的相关论争在许多方面都重新回到了对马克思主义原典的正确理解上来，在坚持马克思主义基本原理方面迈出可喜的步伐。例如：重新理解了马克思主义对于真理与谬误的关系的辩证论述，充分认识到"文艺是阶级斗争的工具"的提法就是把对象无限扩大化，使真理变成了谬误；从马克思主义关于人类掌握世界的多种方式的阐述中认识到文艺具有特殊的思维方式；从列宁所说的"生活、实践的观点应当是认

---

① 郑汶：《坚持文艺为人民服务，为社会主义服务》，《文艺报》1981 年第 10 期。
② 缪俊杰：《新时期社会主义文艺的方向——对"文艺为人民服务，为社会主义服务"的一点理解》，《上海文学》1980 年第 7 期。

识论的首要的基本的观点"认识到只有把文艺与生活的关系作为首先的和基本的关系来考察的文艺观才是唯物主义的文艺观；从毛泽东的"生活源泉"论认识到文艺可以反映"一切人，一切阶级，一切群众，一切生动的生活形式和斗争形式"；从马克思主义对唯意志论的批判认识到主观唯心主义文艺观的危害；等等。这些思考都是建立在对马克思主义文艺思想原典正确解读的基础之上的，为及时清理文艺界的"左"倾错误以及在中国进一步坚持与发展马克思主义文艺理论打下了坚实的理论基础。

其二，革新了对二者关系的认知和言说模式。新时期的文艺与政治关系论争改变了中国马克思主义文艺理论惯常的哲学观、文艺观上的二元划分模式，颠覆了"工具""从属""服务"等词汇的中心意涵或向心要求，也改变了关于二者关系在致思逻辑上的一维指向，开始尝试把二者关系问题放到更加多维的视野中进行立体的思考。比如，《为文艺正名》一文就改变了过去对"文学是什么"的本质主义的追问，试图从实践存在论的角度和真善美相统一的角度去探索文艺与生活之间的复杂关系。文章指出："解决文艺与生活的关系，主要是为了求得真的价值；解决文艺与政治的关系，主要是为了求得善的价值。在真和善的基础上，还要解决内容与形式的关系，这是为了求得美的价值。这三者的关系不是孤立的，而是相互联系、相互渗透的。文艺所追求的真，不是概念的真，而是艺术形象（主要是人物形象）的真；文艺所追求的善，不是政治的或道德的说教，而是把强烈的、代表人民的爱与憎熔铸在艺术形象的创造中；文艺所追求的美，也不是纯形式的美，而是内容与形式的统一，真善美的统一。"① 应该说，这种以文艺价值为立论核心，从文艺实践的不同存在领域进行的思考，对于将文学从"本质论""属性论""反映论"中解脱出来，起到了言说模式或认识范式的解放作用。

其三，为文艺与政治关系的再认识提供了反思入口。20世纪中国文学与政治的关系，总体上走过了政治化、去政治化和再政治化的基本历程。具体说来，清末民初，文艺界挟政治改良和新文化启蒙的时代风气开启了文学与政治关系的自由探讨。这其中，梁启超等人所倡导的"三界"革命主张中所包含的文艺"政治化"与王国维基于"境界"论和"古雅"说等审美主义

---

① 《上海文学》1979 年第 4 期。

的文艺"去政治化"并行不悖；20世纪二三十年代，因"左翼"文艺思潮的崛起导致的文艺政治化倾向与梁实秋、胡秋原等人对文艺政治化的质疑同样并存于二者关系的讨论中；40年代，毛泽东的《在延安文艺座谈会上的讲话》、延安工农兵文艺及其大众化运动的展开、"鲁迅方向"和"赵树理方向"的确立，共同确立了文学政治化的基础，使得文艺自律论逐渐消歇；新中国成立后"十七年"，延安文艺方针的赓续以及新中国文艺秩序的建设需求，使得文艺形态与国家形态合二为一，虽然其间由于政治与文艺政策的调整，文学自身的审美内律受到一定关注，政治对文艺的强势也有所弱化，但文艺的政治化仍然是这一时期的主流；"文革"中，文艺走向极端的政治化；新时期开始至80年代末，伴随着对"工具论""从属论""服务论"的强烈质疑，文学自身的规律及其审美特质获得前所未有的重视，得到全面、深入的探讨，文艺的去政治化倾向表现得尤为突出；90年代以来，随着消费文化的兴起、"人文精神"大讨论的展开以及对西方"文化研究"方法的引入，文艺出现再政治化趋势。纵观20世纪中国关于文艺与政治关系的考量历程，"文艺必然具有政治性"（表征着学术认知）与"文艺必须为政治服务"（传达着价值诉求）这两个不同的命题在不同的历史时期成为有关二者关系的理论概括中至为重要的两个命题，始终游移、横亘在中国文艺界，成为马克思主义文艺理论中国化探索的瓶颈。正是从这个意义上讲，新时期以来关于二者关系的论争（核心是"文艺从属政治"还是"文艺远离政治"）及其明显的去政治化倾向，为二者关系的再认识提供了反思入口，对中国学界重新考量二者关系，突破马克思主义文艺理论中国化道路上最重要的瓶颈之一，具有重要的理论价值。这种反思在20世纪后十年即收到新的学术成果，突出体现在两个理路的新的文艺政治学的建构上。其一是刘锋杰等人在《文学政治学的创构——百年来文学与政治关系论争研究》一书中，通过对百年来中国文学与政治关系论争的研究，提出了创构以审美为本位的"文学政治学"构想，这一构想主张在坚守文学审美独特性的基础上重构文学与政治的关系，构建文学政治学的概念体系，并提出"文学想象政治"这一新命题。其二是陶东风等人从"文化研究"所理解的"政治"概念重新审视文学理论的政治维度，强调消费时代文学理论知识的政治性回归的必要性和迫切性，提出了在文学理论的公共性中重建政治批评的构想。

第二节 "文学与人性、人道主义关系"论争与马克思主义文学批评中国形态的探索

新时期以来，哲学领域的人性、人道主义和异化问题论争同文艺理论领域关于文学与人性、人道主义关系的争鸣相互激荡，对马克思主义文学批评中国形态的建构产生了深远的影响。

一、论争概述

新时期以来哲学领域的这一论争主要集中在1979年到1985年这一时段，并围绕两大论题展开：一是关于人性问题的论争。又分为以下具体问题：何谓人性？人性和人的本质的关系是怎样的？有无共同人性？人性与阶级性的关系如何？等等。其中分歧最大的是人性与阶级性的关系问题。关于人性，形成了多种看法不一的定义，主要有：1.人性即人的自然本性；2.人性即人的社会性；3.人性是人的自然属性和社会属性的统一；4.人性即人的阶级性；5.人性是共同人性和阶级性的统一；6.人性就是人的本质。关于人的本质问题，学界通过发掘马克思主义原典形成了三种主要看法：1.人的本质是劳动；2.人的本质即自由自觉的活动；3.人的本质是一切社会关系的总和。关于人性与阶级性和共同人性的关系，则形成了"一致"论、"统一"论、"对立"论、"渗透"论四种主要看法。二是关于人道主义问题的争论。汝信、邢贲思、王若水、周扬、黄万盛、陆梅林等人围绕马克思主义和人道主义的关系进行了激烈的争论①，其核心问题有：人是不是马克思主义的出发点？是否存在

---

① 参见汝信的《人道主义就是修正主义吗？——对人道主义的再认识》（《人民日报》1980年8月15日）、邢贲思的《怎样识别人道主义》（《百科知识》1980年第1期）、王若水的《为人道主义辩护》（《文汇报》1983年1月17日）、周扬的《关于马克思主义的几个理论问题的探讨》（《人民日报》1983年3月16日）、黄万盛等的《试论革命人道主义在马克思主义中的地位》（《复旦学报（社会科学版）》1980年第1期）、陆梅林的《马克思主义与人道主义》（《文艺研究》1981年第3期）等相关文章。

马克思主义的人道主义？马克思主义如何看待人道主义？如何完整准确地理解马克思对于人道主义的看法？马克思主义能否归结为或包含人道主义？随着 1983 年后期清除"精神污染"运动在理论界和文艺界的展开，以及 1984 年胡乔木所发表的《关于人道主义和异化问题》一文中对这次论争中很多理论是非的澄清，文艺学界对这一问题的论争开始转入到人的主体性、主体意识和价值观等具体问题上来。《中国社会科学》《文学评论》《文艺研究》《人民日报》《文汇报》等重要期刊或报纸，围绕这一论争先后发表文章或组织专栏，人民出版社也先后出版了《人是马克思主义的出发点》《人性、人道主义问题讨论集》《关于人的学说的哲学探讨》《关于人道主义和异化问题论文集》，这些都对新时期知识界的思想结构的形成产生了重要影响。

　　新时期文艺理论界关于文学与人性、人道主义关系的论争，核心论域主要有四：

　　1. 文学是否可以或能否表现人性？对这一问题，朱光潜主张突破"人性论""人道主义""人情味""共同美感"以及"三突出"谬论所设立的各种禁区①，然而陆荣椿、计永佑等人则提出反对意见。陆荣椿认为，"人的本质属性只能是人的社会属性，而阶级社会里的社会属性就只能是阶级属性"②。在计永佑看来，朱光潜将人性解释为"人类自然本性"的做法是对马克思《1844 年经济学哲学手稿》中贯穿到底的阶级论的一种误解，亦即将资产阶级人性论等同于马克思主义的人性观，并把人性、人道主义当成文艺的最高标准。在此基础上，他还进一步批评了朱光潜以"人性"作为文艺创作出发点和将"人性"作为文艺作品价值高低的尺度的看法，认为"文艺的出发点是社会历史发展着的生活，是共同的人性与阶级性统一的具体的人"③。还有论者从人性与阶级性的对立角度出发，认为文学应当描写它们的对立统一，评判其是非有阶级性的尺度和共同人性的尺度两个标准。④ 反对者则认为，

<hr>

① 朱光潜：《关于人性、人道主义、人情味和共同美问题》，《文艺研究》1979 年第 3 期。

② 陆荣椿：《也谈文艺与人性论、人道主义问题——兼与朱光潜同志商榷》，《社会科学辑刊》1980 年第 3 期。

③ 计永佑：《两种对立的人性观——与朱光潜同志商榷》，《文艺研究》1980 年第 3 期。

④ 参见王磊：《人性和阶级性的对立统一及其在文学作品中的表现》，《辽宁大学学报（哲学社会科学版）》1979 年第 2 期。

在阶级社会没有脱离阶级性而独立存在的所谓共同人性或人情，任何阶级性都包含着人性，都是人性的一种，没有什么人性和阶级性之间的斗争。①

2. 关于"文学是人学"命题的论争。钱谷融曾于 1957 年在《论"文学是人学"》一文中对高尔基的这一命题作过全面的阐述，强调作家对人的看法以及作家的人道主义精神对其创作起着决定性的作用。他的这一文艺主张在当时受到过猛烈的批判，并于当年 10 月 26 日写成自我批判文章《〈论"文学是人学"〉一文的自我批判提纲》。新时期开始后不久，钱谷融发表了这份提纲，重申了他的上述主张中的那些基本内容就是"评价文学作品的好坏的一个最基本、最必要的标准；就是区分各种不同的创作方法的主要依据"②，也重申了"文学是人学"的论断。对此，赞同者甚至认为人道主义是文学的灵魂，是一切进步文学的最高目标③，而反对者则认为文学归根结底是现实生活的反映，提倡"文学是人学"容易走向抽象的人性、人道主义。还有学者发表文章认为高尔基并未把文学与"人学"直接联系起来，或者这一提法本身就是不科学的。④

3. 人道主义能否作为文学评价标准？对于钱谷融将人道主义作为评价文学作品的好坏的一个最基本、最必要甚至最低的标准，王蒙、刘再复等人都表示了赞同⑤，甚至有学者认为全部文学史都可以看作是人道主义不同历史形态的发展史。⑥ 反对者则认为，以人道主义作为文学评判的标准，把人道主义视为新时期文学的主流并不符合事实，对文学创作中的人道主义也应该

---

① 胡绳生、袁杏珠：《也谈人性和阶级性——与王磊同志商榷》，《辽宁大学学报（哲学社会科学版）》1979 年第 6 期。

② 钱谷融：《〈论"文学是人学"〉一文的自我批判提纲》，《文艺研究》1980 年第 3 期。

③ 参见李贵仁：《人道主义——文学的灵魂》，《文学家》1985 年第 2 期。

④ 关于高尔基是否提出过"文学是人学"命题，中国学界对此有较大争议。有人认为高尔基在"方志学中央局的庆祝大会"上致词中首次言及但并未展开。具体争议参见程代熙的《人学·人性·文学》（《光明日报》1980 年 1 月 9 日）、刘保端的《关于"文学是人学"问题》（《文学评论》1982 年第 3 期）、甫文柏的《"文学是人学"的提法科学吗？》（《学术月刊》1982 年第 12 期）等相关文章。

⑤ 参见王蒙的《"人性"断想》（《文学评论》1982 年第 4 期）、刘再复的《新时期文学的主潮》（《新华文摘》1986 年第 11 期）等文的相关论述。

⑥ 参见陶东风等：《历史，从将来走向我们——"重写文学史"四人谈》，《文艺研究》1989 年第 3 期。

具体问题具体分析，特别是应当把鼓吹以抽象人性论为理论基础的资产阶级人道主义同弘扬社会主义人道主义的文艺作品区别开来。还有学者认为，人道主义并非马克思主义美学的原则，不能用人性论和人道主义而只能用马克思主义科学世界观和文艺观来指导文艺工作。如陆梅林提出应当"从根本上来解决马克思主义与人道主义的关系问题"①，他引经据典地论证了早期马克思与成熟马克思的分野，认为马克思主义形成与成熟是以唯物史观的发现与建立为标志的。因此，唯物史观才是文学与美学研究的基础。

　　4.关于文学的主体性的论争。20世纪80年代中后期关于这一问题的论争是哲学领域中人性、人道主义及异化问题论争在文艺领域中的继续拓展。其争论的分歧不在于要不要主体性，而在于要什么样的主体性，以及在什么理论基础上确立文学的主体论（后有详述）。

二、论争对马克思主义文学批评中国形态建构的理论意义

　　新时期的人性论与人道主义思潮是旷日持久的革命所产生的意识形态反拨，这些论争不仅推动了人性论取代阶级斗争学说，实现了中国学界理论范式的转换（如实践美学的建构、文学的主体性问题论争、文学本质论以及文学价值论探讨等重要的文艺理论问题的展开都同这一论争有着密切的联系），而且推动了学界的理论还原，为学界重回或发掘马克思主义经典，坚持和发展马克思主义奠定了坚实的学术基础。论争中对于异化的揭露和对人性复归的呼求这两大主题，不仅在文学创作领域中得到现实的回应，更为中国文艺理论界继续探索马克思主义文学理论的中国化打开了理论通道。其重要意义表现在：

　　首先，为中国文艺界突破"唯阶级论、去人性化"的文论之围，确立当代文学本质论观的"人学"向度奠定了理论基础。可以说，新时期以来的文学主体论、文学人生论、心灵情感论、精神自由论等多种理论观念的形成都同这次论争有着直接或间接的联系。这次论争不仅为当代中国文学实践中人的主体意识觉醒打开了文艺创作的窗口，也为马克思主义文学理论的中国化探索突破既定理论观念（阶级论、工具论、服务论、反映论等）的束缚，实

---

① 陆梅林：《马克思主义与人道主义》，《文艺研究》1981年第3期。

现自我解放和创新发展提供了理论助力。

其次，丰富了马克思主义文艺学的人学内涵。这次论争对于中国文艺学界深刻了解马克思在人学理论上所实现的范式革命，从根本上贯彻马克思主义人学理论核心即"以人为本"的根本理念，从价值导向、学科品格等方面建立当代中国马克思主义文艺学具有重大学术意义。可以说，正是经过此一论争，中国文艺理论界才真正开始从以人为对象、以人为主体、以人为目的这三个人学基本维度去考量中国形态的马克思主义文艺理论体系的构想与批评模式的建构。而当代中国共产党以马克思主义的"以人为本"思想为依据展开的建设有中国特色马克思主义文艺理论的活动，以及习近平的社会主义新时代文艺重要论述中的"人民观点"的形成，都是这一论争在当代创新性探索的延续。

再次，作为中国当代文艺理论的一个重要理论节点的"文学是人学"命题的重新提出以及围绕它进行的论争，为中国马克思主义文学理论解决文学的本体存在与人的本体存在的关系，确立"以人为本"的文学本原观，研究与重构新型人学范式文学理论拓展了理论空间。

第三节 "形象思维"论争与马克思主义文学批评中国形态的建构

20世纪七八十年代，关于"形象思维"的论争从一个侧面凸现了马克思主义文学批评中国形态的建构在文艺思维方式、文艺基本特质等方面的深层拓展，也从一个侧面反映出中国形态的建构逐步实现了从专注于外部的政治意识形态或阶级斗争向研究文艺内部问题的转化，其论争中的经验与教训都值得回顾与总结。

一、论争概况

经典马克思主义文艺学涉及形象思维问题，主要表现在马克思对人类掌握世界的方式的论述中。马克思曾指出："整体，当它在头脑中作为思想整体而出现时，是思维着的头脑的产物，这个头脑用它所专有的方式掌握世界，而这种方式是不同于对于世界的艺术精神的，宗教精神的，实践精神的掌握的。"① 这里提到的"艺术的"思维方式跟"形象思维"有密切的关系，但马克思所说的四种掌握世界的方式主要是从哲学高度谈论的，"形象思维"问题之作为马克思主义文艺批评中创作规律的核心问题为中国学界所重点关注，则同俄苏马克思主义文艺理论家有着直接的关系。其中别林斯基是影响最大者②，别林斯基在《艺术的观念》中明确指出："艺术是对真理的直感的观察，或者说是寓于形象的思维"③。又在《伊凡·瓦年科讲述的〈俄罗斯童话〉》中补充论述道："一个民族的诗歌是一面镜子，在这面镜子里，反映出它的生活，连同全部富有特征的细微差别和类的特征。既然诗歌不是什么别的东西，而是寓于形象的思维，所以一个民族的诗歌也就是民族的意识。"④别林斯基的"形象的""直观的"这类表述直接影响着后来苏俄文论家对文艺思维方式问题的探讨。如普列汉诺夫在《别林斯基的文学观》《尼·加·车尔尼雪夫斯基》等文章中明确接受了别林斯基的"艺术家以形象来体现自己的思想"的看法。高尔基探讨了想象的本质，认为"想象在其本质上也是对于世界的思维，但它主要是用形象来思维，是'艺术的'思维"⑤。他还将形象思维引入到对"社会主义现实主义"创作的理解中，认为"社会主义现实主义"在"用可能的和想望的东西来补充当前的东西"时是有权进行"夸大""预见"或"臆测"的。⑥法捷耶夫则不仅接受了别林斯基的"艺术家用形象来思考"

---

① 《马克思恩格斯选集》第 2 卷，人民出版社 1995 年版，第 19 页。

② 比如，在 1979 年中国社会科学院外国文学研究所编译的《外国理论家作家论形象思维》中引述的别林斯基的相关论述有整整三十页，其他章节引用别氏言论的还屡有所见。

③ [俄] 别林斯基：《艺术的观念》，《外国理论家作家论形象思维》，中国社会科学出版社 1979 年版，第 59 页。

④ [俄] 别林斯基：《伊凡·瓦年科讲述的〈俄罗斯童话〉》，《外国理论家作家论形象思维》，中国社会科学出版社 1979 年版，第 55 页。

⑤ [苏] 高尔基：《谈谈我怎样学习写作》，《论文学》，人民文学出版社 1978 年版，第 160 页。

⑥ 高尔基说："艺术家的形象思维，以对现实生活的广博知识为依据，被那想赋予素材以最完美形式的直觉的愿望所补充——用可能的和想望的东西来补充当前的东西，这种形象思维也是能够'预见'的，换句话说，社会主义现实主义的艺术是有权夸大——'臆测'的。直觉的东西不能理解为某种先于知识的、'预言'的东西，它只有在作为假设或作为

的观点，剖析了形象思维乃是"艺术家通过对现象本身的展示来揭示规律，通过对个别的展示来揭示一般，通过对局部的展示来揭示全体，从而在生活的直接的现实中仿佛造成了生活的幻影"的这一基本特征，[①] 而且创造了"直感印象"这一概念来用以阐明形象思维，并深层次地说明了形象思维展开的一般规律与特点：

> 在最难说明的原始艺术工作时期，艺术家的意识中的形象非常杂乱，没有整理出来；艺术家的意识中没有完整的、完备的艺术形象，有的只是现实原料：最能打动他的人物的面貌、性格、事件、个别的情况、大自然的景色等等。在这个工作时期，艺术家自己还没有明确地知道，他对生活的观察和研究会得到什么结果。要说明材料是怎样从这一大堆素材里形成和提炼出来，主题和情节的最初草图是怎样勾画出来，是很困难的。这件事我办不到。我只知道，全部积聚起来的材料在一定的时候会和一些主要的思想与概念起一种有机化合，而这些主要的思想与概念是艺术家作为任何一个思想着、斗争着、有爱、有欢欣也有痛苦的活生生的人在自己的意识里原来就有着的。要经过一个相当时期，现实的零碎形象才开始形成一个整体，虽然是远非完善的整体；作品的一些主要的路标才开始在艺术家的意识中形成，——那时才到了可以写下作品的某些片段、章节、大纲等等的时期。这时你就要开始做一件非常紧张的意识工作，即从意识中存在着的大量印象与形象中挑选最有价值的材料，你选出一切需要的，抛掉多余的，在那样一个方向上浓缩事实和印象，以便尽可能全面地和清晰地表现出、传达出在意识中愈来愈定形的作品的主要思想。

形象组织起来的经验缺乏某些环节和细节的情况下，才能完成经验。"——［苏］高尔基：《给亚·谢·谢尔巴科夫》(1935 年 2 月 19 日)，《文学书简》(下卷)，曹葆华、渠建明译，人民文学出版社 1965 年版，第 371—372 页。

[①] ［苏］法捷耶夫：《争取做一个辩证唯物主义的艺术家》，《外国理论家作家论形象思维》，中国社会科学出版社 1979 年版，第 166—169 页。

这样就经过了写作的第二时期。①

在中国，对"形象思维"问题的关注在20世纪初即已出现。比如，鲁迅早年在《摩罗诗力说》中曾说创作要"用神思"，这里借用刘勰"神思"概念，谈论的实际上就是形象思维。此后，他在《诗歌之敌》《〈十二个〉后记》《〈阿Q正传〉的成因》《寄〈戏〉周刊编者信》《看书琐记》等文章中又反复论述过创作中的形象思维问题。大致来说，鲁迅之探讨形象思维问题更多基于中国传统文艺理论以及自身的创作经验。20世纪三四十年代，中国学界讨论形象思维问题，主要有两条路径：一是译介。如何丹仁（冯雪峰）将法捷耶夫《创作方法论》中有关形象思维的讨论译成中文（载《北斗》1931年第1卷第3期）和胡秋原编著《唯物史观艺术论——朴列汗诺夫及其艺术理论之研究》（1932年）一书时重点提到别林斯基"借形象的思考"的提法，都是很典型的例子。二是进行专门性研究。如基于反对文艺创作中概念化、公式化倾向的需要，胡风在《今天，我们的中心问题是什么？》一文中专门讨论了形象思维问题并首次运用了"形象的思维"这一概念。他指出："文学创造形象，因而作家底认识作用是形象的思维。并不是先有概念再'化'成形象，而是在可感的形象的状态上去把握人生，把握世界，这就非得在作家底意识上'再三感觉到'不能胜利。"② 又如1943年，蔡仪在《新艺术论》一书中明确提出了"艺术的认识是形象的思维"的看法，将形象思维问题纳入其文艺反映论加以研究。

20世纪50年代后期至"文革"开始，关于形象思维问题，中国学界出现了第一次比较集中的讨论。这次讨论同样与苏联关于形象思维的论争有非常密切的关系，苏联学者布罗夫的《论艺术内容和形式的特征》和尼古拉耶娃的《论艺术文学的特征》两文对"形象思维"观点的质疑成为这次讨论的重要契机。特别是高叔眉于1954年翻译出版尼古拉耶娃的《论艺术文学的特征》中文单行本，以及《学习译丛》编辑部和学习杂志社分别于1954年和1956年翻译出版《苏联文学艺术论文集》和《苏联文学艺术论文集》（第

---

① ［苏］法捷耶夫：《和初学写作者谈谈我的文学经验》，《论写作》，人民文学出版社1955年版，第174—178页。

② 胡风：《今天，我们的中心问题是什么？——其一：关于创作与生活的小感》，《胡风评论集》（中），人民文学出版社1984年版，第113—114页。

二集），更引起了中国学界对"形象思维"这一概念的广泛关注。因为，如何看待文艺的特殊性及文艺创作中的特殊规律正是当时中国文艺创作现实中亟须解决的核心理论问题。应当说，在这一时期的论争中，关于形象思维的理论内涵及其基本特征等问题都得到了不同程度的发掘。主要理论成果有：陈涌的《关于文学艺术特征的一些问题》、周勃的《略谈形象思维》、毛星的《论文学艺术的特性》、李泽厚的《试论形象思维》等。其中，又以李泽厚的《试论形象思维》一文最为学界关注。李泽厚从哲学高度分析说："形象思维的两方面——本质化与个性化是完全不可分割的、统一的一个过程的两方面"，"形象思维的过程，在实质上与逻辑思维相同，也是从现象到本质、从感性到理性的一种认识过程。但这过程又有与逻辑思维不同的本身独有的一些规律和特点，这就是在整个过程中思维永远不离开感性形象的活动和想象。"①上述这些看法，或讨论形象思维和逻辑思维的联系与区别，或坚持形象思维的独立性，或认为两者可以相互贯通，或深入到形象思维与作家才能、情感、态度之间的复杂关系进行考察，都从不同侧面深化了当时中国学界关于形象思维的认识。然而，郑季翘在《文艺领域里必须坚持马克思主义的认识论》（载《红旗》1966 年第 5 期）一文中对《文学的基本原理》（以群主编）、《文艺学新论（修订本）》（山东大学中文系文艺理论教研室编著）、《论文学艺术的特征》（蒋孔阳著）、《试论形象思维》（李泽厚）以及《文艺学概论》（霍松林编著）等论、著中的有关形象思维的观点进行了集中批驳，认为这些观点正是现代修正主义文艺思潮的认识论基础，属于神秘主义和直觉主义体系，既不符合毛泽东《实践论》中所阐明和发展了的马克思主义认识论，更不了解思想与形象的辩证法，阻碍了作家的自觉。这种带有明显的意识形态斗争特点的看法实质就是要求"必须约束作家为了富有想象力的创作所要求的相对自由"②，它在"文革"开始前后出现，使得有关"形象思维"的讨论迅速陷入停滞。

引发"形象思维"问题论争之重启的是《人民日报》于 1977 年 12 月

---

① 李泽厚：《试论形象思维》，《文学评论》1959 年第 2 期。

② ［美］R. 麦克法夸尔、费正清编：《剑桥中华人民共和国史——中国革命内部的革命 1966—1982》，俞金尧等译，中国社会科学出版社 1992 年版，第 626—627 页。

31 日刊登了《毛主席给陈毅同志谈诗的一封信》。这封写于 1965 年 7 月 21 日的信明确提出"诗要用形象思维",在当时还曾引发学界关于"形象思维"以及关于唐宋诗优劣问题的热烈讨论。新时期以来,这封信的重新刊发,影响甚广。《诗刊》于 1978 年第 1 期迅速转载,其他报刊杂志也围绕这封信展开了热烈的讨论。文艺学界知名学者黄药眠、朱光潜、王元化、李泽厚、蒋孔阳、蔡仪、敏泽、童庆炳、霍松林、王先霈、董学文、张少康等人都参与过"形象思维"论争,发表过精辟见解。论争中也收获了不少对形象思维问题有深入理解的论著,如王元化的《形象思维杂记集录》、李泽厚的《形象思维再续谈》、黄药眠的《"形象思维"小议》、朱光潜的《形象思维在文艺中的作用和思想性》、蒋孔阳的《诗歌创作与形象思维》、董学文的《也谈形象思维》、王先霈等的《形象思维过程中艺术与政治的关系》、金开诚的《文艺心理学论稿》等。这些论争对中国学界实现将"形象思维"问题的探讨从意识形态斗争转向文艺内部规律的研究与探讨都有重要的现实意义。

二、论争的主要论域

现在回看,新时期以来关于"形象思维"问题的论争,文章数量甚多,论域也甚为广阔,其论域主要集中在以下几个方面。

1. 形象思维存在与否及其普遍性问题

对这一问题的论争大致从两个方面展开。首先,形象思维是否存在? 否定者认为,形象思维没有经过抽象的过程,所以,形象思维不是思维。在否定者中,还有一种看法,即"形象"与"思维"二者是对立的,所以形象思维这个概念本身并不成立。肯定者则认为,形象思维和抽象思维一样,都是对事物本质的揭示,因此,形象思维是思维。肯定者中有两种代表性意见,一是从艺术创作本身将形象思维看作是一种典型化的创作方式,典型则是观念与形式、艺术性与思想性的统一;二是将"形象思维"等同于"想象"或"诗性思维"。其次,形象思维仅存在于艺术领域还是在各个领域中普遍存在? 对此也有两种看法:一是认为形象思维作为一种揭示事物本质的思维方式,不仅存在于艺术领域,而且存在于哲学、科学、宗教等各个领域。这种看法的主要理论来源是马克思用蜜蜂筑巢的例子直观、形象地揭示人类劳动的本质的相关论述。二是认为形象思维仅存在于艺术创作当中，且是艺术创作的根本要求。

2. 形象思维的工具问题

主要看法有三。其一，认为形象思维是以形象为工具进行思维的；其二，认为形象思维是以语言为工具进行思维的；其三，认为形象思维的思维工具既是语言又是形象。三种看法又指向一些具体而基础的学理问题，如"形象"为什么会被称作"形象思维"的工具？"形象"在何种意义上可以称之为工具？如果"形象"可以被称之为"工具"，那么，"形象思维"在运思、表现以及传达诸阶段具体扮演怎样的角色？总的来看，新时期关于这些问题的论争形成了"工具"说和"对象"说两种代表性意见。前者认为，"形象"是文学创作的工具。"形象思维"之所以被认为是以"形象"为工具进行思维，是因为"形象思维"被翻译为"用形象来思维"，这种"用……来"的翻译方式，就将"形象"变成了思维的"工具"和"手段"。这种看法主要源于别林斯基最早提出了"艺术是对于真理的直感的观察，或者说是用形象思维"[①] 的这一说法。因此，中国学界理解的"形象思维"，实际上就是"以形象显现思维"，亦即以形象的方式而非概念的方式来呈现思维，这也是艺术区别于哲学的根本所在。后者认为，形象只是思维工具的对象。如董学文指出，"形象思维伴随着形象存在，但绝不是用形象来思维"[②]。他还强调："任何情况下，头脑中的形象，都不能成为思维的工具，而只能是思维工具的对象。"[③]

3. 形象思维的基础问题

关于这一问题，新时期学界都承认形象思维的基础是现实生活。学界之所以较少质疑，究其原因，恐怕同学界反复学习、深入领会毛泽东《在延安

---

① ［俄］别林斯基：《艺术的概念》，《别林斯基选集》第 3 卷，满涛译，上海译文出版社 1980 年版，第 224 页。

② 董学文：《也谈形象思维》，《北京大学学报（哲学社会科学版）》1979 年第 4 期。

③ 董学文：《也谈形象思维》，《北京大学学报（哲学社会科学版）》1979 年第 4 期。

文艺座谈会上的讲话》中提到的"生活源泉"论有着密切的关系。其中，值得注意的是在现实生活如何向形象思维的转化问题上，王先霈等和李泽厚都给予了创新性阐释，分别提出了"思维形态"转化说和"情感积淀"转化说。王先霈等在《形象思维过程中艺术与政治的关系》一文中提出，政治观念进入作家的形象思维的基本方式就是思维主体对生活客观内容的"评价"，而"评价"正是作者"主体性"的凸显，他指出："艺术形象中反映的社会生活内容，不再是实际存在的生活现象；艺术形象中体现的政治倾向，也不应该再是理论形态的政治观念"。这是因为，"政治观念对形象思维发挥指导和制约作用也需要被转化，即从理论形态、抽象思维形态转化为形象思维形态。理论形态的政治观念必须经过一系列的思想运动过程、心理运动过程，经过形象思维的消化、改制，在具象化以后，才能成为文艺作品的内容"[①]。李泽厚并不否认形象思维的基础是现实生活，但他同时强调"思想（逻辑思维）"在艺术创作中的基础性作用，强调日常生活的"积淀"对于艺术创作的关键性作用。他认为文艺界一直存在着"思想先行，情感不足"的创作现实，因而特别强调情感的重要性，认为思想、世界观的形成需要建立在日常生活实践的基础之上，并且需要通过"情感"进行转化，也就是说，文艺创作应当有一个"情感积淀"的过程，这正是艺术创作或形象思维的重要基础。[②]

4. 形象思维与马克思主义认识论的关系问题

关于这一问题的论争主要集中在两个方面：

其一，是否能够通过形象思维来认识客观世界？对这一问题，新时期中国学界普遍给出了肯定性答复。究其原因，"形象思维"与现实主义及其创作方式有着更为直接的联系，通过形象认识客观世界是可能而且无疑的，而且，马克思主义经典作家早已盛赞过巴尔扎克作品用编年史的方式几乎逐年地把上升的资产阶级在 1816 年至 1848 年这一时期对贵族社会日甚一日的冲击描写出来，因此，新时期文艺学界对这一问题并无太多疑义。

其二，形象思维是否符合马克思主义认识论？关于这个问题，肯定者认

---

① 王先霈、范际燕：《形象思维过程中艺术与政治的关系》，《文学评论》1980 年第 2 期。

② 参见李泽厚：《形象思维再续谈》，《文学评论》1980 年第 3 期。

为，形象思维符合马克思主义认识论，因为形象思维作为一种思维，同样能够把握事物的内部联系、整体以及本质，具体体现在现实主义创作中，典型化的创作方式就是一种能动的飞跃，符合"从实践到认识，再实践到再认识"的规律。否定者则认为，形象思维不符合马克思主义认识论的"具体—抽象—具体"的思维规律。其理论依据为：艺术创作需要通过科学的抽象，达到理性认识，并在其指导下进行创造性想象，因此，直接从生活中的形象"飞跃"到艺术形象，由于缺少了必要的抽象过程，就不能认识事物的本质，因而违反了马克思主义认识论规律。这其中，是否经过"抽象"，是否需要理性认识的指导，是论争的核心问题。在"形象思维"论争中，朱光潜和郑季翘的关键分歧正是从生活形象到艺术形象中间是否需要插入一个"抽象"，也就是概念的阶段。郑季翘认为："'形象思维'，不用抽象、不用概念、不依逻辑规律，而用形象来进行的思维，实际上排斥了'理性'，是根本不存在的，是违反马克思主义所阐明了的人类认识的基本规律的。"① 而在朱光潜看来，"把思想性等同于概念性，用概念性思想来并吞形象思维的主张，是完全错误的"②。他由此批驳了郑季翘"主题先行"的文艺创作观。朱光潜认为，理性认识的形成并不取决于"抽象"与否，"抽象"并不意味着"获取事物的本质属性"，因为，马克思也批评了"抽象"的思维方式："个人现在受抽象统治，而他们以前是相互依赖的。但是，抽象或观念，无非是那些统治个人的物质关系的理论表现。"③ 朱光潜还特别指出，"马克思在《1844年经济学哲学手稿》里所说的'抽象唯心'和'抽象唯物'中的'抽象'就是'从整体抽出部分'这个意思"④。总之，在他看来，将"抽象化"等同于"事物本质属性的获得"，将"理论性的认识"等同于"理性认识"是郑季翘思想产生偏差的根本原因。因此，对于艺术创作而言，仍然需要遵循艺术创作的特殊性，要坚持艺术创作的"主体性"原则。

---

① 郑季翘：《必须用马克思主义认识论解释文艺创作》，《文艺研究》1979年第1期。

② 朱光潜：《形象思维在文艺中的作用和思想性》，《中国社会科学》1980年第2期。

③ 《马克思恩格斯全集》第30卷，人民出版社1995年版，第114页。

④ 朱光潜：《形象思维在文艺中的作用和思想性》，《中国社会科学》1980年第2期。

5. 形象思维与逻辑思维的关系问题

对这一问题的论争，有两种代表性看法：其一，认为逻辑思维是形象思维的基础，如李泽厚认为，"艺术创作、形象思维中经常充满了种种灵感、直觉等非自觉性现象。我不否认或忽视这种现象，但认为产生这种现象有一个基础。也就是说，由于作家艺术家在日常生活中积累了大量的经验、资料，有过许许多多的感受和思维，其中也包括了大量的日常思维逻辑甚至理论研究，正是以它们（自觉性的意识和逻辑思维）为基础，在艺术创作中，才可能出现灵感、直感等等非自觉性现象"[1]。李泽厚还认为，"肯定了'基础'之后，形象思维自身的规律和其相对独立性（不依赖于逻辑思维的特征）也就能更明显更突出了"[2]。其二，二者是并行不悖的两种思维方式。如朱光潜将逻辑思维视作科学思维的方式，他指出："文艺的形象思维和科学的逻辑思维基本上是一致的。都要从感觉材料出发，都要经过提炼或'抽象'的工夫，抓住事物的本质和规律，都要从感性认识'飞跃'到高一级认识阶段；所不同者科学的逻辑思维飞跃到抽象的概念或结论，文艺的形象思维则飞跃到生动具体的典型形象。"[3]也有学者对两种思维方式论提出了异议，如董学文在《也谈形象思维》一文中认为："形象思维问题，实际是文艺创作过程中思维的特征问题，也是文艺创作的表现方法问题。""形象思维应规范在人类总的思维规律下从事文艺创作活动时的思维特征，是创作中思维方式的代名词。"在他看来，"把'形象思维'当作是一种'完整独立的思维形态'，说成是'两大基本的思维形式之一'，混淆表达认识与认识本身的界限，那是有悖于辩证唯物论的"[4]。

三、论争中的"中国形态"建构

总的来看，新时期关于"形象思维"的论争，问题域不断扩大，转向文艺内部规律研究的态势非常明显，但由于论争过程中使用范畴以及论说对

---

① 李泽厚：《形象思维再续谈》，《文学评论》1980 年第 3 期。

② 李泽厚：《形象思维再续谈》，《文学评论》1980 年第 3 期。

③ 朱光潜：《形象思维在文艺中的作用和思想性》，《中国社会科学》1980 年第 2 期。

④ 董学文：《也谈形象思维》，《北京大学学报（哲学社会科学版）》1979 年第 4 期。

象的模糊，这一论争最终也不了了之。正如朱立元所指出的那样，其中一个关键的原因在于没有将"艺术家的形象思维与欣赏者的形象思维区别开来"，"没有深入到各种艺术类型中去"①，亦即缺乏基础原理探讨同具体艺术创作类型分析相结合的研究，由此出现了不少理论失误。比如，"机器人不是人"所以"形象思维不是思维"，这样的论证方式并不严谨。不过，这场论争中所体现出来的马克思主义文艺批评中国形态建构的自觉意识却是值得注意的。

1."实践活动"：朱光潜的形象思维本质论

朱光潜的形象思维论的主要观点归纳起来就是：其一，文艺必须用形象思维。其二，形象思维有其特殊性。其三，形象思维是人类思维的一种方式。在《形象思维在文艺中的作用和思想性》一文中，他针对郑季翘《必须用马克思主义认识论解释文艺创作》一文中的思维必然是概念的逻辑推理的结果的看法提出了反驳，认为"思维并不是只有科学的逻辑思维一种，此外还有文艺所用的形象思维，这两种思维都从感觉出发，都要经过抽象与提炼，都要发跃到较高的理性阶段，所不同者逻辑思维的抽象要抛弃个别特殊事例而求抽象的共性，形象思维的抽象则要从杂乱的形象中提炼出见出本质的典型形态"②，与此同时，朱光潜还批驳了郑季翘将文艺的思想等于概念的看法，认为"倾向并不是抽象概念的明确表达而是隐寓在具体人物性格和具体情节的发展中"③。

值得注意的是，在肯定形象思维在文艺创作活动中具有重要作用的基础上，朱光潜又在《形象思维：从认识角度和实践角度来看》一文中对如何认识形象思维的本质问题提出了全新的实践论研究角度。他认为："马克思主义创始人分析文艺创造活动从来都不是单从认识角度出发，更重要是从实践角度出发，而且分析认识也必然是要结合到实践根源和实践效果。"朱光潜论证说，马克思在《关于费尔巴哈的提纲》中就强调指出了"人的思维是否

---

① 朱立元：《从审美意象到语言文字——试论作家的意象—语符思维》，《天津社会科学》1989 年第 4 期。

② 朱光潜：《形象思维在文艺中的作用和思想性》，《中国社会科学》1980 年第 2 期。

③ 朱光潜：《形象思维在文艺中的作用和思想性》，《中国社会科学》1980 年第 2 期。

具有客观的真理性，这不是一个理论的问题，而是一个实践的问题"①，并严肃批评了费尔巴哈哲学"对对象、现实、感性，只是从客体的或者直观的形式去理解，而不是把它们当作感性的人的活动，当作实践去理解，不是从主体方面去理解"的致命缺点以及费尔巴哈"不满意抽象的思维而喜欢直观；但是他把感性不是看作实践的、人的感性的活动"②的理论局限。在朱光潜看来，马克思的这些看法实际上都为文艺研究及形象思维研究提供了哲学支点。朱光潜还指出，毛泽东在《实践论》里更加透辟地发挥了马克思的上述看法，事实上已经用实践论取代了原有的认识论，只是"我们过去在美学讨论和最近在形象思维的讨论中没有足够地深入学习这些重要文献，所以往往是隔靴搔痒。片面强调美的客观性和片面从认识角度看形象思维"③，因此，在朱光潜看来，决不能把复杂的形象思维问题孤立地当作一种感性认识活动去看，认为它是既不涉及理性认识，更不涉及情感和意志方面的实践活动。朱光潜总结说："形象思维不只是一种认识活动，而是一种既改造客观世界从而也改造主体自己的实践活动，意识之外还涉及到意志，涉及到作者自己对自由运用身体的和精神的力量这种活动所感到的乐趣。"④应该说，朱光潜将形象思维的产生及其本质特征纳入到马克思主义实践论中去思考，突破了学界过去只重视视、听两种感官且只注意到它们的认识功能而看不到它们与实践活动的密切联系的局限性，突破了学界在形象思维研究中具象与抽象、感性与理性等的二元对立研究模式。因为作为对艺术事实的尊重，形象思维的发生、形成与展开，要"适应人的这种丰富的统一整体"，艺术活动（包括形象思维在内）"就必须发动和发展艺术家自己的和听众的全副意识、意志和情感的力量和全身力量，做到马克思论生产劳动时所说的'从劳动中感到运用身体和精神两方面各种力量的乐趣'。这样才不会对美、美感和形象

---

① 《马克思恩格斯选集》第 1 卷，人民出版社 1995 年版，第 55 页。

② 《马克思恩格斯选集》第 1 卷，人民出版社 1995 年版，第 54、56 页。

③ 朱光潜：《形象思维：从认识角度和实践角度来看》，《朱光潜全集》第五卷，安徽教育出版社 1989 年版，第 474 页。

④ 朱光潜：《形象思维：从认识角度和实践角度来看》，《朱光潜全集》第五卷，安徽教育出版社 1989 年版，第 476 页。

思维之类范畴发生象过去那样片面孤立因而仍是抽象的观念。"①

2."知性分析"：王元化的形象思维活动规律论

如果说朱光潜的形象思维论侧重于从形象思维活动的本质属性的角度展开探讨的话，那么王元化则在形象思维活动的基本规律的探索中突出了知性的重要作用，形成了自己的"知性分析"形象思维论。王元化关于形象思维问题的主要看法是：其一，不能混淆形象思维与理论思维，艺术家与科学家是采用不同的思维方式去进行活动的。其二，必须区分以思想形式出现的表象和以感觉形式出现的表象。其三，应当区分认识活动中的从一般到个别与从个别到一般。② 其四，艺术创作必须保持生活的现象形态。其五，形象思维包括艺术表现方法。其六，对事物的感性认识与理性认识必须区分开来。其七，特殊性与普遍性寓于个别性中。③ 对于如何处理艺术创作中形象思维与理论思维、艺术家与科学家的思维方式、个别与一般、感性与理性、特殊性与普遍性等之间的关系问题，王元化认为黑格尔和马克思所运用的知性概念对于解决上述难题具有重要的启发作用。在他看来，以表象—概念—表象这样的公式认识文艺创作过程，"就是意味着在艺术创作过程中存在着一个摈弃形象的抽象思维阶段，而艺术创造就在于把经过抽象思维所获得的概念

---

① 朱光潜：《形象思维：从认识角度和实践角度来看》，《朱光潜全集》第五卷，安徽教育出版社 1989 年版，第 480 页。

② 王元化指出："艺术家不像科学家那样从个别中抽象出一般，而是通过个别去体现一般。科学家是以一般的概念去统摄特殊的个体，艺术家则是通过特殊的个体去显现它的一般意蕴。"具体说来，即"科学家把混沌的表象和直观加工，在抽象出具体的一般概念之后，就排除了特殊个体的感性形态。而艺术家的想象活动，则是以形象为材料。始终围绕着形象来进行。艺术作品所表现的一般必须呈现于感性观照，因此，艺术家将现实生活进行加工，去揭示事物的本质，并不是把事物的现象形态抛弃掉，而是透过加工以后的形象形态去显示它们的内在联系"。——《形象思维杂记集录》，《清园文存》第二卷，江西教育出版社 2001 年版，第 94 页。

③ 王元化认为，艺术家提供给读者的"是经过艺术概括出来的个别性，——也就是说，是现实事物的特殊性和普遍性体现在这个以艺术形象表现出来的个别性之中"，亦即"在艺术作品中，作家的思想感情必须凝聚在形象中。作家必须用形象本身来说话，而不是借助智力来补充形象所没有完全说出来的东西，以致使作家的思想感情游离于作为有机整体的艺术形象之外"。——《形象思维杂记集录》，《清园文存》第二卷，江西教育出版社 2001 年版，第 98 页。

化为形象"①。这种反对形象思维的"形象图解"与"由个别到一般，再由一般到个别，不是孤立排他的，而是互相联结、互相渗透"地去理解形象思维相比，后者才是辩证的观点。王元化认为，康德关于感性—知性—理性三种认识类型划分的思想、黑格尔《美学》中对"知性"（又译作"悟性""理解力"）的阐述，以及马克思在《〈政治经济学批判〉导言》中对知性与理性的区分对于形象思维的研究，都具有重要的启示作用，引入知性分析，是因为它是"认识历程中的一个必不可少的环节"，在感性过渡到理性的过程中具有重要的作用，因此，在艺术研究中"不能完全离开知性作用"②。王元化同时也指出，知性因不能认识事物的内在联系的事物的运动与变化而具有一定的局限性和片面性，因此，既把握知性的重要作用又看到其局限性，对于正确理解文艺创作规律以及形象思维规律问题很有帮助，特别是对于澄清中国文艺界的思想混乱如"抓要害""三突出""三段式"或"三结合"的创作经验公式，以及"感性—理性—感性""形象—概念—形象"创作思维模式，以及"领导出思想，群众出生活，作家出技巧"和认为艺术作品一切都必须从主题出发等观念，都具有重要的纠偏作用。

3."情感积淀"：李泽厚的形象思维活动机制论

众所周知，文艺的一个重要特征就是其形象性，认识文艺的内在规律及其审美表现，必须从其形象性入手，但是形象性在思维活动中是如何表现出来的则是一个尚未得到深入探索的问题。新时期以来"形象思维"论争中取得重要突破的另一个标志是李泽厚对形象思维活动机制问题的研究。在《形象思维再续谈》一文中，李泽厚提出三个重要观点：一是艺术不只是认识。二是情感具有逻辑性。三是创作具有非自觉性。关于第一点，李泽厚明确认为"形象思维"并不是独立的思维方式或认识方式，而是一种"艺术想象"，"是包含想象、情感、理解、感知等多种心理因素、心理功能的有机综合体，其中确乎包含有思维——理解的因素，但不能归结为、等同于思维。……艺术包含认识，它有认识作用和理解因素，但不能等同于认识。作为艺术创作

---

① 王元化：《形象思维杂记集录》，《清园文存》第二卷，江西教育出版社2001年版，第95页。
② 王元化：《形象思维杂记集录》，《清园文存》第二卷，江西教育出版社2001年版，第102页。

过程的形象思维（或艺术想象），包含有思维因素，但不能等同于思维"①。在这里，李泽厚首先指出了形象思维的复杂性。然后，他重点论述了情感的逻辑性问题，提出了他的"情感中介"论。他说：

> 如果硬要类比逻辑思维，要求形象思维也要有"逻辑"的话，那么，我认为，其中非常重要而今天颇遭忽视的是情感的逻辑，也就是我以前文章中提出的"以情感为中介，本质化与个性化同时进行"。
>
> 所谓"本质化与个性化同时进行"，正是企图从认识论角度来描述文艺创作的心理活动的特征，即，艺术的创造性想象（形象思维）是离不开个性化的形象的，但它又不是日常形象无意义的堆积延伸，而确乎包含有"由此及彼，由表及里，去粗取精，去伪存真"这样一个过程，以达到对事物、对象、生活的本质把握、描绘、抒写，但这样一个认识过程，却是处在多种心理功能、因素的协同组合和综合作用中才取得的，其中，情感是重要的推动力量和中介环节。②

对于情感何以具有逻辑性、抽象性的原因，以及情感如何参加到"感性的抽象"中，及其表现，李泽厚作了进一步深入阐述：

> 有人否认想象在艺术创作中的独特地位，认为科学也要想象，艺术于此没有甚么不同。其实，两者是大不相同的。科学的想象是一种感性的抽象，它不要求形象个性的保持和发展。相反，它经常是要求舍弃形象的个性特征，而成为一种不离开感性的本质化的抽象，形象在那里实际上只起一种供直观把握的结构作用，它的目标是康德所说的介乎感性与知性之间的"构架"，如动、植物标本挂图，如建筑的设计蓝图、地图、图解、模型等等。它的形成并不需

---

① 李泽厚：《形象思维再续谈》，《文学评论》1980 年第 3 期。
② 李泽厚：《形象思维再续谈》，《文学评论》1980 年第 3 期。

要情感进入其中和作为中介。艺术想象则不然，它要求保持并发展形象的个性特征，它的目标不是作为抽象感性的"构架"，而是具体感性的"典型"（或"意境"）。前者（"构架"）是指向或表达确定的概念、理论、思维、认识，感性的东西在这里起支点、结构的功用，它只是用感性来表示共性、本质、规律、理性认识。人们并不停留在感性上，而是通过感性，直观地把握住理性认识；后者（典型、意境）则并不表达或指向确定的概念、理论、思维、认识。感性在这里不是结构、骨架、支点，而是血肉自身。它并不直接表示共性、本质、规律，而是它本身即活生生的个性，它要求停留在这感性本身之上，在这感性之中来体会、领悟到某种非概念所能表达、所能穷尽的本质规律性的东西。因之，可以说，这种感性所表达的恰恰是概念语言、理性观念、逻辑思维所不能或难以表述传达的那种种东西，例如某种复杂的心境意绪、情怀感受，某种难以用简单的好坏是非等逻辑判断所能规范定义的人物、事件等等。①

通过上述分析与论证，李泽厚得到基本结论：给人以审美愉快的文学艺术不是一种认识，而是一种情感形式，而这种情感形式又是通过"积淀"逐渐形成的。在李泽厚看来，"积淀"有广狭两义。"广义的积淀指所有由理性化为感性、由社会化为个体、由历史化为心理的建构行程。它可以包括理性的内化（智力结构）、凝聚（意志结构）等等，狭义的积淀则是指审美的心理情感的构造"②。由此，"人的情感既不是理性的、纯精神性的，也不是生理的、纯动物性的。情感中有理性的积淀，但并不是纯理性，更不是理性统治"③。通过"积淀"而形成的"心理本体"或文化心理结构又可分为三大领域：认识领域（即人的逻辑能力、思维模式）、伦理领域（即人的道德品质、意志能力）和情感领域（即人的美感趣味、审美能力）。而关于艺术是什么的问题，"只能从直接作用、影响、建构人类心理情感本体来寻求规则或来作

① 李泽厚：《形象思维再续谈》，《文学评论》1980年第3期。
② 李泽厚：《美学四讲》（插图珍藏本），广西师范大学出版社2001年版，第271页。
③ 刘再复：《李泽厚美学概论》，生活·读书·新知三联书店2009年版，第75—76页。

'定义'"①。也就是说，文学艺术中所呈现的美的本质与人的本质相关联，艺术本体又与情感本体相关联，因此艺术的审美本质及特征同情感之间有着密切的关联，形象思维正是在这种关联中呈现出艺术的审美本质与特征。应该说，李泽厚的这些见解，不仅从形象思维的基本特征以及它同文艺审美本质的内在关系上进行了深入的剖析，而且对情感及其"积淀"在整个形象思维活动中的机制、地位、作用等问题都作了创新性的拓展，对于帮助中国当代的文学艺术从庸俗的机械反映论的束缚中解放出来起到了积极的推动作用。

总的来说，新时期的"形象思维"论争，经历了一个有关文艺创作之"客观性"和"倾向性"关系→文艺基本特征→文艺如何反映生活（通过概念传达还是形象反映）→形象思维的特殊性→形象思维如何运作这样一个不断深入的探讨过程，并不断取得重要突破：朱光潜"实践活动"形象思维本质论在一定程度上体现出对原有机械认识论或反映论的突破；王元化的"知性分析"思维论和李泽厚的"情感积淀"形象思维论则借助知性、情感等重要哲学或文艺范畴推进了中国文艺学界对马克思主义文艺理论与批评关于感性与理性、抽象与具体、一般与个别等复杂关系之认识的进一步深化，也推进了马克思主义文艺学对于文艺的中介因素及其作用的认识的深化。由此，"实践活动""情感积淀""知性分析"开始取代原来的"认识论"和"反映论"，并逐渐占据了中国马克思主义文艺认识论的主导地位。

第四节　"文艺批评标准"论争与马克思主义文学批评中国形态的探索

"文艺批评标准"论争是在新时期的思想解放运动逐步解除"文化大革命"加诸文艺之上的各种枷锁的背景下展开的，这一论争是文艺学界顺应社会文化语境的转换重新对当时的文艺批评标准进行历史维度的深入反思和理论应用的批判性改造下的产物，也是马克思主义文学批评在改革开放和社会主义

---

① 李泽厚：《美学四讲》（插图珍藏本），广西师范大学出版社 2001 年版，第 192—193 页。

现代化建设的时代背景下与中国文艺实践的重新结合。

一、论争的背景及概况

新时期"文艺批评标准"论争特指 1978 年至 1985 年这一时段众多学者对"文艺批评标准"的集中讨论，其中又以 1979 年至 1982 年这四年论争最为激烈，影响更为广泛。[①] 从性质上看，这场论争并非是纯粹的学术讨论，而是文艺界清除"文革"流毒的战役之一，是党的十一届三中全会以后思想大解放以及文艺与政治关系的重新调整促成的文艺理论内部的变革。

虽然在党的十一届三中全会之前，理论界也有一些讨论文艺批评标准问题的零星文章，但大多受制于当时的政治意识形态而缺乏科学性。新时期以来，由于理论与实践相统一的马克思主义原则得以重新确立，因此，在这一原则的引导之下"文艺批评标准"论争从一开始就表现出鲜明的实践品格，不仅敢于挑战个人迷信和极左思潮，也逐渐回归正常的学理探讨。这突出表现在：一是"文艺批评标准"论争首先将焦点放到了对毛泽东的"政治标准第一，艺术标准第二"的"两个标准"的反思上。实事求是地看，这些反思既有对领袖观点或看法的"同情的理解"，也有基于学理的深刻考察，而并非一味抹黑，或者随意上纲上线。换言之，即在承认"两个标准"有一定合理性的基础上更强调结合时代需求去进行理论补充与创新。二是随着论争的逐渐深入，学界开始向马克思主义原典纵深掘进，又较为深入地探讨了马克思主义"美学观点和历史观点相统一"的批评标准问题。三是学者开始自主探索真正适合新时期的文艺批评标准。其最终的理论成果可谓"百花齐放"，相互争鸣，又相互补充，共同营造了探索新时期文艺批评标准的良好理论氛围，不仅有力地推动了新时期文艺的发展，对于建构中国形态的马克思主义文艺批评标准也起到了正面的积极的作用。

[①] 从《新时期文艺学论争资料（1976—1985）》（复旦大学出版社 1988 年版）第 166—171 页所收录的有关新时期"文艺批评标准"论争的文章，可以明显看出，以 1979—1982 年数量最多。

二、论争的两大焦点

新时期对于这一问题的论争主要围绕两个焦点问题展开。

1. 关于毛泽东的"两个标准"

在中国 20 世纪文艺批评史上，毛泽东的文艺思想具有深远、广泛的影响，他的"两个标准"思想形成之后就开始强有力地指导、规范着中国文艺批评活动，甚至在十年"文革"期间被强行予以贯彻，给文艺生活带来巨大影响。新时期以来关于"文艺批评标准"的论争最初是从反思毛泽东的"两个标准"开始的。

《在延安文艺座谈会上的讲话》集中展示了毛泽东对文艺批评标准问题的思考，尽管后来毛泽东也在不断充实其文艺批评标准的具体内容，但整体的理论框架和基本的理论原则仍然是以《讲话》为基准的。他明确指出，当前的文艺批评应当有两个标准，即"政治标准"和"艺术标准"，并分别阐释了"政治标准"和"艺术标准"的内涵以及相互之间的关系。不难看出，毛泽东是从文艺外部联系和文艺内部规律两个角度来确立文艺批评的标准，具体到文学作品中就是要全面审视其思想内容和艺术形式。围绕毛泽东的"两个标准"，新时期以来的相关的论争主要集中在以下两个方面：

其一，关于"政治标准"合理性的论争。毛泽东曾两次公开阐释"政治标准"的内涵。第一次是在《讲话》中。他从民族危亡的大局着眼，敏锐地指出我们允许文艺作品中体现不同的政治态度，但这种包容又是有立场的，即首先要严格批判和驳斥"一切包含反民族、反科学、反大众和反共的观点的文艺作品"[1]，在这个大前提之下，那些在动机和效果上有利于抗日战争、团结群众、促成进步的东西，便是好的。第二次比较集中的阐释是在 1957 年发表的《关于正确处理人民内部矛盾的问题》中。他将政治标准具体阐释为六条（即六个"有利于"），并强调"这六条标准中，最重要的是社会主义

---

[1] 毛泽东：《在延安文艺座谈会上的讲话》，《毛泽东选集》第三卷，人民出版社 1991 年版，第 869 页。

道路和党的领导两条"①。现在看来，这前后两次提出的"政治标准"虽然在具体内容上有很大不同，但在精神实质上是一致的。因为，一方面，它们都是和当时的政治社会环境对文艺的基本要求相契合的，体现了"一切从实际出发"的马克思主义精神。具体说来，《讲话》发表于抗战进入相持阶段和民族矛盾尖锐之时，此时"文艺批评标准"就要适应建立抗日民族统一战线、鼓励群众积极抗日的时代要求；而当社会主义基本制度初步确立之后，如何进行社会主义建设、巩固人民民主专政便成为政治生活的主旋律。另一方面，在具体内容上，二者也有重合之处，比如，团结全国各族人民、坚持中国共产党的领导便是"政治标准"中始终包含的基本原则或内容。

在具体的论争中，尽管大多数的理论家都认为"政治标准"限制了文艺的自由发展，但他们都承认"政治标准"在产生之初是紧紧根植于中国社会现状的，在一定历史阶段内很好地配合了中国革命的政治或军事战线，对提高大众的思想觉悟和精神斗志起到了巨大作用，并且，对其中蕴含的以人民大众为本位的文艺思想也同样应当给予充分肯定。在大多数参与论争的学者看来，毛泽东将"为什么人"的问题作为文艺的根本问题，号召广大的文艺工作者与人民群众打成一片，始终立足于无产阶级和人民大众的根本利益，这是对 20 世纪 30 年代"文艺大众化"讨论的理论成果的高度概括与创新性发展。

在充分权衡"政治标准"的基本内容以及它在文学批评活动中产生的实际效果的基础上，不少学者也认为"政治标准"本身太过狭窄。因为，这一标准并不能涵盖从古至今所有的文学作品，它不仅割裂了文艺与生活的广泛联系，抹杀了文艺的审美等多种社会功能，而且长期坚持下去，势必会导致文艺沦为政治的附庸，或者让文学艺术自身的特性被逐步掩盖。为了弥补"政治标准"内涵的局限性，有人提出用思想性②、倾向性③ 来代替"政治标准"。甚至有学者大胆指出，"政治标准"并非不能存在，但文艺的"政治标准"只能是一个总的原则和方向，它应该大到使革命的、进步的作家、艺术家不感到创作的拘束，而且不能硬性要求艺术去体现某种政策、阐明某种

---

① 毛泽东：《关于正确处理人民内部矛盾的问题》，中共中央文献研究室编：《毛泽东文集》第七卷，人民出版社 1999 年版，第 234 页。

② 参见王贺：《也谈文艺批评标准问题》，《鞍山师范学院学报》1983 年第 2 期。

③ 参见唐再兴：《评论文艺不能用"政治标准"》，《清明》1981 年第 1 期。

理论。① 总之，他们都承认"政治标准"在实际的文艺批评中有一定合理性和必要性，但不能以行政命令的方式规定文艺作品的创作与接受，也不能细化为具体的政策、方针，而只能是以一种宏观调控的方式存在于文艺批评标准之中。

论争中也不乏对"两个标准"进行泛化式理解的观点。比如，有人将"政治标准"的内涵理解为"作品内容""思想性""社会性"三个部分②。实际上，这种理解又从根本上脱离毛泽东对文艺的政治内涵的解释，从而表现出对《讲话》基本精神的相对疏离。因为，毛泽东在《讲话》中已经将"政治"的基本含义明确规定为"指阶级的政治、群众的政治……是阶级对阶级的斗争"③。可见，政治是与广大的人民群众和某一时期的政治生活主题密切联系在一起的。不论"政治"的内容如何随着时代的发展而变化，但其精神内核是不变的，更不可能无限扩大乃至可以与思想性、社会性等概念直接画等号。

总的来说，新时期关于毛泽东"政治标准"内涵的阐释，基本跳出了过去直接将文艺作品主题、思想内容与政治观念、阶级属性等直接等同起来的批评藩篱，为强调文艺的相对独立性特别是深入探究文艺的审美属性问题打下良好的理论基础。

其二，关于"政治标准"与"艺术标准"关系的论争。毋庸置疑，毛泽东认为，"政治标准"是过滤文艺作品的第一根标尺，必须放在第一位，只有通过了"政治标准"审查的作品才有条件进一步权衡其艺术价值，这在任何阶级社会中都是适用的，因为在他看来，"内容愈反动的作品而又愈带艺术性，就愈能毒害人民，就愈应该排斥"④。此外，他也强调了"艺术标准"的必要性，即政治进步的作品，如果不具有较高的艺术性，便不能很好地发

---

① 参见李国涛：《我们文艺的政治标准——学习毛主席和周总理关于文艺问题的两个讲话》，《上海文学》1979 年第 5 期。

② 李国华：《关于文艺批评的标准问题——学习〈讲话〉札记》，《河北大学学报（哲学社会科学版）》1982 年第 3 期。

③ 毛泽东：《在延安文艺座谈会上的讲话》，《毛泽东选集》第三卷，人民出版社 1991 年版，第 866 页。

④ 毛泽东：《在延安文艺座谈会上的讲话》，《毛泽东选集》第三卷，人民出版社 1991 年版，第 869 页。

挥它的力量。基于此，毛泽东认为"政治和艺术的统一，内容和形式的统一，革命的政治内容和尽可能完美的艺术形式的统一"① 就是文艺批评的最高标准。这个表述当然是全面的、充满辩证法意味的，不过，《讲话》中"两个标准"在叙述的顺序、篇幅、语气上还是明显表现出轻重区别，这也是无可辩驳的。这两个原本就长短不齐的"尺子"放到文学实践中只会愈发拉开差距。新中国成立以后对电影《武训传》和俞平伯《红楼梦研究》的批判，都是将"政治标准"过度抬高的结果，"政治标准第一"已经逐渐变成为"政治标准唯一"，其偏颇也被逐渐无限扩大，最终在"文革"中达到顶峰，"三个统一"被完全抛弃，"政治标准唯一"取代了"政治标准第一，艺术标准第二"，严重干扰、扭曲了正常的文艺批评活动。

　　经历过"文革"的文艺界对文艺批评中一味强调文艺的工具性所带来的危害有深切的体会，因此，大多数学者在看待"政治标准"和"艺术标准"的关系时还是比较理性的，主张将"政治标准"和"艺术标准"放在同等重要的位置之上，高度称赞"三个统一"的理论价值，并普遍赞同"真正的艺术品应该是政治与艺术的高度统一，或者说，应该是思想性和艺术性的浑然一体"②。这一时期尽管在文艺主流上强调文艺与政治、内容与形式的统一，但学界并没有完全否定"政治标准第一，艺术标准第二"的历史作用。有些学者从历史唯物主义的哲学立场出发，对毛泽东的"文艺批评标准"进行了具体问题具体分析，认为毛泽东将"政治标准"和"艺术标准"分先后次序是有其现实原因和理论基础的，当时国内外严峻的阶级矛盾和民族矛盾迫使毛泽东"两害相权取其轻"，他在评判作品时带有的革命功利主义色彩是对列宁提出的文学党性原则的吸收。不过，也有一部分学者对"文革"十年极左的文艺氛围心有余悸，极力反对政治对文艺的干预，在文学批评中有意回避"政治标准"，这又走向了事物的反面。

　　其实，毛泽东本人对待"政治标准"和"艺术标准"的态度也是非常矛盾的，这种矛盾性应从以下两个方面辨别。其一，要区分作为政治家的毛泽

---

① 毛泽东：《在延安文艺座谈会上的讲话》，《毛泽东选集》第三卷，人民出版社 1991 年版，第 869—870 页。

② 易水：《毛泽东文艺批评标准的探讨》，《湖南师范大学社会科学学报》1986 年第 6 期。

东和作为诗人的毛泽东。每个人都具有不同的身份，身份的变化甚至会影响人的价值观念和思维方式，毛泽东也不例外。作为诗人的毛泽东爱唐诗胜过宋诗，强调形象思维对于诗的重要性，可一旦他走出书斋，转变为政治家的角色，无产阶级革命功利主义、"文艺服务于政治"的观点便占据了他文艺思想的首位，他看待文艺作品的眼光自然不再是诗人的审美，而是把政治正确摆在第一位的。其二，要区分毛泽东早期的文艺思想和晚年的文艺思想。毛泽东晚年矫枉过正地发动"文革"，给党和人民的文艺事业造成了不可挽回的损失，但我们要从本质上区别对待"四人帮"的危害和毛泽东的错误，正确看待毛泽东晚年出现错误的主观动机和客观因素，更不能完全抛弃《讲话》所确立的毛泽东文艺理论体系。虽然毛泽东在"文革"前后的文艺运动中为了保证文艺领域政治倾向的正确性，错误定性了很多文艺作品，但不能因此而完全抹杀毛泽东"文艺批评标准"的价值，更不能否认"三个统一"在理论方法上的辩证性。

总之，这次论争中学者对毛泽东的"政治标准"和"艺术标准"及其关系的认识是比较客观、公正的，看到了"政治标准"作为唯一的批评准则会割裂文艺与生活的广泛联系，以及它长期的优势地位造成了"艺术标准"的失语。同时，他们也没有完全否定毛泽东的"文艺批评标准"的历史作用。这种理性的、辩证的态度为"文艺批评标准"的论争营造了良好的开端，使论争得以继续深入下去创造更多的理论成果。

2. 关于"美学和历史的观点"批评标准

随着文艺领域"拨乱反正"工作的逐步推进和新的文艺思潮、文艺实践的展开，毛泽东在延安整风运动期间提出的"文艺批评标准"与文艺现实的矛盾愈加明显，只是停留于对毛泽东"文艺批评标准"的反思和理论上的"小修小补"已经无法满足对新文艺的描述和导向作用，这促使理论界开始跳出现有的理论拘囿，探索适合新时期文艺现状和发展趋势的"文艺批评标准"。其中，关于"美学和历史的观点"相统一的批评标准问题的探讨是学界探讨最为集中的。

用"美学和历史的观点"去评价作家作品的这种思想主要来源于恩格斯，其表述上前后也略有差异（"美学和历史的观点"与"美学观点和历史观点"）。

"美学和历史的观点"这一提法出现在《诗歌和散文中的德国社会主义》中，在该文中，恩格斯不赞成从道德的、党派的观点贬低歌德，也不同意从"超阶级""超历史"的资产阶级人性论的角度任意拔高歌德，他认为只有从"美学和历史的观点"出发才能客观、公正地评价歌德，并认识到他对待德国社会的态度上的摇摆性。①"美学观点和历史观点"的提法则出现在1859年恩格斯的《致斐迪南·拉萨尔》一信中，恩格斯表示他是以这个最高的标准去衡量拉萨尔的剧本《弗兰茨·冯·济金根》，认为他的剧本符合艺术发展的正路，将深刻的思想深度和历史分析与生动、丰富的情节融合在一起，但在语言、人物性格刻画以及揭示农民运动失败的悲剧根源上还有不足。②

大致来看，恩格斯对"美学观点和历史观点"的阐述是零星的、不系统的，这也为后来的研究带来很大的困难和不确定性，新时期以来学者们对这一标准的诸多方面有着不同的理解。在理论地位和性质上，不少数学者受恩格斯对其"美学观点和历史观点"作为"最高的标准"这一定位的影响，将其当作文艺批评标准的"最高标准"，认为它具有丰富的多层次的内涵，全面地揭示了文艺和文艺批评的精神特性和审美性质，因此，可以涵盖其他具体的文艺批评标准。③也有学者虽然承认"美学和历史的观点"的理论意义和价值，但否认这是最高的文艺批评标准，甚至认为人们曲解了恩格斯的原意。在他看来，"观点"和"标准"之间并不能画等号，"观点"指的是"角度"，"标准"是指要求的高低，恩格斯是用"美学和历史"这一角度包含的所有标准中的最高标准来评价《济金根》的，这一角度和其他评价文学作品的角度是并立的，而不是可以包含其他标准的"最高标准"。④还有学者把"美学和历史的观点"仅仅当作是"文艺批评的思想原则"，认为它只作用于"批评家从事批评的指导思想"，批评家需要依据各自的批评观和批评对象的特点才能形成具体的批评标准。⑤更进一步看，也许受到毛泽东"两个标准"

---

① 参见《马克思恩格斯全集》第4卷，人民出版社1958年版，第257页。
② 参见《马克思恩格斯全集》第29卷，人民出版社1972年版，第581—587页。
③ 参见李中一：《谈谈文艺批评的"历史观点"》，《求是学刊》1985年第4期。
④ 参见张春宁：《正确理解恩格斯的文艺批评标准》，《社会科学战线》1982年第4期。
⑤ 参见王启和：《对恩格斯的文艺批评"标准"的一点理解》，《湖北大学学报（哲学社会科学版）》1987年第2期。

思维模式的影响，新时期不少学者还将"美学和历史的观点"的内在结构分解为"美学观点"和"历史观点"两部分，由此便产生了"美学观点"在先、"历史观点"在先、二者无所谓先后的分歧，以及如何将两种观点辩证统一起来等多种论争，之前对"政治标准"和"艺术标准"曾经有过的争议似乎又改头换面地出现在"美学和历史的观点"之中。在对这一标准内涵的理解上，恩格斯并没有展开论述，学者们的解释更是莫衷一是：有的人不断泛化"美学和历史的观点"的内涵，强调其作为"最高标准"的涵容性、丰富性，可以兼容其他文艺批评标准（事实上这种看法无法解决宽泛的标准在某种程度上就相当于没有标准这一难题）；有的人联系马克思主义哲学和马克思主义文艺思想，将"美学观点"和"历史观点"分别归纳为几点内容①，或者高度浓缩为几个词语，比如"审美、真实、倾向"②"思想性、真实性、艺术性"③，等等。

张永清教授在《对恩格斯"美学和历史的观点"及其相关问题的再思考》一文中，曾对中国学界关于恩格斯"美学和历史的观点"及其相关问题的研究进行了全面而深入的总结，将其归纳为五种主要研究路径与问题取向，即："其一，从批评的本质出发，把'美学和历史的观点'定义为标准说、规律说、原则说、观念说、方法说、理想说、不平衡说这七种主要类型；其二，从批评的内涵维度，把'美学和历史的观点'阐释为形式和内容、内在和外在、合力与分力这三种有机融合的总体性存在；其三，从批评的内在关系入手，把'美学和历史的观点'理解为在辩证统一基础上的'历史优先'与'美学优先'这两种彼此对立的互动模式；其四，把批评的哲学基础作为探究'美学和历史的观点'的理论重心；其五，把黑格尔、别林斯基、恩格斯三者之间的思想渊源作为剖析'美学和历史的观点'及其相关问题的主要方面。"④这其中，除从批评本质角度立论的"方法论""理想说"和"不平衡说"

---

① 参见韩照华：《回到马恩的文艺批评法则上来吧！——论文艺批评的最高标准》，《阜阳师范学院学报（社会科学版）》1982年第3期。

② 曹毓生：《马克思主义文艺批评标准浅说》，《益阳师专学报》1983年第1期。

③ 石文年：《美学的历史的批评方法及其指导意义》，《厦门大学学报（哲学社会科学版）》1986年第2期。

④ 张永清：《对恩格斯"美学和历史的观点"及其相关问题的再思考》，《外国文学评论》2016年第4期。

属于 21 世纪以来文艺界的最新研究外，其余的看法大都集中在 20 世纪 80 年代。作为"中国马克思主义批评理论界的专属研究对象"并"与其在国外马克思主义研究中的缺席形成了强烈对比"[①] 的恩格斯"美学和历史的观点"的相关问题的探讨，它们突出地集中在 20 世纪 80 年代，这一耐人寻味的现象实际上蕴含着新时期中国马克思主义文艺批评建构的重要的研究动因、研究取向和存在的诸多问题。对此，张永清教授敏锐而精辟地指出：

> 为什么"美学和历史的观点"在 1980 年代初成为了中国马克思主义批评的基本问题？概言之，这既是现实的迫切需要，也是理论建设的迫切需要。为实现思想的解放，当时的批评理论界在纠正"两个标准"，即"政治标准第一、艺术标准第二"在以往的批评实践中造成的偏差的同时，还需要从马克思主义理论尤其是创始人马克思和恩格斯的思想理论中去寻找"突破"的理论依据，力图在马克思主义理论架构内重建文艺批评的理论向度与价值取向，"美学和历史的观点"被作为基本问题提了出来，而当时的研究文献也十分清晰地反映了用"美学和历史的观点"作为新的批评标准来替代"两个标准"这一理论诉求。从这个意义上讲，"美学和历史的观点"及其问题成为马克思主义批评理论的基本问题是中国学界在 1980 年代初的理论自觉，但并非恩格斯本人的理论自觉。这是应该予以明确的。无论黑格尔对"历史的与美学的观点"的理论阐释还是别林斯基对"美学的与历史的观点"的理论剖析，都远比恩格斯深入和具体。恩格斯只是使用了这些概念和术语，并未对其内涵以及两者之间的关系给予任何关注，且恩格斯的两个文本是批评实践而非系统阐释其批评理论的典范之作，但 1980 年代的国内学界却误将"美学和历史的观点"及其问题作为了研究的主要方面，将我们自己关注的问题重点视为了恩格斯关注的问题重点。对当代中国马克思主义批评理论建设来说，恩格斯的批评实践提供的最重要的启示

---

① 张永清：《对恩格斯"美学和历史的观点"及其相关问题的再思考》，《外国文学评论》2016 年第 4 期。

则是：历史唯物主义不是教条而是指南，不是实用工具而是科学方法，不是从概念与思辨而是从现实与问题出发。①

除了以上两个论域比较集中的探讨以外，还出现了一种比较有影响的看法，即将审美价值作为文艺批评的根本标准。"审美标准"在新时期"文艺批评标准"论争中理论个性极为明显，表现出对毛泽东的"两个标准"的明显疏离。如果说毛泽东的"政治标准第一，艺术标准第二"主要着眼于文艺与其他意识形态的外部联系；那么"审美标准"显然将批评的重心放到了文艺的内部特征或客观规律上。和"美学观点和历史观点相统一"的批评标准一样，其产生之初也是为了补充和发展毛泽东的"两个标准"，随着西方现当代文学批评理论的大量涌进和吸收，在"方法热""批评热"不断冲击着原有的文学批评观念和文学批评方法的情势下，文学的审美属性备受瞩目，"审美标准"说从 20 世纪 80 年代中期开始逐渐形成了一定的理论气候。提出将"审美"作为文艺批评标准的学者们大多认为"审美标准"反映了文艺最主要的价值，即审美价值，审美价值是文艺区别于其他意识形态的特有属性。更为重要的学理依据是，马克思主义美学也认为文艺作品是人类"美的规律"的集中体现。此外，从文艺实践来看，"古今中外，凡能够长久地、广泛地流传的文艺作品，无不是由于它们具有一定的审美价值"②。正是出于以上几个方面的考虑，有学者明确提出"审美价值应作为文学批评的根本标准"。还有学者将文艺的审美价值具体分为"美感价值""情感价值""认识价值"和"心理价值"四个部分。③ 只是，"审美标准"作为文艺批评的根本标准的这种看法，在 20 世纪 90 年代即遭遇到严峻文化与文艺现实的挑战。90 年代以来，由于大众文化的兴起，文艺的商业价值和市场导向愈加明显，文艺的审美价值和娱乐功能中含有的积极性、文化性因素被逐渐抽离，乃至

---

① 张永清：《对恩格斯"美学和历史的观点"及其相关问题的再思考》，《外国文学评论》2016 年第 4 期。

② 张涵：《审美价值应作为文艺批评的根本标准》，《郑州大学学报（社会科学版）》1980 年第 4 期。

③ 张涵：《审美价值应作为文艺批评的根本标准》，《郑州大学学报（社会科学版）》1980 年第 4 期。

被扭曲和低俗化，在这一现状下，纯粹的"审美标准"已经不能引导文艺的健康发展，特别是近年来学界对"文艺审美性"的深度反思，使得"审美标准"说遭到了不少质疑。

新时期的学者在相关论争中还提出了一些颇具个人独见的看法。比如王文生从中西古典文艺理论出发推演至马克思主义文艺理论，认为"真善美"是文艺批评的客观标准①；李联明从古代文艺思想中寻找灵感，总结出了"真实性""思想性""艺术性"三大标准②；刘再复立足于鲁迅的文艺批评观，将"真实标准""社会功利标准""艺术美感标准"作为社会主义文艺的批评标准③。还有学者认为"思想性"中可以包含"真实性"和"政治标准"，因此，文艺批评的标准可以归纳为"思想性标准"和"艺术性标准"④。以上几种关于文艺批评标准的看法，虽然具体的语言表述各异，但所依据的理论根基、着眼的批评角度是非常接近的，大都仍是从艺术作品的内外两方面进行更细化的梳理，对于丰富中国学界关于马克思主义文艺批评标准问题的研究提供了研究视角上的有益的帮助。

回顾《讲话》发表直到新时期以来的文艺批评标准演变的历程，不难看出，毛泽东所确立的文艺批评标准是马克思主义的阶级斗争学说以及历史唯物主义中的经济基础决定上层建筑的辩证关系法则在中国当时帝国主义入侵、内外交困的严峻现实中的自觉运用；20 世纪 80 年代掀起的关于"文艺批评标准"的论争是文艺批评跟不上文艺思想解放的步伐而进行的自我调适，具体说来，就是：新时期随着国内外政治经济局面的新变，思想解放潮流不断向纵深发展，文艺领域思想解放的潮流质疑与突破了"政治标准"的理论权威，文艺批评标准围绕"为人民服务，为社会主义服务"的总方向呈现出多种形态，因而在总体上构成了马克思主义文艺批评标准问题探索在社会主义新时期的新发展。其重要启示就是：文艺批评标准的建立应当以马克思主义文艺原理同中国当代文艺实践相结合的深度与广度而不断变化、发展，系统的、开放的、多元发展的马克思主义文艺批评标准体系仍将是中国当代文

---

① 王文生：《真善美——文艺批评的标准》，《文艺研究》1980 年第 2 期。

② 李联明：《文学批评标准琐议》，《文艺理论研究》1981 年第 3 期。

③ 刘再复：《论文艺批评的美学标准》，《中国社会科学》1980 年第 6 期。

④ 王贺：《也谈文艺批评标准问题》，《鞍山师范学院学报》1983 年第 2 期。

艺批评建设的重要任务。

随着当代社会的飞速发展以及中国与世界的深度融合，文艺面貌日新月异，文艺批评及其标准的建设同样处于重大转折时期。当代的文艺批评工作面临更加复杂的文艺现实，网络文学异军突起，"纯文学"被逐渐边缘化，文艺创作的媒介或方式更加多元化，大众也可以借助于网络平台随时随地发表自己的看法，文艺创作者与接受者之间的角色转换非常便捷。在如此纷杂的文艺现状中，文艺批评如何适应当下的现实开展有效的批评实践？用何种更为科学的文艺批评标准体系来规范当下鱼龙混杂的大众评论？这些问题成为当下学术界亟待解决的问题。这其中，作为马克思主义文艺理论中国化的里程碑与最新创新性成果的习近平总书记的《在文艺工作座谈会上的讲话》为中国文艺批评界探索和构建当代中国形态的马克思主义文艺批评标准体系提供了指南。习近平总书记在《在文艺工作座谈会上的讲话》中明确指出"要以马克思主义文艺理论为指导，继承创新中国古代文艺批评理论优秀遗产，批判借鉴现代西方文艺理论，打磨好批评这把'利器'，把好文艺批评的方向盘"，明确指出要"运用历史的、人民的、艺术的、美学的观点评判和鉴赏作品"。[①] 这不仅坚持了马克思主义的文艺批评原则，还在马克思主义文艺学原有的"历史的、美学的观点"基础上突出了文艺的人民性和艺术性，把中国形态的马克思主义文艺理论的文艺批评标准探索提升到了新高度，为马克思主义文艺批评标准的建设与探索增添了新命题、新判断、新内容，成为探索这一问题的路标与指针，具有极其重要的理论意义和实践价值。

---

① 习近平：《在文艺工作座谈会上的讲话》，人民出版社 2015 年版，第 30 页。

第十一章 新时期文学理论自主性的追求与马克思主义文学批评中国形态的建构

　　坚持理论自主性既是马克思主义的一个基本原则，也是马克思主义中国化的重要经验。近百年来马克思主义融入中国革命与建设实践的历程充分表明：只有坚持理论自由性，打破各种理论依附思维，建构起具有自身标识性的概念系统或体系，才能形成中国特色、中国风格、中国气派的马克思主义理论。新时期以来，经过拨乱反正的中国文艺学界开始了理论自主性的追求，以之探索中国形态的马克思主义文艺理论与批评。这其中，既有立足于新时期文艺现实所进行的科学性、创新性探索，如在审美主客体关系、审美主体间性关系、艺术生产关系、意识形态关系等的研究中深化和丰富马克思主义文艺理论，也有因脱离中国社会和文艺实践的特殊性，依附国外马克思主义文艺理论而造成的对真正的马克思主义文艺学的生机和活力的阉割和窒息。就新时期文学理论自主性的追求与中国形态的马克思主义文艺理论与批评的建构的关联度来看，"文学的主体性"论争及其包含的洞见与盲视，"审美意识形态论"建构的艰难历程，以及"建设有中国特色马克思主义文学理论"活动所凸现的体系自觉，特别值得回顾与总结。

第一节　"文学的主体性"论争与马克思主义文艺理论的中国化探索

　　20 世纪 80 年代的"文学的主体性"论争是马克思主义文艺理论中国化

探索历程中重要的一环。"文学的主体性"理论与文学反映论的分歧，以及"文学的主体性"理论与毛泽东文艺思想在文艺的本质及价值、作家的地位及作用方面展开的对话，都集中展现了这一时段中国的马克思主义文艺理论研究中的洞见与盲视。特别是"文学的主体性"理论在坚持与发展马克思主义文艺基本原理上的合理性与局限性，对于建构中国形态的马克思主义文艺理论形态有着重要的借鉴意义。

"文学的主体性"概念逐渐淡出人们的视野，并不是因为与这一概念相关的问题已经得到了彻底解决；相反，"文学的主体性"概念以其内涵广阔、复杂及其外延中浓重的政治色彩令人望而却步。从马克思主义文艺理论的中国化探索这一视角来重新回顾、探讨关于"文学的主体性"及相关论争，前代学人们的多方向努力将有可能得到更加透彻的总结；作为新时期以来诸多文艺论争中著名的一个，其合理性与局限性、洞见与盲视，都敞现了中国学界为建构马克思主义文艺理论中国形态的艰难境遇和不懈努力，回顾并总结之，对进一步推进马克思主义文艺理论的中国化进程有重要的理论意义。

一、论争概述

刘再复《论文学的主体性》[①] 一文在新时期文论发展中具有重要意义。正如夏中义所言："'主体'或'主体性'概念确实是刘氏《论文学的主体性》问世后才席卷新潮文坛的。"[②]

这种转折性意义是奠基在胡风"主观战斗精神"与"精神奴役的创伤"、钱谷融"文学是人学"、周扬"人道主义与异化"、李泽厚对康德哲学的述评及刘再复本人对当时的社会与文学新状况的积极思考与回应基础之上。其中，李泽厚的论文及著作是刘再复"文学的主体性"的直接思想来源。

---

① 刘再复：《论文学的主体性》，《文学评论》1985 年第 6 期；《论文学的主体性》（续），《文学评论》1986 年第 1 期。

② 夏中义：《"文学主体论"批判》，《华东师范大学学报（哲学社会科学版）》1995 年第 6 期。

1. 李泽厚哲学与美学思想述略

李泽厚《批判哲学的批判——康德述评》一书在介绍康德哲学的同时，为发展马克思主义而力倡人类学本体论。他认为这一概念强调了作为本体的人类可以实际征服和改造世界，可以与各种类型的唯心主义对立。李泽厚同时强调"人类学本体论即是主体性哲学"。将这种主体性哲学分为两个部分，第一个部分是物质文明发展史，"另一方面即以构建和发展各种心理功能（如智力、意志、审美三大结构）以及其物态化形式（如艺术、哲学）为成果的人类主体的内在主观进展"①。在这一本体论思想的框架中，李泽厚从康德先验哲学中高度重视人的地位和价值的相关理论切入，通过康德哲学中自然向人生成、人是最终目的等相关理论②，李泽厚导向了强调以美学作为桥梁来沟通认识与伦理、自然与人、社会与个体。李泽厚特别指出康德哲学中自然向人生成理论中的"人"指的是"文化—道德的人"。接着他从作为联结媒介的美学走向了对马克思主义的审美观的阐释：是实践着的人和群众的实践的历史使自然成为人的自然；人的自然既在物质方面服务于人，又使人产生了诸多超越生物特性的能力。李泽厚认为审美就是这种超生物特性的需求和享受。③ 李泽厚在其主体性哲学中将人类主体的内在主观进展与物质文明发展史并列，两者具有同等的重要性。同时，李泽厚借助康德哲学提升了马克思主义实践美学的作用和价值，并进而提升了审美的地位和价值。

之后，在《康德哲学与建立主体性论纲》中，李泽厚对当时学界热议的"人性"问题提出了自己的答案：从静态角度而言，人与物性、与神性的区别在于人性；从动态角度而言，人与自然、与对象世界的区别在于主体性。李泽厚从上述"动态区别"出发，以实践性和积淀说为基础解释了人类认识世界的主体性的产生过程。在此基础上，李泽厚特别强调了个体实践的相对优先性，认为"实践就其人类的普遍性来说，它积淀、转化为人类的逻辑、认识结构；另一方面，实践总是个体的，是由个体的实践所组成、所实现、

① 李泽厚：《批判哲学的批判——康德述评》，天津社会科学院出版社2003年版，第248页。
② 参见李泽厚：《批判哲学的批判——康德述评》，天津社会科学院出版社2003年版，第389页。
③ 参见李泽厚：《批判哲学的批判——康德述评》，天津社会科学院出版社2003年版，第400页。

所完成的。个体实践的这种现实性也就是个体存在、它的行为、情感、意志和愿望的具体性、现实性。这种现实性是早于和优于认识的普遍性的。"① 也就是说，李泽厚把实践和积淀作为主体性理论的重要基础，前者是马克思主义的重要概念，后者是他美学体系中的重要概念。由此可以见出"主体性"概念在李泽厚理论体系中的特殊位置。

2. 刘再复"文学的主体性"理论的主要观点

（1）刘再复在《论文学的主体性》一文中的核心观点是"人是目的"，刘再复在文中反复强调要"把人看作人""以人为思维中心""把人的主体性作为中心来思考"。这一观点明显受到了康德哲学及李泽厚相关述评的影响。

（2）刘再复在《论文学的主体性》一文开头对人的主体和客体、受动性和能动性的区分与李泽厚《康德哲学与建立主体性论纲》中对人性和主体性区分有相似处。刘再复进而将文学主体分为对象主体、创造主体、接受主体三大类，分别对应作品中的人物形象、作家、读者和批评家三类人群并分别深入论述。

（3）刘再复认为是环境决定论、抽象的阶级性、肤浅的外在冲突三点原因造成了文学对象的主体性失落；根本原因是"不承认'人是目的'这种根本观念"。

（4）刘再复从对作家创作时的理想状态，即"作家创造的人物把作家引向自身的意志之外"的探讨过渡到对作家精神主体性的分析，他借用了马斯洛的人的五种需求理论分析之后得出结论："作家的主体意识，首先是作家的超越意识所造成的内在自由意识。""优秀的作家都能自觉或不自觉地完成上述心理升华过程，因此，他们的创作实践一般都表现出三种特征，即超常性、超前性和超我性。"

（5）在文学接受方面，刘再复认为这是一个"人性复归的过程"，在自我实现机制和创造机制的双重作用下，这个过程得以完成。

（6）文学批评家的主体性实现过程体现在超越日常生活中人的不自由与片面，超越作家意识范围，超越自身审美心理和审美意识的限制；并且要使

---

① 李泽厚：《康德哲学与建立主体性论纲》，中国社会科学院哲学研究所编：《论康德黑格尔哲学纪念文集》，上海人民出版社1981年版，第9页。

文学批评从科学走向艺术。

　　刘再复在《论文学的主体性》中并没有逻辑化、系统性地论述精神主体的内涵；相反，他以李泽厚为桥梁借鉴了康德关于先验主体相关理论，以略带情感并偶尔诗化的语言表达了自己关于文学的主体性的观点。

3. 相关论争

　　刘再复《论文学的主体性》一文发表后，在学界迅速引起了强烈的反响。学者们通过召开学术讨论会、报刊笔谈、撰写学术论文等形式进行了多角度的深入探讨。例如文学研究所文艺理论研究室、《红旗》编辑部、华南师范大学中文系、河南省作协和《大学文科园地》杂志等高校、研究所、杂志社分别召开座谈会专门讨论文学的主体性问题。①《文艺报》《文论报》《文汇报》《芙蓉》等报纸刊物也刊登了相关笔谈文章。② 学者们以论文形式所进行的相关讨论更加深入、全面。有的学者热情地支持刘再复，有的学者对刘再复的观点进行了补充，有的学者则进行了严厉的批评，有的学者则受到刘再复启发，提出了新的理论。③ 随后，关于这场论争的文集《当前文学主体性问

---

① 详情参见《自由地讨论，深入地探索——关于刘再复〈论文学的主体性〉一文的讨论》（《文学评论》1986 年第 3 期）、《贯彻"双百"方针发展文艺理论——红旗杂志编辑部召开的文艺座谈会综述》（《红旗》1986 年第 11 期）、《关于"文学的主体性和反映论"的讨论》（《华南师范大学学报（社会科学版）》1986 年第 3 期）、《〈大学文科园地〉与省作协联合举办"文学主体性原则"讨论会》（《郑州大学学报（哲学社会科学版）》1986 年第 5 期）诸文。

② 重要笔谈文章有汤学智的《评文学研究领域的深刻变动》（《文论报》1986 年 5 月 11 日）、何西来的《对于当前我国文艺理论发展态势的几点认识》（《文论报》1986 年 6 月 1 日）、程麻的《一种文艺批评模式的终结》（《文论报》1986 年 6 月 21 日）、敏泽的《论〈论文学的主体性〉——与刘再复同志商榷》（《文论报》1986 年 6 月 21 日）、徐俊西的《也探文艺的主体性和方法论》（《文艺报》1986 年 6 月 21 日）、程代熙的《对一种文学主体性理论的思考和述评》（《文艺报》1986 年 7 月 19 日）、孙绍振的《陈涌同志在理论上误入歧途的三个原因》（《文论报》1986 年 9 月 21 日）、陈辽的《文艺问题探索和"马克思主义在中国的命运"》（《文论报》1986 年 10 月 1 日）等。

③ 热情支持的如唐云坤的《春天里的一声惊雷——谈〈论文学的主体性〉》（《内江师范学院学报》1988 年第 1 期）；进行补充者如孙绍振的《论实践主体性、精神主体性和审美主体性》（《文学评论》1987 年第 1 期）；严厉批评的如陈涌的《文艺学方法论问题》（《红旗》1986 年第 8 期）；提出新理论者如吴兴明的《精神价值论——文艺研究的逻辑起点》（《文学评论》1987 年第 2 期）。

题论争》（海峡文艺出版社 1986 年）也迅速出版。

刘再复的文章之所以能够引起如此强烈的反响，除了文章本身的原因之外，还有两条外部原因值得注意：首先，刘再复的当时行政职务令人产生了一些学术之外的猜测。他时任中国社会科学院文学研究所所长，《文学评论》杂志社主编。何西来曾透露出这样一个消息：刘再复在《论文学的主体性》中提出的观点是属于他个人的，不是社科院文学所的治所方针；社科院文学所内对刘再复的这篇论文存在着不同的看法。[①] 其次，对文学的主体性问题的探讨，从刘再复《文学研究应以人为思维中心》[②] 一文发表以后"开始逐渐展开，但气氛平和，而使这场讨论引起轩然大波的则是陈涌同志长文的发表"[③]。陈涌的《文艺学方法论问题》（《红旗》1986 年第 8 期）一文因其同刘再复观点的针锋相对使得刘、陈二人的论争成为这场讨论中最为引人注目的部分。

这场关于文学主体性问题的论争一直到五六年之后仍然得到高度关注，1990 年 11 月，国家教委社会科学发展研究中心等十余家单位在山东大学联合举办了文学主体性问题讨论会。该会议的纪要同时发表在了四份学术杂志上。[④] 此次会议之后五六年，夏中义对刘再复的文学主体论、性格组合论、国魂反省论进行了全面梳理、分析。[⑤]

二、文学主体论与文学反映论的冲突

在这场持续时间达十余年的论争中，文学主体论与文学反映论之间的分歧既是学者们论争的首要问题，更是一个带有根本性的问题，时至今日仍然值得特别关注。然而在头绪纷繁的论争文章中理出一个头绪并非易事。刘再

---

① 参见何西来：《对于当前我国文艺理论发展态势的几点认识》，《文艺争鸣》1986 年第 4 期。

② 刘再复：《文学研究应以人为思维中心》，《文汇报》1985 年 7 月 8 日。

③ 潘凯雄、贺绍俊：《文学主体性问题的探讨述略》，《人民日报》1986 年 8 月 18 日。

④ 分别刊发于《文艺理论与批评》1991 年第 1 期；《文史哲》1991 年第 2 期；《人民音乐》1991 年第 6 期；《高校理论战线》1991 年第 1 期。

⑤ 参见夏中义的《新潮学案》（生活·读书·新知上海三联书店 1996 年版）一书相关部分的评述。

复的"文艺理论家兼作家"的身份可以成为一个微妙的切入点。

在 20 世纪 80 年代，刘再复曾经出版《深海的追寻》《告别》等散文诗集。"我写散文时，好象也是本性使然，不得不吐。只觉得不写时，心中有些欢乐与痛苦在激荡，心理有些不平衡，写了之后则觉得心灵获得一次解放，心情也好多了。"① 这一段文学创作谈透露出刘再复自己进行文学创作时的一些感受；与《论文学的主体性》一文相对比，便可以看出该论文对作家创作状态的论述是以自己的创作经验为基础，因而带有很强的自我体验色彩。典型的例子是下面这一段文字：

> 愈有才能的作家，愈能赋予人物以主体能力，他笔下的人物自主性就愈强，而作家在自己的笔下人物面前，就愈显得无能为力。这样，就发生一种有趣的、作家创造的人物把作家引向自身的意志之外的现象。这种有趣的现象使很多文学理论家、批评家感到困惑，笔者也曾久久地陷入困惑与迷惘之中。而现在，笔者终于了解：这种状况，正是作家在创作中的自由状态。②

这一段文字引来了姚雪垠的严厉批评。作为"作家兼文艺理论家"的姚雪垠在分析作为"文艺理论家兼作家"刘再复的上述文字时，以自己多年的创作经历反驳了刘再复："我从事文学创作实践活动数十年，象刘再复同志所说的对人物无能为力、任人物自由活动的奇妙现象，一次也没有遇到过。"不仅如此，姚雪垠进一步质问："我也没有听说'五四'以来任何有成就的作家有过这种现象。谁能够从我们大家熟知的作家的创作活动中举出一个实例么？"质问之后，姚雪垠得出结论："据我看，刘再复同志所用的思想方法，根本背离了辩证唯物主义和历史唯物主义。天下本无其事，却用主观唯心主义的方法凭空设置问题，扰乱自己，而又夸大其辞。"③

两相对比之下可以看出，刘再复与姚雪垠都将自身文学创作经验作为重

---

① 刘再复：《情不自禁，不得不作》，《人民日报》1986 年 7 月 17 日。
② 刘再复：《论文学的主体性》，《文学评论》1985 年第 6 期。
③ 姚雪垠：《创作实践和创作理论——与刘再复同志商榷》，《红旗》1986 年第 21 期。

要基础；两人作为文学创作活动的具体承担者对其所从事的活动从不同角度做出了不同阐释和理论总结；这两种阐释和结论之间的差异是如此之大，以至于这些分歧首先表征着文学主体论和文学反映论之间的碰撞，也表征着文学创作实践活动与创作理论之间可能存在着的巨大差异。

刘再复曾经提到，对于主体性问题，"从一九八一年我就开始考虑了"①。那时的思考伴随着对文学反映论的反思。刘再复首先从扩展、丰富之前的文艺本质理论角度出发，强调仅仅从政治和认识论角度来理解文学的本质是不够的。他认为还可以从异化、价值学、历史学、审美等不同的角度对文学艺术的本质问题进行定义。② 如果说在这一阶段，刘再复仅仅提出了文学本质的几种可能性规定，那么在《论文学的主体性》一文最后一部分，刘再复梳理了文学反映论的发展历程，承认其有相当的合理性；刘再复同时指出了机械反映论的四种不足，反对把文学反映论凝固化，"它应该随着人类文化观念的不断演进而逐步更新，注意现时代文学内外日新月异的种种变化，纠正自身历史上的偏颇和不足"③。

1. 内外宇宙：灵魂的自由抑或现实的局促

在《论文学的主体性》中，刘再复回顾了"文化大革命"时期不正常的文学现象后，认为造成上述现象的原因是"他们都没有肯定人作为精神主体的地位，不承认人在作为实践主体的同时，也作为精神主体而存在，取消人与世界联系的内在链条。这样，所谓'人'学，往往就成了一个丧失了内宇宙运动的'人'学，成了一个没有人的灵魂，即没有人的主体的丰富性和精神主体价值的'人'学"。在今日看来，姚雪垠意图驳倒刘再复的那段创作谈却恰恰成为不正常文学现象的一个注脚。

在如此特定的时代社会背景和文学背景之下，刘再复对此问题提出了自己的解决方案："人是目的"。"'文学是人学'的含义必定要向内宇宙延伸，不仅一般地承认文学是人学，而且要承认文学是人的灵魂学，人的性

---

① 何火任编：《当前文学主体性问题论争》，海峡文艺出版社 1986 年版，第 393 页。
② 刘再复：《文学研究思维空间的拓展——近年来我国文学研究的若干发展动态》，《读书》1985 年第 2 期。
③ 刘再复：《论文学的主体性》（续），《文学评论》1986 年第 1 期。

格学，人的精神主体学。"① 这一解决方案包含两层内容：肯定外宇宙与内宇宙两者的存在及其区别，肯定内宇宙在当时社会背景下的价值并向内宇宙延伸。刘再复对内宇宙内涵的揭示并对其价值进行了高度肯定，也就相当于对人的主体性内涵及其价值进行了揭示和肯定。在这一原则指导下，刘再复反复论述了主体性在作家、人物形象、读者和批评家、人类社会发展等方面的重要作用：作家的主体性表现在充分发挥作家自己的力量，不要把文学创作变成某种外在概念的图解；人物形象的主体性就是必须具有自主意识，能够按照人物形象自身的逻辑和灵魂来行动，进而实现自身的价值；读者和批评家的主体性是用审美的而不是政治的或教育的眼光来欣赏文学作品，在这一过程中实现对作家创作的肯定、自身审美愉悦的满足和审美能力的提升；人类社会发展的主体性体现在以人类精神主体的不断进化和升华为标志。

陈涌坚决否认了刘再复对文学的内部规律和外部规律这一区分，坚决否认刘再复的超越时空限制、超越具体社会现实的主体性；陈涌以"典型环境中的典型人物"理论作为武器，强调作家必须和现实保持高度的联系，他指出："每一个作家在历史上的意义和地位，主要取决于他对社会生活反映了写什么和反映得怎样，他的作品和社会生活的本质符合得怎样。审美特点也不能离开这个基本事实去孤立地讨论，不能离开文学艺术和社会生活的关系去考虑。审美特点固然有它自己长久形成的相对独立的规律，但它也不可能是孤立的存在的。要想完全排除政治、经济和社会生活的联系去探究审美特点，最后只能走向绝境。"② 姚雪垠则用自己的创作实践印证了上述理论主张：

> 例如我塑造崇祯皇帝这个典型，就是将他放在明朝末年特定的、具体的、带着历史特点的宫廷生活环境中，描写他的政治生活、私生活以及各种心理活动和精神面貌。我要使他准确地反映历史，决不给他过多的"自主性"，不给他超越典型环境条件制约之

---

① 刘再复：《论文学的主体性》，《文学评论》1985 年第 6 期。
② 陈涌：《文艺学方法论问题》，《红旗》1986 年第 8 期。

外的自由行动。①

这段创作谈形象而集中地体现了姚雪垠对唯物主义反映论的理解：在追求"准确地反映历史"这一目标之下，牢牢地将人物抓在手中，"决不给他过多的'自主性'"。程代熙和陆贵山则全面否定了刘再复的文学主体性理论。程代熙认为"'把人当成人'，'以人为本'，这就是刘再复同志文学主体性理论的全部核心"，然而"人不是目的"。② 陆贵山否认了"内宇宙"与"外宇宙"之间的对等关系，他认为"外宇宙"包含"内宇宙"，是"内宇宙"的根源。③ 可见，在文学反映论中，从作家的创作到文学形象的塑造再到文学批评都必须时刻以与现实政治、经济状况的关系是否紧密作为评价标准；文学艺术与现实的政治、经济状况之间的紧密关系得到了特别强调。在这类观点中，"外宇宙"，即现实政治、经济状况，它仿佛是一间狭小的房间，文学艺术要时时刻刻忍受着这种强烈的局促感。反映论支持者用激烈的言辞强调了文学艺术必须在这种局促感中谋求发展。文学主体论则强调了文学艺术与现实政治、经济状况之间的疏离，强调了作家主体、文学对象主体、文学批评主体各自的特点，特别强调了审美的价值及其作用。

2. 精神主体：燃烧的火炬抑或能动的镜子

刘再复认为，机械反映论的理论缺陷主要在四个方面：一是未能从理论上阐述清楚能动反映的内在机制问题；二是对于能动反映的多向可能性问题缺少探究；三是认识到事物的客观属性却忽视了人赋予客体的价值属性；四、忽视了客体的主观性和主体的客观性这种辩证关系。④ 他将情感作为文学的最根本动力，在此基础上，他认为可以将精神主体分成表层结构和深层结构两部分，分别对应意识和潜意识，而情感就在这两个层次之间沉浮。同时，刘再复又认为精神主体有不同的类型，每一种都应该得到充分的肯定和

---

① 姚雪垠：《创作实践和创作理论——与刘再复同志商榷》，《红旗》1986年第21期。
② 程代熙：《对一种文学主体性理论的述评——与刘再复同志商榷》，《文艺理论与批评》1986年第1期。
③ 陆贵山：《对"文学主体性"理论的综合分析》，《文艺理论与批评》1992年第4期。
④ 参见刘再复：《论文学的主体性》（续），《文学评论》1986年第1期。

尊重。在这种理想的状态下，无论是个体独特的精神主体还是以此为基础的人类精神主体都能够得到确立、认识和理解。显然，刘再复在这里仍然是以"文化大革命"作为分析的时代背景，从而既强调个体的独特性及其价值，又没有忽视人类共有的精神主体。

以上述两种类型的精神主体为基础，刘再复详细论述了作家在创作实践中从个体精神主体到人类精神主体的升华历程，并把这种历程的本质规定为"爱"的推广，认为"作家的自我实现归根到底是爱的推移，这种爱推到愈深广的领域，作家自我实现的程度就愈高。爱所能达到的领域是无限的，因此，自我实现的程度也是无限的"①。在刘再复看来，作家的主体力量实现过程仿佛是点燃了一把火炬，这把火炬必须以现实物质作为基础，但是在点燃之后，熊熊燃烧的火焰所带来的光和热成为更加令人关注的焦点。火炬在物质基础方面的消耗有可测量的标准，但是火焰或"爱"对外在世界产生的精神性影响是无法测量也无法估量的——"作家的爱是无边的，他们的忧天悯人的情怀也是无边的"②。可以说，刘再复在这一层面上发挥了他作为诗人的精神特质，将诗人的创作激情和诗人理想中所应该承担的责任用富有情感的语言表达了出来。这种"燃烧的火炬"式的情感和语言的确可以令人深深感动。

面对接受主体，刘再复指出了文学接受主体的自我实现机制和创造机制。面对文学批评家，刘再复提出了更高的要求，即三级超越：一是超越现实意识的限制；二是超越作家自身意识的局限；三是实现自身的再创造。在自我创造阶段，批评表现为科学和艺术两种形态，其终极状态应当是从科学走向艺术，批评因而成为艺术和美。刘再复认为在这种状态下，批评家可以"达到对美的冲动性的神秘的体验，以至发现作家未发现的东西，感悟到宇宙人生的潜在真理"③。

之所以做出上述结论，与当时的文学发展状况也有一定的关系。在《论文学的主体性》一文发表前后，刘再复密切关注着新时期十年文学发展状况。

---

① 刘再复：《论文学的主体性》，《文学评论》1985年第6期。
② 刘再复：《论文学的主体性》，《文学评论》1985年第6期。
③ 刘再复：《论文学的主体性》（续），《文学评论》1986年第1期。

他认为新时期文学十年中发生了巨大的变化，具体包括：文学从"从属于政治的阶级斗争的工具"观念中解放了出来，从绝对化的共性观念的规范中解放出来，对文学本质的认识不再局限于"反映论"。在文学创作方面，现实主义创作模式得到改造和发展，成为开放的体系；现实主义之外的创作方法得到了多元发展。① 然而刘再复对这种改变仍然不满意。《论文学的主体性》发表三年之后，在评论张抗抗《隐形伴侣》时，刘再复提出如果能在历史哲学方面、从个人身世感到人类命运感方面做出升华，作家们将会取得更大的成就。② 这是刘再复作为理论家兼诗人对当时的社会现实和文学状况做出的交织着理性思考和感性认识的结论；与《论文学的主体性》中的结论相比，两者没有差别。然而促使刘再复对"燃烧的火炬"念念不忘的原因恰恰是作为理论家的他深知追求这一主体深层次价值的重要性，而作为诗人的他同样深知实现这一主体深层价值必然要背负沉重的精神压力和痛苦。

反映论的支持者在批驳刘再复时首先强调马克思、恩格斯、列宁提出的反映论是"能动的反映论"，其内涵是："反映论所回答的不仅是意识的根源的问题，而且还包括意识的本质、生成和规律的问题。"③ 马克思、恩格斯和列宁的能动反映论是正确认识主客体辩证关系的基础。④ 这是反映论支持者对刘再复的又一根本性反驳。反映论者认为文学主体论出现的原因有"对现代西方形式主义文艺学的盲从；对文学反映论本身的误解；现代西方文化思潮中唯心主义成分的影响。最后还有一个并非最不重要的原因：学风问题"⑤。

在反映论者看来，作家是一面"能动的镜子"，"作家作为一切精神世界的东西归根到底都是主体在实践活动中对外部世界的反映"⑥。作家的职责因而得到了质的规定。反映论者进而对作家提出了更高的要求："每一个伟大

① 参见刘再复：《新时期文学的突破和深化》，《人民日报》1986 年 9 月 8 日。
② 参见刘再复：《历史哲学感与人类命运感》，《文汇月刊》1989 年第 2 期。
③ 王元骧：《反映论——马克思主义文艺学的哲学基础》，《求是》1989 年第 13 期。
④ 参见郭正元：《两种文学主体性理论的根本分歧——评刘再复的文学主体性理论》，《中山大学学报（社会科学版）》1991 年第 3 期。
⑤ 杨正润：《为文学反映论辩护》，《文艺理论与批评》1987 年第 5 期。
⑥ 王元骧：《反映论原理与文学本质问题》，《文艺理论与批评》1988 年第 1 期。

作家都不能不反映他那个时代的社会生活的某些本质的方面，每一个作家在历史上的意义和地位，主要取决于他对社会生活反映了些什么和反映得怎样，他的作品和社会生活的本质符合得怎样。"① 在这种根本性的强调之后，也有部分反映论的支持者讨论了反映论视野中的心理结构、创作机制、反映形态。②

通过上述分析可以看出，反映论者对当时文学发展新状况没有给予充分的重视，对艺术形象、文学接受主体及接受过程的分析不足。

三、文学的主体性理论与毛泽东文艺思想的对话关系

有学者将毛泽东文艺思想的特征概括为四个方面：标举革命实践的本体论，注重群体意志的主体论，强调革命功利的价值论，坚持社会政治学的文艺批评论。③ 刘再复文学的主体性理论与上述四方面特征进行对话，这种对话关系大致在本体和价值目标两方面展开。

1. 个体的精神追求与群体的革命实践

刘再复在分析文学的主体性问题时认为无论是作家、人物形象还是接受者都应当充分发挥自己的主体力量，作为个体的作家、人物形象和批评家都应当有各自的精神追求。更重要的是，刘再复指出的追求之路在很大程度上又只能是由个体来实现，例如作家"获得内心的大自由"，批评家"真正的悟道"等等——不仅是只能由个体来完成，而且也很难用某种外在的标准来进行评价。同时，还强调作家的创作不应当从某种外在的概念出发，人物形象不应当成为某种概念的图解，接受者也不应当被看作被动的受教育者。

毛泽东文艺思想对文学艺术的定位是"无产阶级的文学艺术是无产阶级整个革命事业的一部分，如同列宁所说，是整个革命机器中的'齿轮和螺丝

---

① 陈涌：《文艺学方法论问题》，《红旗》1986 年第 8 期。

② 参见潘翠菁：《反映论与主体性理论的分歧》，《中山大学学报（社会科学版）》1992 年第 2 期。

③ 参见黄曼君主编：《毛泽东文艺思想与中国文艺实践》，华中师范大学出版社 2002 年版，第 414—520 页。

钉'"①。作家、文学形象、接受者首先都是被当作一个个群体来看待。例如"无论高级的或初级的,我们的文学艺术都是为人民大众的,首先是为工农兵的,为工农兵而创作,为工农兵所利用的"②。不难看出,在这些表述中,"工农兵"就是一个群体,其内部存在着的差异被刻意忽视了。毛泽东文艺思想强调文学艺术家要注重自身的改造,因为"他们的灵魂深处还是一个小资产阶级知识分子的王国"③。不管怎样的长期和艰巨,作为群体的作家一定要完成世界观的转变,惟其如此,"他们"才能变成"我们","只有这样,我们才能有真正为工农兵的文艺,真正无产阶级的文艺"。④ 在这里,"他们"这一指称反复出现,又模糊地指称着作为群体的作家和接受者,其中流露着强大的政治威慑力——然而这是一个完全无法进行验证也无从反驳的政治结论。

刘再复在探讨文学的主体性问题时对个体的强调,与毛泽东文艺思想从政治角度对群体的要求形成鲜明对比,在他看来,"用阶级性来淹没人的主体性,把人视为阶级的一个符号,把人规定为阶级机器上的螺丝钉,要求人完全适应阶级斗争,服从阶级斗争,一切个性消融于阶级观念之中。这样,在作家的笔下,人就完全失去主动性,失去人所以成为人的价值"⑤。刘再复从尊重个体的路径走向对个体特征的多层次分析,毛泽东文艺思想则从政治高度对作家、批评家应当达到的目标做出了概括。刘再复强调了文学的个性原则,强调个性的多元化发展;毛泽东文艺思想则强调文学的党性原则,强调革命的文艺只能由无产阶级政党及其指导思想去领导。出发点和思考路径上的差异造成了刘再复与毛泽东文艺思想上的一重对话关系。

2. 审美体验的超越与革命事业的助力

如前所述,刘再复在探讨作家、文学形象和接受者的主体性时,将审美、对现实的超越及精神主体的自我完成作为目标。而在毛泽东文艺思想

---

① 《毛泽东文艺论集》,中央文献出版社 2002 年版,第 69 页。

② 《毛泽东文艺论集》,中央文献出版社 2002 年版,第 67 页。

③ 《毛泽东文艺论集》,中央文献出版社 2002 年版,第 59 页。

④ 《毛泽东文艺论集》,中央文献出版社 2002 年版,第 60 页。

⑤ 刘再复:《论文学的主体性》,《文学评论》1985 年第 6 期。

中，作为革命事业之助力的文艺在创造人物形象时必须"使人民群众惊醒起来，感奋起来，推动人民群众走向团结和斗争，实行改造自己的环境"，并能最终"帮助群众推动历史的前进"。① 在这一政治目标的指导下，"文艺大众化""歌颂与暴露""提高指导下的普及，普及基础上的提高""革命的现实主义和革命的浪漫主义""文艺批评应该进行两条战线的斗争""文艺批评政治标准和艺术标准"等一系列文艺理论观点得到了阐释。正是基于这些观点，毛泽东对文学艺术的价值做了严格的规定，即"一切革命的文学家艺术家只有联系群众，表现群众，把自己当作群众的忠实的代言人，他们的工作才有意义。只有代表群众才能教育群众，只有做群众的学生才能做群众的先生。如果把自己看作群众的主人，看作高踞于'下等人'头上的贵族，那末，不管他们有多大的才能，也是群众所不需要的，他们的工作是没有前途的"②。而这些观点在刘再复看来，将会造成"一种新的绝对观念，即人的一切行为和心理都是阶级斗争所派生的"，文学"蜕变为阶级符号学"。③

总之，毛泽东从政治高度对文学艺术提出了要求，尤其强调用政治标准来评价文学艺术。在现实里，政治标准极其容易变成文学艺术的唯一评价标准。刘再复就是在"唯一评价标准"这一意义上展开了对主体性的思考。

四、文学的主体性理论在坚持与发展马克思主义文艺原理上的合理性与局限性

刘再复关于文学主体性问题的讨论是以他对时代政治和文学状况的思考及他自己的创作实践为基础，借鉴了李泽厚对康德的述评及当时刚刚传入国内的诸多西方新文艺理论，用理性与感性相结合的文字表达出来。刘再复的探索开阔了文艺理论研究的视野，促使人们更深入地探索相关概念的内涵及价值。然而刘再复在《论文学的主体性》中先验地预设了人的精神领域的巨大能动性，导致其理论在终极意义上脱离了马克思主义；整篇论文逻辑体系

① 《毛泽东文艺论集》，中央文献出版社 2002 年版，第 64 页。
② 《毛泽东文艺论集》，中央文献出版社 2002 年版，第 67 页。
③ 刘再复：《论文学的主体性》，《文学评论》1985 年第 6 期。

不清晰也是重要缺陷。

第一，针对社会现实政治、文学状况。在整个 20 世纪 80 年代，刘再复极为活跃。在这一时期，刘再复出版了文学评论集《文学的反思》《论中国文学》，另与人合著有《论中国文化对人的设计》《传统与中国人——关于"五四"新文化运动若干基本主题的再反省与再批评》，并出版了多部散文诗集。可见，刘再复那时始终密切关注并多方面思考着中国文学的发展状况，他自己也积极地从事文学创作实践。对过去那段不堪回首的历史，刘再复既用理论的方式也用散文诗的形式进行了总结、反思、表达。[1] 因此，分析刘再复"文学的主体性"理论就不能单纯地以刘再复的几篇论文为依据，而应当以 80 年代刘再复整体的文学活动作为依据。

社会政治、文学状况是刘再复提出"文学的主体性"现实的、直接的动因。在《论文学的主体性》这篇文章中，刘再复反复提及"以往""过去""文化大革命"中种种不正常的文学状况，并分析了造成这些状况的原因，进而提出自己的解决方案。在其他理论性、作品评论性、对话性的文章中，刘再复也始终将之前的历史及其文学状况作为前车之鉴。[2] 客观地看，不同意刘再复观点的学者对当时的文学创作实践确实缺乏敏感。在一次访谈中，刘再复提到了他拒绝直接回应陈涌文章的原因之一是"他的文章写得太空洞了，他应该结合文艺的实践来论述"[3]。这些学者在文章中对"文化大革命"的政治、文学状况的探讨也没有像刘再复那样深入，或者轻描淡写，一带而过。显然，论战双方在现实指向性方面的交锋发生了错位。

第二，充分借鉴新的理论资源。刘再复密切关注着当时文学研究方法的引进和发展状况。在《文学研究思维空间的拓展》这篇长文中，刘再复介绍了当时文学研究方法表现出来的由外到内等四种新的趋向，进而介绍了这四种趋向在文艺美学等七个方面的具体表现。[4] 在探讨文学的主体性问题时，

① 参见刘再复：《灵魂的复活》，《人间·慈母·爱》，人民文学出版社 1988 年版，第 182—183 页。
② 参见刘再复：《历史哲学感与人类命运感》，《文汇月刊》1989 年第 2 期；刘再复、刘心武、刘湛秋：《对话：作为超越的文化》，《文汇月刊》1989 年第 6 期。
③ 何火任编：《当前文学主体性问题论争》，海峡文艺出版社 1986 年版，第 392 页。
④ 参见刘再复：《文学研究思维空间的拓展——近年来我国文学研究的若干发展动态》，《读

他借鉴了李泽厚的康德述评、接受美学、弗洛伊德的无意识理论、马斯洛的人的五种需求等西方理论。这种自觉的尝试改变了以往把作家和读者当作一个群体来看待的传统观念，对作家、读者精神内部结构做了深入探讨，具有开拓性意义。

第三，诗化的激情表述使刘再复在终极意义上脱离了马克思主义。在《论文学的主体性》一文中，刘再复的论述呈现出一个有趣的结构：批判过去的社会政治、文学状况—分析作家、文学形象、接受者的精神结构—激情地升华到神秘的先验理想境界。例如在探讨作家创作问题时，刘再复首先归纳出了文学对象主体性失落的三种表现及原因，接着用两个公式表示了作家在塑造人物时应当注意的问题，最后探讨了作家帮助、干预人物做出不违背个性的选择，并充满激情而又神秘地论述道："这种干预，大体上像电子计算机的操作员给电子计算机一种指令，计算机得到这种指令后，便把信息贮存于自己的机体中，然后进行独立的运转和活动，最后把结果告诉操作员，作家的干预也仅仅在于给予人物一个灵魂的指令，而这之后，作家就像操作员一样，不再起干预作用了，他一旦把信息输入到人物的身上，人物就像电子计算机一样，独立地运转活动起来，不受作家（操作员）所摆布。"[1] 这段文字用当时还算很新鲜的计算机做比喻，体现出刘再复开阔的视野；但是刘再复对计算机运作原理的错误理解说明他对这一新事物的了解仅仅停留在表面。那神秘的"独立地运转活动起来，不受作家（操作员）所摆布"完全脱离了马克思主义，滑入了康德哲学对人的主体的先验预设中。

刘再复的支持者和论敌在当时就已经注意到了上述问题。在之后的论争中，论敌就刘再复对"文学的主体性"论述的疏漏之处穷追猛打；杨春时、孙绍振等学者着重从文学的主体性与现实的复杂关系入手来弥补、深化刘再复的探索。例如杨春时从人的无限需求和现实的有限满足之间的冲突入手，强调人的精神生活就立足于此；人的精神生活有多重形式，只有具有自由品格的文艺才能使人摆脱精神的苦恼，使人的精神得到升华。[2] 又如孙绍振对

书》1985 年第 2 期；《文学研究思维空间的拓展——近年来我国文学研究的若干发展动态》（续），《读书》1985 年第 3 期。

[1]　刘再复：《论文学的主体性》，《文学评论》1985 年第 6 期。

[2]　参见杨春时：《论文艺的充分主体性和超越性——兼评〈文艺学方法论问题〉》，《文学评论》

实践主体、精神主体和审美主体各自的内涵做了更加细致的分析，一定程度上弥补了刘再复"文学的主体性"论述的疏漏。①

五、"文学的主体性"论争在马克思主义文艺理论中国化探索中的经验教训

刘再复的文学主体论作为对"文学是人学"这一原有命题的"深化"努力，因其"主体"的先验给定性而陷入理论盲区，与马克思关于人的主体性发展的三大历史形态或阶段的理论也有所偏离，并由此引发了学界关于文学主体论与文学反映论的论争与冲突。它在马克思主义文学理论中国化探索进程中的重要意义就在于它引发了学界对庸俗社会学之弊端的思考和对单纯认识论文艺学的反思与批判。

今日看来，"文学的主体性"论争暴露了当时人们在理论方面的不足：例如夏中义在《新潮学案》中系统分析了刘再复理论体系的疏漏；又如在文艺反映论一方，有论者否认文学的内部规律与外部规律的划分；否认人是目的；否认主体是实践者和行动者。如果我们用马克思主义基本原理研究的新进展、新成果来重新审视"主体性"论争中的一些核心概念与范畴，将对"主体性"论争有更深入的认识，也将会对它在马克思主义文艺理论中国化探索中的地位、作用、影响有更好的把握。

第一，关于"人是目的"。在启蒙时代，康德这一观念极大地提升了人的尊严和价值。但是在后启蒙时代，康德这一观念造成了"人类中心主义和主体性形而上学"观念及环境破坏等相关恶果。因此，我们"决不能简单地像康德那样，把人尊崇为目的，而应该把人与人之间的和谐相处、人与环境之间的和谐相处尊崇为目的"②。可见，在刘再复提倡"文学的主体性"时代，"人是目的"具有很强的启蒙意义，能够促使人更深入地思考文学问题；但是在今日"人是目的"这一观念应当被审慎地使用。

1986 年第 4 期。

① 参见孙绍振：《论实践主体性、精神主体性和审美主体性》，《文学评论》1987 年第 1 期。

② 俞吾金：《如何理解康德关于"人是目的"的观念》，《哲学动态》2011 年第 5 期。

第二，关于"主体"。在 1842 年以前，马克思把"自我意识"作为"主体"的内涵。1843 年，马克思把"主体"的内涵规定为"市民社会"。1844 年以后，马克思认为"主体"指现实的人，从事实际活动的人。1847 年以后，马克思的"主体"成为"资本"。其中，"市民社会主体论"是其他类型主体的基础。"除了马克思后来已抛弃的'自我意识主体论'和费尔巴哈式的'现实的人'主体论"外，主体概念的其他样态实际上处于互补的状态中"①。从上述分析可以看出，文艺理论研究可以借鉴马克思"主体"概念中从事实际活动的人、市民社会两层内涵，强调文学创作和文学接受活动都是人在从事实际的活动，更重要的是把文学活动作为人与人之间的实际存在的关系来理解。由于人与人之间的实际关系非常复杂，因此也就不能把文学活动简单地理解为从属于文学之外的某种意识形态、为某个特定的群体服务。

第三，关于"主体性"。马克思是在本体论和认识论两个维度上来使用"主体性"这一术语的。本体论维度上的"主体性"主要关注人与人之间的关系，认识论维度上的"主体性"主要关注人与自然的关系；贯通这两个维度的是实践。②以往人们理解"主体性"概念的偏颇在于由于近代西方哲学是以认识论为主导的，这一倾向对阐释马克思哲学产生了深刻的影响。主体性的认识论维度因而得到了强调，"而与主体性的本体论维度相关的问题，如与政治哲学、法哲学、道德哲学和宗教哲学关于人格、自由、公正、信仰、善恶、社会关系、主观际性和交往规则等问题就远远地逸出了人们的哲学视野"③。正是这种忽视"主体性"概念本体论维度、片面强调其认识论维度的状况对 1949 年之后中国文艺理论研究产生了恶劣的影响。从这一意义上说，刘再复从"文革"及 20 世纪 80 年代社会政治及文学大背景出发来探讨"文学的主体性"问题，其出发点是正确的。

---

① 俞吾金：《马克思主体概念新论》，《江苏社会科学》2006 年第 5 期。
② 参见俞吾金：《马克思主体性概念的两个维度》，《复旦学报（社会科学版）》2007 年第 2 期。
③ 俞吾金：《马克思主体性概念的两个维度》，《复旦学报（社会科学版）》2007 年第 2 期。

第二节 "审美意识形态"论与马克思主义文学批评中国形态的建构

"审美意识形态"论是新时期中国文论的重要理论创获，是中国学者在坚持马克思主义文艺学基本原则的基础上，面向新时期文艺实践，在各种论争中不断寻求理论突破，不断进行理论体系的完善，从而建设具有中国风格与中国气派的马克思主义文艺理论的一次极为重要的尝试。

一、三个论争与"审美意识形态"论的问题情境

"审美意识形态"论是新时期以来中国文艺理论界拨乱反正，突破"左"倾思想束缚的理论反思的产物，其形成同新时期以来关于文艺反映论的论争、关于文艺上层建筑性质的论争和关于文艺意识形态性质的论争等重要论争有着密切的关系，只有将其放到这些论争的复杂关系中去考察，才能透过历史现场的重建看到其逐步形成的艰难历程。

1. 关于文艺反映论的论争

新时期关于这个问题的论争，大致分为三个阶段：

第一，"文革"结束后到 20 世纪 80 年代中期，论争的核心为文艺是反映生活还是表现自我。讨论的契机主要是诗歌与美术领域中围绕"新诗""新人""新的美学原则"的兴起而出现了一种将文艺看作是自我表现而非对现实的反映的声音，其中包含了对传统现实主义文学创作方法及原则的质疑。谢冕、孙绍振、徐敬亚等人是其中的代表。① 创作领域中的"新""旧"之争又迅速引起了文艺界、美学界关于文艺是表现生活还是反映自我的激烈论

---

① 参见谢冕的《在新的崛起面前》(《光明日报》1980 年 5 月 7 日)、孙绍振的《新的美学原则在崛起》(《诗刊》1981 年第 3 期) 和徐敬亚的《崛起的诗群》(《当代文艺思潮》1983 年第 1 期) 等文章。

争。赞同"表现自我"者分为两种论调：其一是反映论"过时"论，代表人物有刘再复、李泽厚、钱中文、孙津、刘光耀等人。主要观点是：反映论是机械论；反映论从认识论角度以反映的普遍性取代了文艺的特殊认识形态和文艺的自身存在；反映论取消了主体性，只允许发现，没有任何创造；反映论无法解释说明艺术中的幻想、夸张、变形等艺术方法或现象；由于反映论过于笼统，忽视了审美特征，因此必须以审美反映代替反映论；等等。① 这其中，刘再复在《论文学的主体性》一文中全面批判了反映论。其二是"结合"论，主要有洪毅然、胡垲、敏泽等人。他们都承认文艺应当表现自我，但又认为这个"自我"要与社会相通，要把"小我"与"大我"结合起来，为人民立言，不能同现实生活对立起来。反对者如程代熙、郭建模等人则认为："自我表现"论具有相当浓厚的唯心主义色彩，是一套相当完整的、散发出非常浓烈的小资产阶级的个人主义气味的美学思想；表现论作为与反映论相对立的文学主张"从一开始就是以唯心主义哲学在文学中的变种而出现的"②。作为反对者的理论代表，陈涌则发表长文《文艺学方法论问题》，对刘再复的文学的主体论理论进行了回击，由此，文学的主体性理论与反映论之间的论争达到高潮。

第二，20 世纪 80 年代中后期，在"文艺观念热"和"文艺方法热"影响下的有关论争主要围绕反映论中所包含的基本问题展开更加深入的论争。这些基本问题是：（1）反映与认识的关系。批评反映论者如王元骧、周长鼎等人认为，除认识之外，情感、意志和无意识等都是客观现实在人们头脑中的反映，反映论是认识论的一个重要组成部分，不能简单地等同于认识论，而且反映论只解决了人的认识问题，无法解决人的价值选择和情感意志的动向问题，也无法表达对生活的评价态度，因此，将反映归结为认识，把反映

---

① 参见刘光耀的《"文艺反映社会生活的本质和规律"评析》（《当代文学思潮》1985 年第 4 期）、孙津的《松动一下现实主义》（《青年评论家》1985 年 4 月 10 日）、朱持的《审美观照方式与"丑"的艺术美——关于"化丑为美"问题的考察》（《文艺理论研究》1984 年第 3 期）、钱中文的《最具体的和最主观的是最丰富的——审美反映的创造性本质》（《文艺理论研究》1986 年第 4 期）等文章，以及李泽厚、刘再复等人的相关论述。
② 郭建模：《文学反映论》，《马克思主义文艺理论研究》第 2 卷，文化艺术出版社 1984 年版，第 134 页。

生活等同于"再现客体"是很难讲透文艺问题的。① （2）反映与反应及创造的关系。批评者如刘再复、杨春时等人认为，反映论的"镜子"说、"照像"说并没有解决实现能动反映的内在机制问题，因而主张用主体论代替反映论，用反应、创造等代替反映。他们还批评了陈涌的反映论的实质就是把文艺当作无主体、无创造性的被动反映的产物，是由被动反映论走向机械决定论②。程代熙和吴元迈则反驳了刘、杨等人的看法，认为列宁反映论原理就是旨在说明人对对象世界的掌握或反映乃是一种能动的、创造性的活动，列宁的反映论的能动性，不仅体现在他关于感觉、意识的理论中，更体现在他关于实践的理论中。③ 还有学者认为它们之间是相互联系而非对立的关系，即创造是以反映为基础的，没有正确的反映，就没有成功的创造，反过来，只有通过创造活动才能检验反映是否具有正确性。④ （3）反映的过程问题。批评者认为，反映论中的反映是线性的、直观的、机械的复制过程或简单的"刺激→反应（S→R）过程"。在这个问题的讨论中，不少学者认为，皮亚杰的发生认识论原理关于认知的中介环节的观点对揭示反映的微观心理机制具有巨大意义，它是对列宁反映论的证实、补充和丰富，而不是否定。如王元骧在《审美反映与艺术创造》一文中提出的"审美心理结构"以及周长鼎在《论反映》一文中提到的"文化心理结构"或"反应格局"，都是强调反映过程要以作家的主体结构为中介，通过这种中介去体现认识的能动性。(4)反映对象问题。这一问题的核心是艺术反映的是怎样一种形态的现实生活以及"自我"是否是反映的对象。有学者认为，艺术反映的对象并非原生的自然界和僵死的存在，而是处处打上人的印记的"反映者自身"的对象，科学的反映论应当是主体与客体、主观与客观、物质与精神、现实与历史的统一。⑤ 有学者从"作品反映生活"的观点出发，认为创作主体本身（包括其

---

① 参见王元骧的《反映论原理与文学本质问题》（《文艺理论与批评》1988 年第 1 期）、周长鼎的《论反映》（《文艺理论与批评》1988 年第 2 期）等文章。

② 参见刘再复的《论文学的主体性》（《文学评论》1985 年第 6 期）、杨春时的《论文艺的充分主体性和超越性——兼评〈文艺学方法论问题〉》（《文学评论》1986 年第 4 期）等文章。

③ 参见程代熙的《再评刘再复的"文学主体性"理论》（《马克思主义文艺理论研究》第 9 卷）、吴元迈的《列宁的反映论与文艺》（《马克思主义文艺理论研究》第 5 卷）等文章。

④ 参见郑伯农:《也谈文艺观念和文艺学方法论问题》，《红旗》1986 年第 16 期。

⑤ 参见周长鼎:《论反映》，《文艺理论与批评》1988 年第 2 期。

思想感情）也是生活的一个组成部分，也是被其作品反映的对象。① 反对者则认为这种把心灵、自我、主观和主体全部归入生活的做法，无法对主体与客体、主观与客观、反映者与被反映者、生活与自我进行区分。②

第三，20 世纪 80 年代末到 90 年代，论争的核心是反映论的哲学基础问题。这一阶段的论争主要是围绕对王若水《现实主义和反映论问题》一文的集中批评而展开的。王若水这篇文章的主要观点有：列宁的反映论是直观反映论；它来自列宁的《唯物主义和经验批判主义》；列宁后来在《哲学笔记》中对它有所改变；列宁的观点是和马克思相左的；列宁只强调承认现实的客体性，而马克思认为还要认识现实的主体性；宇宙的本体是物质，历史的本体是实践的人；主张用"实践论"来代替"反映论"；等等。③ 王若水的这些看法使得此前文艺界的论争转入深层的哲学基础的讨论，程代熙、陈涌、陆梅林等人相继发表一系列保卫列宁反映论的文章，批驳王若水对列宁反映论的误读及其唯心主义、人道主义立场。④ 这一时段，学界还围绕杨春时的"存在本体论"与实践论的关系以及王岳川的"艺术本体论"同反映论之间的关系展开过较为激烈的论争。

2. 关于文艺上层建筑性质的论争

国内关于文艺上层建筑性质的论争，最早可以追溯到李大钊。他在《我的马克思主义观》等文章中即把文艺作为上层建筑的意识形态来看待。在革命文学兴起之后，马克思主义文艺理论家如成仿吾、萧楚女、冯乃超、李初梨、瞿秋白等人也都有过类似的表述。可以说，将文艺看作意识形态或上层建筑，是中国马克思主义文艺理论的一个基本视角，并集大成地反映到毛泽东的《讲话》中，成为中国共产党理解文艺问题和指导文艺创作的重要理论

---

① 参见谢宏：《文艺"反映论"札记》，《文艺理论与批评》1987 年第 6 期。

② 参见周忠厚：《不能只用反映论解释艺术的本质》，《文艺理论与批评》1988 年第 4 期。

③ 参见王若水：《现实主义和反映论问题》，《文汇报》1988 年 7 月 12 日和 8 月 9 日。

④ 参见程代熙的《再评刘再复的"文学主体性"理论——关于反映论问题》（《文艺理论与批评》1987 年第 2 期）、陈涌的《也论现实主义和反映论问题》（《文艺理论与批评》1989 年第 1 期）、陆梅林的《哲学上的狐步舞——〈现实主义和反映论问题〉一文读后》（《文艺理论与批评》1989 年第 4 期）等文章。

依据与政策依据。①20 世纪 50 年代初，苏联学界曾围绕斯大林《马克思主义和语言学问题》一文中关于"上层建筑包括意识形态在内"的论断展开过较为激烈的论争。其在文艺理论上的论争焦点则是文学艺术的社会本质亦即一定的文学艺术是不是一定的经济基础的上层建筑。这场论争集中批判了苏联学者特罗菲莫夫的"文艺非上层建筑"说，并于 1952 年由苏联《哲学问题》杂志在第 6 期上发表题为《论艺术在社会生活中的地位和作用》的编辑部文章作为讨论的总结，认为文学艺术既是上层建筑又是意识形态才是马克思主义文艺学的观点。这篇文章后来被译成中文，刊登在《学习译丛》杂志上，引起国内学界的讨论，讨论的主导倾向仍然是苏联学术界的主流意见，讨论的方式则是以批判为主。朱光潜曾于 1979 年称其以《上层建筑和意识形态之间关系的质疑》(《哲学动态》1979 年第 7 期)一文进行发难是由于他的看法与苏联 50 年代讨论中的某些观点（特别是特罗菲莫夫的观点）"不谋而合"，我们可以从中看出这个问题本身的延续性和争议性。

这场论争分为两个阶段，第一个阶段是 20 世纪 70 年代末 80 年代初，核心问题是文艺是否属于上层建筑。学界围绕朱光潜在上文提出的"文艺是意识形态但非上层建筑"这一观点展开了激烈的论争。大致上形成了三种不同的意见：一是文艺是意识形态但不是上层建筑。以朱光潜、张薪泽等为代表。②二是文艺既是意识形态又是上层建筑。以吴元迈、刘让言等为代表。③三是文艺具有上层建筑属性，但它是特殊的上层建筑。以蔡厚示为代表。④这一阶段的论争得出了几个共识性的看法：(1) 文艺是一种社会意识形态；(2) 应对一般上层建筑和特殊上层建筑作出区分；(3) 要具体分析上层建筑

---

① 参见李世涛的《上层建筑视域中的文艺——中国当代文论界关于文艺与上层建筑关系的讨论》(《新疆艺术学院学报》2010 年第 3 期) 一文的相关论述。

② 其代表性文章有朱光潜的《上层建筑和意识形态之间关系的质疑》(《华中师院学报（哲学社会科学版)》1979 年第 1 期)、张薪泽的《〈也谈上层建筑与意识形态的关系〉一文质疑》(《哲学研究》1980 年第 5 期) 等。

③ 参见吴元迈的《也谈上层建筑与意识形态的关系——与朱光潜先生商榷》(《哲学研究》1979 年第 9 期)、刘让言的《论文学艺术的社会本质——文学艺术与基础和上层建筑的关系》(《兰州大学学报》1981 年第 2 期) 等文章。

④ 参见蔡厚示：《作为上层建筑的文学之特殊性》，《文学评论》1980 年第 4 期。

的阶级性问题；（4）作为特殊的上层建筑，文艺具有非上层建筑的因素。① 应该说，这些共识对于中国文艺学界更好地理解文艺的本质属性、文艺在社会结构中的地位和作用以及进一步推进中国形态的马克思主义文艺学的建设有着重大的现实意义。第二个阶段是 20 世纪 80 年代后期至 90 年代，鲁枢元和曾镇南等人围绕文艺是否应远离上层建筑、文艺在社会结构中的地位以及文艺的超越性问题展开论争，《文艺报》《文艺争鸣》等多家报纸期刊都参与了论争。作为论争产生契机的鲁枢元的《大地和云霓——关于文学本体论的思考》（《文艺报》1987 年 7 月 11 日）一文，以"大地"和"云霓"比喻经济基础与上层建筑、人类社会生活与文艺的关系，借此提出文艺应当远离政治，寻求精神超越，得到了傅树声等人的支持。反对方如曾镇南、李思孝、陈辽等人则认为鲁枢元对马克思主义的理解存在偏颇之处，坚持认为文艺作为上层建筑要受到经济基础的制约。② 这次讨论在前一次讨论的重要共识即"文艺是一种社会意识形态"的基础上也形成了一些新的为学界大多数人所能接受的看法或表述。比如："文艺具有上层建筑的性质"，"文艺是一种特殊的上层建筑"，"文艺是特殊的意识形态"，"文艺是观念性的上层建筑"，"文艺比一般意识形态更为远离经济基础"，文艺受经济基础以及其他意识形态因素的影响更为间接并有更多的中介环节，文艺的自主性、自律性和特殊性表现得更为突出，等等。

不难看出，两次关于文艺与上层建筑关系的论争，其共识以及新的理解与表述逐步形成了中国文艺理论界关于这一问题的相对比较完整的理解框架，也直接或间接地对"审美意识形态"论的最终形成产生了重要影响。比如，童庆炳在其编写中的一系列文学理论教材中明显就吸收过这些讨论的意见。

---

① 参见李世涛的《上层建筑视域中的文艺——中国当代文论界关于文艺与上层建筑关系的讨论》（《新疆艺术学院学报》2010 年第 3 期）一文的相关总结。

② 参见曾镇南的《文学，作为上层建筑的悬浮物……——就〈大地和云霓〉一文与鲁枢元同志商榷》（《文艺争鸣》1988 年第 1 期）、李思孝的《没有基础的空中楼阁——兼评〈大地和云霓〉及其他》（《文艺争鸣》1988 年第 4 期）、陈辽的《文艺是上层建筑现象》（《文艺争鸣》1988 年第 4 期）等文章。

3. 关于文艺意识形态性质的论争

文艺是一种社会意识形态，这是马克思主义文艺学最基本的观念之一。由于它内在地包含了一种全新的艺术分类思想（有别于传统西方 19 世纪流行的"美的艺术""优美的艺术"之类的概念分类或艺术形态分类），又对艺术的社会学、心理学、本体论、反映论、生产论和发展论等做了原则性的规定，因此构成了马克思主义文艺学重要的理论基础，具有重大的方法论意义。[①] 在中国，围绕文艺意识形态性质问题的阐发、论争从马克思主义传入中国即已开始。从马克思主义文艺理论在中国的早期译介到革命文学围绕它所进行的论战，从延安文艺运动对之的大众化实践到毛泽东《讲话》对其进行系统的理论总结并创立典范的马克思主义文艺理论中国形态——毛泽东文艺思想，从新中国成立后对其进行主流化、社会化的改造到"文革"期间对其进行反马克思主义的歪曲，从新时期开始对之的反思到新世纪围绕"审美意识形态"的论争与对话，可以说，对这个问题的探讨，具有备受关注、参与讨论人数众多、论争时间长、重复次数多、影响广泛而深远等特点。而 20 世纪八九十年代关于这一问题的论争，既与前述两个论争在论题上有密切关系，在论域上也有一定的交叉性，使得这个问题异常复杂。

这一时段对这个问题的论争，从其产生背景看，既源于理论界对长期庸俗、狭隘地理解文艺意识形态性质的不满，也源于对上述两个讨论的反思，还与西方现代文艺观念和苏联"审美学派"理论的影响有着密切的关系。从其理论效应看，文艺到底是意识形态还是意识形式引起了学界关注；文艺是意识形态的传统观念开始遭到质疑；文艺的非意识形态性作为问题开始出现并得到讨论；出现了要求区分意识形态与意识形式、文艺作品与文艺理论的声音。从其形成的理论成果看，既有栾昌大的文艺是"意识形态性和超意识形态性的结合"、董学文的文艺是"意识形态与非意识形态的结合"和钱中文、童庆炳、王元骧等人的"审美意识形态"论以及谭好哲的"文艺意识形态本性"论等对文艺本质问题的学理性探讨，也有关于文艺到底是"意识形态"

---

① 参见陈定家：《审美意识形态与文学交往精神——钱中文文艺理论思想蠡测》，《河海大学学报（哲学社会科学版）》2001 年第 2 期。

还是"意识形式"之类的概念上的言意之辩、名实之辩 ①。从这次论争的理论意义看，对文艺意识形态学说的理解与阐释重新回到了马克思主义维度，从马克思主义的社会结构理论去理解文艺与意识形态关系以及文艺的本质问题成为基本的学术理路或基本的研究原则。而其现实意义则表现在：将文艺本质问题研究或文艺意识形态理论研究从过于狭窄的庸俗化理解中解放出来，在文艺学学科层面上拓展了马克思主义意识形态理论的丰富性和向未来发展的可能性。当然，这次论争中出现的取消或淡化意识形态的物质属性、历史属性和社会属性，过于宽泛地理解意识形态概念或者将意识形态中性化等研究倾向或问题，又为新世纪关于"审美意识形态"的进一步讨论留下了探索空间。

由上不难看出，这些重要论争中的一些核心问题，如：文艺是对生活的能动反映还是被动的镜子式反映？文艺反映生活是否需要诸如"审美心理结构"之类的中介环节？文学艺术是不是一定的经济基础的上层建筑？文学是否具有自主性、自律性和特殊性？等等，不仅是横亘在新时期中国文艺学界面前的现实的理论瓶颈问题，构成了"审美意识形态"论的基本问题域，同时还塑造着"审美意识形态"论的问题情境和现实品格。

二、"审美意识形态"论的形成

"审美意识形态"论是新时期中国文艺学界的集体成果。其大致逻辑进路是审美特征论—审美反映论—审美意识形态论。

---

① 关于德文"Ideologie"一词到底是译为"意识形态"还是"意识形式"，毛星与牟豪戎、吴元迈、陆梅林等人产生激烈的论争。毛星认为应该被译成"意识形式"而非"意识形态"（Bewu Btseinformen），且认为文艺的思想、理论和观点属于"Ideologie"，而文学艺术属于 Bewu Btseinformen。而牟豪成、吴元迈、陆梅林则反对这种"文艺的非意识形态"观点，反对将意识形态作为附加物，反对将社会意识形态与社会意识形式、文艺作品与文艺理论"二分"法。——参见毛星的《意识形态》（《文学评论》1986 年第 5 期）、牟豪戎的《不能否定文艺的意识形态理论——对〈文艺意识形态本性说辨析〉的质疑》（《文艺理论与批评》1989 年第 5 期）、吴元迈的《关于文艺的非意识形态化》（《文艺争鸣》1987 年第 4 期）、陆梅林的《何谓意识形态——艺术意识形态论一》（《文艺研究》1990 年第 2 期）等文章。

1. 审美特征论

20世纪70年代末80年代初，李泽厚、蒋孔阳、童庆炳、张涵、钱中文、孔智光等人都进行过文学审美特性的探索。[1] 如李泽厚在《形象思维再续谈》（1980年）中直接说文学是"一种强大的审美感染力量。审美包含认识——理解成分或因素，但决不能归结于等同于认识"[2]。蒋孔阳在《美和美的创造》（1981年）一文中将对文学艺术的本质思考从"工具"转移到"美"这个关键性概念来，认为美是艺术的基本属性，艺术的本质和美的本质基本上是一致的，美具有形象性、感染性、社会性以及能够实现人的本质力量的特点。童庆炳在《关于文学特征问题的思考》（1981年）一文阐述了文学的情感特征。而直接将"审美"与"意识形态"关联起来的代表性人物或成果有：一是张涵在《论艺术作品的审美性质》（1982年）一文中提出了文艺作品是"具有审美性质的意识形态"的看法。二是钱中文在《论人性共同形态描写及其评价问题》（1982年）一文中提出了"文艺是一种具有审美特征的意识形态"的观点。三是童庆炳在《文学与审美》（1983年）一文中详细阐述了他的文学审美特征论，即从苏联文论界的"审美学派"吸收了"审美"和"审美价值"这两个概念，从文学反映的客体和反映的主体两个维度揭示了文学的审美特征，并提出了"审美溶解"说。四是王元骧在《艺术特性与艺术规律》（《社会科学战线》1984年第3期）一文中提出了审美情感是艺术的生命和艺术最根本的特性，是艺术与非艺术之分水岭的观点。"文学审美特征"论产生广泛的社会影响则同童庆炳著的教材《文学概论》（上、下册，红旗出版社1984年版）有着密切的关系，该教材将"文学审美特征"论的思想贯穿全书，改变了传统文学理论教材依附政治状况、简单套用哲学理论的编写模式，其发行量高达近30万册，对新时期以来的文艺学界产生了深远的影响。

---

[1] 参见李泽厚的《形象思维再续谈》（《文学评论》1980年第3期）、蒋孔阳的《美和美的创造》（江苏人民出版社1981年版）、童庆炳的《关于文学特征问题的思考》（《北京师范大学学报》1981年第6期）、张涵的《论艺术作品的审美性质》（《郑州大学学报（哲学社会科学版）》1982年第3期）、钱中文的《论人性共同形态描写及其评价问题》（《文学评论》1982年第6期）、孔智光的《试论艺术时空》（《文史哲》1982年第6期）等论著。

[2] 李泽厚：《形象思维再续谈》，《文学评论》1980年第3期。

2.审美反映论

20 世纪 80 年代中后期，审美反映论在钱中文、童庆炳、王元骧等人的努力下得到全面开掘。童庆炳在《文学概论》（1984 年）中明确提出"文学是社会生活的审美反映"的表述，此后又按照审美反映的"独特的对象、内容和形式"展开了对文学"审美反映"的论证，从"审美"视角切入文学的真实性、文学典型、文学欣赏、文学结构等诸多问题的探索中，不断突破传统反映论的认识论框架。钱中文在《最具体的和最主观的是最丰富的——审美反映的创造性本质》一文中，对审美反映的创造性本质作了全面而深入的剖析。他认为：

> 应把文艺评论中的简单反映论和能动的反映论区别开来，不作区别，很可能导致新的庸俗社会学。从反映论观察文学，文学的某些本质方面可以得到阐明，也可以使用其它层次的方法研究文学，但不能将反映论直接移植于文学创作，在创作中要以审美反映代替反映论。审美反映有其自身结构，它是由心理层面、感性认识层面、语言形式层面、实践功能层面组成的统一体。审美反映中主观性的创造力表现为对现实的改造，现实呈现为三种形态：现实生活，心理现实，审美心理现实。心理现实中主客观时时产生双向转化，客观因素的主观化，主观因素的对象化。……审美反映的动力源，来自主体的审美心理定势，审美心理定势的动态结构（格局）形成一触即发的内驱力，不断要求主体去获得实践的满足。审美心理定势的不断更新，又促使主体不断走向审美反映新岸。不存在没有表现的审美反映，自我在表现中找到归宿。①

可以说，这些论述不仅从根本上区别了一般的反映论与文学"审美反映"论，而且还从"心理层面""感性认识层面"和"语言、符号、形式的体现"

---

① 钱中文：《最具体的和最主观的是最丰富的——审美反映的创造性本质》，《文艺理论研究》1986 年第 4 期。

等层面说明了文学"审美反映"论的特征。此外，王元骧也在《艺术的认识性与审美性》（1990年）一文中集中探讨了文学艺术审美性与认识性两者的统一关系，并从反映的对象、反映的目的和反映的形式等三个方面来阐述"审美反映"论的要点。①

3.审美意识形态论

早在1984年，钱中文就在《文学艺术中的"意识形态本性论"》一文中提出了文学"审美意识形态"论，但正式的确认则是他于1987年发表的题为《论文学观念的系统性特征》的论文。在该文中，钱中文对文学审美意识形态论的基本内涵作了全面的阐述，认为"文学作为审美的意识形态，以情感为中心，但它是感情和思想的认识的结合；它是一种自由想象的虚构，但又具有特殊形态的多样的真实性；它是有目的的，但又具有不以实利为目的的无目的性；它具有社会性，但又具有广泛的全人类的审美意识的形态"②。值得注意的是，在《文学原理——发展论》一书中，钱中文将"审美意识形态说"又贯穿到对文学发展论的研究中。这一时期，童庆炳对文学的审美意识形态性的内涵也作了全面的发掘，在《文学理论导引》（1988年）和《文学理论教程》（1992年）两本教材中对文学"审美意识形态"论的内涵作了更为细致、完整的界定。③21世纪以来，童庆炳为回应学界对"审美意识形态"论的质疑，对之作了进一步的完善：其一是明确提出了"审美意识形态论是文艺学的第一原理"的论断。④ 其二是从理论的有机性和命题的完整

① 参见童庆炳：《新时期文学审美特征论及其意义》，《文学评论》2006年第1期。

② 钱中文：《论文学观念的系统性特征》，《文艺研究》1987年第6期。

③ 童庆炳在《文学理论导引》（高等教育出版社1988年版）中的界定是："文学是一种审美意识形态，是对生活的审美反映。审美是文学区别于非文学的根本属性。审美是文学的特质。……审美是文学的必要条件、基本依据和特殊本质"；"通过艺术形象的形式，反映具有审美因素的整体的人的生活，对人产生审美教育作用，这就是文学作为一种特殊的审美意识形态的本质特征"。在《文学理论教程》（高等教育出版社1992年版）中的界定是："文学的审美意识形态性质是对文学活动的特殊性质的概括，指文学是一种交织着无功利和功利、形象与理性、情感和认识等综合特性的话语活动。文学的这种审美意识形态性质，实际上告诉我们，文学的性质不是单一的而是双重的：文学具有审美与意识形态双重性质"。

④ 童庆炳：《审美意识形态论作为文艺学的第一原理》，《学术研究》2000年第1期。

性角度重新阐发了"审美意识形态"和"审美反映"的关系，认为"审美"不是纯粹的形式，是有诗意内容的；"反映""意识形态"也不是单纯的思想，它是具体的、有形式的，因而应该将"审美意识形态"看作是一个复合结构，具体来说是："从性质上看，它们是集团性与全人类共通性的统一；从功能上看，它们既强调认识又强调情感；从效能上看，它们既强调无功利性，又强调有功利性；从方式上看，它们既肯定假定性又强调真实性，是在艺术假定性中所显露的真实。"①

三、"审美意识形态"论在"中国形态"建构中的意义

作为新时期以来马克思主义文学理论中国化的重要成果，"文学艺术是审美的意识形态"和"文学是社会生活的审美的反映"等提法被新时期以来高校或文艺研究机构所使用的专业教材所采用，"审美意识形态"论由此产生了重大的学术影响，对马克思主义文艺理论的中国形态的建构也有重要的启示。

就现实意义而言，"审美意识形态"论确认了文学作为一种相对独立的社会意识形态应有的独立品格与自身规律，摆脱了"工具"论单一的、僵化的思想的束缚，消解了"文艺从属于政治"的公式，也颠覆了学界传统的文学"形象特征"论，是新时期中国文艺学群体对马克思主义经典文艺理论的创造性阐释和重要的理论建树。

就理论意义而言，"审美意识形态"论采用马克思主义的认识论视角，从社会结构层面、上层建筑和社会意识形态层面去把握文学的审美特性，在坚持马克思主义文艺学基本原则的同时，又突破传统认识论局限，围绕审美意识形态建立了一个相对完整的理论体系（如钱中文从审美传达，童庆炳从审美价值，王元骧从审美感受和审美体验等不同角度或层面丰富了这一体系），并以思想的整体性在文艺批评中收到了较好的实践效果。它给马克思主义文学理论中国形态建构的最大启示是：中国的马克思主义文艺学要想得到继续发展，必须在突破与创新中消解各种将马克思主义文艺理论简单化与庸俗化的做法并建立起符合文学自身特征又能促进文学发展的

---

① 童庆炳：《新时期文学审美特征论及其意义》，《文学评论》2006 年第 1 期。

文学观。

就学科意义而言，正如童庆炳先生所说，"由于克服了长期以来的文学本质的政治'从属论'和'工具论'，文学的审美本性得到了澄清，中国的文学理论经过很长的探索过程，才获得了自己的学科意识，找到了自己的位置"①。

就学派建设意义而言，"审美意识形态"论作为"中国审美学派"的核心理论，是在吸收古今中外优秀的文艺理论成果，并与这些成果进行广泛的高层次的理论对话的基础上形成的，为马克思主义文艺理论中国学派的建设提供了借鉴。比如，童庆炳吸收了马克思关于"艺术"掌握世界的思想以及马克思《1844年经济学哲学手稿》中涉及美学的相关论述、中国古代文论中的"感悟"和"妙悟"理论资源、苏联美学论争中的审美学派的研究思路。钱中文则在与西方学者的交往、对话中，对凯塞尔的"纯文学"说中忽视文学的意识形态性的偏颇、韦勒克的文学特征论把文学的虚构性与文学的审美特征分离开来的缺憾，以及波斯彼洛夫的"文艺意识形态本性"论中对审美本性作为文学根本特性之认识上的不足等，都进行过认真的学术清理，为在借鉴、沟通、对话、交流、碰撞、综合、创新中建设马克思主义文艺学的中国学派提供了优秀的范例。

近年来，文学"审美意识形态"论也遭遇到一些质疑，被认为是"去政治化"文艺理论，要"审美"不要"意识形态"，对马克思主义的意识形态理论的曲解，将意识形态中性化，等等。如果我们将马克思主义文艺基本原理看作是不断发展的开放的理论体系，那么"审美意识形态"论并不会因为学界的这些质疑而丧失其应有的历史地位，反而可能会给新世纪的马克思主义文艺理论的中国形态的建构提供各种问题域和更为广阔的学术空间，从这个意义上讲，它是"中国形态"探索进程中非常重要的一环。

---

① 童庆炳：《审美论—语言论—文化论：新时期30年文论发展轨迹》，《黑龙江社会科学》2008年第4期。

第三节 "建设有中国特色马克思主义文学理论"活动与 马克思主义文学批评中国形态的探索

20 世纪 80 年代中后期到 90 年代前中期,中国文艺学界就"建设有中国特色马克思主义文学理论"问题展开了深入的探索,或组织专题讨论会、学术研讨会、纪念座谈会,或在著名文艺报刊上集中开辟专栏、笔会,或开展相关的文艺沙龙,展示了文艺学界对于思考和探讨如何建设马克思主义文艺理论的新体系和新形态问题的不懈努力,也标志着马克思主义文学批评中国形态的建构实践真正走向深入、多元和学理化。

一、活动概况

"建设有中国特色马克思主义文学理论"活动的展开有其深厚的学理背景和深刻的现实原因。就学理背景而言,20 世纪 70 年代末 80 年代初中国学界关于马克思主义文艺学有无体系的一场论争为这一活动埋下了伏笔。对于这一问题,当时学界有两种对立性看法:一是"残篇断简"说。如刘梦溪在《关于发展马克思主义文艺学的几点意见》一文中认为:"马克思、恩格斯、列宁、斯大林以及毛泽东同志,并没有建立起马克思主义文艺学的完整的理论体系,我们今后应当把建立完整的理论体系作为发展马克思主义文艺学的一个现实目标。……由于教条主义的影响,我们的文艺理论工作,迄今为止,大都是在通过分析各种文艺现象来证实经典作家早经提出来的一些观点和结论,这种理论上的原地踏步,并没有真正前进。……中国马克思主义文艺学的建立,必须以系统总结我们民族的丰富的美学遗产为条件,它的生命在于对不断发展变化的文艺状况作出新的解释,并进行科学的理论概括。"[1]刘梦溪的"残篇断简"说虽然遭到当时主流意见的一致反对,但他较早意识到要

---

[1] 刘梦溪:《关于发展马克思主义文艺学的几点意见》,《文学评论》1980 年第 1 期。赞同刘梦溪意见的还有白景晟的《重新思考,重新研究》一文(《电影文学》1980 年第 12 期)。

建立中国马克思主义文艺学这一重大现实问题，还是显现出其独到的理论眼光。二是"科学体系"说。顾骧、汪裕雄、魏理、李中一等人批评、反驳了刘梦溪的看法，认为马克思主义文艺学具备一个完整的科学体系。[①] 对于有无体系问题的探讨一直延续到 90 年代，并形成了"'潜体系'与'显体系'统一"说。如邵建认为："马克思的片断表述型的文艺思想作为体系更多地还是一种潜在的形态，而使它由片断走向完型、由潜在走向显在则正是马克思主义文艺美学研究者义不容辞的任务。"[②] 此外，肖君和还将马克思主义文艺学体系分为隐体系（潜体系）和显体系，认为隐体系中包含着发展的契机。[③]

由这场论争不难看出，关于"有无"问题的讨论为"要不要发展"的问题提供了理论准备。就现实原因而言，1982 年 9 月中共十二大正式提出建设有中国特色社会主义的概念，1987 年 10 月中共十三大报告中又阐述了 12 个科学理论观点，构成了建设有中国特色社会主义理论的轮廓。正是在这一时代背景下，如何结合中国政治、经济与文化的发展形势去展开有中国特色马克思主义文学理论建设的探讨，就成了文艺界的必然选择。马克思主义文艺学应该具有怎样的科学形态？在坚持和发展的前提下如何丰富和发展马克思主义文艺学？如何建设有中国特色的社会主义文艺？如何建设有中国特色马克思主义文学理论当代形态？这些问题的探讨就成为这一时期马克思主义文学批评中国形态建构的关注重心。

如果说"有无体系"的论争为"建设有中国特色马克思主义文学理论"问题的展开埋下伏笔的话，那么，另一个重要契机则是钱学森关于马克思主义文艺学的相关论述。从 20 世纪 80 年代初起，钱学森曾不断就马克思主义哲学认识论问题发表了自己的见解，他结合自己的科学研究历程作出了关于马克思主义哲学的三个重大判断（即马克思主义哲学是现代科学技术体系的

---

① 参见顾骧的《文艺理论研究工作断想》（《文艺理论研究》1980 年第 1 期）、汪裕雄的《"断简残篇"、普列汉诺夫及其它——与刘梦溪同志讨论马克思主义文艺学建设问题》（《江淮论坛》1980 年第 2 期）、魏理的《马克思主义经典作家的文艺理论体系和文艺科学的发展》（《文学评论》1980 年第 5 期）、李中一的《论马克思、恩格斯美学、文艺学体系》（《江淮论坛》1983 年第 3 期）等文章。

② 邵建：《马克思主义文艺美学本质辨识——兼与陆梅林先生商榷》，《文艺争鸣》1991 年第 3 期。

③ 参见肖君和：《马克思主义文艺理论隐体系论纲》，《理论与创作》1989 年第 4 期。

最高概括，马克思主义哲学就是辩证唯物主义，当代中国马克思主义哲学创新是"第四次伟大尝试"），并在此基础上论证了马克思主义哲学与现代科学技术之间相互促进、相互作用的辩证统一关系。后来他又就文艺美学方法论的问题明确指出："文艺理论要发展，必须建立在正确的文艺理论观点上，同时为了研究的需要引用现代所有的有效方法。就是说，你的出发点必须是对的，即要符合马克思主义哲学。只有先树立正确的理论观点，然后，在这个前提下，什么方法都可以用。如果没有正确的观点，只有教学符号、概念术语，那么你的所谓方法是空的。"①

钱学森的看法引起了文艺学界的广泛关注，也给如何建设有中国特色的马克思主义文艺学问题的探讨活动起到了导向和示范作用。比如，1986年在海口召开的全国高校首届文艺学会上，一个重要的议题就是思考和探讨怎样建设马克思主义文艺理论的新体系和新形态。1987年7月16日，《文艺研究》编辑部邀请钱中文、敏泽、刘宁、李准、杜书瀛、严昭柱、李心峰、陈晋等人就"在改革开放中建设有中国特色的马克思主义文艺学"问题进行了座谈。与会学者普遍认为：党的十一届三中全会以来，在实事求是的思想路线指引下，经过拨乱反正，发扬了马克思主义的科学精神和创造活力，使中国的社会主义文艺创作进入了繁荣期，建设符合新时期中国社会主义文艺实际的马克思主义文艺学已经迫在眉睫。这次座谈会提出的几个"强调"对于建设有中国特色的马克思主义文艺学具有重要的学术价值。如：强调总结文艺经验教训时坚持马克思主义基本观点与方法的重要性；强调坚持马克思主义基本原理、科学态度和精神分析文艺问题的重要性；强调对古今中外文艺遗产进行科学的分析和批判的吸收的重要性；强调要立足于当代中国文艺现实情势；强调马克思主义文艺理论体系的开放性；等等。座谈会还就如何建设有中国特色的马克思主义文艺学提出了一些构架设想，如以"审美实践为核心"的理论架构，以及建立"完整的、充满生机的、符合马克思主义原则的、新的、合理的马克思主义文艺理论体系"②的设想，等等。此后，《文

---

① 钱学森：《关于马克思主义哲学和文艺学美学方法论的几个问题》，《文艺研究》1986年第1期。
② 《文艺研究》杂志记者的会议综述：《在改革开放中建设有中国特色的马克思主义文艺学》，《文艺研究》1987年第5期。

艺理论与批评》从 1987 年开始，陆续发表关于建设有中国特色的马克思主义文艺理论的笔谈，就如何运用马克思主义的立场、观点、方法来研究现状、研究历史、研究外国文艺，如何科学地总结实践文艺经验，反过来推动文艺实践等迫切问题展开讨论，先后发表了陈涌、李准、丁振海、吴元迈、董学文等人的文章。

除了一些著名文艺理论刊物大量刊发有关这一问题的研究文章外，20 世纪 80 年代后期到 90 年代中期，学界还组织了多次会议对此进行集中探讨。如：全国毛泽东文艺思想研究会于 1988 年在江西、井冈山两地连续召开学术讨论会，涉及的核心问题即如何建设具有中国特色的马克思主义文艺学体系。其他的还有：1990 年 1 月 17 日四川省社科院召开的"马克思主义文艺理论研讨会"；1991 年 8 月 7 日至 11 日在江西庐山召开的全国马克思主义文艺理论建设学术讨论会；1993 年 4 月 21 日至 23 日中国社会主义文艺学会召开的成立大会暨关于建设有中国特色的社会主义文艺理论研讨会；1994 年 6 月 2 日至 6 日，《文学评论》、《文艺报》、黑龙江教育出版社、黑龙江大学联合举办的"建设有中国特色的马克思主义文学理论学术研讨会"；1995 年 6 月湖北省文联和湖北省文艺理论家协会联合召开的"建设有中国特色社会主义文艺理论研讨会"；等等。这一活动因其论题的重大意义以及探讨的连续性，一直延续到新世纪的理论创新时代，可以说是方兴未艾。如 2008 年中国艺术研究院马克思主义文艺理论研究所举办了改革开放 30 年全国马克思主义文艺理论研究学术研讨会；2014 年 11 月 23 日中国社科院马克思主义理论建设与理论研究工作小组主办了第一届马克思主义文艺理论论坛暨马克思主义文艺理论与中国文学发展研讨会，就"马克思主义文学的当代发展""马克思主义文艺理论的'中国化'成就""马克思主义文艺理论的核心价值""马克思主义文艺理论与中国特色社会主义文艺理论话语体系建构"等核心问题展开讨论；2016 年 5 月 17 日中国社科院马克思主义文艺理论优势学科、中国社科院文研所马克思主义文艺与文化批评研究中心召开了"中国特色马克思主义文艺理论学科、学术、话语体系建设座谈会"。

二、活动的主要成果及其理论意义

由于总体学术氛围良好，参与面广，讨论问题深入，这些活动取得了重大成绩。主要表现在：

1. 确认了邓小平文艺思想作为建设有中国特色社会主义文艺理论的理论纲领地位。在探讨中，学术界一致的看法是：邓小平文艺理论不仅是邓小平建设有中国特色社会主义理论科学体系中的重要组成部分，而且是一个相对独立的科学体系。它面向新时期中国文艺现实，将马克思主义文艺思想同中国当代社会和文艺的具体实际相结合，是对马克思、列宁、毛泽东文艺思想的丰富和发展，因而不仅对建设有中国特色社会主义文化有重要现实意义，而且对促进两个文明的协调发展，把建设有中国特色社会主义事业全面推向 21 世纪具有深远的战略意义。① 结合《邓小平论文艺》一书的出版，学界对邓小平文艺思想作了更深入的研究，有学者将其视为当代文艺发展的必由之路②，有学者发掘了邓小平文艺思想中的人民本位主义特征③，还有的从文艺功能、文艺方向、文艺生命、文艺创作、文艺效益、文艺批评、文艺发展和文艺领导等八个方面，系统地探讨了邓小平的文艺理论体系与历史贡献。④ 对邓小平文艺思想的理论特征作了全面总结的亦有之，如刘忠德认

---

① 这方面的相关文章甚多，如陈其光的《具有中国特色的社会主义文艺纲领——学习〈邓小平论文艺〉》（《华南师范大学学报（社会科学版）》1992 年第 1 期）、巫敏的《新时期邓小平对毛泽东文艺思想的丰富和发展》（《甘肃理论学刊》1992 年第 3 期）、畅广元的《邓小平文艺思想是社会主义改革开放时期的马克思主义文艺理论》（《陕西师大学报（哲学社会科学版）》1994 年第 1 期）、陈学璞的《邓小平建设有中国特色社会主义文艺的理论和党的文艺政策》（《学术论坛》1996 年第 5 期）、范道桂的《邓小平文艺理论对马克思主义文艺理论和毛泽东文艺思想的继承与发展》（《民族艺术研究》1998 年第 4 期）、林宝全的《建设有中国特色社会主义文艺的理论纲领——邓小平文艺理论研究》（《马克思主义美学研究》1999 年第 2 辑）。

② 王之望：《当代文艺发展的必由之路——学习邓小平关于建设有中国特色社会主义文艺的理论》，《理论与现代化》1997 年第 1 期。

③ 张孝评：《邓小平文艺思想是一种人民本位主义文艺思想——学习邓小平文艺思想的体会》，《西北大学学报（哲学社会科学版）》1994 年第 2 期。

④ 王佑江：《建设有中国特色社会主义文艺的光辉指针——邓小平文艺理论体系论纲》，《黄冈师专学报》1999 年第 2 期。

为邓小平文艺思想洋溢着"鲜明的时代精神""鲜明的实践精神""鲜明的辩证唯物主义的继承精神"（即在文艺工作的方向、文艺工作的方针、文艺创作的源泉上继承了毛泽东文艺思想）和"鲜明的创新精神"（即提出了文艺领导的新方法、阐明了文艺标准的新内涵、赋予了文艺创作的新任务、阐明了文艺效益的新准则、明确了文艺建设的新途径）。①

2. 对社会主义文学艺术进行了拓展性研究。在社会主义文学艺术的本质特征问题方面，最重要的成果是张炯的《社会主义文学艺术论》（花山文艺出版社 1996 年）。该著不仅对社会主义文学艺术的特征和规律作了全面的系统的总结，而且就建设有中国特色社会主义文艺学理论体系问题，创新性地提出了"三个统一"的看法，即"在开拓文艺研究和批评的多种视角时，应坚持思想标准与艺术标准的统一；在对文艺史深入反思和重新评价时，应坚持当代意识与历史主义的统一；进行当代文艺理论建设，应坚持马克思主义与当代文艺实践的统一"②。学界还就市场经济条件下社会主义文艺产品的商品性问题进行了论争与探讨。大体形成三种主要看法：一是认为商品化是繁荣和发展文艺的必然要求和历史趋势，主张文学艺术产品的商品化。③ 二是认为文艺是特殊商品，只在其以商品形式进入流通和交换领域时才是商品，且不同于一般物质产品的商品属性。④ 三是认为文艺成为商品完全是资本主

---

① 刘忠德：《学习邓小平有中国特色的社会主义文艺理论指导我国社会主义文艺事业的崭新实践》，《文艺研究》1994 年第 3 期。

② 董之林：《社会主义文学体系的开放性——读〈社会主义文学艺术论〉》，《社会科学家》1997 年第 5 期。

③ 赞同这种看法的文章主要有：陈文晓的《文艺商品化不能全盘否定》（《辽宁文艺界》1984 年第 2 期）和《社会主义商品化——文艺繁荣的历史趋势》（《启明》1985 年第 1 期）、白晓朗和黄林妹的《也谈文艺的商品化》（《中国文化报》1988 年 1 月 13 日）、陈煜奎的《艺术生产的商品化和大众化》（《福建戏剧》1988 年第 2 期）、边平恕的《艺术生产和商品生产》（《文艺理论与批评》1988 年第 3 期）、宋彦宗的《文学商品化将成为主流》（《吉林日报》1988 年 3 月 17 日）、杨守森的《商品观念与中国当代文学的繁荣》（《文史哲》1988 年第 5 期）等。

④ 赞同这种看法的文章主要有：丁振海和李准的《艺术生产中的两种价值和文艺管理方式的变革》（《马克思主义文艺理论研究》第 5 卷）、买买提·祖农的《论文化艺术产品的特殊商品性》（《新疆日报》1988 年 1 月 22 日）、杨运泰的《文艺产品的商品属性及精神目的》（《文化评论》1985 年第 5 期）、苏平凡的《社会主义文艺产品的商品属性和价值实现》（《安徽日报》1988 年 7 月 5 日）、聂运伟的《艺术品与商品》（《湖北大学学报(哲学社会科学版)》1988 年第 2 期）和陆一帆的《论文艺消费》（《当代文坛报》1988 年 5、6 期合刊）等。

义私有制条件下的特殊现象，社会主义文艺产品本质上不是商品，只具有商品的某些属性。①

3.就"中国特色"的内涵问题进行了深入的探索。比如，董学文认为，马克思主义基本原则还不是"中国特色"本身，"中国特色"至少有以下四个方面的含义："必须是中国理论传统，尤其是具有革命性、民主性、人民性的优秀文艺理论传统的继续和升华"，"必须是以唯物辩证法和唯物史观为其指导原则的"，"必须是为中国的社会主义现代化事业服务的，必须符合亿万中国人民走向社会主义的共同愿望和审美理想，体现社会主义中国人的价值标准和艺术准则"，"必须是吸收了一切外国优秀文艺学说的最新成果，必须是批判地继承和融会了一切现代有价值的审美文化精神的产物"。② 蒲震元强调，推进有中国特色的社会主义文艺理论建设，重在"使之更具有当代性、民族性、科学性、群众性"③。严昭柱认为，"中国特色""固然要强调中国的民族文化传统和特色，而根本的主题却在于探索、研究我国的社会主义文艺的特殊本质和特殊规律"④。邢煦寰认为，"中国特色""主要应该从它所反映的特定的中国社会历史条件下，在经济、政治、哲学、文化等制约和影响下的文艺实践的特殊过程、特殊规律和特殊问题来考察"⑤。王杰认为，马克思主义文学理论的中国特色是由现实的文学问题所决定的，其基本对象是当代中国文学问题。它以经典马克思主义、西方马克思主义美学和中国古代文学理论遗产为思想资料，但不等于这三个部分的综合相加。对于理论思考和建设来说，它的根本基础是当代中国的文化问题和现实问题。⑥ 张海明认为，"中国特色"优于"民族化"的提法，在于前者突出了社会主义文学及其理论的重要地位，并直截了当地阐明了理论创建的意识；经过现代意识

---

① 赞同这种看法的文章主要有：关连珠的《论社会主义精神生产》（《克山师专学报》1984年第1期）、冯宪光的《试论社会主义文艺产品的商品性》（《当代文坛》1985年第2期）、张先的《文学艺术不应是商品》（《陕西日报》1986年2月17日）、肖鉴铮的《文艺产品在本质上不是商品》（《地方戏艺术》1986年第1期）等。

② 董学文：《谈谈"中国特色"》，《文艺研究》1991年第1期。

③ 蒲震元：《自强所争者大》，《文艺研究》1991年第1期。

④ 严昭柱：《牢牢把握住主题》，《文艺研究》1991年第1期。

⑤ 邢煦寰：《最主要之点》，《文艺研究》1991年第1期。

⑥ 参见王杰：《关于马克思主义文学理论的中国特色问题》，《文史哲》1993年第5期。

审视、改造了的中国传统文论，为中国特色的文艺理论建设提供了坚实的根基。①归纳起来，学界对"中国特色"之内涵的理解非常广泛，涉及革命性、民主性、人民性、当代性、民族性、科学性、大众性、中国问题的特殊性等多重含义，但其中共同之处在于特别强调中国的马克思主义文艺理论建设必须同当代社会主义文艺实践结合起来。

"建设有中国特色马克思主义文学理论"活动对建构中国形态的马克思主义文学理论具有重大的理论价值和现实意义：首先，它在确认邓小平文艺思想的理论纲领地位的基础上，建立起了从革命时期到建设时期的中国形态马克思主义文艺理论完整的理论发展轨迹和清晰的理论链条，进一步彰显了中国形态马克思主义文艺理论的时代性、开放性、实践性品格。其次，通过对"中国特色"内涵的论争、辨析和历史经验总结，重申并坚持了马克思主义文艺理论建设必须同当代社会主义文艺实践结合起来是中国形态马克思主义文艺理论建构的至关重要的理论原则。再次，通过对社会主义文学艺术的拓展性研究（如文艺商品性问题、艺术生产问题研究），拓宽了中国形态马克思主义文艺理论的问题域，丰富了中国形态马克思主义文艺理论的理论视界。此外，用"中国特色"涵盖"民族性"，将马克思主义民族化问题纳入理论建构的当代视野中来，为中国马克思主义文艺理论解决文艺的传统与现代、时代化与民族化之间的矛盾提供了一条新的致思路径。而这场活动中对文艺大众化问题的明显的相对忽视所留下的遗憾，也为"中国形态"的进一步探索提供了反思的契机。

---

① 参见张海明：《古代文论和现代文论——关于建设有中国特色的马克思主义文艺学的思考》，《文学评论》1998 年第 1 期。

第十二章　社会文化转型语境下马克思主义
文学批评中国形态的建构

　　20 世纪 90 年代，由于市场化的推动、大众文化的兴起以及知识界的分化，80 年代以来的启蒙文学开始逐渐走向"祛魅"，宏大叙事遭到拆解，文学审美精神呈现世俗化、消费化的新特点。中国文论处于旧范式将破未破、新范式将立未立的交替状态中，在研究对象、研究方法、理论资源、价值取向、身份认同、功能定位诸多方面，都发生了重要转型。诸如"理论的批评化"、文化诗学、"重写文学史"、"古代文化现代转换"讨论以及"文化研究"、后殖民批评、女性主义文学批评的引入和运用，等等，都是这一时段文学理论知识和观念转型的具体表征。如何延绵文论传统、化解文论冲突、促进文论共识、实现文论自觉，构成了这一时段马克思主义文学理论中国形态建构的重要任务。在中国社会文化转型语境下，马克思主义文学理论的中国化不仅表现为马克思主义文学理论的继承与创新过程，也是与 90 年代中国社会文化转型的三个阶段即文化危机、文化自觉和文化创新同步的演进过程。在这一过程中，由"人文精神"大讨论所引发的"新理性精神"之建设的探讨和由"古代文论现代转换问题"论争所引发的对马克思主义文学理论民族化的深度探索，因其论题集中，影响面广，且直接针对马克思主义文学理论的中国化、时代化、民族化等核心问题而在马克思主义文学批评中国形态的建构进程中具有重要的意义。

第一节 "人文精神"讨论与马克思主义文艺
理论的中国化探索

　　20 世纪 90 年代的"人文精神"讨论是多种因素促成的。今日看来，这一讨论又具有文学、文化、社会思潮等多重象征意义，由此而引发的中国文艺学界关于"新理性精神"之建设的探讨更呈现出当代中国马克思主义文艺批评中国形态探索的积极态势。"人文精神"讨论和"新理性精神"之建设的探讨这两个 90 年代以来颇有影响的活动，既同马克思主义的人文关怀这一总命题之间有着内在的联系，又呈现出不同的理路与命运，在马克思主义文艺批评中国形态探索进程中是不能回避的。

一、讨论的反思性回顾

　　"人文精神"这一词语在 20 世纪 80 年代就已经开始出现在报刊中并受到了学界关注。1988 年 8 月 22 日，俞吾金在《人民日报》发表《论当代中国文化的几种悖论》一文，认为当代文化中主要存在四种悖论，即以人文精神为核心但其中又缺乏个人地位，科学技术亟待发展又必须防止科学主义泛滥，在理论层面和实践层面存在严重的反实用主义与实用主义冲突，在意识层面和无意识层面表现出强烈的反传统与认同、维护传统之矛盾。今日看来，这四种并未过时，反而可以作为阐释众多社会现象的重要依据，例如20 世纪 90 年代，这四种悖论复杂地纠缠在一起并产生了巨大的文化冲突。

　　"人文精神"讨论公认的开端是发表于《上海文学》1993 年第 6 期的《旷野上的废墟——文学和人文精神的危机》一文。在这篇对话录中，王晓明等五位参与者各自对当时的文学与文化状况发表了看法，其主要观点是：（1）在商品经济大潮之下，文学显示出了全方位危机，作家迎合市场，作品质量下滑，公众精神素质恶化；具体的例证有王朔以"调侃"为基调的作品，张艺谋《大红灯笼高高挂》对陈腐的东西的展示与欣赏。（2）文学的危机又暴露出了人文精神面临着巨大的危机，尤其是多次政治变革之后，原有的信仰遭到了怀疑和抛弃，新的信仰一时难以确立，由此产生的虚无主义导致了逃避和放纵。

之后，《读书》杂志在 1994 年第 3 期至第 8 期连续发表了五篇以人文精神为主题的对话录和一篇讨论文章。可以说，是在知识界占据重要位置的《读书》杂志这一系列文章直接推动了"人文精神"讨论进入更多知识分子的关注视野。从学术刊物到文学刊物再到综合性报纸，"人文精神"讨论在更广泛的媒介上展开；从文史哲专业的学者到作家再到经济学家等等，参与讨论者的知识背景逐步多元化。这些文章涉及的问题大致如下：（1）如何理解人文精神的内涵。肯定这一概念的学者在以下方面达成了共识：人文精神关注人的存在、命运、意义、价值等等，它是一个历史性概念并始终处于不断变化之中；有部分学者注意到了人文精神应当指向个体的人。[1] 有的学者明确指出："我觉得人文精神在当代，主要体现为知识分子的一种生存和思维状态。人文精神的危机说到底还是知识分子的生存危机。"[2] 对这一概念提出质疑和否定者认为人和人性是复杂的，人文精神也是如此，因而既不能为这一概念做出唯一的定义，也不能把这一概念作为唯一评价标准。[3]（2）人文精神的失落与拯救。有些论者列举了人文精神失落的种种表征，如金钱成为唯一衡量标准、价值失范、人口素质危机、学术界甚至整个社会崇洋媚外等等。在拯救人文精神的方法上，知识分子首先应当有"岗位意识"，认同并坚守自身的价值，以此为出发点参与社会转型，寻找引导社会精神走向的新方法。[4] 有学者认为应当让人文精神获得新的创造性转化[5]，有学者乐观地认为大众文化在未来会注意到知识分子文化的价值[6]，也有尖锐的批评意见指出人文精神其实未曾拥有，也就无所谓失落，不如做些具体的建设工

---

① 参见肖同庆：《寻求价值目标与历史进程的契合》，《东方》1995 年第 1 期。

② 参见吴炫、王干等：《人文精神寻思录之三——我们需要怎样的人文精神》，《读书》1994 年第 6 期。

③ 参见王蒙：《人文精神问题偶感》，《东方》1994 年第 5 期。

④ 参见张汝伦等：《人文精神寻思录之一——人文精神：是否可能和如何可能》，《读书》1994 年第 3 期；肖同庆：《寻求价值目标与历史进程的契合》，《东方》1995 年第 1 期。

⑤ 参见王一川：《从启蒙到沟通——90 年代审美文化与人文精神转化论纲》，《文艺争鸣》1994 年第 5 期。

⑥ 参见李泽厚、王德胜：《关于文化现状、道德重建的对话》，《东方》1994 年第 6 期。

作。①

1996 年，"人文精神"讨论缓慢退潮了，王晓明主编的《人文精神寻思录》和丁东主编的《人文精神讨论文选》的出版就是一种象征。在退潮期，这场讨论的真正影响才逐渐显示出来。抛弃对人文精神内涵问题的纠缠，试图揭示"人文精神"讨论发生的原因，从而达到某种超越与融合，这是反思这场讨论的学者们持有的共识。

作为这场讨论的发起人之一，王晓明在回顾这场讨论时明确指出："'人文精神'讨论第一次迫使我们发现自己对现实的隔膜。"② 这是一种带着痛苦的认识。这个时候，曾经发表过激扬文字猛烈批判社会现状的学者、作家们忽然间发现：自己言论的有效性是值得怀疑的，热烈讨论的结果是除了使"人文精神"一词成为时尚语汇之外，社会仍然在按照自己的规则与逻辑继续运行着，曾经被自己批判过的对象成为顺应时代潮流的新事物；这热闹之后的寂寞更让人难以接受却又必须接受。其实，不仅仅是与现实隔膜，讨论者之间的沟通也不是完全有效的。在这场讨论后期，公共话语与学术话语实质上放弃了对这一问题的无休止论争，每个人都在努力寻找与自己最契合的话语资源与言说方式。国家权力的退出让学术论争变得更自由、更深入。可是每个人在表达自己时才发现"对话"越来越不可能，讨论也几乎变成仅仅是对某一问题或某个观点的独语而再无可引起碰撞的生发点。

南帆在《人文精神：背景和框架》一文中对参与论述的正反双方观点进行了整合式的分析，在他看来，"通常，参与知识分子谱系的人有义务坚持真理，怀疑权威，宽容异见，否弃独断和迷信。不论知识分子来源于哪一个阶层，这些原则首先是他们的职业所塑造的文化性格。如果这种文化性格超出书桌而进入现实，真理的主题仍将约束知识分子，并且作为一种信念驱使他们在普遍意义上考虑社会和人的生存，询问终极存在；阻止他们轻易地向政治权威屈服，或者为大面额的货币所诱降。事实上，这就是'人文精神'的基本内涵"③。应该说，这一分析兼顾论争双方的基本观点又能公允

---

① 参见王蒙：《人文精神问题偶感》，《东方》1994 年第 5 期；《沪上思絮录》，《上海文学》1995 年第 1 期。

② 王晓明：《人文精神讨论十年祭》，《上海交通大学学报（哲学社会科学版）》2004 年第 1 期。

③ 南帆：《人文精神：背景和框架》，《读书》1996 年第 7 期。

加以评价，且在学理上对社会、伦理、学术诸层面都有充分考虑，可视为持平之论。此外，王南湜和刘悦笛将 20 世纪 80 年代和 90 年代的社会变化作为背景，指出经济、政治、文化三个方面由于受到市场经济的影响而发生了从统一到相对分离的变化，与此变化相应的是原本依赖政治力量对社会产生直接规范作用的文化活动此时独立出来，只能对社会产生非强制性的精神性影响。王南湜和刘悦笛使用"人文精神失落感"一词来概括上述变化在人们心中产生的不适应，认为"人文精神之争并不代表人文精神的真正失落，这场论争只是中国社会世俗化的历史进程的产物，它以忧患理想性文化的形式出现，究其实质，是知识分子藉直接的批判现代实用性文化来间接地批评社会。"① 如果联系 1988 年俞吾金在《论当代中国文化的几种悖论》一文概括来看，人文精神讨论的发起者及"正方"其实对应着俞吾金提出的"当代中国文化在理论上是反实用主义的，但在实践上却顽强地表现出实用主义的倾向"和"当代中国文化从意识的层面上看，具有强烈的反传统的倾向，但从无意识的层面上看，又常常与传统认同，不自主地站在维护传统的立场上"两个悖论。可见，"人文精神"讨论存在着对功利性现实的批判和企图对现实进行有效干预的功利性目的之间的矛盾，这一内在矛盾长时期存在又是讨论本身无法解决的，"人文精神"讨论只是它的一次集中爆发。发起者对目的的过分关注是人文精神讨论的直接动因。

"人文精神"讨论热闹一时却无疾而终这一现象具有某种象征意义，其原因更加强烈地表征着那个剧烈变化着的时代。1996 年，王晓明在《人文精神寻思录》中遗憾而困惑地感叹这场热闹的讨论其实一直在要不要"迈出第一步"这个问题上纠缠着。2003 年底，王晓明的一次演讲则表明他已经注意到了人文精神及其他各种讨论的关键在于对社会现实的关注和判断，亦即"明明分歧的关键点在于对社会的判断不同，但因为缺乏对社会的实际研究的充分支持，最后变成了理论的分歧"。如果王晓明能够顺着这一正确线索继续深入探究，那么人文精神讨论的影响将会在关注现实这一层面上得到很好的发扬。然而王晓明在这次演讲的结尾用秦王朝因严刑峻法导致二世而亡来论证"当前社会出现的许多问题，不是制度性的改革就能消灭的"；又

---

① 王南湜、刘悦笛：《重思"人文精神"》，《福建论坛（人文社会科学版）》2001 年第 5 期。

提及 1915 年"捐献救国金"事件，把这次民间自发组织的热情捐款及悉数退款事件归结为那时的中国人觉得"在个人的实际利益之外，还有别的更高的价值"①。且不论这些历史事件的复杂成因，这样的结尾表明王晓明依然沉浸在"人文精神失落感"中，并没有放弃以道德为主的笼统而模糊的分析与批判。

王晓明思想中的上述连贯性在"人文精神"讨论的参与者中是普遍存在的。形成这种普遍思想状况的重要原因之一是中国传统道德在当代学者精神世界中的延续。李泽厚在《论语今读·前言》里强调了中国以儒家思想为核心的传统道德是将属于个人的私德与属于社会的公德混杂在一起，从而形成"内圣"与"外王"的双重道德追求；李泽厚特别指出宋明理学和现代的革命伦理主义公德与私德混杂在一起，更要求公德决定私德，这导致了"以理杀人""以革命杀人"等不正常现象。很明显，人文精神讨论的部分参与者在哀叹社会道德滑坡、道德失范时的确是将公德与私德混淆在一起来批判的，这正是中国传统道德的思维模式。另一重要原因可以从中国古代文学批评的批判精神中找到：这种批判精神可以用"反求诸己"来概括，即通过内省式反思来达到对自身道德水平的提升与超越；更重要的是这种"反求诸己"的批判中往往融合着对"道""义""圣"等理念或人生理想的坚定捍卫；由于"反求诸己"或捍卫某种理念是缺乏外在标准的，因此由这些因素融合在一起所构成的精神世界极易产生强烈而坚定的道德优越感，"最终恶化成为一种自我封闭的文化心态和华夏优越感，因而缺乏真正的自我批判精神。"②在"人文精神"讨论中，对王朔及流行文化乃至对当时整个社会现实的批判就带有这种道德优越感和封闭的文化心态；在这场讨论期间，这种优越感甚至在部分讨论者那里发展成道德理想主义，"发展为对中国现代化进程的否定与拒绝"③。道德作为一种社会生活评价标准是必不可少的，但是把道德评价标准绝对化、唯一化显然是错误的。第三种原因是"人文精神"讨论中启蒙现代性意识的分析限度。当人们在激烈批判社会道德沦丧、价值失范、崇

① 王晓明：《人文精神讨论十年祭》，《上海交通大学学报（哲学社会科学版）》2004 年第 1 期。

② 黄念然：《会通与差异：马克思主义文学批评与中国古代文学批评中的人文关怀》，《华中学术》2009 年第 2 期。

③ 陶东风：《道德理想主义的误区在哪里》，《东方》1995 年第 5 期。

尚实利、拜金主义、精神空虚等等社会现象时，其隐含的价值标准指向以理性为基础的平等、公平、多元、幸福及个人价值的实现，而这些目标恰恰是启蒙现代性所构筑的理想世界的重要成分。王晓明对自身精神遭际的剖析具有代表性——由于成长于特殊年代，他"既渴望理想，又缺乏理想"，20世纪90年代初复杂的社会现实令他感觉"一切都那么陌生"；于是他想起了古人的浩然正气，想起了清朝末年的康有为，还有民国时期的鲁迅；进而他想到要重建信仰；最后他发出终极质问"天底下就没有什么东西能让我们安心倚靠了？"王晓明给出的答案是："它就是我们对诗和艺术的感动，我们对美的体验。"① 显然，王晓明对历史与现实有属于他自己的阐释：在体验和感受层面最引人注目的是根源于现实的大起大落的情感变化；在理解和评价层面，王晓明用诉诸传统与经典乃至信仰的方式在想象中为现实社会建立了一个模糊的范本，这个范本又与启蒙现代性的"理性王国"高度相似，最终审美理想主义成为唯一的终极栖息地。王晓明这一情感和理性相结合的分析路径具有很强的代表性，能够代表人文精神讨论中部分参与者在人生经历、思想资源、分析方法、追求目标等多个层面的共同特征。然而，这一分析是有限度的：当资产阶级"理性王国"建立起来以后，残酷的现实令人们难以接受；以审美理想主义为终极目标只会令理论与现实更加疏离。所以，"我们称之为启蒙的东西在形式上就是一个梦，关于完全清醒的梦。这个梦的修辞力不像我们有时所想的那样融贯，但它似乎从对权力的信心，或称为自然的主人，或拥有者这种欲望中生发出来"② 。人文精神讨论中这种"成神"的欲望是普遍而不证自明的集体无意识，但其分析的限度就止于与现实的鸿沟处——激烈的批判在此岸，冷漠的现实在彼岸，模糊的理想在高处；身处此岸者意图用蹈空的桥梁将彼岸沉沦着的人们救赎到理想的高地——双方按照各自的逻辑在运转着，直到此岸的人们耗尽激情并发现自己一直身处彼岸而意兴阑珊地散入其中。

总之，道德批评是不可或缺的，但它不是最优选择；审美理想是必不可少的，但它不是万能灵药。中国传统道德及中国传统文学批评中道德批

---

① 王晓明：《我们如何走出失语的困境——六年来的思想历程》，《东方》1995年第3期。
② ［美］罗森：《分析的限度》，夏代云译，华东师范大学出版社2016年版，第275页。

判及卫道心态在事实上将人文精神讨论局限在文人的情感化指责中；诉诸启蒙现代性和审美理想主义的路径已经被证明存在严重缺陷。这场讨论的确关注了现实，但大多数人并没有将讨论焦点转移到审慎地、冷静地分析现实上来。当人们愤激的情绪发泄了出来之后，这场讨论也就草草结束了。

然而，"人文精神"讨论的核心问题还在那里，它需要用真正的批判武器即马克思主义来重新激活并向前推进。

二、"人文精神"讨论对马克思主义文艺理论中国化的启示意义

"人文精神"讨论的核心问题是人文关怀，但"人文精神"讨论仅仅流于对现象的批判，无法令人文关怀真正深入现实。与此相反，马克思主义经典中所蕴含着的人文关怀和批判精神是充足、丰富、真正立足于现实的。从表面上来看，"人文精神"讨论与马克思主义没有直接关系；但是这一讨论无疾而终恰好表征着立足于传统道德的、情绪化的批判在新的社会状况面前已经失效，此时马克思主义的人文关怀和批判精神就拥有了巨大的行动空间。这正是一场热闹而又迅速沉寂的"人文精神"讨论留给马克思主义文艺理论中国化进程的巨大的启示意义。

探讨对王朔及其作品评价的变化是从"人文精神"讨论到马克思主义理论行动空间的桥梁之一。在"人文精神"讨论发起者那里，王朔其人其书都是批判对象：如王晓明在《旷野上的废墟——文学和人文精神的危机》一文中评价说："从嘲弄和挖苦大众虚伪的信仰到用调笑来向大众献媚，王朔兜了个大圈子。倘若他要迎合得更彻底些，当然还得满足大众必然会有的道德上的虚荣心。王朔果然一改以往嬉皮士似的反道德面目，而以'好人一生平安'的空头许诺来劝善。嬉皮士变成了道德家，这可称得上真正的喜剧。"①在这段评价中，王朔的心态和作品都受到了刻薄的批评。然而在今日的评论家看来，王朔作品中的"顽主"形象及"调侃"态度是一座城市在一个特定时代的重要组成部分，"与胡同和皇城不同，20世纪80年代末期因王朔文

---

① 王晓明等：《旷野上的废墟——文学和人文精神的危机》，《上海文学》1993年第6期。

学的流行而浮现出来一种新的北京形象，这就是顽主的北京以及顽主记忆里的革命北京、红色北京"①。王朔在那时敏锐地发现了这一特殊的群体并用小说形式把他们表现了出来，其作品也产生了巨大的社会影响，这正是对纷繁复杂的现实进行细致而深入的人文关怀的样本。上述差异的形成原因首先是评价标准的变化，即不同时代不同的"选择"与"希望"。在《尼各马可伦理学》第三卷中，亚里士多德探讨了选择、考虑、希望、德性等问题，其中"善"是贯穿这一系列问题的线索。然而紧接着的重要问题是如何判断善与不善，如何在两者之间划出明确的界限——这是一个看似很难甚至不可能而又必须面对并作出实际选择的问题；特别是当这个问题出现在学术讨论中时，学者们就不得不面对上述选择与评判。"有人说，所希望的东西是善，有的人则说，所希望的是显得善的东西。"② 这两种看法都面临着内在的危险：前者可能会因错误选择而导致不善的结果；后者需要面对个人化的评价标准及由此而造成难以取得共识的结果。对照人文精神讨论发起者的诉求来看，他们的一部分希望是善的，即希望社会和个人能够良性发展，他们另一部分希望是显得善的，例如固守"文学的神圣性"；在这亦真亦幻的善的希望之下，人文精神讨论的部分参与者甚至认为只需要选择适当的"手段"即可实现"希望"。人文关怀就在这种从手段直接通向"希望"的线性因果关系中被排除了。然而，在"善"和"显得是善"之下做出选择是理论分析与批判经常碰到的问题。选择的依据显然不应该是某种先在的理念。马克思主义的批判精神为我们提供了典范。它对当代马克思主义文艺理论中国化的启示意义突出表现在以下三点。

1. 实践的感性意识：马克思主义批判的根基

马克思本人针对当时的社会现实写作了大量的批判文本，这些批判文本的一个重要特征是：在充分理解批判对象的基础上立足于现实世界展开全方位批判。例如马克思通过深入调查工人劳动和生活状况、研读资产阶级经济学家著作的方式对资本主义经济展开了深刻的批判，又如马克思在其思想发

① 张慧瑜：《北京的三种文化形象与北京题材影视剧生产》，《中国艺术报》2015 年 12 月 2 日。
② ［古希腊］亚里士多德：《尼各马可伦理学》，廖申白译注，商务印书馆 2003 年版，第 70 页。

展过程中对宗教、唯心主义哲学、机械唯物主义哲学等等一切旧哲学展开的批判始终以现实的人、现实的制度、现实的国家为中心。

在马克思的著作中，尤其是在哲学批判中，"感性"一词反复出现。在博士学位论文中，马克思分析了德谟克利特对感性现实的观念；在《关于费尔巴哈的提纲》中，马克思从人的感性活动入手，指出旧唯物主义的缺陷是没有把现实和感性放在人的主体方面去理解；在《德意志意识形态》中，马克思强调一切历史活动的基本条件是感性的生产活动，真实可靠的感性依赖于社会生产；在《1844年经济学哲学手稿》中，马克思用改造对象世界这一具体感性的实践活动来证明人是类存在物。马克思对感性活动、感性世界的反复提及并以此为重要批判武器正表明马克思深刻地意识到了现实世界及现实实践活动所具有的根本性特征。王德峰在分析马克思"实践的感性意识"时指出感性活动是从人的生命中表现出来的活动，任何理性都不是它的前提，应当在"感性意识实践史的基础上去理解和描述一个民族的历史，理解它的政治变革、思想运动和典章制度变迁的根据"①。这一表述准确地抓住了马克思进行批判活动的原点，清晰描绘了马克思进行批判活动的根本路径，也为后来人从事分析批判活动指明了方法和方向。

2. 蕴含人文关怀的深沉批判：马克思主义批判的实践方式

马克思对资本主义进行了多方面的深刻批判。这些批判文字是理性、敏锐、具有穿透力的，同时这些批判文字绝不是书斋中的臆想，相反，这些冷峻的文字之下深深蕴含着对残酷现实的热切的人文关怀。例如在《1844年经济学哲学手稿》中，马克思既关注了工人的生活状况，也分析、指出了资产阶级经济学家的理论谬误，更揭示了异化劳动的内涵。在马克思的分析中，对工人生活状况的了解和深切同情是重要的直观性内容，选择从这种生活直观性内容出发是马克思对工人阶级人文关怀的一种表现形式；但马克思没有由此掉进情绪化的道德、文化指责的陷阱，相反，马克思冷静而细致地分析了资本主义生产劳动，揭示并严厉批判了这种劳动背后所隐藏的秘密："国民经济学由于不考察工人（劳动）同产品的直接关系而掩盖劳动本质的

---

① 王德峰：《唯物史观在史学研究中的祛蔽作用》，《中国社会科学》2008年第1期。

异化。当然，劳动为富人生产了奇迹般的东西，但是为工人生产了赤贫。"①
在《资本论》中，马克思从商品这一逻辑起点出发，全面探讨资本主义生产
的各个环节，从而揭开了资产阶级剥削工人剩余价值的秘密。以工资这一具
有生活直观性的东西为例，马克思在这部分分析中指出了古典经济学把劳动
与劳动力相混淆的错误，重点探讨在资本主义生产条件下劳动力的价值和价
格转化为工资的途径问题。作为假象的工资实质上是劳动力价值，工人在一
天的生产劳动中所创造的价值既包含必要劳动价值也包含剩余劳动价值，然
而资本家支付给工人"一天的"工资这一假象巧妙地掩盖资本家无偿拿走工
人所创造的剩余劳动价值这一事实。马克思在戳穿这一假象之后又进一步指
出计时工资和计件工资都只是资本家剥削工人剩余价值的不同形式而已。可
以说，马克思对异化劳动和剩余价值的揭示过程，典型地将人文关怀蕴于对
资本主义的猛烈批判之中，是对现实所进行的更有效的观照，也是对现实中
的人所进行的更真诚、更深广的人文关怀。

　　与此形成鲜明对照的是在"人文精神"讨论中有论者荒谬地把造成当时
中国种种现实问题的主要因素归结到文化结构方面，而把本应处于决定性地
位的经济因素放到了次要地位。该论者把当时的中国社会比喻为从上海到乌
鲁木齐的漫长的、时常因拥挤而发生暴力冲突的列车，进而坚定地指出这一
社会问题根源于"文化结构解体撤除了每个人内心的'守门人'，使人的欲
望以前所未有的贪婪喷涌而出，那种贪婪乘以十二亿人口，堪称当今世界最
大也是最可怕的贪婪"。该论者进一步引申这种文化结构解体后的可怕后果：
"我以为对未来中国，最真实的前景和最深刻的危机，并不是在经济、政治
方面，而是文化结构的解体。单纯的经济、政治都在社会的浅层次，即使有
危机也不难度过，文化结构解体所导致的精神紊乱，却会从根上毁掉一个社
会。"②这种分析以拥挤的火车为例，看似包含着热烈的人文关怀，又痛陈文
化结构解体的可怕后果；看似激烈批判现实，其实把经济、政治归入社会的
浅层次，把文化结构归为社会的深层次，进而认为是原本控制、压抑着中国
人欲望的文化结构解体导致了"前所未有的贪婪"，其根本错误在于颠倒了

① 《1844 年经济学哲学手稿》，人民出版社 2014 年版，第 49 页。

② 王力雄：《我们可能不得不从头开始——文化结构解体带来的危机》，《东方》1996 年第 1 期。

物质决定意识的这一原理才会得出上述看似痛心疾首实则可笑至极的结论。火车运行时间太长且乘客过度拥挤，那么根本解决方法应当是从物质角度入手，修建新的铁路、提升列车速度、增加运力；人们争抢物质产品，首先说明的是物质产品生产落后，不能满足市场需求，根本解决方法是发展生产，用充足的商品满足消费者需求，消费者的需求又能够促进生产发展，进而促使整个社会走上良性发展轨道；仅仅哀叹"文化结构解体"导致欲望爆发，寄希望于重建文化结构、重新压抑人生存的正常需求，甚至希望返回到"贫穷而圣洁"的时代，这是愚蠢而残忍的。

上述论者把人文关怀和对现实的批判使用在了社会的非主要层面上，文化结构重建和道德自律固然重要，但经济建设与发展、政治体制改革、适应时代变化的新道德规则的建立才应该居于主要地位，人文关怀和对现实的批判也应首先针对这三个方面来展开。

其实，在"人文精神"讨论中遭到广泛批判的各种社会负面现象并不是什么新近才出现的问题，马克思已经针对资本主义社会中类似甚至类同的现象进行了深刻批判。以拜金主义、金钱至上观念为例，在《1844年经济学哲学手稿》中的"货币"部分，马克思在引用歌德《浮士德》和莎士比亚《雅典的泰门》中关于金钱的段落作为引子之后，深入揭示并批判了资本主义制度下货币巨大的购买力量作为假象掩盖了其颠倒世界的本质。在这部分分析中，作为文学作品的《浮士德》和《雅典的泰门》只是马克思进行现实批判的一个开端环节，马克思决不会停留在指责文学作品不够高雅、指责社会道德日益沦丧的浅层次，相反马克思在对现实进行人文关怀的基础上迅速转向更深层面，力图穿透层层假象，探索并揭示其本质。

总之，马克思对现实的关注是密切而渗透着强烈的人文关怀的，马克思对现实的批判是透彻而蕴含着深沉的人文关怀的。这就是马克思进行批判的实践方式。

3. 时代性与开放心态：马克思主义的理论指向

马克思主义理论是面向未来的。在密切关注"实践的感性意识"基础上面对不断变化的社会现实，马克思主义时刻注意保持一种适应时代的特性，用一种开放的心态理性而全面地看待事物。马克思对资本主义展开全面批判的目的是要彻底摧毁资本主义制度，但绝不是返回到其之前的田园时代；相反，马克思始终致力于建立一个新世界。

在"人文精神"讨论中，一个重要的参照系是"八十年代"：正像一些学者曾经深情回忆的那样，那时的文学及文论一次又一次点燃了社会情绪，引领着社会思潮；那时的作家及文论家充满着自信与豪迈，用手中的笔写下一行又一行激扬的文字，在文学史、文论史乃至思想史上留下了"生机勃勃的新篇章"。于是"八十年代"或"八十年代前半期"才应当是人文精神得到最好体现的时代。然而，回忆中无限美好的时代终究是无法返回的，更残酷的事实是 20 世纪 80 年代末 90 年代初国外多种思潮的输入、国内复杂的政治环境、经济体制的重大变革接踵而至——与此相适应的是人们物质需求与精神需求的日益多元化。从 80 年代到 90 年代，社会从一元化全面转向多元化是那个时期的总特征。面对这一新特征，真正符合马克思主义的态度应该是首先密切关注不断变化的社会现实，进而用开放的心态理性而全面地看待各种新现象、新事物；而不是先验地设定一个"理想时代"，凡不符合这个"理想时代"的事物一概拒斥。

如果综合考察每一个"知识分子令大众瞩目的时代"，那么就应该会发现那些时代"其实不是升平境况，而是社会危机时期。从中西历史看，创造这种机会的，几乎都是启蒙时代。就中国而言，戊戌、辛亥、五四，以及80 年代，都呈现过这种局面"[1]。发生在 20 世纪 20 年代初期的"科玄论战"是又一典型例证。与"人文精神"讨论相同的是，"科玄论战"也发生在社会剧烈变动时期，也是知识分子为捍卫各自不同的精神价值取向而展开的激烈讨论；不同的是，"人文精神"讨论的文章大多发表在学术刊物及思想文化类刊物上，"科玄论战"的文章大多发表在大众通俗刊物上，面对的读者不同，论战参与者的心态及写作文风也会不同。如果"游戏性"的文风也可以算作是一种开放心态的话，那么吴稚晖的《一个新信仰的宇宙观及人生观》就是这种心态的最好体现。另外 1996 年发生在美国的"索卡尔事件"也可资参照，物理学家艾伦·索卡尔把一篇名为《超越界限：走向量子引力的超形式的解释学》的文章发表于文化研究领域的重要杂志《社会文本》上。这

---

[1] 陈少明：《人文景况的观察意见》，《东方》1995 年第 2 期。

篇被大量复杂的科学术语掩盖了胡言乱语之本质的文章居然逃过编辑审查而顺利发表，这成为当年美国令人瞩目的文化事件。这两篇文章都带有强烈的游戏色彩，吴稚晖与艾伦·索卡尔的相通之处在于用一种游戏的态度来戳破普遍主义的掩盖，以达到个人意见的畅快书写、对个体存在的尊重、对感性世界价值的强调之目的，这是一种由高度理性自觉催发的有效论战策略，也是面对有争议的社会现象及思想文化议题时采用开放心态的例证。又如胡适《孙行者与张君劢》本为无意之作，却成为"科玄论战"中学者纵横捭阖、自由驰骋的又一例证。在此参照下，20世纪90年代人文精神讨论鲜有"游戏性"文章出现，不能不说是一种巨大的遗憾。它至少说明无论正反哪方都无法跳出理论话语和道德优越性评价标准的束缚。缺乏"游戏心态"的精神状况让人文精神讨论双方无法强有力地驳倒对方，旷日持久的僵局导致人们丧失兴趣；或者中国的学者们在这场讨论中共同参与、表演了一场规模宏大的"游戏"，其中每个人都既是主角又是观众，都自发而来又都悄然而退。向残酷的现实回归，向游戏状态的生存方式策略性俯就是这场讨论的必然结局。可以说正是这种基于"实践的感性意识"的时代性和开放性的心态乃至"游戏心态"使王朔"胜出"，在今日被追认为一个特定时代的"真实记录者"。

当政治权力不再主导学术讨论，当道德指责无法解决现实问题，被置于过去、现在、未来的多重时空、语境中反复考察过了的人文精神应当在马克思主义的感性意识实践史基础上获得新的希望。文学理论也应当以"人文精神"讨论为鉴，重新真正立足于马克思主义立场来展开适应时代的新思考。

三、"新理性精神"：马克思主义文艺理论中国化指导下构建人文精神的新尝试

"人文精神"讨论令文学理论界的学者们感叹文论不再光芒闪烁、一呼百应，更亟待解决的问题是文学理论面对新的现实和文学创作环境应当如何调整自身并给予有效回应，亦即从对自身的冷静反思开始，然后广泛吸收古今中外有益资源来尝试新的理论建设。"新理性精神"就是在上述状况下中国文学理论界作出的有效回应。

1."新理性精神"的形成

"新理性精神"是由著名学者钱中文在长期关注现实并进行理论思考基础上首先提出的，之后引起了文学理论界极大的反响，在吸收学者们相关讨论意见之后，钱中文最终将这一概念及其理论体系进行了完善。

自新时期以来，钱中文始终密切关注社会现实、文学状况及文学理论状况的变化并给予积极思考和回应。例如，在20世纪80年代，他积极反思文学反映论的不足，提出了"审美反映论"及文学是"审美的意识形态论"的观点，引起学界热烈的反响。进入20世纪90年代，中国的社会、文化形势在全球化语境下发生了巨大的改变。在钱中文看来，"进入全球化语境的中国文学理论，既有解构，又有建构，是现代性精神的体现，而当前在中国兴起的'文化研究'与文化的总体研究不同，是在外国'文化研究'影响下形成的，带有后现代性的某些特征，它扩大了中国的学术话语，也显示了学术的进步，但在切入现实真正存在的重大问题方面还有较大距离。在当今欧美文化研究取代文学理论研究的情况下，中国文学理论应面向现代性诉求，面向人文价值的追求，面向重构与建设，面向新的理性精神"[1]。为此，他将研究精力集中于以下三大领域：一是总结中国文论传统（以著作《文学理论流派与民族文化精神》为代表）；二是积极吸收、借鉴西方文论资源（以《文学理论：走向交往对话的时代》《加强中外文化与文论的研究》等论著为代表）；三是主张在梳理、继承、鉴别、创新中建构中国特色文论（如《在继承、创新、借鉴上下功夫》等代表性文章）。"新理性精神"就是在上述大背景下提出并逐渐形成的。

在"人文精神"讨论期间，钱中文先后发表《文学艺术价值、精神的重建——新理性精神》（《文学评论》1995年第5期）、《新理性精神——文化对话的一种策略》（《中国比较文学》1996年第2期）等文章，进一步从"文化对话"角度拓展与完善"新理性精神"这一概念的基本蕴涵。在2000年出版《新理性精神文学论》一书的自序中，钱中文把"新理性精神"的核心概括为现代性和对话精神。2001年10月，"新理性精神与文学研究方法论"学术研讨会在厦门召开，与会者围绕"新理性精神"这一核心话题发表了

---

[1]　钱中文：《全球化语境与文学理论的前景》，《文学评论》2001年第3期。

各自的意见。2002年，钱中文发表《新理性精神与文学理论》一文，进一步阐发了"新理性精神"的基本内涵："新理性精神是一种以现代性为指导，以新人文精神为内涵与核心，以交往对话精神为思维方式的理性精神，这是在以我为主导基础上的一种对人类一切有价值东西实行兼容并包的、开放的实践理性。"① 此后，作为中国学界认同"新理性精神"的一次集中展示，军事谊文出版社出版了《多元对话时代的文艺学建设——新理性精神与钱中文文艺理论研究》（金元浦编，2002年），该书收录了童庆炳、王元骧、徐岱等众多学者对"新理性精神"进行阐释和呼应的文章。2003年，钱中文又发表《新理性精神和交往对话主义》（《学术月刊》2003年第4期），针对之前学界对"中国古代文论的现代转换"问题所进行的非学理性分析，重申了"新理性精神"中的交往对话成分，希望能够制止从特殊历史时期遗留下来的非此即彼的学风，停止内耗，转向积极的理论思考与建设。之后，"新理性精神"逐渐得到学界认可，产生了广泛影响：例如《学术月刊》（2004年第1期）将"新理性精神和现代审美性问题研究"列为"2003年度中国十大学术热点"之一。2004年，钱中文《文学新理性精神》由台湾洪叶文化事业有限公司出版。"新理性精神"也逐步进入了当代文艺理论经典序列当中，例如2007年《纪念中国社会科学院建院三十周年学术论文集·文学研究所卷》收录了钱中文《文学艺术价值、精神的重建——新理性精神》一文，2009年贺绍俊编选的《1949—2009文论选》收录了钱中文《新理性精神与文学理论》一文；又如刘文斌主编的《中国新时期文艺理论家研究》（2012）、高楠的《改革开放30年中国文论建构》（2013）等学术著作将钱中文及"新理性精神"放置在"新时期""改革开放"这一更长的时间段内来考察。近年来，"新理性精神"逐步超出了文学理论固有范畴，被学者们应用在新兴文化艺术形态研究领域，例如黄鸣奋《数码艺术潜学科群研究》（2014）、王轻鸿《信息科学视域与文学研究转型》（2014）将信息时代的数字艺术研究与"新理性精神"结合，扩展了"新理性精神"的适用范围，在发展当代文艺理论方面做出了有益尝试。2015年，王文革等主编的《当代文艺理论家如是说》一书出版，该书收录了钱中文与丁国旗的一篇对话录。在这篇对

① 钱中文：《新理性精神与文学理论》，《东南学术》2002年第2期。

话录中，钱中文将"新理性精神"看作是他个人的安身立命之处；针对流行的文化研究，钱中文表达了自己的担忧：文学理论的确面临着多重困境，但"文化研究"用消解而不是建设的方法并不能找到脱困途径；文学理论只有真诚地回应时代问题才能找到自身的价值。

2."新理性精神"的理论结构及其对马克思主义文艺理论中国化的贡献

通过以上梳理可以看出，钱中文的"新理性精神"在内涵及外延上是不断发展、完善的，并最终形成了一个较为完整与严密的理论体系。其理论支柱有三：现代性、新人文精神、交往对话精神。① 朱立元教授曾将其理论结构总结为"以'新人文精神'为精神内涵和价值核心，以'现代性'阐述为理论基点和中心话题，以'交往对话'的综合思维方式为思考理路和逻辑方法"这三者有机结合构成的"一个开放性的理论结构"。② 其中，"新人文精神"主要是针对当代中国人文知识分子和人文学术领域所遇到的商业主义、物质主义和科技主义对精神文化学术领域的渗透、侵蚀，而旗帜鲜明、针锋相对地提出用"新的人文精神"来对抗人的精神堕落与平庸，具有其不同于以往的现实针对性；以"现代性"阐述为理论基点和中心话题，是出于更新改造文化或文论传统、建设当今新文化、新文论的内在需要，对优秀的文化与文论传统进行定位、选择并加以改造与创新；以"交往对话"的综合思维方式为思考理路和逻辑方法，则是基于现代性的价值尺度与精神诉求，实现对文化与文论研究中的二元对立思维方式的超越从而达到理论创新。

"新理性精神"对马克思主义文艺理论中国化探索的贡献突出体现在以下几个方面：首先，对文艺中的理性与非理性的关系问题作了创新性阐述。具体说来，就是针对文艺界非理性主义、反理性主义的抬头，"强调在文艺创作中把人的心理、认识中的非理性因素与理性因素有机地结合、统一起来"，"既承认并充分重视非理性因素在历史、精神和文艺创造中的特殊作用，又反对把非理性绝对化而走向反理性主义"；"既肯定理性对人类发展的积极作用，也反对把理性绝对化、异化，最终走向反面而堕为另一种形态的

---

① 参见钱中文：《新理性精神与文学理论》，《东南学术》2002 年第 2 期。

② 朱立元：《钱中文"新理性精神"文论的内在结构》，《河北学刊》2003 年第 3 期。

反理性主义"。可以说，钱中文"主张将理性因素与非理性因素统为一体，以便从整体上阐释世界与人生，指导文艺创作"①，及时、准确地澄清了中国文艺学界关于理性问题的各种思想误区，为中国的马克思主义文艺理论探索文艺中的理性与非理性之间的关系提供了辩证视域。其次，以历史唯物主义为基础拓展了人文精神的内涵。"新人文精神"首先承认人要发展，这是"新理性精神"对"人文精神"讨论的扬弃，是真正符合历史唯物主义的观点。早在1995年，钱中文就指出："新理性精神坚信人要生存与发展"②，在此基础上才可以进一步讨论道德堕落、人文精神的理想形态等问题。这与"人文精神"讨论中部分作家、学者希望回到物质贫乏年代的观点形成了鲜明对照。同时，"新人文精神"是在批判基础上来关注现实的。2001年5月13日，钱中文在《人民日报》发表《守望精神的家园——谈谈文学与道德》一文，在回顾20世纪80年代出现的唯美文艺的利与弊之后，钱中文进一步强调了伦理道德的强大批判力量。这是与"人文精神"讨论中对"80年代"不切实际的热情赞扬形成对比的冷静分析，因而也更具有说服力。与此同时，钱中文还主张在文艺创作中将最基础的与更高形态的人文精神有机结合起来，以便在一定程度上调整现实生活的失衡，用以对抗当前文艺中的精神堕落与平庸现象，这不仅是对传统人文主义、人本主义思想的扬弃，更是发展了马克思主义批判精神和人文关怀中最可宝贵的部分。再次，用交往与对话理念充实了马克思主义民族文化观、世界文学观。钱中文既反对对传统采取全面颠覆的非理性主义态度，更主张各民族、国家的异质文化通过对话与交流求同存异，互相取长补短。比如，他辩证地分析了经济全球化趋势下的文化全球化、一体化具有现实性与不可能性的原因，即"现实性在于物质性文化与表层的精神文化全球化、一体化是可能的、现实的；不可能性在于各个民族深层文化的原本的多元性特征和国家、民族赖以生存的文化传承、民族文化精神以及民族文化心理积淀、文化素质所形成的文化价值、精神使然"③。基于此，钱中文主张，新型的世界文学与民族文学的关系应该理解为："文学

---

① 朱立元：《钱中文"新理性精神"文论的内在结构》，《河北学刊》2003年第3期。
② 钱中文：《文学艺术价值、精神的重建——新理性精神》，《文学评论》1995年第5期。
③ 钱中文：《论民族文学与世界文学》，《中国文化研究》2003年第1期。

在交往、融合中创新，获得新质，同时又存在民族文化的认同；文学受到现代性的制约，具有开放的世界性倾向，但又受到本土化、民族特性乃至民族主义取向的影响。文学的生命力在于民族性与世界性之间，而不是越是世界的就越是民族的，也不是越是民族的就越是世界的。文学既是开放的民族的，又是世界的；既是世界的，又是民族的开放的"①。从中不难看出，钱中文的分析，既有对经典马克思主义创始人把物质生产的空前进步、资本的疯狂扩张及世界市场的形成作为世界文学时代到来的深刻动因的理论的继承，也有对著名西方马克思主义文论家杰姆逊关于世界各民族的文学之间应该建构起一种双向互动关系的观点的吸收，但这些分析又不同于正统马克思主义者如考茨基、普列汉诺夫、卢那察尔斯基等人对于马克思恩格斯关于世界文学之论述的发掘与梳理，不同于西方马克思主义者英国学者柏拉威尔在其著作《马克思和世界文学》从传媒技术角度进行的剖析，也不同于后马克思主义文论家如弗兰科·莫莱蒂在《对世界文学的猜想》中提出的"中心、半边缘、边缘三者之间的互动以及输入形式与当地形式、当地材料的交融和斗争"的"世界文学"观②，更多的是立足于本土理论自主性、主体性的需要，从建立有中国特色、本土化的文学理论的立场出发的，因而具有更鲜明的马克思主义文学理论中国化的特点。

总之，"人文精神"讨论在今日已经成为一种精神探索的象征，它的无疾而终反衬出马克思主义强大的生命力。在关注并真正深入理解基础上批判现实是符合马克思主义的理论实践方式。"新理性精神"是对"人文精神"讨论的成功扬弃，它在更高层面上推动了马克思主义文艺理论中国化发展进程。

---

① 钱中文：《论民族文学与世界文学》，《中国文化研究》2003 年第 1 期。

② 高树博：《马克思主义的"世界文学"理论研究述论》，《绵阳师范学院学报》2015 年第 1 期。

第二节 "古代文论的现代转换"论争与马克思主义文学批评中国形态的探索

在中国当代文学理论中,马克思主义文论、西方近现代文论及中国古代文论三足鼎立的格局已成不争的事实,这三种理论在交织、渗透、转换和消长中所形成的"间性"特征对当代文学理论建构与批评实践产生了重大影响。中国特色的文学理论形态的建构不仅需要从中国文学发展的具体特点出发,也应重视在探索传统文学理论近代化、现代化的基础上,总结其经验和教训,将传统文学理论的有用资源有效并快速融入当代文学理论的建构中来,在古学、西潮与新知之间努力实现接受"间距"的消解,从而实现理论的自主和批评的内在自由。从20世纪中国文学理论的整体组成来看,传统文论虽然与马列文论、西方文论基本上形成三足鼎立的局面,但总体上看,传统文论仍处于弱势地位。五四运动以来,以理性为基础、以逻辑实证和知性分析为手段的西方知识谱系对中国传统知识实行了整体切换,人文科学的理念发生了前所未有的改变。新中国成立后,马列文艺思想占据了文艺理论界的核心地位,传统文论仍然处于边缘地位。如果说新中国成立前主要是西方文论理念对传统文论的移植,新中国成立后则主要是传统文论向马列文论的"靠拢"或"看齐"。改革开放后,西方文论再一次大量引入,中国文论界甚至出现所谓的"失语症",建设有中国特色的社会主义文论这一工程并未按照学界的意愿有效地全部地展开。以当代文学批评的实践而言,传统文论的智慧优势并未得到有效的发挥,人们很难看到以传统的民族的文论话语方式去评论当代文学创作实践的优秀范例。学界由此清醒地认识到:要建设具有中国特色的社会主义的文学理论,传统文论长期处于弱势或边缘地位的这一局面是不利于上述建构设想的。这正是20世纪90年代中国文艺学界"古代文论的现代转换"问题论争的基本出发点。

一、论争概况

"古代文论的现代转换"这一话题的提出有其深刻的历史背景。从历史发展的角度看，这一话题的最终提出是由三个阶段涉及不同论争实质的讨论逐步汇合而成。

第一个阶段是 20 世纪 50 年代和 80 年代早期关于文艺理论遗产的继承问题的讨论①。讨论集中在古今关系上。讨论的问题主要分为以下几个方面：一是继承的实质是什么？二是为什么要继承（原因）？三是继承什么（内容）？四是如何继承（方法）？在这场讨论中，文艺的民族化问题和丰富与发展马克思主义列宁主义文艺理论问题已被初步提出。

第二个阶段是 80 年代末 90 年代初对关于建设有中国特色的马克思主义文艺理论问题的讨论。讨论集中在文艺民族化与马克思主义文艺理论的关系上。核心是怎样把马克思主义、列宁主义、毛泽东思想的科学原理同新时期的文艺实践结合起来。讨论的主要内容是：一是如何理解"中国特色"？二是"中国特色"与"民族化"的区别与联系是什么？三是"中国特色"的立足点问题是什么（是立足于中国还是面向世界，是立足于今天的实际还是站在现代的高度去俯视古今中外的文艺实践，等等）？四是古代文论与现代文论的关系、与马列文论的关系、与外国文论的关系如何？

第三个阶段是 90 年代中后期关于中国文论"失语症"问题的讨论。讨论的核心是中西文论关系，出发点是传统文论与现代文论之间的"断裂"问题，并涉及世纪之交的文化转型问题。从介入论争的人员看，有从事文艺学研究的，也有从事美学和文学史研究的，充分反映出古代文论现代转换这一问题得到了普遍的关注。这种关注还突出体现在 90 年代几次大型的国内、国际学术研讨会中，转换问题始终是研讨的重要内容。例如，1996 年在陕西召开的"中国古代文论的现代转换"学术研讨会，主题就十分明确。1996 年在广东（广州、湛江）和海南召开的"20 世纪中国文学理论的回顾

---

① 关于古代文学理论遗产的批判与继承问题的讨论，1957 年《文艺报》开过两期专题讨论，宗白华、唐弢、王朝闻、王瑶等著名学者都发表过意见。1982 年《文史哲》为此专门开过讨论会。1983 年贺敬之、徐中玉等学者也发表文章，提出建议。山东大学中文系文艺理论教研室也为此组织了专门讨论。

与前瞻"全国学术讨论会，1997年在广西召开的中国古代文论学会第十届年会，1999年在贵州召开的中国古代文论研讨会等都不同层面涉及转换问题。2000年7月在北京召开的"文学理论的未来：中国与世界"国际研讨会和2000年11月在上海召开的"二十世纪中国古代文论研究的回顾与前瞻"国际研讨会中，古代文论的未来走向，也仍然是重要话题。与"重写文学史""实践美学讨论"等热点话题相对走向沉寂相比，"古代文论的现代转换"问题在中国当代文艺史进程中地位的逐渐凸现，包含着许多耐人寻味的学术含义。或许由于这一问题处于古与今、中与西、学科属性是历史的还是理论的、研究方法是传统实证的还是现代阐释的等诸多矛盾汇聚的焦点，才使这一问题已经超出了学科本身（或内部）的论争与探讨，而变成了学术范式、学术派别、学术理念、人文关怀中理论兴奋点等重大问题之间的碰撞。在这一过程中，对经济全球化趋势下人文知识分子学术命运的关切也以隐性的焦虑状态悄然"出场"。而马克思主义文艺理论的地位与作用，在这场论争中，也得到重新的思考，从一个侧面反映出马克思主义文学批评中国形态建构的动态性变化。

二、论争的三个核心问题

在"中国古代文论的现代转换"这一话题中，涉及为何要转换、能否转换与如何进行转换三个最基本的具有逻辑相关性的问题。对这三个问题的论争构成了古代文论现代转换问题中的三个主要方面，它们分别涉及原因、可能性与操作方法三个层面。从对这三个问题的探讨中可以窥见古代文论研究领域中学术派别、学术范式、学术理念之间的差异和会冲。

一是关于为何要转换的问题。提出这一问题的契机来自20世纪90年代中后期以曹顺庆为代表的一批学者对中国文论现状的诊断。他们认为，起始于五四前后的中国文化的现代转型，是中西知识谱系的整体切换，是新知识取代旧知识，西学取代传统。在他们看来，20世纪中国现代文化转型的重要特点就在于，传统知识的研究主流是在西学之分科切域的目光下进行的肢解性研究，重心是用西学的逻辑视域、知识点和分析方法对传统知识作分析、确认和判别，实质就是将传统知识"翻译"为分析质态的西学知识内涵，这种理念知识向人文学的扩张性横移，产生了一系列的文化危机，并由此导致了 20 世纪中国文论视野闭锁、单向演进和批评理论化的特点。今后，中国诗学或文论应该在整体上反省其知识形态并寻找出路，以中国智慧的特质与西方对话，而不是以归化的方式向西方认同。①

上述的理论分析主要针对的是五四以来的中国现代文论，但对古文论研究来说却很有借鉴作用。其原因就在于，它至少指出这样一个不争的、值得古文论研究者深刻反思的事实，即：在 20 世纪的中国文学理论的总体格局中，古代文论一直处于边缘或弱势地位，在当代文学批评中也并没有有效地发挥其作用。同时这种分析将转换问题提到文化层面，起到了扩大研究视野的作用。从更深一层的学理上看，上述分析或许还借鉴了当代后殖民主义文化理论中的某些成分，把西方或帝国主义的文化侵略与文化殖民对中国传统文化的巨大冲击、影响及其在文学理论领域中的表现，用中西文化之争的传统论争方式书写进自己的理论阐述，并且以自我反省的姿态，一方面对西方的文化侵略进行解码，另一方面又主张在中西对话的基础上重塑一个中国文论"新形象"。这对于心态失衡已久、急于找到中国文化价值并不劣于西方文化依据的研究者来说，确实平添了不少理论上的自信。

正是面对上述尚未理性化的自信，我们认为，在对为何要进行古代文论的现代转换这一问题的思考中，我们必须清醒地估计到我们有可能陷入的一个理论误区，那就是新的古典崇拜和"中国中心主义"。其突出表现就是，认为并非是古代文论的价值丧失殆尽，而是特殊历史条件造成了传统与现代之间的文化断裂，这个文化血脉只要能接上，就能找到古代文化之根，并重新开掘其现实价值或意义，而没有真正去思考几千年来绵延不绝的中国文化何以在一百多年的时间里就被西方文化冲得七零八落？没有真正去思考古代文论何以越来越难发挥其现实作用并在当代文学批评中获得一席之位？就古代文论而言，这种已经丧失了其特定历史语境的理论遗产，有哪些值得转换？转向何处？是去充实西方文论的框架，还是用古代文论原有的术语、范畴、概念去重新建构一套所谓"民族化"的文学理论体系？在儒、道、佛传

① 参见曹顺庆：《文论失语症与文化病态》，《文艺争鸣》1996 年第 2 期；曹顺庆、吴兴明：《替换中的失落——从文化转型看古文论转换的学理背景》，《文学评论》1999 年第 4 期。

统思想制约下生长起来的古代文论，其思想内质如何同社会主义市场经济下的文艺实践相融通？基本上以文言为表述形态的古代文论又如何突破语言障碍走向当代、走向世界？在没有搞清转换的目的和上述问题之前，在"文化转型"的口号下去谈论古代文论的转换，在笔者看来，很可能就是一种功利主义表象下潜在的变相的新古典崇拜，它的另一后果就是在反对"西方中心主义"的口号下，去重建"中国中心论"。诚然，中国文化不必处处步西方的后尘，但理性作为人类反思自我的基本手段，在西方发展并非完全成熟，而在中国发展则更不成熟，理性启蒙的任务在中国还远未完成，这就需要我们用成熟的理性去对待传统文化。而对以封建主义为主流的传统文化与文论，更需要的是理性的批判的眼光，而不是新的古典崇拜和新的"中国中心主义"。换句话说，我们冲破了"西洋崇拜"，艰难地从"西方中心主义"的阴影中走出，却不应该走向另一个极端——"中国中心主义"，而必须在平等对话的基础上去实现跨文化交流与理解。

二是关于能否转换的问题。对这一问题的回答主要有三方面的意见。(1)能够转换。赞同的主要有张少康、蔡钟翔、陈良运、蒲震元、蒋述卓、蒋寅等人。张少康主张以古文论为母体和本根，吸收其精华，同时深入研究西方文论和我国当代文学的创作实际来建构有中国特色的文艺学。[①] 蔡钟翔主张先绕开范畴体系建构的难题，从局部理论入手，推陈出新。[②] 蒋述卓强调"用"，在"用"中求转换。[③] 陈良运认为不要将传统文论过于复杂化，文论的原有范畴总能寻找到脉络和突破口（如意境以心物互动为理论和历史贯穿的主线）。他认为任何研究都有主观的成分，绝对完整的体系和全面的认识不可能建构或达到，每一时代有每一时代的文论，建构古代文论体系，应当看成是当代文化建设的辅助形态，古代文论应当在现代阐释中实现现代转换。[④] 蒲震元从价值论的角度认为将宏观研究和微观研究结合起来的价值取向是可取的，同时也强调要自觉加强现代阐释意识，逐步建立中国的当代

---

① 参见张少康：《走历史发展必由之路——论以古代文论为母体建设当代文艺学》，《文学评论》1997 年第 2 期。

② 参见蔡钟翔：《古代文论与当代文艺学建设》，《文学评论》1997 年第 5 期。

③ 参见蒋述卓：《论当代文论与中国古代文论的融合》，《文学评论》1997 年第 5 期。

④ 参见陈良运：《当代文论建设中的古代文论》，《文学评论》2000 年第 2 期。

阐释学。蒋寅则认为不存在"失语症"问题，古代文论可以实现现代转换。①
（2）不能转换。陈洪、沈立岩认为传统文论的某些命题迄今仍被广泛认可并
采用，并不意味着它们可以在不远的将来能再生、复兴，因为古文论自身的
弱点（如概念术语使用的随意性、分体文论不平衡、理论创新动力不足、主
流理论发展不明显等）妨碍了其转化为现代意义的文论话语系统。② 王志耕
则认为中国古代文论的语境已经丧失，只能作为背景理论模式和研究对象存
在，要用于当代文学批评，正如两种编码系统不能兼容一样，不可能在同一
界面上操作，因此，不能回归古文论，只能回归文化母体。③（3）悬置此问
题。罗宗强认为，每一种文学理论同一种文学现象或文学思潮相联系而产
生，作为历史现象的文学创作思潮变化了，理论在很大程度上就丧失了语
境。对范畴的转换问题，他同意陈洪等人的看法，但又认为，从古文论研究
的目的来看，有用与不用之分，有急用与慢用之分，而过去四十年则片面地
将"古为今用"理解为"急用先学"，不能对古文论研究持平常心态，而学
术的目的是"求真"，古文论的研究目的应当多元化，它可以有助于建立当
前有民族特色的文学理论，也可有助于民族文化建设，作为文化资源来对
待。基于这种看法，他认为，提出"话语转换"的学者的着眼点是由于在国
际对话中没有自己的话语，需要建立自己的话语以便对话，这个出发点不能
说不对，但理论建设的目的，应当首先想到今天的现实需要什么？当前的文
学创作处于什么情况？有什么样的问题有待探讨？所以不能把建立有中国特
色的文论体系片面理解为古文论的现代转换。④

　　上述赞成与反对两种意见都有一定道理，不过这两种意见的前提大多主
要放在客体对象（即古文论）而非主观条件（即转换者）上。古文论作为历
史文化遗产，自己并不能回答自身能否转换这一问题，也不能回答哪些能转
哪些不能转的问题，更无法回答如何转的问题。能否转换，其主要条件在研
究者或转换者。而在没有搞清转换者是否真正拥有足够的理性批判能力和现
代阐释能力之前，就必须回答能与不能的问题，不免成了没有实际意义的预

① 参见蒋寅：《文学医学："失语症"诊断》，《粤海风》1998 年第 5 期。
② 参见陈洪、沈立岩：《也谈中国文论的"失语"与"话语重建"》，《文学评论》1997 年第 3 期。
③ 参见王志耕：《"话语重建"与传统选择》，《文学评论》1998 年第 4 期。
④ 参见罗宗强：《古文论研究杂识》，《文艺研究》1999 年第 3 期。

设。罗宗强先生没有正面回答能与不能的问题而是将此问题悬置起来，也许意识到了这一层。康德曾在《纯粹理性批判》中对人的理性认识能力到底有多大的限度提出过疑问。在古文论的现代转换这一问题上，还有许多学术问题可以质疑：对古文论概念、范畴、体系的特质我们到底有多少理性的认识？我们目前的理性能力是否足以担此重任？我们的理性能力在形成过程中哪些受意识形态或其他非学术因素支配与干扰而自己尚未知晓？在进行转换的时候，我们能否真正做到以"同情的理解"的态度去对待古文论历史资源？在目前长于论者拙于史、长于史者拙于论的学术境况下，如何处理古文论这一学科兼具理论属性与历史属性的矛盾等等。正是从这个意义上讲，在讨论能否转换之前，学界还有必要对自身的理性能力作进一步的反思，并且要对自我意识超历史的普遍性和完美性幻觉作更深刻的自我批判。

三是如何转换的问题。在这一问题上论争最为激烈，学术理念的差异也表现得最为明显。曹顺庆、李思屈主张，首先进行传统话语的发掘整理，使中国传统话语的言说方式和文化精神得以彰明；然后使之在当代的对话中实现其现代化的转型，最后在广取博收中实现话语的重建，并在批评实践中检验其有效性与可操作性。① 蒲震元主张加强现代阐释意识，吸收西方现代阐释学的"本体阐释学"的观点，建立中国的当代阐释学，对传统文论的深层结构、本质特征和理论体系作出科学的现代阐释。张海明提出"走向比较诗学"的主张。余虹借助现象学还原的方法，从对入思前提和意识空间的分析中得出了中西方文论或诗学不可通约的结论，由此认为中国文论与西方诗学的比较研究长期以来多在同一性假设中进行，进而对能否走向中西比较诗学这一问题提出了质疑。② 童庆炳主张在更为宏阔的"文化诗学"视野中实现古文论的现代转换。陈良运认为首先应当梳理古文论话语系统，在此基础上建构古文论体系以资总体参照并进行现代阐释，是可以实现现代转换的。③ 罗宗强描述了转换中可能出现的几种方式：（1）改变语境，把古文论的范畴直接纳入新的理论框架，与西方文论话语并存，即所谓"杂语

---

① 参见曹顺庆、李思屈：《重建中国文论话语的基本路径及其方法》，《文艺研究》1996年第2期。

② 余虹：《中国文论与西方诗学》，生活·读书·新知三联书店1999年版，第56—66页。

③ 参见陈良运：《当代文论建设中的古代文论》，《文学评论》2000年第2期。

共生"。（2）用现代话语对古文论范畴加以阐释而后运用。（3）改造原有范畴内涵加以运用。（4）误读、别解，亦即"六经注我"。① 陈伯海主张变原有的封闭体系为开放体系，在开放中逐步实现传统的推陈出新，并认为转换可以在比较、分解、综合三个基本环节中完成。②

三、论争与马克思主义文艺理论的民族化

此次论争虽然延续时间不长，也未构想出古代文论转换后理想的文论形态，但论争中形成的几种主流意见，对马克思主义文艺理论民族化探索仍然具有重要的启发作用。

首先，呈示了当代文论研究与建构的文化无根性困境。论争的主流意见之一就是主张立足中国文论传统，以不忘本来、吸收外来、面向未来的气度，不断消解古学、西潮与新知之间所形成的接受"间距"，深入清理中国传统文论同当代中国的知识境遇、思想境遇、生存境遇之间的深层关系，进行学术理念的调整和学术范式的变革，以克服当代文论研究中的文化无根性困境，实现同当今国外先进文艺思想的对接以及传统文论向当代文论的创造性转换。

其次，着力探讨了中国传统文论的当代价值。论争中绝大多数学者都剖析了传统文论的当代价值，并主张以其为培育和弘扬社会主义文艺核心价值观提供学理支持。不少学者特别提出以价值学分析为基础，着眼于中国文论之历史积淀和民族特色的厘析，努力剥析传统文论中与现代社会相协调、与当代文化相适应的部分，汲取传统文论思想中的创造性活力因子，参与当代中国文艺理论的意义建构、价值建构和批评模式建构。

再次，拓展了民族性概念内涵。论争中大多数学者赞同当代中国文学理论话语体系中首先要蕴含中华民族的特性，要确立起中国文论在精神文化品格上的鲜明的独立性，在中国形态的文学理论体系建构中始终坚守民族文化

---

① 参见罗宗强：《古文论研究杂识》，《文艺研究》1999 年第 3 期。

② 参见陈伯海：《"变则通，通则久"——论中国古代文论的现代转换》，《文学遗产》2000 年第 1 期。

立场，反对一味强调传统或者关门造车，同时也要理性地看到外国文学理论同中国文论民族特点相结合有一个民族话语、民族思维的转化过程，因而文艺民族性是一个既延续传统也反映现实，既有民族精神的主脉也汲取外来思想营养的动态概念。

第十三章　全球化语境下马克思主义文学批评中国形态的建构

　　全球化时代已经到来，封闭的时代一去不复返！当今的世界是一个文化多元化的世界，跨文化对话成为当今文化活动的主旋律，文艺批评理论在国家间、民族间的旅行、相互交流和相互碰撞业已成为当今学术与思想活动的常态。从全球视角出发，在一个跨传统、跨文化、跨国别、跨民族界限以及跨语言界限的文化多元主义语境或"对话"语境中去考察或理解文学或文学批评已成为当代文艺理论探讨与批评实践展开的大潮或主流。在全球化语境下，马克思主义文学批评中国形态的建构实践在研究方法的开拓和体系建构两个方面取得令人瞩目的成绩。就前者而言，主要体现为在"文化转向"大背景下借鉴当代西方"文化研究"的理论成果，结合当代文学理论泛化的发展趋势，深入探讨文化研究与文学研究之间的关系，对当代西方"文化研究"中的马克思主义回归现象作深度反思。其代表性成果是"文化诗学"的创构。就后者而言，就是以马克思主义文艺理论基本原理为出发点、立足点，不断消解古学、西潮、新知融通与整合中的接受"间距"，通过中国特色文学理论的当代形态构想去寻求批评的内在自由。其代表性成果有陆贵山的"宏观文艺学"构想、董学文的"21世纪中国的马克思主义文艺学"构想、朱立元的以实践存在论为核心的马克思主义人学文艺学构想、谭好哲的以文艺意识形态本性论为核心的"马克思主义问题性"构想、赖大仁的马克思主义文学批评当代形态构想，以及冯宪光对"人民文学论"谱系的勾勒和理论创新等。而以"人民性"为核心的习近平文艺思想以其对处于"思想大活跃、观念大碰撞、文化大交融"时期的中国文艺状况的深刻而清醒的认知，以及对中国精神和中国元素的深度发掘，成为理论创新时代马克思主义文学批评中国形态的最新成果。

第一节 "文化转向"与马克思主义文学 批评中国形态的建构

从 20 世纪 90 年代中后期开始，来自欧美学术界的"文化研究"越来越受到国内文艺研究者们的推崇。从最初的零星译介到后来的系列译丛和专门性学术集刊的出版，似乎都在昭示着"文化研究"已逐渐成为当前国内文艺理论研究中的显学。例如，从 90 年代末期开始，中国社会科学出版社"知识分子图书馆"丛书以译介德里达的《文学行动》首册开始，至今已经出版了 21 种。到了 21 世纪，"文化研究"在国内更是收获颇丰，各种文化研究丛书、文化研究译丛、文化研究专著纷纷问世，如：金元浦主编有"当代文化批评丛书"，其中包括王岳川的《目击道存：世纪之交的文化研究散论》、王一川的《杂语沟通：世纪转折期中国文艺潮》、陈晓明的《移动的边界：多元文化与欲望表达》、周宪的《崎岖的思路：文化批判论集》、程光炜的《雨中听枫：文坛回忆与批评》、周宁的《永远的乌托邦：西方的中国形象》等。中国社会科学出版社推出了与文化研究密切相关的"传播与文化译丛"，包括罗伯特·C.艾伦的《重组话语频道》、丹尼斯·K.姆贝的《组织中的传播和权力：话语、意识形态和统治》、斯蒂文·小约翰的《传播理论》、大卫·鲍德韦尔和诺埃尔·卡罗尔主编的《后理论：重建电影研究》，以及常昌富、李依倩编选的《大众传播学：影响研究范式》等。中央编译出版社推出了由李陀主编的"大众文化研究译丛"，包括安吉拉·默克罗比的《后现代主义与大众文化》、珍妮弗·克雷克的《时装的面貌》、劳拉·斯·蒙福德的《午后的爱情与意识形态》以及安德鲁·古德温和加里·惠内尔的《电视的真相》等。此外，尚有李陀、陈燕谷主编的《视界》和陶东风、和磊的《文化研究》两种专门性的学术集刊出版。

各种相关学术讨论会的召开，似乎也把"文化研究"推到了当前国内文艺理论研究的学术前台。例如，1999 年 5 月，中国中外文艺理论学会和南京师范大学文学院在南京联合举办了"1999 世纪之交：全国文论、文化与社会学术研讨会"，会议的主题是"文论、文化与社会"，其中关于"文化与文论的现代化问题""从文学研究到文化诗学研究""文论研究与文学批评如何走向未来"三方面的讨论成为会议的热点问题。同年 12 月，首都师范大学中文系、首都师范大学美学所、首都师范大学《文学前沿》编辑部联合主办了"文学理论与文化研究"学术研讨会暨《文学前沿》创刊座谈会，对有关西方文化研究的谱系和特征、文学理论与文化研究之间的关系、对 20 世纪 90 年代中国文化批评的评估、文化研究方法在中国文学研究中的适用性等重大问题和热点问题进行了热烈而深入的研讨。2000 年 4 月，北京师范大学中文系和北京师范大学文艺学研究中心在北京联合举办了全国性的"文艺学与文化研究学术研讨会"，会议的中心主题是探讨当前的"文化研究"新趋势对文学理论研究的影响。2002 年 6 月，中国人民大学中文系与人大复印报刊资料《文艺理论》共同举办的"全国文艺学前沿问题与文艺理论教学"高级研修班在探讨当代文艺理论的前沿问题中所涉及的一个重要议题则是"文艺学研究的文化转向与大众文化"。

特别值得关注的是，在"世纪中国"网站所举办的"文化研究"专栏（http://www.cultural—studies.net）外，2002 年由中国人民大学中文系主办的"文化研究"网站（http://www.culstudies.com）可以说相当具有建制力量。这是国内第一家拥有正式出版物的文化研究学术网站，它以辑刊《文化研究》（cultural studies）为依托，致力于中国文化研究的推广与传播，介绍国外前沿理论及重要理论家，力倡文化研究理论的本土化及中国学派的建立，强调原创性的理论研究与回应当下的个案研究，并将中国问题置于全球化视野之下，主张加强与国际学术界的交流对话，在学术界引起不小的反响。

一、"文化研究"的兴起与文学理论的泛化

不少学者将上述这一趋势称为"文化的转向"，认为其在继"语言学的转向"之后将对文艺理论研究理念与研究方法产生重大影响。对这一新的研究动向中的几个较为集中的问题做一个简单梳理和反思无疑是十分必要的。

1. 关于"文化研究"的内涵

就像苏珊·朗格在《情感与形式》中指出的那样,"在一个条理基本清楚(即使不是完全清楚)的思想体系中,新的理论总是替代旧的,而在基本概念含混不清的地方,相互冲突的看法与术语两面夹攻,不断地导致新的冲突与争执"①。什么是"文化"研究?这个问题是国内研究者们争议最大的问题之一。作为一个舶来品,"文化研究"的内涵、外延,在国内可谓是仁者见仁,智者见智,主要有以下看法:

其一,准学科批评话语。这种看法认为,文化研究在西方被作为一个准学科,有具体所指,包括文化诗学、文化批评,还有文化唯物主义等等。这种新理论的特点首先是对于文本中心主义的超越。②

其二,探讨问题的一种特殊途径。这种看法认为,所谓文化研究,应将之理解为一种探讨普遍社会问题的特殊途径,而不是属于少数人的或专门化的领域,从事文化研究应强调当前所在的语境,要从世界格局和地缘政治及文化关系来考虑问题,必须关注社会文本与国际化的大背景。③

其三,一种涉及立场问题的研究方法。这种看法认为,文化研究应该是指一种方法的运作,是一种"征候分析"。它的核心是运用这种"征候分析"方法去解构权力。这种对于权力的解构必须结合文化研究的本土性,而所谓本土性就是指我们所处的现实,它实际上也是立场问题。

其四,一种认识活动。这种看法认为,文化研究不是我们通常字面上所理解的那种有关文化的讨论,也不是在各种传媒学科的名目下发展起来的一般意义上的大众传媒理论,而是特指近几十年以来,在英国的"伯明翰学派"推动下成熟起来的一种跨学科研究;这种研究不仅涉及20世纪资本主义的文化生产,而且涉及当代资本主义的意识形态建构和新的结构性压迫的形成,涉及它们和文化、经济生产之间的复杂关联。可以说,文化研究已经成为人们对自己生活其中的当代社会进行反省和思索的一个最具批判性的认

---

① [美]苏珊·朗格:《情感与形式》,刘大基等译,中国社会科学出版社1986年版,第11页。

② 参见陶东风的《"文学理论和文化研究"研讨会综述》一文中金元浦、王逢振等学者的相关论述,《文艺争鸣》2000年第4期。

③ 参见陶东风的《"文学理论和文化研究"研讨会综述》一文中金元浦、王逢振等学者的相关论述,《文艺争鸣》2000年第4期。

识活动。

与上述认为"文化研究"有着明确意指不同的是，有论者主张对"文化研究"作宽泛的定义（可称为定义上的综合论），认为所谓"文化研究"在今天的理论讨论中并非是传统意义上对精英文化的研究，而是特指当今西方（主要是英语世界）的一种反精英意识的文化理论思潮和研究方法。"文化研究"有着鲜明的反建制和反理论倾向，并有着跨学科研究的特色，至今仍是一门界定含糊的准学科批评话语。①

也有学者反对对"文化研究"进行定义（可称为定义上的解构论），认为"文化研究"是西方学术体制内部产生的一种反叛实践，与一般的跨学科研究有着显著的差异。它是一个不断生成和扩展的知识实践领域，没有固定的研究领域和统一的研究方法，所关注的通常是为传统学科所忽视或压抑的边缘性问题，它所警惕的恰恰正是不要让自己重新成为一门新兴的学科。更有论者认为"文化研究"是反定义的，而"仅仅是一个策略性的命名，是对一种学术趋势、趣味的描述，是描写学术转向的权宜之计"，"是一种大学机器的策略性调整"，"大学和大学知识分子的某种新的存在方式"。或者说它"仅仅是由于当代征候的压力而必须采取反应的庞大的学术机器"。②

2. 关于"文化研究"与文学研究之间的关系

关于文化研究与文学研究之间的关系问题，大致形成以下几种代表性看法：

一是互渗论。即认为文化理论是文学理论发展中出现的一个新现象，其原因在于哲学、社会学、心理学等影响文学研究由来已久，反过来，文学理论也应突破自己的专业框架，向其他领域渗透，从而形成文化互动。

二是介入论。即认为"文化研究"是一种企图从文化战线切入社会形构（包括文学）的另类学术。它不仅企图扣紧社会现实的脉动，更希望能介入社会的脉动。

---

① 参见陶东风的《"文学理论和文化研究"研讨会综述》一文中金元浦、王逢振等学者的相关论述，《文艺争鸣》2000 年第 4 期。

② 参见汪民安：《文化研究与学术机器》，《中华读书报》2001 年 4 月 4 日。

三是突破论。即认为文学必须重新审视原有的文学对象，越过传统的边界，关注视像文化和文学、媒介文化与媒介文学、大众流行文化和大众文学、网络文化和文学等，相应地，文艺学也须扩大研究范围，重新考虑并确定它的研究对象。这种看法的实质是，认为文学研究应当走出文学"文本"的限制，走出"文学性"的狭小视野，把历史、文化、社会视为一种"文本"来加以解读，在更为广阔的知识背景中寻求文学背后的深层关系。

四是转向论。即认为当代文艺学的"文化的转向"既是历史的总体发展的大势所致，也是文学内部要素运动的结果。这一转向不是简单地回到传统的社会—历史批评理论，而将携带文本中心时代所谓"理论革命"的全部成果，作为"前结构"进入新的批评时代。形式主义的、新批评的、结构主义的、符号学的、叙述学的、后结构主义的成果作为丰厚的理论资源，成为文化转向的一个必要前提。而文化研究、新历史主义、文化诗学、后殖民、女性主义、当代媒介文化则是所发生的理论和现实的基础。因此，建设并进入合理的对话交往语境，关注和寻找"间"性，重建文学—文化的公共场域，就成为逻辑的必然。①

五是新阶段论。即认为"文化研究"标志了文学批评的一个新阶段，由于文化研究与文学研究保持的某种血缘关系，即许多从事文化研究的批评家均是从文学研究的阵营里面出来的，也由于现实的具体问题使得文化研究应运而生，结果，文学的研究范围扩大，研究对象发生转移，文学批评进入了一个新的发展阶段。

上述看法可谓各有其侧重点。互渗论强调了"文化研究"与文学研究的互动关系，介入论强调了"文化研究"的社会功能，突破论强调了"文化研究"对文学研究视域的拓展（包括文学研究范围的扩大），转向论侧重的是文艺学思考路向的重大改变，新阶段论则侧重于从文学批评自身的发展加以思考。

3.关于文学理论的泛化问题

国内文艺理论界对"文化研究"的发展前景主要有如下几种看法：（1）认为"文化研究"业已成为文学理论研究中的"显学"，未来发展前景十分乐观。

① 参见金元浦：《当代文艺学的"文化的转向"》，《社会科学》2002年第3期。

这种看法认为，"文化研究"的出现导致了学科边限的消失，单纯的"美学"问题开始变成了更广阔而复杂的"文化"问题，文学开始同大众文化紧密相关，研究方法正从单一学科方法走向跨学科方法，理论的存在形态也开始多元化。(2) 认为"面向文化"的新转变，文学理论不会消失但会逐渐泛化。这种看法认为，如今"文化研究"的视界使得文学研究从关注小本文，即词语、人物、情节、喻意等，转向大本文，即阶级、性别、文化、社会、话语及权力运作等层面。中国文学理论在新世纪有可能通过方法的不断催新，进而达到一种本体论意义上的创新，在国内语境中从文学理论走向文化研究，在国际语境中从文化拿来走向文化输出，从而使新世纪中国文论建设从话语盲视走向精神自觉。①(3) 认为"泛文化"化的倾向尚待克服。这种看法认为，"非美学化"和"泛文化"化的倾向都应克服，无所不包的大一统的文学理论体系不太可能重建，需要的是多种文学理论的竞争、融合和共存。②

　　以上几种看法不约而同地针对一个十分敏感的话题，即：文学理论在"文化研究"中是否会逐渐泛化？如何看待文学理论的泛化问题？未来的文学理论向何处去？与此相关的问题是：过度的文化批评是否可能会损害文学审美的自主性和自足性？"文化研究"的立场、思路和方法是否会对"美""诗意"或"文学性"形成新的压抑机制？

　　实际上在西方文论界，从 20 世纪 70 年代开始，文学理论的学科独立性甚至文学概念本身就已面临着根本性的质疑。以朱丽娅·克里斯蒂娃、罗兰·巴特为代表的后结构主义者提出的互文性理论，将包括政治的、经济的、社会的、心理的、哲学的、历史的等一切语境都看成了互文本，传统的自主自足的文本观念被解构；作者的主体性被取消，降为一个"死者"的角色；文本的边界被消除；写作也成为泛文化意义上的话语嬉戏活动。弗朗索瓦·利奥塔甚至指出柏拉图的《理想国》在"哲学叙述"与"文学叙述"上具有一致性，并由此认为传统人文知识的基础在叙事本质与叙事方式上是统一的，因此人文学科的各门类之间并无本质的区别，更遑论文学理论自身有

---

① 参见王岳川：《从文学理论到文化研究的精神脉动》，《文学自由谈》2001 年第 4 期。

② 参见王先霈：《文学理论基础的广泛性与本土性问题》，《华中师范大学学报（人文社会科学版）》2002 年第 2 期。

何独立性可言！文学逐渐成为一种"亚文学"，一种类似霍米·巴巴所说的"文学杂种"，而文学理论本身也似乎逐渐在这种泛化中丧失其自身性质和学科特征。20 世纪八九十年代以来，在北美和欧洲人文知识分子中兴盛起来的"文化研究"业已成为"一场运动或网络"。在这场运动或网络中，女权主义、新历史主义、新马克思主义、后殖民主义等各种文学批评似乎在向每一位文学批评家说：你要成为文学批评家吗？那么你首先必须成为一个文化批评家。也许当代英国学者大卫·戴奇斯的观点更有代表性，他认为，现实的批评应该是这样的："它把自己同全部文化活动的综合体连袂起来，而文学的生产只作为其中一个未完成的片断。"① 那么文学理论究竟还有没有存在的合法性？是用文学创作的实践去匡正和完善文学理论自身还是在文化的互融中去取消文学理论的独立性？如何看待"文化研究"中逐步泛化的文学理论？这需要从当代哲学思潮的流变、文艺话语的转型和学术范式的革新等方面加以深入思考，才能作出初步的回答。

从当代哲学思潮的流变和影响看，20 世纪七八十年代以来，后现代主义所信奉的反基础主义、反本质主义、反认识论、反本体论等，对传统的文学本质论、文学反映论、文学本体论形成了哲学根基上的冲击。后现代主义对传统同一性思想、主体性理论、人类中心论、理性至上论的极端不信任和严厉批判，使他们更看重在历史化、个体化、语言化、实践化的基础上去寻求使理性（这一人类最为重要的认识、反思和自我批判的能力之一）走向科学化和情境化的途径，这对传统文学理论中的心物关系、文学主体性、文学理论与创作实践的关系等问题也形成了新的冲击。

20 世纪下半叶以来，由于大众消费文化的兴起，文化的商品化、日常生活的片断化、精神领域的反常性、艺术表现力的匮乏、视觉革命造成的巨大冲击力等都使固有的传统价值面临着合法性危机。文艺话语在商品化、"类象化"、"机械复制"的特殊历史条件下逐步告别传统，实现了新的话语转型。文艺为了生存而在交换中沦为商品，艺术家也丧失了其批判和否定功能。所有这一切都导致了传统美学趣味和深度的消失，也导致了文学理论固

---

① 参见 [英] 大卫·戴奇斯：《一条无形的脐带：批评与文化》，吉云峰译，《文艺理论研究》1990 年第 2 期。

有逻辑的断裂。从另外一个方面看，作为"边缘"话语的女权主义、新马克思主义、新历史主义、后殖民主义的话语以其对权力、身份、性别、种族、文化认同、霸权等新的话语类型的关注，形成了对意识形态中心话语的疏离和挑战。"边缘"话语的非主流性、非体系性、非学院化特征也使传统的学院化的体系性的文学理论发生了新的质变。

　　学术范式是一个学术共同体共有的精神信念、研究传统以及在此基础上形成的理论模式和规则体系。新旧范式的更迭往往意味着一场革命。20世纪下半叶以来，走向文化研究的当代西方文学批评具有以下明显特征：一是建立在跨文化融合基础上的跨学科性（并由此导致了文学批评方法上的多元化）。二是禀有高度参与现实的实践精神和批判性。三是在文化批判与政治反抗中形成的策略性和诊断性。这些特征与传统的文学理论研究范式的价值取向、精神信念、研究传统、理论预设等形成了明显的区别，其跨文化融合的操作模式也明显有别于传统文学理论的"常规研究"（如主题的分析、意识形态的批判、审美意义的挖掘）。这是一种全新的文学研究范式（尽管其学术共同体、概念或范畴的生产规范、学术理念、检验方式与学术谱系等还有待于进一步认识与界定），它把文学看成是一个开放性的文本，一种包含着复杂的社会、历史象征系统的符号体系，同时也把文学批评从纯文学的解读与阐释中解放出来，打破了过去封闭的学科界限。这一学术范式的革新构成了当代文学理论泛化的深层学理原因。

　　由此可见，当代文学理论的泛化有深刻的现实背景或历史文化语境的支撑，无视这一背景而固守文学理论学科的独立性或"不可通约"性，只能使文学理论的研究视域变得越来越狭窄。就20世纪90年代以来中国文学创作的实际而言，它已变成政治、经济、文化的多元调和的产物，单纯从意识形态或审美的角度去进行文学批评，是难以把握当代文学创作的丰富性和复杂性的。从中国本土的文学理论的实际发展状况看，文学理论的泛化现象也并非在90年代才出现，五六十年代就出现过文学理论的"泛政治化""泛意识形态化"，80年代还出现过文学理论的"泛美学化""泛审美化"，前者固然出现了庸俗社会学和机械反映论的流弊，但其对经典现实主义的发展和完善恐怕不能一笔勾销，后者则深化了人们对文艺审美特性的认识。现在反观中国文学理论的发展历程，这种"泛化"现象也并未取消文学理论的合法性地位，总的看来，学界对文学理论的学科特征及其属性的认识是更深刻、更全面了，这段发展历程应该说是进步了，而非倒退了。王国维说"凡一代有一代之文学"，其实一代也有一代的文学理论范式，刘勰的《文心雕龙》所研究的"文"的对象就并非是纯粹的文学，其文学观念也是建立在杂文学观念之上，但这并不能否认《文心雕龙》是文学理论巨著。因此，在文化的互融中去寻求文学理论研究的多元开放，是适应时代要求的，也必将为文学理论的进一步发展拓宽视野或道路。当然，这其中也有一个理论误区需要文学理论研究者加以注意，那就是只注重文化互融的共性特征而忽视了不同文化形态的个性特征，在多元开放中只注重扩大文学研究的视野而偏离了文学本身。

二、"文化诗学"与马克思主义文学批评中国形态的建构

如前所述，20 世纪 90 年代以来，伴随着市场经济的建立和全球化思潮的不断激荡，中国的社会政治和文化都发生了剧变，大众文化、消费文化、通俗文化不断兴起，逐渐占据了文化与文艺的主流，文学艺术的价值与精神发生了裂变，西方的"文化研究"被引入。在中国文艺理论界，由于当代"文化研究"的转向、文学理论的泛化趋势以及当代西方"文化研究"中马克思主义的不断回归态势，使得文艺学界面对新的文艺现实、新的文艺现象、新的文艺研究方法，不得不做出现实的回应或理论上的探讨。"文化诗学"正是在这一特殊情势下出现并产生重大社会影响的。按照李春青的理解，"'文化诗学'作为一种研究路径或研究方法，一定程度上产生于对上世纪 80 年代建立起来的审美诗学的不满。80 年代初的审美诗学的形成，主要源于学界对文艺与政治关系的反思，并试图从审美性的角度赋予文学艺术以独立品格或地位。哲学美学领域展开的关于'美的本质'、'美的规律'的大讨论，文艺理论领域提出的'审美特征'论、'审美意识形态'论、'文学自律'说等都是审美诗学的基本主张，其中也折射出知识分子寻求独立性、主体性的强烈愿望"①。然而到了 90 年代中期，随着大众文化的发展，随着西方"文

---

① 李春青：《论文化诗学与审美诗学的差异与关联》，《北京师范大学学报（社会科学版）》2016 年第 5 期。

化研究"理论与方法的引进，"方法热""主体性""向内转""文艺心理学"等 80 年代审美诗学关键词相继消歇，"产生于 80 年代后期的文化热或文化转向乃是中国当下文化诗学产生的现实基础"，李春青进一步指出："90 年代以后，后现代主义在中国学界开始形成普遍的实质性影响，中国的文化诗学从中汲取了反思、质疑与批判的精神，并且把这种精神与'文化热'中形成的文化整体性关联的视野相结合，于是就形成了具有中国特色的文化诗学研究路径"①。这种从文化诗学与审美诗学的差异和关联角度的分析当然也能部分地解释出文化诗学产生的原因，不过，如果把"文化诗学"置于马列文论、西方文论和中国文论的对话关系中去考察的话，或许我们能从中看到"文化诗学"在马克思主义文艺理论与批评中国化进程中的特殊地位和作用。

1. "文化诗学"的发展概况及其与"文化研究"的关系

"文化诗学"是童庆炳教授 1998 年提出并加以倡导的，此后以北京师范大学文艺学研究中心为研究重镇，在 20 世纪与 21 世纪之交成为显学。自1998 年始，童庆炳陆续发表了一系列论及"文化诗学"的理论构想、基本学术特征、方法论要义以及面向未来的可能性的专文②，使其"文化诗学"的理论构想趋于成熟。对这一构想进行拓展的还有：李春青的"主体论的文化诗学"、程正民的中外文化诗学比较研究、赵勇的大众文化理论与批评研究、马大康的"文学行为"研究等。其代表性成果有北京师范大学出版社陆续出版的"文化与诗学丛书"和湖南人民出版社陆续出版的"文化诗学文丛"。其面对、涵盖并引起广泛学术论争的理论问题与文艺现实问题甚多，如"文学终结论""日常生活审美化""文艺学边界""文学理论边界"等③。"文化

---

①　李春青：《论文化诗学与审美诗学的差异与关联》，《北京师范大学学报（社会科学版）》2016 年第 5 期。

②　这些专题性论文有：《"文化诗学"作为文学理论的新构想》《文化诗学是可能的》《文化诗学结构：中心、基本点、呼吁》《文化诗学刍议》《文化诗学：宏观视野与微观视野的结合》《植根于现实土壤的"文化诗学"》《文化诗学的学术空间》等。

③　比如，2001 年，美国学者 J. 希利斯·米勒的《全球化时代文学研究还会继续存在吗?》（国荣译，《文学评论》2001 年第 1 期）发表之后，童庆炳撰文"与米勒先生对话"，其核心观点是：文学虽然有这样或那样的改变，但文学不会消失，因为文学的存在不决定于媒体的改变，而决定于人类的情感生活是否消失。2003 年，陶东风等学者在《文艺争鸣》

诗学"的学术影响，除了北京师范大学文艺学研究中心在文化诗学研究方面做了大量工作并为中文系学生专门开设了"文化诗学研究"课程，学界还创办了《文化与诗学》《跨文化研究》等重要学术刊物，旨在进一步推进文化诗学研究向纵深发展。成建制的力量还有闽南师范大学的文化诗学研究所。总体来看，"文化诗学"的理论构想及其批评实践已基本被学界接受、认可、应用，并作为中国当代文艺学界的一种重要研究方法渗透到文艺批评的诸多领域，以鲜明的文化研究的立场与姿态呈现在世人面前。就"文化诗学"与"文化研究"的关系看，二者之间显然有很大的差异。有学者曾对二者之间的区别及联系作了这样的分析：

> "文化研究"的文化概念致力于对现实范式的去蔽和对其合法性的质疑，带有强烈的政治批判意图；中国语境中的"文化诗学"则着眼于符号学的文化概念，更多从人类学研究的视角切入。就"文本"而言，在"文化研究"视野中，文化是与每一个"日常"表征相关的生活方式，以跨学科视角解读纷繁多样的社会文本，是"文化研究"的一项策略；在"文化研究"研究领域，对诗学传统的守护是坚定的，但受"文化研究"文本策略的影响，"文化诗学"的倡导与实践者也开始重新思考文学文本的范围问题。就指向而言，"文化研究"以强烈的参与热情介入公共领域，力图通过建构一套文化阐释话语而获得公共话语的中心地位；"文化诗学"则致力于将诗性精神贯注于诗学研究，将文学文本从"日常"文本中分离出来，指向精神空间的非物质性追求。①

虽然童庆炳等人的"文化诗学"对巴赫金对话诗学、葛林伯雷和海登·怀特等人的文化诗学（新历史主义）以及其他当代西方"文化研究"理论与方

第 6 期刊发了一组有关"日常生活审美化"的讨论文章。2004 年前后，《河北学刊》《文艺争鸣》《文艺研究》等刊物设置了关于"文艺学边界"问题和"关于'文学理论边界'的讨论"的专栏或讨论平台。

① 黄春燕：《文化守望的诗性逻辑——中国"文化诗学"与英美"文化研究"的比照探讨》，《文化与诗学》2016 年第 2 期。

法的资源有所吸收，但对于"文化研究"，童庆炳本人则持极其审慎的保留态度。这可以从童庆炳对一些主张文艺学应当"越界""扩容"的学者的批评中清楚看到。比如，他在《审美论—语言论—文化论：新时期 30 年文论发展轨迹》一文中就批评说："在当代中国，'文化研究'引入中国对当代文化事项进行某些解读原本是必要的。但当代中国的某些'文化研究'在一定程度上已经蜕化成为迎合当代大众文化、并与商业主义共谋的研究事业，其对象已经从大众文化批评、女权主义批评、后殖民主义批评、东方主义批评等进一步蔓延到去解读城市规划、去解读广告制作、去解读模特表演、去解读街心花园、去解读时尚杂志、去解读互联网络、去解读居室装修等，解读的文本似乎越来越离开文学文本，越来越成为一种无诗意或反诗意的社会学批评。"① 在《文艺学边界应当如何移动》一文中，他也批评了那些放弃对文学本身的关注的做法。因为，在童庆炳看来，源自当代欧美学界的"文化研究"属于文化社会学范畴，是一种无诗意或反诗意的社会学批评，其实质是为新兴资产阶级所推崇的消费主义作理论宣传。因此，将之作为文艺学的"当代形态"，"既是认知错觉和思想误导，也有悖于文艺学的品格"②。

2."文化诗学"的理论构架及基本诉求

在对话"文学终结论"，批驳"日常生活审美化"，反思"文艺学边界"中创立的"文化诗学"构想，从理论构架上看，就是"一个中心"（即以审美为中心）、"两个基本点"（是指文学研究既要伸向微观的文学文本的细部，又要伸向宏观的文化历史观照）、"一点呼吁"（"文化诗学"的"审美性品格"）、"三个维度"（语言之维、审美之维和文化之维）、"三种品格"（现实品格、跨学科品格和诗意品格）、"一种追求"（人性的完善与复归）。③ 在童庆炳看来，文学活动的两翼即话语与文化、语言与意义、结构与历史应该在"文化诗学"研究中得到同样的重视，考察其在"文学场"中的互动、互构关系应

---

① 童庆炳：《审美论—语言论—文化论：新时期 30 年文论发展轨迹》，《黑龙江社会科学》2008 年第 4 期。

② 王元骧：《文艺理论中的"文化主义"与"审美主义"》，《文艺研究》2005 年第 4 期。

③ 童庆炳：《"文化诗学"作为文学理论的新构想》，《陕西师范大学学报（哲学社会科学版）》2006 年第 1 期。

成为"文化诗学"的首要任务。为此,他在《文化诗学:宏观视野与微观视野的结合》一文中对"文化诗学"的理论构想作了概括,即"文化诗学""以审美评价活动为中心的同时,还必须双向展开,既向宏观的文化视野拓展,又向微观的言语的视野拓展。我们认为不但语言是在文学之内,文化也在文学之内。审美、文化、语言及其关系构成了文学场。文化与言语,或历史与结构,是文化诗学的两翼"①。他还对"文化诗学"的基本诉求作了详细的阐述,认为"文化诗学""就是要通过对文学文本和文学现象的文化解析,提倡深度的精神文化、人文关怀、诗意的追求,批判社会文化中一切浅薄的、庸俗的、丑恶的、不顾廉耻的和反文化的东西。深度的精神文化,应该是本民族的优秀的传统文化与世界的优秀文化交融的产物,它追求意义和价值,那么这种深度的精神文化的主要特征,就是它的人文的品格,以人为本,尊重人,关心人,爱护人,保证人的心理健康,关怀人的情感世界,促进人的感性、知性和理性的全面发展"②。从中不难看出,"文化诗学"的理论构想,是在与"文化研究"之区别与联系的学理辨析中逐渐形成的。在"文化诗学"的理论构想者看来,"文化研究"既有洞见,更有盲视。洞见表现为"文化研究"始终面向当下文化现实,用宏阔的文化视野重审人类当代精神生产的内秘,通过对当代文化中的"性别""身份""权力""殖民性想象"等核心问题的挖掘来剖析当代文化生产的内在机制并诊断其中隐藏的文化病症;盲视则表现为刻意消解文学与非文学、审美与日常生活的界限,无视文学的审美性,导致了文学理论学科的泛化,给文学理论学科带来了危机。"文化诗学"则试图通过文学理论研究和"文化研究"的互补,在坚持文艺审美性的前提下,既摆脱由"审美转向"和"语言学转向"带来的文艺研究日趋脱离现实的弊病,又匡正"文化研究"自身包含的某些偏颇。

"文化诗学"的理论构想形成于世纪之交社会转型、文论转向的现实语境之中,以兼具"现实性品格"和"审美性品格"为基本诉求,寻求的是一种对纯粹的"内部研究"和彻底的"外部研究"的超越。有学者曾指出:"文化诗学是一种有人文情怀的文艺学,是一种有科学精神的文艺学,是一种人

---

① 童庆炳:《文化诗学:宏观视野与微观视野的结合》,《甘肃社会科学》2008 年第 6 期。

② 童庆炳:《美学与当代文化讲演录》,广西师范大学出版社 2007 年版,第 223 页。

文情怀和科学精神相融合的文艺学。"① 还有学者在肯定"文化诗学"所取得的实绩的同时，也指出"文化诗学"过于看重高雅文学，强调诗情画意，其偏向古典主义与人文主义的文学观与审美观也在很大程度上关闭了与文学、文化现实交往互动的通道，所谓的"关怀现实"与"介入现实"很难落到实处。因此，应将"审美中心论"的单维结构变为"审美／非审美"的矛盾组合（二律背反），这样才能既刷新我们对它的认识，又使它面向复杂现实。② 无论怎样评价，"文化诗学"兼摄审美论、语言论和文化论的研究思路及其理论构想在人文主义的历史维度和历史主义的人文维度之间形成了一种理论思考的张力，是对中国当代文学理论走向的一种清醒判断与较为理性的选择，这是毫无疑问的。

3."文化诗学"构想对马克思主义文学批评中国形态建构的意义

"文化诗学"构想对于马克思主义文学批评中国形态的建构具有重要的理论意义，具体表现在：

首先，作为对当代社会现实生活的一种积极回应，"文化诗学"构想坚持了马克思主义文艺学面向文艺现实问题的基本原则。童庆炳曾多次强调，"文化诗学"应该也必须对现实社会文化问题进行正面研究，用文化精神回应现实。他为此提出了"与现实密切相关的可供'文化诗学'关注与研究"的八大问题，"分别是古今问题，中西问题，中西部问题，性别问题，精英文化与大众文化的问题，商业文化与主流文化的问题，自然环境的保护问题，法与权问题"③。在具体的批评实践中，童庆炳围绕当代历史题材文学创作问题，不仅就其历史真实问题进行了深入探讨，而且提出了历史题材创作"三向度"（即历史的向度、艺术的向度、时代的向度）理论。④ 由此不难看

① 程正民：《拓展文化诗学的理论空间》，《文化与诗学》2016 年第 2 期。
② 参见赵勇：《从"审美中心论"到"审美／非审美"矛盾论——童庆炳文化诗学话语的反思与拓展》，《北京师范大学学报（社会科学版）》2017 年第 6 期。
③ 赵勇：《"文化诗学"的两个轮子——论童庆炳的"文化诗学"构想》，《江西社会科学》2004 年第 6 期。
④ 参见童庆炳的《历史题材创作三向度》（《文学评论》2004 年第 3 期）、《"历史 3"——历史题材文学创作的历史真实》（《人文杂志》2005 年第 5 期）等文章。

出，"文化诗学"是具有当代性的一种文艺理论，它紧扣中国的市场化、产业化以及全球化趋势折射到文学艺术中出现的问题，关怀文学的现实的存在状态，具有一种现实性的品格，在内在精神上同马克思主义文艺基本精神与原则是相通的。

其次，为建设有中国特色的文艺理论作出了积极尝试。从20世纪90年代初起，中国学界就一直致力于建设有中国特色的文艺理论问题的探讨，或提出其逻辑起点，或要求立足本土，或主张中西对话，但这些探讨大多流于较为空泛的理论思考，对于如何处理马克思主义文论、西方现当代文论和中国古代文论之间的关系，对于如何发挥马克思主义文论指导文艺学建设的功能，让中国的文艺理论形成自己的特色等根本性问题，缺乏可操作性的考量，这就使得在新的历史条件下让马克思主义文论对现实做出呼应成为空洞的口号。正是从这个意义上，"文化诗学"立足于现实土壤，强调问题意识，倾听实践呼声，进行研究范式创新，及时而且富有学理地回应了建设有中国特色的文艺理论这一重大时代课题。换言之，"'文化诗学'作为一种文论研究路径，本身就是为建设有中国特色的文艺理论提供一种策略，有强烈的现实针对性"①。

再次，为"三论"在对话中走向创新提供了有益的启示。在中国当代文学理论的发展中，马克思主义文论、西方现当代文论和中国古代文论构成了建设中国特色的文艺理论的最重要的三种理论资源。它们在不同的历史阶段影响、制约着中国现当代文学理论的体系架构、范畴创建或命题展开。如何消除其接受间距，进行文艺理论的融合与创新，往往成为学界最大的难题之一。从倡导文学"审美特征"论，提出文学是一种"审美意识形态"到在"心理学美学"研究中提出文学活动"二中介说"，到在文体诗学建构中提出"美在内容与形式的交涉部"和"内容与形式的相互征服"等创新学说，到在"古代文论的现代转化"问题探索中提出"中西互证、古今沟通"的阐释方法，到最后走向"文化诗学"，童庆炳的审美诗学→心理诗学→文体诗学→比较诗学→文化诗学的学术历程，与新时期以来中国文论从"审美论"→"主体论"→"语言论"→"文化论"的几次转向大致同步。其每一次转向都是将

---

① 江守义：《从文论格局看童庆炳文化诗学的研究路径》，《文化与诗学》2016年第2期。

上述三种理论资源进行融合、对话的结果。"文化诗学"的对话性突出表现在既坚持马克思主义文艺理论的时代性原则的基础上与西方现当代文论的对话，如"文化诗学"的"两翼"提法同现代西方学者韦勒克倡导的"内部研究"和"外部研究"理念以及新历史主义的对话，也有与当代美国学者米勒"文学终结论"的对话，也坚持与中国古代文论的对话（具体表现为对中国古代文论中的文化诗学传统的发掘）。正是这种对话姿态及其内在理念使得"文化诗学"目前已取得不俗的批评实绩并产生广泛的学术影响，它的广阔学术前景也为马克思主义文学批评中国形态的建构提供了研究理念、研究方法等多方面的有益的启示。

第二节　理论创新时代的马克思主义文学批评中国形态的建构实践

自 20 世纪八九十年代以来，中国学界就在不断探索中国文学批评的当代形态的建构问题。比如在"中国特色的文学理论"的建设性探讨中初步提出中国特色文学理论的当代形态构想。像陆贵山、朱立元等人的当代马克思主义文艺学体系建构和董学文的以文学理论科学性诉求为理论支撑的建设有中国特色的马克思主义文艺学当代形态的构想，都是这一时期的重要创获。还有一些学者进行了当代中国形态的文学批评模式的构想，如王先霈的"圆形批评"致力于建设"一种新的具有开放性的批评体系，以古代传统的'圆融'思维构建一种涵纳各种批评方法的圆形批评模式"，这种批评"标举融会传统批评的灵动和西方现代批评的精严，推许一种严谨而洞达、缜密而玄远的批评思维境界"，"针对古代传统批评偏倚于直觉型思维综合和宏观把握，但缺少现代西方批评对文本的精严分析和理性论证的手段，而现代批评缺乏整体性思维和审美的灵韵，由此提出了两者在更高层次上的整合"[1]。又如，实际批评中取得一定实绩的"学院派"批评，其基本理论主张是"当

---

[1]　饶先来：《当代中国文学批评形态的研究及启示》，《学习与探索》2006 年第 5 期。

代文学批评应该不断追求新的知识构型才能保持创造的敏感性与活力，要有理论的深度和历史的眼光"，其"科学意志、普遍价值、人格力量和道德学术规范，都将对文学批评的建设与创造提供推动力"，这种批评的首要特征是"它与创作，与各种文学思潮、文学现象之间存有一定的距离和理性的观察角度"①，因而，保持合理的尺度、客观的判断、坚实而又宏大的知识背景是其批评形成的内在基础，而理论化、科学精神、专业化则是学院化批评的新的远景。在上述这些批评模式之外，还有"第三种批评""生态批评"等等。进入 21 世纪以来，中国文学批评的出路如何仍为学术界、批评界所热切关心。学者们也在不断提出新的构想，如张炯倡导的建构和完善当代马克思主义的美学的历史的文艺批评；赖大仁倡导的马克思主义实践论哲学与人学的统一为理论基点的主体论、本体论与价值论有机统一的系统整合式批评形态；徐珂的"多元审美意识形态批评"等。对于中国文学批评的现状，学者们有对批评伦理资源亏空的忧思，有对当下文学批评中浮躁之风的批判，有对未来出路的建构或设想，也有对问题与挑战的反思。张炯先生曾在《迎向 21 世纪的文学理论批评》一文中对当下中国文学批评现状作了如下全面的分析：

> 九十年代以来，由于社会主义市场经济体制的逐步确立和文学的走向边缘，文艺理论批评受到强烈冲击，这方面的著作因要出版社赔钱，出版便格外困难；而报刊也要讲求经济效益，理论批评的稿费就不免偏低，这既助长有偿批评和广告批评的发展，也促使理论批评队伍的分流。评论家改行或兼写散文、随笔乃至小说的，已不在少数。同时，实事求是的、理论联系实际的严肃科学的学风也受到冲击，浮躁与浮泛之作在增多，缺乏实事求是之意的"捧派"批评固然存在，不与人为善的"骂派"批评也不时露头，乃至成为市场炒作的热点。而理论与批评缺乏更多沟通，追踪创作的批评家往往缺乏更深的理论思考，从事理论工作的学者也往往对合作现状比较隔膜，这就造成理论与实际无法更紧密地结合，基本理论的研

---

① 饶先来：《当代中国文学批评形态的研究及启示》，《学习与探索》2006 年第 5 期。

究往往与创作实践脱节，因而引不起创作家的关注。①

　　上述这些，实际都表明：中国文学批评当代形态的建构仍然是批评界最为关心而实际进展不大的一个核心话题。细究个中原因，古代文学批评研究者常常限于历史传统着意于爬梳中国古代文学批评的发展线索而疏于其当代价值的开掘；现代文学批评研究者常常把现代性的生成与否视作中国文学批评是否成熟的唯一标志；当代文学批评研究者与实践者则忙于在对精神分析批评、解构批评、文化批评等西方文学批评的跟踪中进行各种批评方法的尝试进而缺失对文学批评的哲学基础的深度思考，而批评家们在市场大潮冲击下心性定力的散失，更加重了文学批评公共担当的缺乏。就学理而言，这种各行其是的局面的出现，又跟研究者们、建构者们囿于古代 / 近代 / 现代 / 当代的人为阻隔而缺少通观意识和通盘把握有着密切的关系。更深层的原因恐怕还在于，不能从马克思主义文论的基本精神、原则和主要观念出发展开问题意识或理论之思，对马克思主义文艺基本原理对于中国文艺批评的重大理论意义和现实意义认识不足，对马克思主义文艺学面临一次"新的综合"的要求和契机也认识不足，有意或无意挤兑和拒斥马克思主义文艺理论，由此造成了学术理性与精神信仰之间的严重分裂和理论创新动力的严重缺乏。正因为如此，陆贵山、董学文、朱立元、谭好哲、赖大仁、冯宪光等人在理论创新时代基于中国马克思主义文艺理论所具有的实践性、民族性品格和时代性原则深入探索当代形态的中国马克思主义文艺批评体系与方法模式，更显弥足珍贵。

一、"宏观文艺学"与马克思主义文学批评中国形态的建构实践

　　"宏观文艺学"是陆贵山教授以其几十年的马克思主义文艺理论探索实践，综合考量当代中国文艺理论与批评的总体发展状况，以马克思主义文艺学基本原理为学理基础，吸纳当代优秀文艺学精髓，通过宏观、辩证、综合的理论创新而创立的一个具有鲜明当代中国特色的文艺理论体系。

---

① 　张炯：《迎向 21 世纪的文学理论批评》，《深圳大学学报（人文社会科学版）》2001 年第 1 期。

1."宏观文艺学"体系构想的学理基础

毫无疑问，"宏观文艺学"体系构想是基于对马列文论的基本原理作深入、细致、全面、综合的研究，以宏观、辩证、综合、创新的理论个性精心冶炼的理论创新时代的马克思主义文艺理论中国化的重要成果，充分体现了马克思主义文艺原理同当代文艺现实相结合的研究特点。首先，这一成果是基于以对马列文论基本原理的潜心研究和精准把握为基础的。20世纪80年代，陆贵山、周忠厚编著《马克思主义文艺论著选讲》，其重要目的就是客观梳理马克思主义文艺思想，剖析和发掘了那些导源于马克思主义理论资源的现代西方文论思想同真正的马克思主义文艺思想的区别，对何为真正的马克思主义文论起到了正本清源的作用。此后他又陆续撰文深入探讨了《1844年经济学哲学手稿》中的美学思想，《巴黎手稿》与人的异化问题，马克思主义的文艺人学思想，马克思主义的文艺伦理学思想，马克思主义文化批判的理论与实践，马克思、恩格斯的社会悲剧理论，马克思、恩格斯论审美主体的能动作用，马克思主义经典作家论文艺的典型性以及马克思主义经典作家论新人形象等重要问题，对马克思主义文艺学的基本观点和学理优势作了全面的剖析。其次，"宏观文艺学"体系的形成源于以马克思主义文艺基本原理去对中国当代文艺思潮作深入的整体观照。比如，80年代与周忠厚合作编著《马克思主义文艺论著选讲》期间，陆贵山就结合当时的现实主义文艺理论论争，深入探究了新时期文艺反映社会真实的问题。90年代，他又撰写《艺术真实论》一书，从马克思主义文艺理论视角对文艺真实性问题作了全面的清理。在此基础上，他陆续独立或与人合作主编、撰写了《马克思主义与当代文艺思潮》《中国当代文艺思潮概论》《中国当代文艺思潮》《非理性主义文艺思潮》《唯物史观与文艺思潮》等著作，自觉把基础理论研究与应用研究同步起来，并不断完善自己有关中国特色马克思主义文艺理论体系建构的理论思考。这些著作都具有鲜明的面向时代的特点。比如，其《唯物史观与文艺思潮》就是要回应世界和本国范围内的各种社会文化思潮和文艺思潮对历史唯物主义的冲击和挑战，用唯物史观去排除各种错误思潮对当代中国的文艺创作、文艺批评、文艺研究的干扰。

2.“宏观文艺学”体系构想的基本内容

陆贵山在《宏观文艺学论纲》中提出，文艺研究有三个基础性、支柱性的观点，即史学观点（运用于文学与社会历史之关系的研究）、美学观点（运用于文学与美学之关系的研究）和人学观点（运用于文学与人的关系的研究）。三大观点也相应派生、表现出三大精神，即文、史关系中表现出的历史精神；文、人关系中凸现出来的人文精神；文、美关系中彰显出来的美学精神。基于这些看法，陆贵山提炼出三大文艺理念，即从文学与社会历史关系研究中可以总结出为社会进步服务的文学理念，从文学与人的关系研究中可以锻炼出为人生服务的文学理念，从文学与审美的关系中可提摄出为艺术而艺术、为审美而审美的文学理念。作为“宏观文艺学”的进一步补充，陆贵山还在《试论文学的系统本质》一文中指出，文学的本质是系统本质，把握它有四个向度，即广度(横向)、深度(纵向)、矢度(流向)、圆度(环向)。在这些向度上探讨文学本质，会发现文艺研究存在六大学理系统，即自然主义的文论学理系统、历史主义的文论学理系统、人本主义的文论学理系统、审美主义的文论学理系统、文化主义的文论学理系统和文本主义的文论学理系统。① 基于此，陆贵山认为：第一，文学理论发展的重要途径是实践、对话、综合与创新。第二，宏观文艺学还需要从宏观的大视域去研究两大文脉（即现实主义与浪漫主义及其关系）和三大文论（即马学文论、西学文论和国学文论），并在此基础上认真研究马克思主义文论的中国化、西方现代文论的本土化和中国古代文论的现代化这“三化”之间的关系。不难看出，这些理论阐述都是对当代文艺理论发展趋势所作的宏观的综合的创新，是反思和总结新时期以来中国文论发展的总体状况、基本格局和结构形态的战略性思考。其中，对“三化”及其关系的深入思考在马克思主义文艺中国形态的建构中具有重要的理论指导意义。

3.“宏观文艺学”体系构想对马克思主义唯物辩证法的灵活运用

在“宏观文艺学”体系构想中，我们可以深切感受到这种构想中充满了对马克思主义唯物辩证法的灵活运用。举凡文学的主体性和客体性的关系问

---

① 参见陆贵山：《试论文学的系统本质》，《文学评论》2005 年第 5 期。

题、文学的社会历史研究和人文研究的关系问题、文学的内部规律和外部规律的关系问题、文艺的科学研究和对文艺的诗学研究的关系问题、反映论和价值论的关系问题、文学的理性元素和非理性元素的关系问题、本质主义和反本质主义的关系问题、审美幻想和语言崇拜问题，以及如何对待实践的地位、功能和作用问题，等等，在"宏观文艺学"中都有辩证的处理。值得注意的是，这种辩证处理并不停留在事物矛盾之对立统一关系的简单罗列或分析上，更表现在对事物对立统一关系的复杂情势的敏锐辨识，以及对对立双方相互转化、整合、派生之机理的精准揭示上。比如，在《审美主客体》中，陆贵山针对当时学界只认同审美主客体的统一而看不到它们之间也会出现不统一的现象而提出了"倾斜"的问题。又如，同样从辩证法出发，陆贵山对马克思《1844年经济学哲学手稿》中提出的"两个尺度"问题，作了创新性的阐述，认为马克思指出的两个尺度，不论是物种的尺度，还是内在固有的尺度，都不是单指物的尺度或单指人的尺度，而是既含有对象的尺度，同时又包括主体的尺度。

4."宏观文艺学"体系构想对马克思主义文艺理论中国化的贡献

"宏观文艺学"体系构想对于推进马克思主义文学理论与批评的中国形态的建构作出了重要贡献。首先，这一构想的三个"注重"（即注重理论与实践的相结合，注重马克思主义文艺基本原理同当代中国文学思潮的研究与批评的结合，注重从经典理论文本的细读上升到宏观文艺问题的思考并回到现实问题的考量中）具有重要的方法论意义，既坚守了马克思主义文学理论传统，也为文艺学界的马克思主义文艺理论中国形态探索作了方法论上的示范。其次，"宏观文艺学"体系构想以文艺的历史维度、美学维度和人文维度三大"母元"为基础，以实践、文化、心理、语言四大系统为实现动力，将唯物辩证法的普遍联系的观点贯穿到文艺的主与客、认知与价值、群体与个体、内容与形式等诸多关系网络中，以宏观的大视野对文艺进行总体性和全方位的综合研究，为马克思主义文艺理论与批评的中国形态的建构确立了"宏观、辩证、综合、创新"的理论视野，改变了过往马克思主义文论研究中见木不见林的弊端。再次，"宏观文艺学"倡导"一体·主导·多样"的文艺理论格局，强调在实现西方现当代文论的本土化和中国古代文论的现代转化的过程中推进马克思主义文艺理论的中国化，并把这"三化"视为同一件事情和同一个过程，这为破解构建当代形态的中国特色的马克思主义文学理论体系中如何协调处理好马列文论、西方文论与中国古代文论的关系这一难题提供了新的研究理念。正是从这个意义上讲，"宏观文艺学"体系构想是当代马克思主义文艺理论中国形态的重要成果。

二、"21世纪中国的马克思主义文艺学"构想

"21世纪中国的马克思主义文艺学"构想是由董学文教授提出的。作为当代中国最为活跃的马克思主义文艺理论家之一，董学文从新时期开始一直致力于马克思主义文艺理论中国形态的探索。这种探索有着鲜明的理论品格，突出表现在三个方面：一是以文学理论的科学性诉求为理论支撑。从新时期开始，董学文就一直坚持从马克思主义文艺学原理出发探究文学理论的科学性，并为此撰写或编著了《马克思与美学问题》《马克思主义文艺理论发展史》《马克思恩格斯论美学》《马克思主义经典作家论审美教育》《马克思主义文论教程》等论著，为如何正确理解马克思主义文艺基本原理与原典作了不懈的艰苦的探索。这种科学性诉求所涉论域甚广、甚深，如：马克思恩格斯的悲剧观、恩格斯怎样看待文艺的真实性、马克思考察艺术规律的方法、马克思的"艺术生产"的理论、列宁对待现代派文学的态度、怎样看待马克思的文艺理论体系、艺术生产和物质生产的关系、马克思主义文艺观与庸俗社会学的区别、马克思主义文学研究方法论、马克思主义文艺学的理论品格，等等，董学文都作了精细、深入的探索，逐渐形成了自己鲜明的以文学理论科学诉求为理论支撑的马克思主义文论研究特点。二是密切跟踪、深入研究马克思主义文艺理论中国化的典范形态。董学文对有着重大指导意义的典范化的马克思主义文艺学中国形态如毛泽东文艺思想、邓小平建设有中国特色的社会主义文艺学思想、习近平关于新时代社会主义文艺的重要论述都作过及时的追踪和深入的研究。他的毛泽东文艺思想研究系列（如《毛泽东和中国文学》、《毛泽东的文艺美学活动》等著作以及《论毛泽东文艺思想的历史地位》《〈在延安文艺座谈会上的讲话〉对马克思主义文艺理论的贡献》《毛泽东文艺思想的现实意义》等）、邓小平文艺思想研究系列论文（如《邓小平文艺理论的实践性品格》《试论邓小平文艺理论的科学贡献》《邓小平文

艺理论的实践意义》等）以及习近平文艺思想研究系列论文（如《发展中国的马克思主义文艺理论——学习习近平总书记〈在文艺工作座谈会上的讲话〉精神》《充分认识习近平文艺思想的重大意义》《如何发挥文艺的价值引领作用》《中国马克思主义文艺理论的创新性发展——习近平文艺思想的当代价值研究》等），都非常注重从典范形态中探讨马克思主义文艺理论中国化的基本精神与方法论原则。三是自觉致力于马克思主义文艺学当代形态的理论探索。从 20 世纪 80 年代中后期开始，董学文就陆续撰写了《建设马克思主义文艺学的当代形态》《从"经典形态"到"当代形态"——关于马克思主义文艺学改革的思考》《中国马克思主义文艺学的命运》《谈谈文学理论的"中国特色"》《马克思主义文艺学当代形态论纲》《构建马克思主义美学当代形态的几个问题》《马克思主义文艺学的当代反思与未来发展》《建设有中国特色的面向二十一世纪的文学理论体系》《关于有中国特色马克思主义文学理论研究的几个问题》等重要文章，就马克思主义文艺学的当代形态问题进行了集中探索。董学文通过《文艺学当代形态论》（北京大学出版社 1998 年）一书的系统总结以及新世纪以来对当代中国文艺理论发展状况的系列剖析，最终在理论创新时代形成了自己的"21 世纪中国的马克思主义文艺学"构想。

董学文认为，提出构建和发展"21 世纪中国的马克思主义文艺学"，是由现实形势和理论进程所决定的。从历史的发展看，"随着时代的步伐，马克思主义文艺理论在中国已经进入新的发展阶段。在持续的传统与现代、东方与西方张力结构中，中国的马克思主义文艺理论已经展现出独特的面貌"①，亦即"当代世界文艺理论运动的格局中，中国的马克思主义文艺理论不仅获得了自己的特有身份，而且为人类文艺理论的未来提供了新的选择的可能性。面对这样一种局面，理论界和批评界有必要也有责任进一步完善中国的马克思主义文艺理论，有必要也有责任把中国的马克思主义文艺理论从逻辑结构和形态体系上描述得更加清晰"②。从现实需要看，"近些年来，中国文艺确乎出现了许多新现象、新实践和新问题，亟需马克思主义文艺理论从宏观和微观等不同层面给以透彻的解释"，并且，"这些年中国的马克思主

---

① 董学文：《21 世纪中国的马克思主义文艺学论纲》，《文艺理论与批评》2016 年第 3 期。

② 董学文：《21 世纪中国的马克思主义文艺学论纲》，《文艺理论与批评》2016 年第 3 期。

义文艺理论在与实践的结合中，已经积累了丰富经验，有了自己的理论自觉和自信"。① 基于此，董学文认为，在理论创新和实践创新的良性互动中发展"21 世纪中国的马克思主义文艺学"，开拓"当代中国马克思主义文艺学"新境界，"理应成为广大文艺工作者光荣而神圣的职责"。②

董学文对"21 世纪中国的马克思主义文艺学"构想中的"三个关键词"即"21 世纪""中国的""马克思主义"作了深入的剖析。他认为，将三词有机地连在一起，并用来界定一种文艺学说，就具有了"形态学意义上的价值"。因为，"离开时代特征来谈马克思主义文艺学是没有意义的，离开本土化特点来谈马克思主义文艺学是缺乏个性的，离开马克思主义基本原理来谈马克思主义文艺学更是不可取的"。这种提法的原因在于：首先，与惯常的"当代"一词相比，"21 世纪"一词，更凸现了"全球地缘政治版图大幅调整，地区冲突蔓延加剧，科技和信息产业突飞猛进，文化需求空前高涨"的时代特征，以及中国的文艺形势和文化面貌所发生的"前所未有的巨变"。其次，"'21 世纪中国的马克思主义文艺学'是'中国化马克思主义文艺理论'的一个发展"，但也有区别："中国化"是指马克思主义被中国所继承和化用，中间是有丰富和发展的，但与"中国的"相比，后者则更强调其原创和更新的因素。"中国化"注重原有理论同本土实践的结合，"中国的"强调的则是这种结合中的升华和生发，以及所产生的新的理论成果。也就是说，"马克思主义文艺理论在中国有了近百年的历史，它经历了一个'传播'、'融入'、'结合'、'提升'、'波折'和'再提升'的过程"③。正是基于上述考量，董学文认为："'中国化'和'中国的'虽一字之差，但它们的创造性和含金量是不同的。'中国化'与'中国的'两者之间，固然有内在的血脉关联，但彼此却有理论生长状况与形貌内涵上的差别，后者应是在前者基础上的更高层级的理论升华。这种升华，过去就曾经有过。譬如，毛泽东文艺思想，就可以说是'20 世纪中国的马克思主义文艺学'；中国特色社会主义文艺理论，为马克思主义文艺学在中国发展到新阶段也做了有力的铺垫和推动；习近平

---

① 董学文：《21 世纪中国的马克思主义文艺学论纲》，《文艺理论与批评》2016 年第 3 期。

② 董学文：《21 世纪中国的马克思主义文艺学论纲》，《文艺理论与批评》2016 年第 3 期。

③ 董学文：《21 世纪中国的马克思主义文艺学论纲》，《文艺理论与批评》2016 年第 3 期。

《在文艺工作座谈会上的讲话》，则可以说为'21世纪中国的马克思主义文艺学'的诞生提供了雏形，做出了示范。由此可见，构建和发展'21世纪中国的马克思主义文艺学'是具备了条件和基础的。"①

　　总的来说，董学文关于马克思主义文艺批评中国形态的探索，大致分为三个阶级，一是从新时期开始到20世纪80年代末，为寻求中国马克思主义文艺学的科学性而致力于马克思主义经典形态的潜心研究。二是从90年代开始探索、建构具有中国特色的马克思主义文艺学当代形态。在这一阶段的探索中，董学文既强调要清理各种非马克思主义文艺理论的干扰，也主张坚持马克思主义基本原理的指导同中国百年来文艺理论的总结与反思结合起来，着力探讨马克思主义文艺批评中国形态构建进程中的"时代性""中国特色""民族化"等核心语汇的内涵、外延，不断修正和完善其对中国马克思主义文艺理论体系的研究。三是从新世纪开始，通过对中国文艺的现实形势和理论进程的综合考量，结合其对党的十九大以来中共文艺政策与方针的深入理解，努力探索和研究"接地气的、充满创造力的、系统的21世纪中国的马克思主义文艺学新形态"②。从马克思主义经典形态研究→建构具有中国特色的马克思主义文艺学当代形态→"21世纪中国的马克思主义文艺学"构想，董学文对于马克思主义文学批评中国形态的探索一直在不断调整视角、思路和方法，体现出鲜明的与时俱进的特点。正是从这个意义上讲，以马克思主义文艺理论科学性的探索为支撑、以符合时代要求的马克思主义文论体系的建构为旨归，构成了董学文的主要研究理路和鲜明的学术个性，在马克思主义文艺理论中国形态探索进程中具有重要的学术意义。

三、以实践存在论为核心的马克思主义人学文艺学构想

　　如何夯实、拓展当代中国马克思主义文艺学建设的理论基础，并在此基础上进一步探索马克思主义文艺批评的中国化问题，朱立元教授提出了以实践存在论为核心建构马克思主义人学文艺学的构想。这一构想主要是通过两

---

① 董学文：《21世纪中国的马克思主义文艺学论纲》，《文艺理论与批评》2016年第3期。
② 董学文：《21世纪中国的马克思主义文艺学论纲》，《文艺理论与批评》2016年第3期。

大理论问题的努力探索而形成的。

其一，是实践存在论的提出。它的提出主要基于三个向路的展开。一是对蒋孔阳美学思想的继承。朱立元认为："蒋孔阳先生的美论，其核心不是回答'美是什么'即现成、固有的美的本质问题，而是围绕着'美如何生成'这个问题展开，蒋先生用'多层累突创'说阐述'美在创造中'这一核心命题，集中体现了对传统本质主义思路、方法的突破和超越。"①在朱立元看来，蒋孔阳把人对现实的审美关系作为美学研究的出发点，把一切美学问题都放在人对现实的审美关系中加以考察的思想，是"对当代各派美学中形而上学主客二分的实在（体）化思维方式的超越和对现成论思想的突破，其中包含了生成论思想的可贵因素"②。二是对马克思实践观的重新发掘。首先，朱立元针对李泽厚关于"实践"的解释提出不同意见，认为"马克思实践概念的本体内涵是人的社会性、历史性的存在方式，其表现形态包括物质生产，也包括变革社会政治道德制度的革命实践，还包括感性个体的生存活动，即广义的人生实践"③。其次，通过海德格尔有关思想的启示，去论证海德格尔与马克思的存在论在突破传统本体论思维以及思路和方法等方面客观存在着的理论联系，证明其此在的基础存在论开启和凸显了马克思实践观本有的存在论维度，是走向实践存在论美学的"中介"。④再次，通过与董学文、陈诚、王元骧等学者的论争，以"实践"与"存在论"关系为中心，去探索"实践存在论"美学中的生成论、建构论的合理性，以及它对发展实践美学的重要意义。⑤在朱立元看来，"马克思的实践观中不但确确实实包含着存在论维

---

① 朱立元：《美论：寻求对本质主义思路的突破——蒋孔阳美学思想新探之三》，《复旦学报（社会科学版）》2004年第5期。

② 朱立元：《蒋孔阳审美关系说的现代解读》，《文艺研究》2005年第2期。

③ 朱立元、刘泽民：《"实践"范畴的再解读》，《人文杂志》2005年第5期。

④ 参见朱立元：《海德格尔凸显了马克思实践观本有的存在论维度——与董学文等先生商榷之三》，《社会科学》2010年第2期。

⑤ 在这一向路上，朱立元先后独立或与人合作撰写了《全面准确地理解马克思主义的实践概念——与董学文、陈诚先生商榷之一》《论马克思主义实践观的存在论维度——与董学文、陈诚先生商榷之二》《海德格尔凸显了马克思实践观本有的存在论维度——与董学文等先生商榷之三》《关于全面准确理解马克思主义哲学、美学的若干问题——与董学文等先生商榷之四》《"实践存在论美学"不是"后实践美学"——向王元骧先生请教》《对近期有关实践存在论批评的反批评——对董学文等先生的批评的初步总结》《试论马克思实

度和内涵，而且他的与实践观紧密结合的存在论思想还为现代存在论的建立和发展作出了开创性的贡献，同时也为当前和今后的美学、文艺学研究及发展切实开启了一种崭新的可能性"①。实践存在论美学对于当代中国马克思主义美学文艺学的指导意义，在朱立元看来，就是："跳出主客二分的认识论思维方式，坚持美是生成的而不是现成的观点，以审美活动为美学研究的出发点，把审美活动作为一种基本的人生实践，把广义的美作为一种人生境界，从而走向实践存在论美学，克服当前中国美学发展的瓶颈。"②

其二，马克思主义文艺理论的人学基础探析。正是基于实践存在论美学把审美活动作为一种基本的人生实践，把广义的美作为一种人生境界，朱立元将其美学思考拓展、深入到文学思考中，对马克思主义文艺理论中国化的人学基础进行了集中探索。这种探索沿着三个层面展开。

第一，在哲学层面上分析了马克思主义人学理论的核心到底是什么。朱立元指出：

马克思主义人学理论是马克思主义哲学的重要组成部分，其核心是以人为本的理念。以人为本的"人"，无论是集体的，还是个体的，都是指普遍的、一般的人，因此，马克思主义人学承认人有普遍的、一般的本质，即共同人性。在他看来，马克思主义人学理论为考察文学艺术的本质和功能提供了一种视角，而且是更加贴近文学艺术自身的视角。因此，以马克思主义人学理论指导当代文艺学建设，就要把"以人为本"作为文学艺术活动的出发点、落脚点和着眼点，把实现人的自由、全面发展作为文学艺术

践唯物主义的存在论根基——兼答董学文等先生》《不应制造"两个马克思"对立的新神话——重读〈1844年经济学哲学手稿〉兼与董学文、陈诚先生商榷》《遮蔽"存在"的存在论批判——评董学文等先生对海德格尔存在论思想的误读》等专文以回应学界同仁对实践存在论美学与文艺学的质疑。

① 朱立元、刘旭光：《论马克思主义实践观的存在论维度——与董学文、陈诚先生商榷之二》，《探索与争鸣》2009年第10期。

② 朱立元：《走向实践存在论美学——实践美学突破之途初探》，《湖南师范大学社会科学学报》2004年第4期。

的最终目标。①

从这段阐述中不难看出，朱立元认为马克思主义人学理论的核心是"以人为本"，这一核心理念为考察文艺提供了新的视角，也为建设中国当代文艺学提供了重要的理论资源。

第二，从历史层面回顾了从新时期到新世纪的关于"文学是人学"命题的不断展开历程。朱立元认为，"文学是人学"的核心和基础是文学应当"以人为本"、以人道主义精神为灵魂的观念，具体表现为：强调文学"必须从人出发，必须以人为注意的中心"；强调将人看成"文学的目的所在"；反对将人的描写作为"工具"和"手段"；肯定共同人性、普遍人性的存在；把人道主义作为衡量文艺作品成就"最根本的和普遍适用的原则"。在他看来，这些观点至今仍然极富生命力和启发性，但还需要给予马克思主义人学的更深入的理论阐释。②

第三，从现实层面剖析了"以人为本"为核心的科学发展观同文艺理论与批评的内在联系。朱立元认为，"以人为本"为核心的科学发展观强调了社会发展的最终目的是为了"人"的发展。这是对马克思关于人的自由、全面发展的人学思想的继承和创造性发展。文学艺术因其对真善美的追求，对美好人性的塑造以及对人的自由发展的促进，本然地承担着实现人的自由、全面发展的历史使命。作为当前经济社会发展的总的指导思想，"以人为本"思想更是文学艺术发展的出发点和落脚点。因而，"'以人为本'思想以其对人的生存状况关怀，对人的物质需求和精神需求的关注，深化了对马克思关于人的学说的真理性的认识，是建构当代马克思主义文艺理论的人学基础"③。总之，朱立元认为，以马克思主义人学理论指导当代文艺学建设，"就是要把以人为本作为文学艺术活动的出发点、落脚点和着眼点，把

---

① 朱立元：《马克思主义人学理论与当代文艺学建设》，《学术研究》2009 年第 4 期。

② 参见朱立元：《从新时期到新世纪："文学是人学"命题的再阐释——兼论马克思主义文艺理论的人学基础》，《探索与争鸣》2008 年第 9 期。

③ 朱立元、刘琴：《"以人为本"：当代马克思主义文艺理论的人学基础》，《湖南社会科学》2008 年第 6 期。

实现人的自由、全面发展作为文学艺术的最终目标"①。具体说来，这反映在三个方面："首先，应当从马克思实践存在论的高度，认识作为人的基本存在方式和基本人生实践的文学艺术；其次，文学作为人学，其本质是人的本质力量的自由的、想象性和情感性的对象化和确证；最后，文学艺术的功能不仅仅是审美、认识、教育等，其根本目的是为了实现人的自由、全面的发展。"②

朱立元的以实践存在论为核心的马克思主义人学文艺学构想对中国形态的马克思主义文艺理论体系建构的贡献主要表现在：一是基于对实践美学的逻辑起点——"实践"概念的再解读、再创构的实践存在论，突破了中国学界将马克思实践概念局限在物质生产或物质活动层面进行理解的缺陷，为中国学界突破主客二分的认识论框架，在主客一体的存在论维度上重建"实践美学"的哲学基础提供了一种新的视角，充实了马克思主义美学中国化的重要理论形态—实践美学的理论根基。二是为中国形态的马克思主义文艺美学建立了实践—感性活动—审美活动—文学活动—人生境界之提升的自洽的逻辑联系和清晰的理论肌理。朱立元明确界定"实践就是人的感性活动"，主张实践应当包括物质活动和精神活动，把实践看成是人存在的基本方式，强调在人与世界构成相互作用、不可分割关系的"整一"格局中看待人的各种活动，提出"关系在先""活动在先"的审美原则，这些看法为中国文艺理论界审视文学活动的本质与特征（尤其从审美层面），反思反映论和认识论的局限提供了哲学、美学高度的思考。三是为中国形态的马克思主义文艺学的建构实现本体论、认识论和价值论的有机结合提供了颇有价值的理论构想。这种构想把感性的审美活动作为一种基本的人生实践，把广义的美作为一种人生境界，以人的实践存在方式之一的审美活动为美和美感产生的基础与前提，以人生境界的提升为审美活动的终极目的，在审美实践中去高扬人的地位，不仅夯实了马克思主义文艺学的人学基础，而且赋予了"文学与人学"命题以新的美学内涵。

---

① 朱立元：《马克思主义人学理论与当代文艺学建设》，《学术研究》2009 年第 4 期。

② 朱立元：《马克思主义人学理论与当代文艺学建设》，《学术研究》2009 年第 4 期。

四、以文艺意识形态本性论为核心的"马克思主义问题性"构想

这一构想主要是由谭好哲教授提出的。由于文艺意识形态本性论的确认关涉到理论创新的历史性，而"马克思主义问题性"又关涉到理论创新的时代性，因此这一构想实际上是在历史性—时代性（历史形态—理论形态）的二维辩证构架中展开马克思主义文艺理论中国形态探索的。

先看文艺意识形态本性论的确认。如前所述，文艺的本性以及文艺与社会意识形态之间的关系一直是文艺理论中最为重要的理论问题之一。经典马克思主义文艺理论从辩证唯物主义和历史唯物主义出发，将文艺看作是一种社会历史现象，并定性为意识形态性的上层建筑或"观念的上层建筑"，由此形成了马克思主义的文艺意识形态论，它在被广泛接受的同时也受到了一些质疑与挑战，如：20世纪50年代苏联学者特罗菲莫夫提出了"文艺非意识形态论"；60年代西方马克思主义理论家如费歇尔、阿尔都塞、马尔库塞、阿多尔诺等人认为意识形态是虚假、错误概念，将马克思主义的意识形态看作是错误的意识形态论，等等。就中国马克思主义文艺理论的发展状况而言，也存在接受与质疑两种情形。一方面是文艺意识形态本性论在中国的传播，历经李初梨、瞿秋白诸人以及毛泽东《讲话》的引入、阐发与确立，在中国马克思主义文艺理论的发展史上逐渐占据支配性地位，并在80年代中后期通过"审美意识形态论"的创新性发挥，得到巩固和发展；另一方面是80年代关于文艺意识形态性质的论争中出现的否定文艺意识形态性的思潮，以及新世纪之交围绕文艺与意识形态及审美关系的再度讨论而出现的某些否定性看法。这些分歧，既有马克思主义文艺学内部的学派纷争，也有非马克思主义文艺学的责难。为解决这一既具国际性又有国内性，既有历史性又有当下性的理论难题，谭好哲出版了创新性著作《文艺与意识形态》（山东大学出版社1997年），对文艺与意识形态关系问题作了全面的深入的系统的剖析，不仅得到了陆梅林、陆贵山等国内马克思主义文艺理论大家的充分认可（参见该书序言），也为自己的马克思主义文艺理论中国形态探索奠定了坚实的理论基础。该著及其相关问题研究的系列文章（如《关于文艺、审美与意识形态关系问题的思考》《论文艺的意识形态性与认识性的辩证关系》《论文艺意识形态性研究中的几个问题》等）的主要理论贡献在于：首先，对意识

形态概念的内涵及其演变历程作了正本清源的梳理，清晰勾勒了马克思主义文艺意识形态理论的发展阶段。其次，面对国内外各种文艺非意识形态论调，旗帜鲜明地坚持和确认了马克思主义文艺意识形态本性论并深入阐发了其现实意义及学理价值。再次，对文艺的意识形态性同文艺的审美性、认识性、生产性、文化性之间的复杂关系进行了全面、细致的剖析，在确认意识形态性作为文艺的根本属性、本质属性的同时，以开阔的学术胸襟涵摄了新时期以来从文艺的特殊属性出发形成的各种文艺观念（如"审美意识形态论""文艺反映论""艺术生产论""文艺本体论""文艺价值论"等），同时也极富学理地剖析了各种非意识形态论产生的原因及其根本误区之所在。总的来说，谭好哲对文艺意识形态本性论的坚持、确认与阐发，实际上是从坚持理论创新的历史性的角度保持了马克思主义文艺理论的优良传统。具体说来就是重溯文艺意识形态论的产生、发展以及它同文艺非意识形态论之间各种论争的历史场景，廓清各种理论误区，并最终得出真知灼见，将文艺与意识形态的关系视为马克思主义文艺理论研究的一个基础性问题。这也是新时期以来中国学者在立足于学理对话并走向理论综合中去坚持马克思主义基本原理的一个极好的体现。

再看"马克思主义问题性"。在当代中国马克思主义文艺理论家中，谭好哲的问题意识表现得尤为明显。在他看来，马克思主义文艺学的发展必须增强问题意识和时代，这是因为，问题是时代的口号和呼声，而"时代是理论不能逾越的地平线。理论的创生动因与具体内容无不拜时代生活所赐，其思想活力与社会价值也总是深深植根于它与时代生活紧密、能动的关联与互动之中。理论越是满足时代需要，越是具有有效地回应和解决时代性重大理论和实践问题的能力，其活力便越强，其价值也越大"①。基于此，他在多篇文章中就这种"问题性"与时代之间的关系作了深入阐发。② 与此同时，他还进一步指出，马克思主义文艺理论的创新发展"不能停留于关于增强问题

---

① 李明军：《焕发马克思主义文艺理论的思想活力——文艺理论家谭好哲访谈》，《文艺报》2014 年 9 月 12 日。

② 参见赖大仁的《重建文艺理论的实践品性》（《百家评论》2012 年第 1 期）、《文艺理论研究问题性的时代维度》（《理论学刊》2014 年第 4 期）、《新时代的文艺创作要"无愧于时代"》（《百家评论》2017 年第 6 期）等文。

意识的一般性谈论，而应进一步深入到'马克思主义问题性'与文艺理论研究的关系上来"①。在他看来，"'马克思主义问题性'涉及到与方法论相关的解释维度，与历史性相关的时代维度，以及与理想性相关的价值维度，只有在'马克思主义问题性'的寻找、研讨与确立、坚守中，才能切实有效地推进马克思主义文艺理论研究的学术发展和思想创新"②。在一次访谈中，他明确提出用"马克思主义文艺理论中国化"和"中国化马克思主义文艺理论"两个不同提法来揭示和标志中国马克思主义文艺理论的历史转型问题，并将后者视为新时期以来展开的第二个理论综合阶段应该实现的目标和任务历史转型，其中特别提到要把"立足新的时代语境"作为实现马克思主义文艺理论历史转型的前提、起点和落脚点。这是因为，在他看来，"真正的理论创新总是来自所处时代的特定处境或语境，强调从'马克思主义问题性'出发正是对现实文化和文艺问题加以理论应对和聚焦"③。他还从"源于时代""介入时代""引领时代"三个有机统一的理论层面对马克思主义文艺理论思想创新的时代维度问题作了深入的全面的阐发。所谓"源于时代"，指的是"中国的马克思主义文艺理论研究，应该回到自身的现实语境和艺术实践经验中来，关注时代生活与艺术审美的新现象、新思潮、新问题、新变化，从民族自身的历史创造和艺术实践中，从研究主体自身的生存体验、审美经验和理性思考中感悟出、寻找到属于自己的'中国问题'"④。所谓"介入时代"，指的是"马克思主义文艺理论与批评应该把认知性的历史理性与规范性的价值理性有机统一起来，不能仅仅满足于以现成的理论对当代文艺现实的认识和解释，还需要以自己的思想创新和具有思想底蕴的价值评判介入现实，发挥引领与指导当代文艺现实的作用，在与具体文艺实践的有效互动中同构当代文艺发展的精神版图"⑤。所谓"引领时代"，指的是中国的马克思主义文艺

① 谭好哲：《马克思主义问题性与文艺理论创新》，《文学评论》2013 年第 5 期。
② 谭好哲：《马克思主义问题性与文艺理论创新》，《文学评论》2013 年第 5 期。
③ 李明军：《焕发马克思主义文艺理论的思想活力——文艺理论家谭好哲访谈》，《文艺报》2014 年 9 月 12 日。
④ 李明军：《焕发马克思主义文艺理论的思想活力——文艺理论家谭好哲访谈》，《文艺报》2014 年 9 月 12 日。
⑤ 李明军：《焕发马克思主义文艺理论的思想活力——文艺理论家谭好哲访谈》，《文艺报》2014 年 9 月 12 日。

理论建构"应该重新思考与建构艺术与理想的关系,努力把社会理想、人生理想与艺术审美理想有机统一起来,并将之凝聚为具体的艺术理念,转化为艺术审美的价值规范与标准"①。

如果说,对文艺意识形态本性论的确认是马克思主义文艺理论的"守正"问题的探索的话,那么对"马克思主义问题性"与时代关系的阐发则是马克思主义文艺理论如何达致理论"创新"问题的探索,它们分别是马克思主义文艺理论的历史形态和理论形态的不同体现。应该说,这种在历史性—时代性(历史形态—理论形态)的二维辩证构架中去展开马克思主义文艺理论中国形态的探索,既具有历史眼光,又具有理论眼光,是"史"与"思"的结合。颇可印证的是,谭好哲在最近发表的《论马克思主义文艺理论的历史形态与理论形态》一文中还就上述二者的关系作了深入阐发,认为"历史形态的研究能给理论形态的建构提供更为充实的思想资料,理论形态的建构则能使历史形态的研究具有更为自觉的目的导向,二者相互促动、相辅相成","前者更需要沉潜于历史纵深的思想考古与价值辨析,在秉持真正的'历史'透视眼光的同时,还要求在宏观认识架构上取得共识",其中,"马克思主义文艺理论的原生形态与衍生形态的关系、本土性与世界性的关系、历史价值与历史局限性的关系问题需要认真谨慎地加以体认与辩证论析;后者更需要基于时代创新的思想建构与时代检验"。② 正是从这个意义上讲,谭好哲的这一构想对于改变中国马克思主义文艺理论研究中理论阐发与历史考辨不能相互支撑、"守正"与"创新"不能兼顾的弊端具有很好的提点作用,不失为"中国形态"探索的一条新思路或"中国形态"的一种新构想。

五、主体论、本体论与价值论有机统一的当代马克思主义文学批评体系构想

这一构想主要是由赖大仁教授提出的。这一理论构想有着较为严密的逻

---

① 李明军:《焕发马克思主义文艺理论的思想活力——文艺理论家谭好哲访谈》,《文艺报》2014 年 9 月 12 日。
② 谭好哲:《论马克思主义文艺理论的历史形态与理论形态》,《山东社会科学》2018 年第 1 期。

辑自洽性。它是沿着现象描述→理论话语整合→学理反思→体系构想的基本路径来展开的。

就现象描述而言，赖大仁清理和回顾了 20 世纪中国文论现代转型的发展历程①，认为它曾受到多方面理论资源的影响，其中影响最大的是马克思主义理论。对于马克思主义思想理论资源的不同角度、不同层面、不同维度的开掘并运用某一方面的基本原理观照阐释文艺问题，就相应地形成特定的理论形态或研究思路。其中，"主要有以唯物反映论为基础的认识论文论，以实践论哲学为基础的活动论文论，以及人学的文论研究思路，它们各有一定的时代特点。从共时态关系看，它们之间并不矛盾，其内在理路可以彼此互通，从历时态发展看，是后者在前者基础上的推进、深化和超越"②。在赖大仁看来，"在当今各种理论走向对话与综合的时代，马克思主义文艺学的各种理论形态或思路，也应寻求在当代语境中的相互对话与融合，以实现进一步的创新发展"③。

从理论话语整合而言，赖大仁认真清理和总结了马克思主义文艺理论中国化的理论话语形态，认为"'马克思主义文艺理论中国化'作为一个完整的命题，可理解为马克思主义文艺思想在中国语境中的具体转化。它既是一个历史过程，也包括这一历史进程中所形成的理论形态，即具有中国特色的马克思主义文艺理论成果"④。赖大仁将这些理论成果的形态分为原典性"译介话语"、毛泽东文艺思想等"领袖话语"以及理论界的"学术话语"等，并认为它们"各有不同的内涵、特点和意义，并仍将不断创新和发展"。⑤

就学理反思而言，赖大仁认为，当今马克思主义文论研究所面临的困境，既与当今社会现实语境有关，也与其自身存在的问题有关。无论是对之有意无意的贬抑，或者过于学理化、体系化的阐释，或极力把它神圣化、原

---

① 参见赖大仁的《20 世纪中国文学批评的转型》(《中国人民大学学报》1997 年第 6 期)、《新时期文学批评的转型与探索》(《江西师范大学学报》1998 年第 2 期)、《20 世纪中国文论的现代转型与发展》(《学习与探索》2001 年第 5 期) 等文章。

② 赖大仁：《马克思主义与中国当代文论发展》，《江西师范大学学报》2001 年第 4 期。

③ 赖大仁：《马克思主义与中国当代文论发展》，《江西师范大学学报》2001 年第 4 期。

④ 赖大仁：《马克思主义文艺理论中国化的理论形态》，《中国人民大学学报》2008 年第 6 期。

⑤ 赖大仁：《马克思主义文艺理论中国化的理论形态》，《中国人民大学学报》2008 年第 6 期。

则化或"指导思想化"，都容易使它陷入脱离实际的更大困境，所以应当尊重马克思主义文论的独特性，还原其本来的特质和精神，恢复它本来就有的强大生命力。其中最重要的是它观照文艺的唯物史观视野和意识形态观念、强烈的现实主义批判精神，以及人的解放和自由全面发展的价值立场与价值理念，因此，联系当代文论和文学研究的现实进行理论反思，应当把马克思主义文论中最有力量的思想资源，引入到当代文论和文学研究中来，重视意识形态批评，强化现实批判性，坚守人学价值立场，从而激活它应有的生机活力。① 这其中，"马克思主义时代化是一种趋势和必然要求，其文论同样如此。一方面，它是对当时社会和文艺现实问题的回答，具有鲜明的时代性；另一方面，在其后世影响中，也总是不断启示和激发后人探索新的时代问题，显示出它穿越时代的强大生命力。在当今时代，仍然需要我们在这种思想智慧的启示和感召下，努力关注和回答当今社会现实与文艺现实中的重要问题，推动当代文论不断创新发展"②。

就体系构想而言，赖大仁认为，正是基于马克思主义的时代化要求，当代文学批评形态的重构既是必要的也是可能的，因为，"从新时期文学批评的变革发展看，文学批评已由转型探索走向形态重构，其中的'多元建构论'与'一元建构论'都各有其弊，或未必可能，比较现实可行的建构之路是'主导多元'，当今的主要任务即在'主导形态'的建构，而这一主导形态应是中国化马克思主义文学批评的当代形态"③。正是由于当代文学批评形态的变革与重建正在形成"主导多元"的格局，所以，"当今建构的主要任务，在于'主导'形态的建构，这一主导形态即马克思主义文学批评的当代形态"④。他明确指出："应在总结本世纪马克思主义文学批评'中国化'的成果和经验的基础上，联系当今我国现代化的具体实践，将原来中国化马克思主义批评所依据的认知论哲学与社会学统一的理论基点，调整转换到马克思主

---

① 赖大仁：《马克思主义文论研究的当代困境与理论反思》，《学术月刊》2016 年第 10 期。

② 赖大仁：《马克思主义文论与当今时代》，《文学评论》2011 年第 3 期。

③ 赖大仁：《当代文学批评形态重构：必要与可能》，《江西教育学院学报（社会科学）》2000年第 2 期。

④ 赖大仁：《当代文学批评形态重构：必要与可能》，《江西教育学院学报（社会科学）》2000年第 2 期。

义实践论哲学与人学统一的理论基点上来，进而走向文学批评观念的系统整合。这种系统整合的基本框架，可设想为主体论、本体论与价值论的有机统一。"① 在主体论方面，赖大仁对当代文学本质论观念嬗变中的"人学"向度进行了深入探析，认为这一向度"表现为从文学与人性、人生、人的主体性和自由精神的视角来理解和阐释文学的'人学'本质特征与价值功能，形成了诸如文学主体论、人生论、心灵情感论、精神自由论等多种理论观念"②，它们反映了当代文学实践中人的主体意识的觉醒以及对既定文艺理论或观念之束缚的突破，是马克思主义文学批评当代形态建构的重要理论资源。他还通过对马克思主义文艺批评的一个长久被遮蔽的重要维度即人学观点的剖析，以及对人文精神中终极关怀与世俗关怀的"张力"关系的剖析，从理论基础和现实关怀的角度完善了其马克思主义文艺批评主体论的研究。在本体论方面，赖大仁从历史主义视野清理了文学本质论问题，认为唯物史观意义上的历史主义视野及其方法论原则，对文艺理论的建构与文艺批评实践的展开仍然具有普遍的指导意义。在价值论方面，赖大仁详细分析了当代文学批评价值观的嬗变与建构历程，也剖析了当前文艺与理论批评中的审美价值观（如文艺审美本性论、审美快感论、审美日常生活化等），认为当代文学批评所关涉的审美价值观、人性价值观、文化价值观等始终处于动态变化过程中，因此当代文学批评价值观的建构应当坚持多元性与主导性、历史继承性与当代创新性的辩证统一，这其中，"马克思主义文学批评的基本精神对于当代文学批评仍具有一种'价值源'的意义"③。基于这三个方面的深入探索，赖大仁提出了主体论、本体论与价值论有机统一的当代马克思主义文学批评体系构想。应该说，这一构想对于马克思主义文学批评中国形态的建构如何避免体系构想中立论基础的缺失、致思方式的单一化等弊端有着重要的启示作用。

---

① 赖大仁：《关于马克思主义文学批评的当代形态》，《中国人民大学学报》1999 年第 4 期。

② 赖大仁：《关于马克思主义文学批评的当代形态》，《中国人民大学学报》1999 年第 4 期。

③ 参见赖大仁及其与人合著的《试论马克思主义文艺批评的"人学观点"》（《贵州社会科学》2017 年第 2 期）、《历史主义视野中的文学本质论问题》（《社会科学》2014 年第 5 期）、《当前文艺与理论批评中的审美价值观》（《中州学刊》2007 年第 4 期）、《当前文艺与理论批评中的价值观问题》（《文学评论》2007 年第 4 期）、《当代文学批评价值观的嬗变与建构》（《中州学刊》2013 年第 3 期）诸文。

六、"人民文学论"的谱系梳理与理论创新

作为国内最为关注人民美学、人民文学、文学人民性的马克思主义文艺理论研究者，冯宪光教授对"人民文学论"所作的谱系梳理与理论创新，也为马克思主义文艺批评中国形态的探索作出了重要贡献。

"人民文学"作为未完成的历史建构，既是一个新的历史概念，同时又有一段绵延的历史。毛泽东的《在延安文艺座谈会上的讲话》的发表，使"人民文学"成为一个核心概念。自 1945 年邵荃麟根据《讲话》精神提出"人民文学"的口号后，"人民文学"迅速进入到中国现当代文艺活动及其理论建构与批评实践中①，以"人民"名义创办的刊物、召开的座谈会、出版的丛书或学术著作如雨后春笋般出现②。新中国成立后"十七年"，文艺界总体上也是围绕文艺与人民的关系去处理社会主义建设时期的文艺问题。新时期以来，邓小平理论和"三个代表"重要思想都重申或阐述了人民文学论的基本精神。所有这些，都表明，马克思主义文艺理论的核心基础即文学的人民性在当代中国有着一脉相承的继承性，但是将其谱系化，使之成为中国形态的马克思主义文艺理论的重要组成部分，则以冯宪光教授为用力最勤。他清醒地意识到："目前的中国文论话语体系是一种多元而分散的综合体，西化色彩浓厚，成为一种缺少主导结构协调机制的众声喧哗。需要对这个多元综合体话语结构进行协调贯通，建构一种多元一体的中国当代文论话语体系，其中特别需要建构一种以马克思主义、中国特色社会主义理论为指导的多元一体的主导结构，使多元而不散乱，使一体而不单调。"③为此，他阐发了李大钊新文学观中的社会主义人道主义精神，考察了毛泽东与人民美学、人民文艺、人民文学之间的关系，深入清理了"人民文学

---

① 如新中国成立前夕郭沫若、周扬、李广田等人对"人民文艺""人民文学"的内涵进行了多个角度的解读。

② 如 1946 年 1 月出版了"中华全国文艺协会北平分会"的机关刊物《人民文艺》杂志，1946 年 2 月 24 日召开举行的"怎样创造人民文艺"为主题的座谈会，新中国成立前夕周扬负责编辑了 1942 年毛泽东《在延安文艺座谈会上的讲话》发表以后所出现的解放区新的文学创作的丛书"人民文学丛书"，1950 年北新书局出版了作为"人民文学丛刊"之一种的蒋祖怡著的《中国人民文学史》等。

③ 冯宪光：《中国当代文论话语体系建构的主导结构》，《中国文学批评》2016 年第 4 期。

论"的研究概况和主要发展阶段，对习近平文艺思想中的人民本位文学观也进行了深入阐发①，使得"人民文学论"的理论发展脉络和主要内涵清晰地敞显在了学界面前。

冯宪光对"人民文学论"的理论内涵所作的创新性拓展主要表现在：一是创新性地赋予了马克思主义文艺理论的人民身份意识。在冯宪光看来，"文艺主体论的人民主体身份问题在中国马克思主义文艺理论中具有根本性和重要性，它既是中国共产党按照马克思主义基本原理，解决中国革命实际问题的根本出发点和归宿点，又是现代文艺理论的几个主要组成部分创作论、欣赏论和批评论的基本出发点和归宿点"②。这种从人民身份意识的角度进行的阐述，为解决学界长期存在的在政治存在、人民存在和文学存在的复杂关系中总是游移于政治与文艺的对立而呈现出二元对立式的惯性思考（或将文学的人民性与文学的存在属性主观对立起来的认知模式）所留下的难题提供了一个新的视角，为马克思主义文学本质论的探索增添了新的人民维度。二是深入探讨了人民文学的主体基础问题。他先后独立或与人合作发表了《人民的需要是艺术价值的基础——重读〈在延安文艺座谈会上的讲话〉》《确立和强化人民主体身份》《坚持与新的时代的群众结合》《论人民文学的主体基础》《文学以人民为本——70年后重读〈在延安文艺座谈会上的讲话〉》等文章，从现代性角度考察了文艺的人民性及其人民主体的基础地位，着重强调了坚持马克思主义关于工农劳动大众在人民群众中的主体基础地位的思想（而非自由主义宪政理论的方针）是新时期以来党制定各种文艺方针政策的最重要的基础，也批判了市场经济下因过度肯定文艺资本化而导致取消人民群众在文艺中的主体基础地位的错误文艺思想。三是在正确处理"人民文学"的政治意识形态与文学审美的关系中彰显了"人民文学"的审美维度。过去中国学界只看到马克思主义经典创始人、正统马克思主义者对政治意识

---

① 参见冯宪光的《李大钊"五四"时期的新文学观——中国化马克思主义文艺理论建构的历史起点》（《绵阳师范学院学报》2007年第12期）、《毛泽东与人民美学》（《文艺理论与批评》2003年第6期）、《文学以人民为本——70年后重读〈在延安文艺座谈会上的讲话〉》（《当代文坛》2012年第3期）、《人民文学论》（《当代文坛》2005年第6期）、《文艺人民性是马克思主义文艺理论的核心思想》（《文艺报》2015年1月12日）等专文。

② 冯宪光：《确立和强化人民主体身份》，《文艺报》2002年5月25日。

形态的强调，只看到西方马克思主义理论家对审美启蒙的关注，实际上，马克思主义文艺理论中国形态的重要探索者或建构者如李大钊、瞿秋白、毛泽东、周恩来、邓小平、江泽民、胡锦涛、习近平等中共领导人在谈论人民文艺、人民文学时，以及冯雪峰、周扬、茅盾、胡风等一大批马克思主义文艺理论家在讨论大众文艺、"文艺大众化"或文艺的政治性时都从未忽视过文艺的审美性或文艺的内部规律。冯宪光在《"以人为本"与审美意识形态》《"审美意识形态论"与人在文学活动中的存在》《毛泽东与人民美学》《人民文学论》等文章中对学界的这一误区作了深度清理。他明确指出："以文艺为人民服务为核心命题的人民文学论不能简单地视为一种政治话语，它本身是美学的理论话语。因为它讨论的核心问题是在社会人口中占绝大多数的劳动人民是否有审美的权利，以及如何落实和实施这种审美权利的问题。"① 总之，冯宪光作为"人民文学论"理论谱系的主要勾勒者，也对"人民文学论"进行了理论创新，在赋予马克思主义文艺理论的人民身份意识的同时夯实了人民文学的主体基础，在坚持"人民文学"的意识形态功能的同时也彰显了人民文学的审美维度，为马克思主义人民文学论的形成作出了创新性贡献。

---

① 冯宪光:《人民文学论》,《当代文坛》2005 年第 6 期。

附录：马克思主义文艺理论中国化
问题研究的回顾

马克思主义文学批评理论是现当代中国文学理论建构与发展的重要思想资源。在当今世界各种文艺思潮相互激荡的形势下，在意识形态领域错综复杂的斗争中，它也必将成为当今中国文艺批评的主流。对马克思主义文学批评本身的理论研究，直接影响着中国文学批评的现实发展和未来走向。这其中，马克思主义文学批评的中国化问题一直是学界最为关心的核心问题之一。可以说，从马克思主义传入中国之日起，文艺理论界就一直通过艰苦的译介与努力的传播学习、宣传、掌握马克思主义文艺基本原理，把马克思主义文艺原理同中国文艺实践相结合，突出强调它对中国文情的实践性和针对性，不断实现理论风格的空间转换和理论应用的时间转换，与此同时，还基于对文艺实践的深度追问，对文艺理论的批判性改造，不断践行文艺实践及其理论探讨的历史性反思，不断解放思想，进行理论创新，逐步形成中国特色、中国风格、中国气派的马克思主义文学批评。对这一中国数代学人不断寻求马克思主义文学批评中国化的内容和形式，实践形态和理论形态，政治过程和文化过程相统一、相完善的铢积寸累、沉潜默识、在曲折中前行的动态历史过程进行总结和反思，对建构当代科学的有中国特色的马克思主义文学批评理论体系有着重要的现实意义。

一、马克思主义文学批评中国化问题的研究现状

马克思主义文学批评中国化问题的研究主要集中于以下几个方面。

1. 对马克思主义文学批评中国化发展进程的描述或历史分期研究

如何准确地描述马克思主义文学批评中国化的发展历程，全面展现中国学人在这一进程中的矻矻努力，并示来者以轨则，这种自觉意识迟至 20 世纪 90 年代才开始出现。李衍柱主编的《马克思主义文艺理论在中国》（山东文艺出版社 1990 年）一书较早以马克思主义文艺理论在中国的介绍和传播以及中国马克思主义文学理论重要理论家的探索与发展为线索，评述了李大钊、陈独秀、瞿秋白、鲁迅、冯雪峰、周扬、胡风等在马克思主义文艺理论中国化方面的独特贡献，并全面阐述了中国化的马克思主义文艺学体系——毛泽东文艺思想的形成和发展以及邓小平建设有中国特色的马克思主义文艺学思想的特质。何志钧的《马克思主义文艺学：从经典到当代》（中国文联出版社 2007 年）一书详细论述了中国化马克思主义文艺理论在文学反映论、艺术生产理论和典型理论上的探索成就，并专门用两章篇幅论述中国化马克思主义文学批评和中国化马克思主义审美教育观，突出中国化马克思主义文艺学在这两个主要问题上的学术成果。本书在全面研究马克思主义文艺学从经典到当代的发展的时候，把研究中国化马克思主义文艺理论作为一个重点，所作的努力是值得肯定的。但本书对中国化马克思主义文艺理论在新世纪新阶段的新的发展还关注不够。季水河在其《回顾与前瞻：论新中国马克思主义文艺理论研究及其未来走向》（中国社会科学出版社 2009 年）一书中将新中国的马克思主义文艺理论研究分为"经典著作译注期（1949—1979）""理论体系探讨期（1980—1988）"和"当代形态建构期（1989—2003）"三阶段。这种"三分法"较之以往学界通行的将新中国马克思主义文艺理论研究划分为"依照苏联模式的经典阐释期"和"新时期有中国特色的理论建构期"的"两分法"，更为细致、具体、符合实际。朱立元的《马克思主义文艺理论中国化研究》（经济科学出版社 2009 年）一书将 20 世纪马克思主义文艺理论中国化的历程分为启蒙、奠基、"十七年"、"文革"、新时期五个时段，客观回顾和考察了百年来马克思主义文艺理论初步中国化的历史过程，对此一进程中产生的标志性成果进行了总结和阐发，系统总结了马克思主义文艺理论中国化的历史经验特别是失误的教训，并进行了理论的反思。专论方面的研究主要有：庄桂成的《马克思主义文学批评的中国化过程分析》（《湖北民族学院学报（哲学社会科学版）》2000 年第 1 期）一文认为，20 世纪马克思主义文学批评的中国化经历了 20 世纪 20 年代初至 1936 年的发生期、1937 年至 1976 年的巩固期和 1976 年后的发展期。池永文的《论马克思主义文学批评中国化的三个阶段》（《长江大学学报（社会科学版）》2008 年第 1 期）一文将马克思主义文学批评的中国化过程分为发生期（特点是权威缺席而众语喧哗）、深化期（特点是马列原理开始与中国革命文学实践深层结合）和成熟期（特点是审美批评回归和"主导多元"模式的确立）。郭昭第的《马克思主义文艺理论中国化的进程及精神实质》（《理论界》2010 年第 6 期）一文则认为，马克思主义文艺理论的中国化大体上经历了强调文学的革命化又很大程度上否定了民族文化的准备阶段、提倡文学大众化又很大程度上用阶级分析方法区别了民族文化的形成阶段、提出文学民族化又很大程度上主要着眼于民族形式和民族风格的成熟阶段。

2. 马克思主义文学批评中国化的历史经验总结

在中国译介、传播和接受马克思主义的历史文化语境中，分析、总结马克思主义文学批评中国化的历史经验与教训，成为学者们十分关注的问题。这其中重要的理论总结有：（1）分析了中国化历史进程中的某些误区。如有学者认为，"对马克思主义文学批评的美学历史观点偏重社会功利性接受，发展和完善了其社会政治功能，但同时显示出接受视野和阐释模式的偏狭"①，以及"把社会革命实践放在首位""完全倾向革命实践，甚至不惜牺牲艺术"② 是马克思主义文学批评中国化进程中的主要误区；总结了马克思主义文学批评中国化进程中理论资源的形成。如有学者认为这一进程中主要"形成了马克思主义基本原理、其他外来文论（主要是西方文论）以及中国传统的文艺理论三种理论资源"③；剖析了马克思主义文艺批评在中国的历史建构中所形成的话语系统。如有学者认为形成了以《在延安文艺座谈会上的

---

① 庄桂成：《论马克思主义文学批评中国化的经验和误区》，《新乡师范高等专科学校学报》2004 年第 1 期。
② 张宝贵：《马克思主义文艺理论中国化的早期历程》，《中国社会科学》2008 年第 2 期。
③ 高迎刚：《马克思主义文论中国化进程的回顾与反思》，《西北师大学报（社会科学版）》2009 年第 2 期。

讲话》、"美学—历史"批评、"文化诗学"批评为代表的三种话语系统①；总结了中国化马克思主义文学批评的基本特征。如有学者认为它在美学上具有明显的革命实践性、伦理意识形态性、整合和谐性特征②；分析了中国化马克思主义文艺理论话语张力的构成，如有学者认为这一构成包括经典马克思主义文艺理论话语体系的结构张力、中国化马克思主义文艺理论话语哲学基础的支撑张力、中国化马克思主义文艺理论话语的实践性张力和中国化马克思主义文艺理论话语的包容吸纳张力，等等。③

3. 关于马克思主义文学批评中国化的建设性意见

这一研究比较集中的是20世纪80年代以来。陆梅林和程代熙主编的《马克思主义文艺理论研究》丛刊曾多次以马克思主义文艺理论中国化为题进行讨论，发表相关论文。新世纪以来，这一方面的研究得到全方位的展开，并取得很大的实绩。不少刊物就马克思主义文艺理论中国化问题组织了严肃与深入的学术讨论，并提出了一些具体的设想或构想。如《甘肃联合大学学报》编辑部于2004年组织了相关的讨论，支克坚、马驰、程金城等学者分别撰文，就马克思主义文艺理论的普遍问题及其在中国的特殊问题是什么，马克思主义文艺理论在中国的传播与马克思主义文艺理论中国化的内在关联，以及文学价值体系重建与马克思主义文艺理论中国化的内在关系等问题进行了深入的研讨。《学习与探索》编辑部则于2008年第1期就新的历史条件下，马克思主义文艺理论中国化研究需要关注哪些重大现实问题？马克思主义文艺理论中国化研究怎样才能实现新的突破等重大问题专门组织了笔谈。陆贵山、吴元迈、董学文等学者围绕马克思主义文艺理论中国化的内涵、意义，如何建构科学马克思主义文艺理论，以及当下马克思主义文艺理论研究的发展态势及存在的问题等展开了深入的讨论。这种拓展还可以从专题会议的召

---

① 参见王小强：《意义追寻中的价值生成与流变——马克思主义文艺批评中国化历程的多重视角探析》，《中国海洋大学学报（社会科学版）》2010年第6期。

② 参见张玉能：《中国化马克思主义文学批评的美学特征》，《青岛科技大学学报（社会科学版）》2010年第4期。

③ 参见彭修银、侯平川：《试论中国化马克思主义文艺理论的话语张力》，《中南民族大学学报（人文社会科学版）》2010年第1期。

开和国家社科基金课题的设立中看出。如 2007 年 10 月在山东聊城大学召开的"马克思主义文艺理论中国化学术研讨会"暨全国马列文论研究会第 24 届年会的主题就是"马克思主义文艺理论中国化"。马克思主义文艺理论中国化的内涵界定及意义、如何建构科学马克思主义文艺理论以及国内外马克思主义文艺理论研究的发展态势等重大问题都得到了深入的讨论。基金项目设立方面则有安徽大学承担的国家社科基金重点项目"马克思主义文艺理论中国化研究"等。从目前来看，这一方面的研究主要集中在新时期以来并特别注意结合建设有中国特色的社会主义论题而进行，其研究特点主要有：(1) 趋于学理化。如赖大仁主张应在总结马克思主义文学批评"中国化"的成果和经验的基础上，联系当今中国现代化的具体实践，将原来中国化马克思主义批评所依据的认知论哲学与社会学统一的理论基点，调整转换到马克思主义实践论哲学与人学相统一的理论基点上来，进而走向文学批评观念的系统整合。这种系统整合的基本框架，可设想为主体论、本体论与价值论的有机统一。① (2) 着眼于当代文化建设问题。如王元骧认为，全面理解马克思主义文艺理论中国化必须着眼于社会实践和文化精神两个层面与中国实际的结合②。王振复从文化传播的视角指出，马克思主义文艺理论的中国化是与"非中国化""反中国化"同时发生、同时进行、同时完成的，应当重视与研究这一过程中的当下问题。③ 范玉刚认为，当代语境中的马克思主义文艺理论中国化路径探析必须突破既有的理论框架和教材格局，根据党的文化创新理论，特别是社会主义核心价值体系的建构来思考、重构马克思主义文艺理论的指导地位，使马克思主义文艺理论重新焕发与时代相契合的生机与活力。④ (3) 更重视全球化语境对理论探讨的制约作用。如胡亚敏认为，中国化的马克思主义文学批评既不同于苏联模式的马克思主义文艺学，也区别

---

① 参见赖大仁：《关于马克思主义文学批评的当代形态》，《中国人民大学学报》1999 年第 4 期。

② 参见王元骧：《论"马克思主义文艺理论中国化"的思想前提》，《高校理论战线》2006 年第 5 期。

③ 参见王振复：《当下文化传播：马克思主义文艺理论的中国化》，《学术月刊》2006 年第 12 期。

④ 参见范玉刚：《马克思主义文艺理论中国化路径探析》，《湖北大学学报 (哲学社会科学版)》2008 年第 6 期。

于西方马克思主义文艺学，它是在经典马克思主义文论基础上结合中国传统文化、面向变革的现实的产物，应在全球化语境和世界文论格局中与西方文论、文化开展对话，拓展中国马克思主义文艺学的研究。① 程镇海在其博士学位论文《对全球化语境下马克思主义文论中国化若干问题的思考》（复旦大学 2007 年）中也认为，全球化这一当代文论新语境给中国文学及其研究带来重要影响，以马克思主义的立场、观点和方法来对这些文论"新"问题进行阐释和应答，既是马克思主义文论中国化的基本内涵，也是建设有中国特色的马克思主义文艺学体系的根本途径。(4) 凸现中国化进程中马克思主义人学的重要性。如朱立元的《略论人、人性和以人为本——马克思主义文艺理论中国化的人学基础初探》(《东方丛刊》2006 年第 4 期) 和畅广元的《扬弃"服务"意识把文学智慧归还于人——对中国化马克思主义文艺理论的一种反思》(《文艺理论研究》2007 年第 5 期) 等文，都充分体现出这种鲜明的理论意识。(5) 注重从理论层面深入阐发"中国化"的基本内涵。如陆贵山认为，"民族化""科学化"是马克思主义文学批评中国化的题中应有之义，也是马克思主义文艺学建构的基本途径。② 董学文则认为应在实践中铸就中国当代文论的风格，所谓马克思主义文艺理论的"中国化"就是马克思主义文艺理论在中国的实践化、时代化、民族化与创新化。③

4."民族化"研究

与"中国化"问题相关的"民族化"问题一直得到学界重视。关于马克思主义文学批评"民族化"问题的讨论实际上在 20 世纪 30 年代即已开始。柯仲平的《谈〈中国气派〉》(《新中华报》1939 年 2 月 7 日) 和《论文艺上的中国民族形式》(《文艺战线》1939 年 11 月 16 日) 是较早讨论该问题的两篇重要文章。此后沙汀的《民族形式问题》(《文艺战线》1939 年第 1 卷第 5 号) 一文从作家立场和作品形式两方面对"民族形式"的内涵进行了阐

---

① 胡亚敏：《中国马克思主义文论研究三十年》，《文学评论》2008 年第 5 期。
② 陆贵山：《中国化·民族化·科学化——谈马克思主义文艺学的建构途径和发展道路》，《学习与探索》2008 年第 1 期。
③ 董学文：《在实践中铸就中国当代文论的风格——关于马克思主义文艺理论中国化的点滴思考》，《黑龙江社会科学》2007 年第 6 期。

发。40 年代，关于文艺"民族形式"问题的讨论仍然十分活跃。周扬的《对旧形式利用在文学上的一个看法》（《中国文化》1940 年 2 月创刊号）从文艺发展新方向的角度讨论了"民族化"的基本内涵。光未然的《文艺的民族形式问题》（《文学月报》1940 年第 1 卷第 5 期）着重从民族形式的表现阐发了"民族化"问题。潘梓年的《民族形式与大众化》（《新华日报》1940 年 7 月 22 日）则探讨了"大众化"与"民族化"之间的内在关系。40 年代，毛泽东在《在延安文艺座谈会上的讲话》和《新民主主义论》中对文艺的民族形式以及文艺的批判继承关系作了精辟的阐述，将"新民主主义文化"的基本内容总结为应该具有"民族的形式"、"新民主主义的内容"、"新鲜活泼的、为中国老百姓所喜闻乐见的中国作风和中国气派"。1956 年，他又在《同音乐工作者的谈话》中批判了"全盘西化"的民族虚无主义和"闭关自守"的民族沙文主义，对"民族化"问题进行了深入的阐述。这几篇纲领性文献作为理论指南，为后来关于马克思主义文学批评的民族化问题的讨论确立了理论基础。1958 年，周扬在河北省文艺理论工作会议上作了《建立中国自己的马克思主义的文艺理论和批评》的重要报告，这种对马克思主义文学批评的民族化问题所作的明确指示，对后来相关的讨论影响深远。如 60 年代初期，《文艺报》和《文史哲》编辑部组织了"批判地继承中国文艺理论遗产"的讨论，宗白华、俞平伯、唐弢、王朝闻、王瑶、郭绍虞、游国恩、朱光潜、陆侃如、胡念贻等一大批学者都参与了讨论。这场讨论达成的一个共识就是强调以马克思主义的观点为指导来进行古典文艺理论遗产的批判与继承。1980 年荒煤的《为建立和发展有自己民族特点的马克思主义文艺理论而奋斗》（《文艺理论研究》1980 年创刊号）一文是这种讨论的继续。1982 年 10 月《文史哲》编辑部同《文心雕龙》学术讨论会的部分中国文论研究者就中国古代文论研究问题进行了座谈，并形成了"中国古代文论研究和建立民族化的马克思主义文艺理论问题"的座谈纪要，也可以看作是上述讨论的延续。80 年代后期，关于"民族化"的问题的讨论由于时代要求被理论界延伸为"中国特色"问题的讨论。1987 年《文艺理论与批评》编辑部组织了以"建设有中国特色的马克思主义文艺理论"为主题的专题讨论，吴元迈、李准、丁振海、董学文等人的立论角度虽然各有不同，但在强调从中国文艺实践的实际情况出发来推动和深化有中国特色的马克思主义文艺理论的建设这一点上还是基本一致的。1990 年,《文艺研究》编辑部组织召开了"推进有中国特色的文艺理论建设"座谈会,并于次年刊发了部分讨论意见。董学文、蒲震元、张首映、严昭柱、朱立元、蒋孔阳、张海明等人就如何理解"中国特色","中国特色"与"民族化"的区别与联系是什么,"中国特色"的立足点是什么等问题进行了深入讨论。20 世纪末,钱中文、童庆炳等人在编辑"新时期文艺学建设丛书"的过程中则从建设文学"交往理性"的角度提出了他们对"中国特色"的理解。

5. 毛泽东文艺批评研究

毛泽东文艺批评思想及其实践是马克思主义文学批评中国化的典范,自然也为理论界所瞩目。它在专题性研究中最有实绩。学界从 20 世纪 80 年代初就创办了《毛泽东文艺思想研究》专刊。每期发文近三十余篇,一直延续到新世纪,是毛泽东文艺思想与文学批评理论研究的重要阵地。各种相关会议的召开,特别是全国毛泽东文艺思想研究会的历届学术年会、纪念《讲话》发表周年庆而特别召开的纪念性会议,以及 1982 年由中国文联理论研究室与中国社会科学院文学研究所联合召开的"毛泽东文艺思想研讨会",2001年 11 月在南京召开的"毛泽东文艺思想与 21 世纪文艺"学术研讨会,2003年 12 月在华中师大召开的"毛泽东文艺思想和 20 世纪中国文学理论批评国际学术研讨会",2007 年 10 月在山东聊城召开的"马克思主义文艺理论中国化"学术研讨会等,每每收集了大量毛泽东文艺批评思想方面的研究论文,为毛泽东文艺批评研究的进一步发展打下了良好的基础。新中国成立以来到"文革"期间,受意识形态或极左思潮控制,毛泽东文艺思想的研究总体上讲学术成就不高。新时期以来,经过拨乱反正,学理化、严肃的毛泽东文艺批评思想研究开始兴盛,并形成了良好的发展态势。除辞书方面有冯贵民、高金华主编的《毛泽东文艺思想大辞典》(武汉出版社 1993 年)外,专著方面的收获有:李准、丁振海的《毛泽东文艺思想新论》(文化艺术出版社1983 年)、黄曼君主编的《毛泽东文艺思想与中国文艺实践》(华中师范大学出版社 2002 年)、宋贵仑的《毛泽东与中国文艺》(人民文学出版社 2003年)、王少青的《毛泽东文艺思想的当代性探索》(吉林大学出版社 2007 年)等。这些著作或对毛泽东文艺思想的发展历程进行整体描述,或对毛泽东文艺思想的总体内容作全面阐发，或辨析毛泽东文艺思想与中国文艺实践之间错综复杂的互动关系，或敞现毛泽东文艺思想及邓小平文艺理论与马恩文论美学作为同一科学文艺思想体系的内在联系和前后继承发展关系，对学界深入了解毛泽东文艺思想以及它在马克思主义文学批评中国化进程中的意义及其影响具有重要的借鉴作用。专文方面，则总体上体现出多角度、多层次、立体化、严肃客观与学理化的特点。学者们对毛泽东文艺思想的来源及文学批评体系（如吴士余的《释毛泽东文艺批评观——重读〈在延安文艺座谈会上的讲话〉》，《社会科学辑刊》1992 年第 3 期）、毛泽东文学批评理论与实践的内在联系（如李衍柱的《一元多维、比较鉴别——论毛泽东的文艺批评理论与实践》，《毛泽东文艺思想研究》1998 年第 12 辑）、毛泽东文艺思想与方法论的关系（如杨汉池的《毛泽东文艺思想与方法论》，《文艺研究》1992 年第 2 期）、毛泽东关于文艺民族化的思想（如翟耀的《建设有中国特色的社会主义文艺——学习毛泽东同志关于文艺民族化的思想》，《山东师大学报（哲学社会科学版）》1984 年第 1 期）、毛泽东的文艺政治学（如阎国忠的《毛泽东：文艺政治学的确立》，《汕头大学学报》2009 年第 2 期）等问题都进行了全面的论述。其中，关于《讲话》的重大历史贡献及其在马克思主义文学批评中国形态建构中的重大历史地位，基本得到了学者们的一致肯定。早在 1960 年，西南师院中文系毛主席著作研究社三年级一班小组就曾撰文进行了比较全面的剖析。① 新时期以来，陈辽、董学文、唐正序、公木等学者都曾撰文对《讲话》进行高度评价，不少学者认为《讲话》是马克思主义文艺理论中国化的经典之作。其中，陈辽主编的《毛泽东文艺思想与文学》（南京出版社 1992 年版）就是为了纪念《讲话》发表 50 周年而出版的，对《讲话》在文艺各个领域的影响作了颇有理论深度的概括和总结，许多疑难问题都有明确而新颖的阐释，体现了八九十年代研究《讲话》的新水平。刘忠的国家社科基金后期资助项目（2004 年）《〈在延安文艺座谈会上的讲话〉研究》完整、系统地叙述了《讲话》产生的大背景和《讲话》本身的理论价值，对有关《讲话》的研究进行了历史分期，并对《讲话》的理论价值、

---

① 西南师院中文系毛主席著作研究社三年级一班小组：《毛泽东同志对马克思主义文艺批评学说的伟大贡献》，《西南师范大学学报（人文社会科学版）》1960 年第 2 期。

理论品格（如"实践性"品格，"整体主义"认识理路）、在国外的译介与评价，以及《讲话》与传统文学、新文学的关系等问题都作了比较全面的阐述。值得注意的是，尚有不少从严肃的学理的角度探讨毛泽东文艺批评吸收并超越中国文化传统从而为马克思主义文学批评中国形态的形成提供典范意义的专论。它们主要集中在以下方面：从文艺与生活关系阐发毛泽东对中国古代"物感"论的发展；从文艺思维的角度探讨毛泽东文艺思维对中国古代辩证思维方式的继承与发展；毛泽东文艺思想与儒家文化传承的关系；毛泽东的历史观与中国古代文艺通变观的关系；毛泽东的文艺大众观与古代民本思想的关系；等等。但这些研究的共同特点是联系性的阐发较多，关于毛泽东文艺思想的创造性发展对中国形态的马克思主义文学批评的形成的启示则论述较少，或语焉不详。

6. 俄苏马克思主义文学批评与马克思主义文学批评中国化进程的关系研究

长期以来，俄苏马克思主义文学批评对中国马克思主义文学批评产生过重大影响，其中也包含俄苏的极左因素给中国化马克思主义文学批评带来的负面效应，学术界对此也有一定关注。如汪介之的《回望与沉思：俄苏文论在 20 世纪中国文坛》（北京大学出版社 2005 年）、刘宁的《俄苏文学文艺学与美学》（北京师范大学出版社 2007 年）、程正民的《程正民自选集》（山东文艺出版社 2007 年）、陈建华主编的《中国俄苏文学研究史论》（重庆出版社 2007 年）等，都较为深入地阐述了俄苏文学批评的发展历程及其基本特征，也不同程度探讨了它们对中国化马克思主义文学批评的正负面影响。这些著作还考察了俄苏文学批评理论在中国的译介、传播、接受、影响与转换，揭示出其中被我们所忽略与排拒的有价值的内容，有助于人们认识中俄马克思主义文学批评的复杂关系。专论方面，朱辉军较早有意识地将马克思主义文艺理论的模式进行了西方、苏俄和中国的"三分"，并比较了其中的差异。① 孙书文则以周扬文艺思想为透视个案，阐发了俄苏文论对中国马克

---

① 朱辉军：《马克思主义文艺理论的中国模式与苏联、西方模式之比较》，《天津社会科学》
　 1992 年第 1 期。

思主义文论建构的影响，认为周扬的文论实践证明，只有摆脱苏联文论影响，从中国实践出发，走中国人自己的路，才能建立起中国的马克思主义文论体系。①

二、关于马克思主义文学批评中国化问题研究的反思

从现有研究状况来看，毛泽东文艺思想等专题性研究比较深入，对马克思主义文学批评中国化的途径与方法，学者们提出了许多有益的见解，对马克思主义文学批评的中国形态的历史建构中的经验与误区，学者们也开始注意总结与清理，总体上（特别是新时期以来）取得了不少成绩，但现有研究中也存在不少问题值得反思：

一是理论认识深度方面存在的问题。现有的研究状况表明：实际上目前国内对马克思主义文学批评的理论探讨与实践运用，常常陷入两个误区：第一个误区是以实践操作代替前提反思。这个误区是指，学界常常局限于意识形态、历史条件和文化传统，撇开对马克思主义思想前提的反思，简单地把是否联系了本土的文学现实和体现了"中国化"特色，当作确认其身份合法性与理论合理性的唯一标准，许多以马克思主义为名的文学批评其实对马克思主义理论并没有全面深入的了解，引证和利用马克思主义经典作家的某些言论、语录来论述问题的现象普遍存在。第二个误区是以事实存在代替逻辑出发点的深度考量，也就是只承认各种形态的马克思主义批评有其自身存在和发展的合理性乃至必然性，而忽略了它们必须在"什么是马克思主义文学批评"这个基本逻辑出发点展开，才能获得理论阐释与批评实践之间的逻辑自洽。这两个误区实际都说明了一个滞后，就是对作为一种理论范式的中国形态的马克思主义批评，还缺乏系统、深入的认识。

二是马克思主义文学批评中国化历史进程研究方面存在的问题。主要是：（1）在马克思主义文学批评中国形态的历史进程与分期问题上，学者们或以历史时段为依据，或以传播与译介的标志性事件为依据，或以旧有的政

---

① 孙书文：《俄苏文论对中国马克思主义文论建构的影响——以周扬文艺思想为透视个案》，《山东社会科学》2007 年第 5 期。

治观念来主导历史分期，没有真正从学理的角度，对马克思主义文学批评的中国形态的建构历程作出全面的整体的合乎历史实际的历史描述。（2）成熟的通观意识比较缺乏，理论高度上的反思也相对匮乏。在对马克思主义文学批评中国形态的历史进程的历史总结中，抓其纲要、抓其核心、抓其灵魂不够，从共同点中找出特殊点、从历时性中找出统一点、从多样性中找出融合点不够。没有真正地自觉地从"中国形态"这一理论高度对马克思主义文学批评中国化问题进行历史的归总和理论的提摄，使得现有的研究流于"碎金"状态，殊为可惜。比如，"大众化""民族化""时代化"这类同"中国化"密切相关的问题，由于缺乏"中国形态"这一理论高度的提摄与观照，往往在论述逻辑上夹杂不清，或表述混乱。（3）价值判断较为匮乏。学者们对马克思主义文学批评中国形态的历史进程的探讨不少是学理性的，但通过历史归总或专题研究为建构具有时代特征的中国形态的马克思主义文学批评提供建设性见解的却甚少，往往不能兼取知识与价值，因此其研究在学术价值判断方面往往让人甚觉遗憾。

三是马克思主义文艺理论传播与译介中存在的主要问题。在译介与传播过程中，马克思主义关于文艺问题的经典性、原创性的阐述，其理论信息有哪些失落、变形、增添或扩伸？有哪些被严重地误译、误解或误用？本土接受了什么？怎样接受的？接受的效果如何？它是如何从"知识传播"的层面推到了革命文学理论指导思想的地位？对"中国形态"的发生又产生了哪些积极的或负面的影响？这些问题有待于学界作出进一步的系统清理。

四是关于"文艺大众化"问题。"文艺大众化"论争充分体现了马克思主义文学批评中国化建构在文艺与大众关系这一重要批评维度上的努力与尝试，但"文艺大众化"作为20世纪中国文艺批评的主流观念，几个不同发展阶段的差异乃至冲突表现在哪些方面？它与文艺现代性信念在中国的演进有何关系？为40年代毛泽东"为工农兵服务"的文艺思想的产生做了哪些理论准备？何以最终被统摄、强化到阶级化"大众"潮流中成为高度政治化的革命意识形态？与后来的极左意识形态有何内在关联？应如何评价其在"中国形态"建构进程中的地位与作用？对这些问题尚需给出进一步的解答。

五是关于"民族形式"问题。"民族形式"论争融合了文学批评的内容与形式的关系、本土与域外的关系、传统与现代的关系等多重视域，是马克思主义文学批评中国化建构向纵深发展的突出体现。但目前学界对于"民族形式"论争的应然性问题还缺少必要的钩沉，国统区的民族形式问题讨论中的积极因素有哪些？民族形式问题与文艺大众化方向问题是如何关联起来的？大众形式、民间形式、民族形式之间的内在关系和区别是什么？毛泽东的新民主主义"民族形式"论对五四新文化的马克思主义改造具体体现在哪些方面？"民族形式"运动同中国化马克思主义文学批评的现代化诉求之间有何关系？这些问题仍有待进一步研究。

六是关于毛泽东文艺思想问题。学界关于毛泽东文艺思想的形成过程、重大意义等论述得比较深入，但对毛泽东文艺思想的理论内容上的伦理性、理论功能上的实践性和理论形式上的民族性开掘还不够，特别是对毛泽东文艺思想中真理与伦理、历史尺度与价值尺度的内在有机统一特征的研究还非常薄弱。毛泽东文艺思想在马克思主义文学批评中国化过程中有哪些逻辑环节？它作为一种科学理论，其实践导向价值具体体现在哪些方面？又是如何从内容和形式、实践形态和理论形态、政治过程和文化过程相统一的角度建构马克思主义文学批评的中国形态的？对学术界目前存在的"适合"说、"过程"说、"应用"说等论调，应作怎样的甄别、评价？这些问题都有待进一步深入，特别是其他马克思主义文艺理论家在"中国形态"建构的重要作用与影响，更有待重新考量与评估。

七是关于"十七年"文学批评问题。"十七年"文学批评思维的历史贡献、基本矛盾和教训启示有哪些？"十七年"文学批判思维的内在逻辑及其与"异质性"文学批评理论的关系如何？其中的阶级论是如何同人性论、真实论、自由论之间实现转化与调和的？"十七年"文学批评构建自身合法性的途径与方法有哪些？它如何吸纳与扬弃五四至20世纪30年代现代文艺理念？如何革新与张扬解放区"革命文艺"实践性体系？对执政党文艺政策核心理念的持久影响表现在哪些方面？"十七年"文学批评机制与批评文体的特殊性表现在哪些方面？"十七年"文学媒介刊物与意识形态诉求的互动对马克思主义文学批评中国化实践有哪些启示？这些问题都亟待展开。

此外，关于新时期以来的马克思主义文学批评中国化建构的研究，还存在不少值得进一步探讨的问题，如：新时期以来的文艺学论争从哪些方面坚持和发展了马克思主义？它们对邓小平文艺思想的形成和"中国形态"建构的进一步发展产生了哪些作用或影响？文艺界关于"民族特色"与"中国特色"问题讨论中"民族特色"与"中国特色"的区别与联系如何？"中国特色"文学理论建构与马克思主义文学批评中国化之间的内在关联是怎样的？中国"审美意识形态"论的当代形成及其发展同马克思主义文学批评中国化的关系如何？等等。

后　记

　　2011年度国家社科基金重大招标项目"马克思主义文学批评的中国形态研究"课题由首席专家胡亚敏教授领衔申报成功后，我作为子课题主要负责人，承担了撰写《马克思主义文学批评中国形态的历史进程》一书的任务，前后历时八年多，终于完稿。其间的苦乐终于可以借"后记"述说一二。苦在底子薄、基础差。我以前的主要研究领域是中国古代文论与美学，这个课题对于我来说不再是熟地上垦荒，而每每是开榛辟莽。在爬梳钻勘、刮垢磨光的史料清理中去发现事件真相，钩沉历史脉络，然后择其荦荦大端，横推义蕴，以期归总马克思主义文学批评中国形态的进程及规律，这份铢积寸累、沉潜默识的思考与写作历程于我，不可谓不苦。乐在历新境，有提高。写作伊始，我曾立下心愿，要让《马克思主义文学批评中国形态的历史进程》一书初具全史规模，能"示来者以轨则"，即使不能处处彰幽显微，奏刀騞然，也尽量能做到取材宏富、考订精审，让马克思主义文学批评的中国形态自然浮出历史地表。也许尚未达成最初的目标，但在求之必劬、证之必广、获之必创的孜孜矻矻、锲而不舍的尝试与努力中，既有历史情态之探骊得珠的学识领悟之乐，也有历史面貌之本真还原的剥蕉至心之乐，而最乐者莫过于倾听各种声音并与之对话，倾听它们之间的申明、对话或辨难，于傅伟勋先生所说的"实谓"（即原典或作者实际说了什么?）、"意谓"（即原典或作者真正想要说什么?）、"蕴谓"（即原典或作者可能想说什么?）、"当谓"（即原典或作者本来应该说什么?）、"创谓"（即我必须创造地表达什么?）诸层次，反复推研20世纪以来中国马克思主义文学批评家们的心声，试图在对领袖人物（如瞿秋白、毛泽东）、官员（如周扬）、"战斗的现实主义者"（如鲁迅）、灵魂抗争者（如胡风）等的不同声音的倾听中，通过与他们深层次的内心对话，去寻绎近现代以来中国的马克思主义文学批评所走过的动态历程，并在这样一个中国特色逐渐形成和创造性思维品格不断生成同时又存在着诸多内在于中国文学批评之历史与现实且面向未来开放的真问题的"既济"（完成性）和"未济"（未完成性）相伴随、相纠结的辩证发展过程中，用一种相对自持与内敛的学术回应为中国学界的马克思主义文学批评中国形态的建构提供一份有益的历史报告。这于我，是人格、学格的洗礼，乐莫大焉！

书稿的完成，得益于前辈、学友与学生们的多方帮助。王先霈先生对写作总纲提出过具体的意见，并亲自审阅了导论部分。张玉能先生对苏联马克思主义文论对中国的影响问题提出过中肯的意见供我参考。孙文宪教授和胡亚敏教授在课题的多次碰头会中就具体写法、重要提法以及写作纲要的调整等问题提出过许多非常恰当的建议。在课题的结项会上，张江教授、陆贵山教授、朱立元教授、党圣元教授、赖大仁教授都对书稿给予了肯定并提出了修改意见。八年来，中国人民大学张永清教授、武汉大学王杰泓教授、东华大学杨彬教授对课题的研究和书稿的写作一直非常关心并热情鼓励。"桃李春风一杯酒，江湖夜雨十年灯"，这正是我们友情的写照。博士生高畅在资料收集、查证以及书稿校对方面，给予了我莫大的帮助。她的工作使资料核查这一令人头痛的过程变得相对轻松起来。刘芳、高越、王子铭、凌江华、陈朝阳、熊彦、李怀东、黄静等同学也参与了资料收集整理工作。在此一并致谢！

黄念然

2019 年 7 月 20 日于桂子山

参考文献

一、译著、辑译类

《列宁选集》第1—4卷，人民出版社1998年版。

《斯大林选集》，人民出版社1979年版。

《马克思　恩格斯论艺术》，人民文学出版社1966年版。

中国作家协会、中央编译局编：《马克思　恩格斯　列宁　斯大林论文艺》，作家出版社2010年版。

中国社会科学院文学研究所文艺理论研究室编：《列宁　论文学与艺术》，人民文学出版社1983年版。

陆梅林辑注：《马克思恩格斯论文学与艺术》，人民文学出版社1982年版。

《普列汉诺夫美学论文集》，曹葆华译，人民出版社1983年版。

［俄］普列汉诺夫：《论艺术（没有地址的信）》，曹葆华译，生活·读书·新知三联书店1973年版。

［苏］高尔基：《文学书简》，曹葆华、渠建明译，人民文学出版社1962年版。

［苏］高尔基：《俄国文学史》，缪灵珠译，上海译文出版社1979年版。

［苏］高尔基：《论文学》，孟昌、曹葆华、戈宝权译，人民文学出版社1978年版。

［苏］高尔基：《论文学》（续集），冰夷、满涛等译，人民文学出版社1979年版。

［俄］普列汉诺夫：《没有地址的信　艺术与社会生活》，曹葆华、丰陈宝、杨民望译，人民文学出版社1962年版。

《苏联文学艺术问题》，曹葆华等译，人民文学出版社1953年版。

［法］拉法格：《文论集》，罗大冈译，人民文学出版社1979年版。

［苏］卢纳察尔斯基：《论文学》，蒋路译，人民文学出版社1978年版。

［苏］卢纳察尔斯基：《艺术及其最新形式》，郭家申译，百花文艺出版社1998年版。

［苏］法捷耶夫等：《苏联文学批评的任务》，刘辽逸等译，生活·读书·新知三联书店1951年版。

《日丹诺夫论文学与艺术》，戈宝权等译，人民文学出版社1959年版。

《别林斯基选集》，满涛译，上海译文出版社 1953 年版。

[匈] 卢卡奇：《历史与阶级意识——关于马克思主义辩证法的研究》，杜章智等译，商务印书馆 1995 年版。

王逢振主编：《詹姆逊文集·新马克思主义》第 1 卷，中国人民大学出版社 2004 年版。

[美] 弗雷德里克·詹姆逊：《语言的牢笼 马克思主义与形式》，钱佼汝、李自修译，百花洲文艺出版社 2010 年版。

[美] 弗雷德里克·詹姆逊：《政治无意识》，王逢振、陈永国译，中国社会科学出版社 1999 年版。

[英] 雷蒙德·威廉斯：《马克思主义与文学》，王尔勃、周莉译，河南大学出版社 2008 年版。

[英] 特里·伊格尔顿：《马克思主义与文学批评》，文宝译，人民文学出版社 1980 年版。

[美] 刘康：《马克思主义与美学——中国马克思主义美学家和他们的西方同行》，李辉、杨建刚译，北京大学出版社 2012 年版。

[英] 弗朗西斯·马尔赫恩编：《当代马克思主义文学批评》，刘象愚、陈永国、马海良译，北京大学出版社 2002 年版。

[法] 罗杰·加洛蒂：《论无边的现实主义》，吴岳添译，上海文艺出版社 1986 年版。

[美] 莫里斯·迈斯纳：《马克思主义、毛泽东主义与乌托邦主义》（典藏本），张宁、陈铭康等译，中国人民大学出版社 2013 年版。

[美] 斯图尔特·R.施拉姆：《毛泽东的思想》（插图本），田松年、杨德等译，中国人民大学出版社 2005 年版。

[美] 费正清编：《剑桥中国晚清史 1800—1911》（上、下），中国社会科学院历史研究所编译室译，中国社会科学出版社 1985 年版。

[美] 费正清编：《剑桥中华民国史 1912—1949 年》（上、下），杨品泉、刘敬坤等译，中国社会科学出版社 1994 年版。

[美] 莫里斯·迈斯纳：《李大钊与中国马克思主义的起源》，中共北京市委党史研究室编译组译，中共党史资料出版社 1989 年版。

[美] 杰罗姆·B.格里德尔：《知识分子与现代中国》，单正平译，南开大学出版社 2002 年版。

[日] 丸山升：《鲁迅·革命·历史——丸山升现代中国文学论集》，王俊文译，北京大学出版社 2005 年版。

[斯洛伐克] 玛利安·高利克：《中国现代文学批评发生史（1917—1930）》，陈圣生等译，社会科学文献出版社 1997 年版。

[苏] 顾尔希坦：《论苏联文学中的民族形式问题》，戈宝权译，新文艺出版社 1952 年版。

二、全集、选集、文集、文稿、文存、年谱类

《毛泽东选集》第一——四卷，人民出版社 1951—1960 年版。

《毛泽东选集》第一——三卷，人民出版社 1991 年版。

《建国以来毛泽东文稿》，中央文献出版社 1987—1998 年版。

《周恩来选集》，人民出版社 1980 年、1984 年版。

中共中央文献研究室编：《毛泽东文艺论集》，中央文献出版社 2002 年版。

中共中央文献研究室、中央档案馆编：《建国以来周恩来文稿》，中央文献出版社 2008 年版。

《邓小平文选》第一——三卷，人民出版社 1993 年、1994 年版。

中共中央文献研究室编：《邓小平文集》，人民出版社 2014 年版。

中共中央文献研究室编：《关于建国以来党的若干历史问题的决议注释本》（修订），人民出版社 1985 年版。

《毛泽东论文艺》，人民文学出版社 1983 年版。

《周恩来论文艺》，人民文学出版社 1979 年版。

《李大钊文集》，人民出版社 1984 年版。

任建树等编：《陈独秀著作选》第一——三卷，上海人民出版社 1993 年版。

《鲁迅全集》，人民文学出版社 1973 年版。

《鲁迅译文集》，人民文学出版社 1958 年版。

《郑振铎全集》，花山文艺出版社 1998 年版。

《郭沫若全集》，人民文学出版社 1990 年版。

《李达文集》，人民出版社 1980 年版。

宋镜明编：《李达传记》，湖北人民出版社 1986 年版。

《艾思奇文集》第一、二卷，人民出版社 1983 年版。

《瞿秋白文集·文学编》第二卷，人民文学出版社 1986 年版。

《瞿秋白文集·文学编》第三卷，人民文学出版社 1989 年版。

周永祥：《瞿秋白年谱新编》，学林出版社 1992 年版。

张培森主编：《张闻天年谱上卷一九〇〇——一九四一》，中共党史出版社 2000 年版。

《张闻天文集》，中共党史资料出版社 1990 年版。

《茅盾全集》，人民文学出版社 1989 年版。

《冯雪峰论文集》，人民文学出版社 1981 年版。

《胡乔木文集》，人民出版社 1993 年版。

《胡风全集》，湖北人民出版社 1999 年版。

《胡风评论集》（上、中、下），人民文学出版社 1984 年版。

《成仿吾文集》，山东大学出版社 1985 年版。

《周扬文集》，人民文学出版社 1984 年版。

常君实编：《邓拓全集》，花城出版社 2002 年版。

《雪峰文集》，人民文学出版社 1983 年版。

《丁玲全集》第 6、7、8、9 卷，河北人民出版社 2001 年版。

《何其芳选集》，四川人民出版社 1979 年版。

《何其芳全集》第 5、7、8 卷，河北人民出版社 2000 年版。

《赵树理全集》(4)，北岳文艺出版社 1990 年版。

《何其芳文集》，人民文学出版社 1983 年版。

秦兆阳：《文学探路集》，人民文学出版社 1984 年版。

谷斯范编：《巴人文艺论集》，人民文学出版社 1984 年版。

《张光年文集》，人民文学出版社 2002 年版。

《邵荃麟评论选集》，人民文学出版社 1981 年版。

《钱谷融论文学》，华东师范大学出版社 2008 年版。

《李泽厚哲学美学文选》，湖南人民出版社 1985 年版。

王元化：《清园文存》，江西教育出版社 2001 年版。

《陆贵山文集》，作家出版社 2011 年版。

三、资料汇编类

《"革命文学"论争资料选编》(上、下)，知识产权出版社 2010 年版。

吉明学、孙露茜编：《三十年代"文艺自由论辩"资料》，上海文艺出版社 1990 年版。

胡适编选：《中国新文学大系·建设理论集》，上海良友图书印刷公司 1935 年版，上海文艺出版社 1980 年影印本。

郑振铎编选：《中国新文学大系·文学论争集》，上海良友图书印刷公司 1935 年版，上海文艺出版社 1980 年影印本。

《中国新文学大系 1927—1937·第二集·文学理论集二》，上海文艺出版社 1987 年版。

中国人民大学新闻系文学教研室编：《中国现代文学史参考资料》，中国人民大学出版社 1958 年版。

《文学研究会资料》(上、中、下)，河南人民出版社 1985 年版。

北京大学中文系文艺理论教研室编：《文学理论学习资料》(上、下)，北京大学出版社 1981 年版。

马良春、张大明编：《三十年代左翼文艺资料选编》，四川人民出版社 1980 年版。

陈瘦竹主编：《左翼文艺运动史料》，南京大学学报编辑部 1980 年版。

中国社会科学院文学研究所、《左联回忆录》编辑组编：《左联回忆录》(上、下)，中国社会科学出版社 1982 年版。

《中国现代文学思潮流派讨论集》，人民文学出版社 1984 年版。

《"革命文学"论争资料选编》，人民文学出版社 1981 年版。

刘增杰等编：《抗日战争时期延安及各抗日民主根据地文学运动资料》，山西人民出版社 1983 年版。

谢冕、洪子诚主编：《中国当代文学史料选（1948—1975）》，北京大学出版社 1995 年版。

《文学理论学习参考资料》，春风文艺出版社 1982 年版。

《文学运动史料选》第一——五册，上海教育出版社 1979 年版。

《国统区抗战文艺研究论文集》，重庆出版社 1984 年版。

徐迺翔编：《文学的"民族形式"讨论资料》，广西人民出版社 1986 年版。

文振庭编：《文艺大众化问题讨论资料》，上海文艺出版社 1987 年版。

《延安文艺丛书·文艺理论卷》，湖南人民出版社 1984 年版。

王巨才主编：《延安文艺档案·延安文论》，太白文艺出版社 2016 年版。

张允侯等：《五四时期的社团》（一——四），生活·读书·新知三联书店 1979 年版。

《茅盾回忆录》，《茅盾研究资料》（上），中国社会科学出版社 1981 年版。

《工农兵批判旧戏文集》，甘肃人民出版社 1975 年版。

陆梅林、盛同主编：《新时期文艺论争辑要》（上、下），重庆出版社 1991 年版。

复旦大学中文系文学教研组：《"中国文学发展史"批判》，中华书局 1958 年版。

王跃、高力克编：《五四：文化的阐释与评价——西方学者论五四》，山西人民出版社 1989 年版。

四、研究类

陈伯达等：《评中国之命运》，新华书店晋察冀分店 1945 年版。

陈伯达等：《人性·党性·个性》，潮汐社 1947 年版。

陈伯达：《论毛泽东思想——马克思列宁主义与中国革命的结合》，人民出版社 1951 年版。

陈伯达：《斯大林和中国革命》，人民出版社 1952 年版。

旷新年：《1928：革命文学》，山东教育出版社 1998 年版。

程中原：《张闻天传》，当代中国出版社 1993 年版。

陈建华主编：《中国俄苏文学研究史论》（第一——四卷），重庆出版社 2007 年版。

陈顺馨：《社会主义现实主义理论在中国的接受与转化》，安徽教育出版社 2000 年版。

温儒敏：《中国现代文学批评史》，北京大学出版社 1993 年版。

王福湘：《悲壮的历程——中国革命现实主义文学思潮史》，广东人民出版社 2002 年版。

中国社会科学院外国文学研究所编：《七十年代社会主义现实主义问题》，中国社会科学出版社 1979 年版。

包忠文主编：《当代中国文艺理论史》，江苏教育出版社 1998 年版。

朱寨主编：《中国当代文学思潮史》，人民文学出版社 1987 年版。

吴中杰：《中国现代文艺思潮史》，复旦大学出版社 1996 年版。

殷国明：《中国现代文学流派发展史》，广东高等教育出版社 1989 年版。

杨匡汉、孟繁华主编：《共和国文学 50 年》，中国社会科学出版社 1999 年版。

夏衍：《懒寻旧梦录》，生活·读书·新知三联书店 1985 年版。

《坚持走与工农相结合的道路》，上海人民出版社 1975 年版。

韦韬、陈小曼：《父亲茅盾的晚年》，上海书店出版社 1998 年版。

黄曼君主编：《中国近百年文学理论批评史（1895—1990)》，湖北教育出版社 1997 年版。

邵伯周：《中国现代文学思潮研究》，学林出版社 1993 年版。

张德祥：《现实主义当代流变史》，社会科学文献出版社 1997 年版。

刘中树、许祖华主编：《中国现代文学思潮史》，华中师范大学出版社 2009 年版。

钱理群、温儒敏、吴福辉：《中国现代文学三十年》（修订本），北京大学出版社 1998 年版。

张婷婷：《中国 20 世纪文艺学学术史》第四部，上海文艺出版社 2001 年版。

孟繁华：《中国 20 世纪文艺学学术史》第三部，中国社会科学出版社 2007 年版。

彭继红：《传播与选择——马克思主义中国化的历程（1899—1921 年)》，湖南师范大学出版社 2001 年版。

董学文、魏国英：《毛泽东的文艺美学活动》，高等教育出版社 1995 年版。

董学文：《马克思与美学问题》，北京大学出版社 1983 年版。

董学文主编：《文艺学当代形态论——"有中国特色马克思主义文艺学"研究》，北京大学出版社 1998 年版。

李喜所：《近代中国的留学生》，人民出版社 1987 年版。

王晓明编：《人文精神寻思录》，文汇出版社 1996 年版。

丁东编：《人文精神讨论文选》，光明日报出版社 1996 年版。

洪子诚：《1956：百花时代》，山东教育出版社 1998 年版。

李泽厚：《批判哲学的批判——康德述评》，天津社会科学院出版社 2003 年版。

李泽厚：《马克思主义在中国》，生活·读书·新知三联书店 1988 年版。

何火任编：《当前文学主体性问题论争》，海峡文艺出版社 1986 年版。

夏中义：《新潮学案》，生活·读书·新知上海三联书店 1996 年版。

刘再复：《文学的反思》，人民文学出版社 1986 年版。

刘再复、林岗：《论中国文化对人的设计》，湖南人民出版社 1988 年版。

刘再复：《论中国文学》，作家出版社 1988 年版。

刘再复：《人间·慈母·爱》，人民文学出版社 1988 年版。

陈思和等：《理解九十年代》，人民文学出版社 1996 年版。

洪子诚等：《重返八十年代》，北京大学出版社 2009 年版。

刘锋杰等：《文学政治学的创构——百年来文学与政治关系论争研究》，复旦大学出版社 2013 年版。

张炯：《论马克思主义与文学》，中国社会科学出版社 2013 年版。

李何林编著：《近二十年中国文艺思潮论一九一七——一九三七》，陕西人民出版社 1981 年版。

石凤珍：《文艺"民族形式"论争研究》，中华书局 2007 年版。

朱立元：《美学与实践》，广西师范大学出版社 1999 年版。

朱立元：《理解与对话》，华中师范大学出版社 2000 年版。

谭好哲：《审美的镜子》，山东友谊出版社 2002 年版。

谭好哲：《文艺与意识形态》，山东大学出版社 1997 年版。

冯宪光：《马克思主义文艺学的当代问题》，中国社会科学出版社 2008 年版。

赖大仁：《文学批评形态论》，作家出版社 2000 年版。

赖大仁：《当代文艺学论稿》，江西高校出版社 1999 年版。

刘柏青编：《日本无产阶级文艺运动简史 1921—1934》，时代文艺出版社 1985 年版。

艾晓明：《中国左翼文学思潮探源》，湖南文艺出版社 1991 年版。

责任编辑：翟金明

封面设计：周方亚

图书在版编目（CIP）数据

马克思主义文学批评中国形态的历史进程／黄念然 著 . — 北京：
人民出版社，2021.5
（"马克思主义文学批评的中国形态研究"系列丛书／胡亚敏主编）
ISBN 978－7－01－022015－4

I.①马… II.①黄… III.①马克思主义－文学评论－研究②中国文学－文学评论
－研究 IV.① A811.691

中国版本图书馆 CIP 数据核字（2020）第 057667 号

马克思主义文学批评中国形态的历史进程

MAKESIZHUYI WENXUE PIPING ZHONGGUO XINGTAI DE LISHI JINCHENG

黄念然　著

人民出版社 出版发行

（100706　北京市东城区隆福寺街 99 号）

中煤（北京）印务有限公司印刷　新华书店经销

2021 年 5 月第 1 版　2021 年 5 月北京第 1 次印刷

开本：710 毫米 × 1000 毫米 1/16　印张：46

字数：726 千字

ISBN 978－7－01－022015－4　定价：198.00 元

邮购地址 100706　北京市东城区隆福寺街 99 号

人民东方图书销售中心　电话（010）65250042　65289539